Wellington und Süden
Seiten 152–185

Marlborough und Nelson
Seiten 196–217

Canterbury und Westküste
Seiten 218–253

0 Kilometer 100

Otago und Southland
Seiten 254–291

Vis-à-Vis

NEU-SEELAND

Vis-à-Vis

NEUSEELAND

Autoren: Helen Corrigan, Roef Hopman, Gerard Hutching, Rebecca Macfie, Geoff Mercer, Simon Noble, Peter Smith, Michael Ward, Mark Wright

DORLING KINDERSLEY
LONDON • NEW YORK • MÜNCHEN
MELBOURNE • DELHI
www.dorlingkindersley.de

Ein Dorling Kindersley Buch

www.dorlingkindersley.de

Produktion Editions Didier Millet, Kuala Lumpur, Malaysia

Texte Helen Corrigan, Roef Hopman, Gerard Hutching, Rebecca Macfie, Geoff Mercer, Simon Noble, Peter Smith, Michael Ward, Mark Wright

Fotografien Peter Bush, Gerald Lopez, Lloyd Park, Ron Redfern

Illustrationen Yeap Kok Chien, Tan Hong Yew, Denis Chai Kah Yune

Kartografie ERA-Maptec Ltd., Dublin, Irland

Redaktion und Gestaltung

Editions Didier Millet, Kuala Lumpur: Thimothy Auger, Noor Azlina Yunus, Dianne Buerger, Zuraidah Omar, Theivanei Nadaraju, Yong Yoke Lian.

Dorling Kindersley, London: Kate Poole, Casper Morris, David Pugh, Neil Lockley, Gillian Allan, Douglas Amrine.

Titel der englischen Originalausgabe:
Eyewitness Travel Guide *New Zealand*
Zuerst erschienen 2001 in Großbritannien
bei Dorling Kindersley Ltd., London
A Penguin Company

•

Für die deutsche Ausgabe:

Aktualisierte Neuauflage 2013 / 2014

Programmleitung Dr. Jörg Theilacker, Dorling Kindersley Verlag
Projektleitung Stefanie Franz, Dorling Kindersley Verlag
Übersetzung Brigitte Maier, Konzept & Text, München
Redaktion Gerhard Bruschke, München
Schlussredaktion Philip Anton, Köln
Satz und Produktion Dorling Kindersley Verlag, München
Lithografie Colourscan, Singapur
Druck South China Printing & Co., Ltd., China

ISBN 978-3-8310-2139-0
9 10 11 12 13 16 15 14 13

Dieser Reiseführer wird regelmäßig aktualisiert. Angaben wie Telefonnummern, Öffnungszeiten, Adressen, Preise und Fahrpläne können sich jedoch ändern. Der Verlag kann für fehlerhafte oder veraltete Angaben nicht haftbar gemacht werden. Für Hinweise, Verbesserungsvorschläge und Korrekturen ist der Verlag dankbar. Bitte richten Sie Ihr Schreiben an:

Dorling Kindersley Verlag GmbH
Redaktion Reiseführer
Arnulfstraße 124 • 80636 München
travel@dk-germany.de

◁ **Rinder und Schafe auf einer Weide am Mount Hutt *(siehe S. 246)***

◁◁ **Umschlag: Waiau River und Lake Manapouri *(siehe S. 284)* auf der Südinsel**

Inhalt

Versammlungshaus der Tamatekapua Maori in Rotorua *(siehe S. 134–137)*

Neuseeland stellt sich vor

Pohutukawa-Baum an der Oriental Bay in Wellington *(siehe S. 158–169)*

Mit dem Boot auf dem Avon River in Christchurch *(siehe S. 223)*

Die Regionen Neuseelands

Nordinsel

Südinsel

Zu Gast in Neuseeland

In Neuseeland gibt es wunderbare Fischgerichte *(siehe S. 322f)*

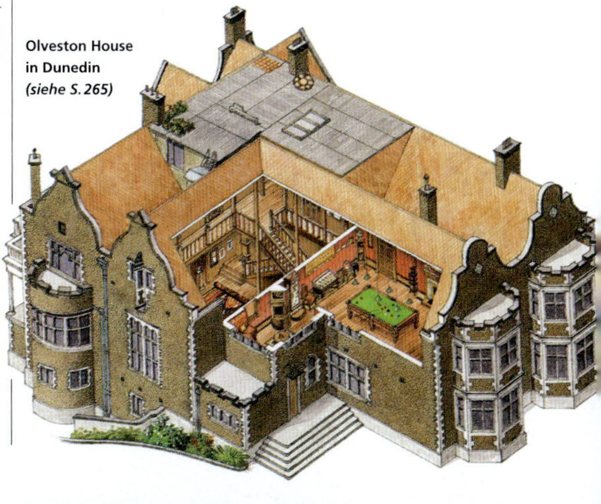

Olveston House in Dunedin *(siehe S. 265)*

Grundinformationen

Rugby-Match am East Cape auf der Nordinsel *(siehe S. 355)*

Benutzerhinweise

Dieser Führer hilft Ihnen, Ihren Aufenthalt in Neuseeland spannend zu gestalten. Im Kapitel *Neuseeland stellt sich vor* erfahren Sie alles über das Land und seine historischen Wurzeln. Die sieben Regionen im Kapitel *Die Regionen Neuseelands* beschreiben Sehenswürdigkeiten und Attraktionen mit Fotos, Illustrationen und Karten. Einzelne Abschnitte gehen auf Besonderheiten jeder Region ein. Im Kapitel *Zu Gast in Neuseeland* finden Sie Restaurant- und Hotelempfehlungen, die *Grundinformationen* bieten praktische Tipps und Informationen für (fast) jede Situation.

Die Regionen Neuseelands
Neuseeland ist in sieben Regionen eingeteilt, von denen jede zur schnelleren Orientierung eine eigene Farbmarkierung am Rand des Buches besitzt. Eine Karte mit der Aufteilung und den Farben finden Sie auf den vorderen Umschlaginnenseiten. Die Sehenswürdigkeiten der einzelnen Gebiete sind auf der *Regionalkarte* mit Nummern versehen.

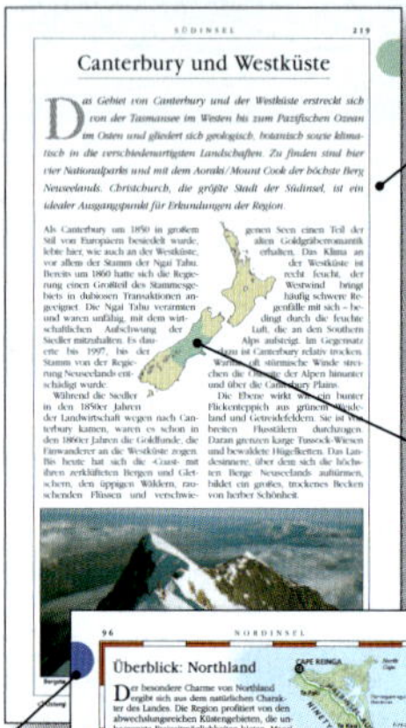

1 Einführung
Hier werden Landschaft, historische Entwicklung und Charakter einer Region beschrieben. Sie lesen zusammengefasst, was die Gegend an Besonderheiten bietet.

Eine Lagekarte zeigt auf einen Blick, wo sich die besprochene Region befindet.

Jede Region Neuseelands ist mit der Farbcodierung schnell nachzuschlagen.

2 Regionalkarte
Alle Sehenswürdigkeiten der ganzen Region sind hier mit Nummern eingetragen. Ferner finden Sie Hinweise für die Reise mit dem Auto oder mit öffentlichen Verkehrsmitteln.

3 Detaillierte Informationen
Alles über sehenswerte Städte sowie über einzelne Regionen und Attraktionen ist in den Kapiteln in der Reihenfolge der Nummerierung auf der Regionalkarte *zu finden.*

Textkästen liefern Hintergrundgeschichten über die Besonderheiten einer Sehenswürdigkeit.

4 Größere Städte

Alle Sehenswürdigkeiten und interessanten Gebäude der größeren Städte werden über mehrere Seiten detailliert beschrieben. Die Zentrumskarte führt Sie direkt zu den Hauptattraktionen.

Die Infobox versorgt Sie mit Einzelheiten und Hinweisen, damit Sie Ihren Besuch besser planen können: von der Wegbeschreibung bis zur Adresse der Auskunftsstellen und den Festivalterminen.

Die Zentrumskarte zeigt die Haupt- und Nebenstraßen im Herzen der Stadt. Die wichtigen Sehenswürdigkeiten, Bahnhöfe und Busbahnhöfe, Parkplätze sowie alle Informationsstellen sind eingetragen.

5 Detailkarte

Hier sehen Sie Städte und Stadtteile dreidimensional wie aus der Vogelperspektive – mit vielen Fotos und genauen Beschreibungen der wichtigsten Sehenswürdigkeiten.

Eine Routenempfehlung führt Sie auf einem Spaziergang durch die interessantesten Straßen der Gegend.

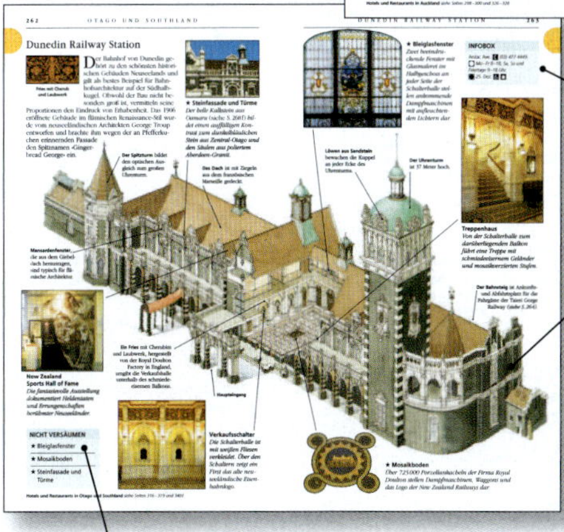

Öffnungszeiten, Telefonnummer und Anreisemöglichkeit finden Sie in der Infobox zu jeder Sehenswürdigkeit.

6 Hauptsehenswürdigkeiten

Die Highlights Neuseelands werden auf zwei oder mehr Seiten vorgestellt. Historische Gebäude sehen Sie auf der Schnittzeichnung von innen, in den Nationalparks können Sie sich mit Karten orientieren. Durch Museen führt Sie ein farbiger Grundriss.

Sterne markieren die Sehenswürdigkeiten, die Sie auf keinen Fall versäumen sollten.

Neuseeland stellt sich vor

Neuseeland entdecken

Die meisten Besucher Neuseelands werden von der herrlichen Natur angezogen. Das Land bietet vom subtropischen Norden bis zum subantarktischen Süden abwechslungsreiche Städte und Landschaften. Besonders reizvoll sind Strände, tiefe Buchten, hohe Berge, die geothermischen Quellen und die Wälder. Neuseelands neu entdecktes kulturelles Selbstvertrauen zeigt sich in der multikulturellen Wirtschaftsmetropole Auckland und in der Hauptstadt Wellington ebenso wie in der »Gartenstadt« Christchurch, der Universitätsstadt Dunedin und den ländlichen Gegenden.

Wein aus Neuseeland

Auckland

- **Zwanglose Cafés und Bars im Stadtteil Ponsonby**
- **Museen und Kunstgalerien der Spitzenklasse**
- **Lebhaftes Hafenviertel: Viaduct Basin**

In Neuseelands größter Stadt **Auckland** *(siehe S. 66–93)* lebt rund ein Drittel aller Einwohner des Landes. In keiner anderen Stadt gibt es mehr Polynesier als in dieser weltoffenen Metropole. Wer neuseeländische Mode und Kunst, angesagte Restaurants, Cafés und Bars sucht, wird hier fündig. **Viaduct Basin** *(siehe S. 72)* war Schauplatz der Rennen zum America's Cup und lädt zum Schiffebeobachten oder zu einer Hafenrundfahrt ein. Das Unterhaltungsangebot Aucklands reicht vom SKYCITY-Casino bis zu Konzerten in Theatern oder Arenen. Die Museen und Galerien zeigen Kunstschätze der Maori und Werke von Künstlern wie Frances Hodgkins und Ralph Hotere. Einen Kontrast bieten die nahen Weingüter von **Henderson** *(siehe S. 87)* und die Strände bei **Piha** und **Karekare** *(siehe S. 86)*.

Schiffe im Viaduct Basin, Auckland

Küstenlinie an der Bay of Islands in Northland *(siehe S. 103)*

Northland

- **Cape Reinga: raue Landspitze ganz im Norden**
- **Atemberaubend schöne Buchten der Bay of Islands**
- **Geschichte pur: Kerikeri, Waitangi und Russell**

Northland ist eine alte Kulturlandschaft. Der Legende nach kehren von **Cape Reinga** *(siehe S. 108)* aus die Seelen der Maori nach Hawaiki zurück. In **Waitangi** *(siehe S. 104f)* wurde 1840 der Grundstein für das heutige Neuseeland gelegt. Die Westküste der subtropischen Halbinsel wird von ausgedehnten Sandstränden dominiert. An der zerklüfteten Ostküste prägen dagegen überwältigende Berge und winzige Inseln das Bild der eindrucksvollen Landschaft.

Die **Bay of Islands** *(siehe S. 103)* ist ein Ort für Wassersportler wie Taucher und Hochseefischer und die Wiege des kolonialen Neuseeland: Hier wurden die ersten Maori missioniert. Die Mission Station in **Kerikeri** *(siehe S. 106)*, das malerische **Russell** *(siehe S. 102)* und die historischen **Waitangi Treaty Grounds** *(siehe S. 104f)* zeugen davon. Das urzeitliche Neuseeland ist noch im Tane Mahuta gegenwärtig – dem 1500 Jahre alten Kauri-Wald im **Waipoua Forest Park** *(siehe S. 111)*.

Zentrum der Nordinsel

- **Sprudelnde Geysire, heiße Bäder, brodelnder Schlamm**
- **Sonnendurchflutete Weingüter in Hawke's Bay**
- **Surferparadies Whale Bay bei Raglan**

Das Zentrum der Nordinsel birgt zahlreiche Attraktionen, z. B. das geothermische Wunderland von **Rotorua** *(siehe S. 134–139)*, das vulkanische Skigebiet am **Mount Ruapehu** *(siehe S. 142)*, die sonnigen Weingüter von **Hawke's Bay** *(siehe S. 150f)* oder das Sur-

◁ Regenwald mit dichtem Farnbewuchs im Unterholz – schier undurchdringliche Wildnis

ferparadies Whale Bay bei **Raglan** *(siehe S. 116f)*. Ganz im Osten liegt **East Cape** *(siehe S. 131–133)*, ein idealer Ort, um etwas in die Tradition der Maori einzutauchen. Das Black-Water-Rafting durch die Glühwürmchen-Höhlen von **Waitomo** *(siehe S. 120f)* im Westen ist etwas für Abenteurer, während die **Halbinsel Coromandel** *(siehe S. 124, 127)* den entspannten Strandurlaub inmitten von Lebenskünstlern und Kunsthandwerkern verspricht.

Im Schutz der Berge liegendes Weingut in Hawke's Bay *(siehe S. 150f)*

Maori-Zeremonie in Wellington

Wellington und Süden

- **Govett-Brewster Art Gallery in New Plymouth**
- **Weingüter in Wairarapa**
- **Neuseelands Kulturerbe: Te Papa Tongarewa**

In den Filmstudios von **Wellington** *(siehe S. 153–167)* wurden viele Szenen der Trilogie *Der Herr der Ringe* gedreht. **New Plymouth** *(siehe S. 180f)* bietet innovative zeitgenössische Kunst in der **Govett-Brewster Art Gallery** *(siehe S. 180)* und das Festival of Lights im Sommer. In **Wanganui** *(siehe S. 178f)* kann man die Stromschnellen des Wanganui River hinabrauschen, im Weinanbaugebiet **Martinborough** *(siehe S. 37, 172)* einige der besten Weine des Landes kosten. Das Nationalmuseum **Te Papa Tongarewa** *(siehe S. 166f)* lohnt einen Besuch. Auch das historische **Thorndon** *(siehe S. 161)* und die Villen (19. Jh.) auf den Hügeln sollte man nicht verpassen.

Marlborough und Nelson

- **Kunst und Entspannung in Nelson**
- **Wale vor Kaikoura**
- **Weine aus Marlborough**

Wanderer werden den **Abel Tasman National Park** *(siehe S. 214f)* lieben, Schwimmer und Kajakfahrer sollten die Strände nahe der Künstlerstadt **Nelson** *(siehe S. 210f, 213)* und an der Golden Bay ansteuern. Die Ostküste bei **Kaikoura** *(siehe S. 208)* ist für Whale-Watching-Touren berühmt, **Marlborough** für Weine *(siehe S. 206f)*. Wildnis und einsame Buchten gibt es in den **Marlborough Sounds** *(siehe S. 202f)*.

Canterbury und Westküste

- **»Gartenstadt« Christchurch**
- **Üppige Regenwälder**
- **Schillernde Gletscher**

Im Osten der Southern Alps liegen die trockenen Ebenen von Canterbury. **Christchurch** *(siehe S. 222–229)* ist jedoch voller grüner Parks und Gärten – neben den kolonialen Gebäuden ein Erbe der anglikanischen Gründer. Westlich zweier Bergpässe bietet die **Westküste** *(siehe S. 220f)* einen Streifen Regenwald, bei **Punakaiki** *(siehe S. 236)* sogenannte Blowholes sowie die Gletscher **Fox** und **Franz Josef** *(siehe S. 239)*. Das Hochland um Neuseelands höchsten Berg **Aoraki/Mount Cook** *(siehe S. 252f)* eignet sich hervorragend zum Reiten und Wandern.

Otago und Southland

- **Adrenalinstöße in Queenstown**
- **Urzeitliches Fiordland**
- **Vogelwelt Stewart Island**

Queenstown *(siehe S. 276f)* und **Wanaka** *(siehe S. 270f)* sind Mekkas für Wildwasser-Rafting, Bungee-Jumping, Snowboarden und Skifahren. Die wunderschöne Region bietet außerdem die Gipfel der Remarkables, die ursprüngliche Landschaft von **Fiordland** *(siehe S. 280–283)*, die unverfälschte heimische Fauna und Flora der **Stewart Island** *(siehe S. 288f)* sowie die historischen Steinbauten von **Dunedin** *(siehe S. 258–265)*, der wichtigsten Stadt in Otago und Southland.

Gletscherwanderung

Neuseeland auf der Karte: Nordinsel

Neuseeland (New Zealand; NZ) liegt im südlichen Teil des Pazifischen Ozeans, etwa 1600 Kilometer östlich von Australien und rund 10 000 Kilometer von San Francisco und Tokyo entfernt. Das Land besteht aus zwei großen und einer ganzen Reihe kleinerer Inseln. Mit einer Gesamtfläche von 270 530 Quadratkilometern ist Neuseeland etwa so groß wie Japan oder Großbritannien. Die beiden Hauptinseln werden durch die Cook Strait getrennt, die an ihrer schmalsten Stelle lediglich 20 Kilometer misst. 75 Prozent der rund 4,4 Millionen Einwohner Neuseelands leben auf der Nordinsel, alleine 1,4 Millionen in Auckland, der Stadt mit der weltweit höchsten polynesischen Bevölkerungszahl. In Wellington, der Hauptstadt Neuseelands im äußersten Süden der Nordinsel, leben knapp 460 000 Menschen.

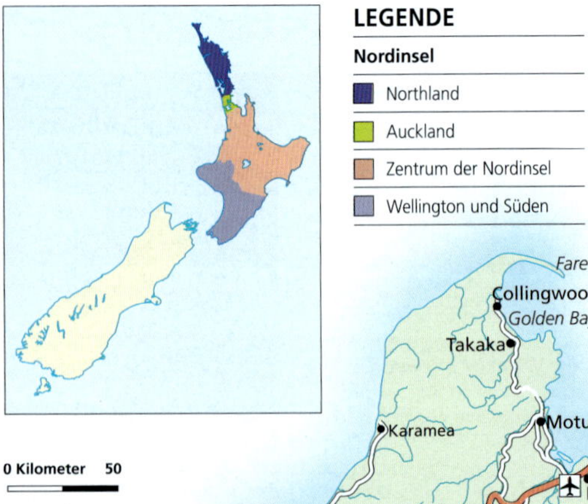

LEGENDE
Stadtgebiet
Internationaler Flughafen
Inlandsflughafen
Fährhafen
Autobahn
State Highway
Nebenstraße
Eisenbahn
Bay of Islands
Russell
Whangarei
Great Barrier Island
Hauraki Gulf
Orewa
AUCKLAND
Coromandel
Whitianga
Halbinsel Coromandel
Thames
Waikato
Waihou
Hamilton
Cambridge
Waipa
Tauranga
Bay of Plenty
Lake Rotorua
Rotorua
Whakatane
East Cape
Otorohanga
Kuiti
Tokoroa
Whakatane
Lake Taupo
Taupo
Taumarunui
Turangi
Lake Waikaremoana
Gisborne
Pazifischer Ozean
Raetihi
Waiouru
Hawke Bay
Napier
Hastings
Rangitikei
Waipukurau
Palmerston North
Masterton
Ruamahanga
Martinborough
Großraum Auckland
Whangarei & Norden
Rangitoto Island
Waitemata Harbour
Auckland Harbour Bridge
AUCKLAND CITY
Waitakere City
Manukau Harbour
Auckland International Airport
Manukau City
Hamilton & Süden
0 Kilometer 5
Großraum Wellington
Levin & Norden
Masterton & Osten
Porirua
Upper Hutt
Lower Hutt
Johnsonville
RIMUTAKA RANGE
Wellington Harbour
WELLINGTON CITY
Wellington International Airport
0 Kilometer 10

Neuseeland auf der Karte: Südinsel

Die Südinsel ist mit einer Fläche von 150 440 Quadratkilometern etwas größer als die Nordinsel Neuseelands. An der Westküste erstrecken sich die Southern Alps, die insgesamt 223 Berge mit mehr als 2300 Metern Höhe aufweisen. Östlich dieses Gebirgszugs ist die Landschaft aufgrund des trockenen Klimas weitgehend unbewaldet, die Westküste ist durch hohe Niederschläge, üppige Vegetation, Seen, Berge und Gletscher geprägt. Christchurch, mit rund 380 000 Einwohnern die größte Stadt der Südinsel, verfügt über gute internationale Verkehrsverbindungen. Weiter im Süden liegt die wichtige Universitätsstadt Dunedin. Stewart Island südlich von Invercargill ist Neuseelands drittgrößte Insel.

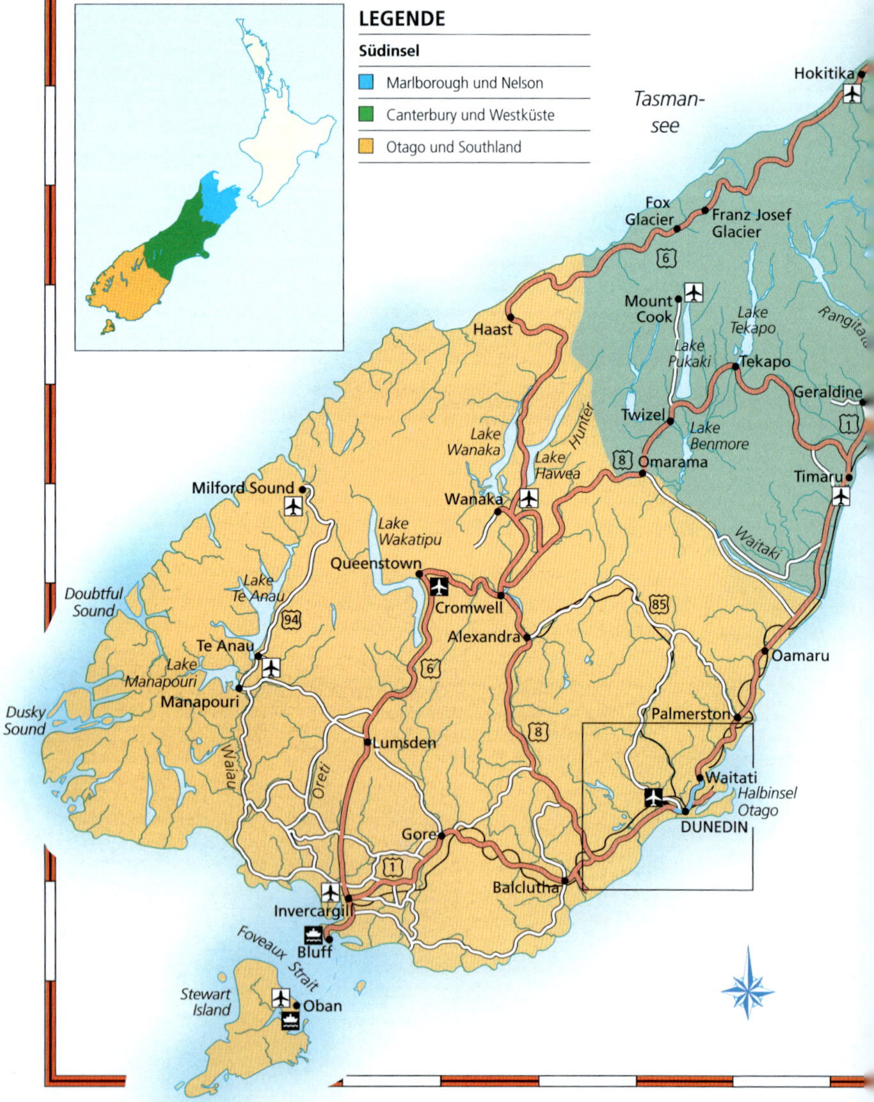

Farewell Spit
Golden Bay
Collingwood
Takaka
60
Tasman Bay
Marlborough Sounds
Karamea
Motueka
Nelson
Picton
Wairau
Blenheim
6
Westport
Murchison
St Arnaud
Awatere
WELLINGTON
Cook Strait
Palmerston North
Levin
Paraparaumu
Upper Hutt
Masterton
Lower Hutt
Rumahanga
Cape Palliser
1
Reefton
Springs Junction
Clarence
Greymouth
Kumara Junction
Hanmer Springs
7
Kaikoura
Arthur's Pass
73
Waipara
Springfield
Oxford
Rakaia
Mount Hutt
CHRISTCHURCH
Pegasus Bay
Rakaia
Lake Ellesmere
Ashburton
Halbinsel Banks
Canterbury Bight
Pazifischer Ozean
Großraum Christchurch
Blenheim
Oxford
72
Rangiora
Pazifischer Ozean
Kaiapoi
Eyre
Waimakariri
Belfast
Christchurch International Airport
CHRISTCHURCH
Darfield
73
Halswell
Lyttelton
Halbinsel Banks
Selwyn
Lincoln
Lake Ellesmere
Rakaia, Timaru
Akaroa
Rakaia
0 Kilometer 20
LEGENDE
Stadtgebiet
Internationaler Flughafen
Inlandsflughafen
Fährhafen
Autobahn
State Highway
Nebenstraße
Eisenbahn
0 Kilometer 50
Großraum Dunedin
Oamaru
Queenstown
Karitane
Michies Crossing
Blueskin Bay
Port Chalmers
87
88
Mosgiel
1
Halbinsel Otago
Fairfield
DUNEDIN
Henley
Queenstown
Pazifischer Ozean
8
Milton
0 Kilometer 20
Invercargill

Ein Porträt Neuseelands

Neuseelands Klima, seine Geschichte und sein Charakter wurden bis heute maßgeblich durch die isolierte Lage des Landes geprägt. Die ersten Bewohner, die Maori, nannten ihr Land Aotearoa, das »Land der langen weißen Wolke«, da sie einer Sage nach erst durch eine weiße Wolke auf die große Insel im Pazifischen Ozean aufmerksam wurden.

Neuseeland liegt zwischen dem 34. und dem 47. südlichen Breitengrad und somit im Einflussbereich der *Roaring Forties*. Das sind sturmreiche Westwinde, die diese Region regelmäßig heimsuchen. 1600 Kilometer von der nächsten Landmasse entfernt und direkt gegenüber dem Nullmeridian nimmt Neuseeland für sich in Anspruch, das Land zu sein, in dem die Sonne zuerst aufgeht.

Der Kiwi, ein Wahrzeichen Neuseelands

Das Klima reicht von gemäßigt bis subtropisch. Die maritime Lage und damit verbundene hohe Niederschläge bescheren dem Land eine üppige Vegetation. Die Fisch- und Vogelwelt ist artenreich, doch abgesehen von zwei Fledermausarten gibt es hier keine einheimischen Säugetiere. Alle heute in Neuseeland lebenden Säuger wurden von den Maori und später von den Europäern eingeführt. Wegen der relativ späten Besiedlung und der recht geringen Bevölkerungsdichte ist Neuseelands Umwelt noch weitgehend intakt.

Die schneebedeckten Southern Alps mit ihren Gletscherseen und Fjorden bieten einen spektakulären Anblick, auf dem Zentralplateau der

Der Pongafarn, eines der Symbole Neuseelands

◁ **Luftaufnahme der schneebedeckten Southern Alps** ***(siehe S. 190 f)***

Blick auf die Küste vom Tunnel Beach, südlich von Dunedin

Nordinsel beeindrucken Vulkane und heiße Quellen. An der Küste findet man geschützte Buchten, Häfen und herrliche Strände. Die touristische Attraktivität beruht weitgehend auf diesen natürlichen Vorzügen, die Bedeutung der städtischen Kultur ist weitaus geringer.

Besiedlung

Kapitän James Cooks Umseglung und Kartierung der neuseeländischen Hauptinseln im Jahr 1769 ebnete den Weg für die Einführung des industriellen Robben- und Walfangs. Gesetzlose Zustände und die Angst vor Konflikten mit der einheimischen Bevölkerung veranlassten die Briten, mit den Maori zu verhandeln. Bei Waitangi wurde 1840 ein Vertrag zwischen der britischen Krone und einigen Maori-Führern unterzeichnet. Obwohl dieser Vertrag den Schutz der Maori und ihres Landbesitzes verfügte, kam es noch bis ins 20. Jahrhundert zu Enteignungen. Nachdem in den 1970er Jahren Maori-Führer für Gerechtigkeit in dieser Frage demonstriert hatten, wurde 1975 der *Treaty of Waitangi Act* erlassen: Ein Waitangi-Tribunal sollte die Landansprüche der Maori untersuchen.

Kapitän James Cook

Die Besiedlung nach den 1840er Jahren wurde hauptsächlich von englischen und schottischen Unternehmen gesteuert. Diese Einflüsse sind in Dunedin und Christchurch noch heute deutlich zu spüren. In der früheren Hauptstadt Auckland, dem wirtschaftlichen Zentrum des Landes, herrschte hingegen schon immer eine kosmopolitische Atmosphäre. Wellingtons politischer Charakter wurde früh geprägt.

Die Besiedlung durch Europäer hatte für das Leben der Maori einschneidende Folgen

Die frühen Siedler Neuseelands rodeten ausgedehnte Waldgebiete, um die landwirtschaftlichen Nutzflächen zu erweitern. Auch der Handel mit Holz wurde ein wichtiger Wirtschaftsfaktor. Der Stolz, das Land kultiviert zu haben, fand Eingang in den Nationalgeist seiner Einwohner.

Gesellschaft

Neuseeland ist eine parlamentarische Monarchie innerhalb des Commonwealth of Nations. Staatsoberhaupt ist die britische Königin, vertreten durch einen Generalgouverneur. Das politische wie das Rechtssystem sind stark am britischen Vorbild orientiert. Bestrebungen, Neuseeland in eine Republik umzuwandeln, finden in der Bevölkerung breite Unterstützung.

Die Neuseeländer sind stolz auf ihre umfassenden Sozialreformen, die schon sehr früh erfolgten. Als erstes Land der Welt gewährte Neuseeland 1893 Frauen das Wahlrecht. Bereits 1877 wurde die allgemeine Schulpflicht eingeführt, 1938 etablierte man eine staatlich geförderte Gesundheitsversorgung, eine Altersversorgung sowie ein umfassendes soziales Netz. 1986 erklärte das Land seine Abkehr von der Atomkraft. Es gehört keinem Militärbündnis an, entsendet aber Friedenstruppen in Krisengebiete.

Der *Beehive*, ein Teil der Parlamentsgebäude in Wellington, beherbergt die Büros der Minister

Obwohl das Waitangi-Tribunal die Entschädigung von vielen enteigneten Maori ermöglichte, sorgt dieses Thema noch heute für Spannungen. In den 1960er Jahren gab es Programme zur Ansiedlung von Bewohnern der pazifischen Inseln zur Bekämpfung des Arbeitskräftemangels. Dies sowie der Zuzug vieler Asiaten haben die ethnischen Probleme verschärft.

Und dennoch berichten Besucher vor allem von der Gastfreundschaft und Offenheit der Neuseeländer,

Markt für Kunst und Kunsthandwerk in Christchurch

Die Rugby-Nationalmannschaft *All Blacks* vor einem Spiel gegen Südafrika 1999

Eigenschaften, die wohl auf die vergleichsweise guten Lebensbedingungen zurückzuführen sind: geringe Bevölkerungsdichte, hoher Lebensstandard, eher kleine Städte mit wenig Verkehrsproblemen und geringer Kriminalität sowie eine attraktive Umwelt. Doch das Interesse der Neuseeländer bleibt nicht auf ihr eigenes Land beschränkt: Sie sind bekannt als ein äußerst reisefreudiges Volk.

Maori-Kinder hoch zu Ross

Obwohl die Kluft zwischen Arm und Reich auch in Neuseeland immer größer wird, ist das gesellschaftliche Gleichgewicht noch weitgehend intakt, es existiert kein auf Abstammung basierendes Klassensystem. Mit Fleiß und Unternehmergeist lässt sich ein hoher Lebensstandard halten. Beinahe 85 Prozent der Bevölkerung leben in Städten, 75 Prozent auf der Nordinsel. In letzter Zeit nahm der Anteil der Maori wieder zu, er liegt bei rund 16 Prozent der Bevölkerung. Ihr sozialer und wirtschaftlicher Status liegt noch unter dem Durchschnitt, man erwartet aber, dass sich die Situation der Maori aufgrund der Bildungs-, Gesundheits- und Arbeitsprogramme bald verbessern wird.

Arbeitswelt und Wirtschaft

Die Landwirtschaft, hauptsächlich die Vieh- und Forstwirtschaft, ist nach wie vor der bedeutendste Wirtschaftssektor. Doch auch in der neuseeländischen Wirtschaft macht sich der Zwang zur Diversifizierung bemerkbar. Mit seinen biotechnologischen Entwicklungen gehört Neuseeland zur Weltspitze. Neuseeländische Weine erfreuen sich großer Beliebtheit, eine breite Palette an Nahrungsmitteln wird in alle Welt exportiert. Auch der Fremdenverkehr stellt eine wichtige Einnahmequelle dar, die touristische Infrastruktur

Kein ungewöhnliches Bild: Schafe im Straßenverkehr

ist sehr gut ausgebaut. Aufgrund seiner geringen Größe und der langen Transportwege in andere Länder ist Neuseeland stark von der internationalen Wirtschaftslage abhängig. Abgesehen von einigen Erdöl- und Erdgasvorkommen sind kaum mineralische Rohstoffe vorhanden. Das Land ist weltweit größter Exporteur von Milchprodukten. Steigende Exportraten in Branchen wie Informationstechnologie, Elektrotechnik und Schiffsbau stimmen zudem optimistisch.

Abendessen im Freien bei Mapua in Nelson

Die Rezession der 1980er Jahre führte zu einer Abkehr vom überreglementierten Sozialstaat und zur Privatisierung von staatlichen Unternehmen. Die beiden größten Parteien sind die Labour Party und die National Party, auch verschiedene kleinere Parteien üben politischen Einfluss aus.

Lehrer und Schüler beim Unterricht im Park

Sport und Kultur

Neuseeland ist ein Sportparadies. Beliebteste Sportart ist Rugby, auch Netball und Cricket faszinieren viele Menschen. Das segelbegeisterte Volk fiebert beim America's Cup mit. Das Unterhaltungsangebot beeindruckt durch eine Vielzahl von Auftritten internationaler Künstler. Auch Kunst und Kultur der Maori erfahren zunehmendes Interesse. In vielen Bereichen gibt es neuseeländische Pioniere: Lord Ernest Rutherford führte die erste Atomspaltung durch, Sir Edmund Hillary bestieg als erster Mensch den Mount Everest. Andere berühmte Neuseeländer sind die Schriftstellerin Katherine Mansfield, die Operndiva Kiri Te Kanawa, der Filmregisseur Peter Jackson und der Weltraumforscher Sir William Pickering.

Neuseeland ist ein sehr lebendiges, gastfreundliches und multikulturelles Land, das aufgrund der Maori- und Kolonialeinflüsse seinen einzigartigen Charakter entwickeln konnte.

Musiker sorgen für Unterhaltung in den Straßen von Auckland

Landschaften

Neuseeland ist ein geologisch vergleichsweise junges Land im Grenzbereich zwischen Australischer und Pazifischer Platte. Typisch für diese Grenzlage sind tektonische Aktivität und Vulkanismus. Ein markantes Beispiel hierfür sind die Vulkane der Southern Alps auf der Südinsel. Auch Erdbeben verändern das Gesicht der Landschaft immer wieder. Die bestimmende Charakteristik des Landes ist seine Vielseitigkeit: Berge, Seen, Flüsse, Strände, Hügel, Ebenen, Vulkane, Regenwälder und Fjorde findet man auf einer relativ kleinen Fläche.

Der Mount Ruapehu *ist überaus aktiv. Er liegt am Rand eines der größten vulkanischen Gebiete der Erde* (siehe S. 64).

Neuseelands Küstenlinie *ist mehr als 15 000 Kilometer lang. Die Küsten bieten vielfältige Ökosysteme und sind Lebensraum für eine überaus artenreiche Fauna und Flora.*

Die Ausläufer der Southern Alps trennen West- und Ostküste und schützen so die Canterbury Plains vor den Westwinden.

South Canterbury und Southern Alps
Extensive Landwirtschaft hat die einst bewaldeten Ebenen in eine von Flüssen durchzogene Weidelandschaft verwandelt. Die Southern Alps im Hintergrund sind eindrucksvolle Dokumente der geologischen Kräfte, die das Land geformt haben.

Plattentektonik

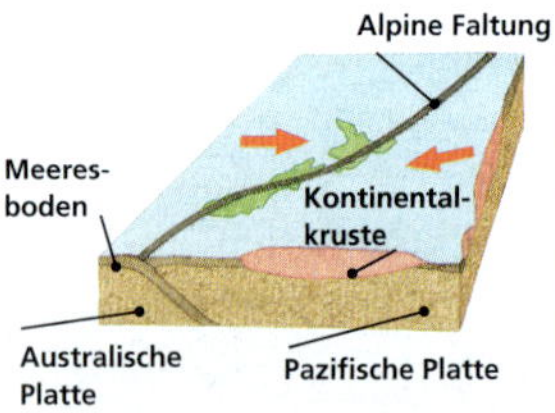

Neuseeland liegt an der Grenze von zwei der 15 tektonischen Platten, die es weltweit gibt. Auf der Nordinsel schiebt sich die Pazifische Platte unter die Australische Platte, was zur Bildung von Vulkanen führt. Auf der Südinsel schiebt sich die Australische Platte unter die Pazifische Platte, ein Resultat dieser Vorgänge sind die Southern Alps.

Tussock-Gras *bedeckt rund zehn Prozent von Neuseeland. Ein Großteil dieser Fläche war bewaldet, bevor die frühen Maori-Bewohner die Wälder bei ihrer Jagd auf Moas abbrannten.*

Die Bay of Islands *besteht aus 144 Inseln, von denen keine weiter als 50 Kilometer vor der Küste liegt. Als der Meeresspiegel in den Eiszeiten tiefer lag, waren die Inseln Teil des Festlands.*

Verzweigte Flüsse *(siehe S. 191)* transportieren Steine aus den Southern Alps und lassen fruchtbares Farmland zurück.

Schafe, die zur Woll- und Fleischerzeugung gezüchtet werden, sind in South Canterbury allgegenwärtig.

Gondwana

Bis vor rund 80 Millionen Jahren war Neuseeland Teil des Südkontinents Gondwana, der aus den heutigen Landmassen Antarktis, Australien, Indien, Afrika und Südamerika bestand. Nachdem Neuseeland abgedriftet war, entwickelten sich dort vielfältige Tier- und Pflanzenformen, die in keinem anderen Teil der Welt vorkommen.

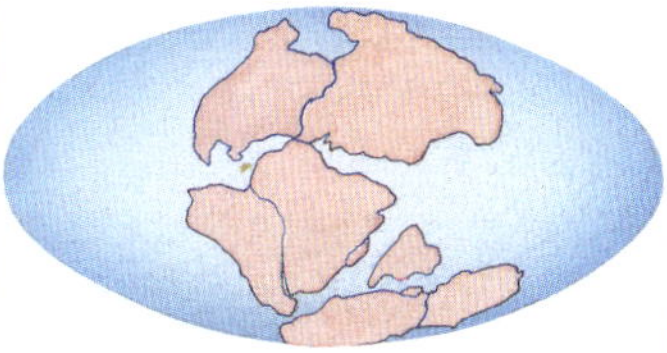

Vor 180 Millionen Jahren lag Neuseeland am Rand von Gondwana, einem der beiden Urkontinente; der nördliche Kontinent hieß Laurasia.

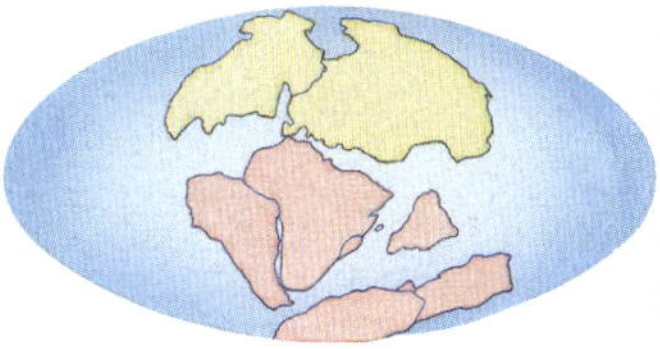

Vor 135 Millionen Jahren begannen die Teile von Gondwana auseinanderzudriften. Neuseeland war zu dieser Zeit noch mit Australien verbunden.

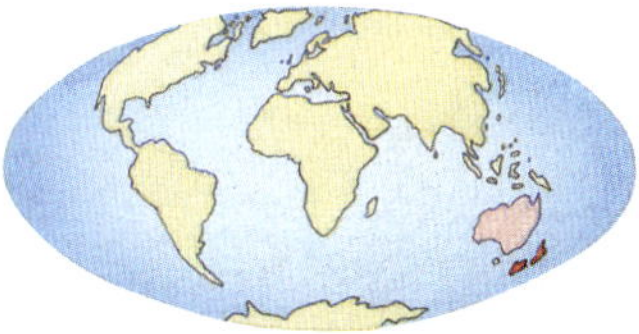

Heute trennt die Tasmansee Neuseeland von Australien. Beide Landmassen treiben immer weiter auseinander. Neuseeland bewegt sich mit einer Geschwindigkeit von etwa drei Zentimetern pro Jahr auf den Äquator zu.

Die Fjorde *im Südwesten Neuseelands, im Laufe von Jahrmillionen durch Eiszeiten geformt, gehören zu den spektakulärsten Fjorden der Welt* (siehe S. 280f). *Die Küstenlinie der Fjorde hat eine Gesamtlänge von etwa 1000 Kilometern. Der Doubtful Sound ist mit 420 Metern der tiefste Fjord. Der längste Fjord, Dusky Sound, ist stolze 40 Kilometer lang.*

Flora und Fauna

Zwergpinguin

Aufgrund der isolierten Lage Neuseelands konnten sich dort Tiere und Pflanzen entwickeln, die nirgendwo sonst auf der Welt zu finden sind. Landsäugetierarten sind dabei nur schwach vertreten, die Küstengewässer werden von Robben, Walen und Delfinen bevölkert. Flugunfähige Vögel, eine Vielzahl von Echsen, Riesenschnecken und primitiven Fröschen sowie eine bunte Vielfalt an Pflanzen machen das Land einzigartig. Neuseeland gehört zu den wenigen Ländern auf der Welt, in denen es keine landbewohnenden Schlangen gibt.

Die Tuatara *(Brückenechse) ist die einzig überlebende Art einer 220 Millionen Jahre alten Reptiliengattung. Im »Tuatarium« in Invercargill* (siehe S. 286) *können nachgezüchtete Exemplare besichtigt werden.*

Kauri-Wälder

Die Wälder in Northland werden von diesen Urwaldriesen dominiert. Ihr Holz war im Schiffs- und Hausbau so beliebt, dass sich der Bestand an Kauri-Bäumen seit Ende des 18. Jahrhunderts dramatisch verringert hat.

Kiwis *leben in den Wäldern von Nord- und Südinsel, wo sie mit ihren langen Schnäbeln nach Nahrung suchen.*

Große Wetas *(Langfühlerschrecken) sind handflächengroße, aber harmlose Bewohner der Kauri-Wälder.*

Der Ponga- oder Silberfarn *gilt heute als Nationalsymbol. Er verdankt seinen Namen der silbrigen Unterseite seiner Blätter.*

Buschland

Die niedrigen, struppigen Pflanzen bieten vielen Tierarten Lebensraum. Außerdem bilden sie die Grundlage für die Entstehung von Wäldern. Meist bedecken sie ehemals bewaldete und später abgeholzte Gebiete.

Der Grüne Gecko, *ein tagaktiver Jäger, lebt in Büschen. Im Gegensatz zu Arten, die Eier legen, bringt diese Echse lebende Junge zur Welt.*

Der Kowhai *trägt leuchtend gelbe Blüten, die im Frühling blühen. Der Nektar zieht viele verschiedene Vögel an.*

Manuka *ist ein Nektarlieferant für Bienen.*

Die Vögel Neuseelands

Neuseeland ist für seine außergewöhnliche Tierwelt berühmt. Da den Vögeln in Neuseeland keine Raubtiere wie Ratten, Katzen oder Hunde gefährlich werden konnten, bestand für sie kein Grund zu fliegen. Einige Arten wurden flugunfähig, es entwickelten sich ungewöhnlich große Vogelarten. Bei ihrer Ankunft entdeckten die Maori beispielsweise den über zwei Meter großen Moa, der allerdings schon vor einigen Jahrhunderten ausgerottet wurde. Heute werden einige der verbliebenen Vogelarten wie Kiwi, Kakapo, Takahe, Schwarze Langbeinschnäpper und Kea streng geschützt, um ihr Überleben zu sichern.

Der Kakapo *ist ein flugunfähiger, nachtaktiver Papagei.*

Kokakos *sind schlechte Flieger, aber umso bessere Sänger.*

Alpine Regionen

Die alpinen Regionen der Nordinsel beginnen bei 1300 Meter über dem Meeresspiegel, auf der Südinsel bereits bei 900 Meter. Aufgrund der extremen Klimafaktoren wachsen dort nur wenige Busch- und Gräserarten.

Küstengebiete

Felsküsten, Sandstrände und schlammige Mündungsgebiete bieten den unterschiedlichsten Tier- und Pflanzenarten Lebensraum. Manche Pflanzen können sogar in einer salzhaltigen Umgebung überleben.

Keas *sind die Bergpapageien der Südinsel. Sie stehen in dem Ruf, besonders verspielt und intelligent zu sein.*

Die »Vegetable Sheep Plant« *besteht aus Tausenden kleiner Einzelpflanzen, die die Pflanze wie Schafwolle wirken lassen.*

Gebirgspflanzen *ziehen noch in sehr großen Höhen Insekten an.*

Der Königsalbatros *nistet nach seiner Überwinterung in wärmeren Gefilden auf der Otago-Halbinsel bei Taiaroa Head* (siehe S. 266).

Der Pohutukawa *(Eisenholzbaum) ist auf der Nordinsel verbreitet und entfaltet seine volle Schönheit im Dezember.*

Neuseeländische Pelzrobben *räkeln sich auf den Felsküsten beider Inseln.*

Nationalparks und Naturschutzgebiete

Geckos

Von den schneebedeckten Vulkanen des Tongariro National Park auf der Nordinsel bis zu den steilen Klippen von Fiordland auf der Südinsel – Neuseelands Nationalparks bestechen durch faszinierende Landschaften, abwechslungsreiche Wanderwege und eine einzigartige Tier- und Pflanzenwelt. Die 14 Nationalparks nehmen mit über 30 000 Quadratkilometern rund acht Prozent der Gesamtfläche ein. Darüber hinaus gibt es zu Wasser oder zu Land viele Naturschutzgebiete. Viele dieser Areale sind in ihrem Bestand gefährdet. Beim Aufenthalt in einem Naturschutzgebiet sollte man sich entsprechend verhalten.

Der Abel Tasman National Park *lockt mit seinen goldenen Sandstränden und grün bewachsenen Klippen. Höhlen und unterirdische Flüsse graben sich durch das Landesinnere* (siehe S. 214f).

Im Aoraki/Mount Cook National Park *befindet sich neben dem längsten Gletscher auch der höchste Berg Australasiens – der Mount Cook, von den Maori Aoraki (»Wolkenaufspießer«) genannt* (siehe S. 252f).

Der Paparoa National Park *verdankt seinen Reiz den bizarren Kalksteinformationen, die von den Kräften der Tasmansee geformt wurden. Die Pancake Rocks an der Küste ähneln übereinandergestapelten Pfannkuchen* (siehe S. 236).

Der Fiordland National Park *fasziniert mit seinen schneebedeckten Gipfeln, Fjorden, Gletschertälern und -seen, Wasserfällen, Inseln und dichten Wäldern* (siehe S. 280–283).

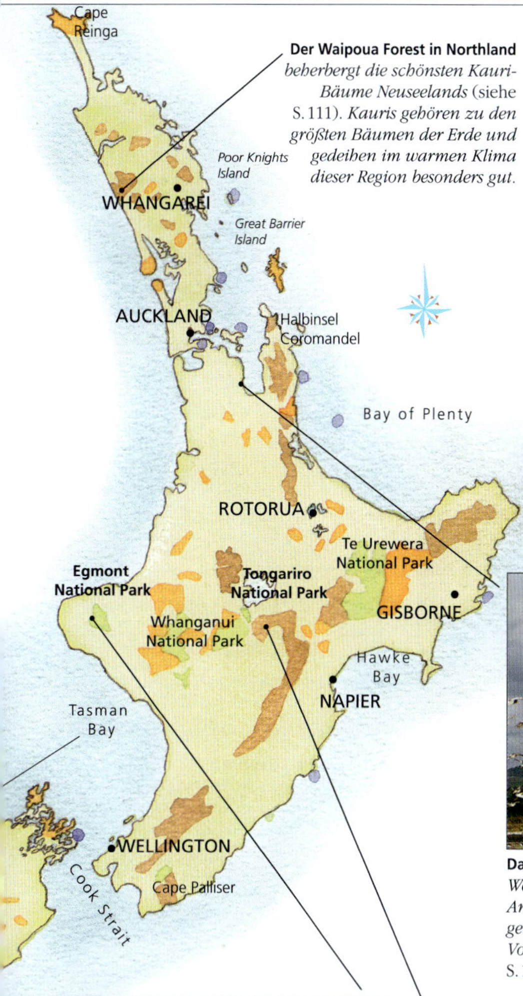

Der Waipoua Forest in Northland *beherbergt die schönsten Kauri-Bäume Neuseelands* (siehe S. 111). *Kauris gehören zu den größten Bäumen der Erde und gedeihen im warmen Klima dieser Region besonders gut.*

Das Miranda Shorebird Centre *an der Westküste des Firth of Thames ist eine Anlaufstelle für Besucher. In dem umgebenden Wattgebiet finden zahlreiche Vogelarten ausreichend Nahrung* (siehe S. 122).

Der Kratersee des Mount Ruapehu *im Tongariro National Park ist ein geologischer Hexenkessel, der die Umgebung immer wieder mit Ausbrüchen in Atem hält* (siehe S. 64f und 142f).

Mount Taranaki/Egmont, *das vulkanische Herzstück im Egmont National Park, prägt das Bild von New Plymouth. Seit seinem letzten Ausbruch im Jahr 1755 ist er nicht mehr aktiv* (siehe S. 182f).

Architektur

Die Erdbebengefahr in Neuseeland schränkt die Bauweise in Bezug auf Höhe und Struktur ein, was zusammen mit dem großzügigen Platzangebot zur Entstehung weitflächiger Siedlungen führte. Zwischen den Holzhäusern findet man immer wieder elegante Altbauten und gut erhaltene Maori-Gebäude. Viele Gebäude belegen die europäischen Wurzeln des Landes, und moderne Architektur hinterlässt mit Glas- und Betonhochhäusern auch in Neuseeland ihre Spuren. So findet man heute eine erfrischende Mischung aus heimischen und »importierten« Stilen.

Hochhäuser aus Glas und Beton in Auckland

Versammlungshäuser der Maori

Die Versammlungs- und Lagerhäuser haben Giebeldächer, die auf Pfosten ruhen. Diese tragen meist kunstvolle Schnitzereien. Die Giebelschurze symbolisieren die Arme der Ahnen, der Firstbalken das Rückgrat und die Dachbalken die Äste des Stammbaums. Viele ältere Häuser wurden renoviert oder nachgebaut *(siehe S. 131)*.

Die Figuren der Dachpfosten stehen für Vorfahren und Stammesälteste

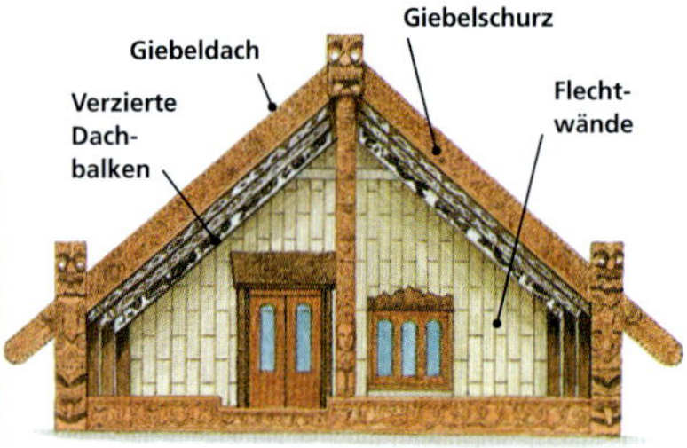

Te Tokanganui-a-Noho *bei Te Kuiti, ein gut erhaltenes Versammlungshaus von 1872.*

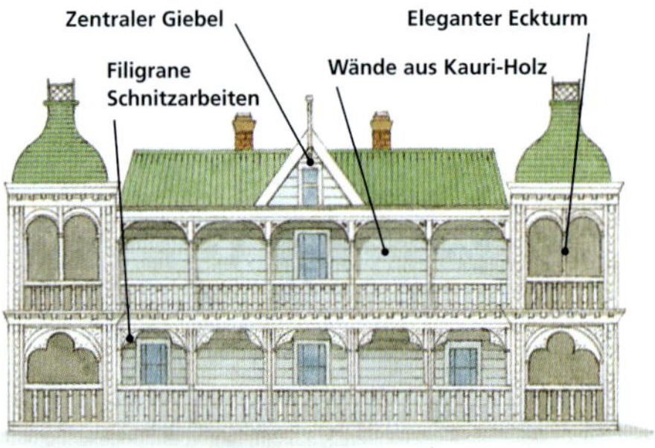

Alberton, *die zweistöckige Residenz des Farmers Allen Kerr, wurde 1862 erbaut und liegt heute mitten in Auckland.*

Privatvillen

Um die Mitte des 18. Jahrhunderts begannen reiche Farmer und Kaufleute, ihren Wohlstand durch massiv gebaute und von Architekten geplante Villen zur Schau zu stellen, die später bei Bedarf vergrößert wurden. Die meisten dieser Villen wurden im viktorianischen Stil erbaut, ein Tribut an die europäischen Wurzeln. Im Inneren dominieren meist Holzverkleidungen und reich verzierte Treppengeländer, Säulen, Decken und Leisten *(siehe S. 265)*.

Kommunalbauten

In den 1860er Jahren wurden in der Architektur die britischen Wurzeln wiederentdeckt und deshalb viele Gebäude im neogotischen Stil errichtet. Stein ersetzte Holz als bevorzugtes Baumaterial. Die Betonung lag auf vertikalen Linien und gleichmäßigen Verzierungen.

Otago University, *1878 in Dunedin im gotischen Stil erbaut, ist der Glasgow University (1870) nachempfunden.*

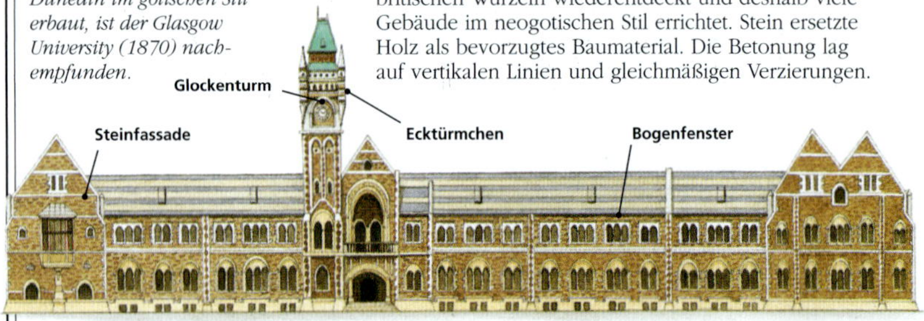

Erkervillen

Zu Beginn des 20. Jahrhunderts waren Erkervillen die bevorzugten Wohnhäuser. Oft wurde eine gesamte Straße mit identischen Häusern bebaut, meist mit Schindeln und Wellblech- oder Lehmziegeldächern versehen. Neben Häusern mit einem Erker, die einfache Verzierungen trugen, leistete sich die wohlhabendere Gesellschaft auch elegante, mehrstöckige Villen *(siehe S. 161)*.

Hölzernes Zierwerk

Handelsgebäude

Als die Wirtschaft Neuseelands Anfang des 20. Jahrhunderts zu florieren begann, ersetzten massive Handelsgebäude die Holzhäuser, die bis dahin als Läden und Lager gedient hatten. Die Baustile reichten von Klassizismus bis Barock – man wollte dem dauerhaften Erfolg und Wohlstand Tribut zollen. Hinter den beeindruckenden Fassaden mit ihren romanischen Säulen kamen jedoch meist modernere Baumaterialien wie Stahl und Stahlbeton zum Einsatz. Da diese Bautechniken mehr Freiheit in der Planung zuließen, gibt es für die Stadtgebäude dieser Zeit keinen gemeinsamen Stil.

Detailansicht einer Säule am Fuße des Turms

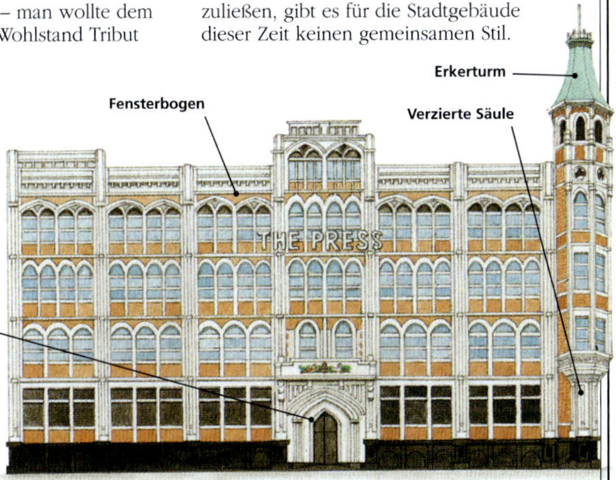

Das Press Building *in Christchurch, 1909 im gotischen Stil erbaut, weist große Fenster und einen Erkerturm auf.*

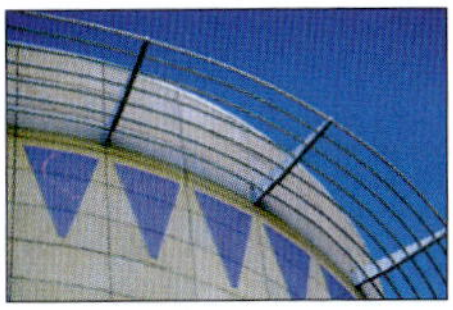

Fassade in abstrakter Architektur

Zeitgenössische neuseeländische Architektur

Obwohl auch die neuseeländische Architektur internationalen Stilen folgt, versuchen immer mehr Architekten, Neuseelands Charakteristiken – die starke Naturbezogenheit und das Erbe der Maori und Europäer – einfließen zu lassen.

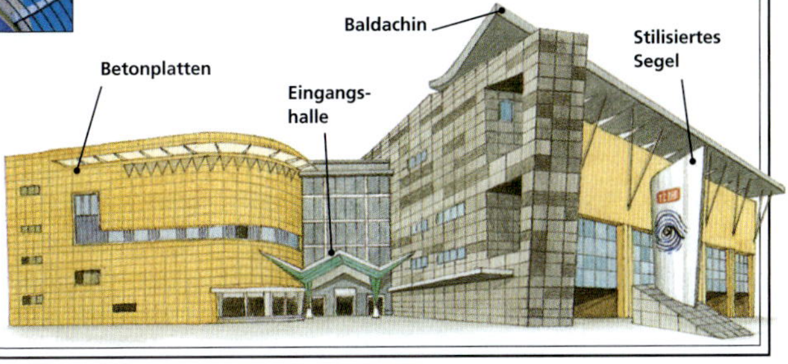

Das Museum of New Zealand Te Papa Tongarewa *wurde 1998 eröffnet und zeigt mit seinen Giebelformen Elemente der Maori-Versammlungshäuser.*

Kunst und Kultur der Maori

Jade-Anhänger

Ausgehend von den Wurzeln in der Kultur ihrer pazifischen Heimat haben die Maori eine komplexe Kultur entwickelt. Aufgrund der klimatischen Unterschiede zu ihrem Ursprungsgebiet und des verfügbaren Landes konnten sich unabhängige Stämme, Dialekte, Sitten und Kunstformen entwickeln. Die Wälder boten genügend Holz, um Versammlungshäuser und Kanus zum Transport von Nahrung und zum Einsatz in Kriegen zu bauen. Die Maori sind bekannt für ihre Holz-, Knochen- und Steinschnitzereien sowie für ihre Flecht- und Webkunst. In ritualisierten Tänzen und Gesängen halten sie die Traditionen und das Wissen ihrer Vorfahren lebendig.

Für ein *moko* *(Tätowierung) werden Linien in die Haut geritzt und mit Pigmenten gefärbt. Die Tradition wurde wieder belebt, einige junge Maori tragen heute* mokos.

Schnitzkunst

Die nahezu unbegrenzte Verfügbarkeit von geeignetem Holz und die Vielzahl an Steinen (u.a. Obsidian), die sich zur Werkzeugherstellung eigneten, ermöglichten es den Maori, die traditionelle pazifische Schnitzkunst fortzuführen. Heute hat die Rückbesinnung auf das Erbe der Maori zu einem Wiederaufleben dieser Tradition geführt. Im Te Puia, einem Maori-Kunst- und Handwerkszentrum in Rotorua, werden die alten Techniken der Holz-, Knochen- und Jadeschnitzerei vermittelt und feine, hochwertige Anhänger, Kämme und Kultgegenstände hergestellt *(siehe S. 138)*.

Schnitzerei *im Maori Affairs Select Committee Room des Parlamentsgebäudes in Wellington.*

Die Augen der Figuren werden aus schillernden Paua-Muscheln hergestellt

Parallele Furchen und Perlenreihen – charakteristisch für Maori-Schnitzereien

Taurapa *(Achtersteven eines Kanus), Mitte 19. Jahrhundert im Stil des Arawa-Stammes aus der Gegend um Rotorua hergestellt.*

Gebogene Linien – typische Elemente der Maori-Kunst

Tanz und Gesang

Lieder und Tänze nehmen im Leben der Maori einen hohen Stellenwert ein und sind fester Bestandteil des rituellen Lebens. Der anmutige *Poi*-Tanz wird im Gegensatz zu vielen anderen Tänzen ausschließlich von Frauen getanzt.

Der haka *ist ein Kriegstanz und -gesang, der nur von Männern ausgeführt wird. Grimassen sollen dabei den Gegner einschüchtern.*

Flecht- und Webearbeiten *aus Flachs, Gräsern oder Vogelfedern werden von Frauen hergestellt. Diese* kete whakairo, *eine verzierte Flachstasche, stammt aus den Jahren nach 1880.*

Mäntel und Umhänge *sind fester Bestandteil der traditionellen Maori-Bekleidung und werden aus verschiedenen Materialien hergestellt, z.B. aus Flachs, Federn oder Hundsleder. Der Kupferstich von Sydney Parkinson (1745–71) zeigt einen Krieger.*

Poi-Kugeln sind mit Gräsern ausgestopft und mit gewobenen Flachsfasern überzogen.

Lieder werden nicht nur gesungen, sondern mit dem ganzen Körper vorgetragen: Arme, Hände, Beine und Gesichtsausdruck spielen eine wichtige Rolle.

Röcke werden aus Flachsstreifen hergestellt, die an Gürteln hängen. Die Blätter sind getrocknet, damit sie sich eindrehen.

Frühe Maori-Waffen *wurden aus Holz, Stein und Knochen hergestellt und im Nahkampf eingesetzt. Diese* wahaika, *eine kurze hölzerne Kriegskeule aus dem frühen 19. Jahrhundert, kam als Schlagwaffe zum Einsatz.*

Zeitgenössische Maori-Kunst

Ein Beispiel für das Wiederaufleben der Maori-Kunst ist der Künstler Cliff Whiting, der in seinen Werken die überlieferte Schöpfungsgeschichte interpretiert. Dazu verwendet er sowohl traditionelle als auch moderne Materialien und Techniken. Hier stellt er dar, wie der Gott der Wälder Tane Mahuta den Himmel-Vater Ranginui und die Erden-Mutter Papatuanuku trennt, um Licht in die Welt fluten zu lassen.

Wandgemälde von Cliff Whiting (1974), das die Trennung von Ranginui und Papatuanuku darstellt

Bildende Kunst und Literatur

Tuis (1888), Lithografie von J. G. Keulemans

Nach der Entdeckung Neuseelands durch die Europäer begannen Botaniker, Landvermesser und Maler die verschiedenen Aspekte der neuseeländischen Fauna und Flora sowie der Maori und ihrer Siedlungen aufzuzeichnen. Außerdem erschienen in der britischen Presse viele Berichte und Kommentare, die Beschreibungen und Analysen des neuen Landes boten. Gedichte, Novellen und Gemälde aus dem späten 19. Jahrhundert folgten noch stark europäischen Traditionen, erst im 20. Jahrhundert kristallisierten sich eigenständige Elemente in Kunst und Literatur heraus.

Bildnis eines Maori-Häuptlings, Charles Frederick Goldie (1870–1947)

Bildende Kunst

Das soziale Klima war nicht günstig für die ersten Künstler in Neuseeland. Viele Siedler entstammten der Arbeiterklasse und hatten im täglichen Überlebenskampf wenig Sinn für Kunst. Bei den Wohlhabenderen galt Kunst lediglich als Zeitvertreib für Damen. Viele ernst zu nehmende Kunstwerke stammen von Malern, die Neuseeland besuchten, z. B. der Engländer William Hodges, der Italiener Girolamo Pieri Nerli und der Holländer Petrus van der Velden, die das ungezähmte Land unter verklärten Aspekten betrachteten.

Einige Neuseeländer besuchten europäische Akademien, z. B. Charles Frederick Goldie, der die Maori in seinen Werken als trauriges und verlorenes Volk porträtierte. Zu Anfang des 20. Jahrhunderts hatten sich auch Kunstakademien in Neuseeland etabliert, doch viele Maler fühlten sich zur impressionistischen Bewegung Europas hingezogen und verließen das Land. Frances Hodgkins, die 1901 nach Europa ging, wird zwar als bedeutende neuseeländische Künstlerin angesehen, ihren Ruhm erwarb sie sich allerdings während ihrer Zeit in Europa.

Im Lauf der 1920er Jahre brachten in Großbritannien ausgebildete Künstler wie Robert Field und Roland Hipkins die in Europa bereits etablierten »radikalen« Ideen ins Land. Expressionistische, kubistische und abstrakte Einflüsse zeigen sich in den Arbeiten John Weeks, Rhona Haszards und Louise Hendersons. In den 1940er Jahren versuchten viele Künstler im Modernismus den »nationalen« Charakter des Landes und seiner Menschen auszudrücken. Eric Lee-Johnson, Sir Tosswill Woollaston, Russell Clark, Rita Angus und William Sutton versuchten, den grundlegenden Geist des Landes zu definieren, anstatt oberflächliche Beschreibungen anzufertigen.

Erst 1954 zeigte die Auckland Art Gallery eine Ausstellung abstrakter neuseeländischer Malerei, die öffentliche Entrüstung hervorrief. Künstler wie Louise Henderson, Colin McCahon, Don Peebles und Rudy Gopas begannen jedoch in unabhängigen Galerien auszustellen, die sich in größeren Städten etablierten.

Die plastische Kunst entstand spät, obwohl Len Lye seine kinetischen Arbeiten bereits 1950 begann. Er zog nach New York, doch in der Govett-Brewster Gallery in New Plymouth *(siehe S. 180)* befindet sich eine umfassende Sammlung seiner Werke. In den 1960er Jahren wurden moderne Skulpturen von Jim Allen, Greer Twiss, Marte Szirmay, Terry Stringer, Neil Dawson und Paul Dibble für öffentliche Plätze in Auftrag gegeben.

Seit den 1970er Jahren ist die Zahl der neuseeländischen Künstler stark angestiegen. Darunter tun sich hervorragende Maori-Künstler wie Ralph Hotere, Para Matchett, Fred Graham und Shona Rapira Davies hervor.

Trockener September (1949), Öl auf Leinwand, von William Sutton

Skulpturengruppe *Nga Morehu* (Die Überlebenden, 1988) von Shona Rapira Davies

Literatur

In den 1860er Jahren begann die neuseeländische Literatur Beachtung zu finden. *Erewhon* (1872) von Samuel Butler beschreibt das Leben auf der Südinsel. *A History of New Zealand Birds* (1873) von Sir Walter Buller gilt mit detaillierten Berichten und Illustrationen noch heute als Meisterwerk. 1898 erschien die Geschichte Neuseelands in Romanform, *The Long White Cloud* von William Pember Reeves.

Jane Manders *Story of a New Zealand River* (1920) fand wegen ihrer Beschreibung des kolonialistischen Lebens sehr viel Beachtung. Katherine Mansfield gilt mit ihrer Kurzgeschichtensammlung *Bliss (Seligkeit)* als Begründerin der eigenständigen neuseeländischen Literatur.

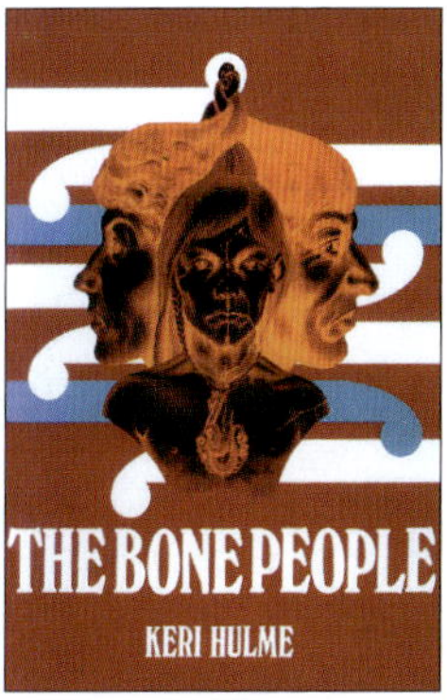

Originalausgabe des Romans *Unter dem Tagmond* von Keri Hulme

Die in Wellington geborene Literatin wurde in London ausgebildet. Sie kehrte kurzzeitig nach Neuseeland zurück, verbrachte aber den größten Teil ihres Lebens in Europa. Ihre Werke, die durch ihre scharfen Beobachtungen bestechen, basieren jedoch meist auf ihren Kindheitserinnerungen in Neuseeland. Sie starb 1923 im Alter von nur 34 Jahren.

Katherine Mansfield

In den 1930er Jahren begann die Entstehung eines eigenständigen neuseeländischen Stils. Dieser war geprägt von landestypischen Idiomen und der Thematisierung der rauen Landschaft und ihrer Bewohner. Die Erfahrungen, die viele Neuseeländer während der beiden Weltkriege gesammelt hatten, verliehen ihnen eine neue Sichtweise ihres Landes und ihrem Schreibstil mehr Prägnanz. Typisch dafür ist der Dichter Allen Curnow mit seinem Werk *Landfall in Unknown Seas*, einer eindringlichen Schilderung eines Besuchers in einem fremdartigen, aber anziehenden Land.

In den 1950er Jahren läuteten unter anderem Denis Glover, Robin Hyde, Frank Sargeson und Ruth Dallas eine Periode substanzieller Produktivität ein. Romanautoren wie John Mulgan, Dan Davin, Roderick Finlayson und der Lyriker James K. Baxter gingen über zu kritischen Betrachtungen einer konformen und konventionellen Gesellschaft, die beunruhigende Wahrheiten versteckt und verdrängt.

Der Historiker und Dichter Keith Sinclair stellte in seiner 1961 erschienenen *History of New Zealand (Geschichte Neuseelands)* als einer der Ersten die vorherrschende Version der neuseeländischen Geschichte infrage, die die Dominanz der kolonialen Einwanderer über die »primitiven« Ureinwohner guthieß und die Besiedlung des Landes einseitig interpretierte. Dick Scotts Forschungsergebnisse in *Ask that Mountain* (1975) behandeln diese Fragen unter realistischen Gesichtspunkten. Heute beweisen Schriftsteller wie Fiona Kidman, C.K. Stead, Maurice Gee, Fleur Adcock und der Historiker Michael King diesbezüglich eine aufgeklärtere Denkweise.

Viele Maori-Literaten gelten als Sprachrohr ihres Volkes, z.B. Witi Ihimaera, Patricia Grace und Hone Tuwhare. 1985 gewann Keri Hulme den angesehenen »British Booker Prize« mit *The Bone People (Unter dem Tagmond)*. Alan Duffs Roman *Warriors*, der die Unruhe der Maori in den Städten zum Ausdruck bringt, wurde später verfilmt. Sylvia Ashton-Warners Roman *Spinster (Quelle meiner Einsamkeit)* über provinzielle Verhaltensmuster wurde in den USA verfilmt, ebenso Ian Cross' *God Boy*, eine Auseinandersetzung mit Jugend und Religion.

James K. Baxter

Landwirtschaft und Gartenbau

Individueller Briefkasten

Obwohl rund 85 Prozent der Bevölkerung in Städten leben, ist Neuseeland stark landwirtschaftlich orientiert. Die Agrarindustrie beansprucht rund zwei Drittel der Gesamtfläche und erwirtschaftet annähernd zwei Drittel aller Exporteinnahmen. Die traditionelle Form der Landwirtschaft konzentriert sich auf die Zucht von Schafen und Rindern, andere Nutztiere wie Hirsche, Ziegen, Schweine und Geflügel gewinnen jedoch immer mehr an Bedeutung. In den fruchtbaren Regionen an der Küste und im Landesinneren werden Obst und Gemüse angebaut.

Die Kiwi (siehe S. 129), *vorwiegend in der Bay of Plenty angebaut, wird in mehr als 50 Länder der Erde exportiert. Neuseeland liefert etwa ein Viertel der Weltproduktion.*

Äpfel und Birnen *werden vorwiegend in Hawke's Bay und Marlborough/ Nelson angebaut. Etwa 18 Millionen Kartons werden in jedem Jahr exportiert.*

Plastikplanen schützen die empfindlichen Beerenfrüchte vor Frost.

Baumreihen zwischen den Plantagen dienen als Windschutz.

Kiwis wachsen wie Reben, gestützt von Holzspalieren.

Pfirsiche *und anderes Kern- und Steinobst wie Aprikosen, Nektarinen, Pflaumen und Kirschen findet man besonders in Hawke's Bay und Central Otago.*

Gartenbau

Obwohl das Land hauptsächlich als Weideland genutzt wird, sind inzwischen auch ausgedehnte Flächen bepflanzt. Das milde Klima und die fruchtbaren Böden der Küstenregionen Bay of Plenty, Gisborne, Hawke's Bay, Nelson und Otago begünstigen den Obstanbau mit den verschiedensten Kern- und Steinobstarten sowie Zitrusfrüchten und Beeren.

Weideland

Die 32 Millionen Schafe und zehn Millionen Rinder Neuseelands liefern Fleisch, Wolle, Milchprodukte und Leder. Milchkühe werden überwiegend im Flachland gehalten, die Zucht von Rindern und Schafen erfolgt im Hügelland. Auch Hirsche, Ziegen und andere Nutztiere gibt es auf beiden Inseln.

Die meisten Schafe *in Neuseeland gehören der Romney-Rasse an, die sich für Fleisch- und Wollproduktion gut eignet.*

Die schwarz-weiße *Friesisch-Holsteinische Milchkuh ist wegen ihrer hohen Milchleistung die beliebteste Rasse.*

Getreide und Feldfrüchte

Welzen und Knob-lauch in Marlborough

In den Ebenen der Südinsel sieht man viele Getreidefelder, besonders in Canterbury und Southland. Weizen und Hafer werden für den Eigenverbrauch, zum Mahlen und als Viehfutter angebaut, der überwiegende Teil der Gerste wird in den Brauereien Neuseelands zum Mälzen verwendet. In den sehr fruchtbaren Küstenregionen auf der Nord- und Südinsel wird zudem in großem Stil Gemüse angepflanzt. Charakteristisch blühende Pflanzenarten wie Sonnenblumen, Lavendel und Knoblauch sind neu im Landschaftsbild und verleihen ihm zusätzlich Farbe und Vielfalt.

Großes Sonnenblumenfeld in Palmerston North

Das Auslesen und Verpacken geschieht in großen Hallen.

Zitrusbäume werden in langen Reihen angebaut.

Zitrusfrüchte *wie Grapefruits und subtropische Früchte wie Avocados, Tamarillos, Persimonen und Pepinos wachsen neben Kiwis in kleinen Obstgärten in den wärmeren Gebieten der Nordinsel (Northland sowie um Auckland und in der Bay of Plenty), Beerenfrüchte wie Himbeeren oder Brombeeren findet man eher auf der kühleren Südinsel.*

Grapefruits

Avocados

Pepino

Persimone

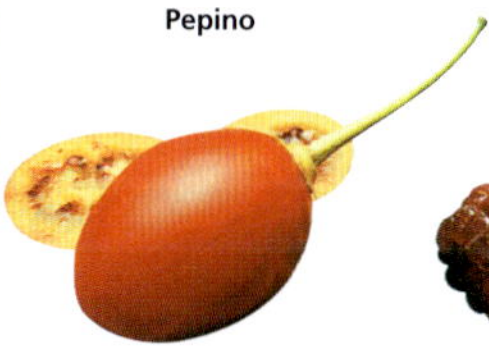

Tamarillo

Brombeeren

Trauben *werden vor allem für die Weinproduktion angebaut* (siehe S. 36f)*. Marlborough, Canterbury, Gisborne und Hawke's Bay sind die Hauptanbaugebiete für Wein. Gelegentlich werden auch Tafeltrauben geerntet.*

Hirsche *züchtet man in rund 3000 Betrieben. Wildbret erzielt auf dem Weltmarkt gute Preise, vor allem in Asien.*

Ziegen *liefern Milch, Fleisch und Mohairwolle – sowohl für den Eigenbedarf als auch zur kommerziellen Verwertung.*

Strauße *(wie hier im Bild) und Emus gehören zu den Tieren, deren Fleisch auch in Europa immer beliebter wird.*

Weine

Etiketten von Corbans Longridge

Obwohl die ersten Rebstöcke bereits kurz nach 1830 gesetzt wurden, machte sich Neuseeland erst ab den 1980er Jahren einen guten Namen für seine exzellenten Weine. Die Weinbauern begannen, sich auf Weißweine wie Sauvignon Blanc und Chardonnay zu konzentrieren. Die Anzahl der Weingüter und Kellereien ist seither auf nahezu 640 angestiegen, im Jahr 2010 wurden etwa 142 Millionen Liter Wein exportiert. In weniger als 20 Jahren gelang es den Winzern, Weine mittlerer Qualität so weiterzuentwickeln, dass neuseeländische Weine heute zu den besten der Welt gehören. Das macht sich bezahlt: Mittlerweile erfreut sich Wein auch in Neuseeland großer Popularität.

Ein Besuch *auf einem Weingut zur Weinprobe oder zum Essen ist immer empfehlenswert.*

James Busby

James Busby (1800–1871), der von der britischen Regierung im Jahr 1833 als Gesandter nach Neuseeland geschickt wurde, gehörte zu den ersten Weinbauern des Landes. Busby hatte sich bereits in Frankreich intensiv mit Weinanbau beschäftigt und war maßgeblich am Aufbau der Weinindustrie von Hunter Valley, Australien, beteiligt. Der französische Forscher Dumont D'Urville schwärmte von Busbys Weißweinen, die er im Jahr 1840 während seines Besuchs in der Bay of Islands kostete.

Marlborough *ist Neuseelands wichtigstes Weinanbaugebiet* (siehe S. 206f). *Das weite Wairau-Tal bietet optimale Bedingungen für eine schonende Reifung und somit ideale Voraussetzungen für die Herstellung eines exzellenten Sauvignon Blanc.*

Französische Siedler begannen bereits um das Jahr 1840 mit Weinbau auf der malerischen Halbinsel Banks *(siehe S. 230f)*. Auch Waipara nördlich von Christchurch *(siehe S. 232f)* wurde ein bedeutendes Weinanbaugebiet.

Gibbston Valley Wines *in Central Otago* (siehe S. 278) *erzeugt Weine aus den Rebsorten Pinot Noir, Chardonnay, Pinot Gris und Riesling. Die Weinkeller liegen im Felsen hinter dem Gut.*

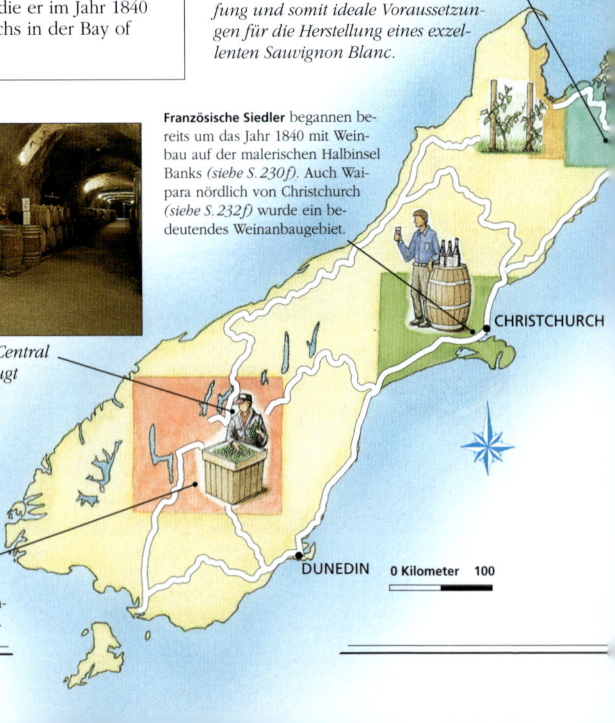

Die Wachstumsperiode in Central Otago ist kurz, doch hier werden große Mengen an Pinot Noir produziert.

Dalmatinische Kroaten, *die im Henderson Valley leben, gehören zu den Pionieren der modernen Weinindustrie* (siehe S. 87).

Mills Reef Winery *in Tauranga in der Bay of Plenty verkauft Weine sowohl in der Kellerei als auch im Restaurant.*

In Hastings findet jedes Jahr die Benefizveranstaltung Hawke's Bay Vintners' Charity Wine Auction statt *(siehe S. 150f).*

Te Mata Estate, *ein Weingut, in dem nur Trauben aus Hawke's Bay verarbeitet werden, gehört zu den ältesten Neuseelands* (siehe S. 150f) *und ist berühmt für seinen Coleraine Cabernet Merlot.*

Wairarapa ist Neuseelands jüngstes Weinanbaugebiet. Die Zahl der Kellereien ist von vier auf rund 30 gestiegen.

Martinborough, *das Zentrum des Weinbaus in Wairarapa, ist ein beliebtes Ausflugsziel. Dort findet jedes Jahr das Martinborough Wine and Food Festival statt* (siehe S. 172).

Neuseelands Rebsorten

Die besten Weine **Northlands** sind die vollmundigen Rotweine, besonders der Merlot. Das Gebiet um **Auckland** ist ebenfalls vorwiegend eine Rotweinregion, die sich auf den Cabernet Sauvignon konzentriert. Die bekanntesten Weine in **Waikato**, in der **Bay of Plenty** und in **Gisborne** sind die Chardonnays. **Hawke's Bay** ist für seine erstklassigen Chardonnay und Cabernet bekannt. In **Wairarapa** gehört der Pinot Noir zu den häufigsten Rebsorten. In **Marlborough** produziert man einen vorzüglichen Sauvignon Blanc, einige Chardonnay-Weine und Sekt. Die kleinen Weinbaugebiete von **Nelson**, z. B. das in **Canterbury**, keltern Chardonnay, Pinot Noir und Riesling. **Central Otago** gehört weltweit zu den bedeutendsten Weinregionen für die Produktion von Pinot Noir.

LEGENDE

- Northland
- Auckland
- Waikato und Bay of Plenty
- Gisborne
- Hawke's Bay
- Wairarapa
- Marlborough
- Nelson
- Canterbury
- Central Otago

Sport

Sport war schon immer fester Bestandteil des kulturellen und gesellschaftlichen Lebens Neuseelands. Die Maori liebten es, Wettkämpfe im Pferderennen, Ringen, Surfen und Kanufahren auszutragen. Losgelöst von Klassenunterschieden stellten die europäischen Siedler in Neuseeland fest, dass sie jetzt auch wesentlich mehr Freiheiten in ihrer Freizeitgestaltung hatten. Die Begeisterung der Neuseeländer für Unternehmungen im Freien hat nicht zuletzt dazu beigetragen, dass Neuseeland im internationalen Sport erfolgreich ist und im Verhältnis zur Einwohnerzahl überproportional viele Spitzensportler hervorbringt.

Zum Lake Taupo International Trout Fishing Contest *reisen Teilnehmer aus der ganzen Welt an, um Forellen zu angeln.*

Die NZ Golf Open *werden jedes Jahr auf verschiedenen Golfplätzen ausgetragen.*

Der New Zealand Winter Cup in Addington, Christchurch, gehört zu den berühmtesten Trabrennen.

Januar | Februar | März | April | Mai | Juni

Die Auckland Anniversary Regatta, an der mehr als 600 Yachten teilnehmen, ist eine der größten Segelregatten der Welt.

Der Wellington Cup *wird – wie die meisten Pferderennen – im Sommer ausgetragen.*

Bei der NZ Rally Championship *liefern sich die Teilnehmer auf der anspruchsvollen Strecke ein spannendes Rennen.*

Die National Dragon Boat Championships *finden im Lambton Harbour von Wellington statt.*

Die Provincial Trophy *gehört zu den wichtigsten Cricket-Veranstaltungen in Neuseeland. Cricket ist neben Rugby Nationalsportart und zieht Scharen von Zuschauern an.*

Bei der Adventure Racing World Championship *wird jedes Jahr ein anderer Kurs gefahren. Neben dem Fahrrad müssen die drei bis fünf Mitglieder jeder Mannschaft auch Kajaks oder Flöße benutzen, um Seen und Flüsse zu überqueren.*

Die NZ Women's Open *werden jedes Jahr veranstaltet und ziehen immer viele Weltklassespielerinnen an.*

Beim Air New Zealand Cup, *dem Höhepunkt der Rugby-Saison, wird der begehrteste Rugby-Pokal verliehen.*

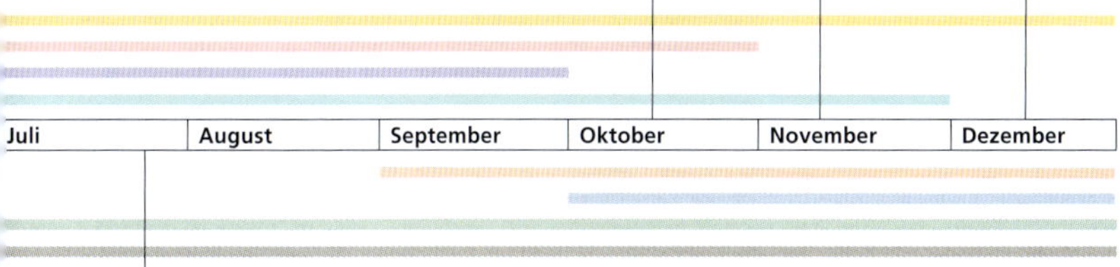

Das World Heli-Challenge *in Wanaka ist nur eines der vielen Abenteuersport-Events in Neuseeland.*

LEGENDE

- Cricket
- Golf
- Pferderennen
- Rasenhockey
- Netball
- Rugby
- Skifahren
- Rettungsschwimmen

Black Magic

Keine andere Sportart erzeugt in Neuseeland ähnliche Begeisterung wie Rugby. Der in den 1870er Jahren von den Engländern eingeführte Sport fand bald unzählige Anhänger. Die absoluten Helden sind die All Blacks. 1888 tourte ein neuseeländisches Team durch Großbritannien und trug dabei schwarze Uniformen. Bekannt unter dem Namen »Blacks« waren diese Spieler die Vorläufer des ersten All-Black-Teams, das die Briten 1905 schlug. Die schwarze Kleidung übernahmen später andere Nationalteams Neuseelands. 2011 wurde das nationale Rugby-Team im eigenen Land Weltmeister. Das neuseeländische Cricket-Team trägt den Spitznamen Black Caps, das Basketball-Team wird Tall Blacks genannt.

All-Black-Star Jonah Lom

Das Jahr in Neuseeland

Die Jahreszeiten Neuseelands verlaufen entgegengesetzt zu denen auf der nördlichen Halbkugel. Der Frühling hält im September Einzug, der Sommer beginnt im Dezember, der Herbst dauert von März bis Mai, die Wintermonate sind Juni, Juli und August. Die Temperaturen auf der Südinsel sind etwas niedriger als auf der Nordinsel. Am häufigsten regnet es im Winter, die Sommermonate sind relativ trocken. Besucher sollten sich auf unvorhergesehene Wetterwechsel einstellen, besonders wenn sie längere Touren in der Natur planen. Das maritime Klima und die geografische Lage Neuseelands bedingen starke Winde, die vorherrschend von West nach Ost wehen. Das können leichte Brisen sein, aber auch tobende Stürme.

Plakat des Arts Festival

Frühling

Mit Beginn des wärmeren Wetters werden die Rugby-Pfosten von den Spielfeldern entfernt, und die Cricketspieler üben ihre Schläge. Die Saison der Garten- und Modeschauen sowie der Pferderennen hat begonnen.

September

Hastings Blossom Festival *(zweite Woche)*. Für das größte Obstanbaugebiet beginnt eine neue Saison, deren Höhepunkte Konzerte und eine Blütenparade sind.
Air New Zealand Fashion Week *(Mitte Sep)*, Auckland. Top-Modedesigner präsentieren ihre neuesten Kollektionen. Im Publikum sitzen Kunden aus aller Herren Länder.

Model bei der Air New Zealand Fashion Week *(Sep)*

Vorstellung der Rinder bei der Showtime Canterbury *(Nov)*

World of WearableArt Awards (WOW) *(Ende Sep)*, Wellington. Hier wird Kunst auf der Haut getragen. Im Museum in Nelson werden Gewinner vergangener Jahre gezeigt.

Oktober

Rotorua Trout Festival *(Anfang Okt)*. Dieser Wettbewerb im Forellenfischen zu Beginn der Forellensaison wird ausgelassen gefeiert.
Dunedin Rhododendron Festival *(Ende Okt)*. Rhododendren verwandeln u.a. den Dunedin Botanic Garden in ein Blütenmeer.
Taranaki Rhododendron Festival *(letzte Woche)*. Mehr als 100 Gärten zeigen ihre Pracht *(siehe S. 180)*.

November

Showtime Canterbury, Christchurch. Zu den zentralen Attraktionen zählen die Agricultural & Pastoral Show, Pferderennen und Konzerte.
Adventure Racing World Championship *(Mitte Nov)*, Buller. Ein Abenteuerrennen durch eines der schwierigsten Gelände der Südinsel.
Toast Martinborough *(Mitte Nov)*, Wairarapa. Hier werden die besten Weine und regionale Spezialitäten serviert, während Künstler für Unterhaltung sorgen.
Pohutukawa Festival *(Ende Nov–Mitte Dez)*, Coromandel. Bei diesem zwei Wochen dauernden Festival präsentiert sich Coromandels reiche Kunst- und Kulturszene.

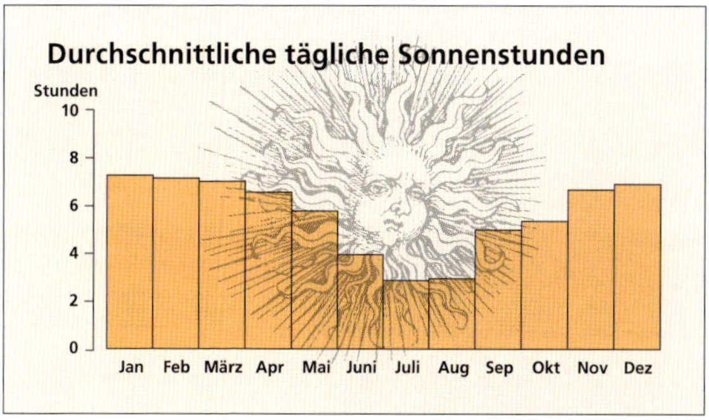

Sonnenschein
Die Werte gelten für Wellington und andere Großstädte. In Nelson und Blenheim auf der Südinsel sowie in Tauranga, Napier und Gisborne auf der Nordinsel scheint die Sonne öfter als in anderen Gebieten. Am wenigsten Sonnenschein gibt es im südlichen Teil der Südinsel.

Sommer

Obwohl viele Neuseeländer einmal im Jahr während der Sommerferien ans Meer, an einen See oder in die Berge fahren, bleiben die Läden – außer an Weihnachten und Neujahr – geöffnet. Während der Ferienzeit herrscht in den Städten mittlerweile reger Betrieb.

Dezember

Kepler Challenge *(Anfang Dez)*, Te Anau. Jährlich stattfindender Dauerlauf entlang dem Kepler Track *(siehe S. 283)*, der durch eine malerische Landschaft führt.
Festival of Lights *(Weihnachten bis Feb)*, New Plymouth. Eine besondere Festbeleuchtung im Pukekura Park und in den Straßen der Stadt. Musik- und Tanzeinlagen finden jeden Abend im Park statt *(siehe S. 181)*.

Januar

Nelson Jazz Festival *(Anfang Jan)*. Eine Woche lang sind Talente aus Neuseeland und anderen Ländern zu sehen (Teil des Festivals »Summer in Nelson«).
New Zealand Kite Festival *(Ende Jan)*. Drachenflieger aus Neuseeland und anderen Ländern treffen sich zum Wettbewerb.
New Zealand Gliding Grand Prix *(Ende Jan)*, Omarama. Die besten Segelflieger der Welt treten gegeneinander an.

Maori-Vorführung am Waitangi Day ***(6. Feb)***

World Buskers Festival *(Ende Jan)*, Christchurch. Zehn Tage Kunstfestival auf der Straße.

Februar

Waitangi Day *(6. Feb)*, Waitangi National Trust. Tag zum Gedenken an die Unterzeichnung des Vertrags von Waitangi *(siehe S. 104f)*.

Auckland Anniversary Regatta – ein Höhepunkt für Segler ***(Feb)***

Hawke's Bay Wine and Food Festival *(erste Woche)*. Zu diesem dreitägigen Weinfest öffnen Weingüter ihre Tore.
Auckland Anniversary Regatta *(Anfang Feb)*. Bis zu 600 Yachten nehmen im Waitemata Harbour an der größten Tagesregatta der Welt teil *(siehe S. 73)*.
Aotearoa Traditional Maori Performing Arts Festival *(Anfang Feb, an geraden Jahren)*, Waikato. Ein Festival mit dem Thema Kunst und Kultur der Maori.
Wine Marlborough *(zweiter Sa)*, Blenheim. Weine und Spezialitäten in idyllischem Weingut-Ambiente *(siehe S. 208)*.
Art Deco Weekend *(dritte Woche)*, Napier. Hier leben die 1930er Jahre noch einmal auf: Tanz, Filme, Fahrten in Oldtimern und Flüge in alten Flugzeugen.
Garden City Festival of Flowers *(dritte Woche)*, Christchurch. In ganz Neuseeland bekannte Blumenschau.

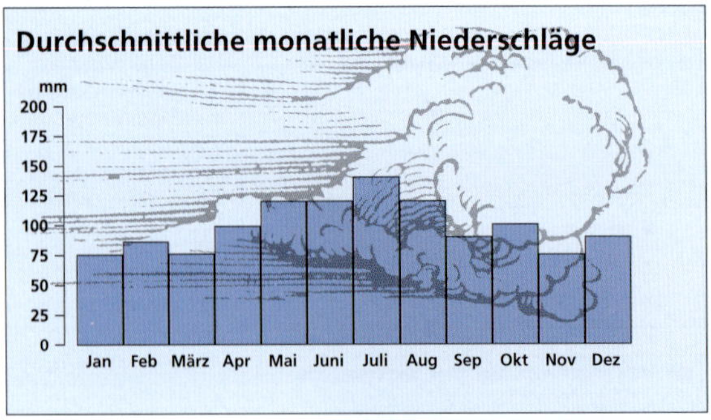

Niederschläge
Die Verteilung der Niederschläge ist in Neuseeland ganz unterschiedlich. Die Westküste ist feuchter als die Ostküste. In den meisten Gebieten regnet es im Winter und im Frühling häufiger als im Sommer und Herbst. Die Angaben hier beziehen sich nur auf Wellington.

Herbst

Im Herbst ist das Wetter am beständigsten – es ist eine Mischung aus milden, windstillen Tagen, an denen es immer noch warm genug ist, um vielen Sommervergnügen nachzugehen. Zur Erntezeit finden viele Weinfeste statt. Beliebt sind auch Wanderungen, Fischen und Jagen.

Balloons Over Waikato Festival *(Apr)* in Hamilton

März

New Zealand International Arts Festival *(Feb–Mitte März, an geraden Jahren)*, Wellington. Angesehene Künstler geben sich ein Stelldichein *(siehe S. 156f)*.
National Dragon Boat Championships *(Chinesisches Neujahr)*, Wellington. Teams liefern sich ein Rennen am Lambton Harbour.
Golden Shears *(erste Woche)*, Masterton. Die besten Schafscherer der Welt treten in Aktion *(siehe S. 173)*.
Pasifika Festival *(zweite Woche)*, Auckland. Kunst der Pazifikinseln *(siehe S. 93)*.
Ellerslie Flower Show *(März)*, Christchurch. Riesige Blumenausstellung im Hagley Park *(siehe S. 227)*.
Wildfoods Festival *(Mitte März)*, Hokitika. Opossum-Eintopf und Larven des Huhu-Käfers stehen auf der Speisekarte.
Round the Bays Run *(Ende März)*, Auckland. Mit 60 000 Teilnehmern eines der größten Volksrennen der Welt.
Ngaruawahia Regatta *(Ende März)*, Ngaruawahia. Rennen mit Maori-Kanus auf dem Waikato River *(siehe S. 116)*.

Besucher beim Wildfoods Festival in Hokitika *(März)*

April

NZ Rally Championship *(Anfang Apr)*, Auckland. Spannende, rasante Rennen bei der Asia Pacific Car Rally Championship.
Bluff Oyster & Seafood Festival *(Mitte Apr)*. Fest mit einem großen Angebot an Meeresfrüchten, Weinen und Unterhaltung.
Royal Easter Show *(zweite Woche)*, Auckland. Viehauktionen, Kunsthandwerk und Weinauszeichnungen sowie die größte Reitshow in ganz Neuseeland.
Balloons Over Waikato Festival *(Mitte Apr)*, Hamilton. Über 30 große Ballone schweben über der Stadt und der Region *(siehe S. 118)*.
Lake Taupo International Trout Fishing Contest *(dritte Woche)*. Beliebter Wettkampf für Forellenangler aus der ganzen Welt *(siehe S. 141)*.
Warbirds Over Wanaka *(Osterwochenende, an geraden Jahren)*. Alte Kampfflugzeuge sind bei dieser Veranstaltung am Himmel zu bewundern *(siehe S. 270)*.

Mai

Rotorua Tagged Trout Competition *(Mai)*. Beim Angelwettbewerb in Rotorua erwartet den Sieger eine Prämie von 10 000 NZ$.

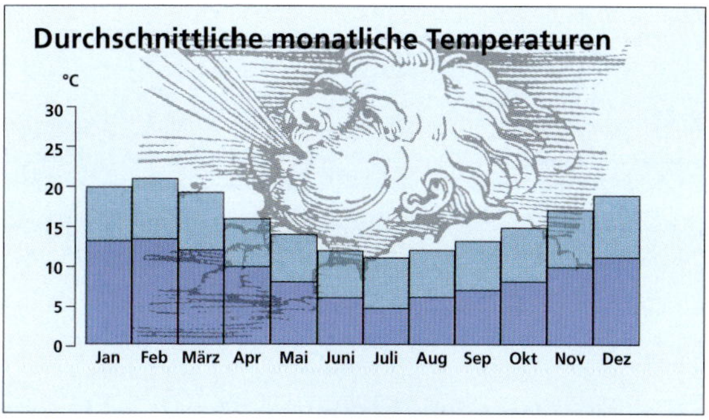

Temperaturen
Das Diagramm zeigt die mittleren Höchst- bzw. Tiefsttemperaturen von Wellington. Die Winter auf der Nordinsel sind mild, die Sommer feucht. Auf der Südinsel können im Sommer hohe Temperaturen erreicht werden, im Winter können sie dort aber deutlich unter den Gefrierpunkt sinken.

Winter

Auch in der kalten Jahreszeit lohnt sich ein Besuch – außerdem gibt es Preisnachlässe bei Flügen, Unterkunft und Aktivitäten. An der Westküste regnet es deutlich weniger, und man kann sicher sein, bei Kaikoura Wale zu Gesicht zu bekommen.

Juni

National Agricultural Fieldays *(Mitte Juni)*, Mystery Creek, Hamilton. Auf der weltweit größten Landwirtschaftsausstellung werden neuseeländische Erzeugnisse und innovative Technologien vorgestellt *(siehe S. 118)*.

Juli

Queenstown Winter Festival *(Mitte Juli)*. Eine atemberaubende Skifahrt bei Nacht und ein Feuerwerk gehören zu den Höhepunkten dieses Winterfestivals.

Zuschauer bei der NZ Rally Championship in Auckland *(Apr)*

World Heli-Challenge *(Ende Juli)*, Wanaka. Snowboarder und Skifahrer aus aller Herren Länder nehmen an diesem dreitägigen spektakulären Ereignis teil.
Christchurch Arts Festival *(letzte Woche, an ungeraden Jahren)*. Hier dreht sich alles um Musik, Theater, Tanz, Film und bildende Kunst.

August

Bay of Islands Jazz and Blues Festival *(Mitte August)*, Northland. Eine der beliebtesten Veranstaltungen der Jazzszene mit mehr als 50 Bands.
Crater to Lake Challenge *(Ende Aug)*, Taupo. Wettkämpfe im Ski-, Rad-, Kajak- und Wasserskifahren sowie im Laufen – von den Hügeln des Mount Ruapehu bis nach Taupo.

Feiertage

New Year's Day *(1. Jan)*
Waitangi Day *(6. Feb)*
Good Friday *(variabel)*
Easter Monday *(variabel)*
Anzac Day *(25. Apr)*
Queen's Birthday *(erster Montag im Juni)*
Labour Day *(variabel)*
Christmas Day *(25. Dez)*
Boxing Day *(26. Dez)*

Clydesdale-Pferdegespann bei den National Agricultural Fieldays *(Juni)*, Mystery Creek, Hamilton

Die Geschichte Neuseelands

Die letzte große Landmasse, die besiedelt wurde, ist bis heute ein Land von Einwanderern geblieben. Vor weniger als eintausend Jahren ließen sich dort Maori nieder, Europäer betraten erstmals im Jahr 1642 neuseeländischen Boden. Aus den gemeinsamen Erfahrungen durch die besondere Lage im Pazifik haben beide Gruppen eine einzigartige Gemeinschaft entwickelt.

Es ist unklar, wann die ersten Maori in Neuseeland ankamen. Der Sage nach entdeckte der Polynesier Kupe um 950 n. Chr. den Kontinent, kehrte jedoch in sein Heimatland Hawaiki zurück. Vier Jahrhunderte später segelte eine Flotte Kanus gen Neuseeland, um nach Kupes Aufzeichnungen das Land neu zu entdecken.

Wappen von Neuseeland

Archäologen sind der Ansicht, dass eine erste Besiedlung etwa im Jahr 1300 stattgefunden haben muss – die Annahme basiert auf Radiokarbondatierungen an Abfallhaufen der Maori. Andere Wissenschaftler glauben, dass die Maori vor mehr als 2000 Jahren auf Neuseeland ankamen, dort aber nicht sehr lange überlebten. Wie auch immer – die Ratten, die die Polynesier mitbrachten, schafften es, die heimischen Vögel, Eidechsen und Frösche allmählich auszurotten.

Unabhängig vom genauen Datum ihrer Ankunft weiß man, dass die Maori eine Vielzahl von Pflanzen und Tieren mit sich führten. Die Pflanzen fressende polynesische Ratte *kiore* wurde – mit Beeren aufgepäppelt – als eine Delikatesse gehandelt. Die Reise überlebt hat außerdem der polynesische Hund, *kuri*. Zu den Wurzelgemüsen, die die Maori mitbrachten, zählten *yam*, *taro* und *kumara*. Letztere, eine Süßkartoffelart, gedieh im kälteren Klima Neuseelands am besten und blieb ein wesentlicher Bestandteil der Landwirtschaft der Maori.

Abel Tasman

Schon die alten Griechen sprachen von *Terra Australis*, einem großen südlichen Kontinent, der notwendig sei, um die Erde im Gleichgewicht zu halten. Der Mathematiker Pythagoras hatte über die Existenz eines solchen Kontinents Mutmaßungen angestellt, aber es dauerte noch weitere 2000 Jahre, bis holländische Entdeckungsreisende im 17. Jahrhundert Australien sichteten. 1642 schickte die holländische East India Company auf der Suche nach neuen Handelsrouten für ihre Absatzmärkte jenseits von Indonesien Abel Tasman von Java aus noch weiter nach Süden.

ZEITSKALA

Moa-Skelett

1400–1500 Jagdverhalten der Maori lässt Moas aussterben

1500 Maori bauen befestigte Siedlungen *(pa)* zur Verteidigung

Doppelkanu

1300 | **1400** | **1500** | **1600**

1300 Erste polynesische Siedler von den Cook- und den Gesellschaftsinseln

1400 Große Brände an der Ostseite der Südinsel vernichten weite Waldgebiete

1531 Landkarte, auf der Terra Australis eingetragen ist

1642 Der holländische Forschungsreisende Abel Tasman ankert vor Neuseeland

◁ **Ausschnitt aus *Die Unterzeichnung des Vertrags von Waitangi* von Marcus King (1939)**

Die Reisen der Maori

Verziertes Kanu-Heck

Heute geht man davon aus, dass die Vorfahren der Maori ihre Reisen nach Neuseeland planten und nicht durch Zufall dort landeten. Die Polynesier waren geübte Navigatoren und legten in ihren Segelbooten weite Entfernungen zwischen den pazifischen Inseln zurück. Hungersnöte oder Stammesfehden waren Grund genug, die Heimat zu verlassen und weit entferntes Land anzusegeln – vor allem wenn man durch Reisende wie Kupe von Existenz und Lage dieses Landes erfahren hatte. So beluden die Polynesier ihre Schiffe mit Pflanzen und Kleintieren und ließen sich von Zugvögeln und Wolken bei der Suche nach neuem Land leiten.

Kupes Ankerplatz
Das Foto von 1912 zeigt einen Maori-Ältesten neben Kupes angeblichem Ankerstein.

Kanu-Bug
Die Buge der waka *(Maori-Kanus) weisen oft kunstvoll geschnitzte Muster und verwegene Köpfe auf.*

Fischerkorb
Fische stellten einen wesentlichen Teil der Ernährung dar und wurden auf vielerlei Art gefangen. Der Holzschnitt (1840) von Joel Pollack zeigt einen Korb zum Fischen vom Land aus.

Polynesische Siedlungen

Archäologische Entdeckungen beweisen, dass die Polynesier von Südostasien aus zu den östlichen Inseln des Pazifiks gelangten und die Landgebiete von Hawai'i bis zur Osterinsel besiedelten. Um das Jahr 1250 erreichten Expeditionen von den Inseln Zentralpolynesiens Neuseeland und gründeten an den Küsten Siedlungen.

Kuri
Maori brachten eine Hundeart, den kuri, *mit. Kurz nach der Besiedlung durch die Europäer starb diese Art aus.*

PHASEN DER BESIEDLUNG

- vor 30 000 Jahren
- vor 3000 Jahren
- vor 1500 bis 2000 Jahren
- vor 1000 Jahren
- vor 500 Jahren

Einfaches Kanu
Solche Kanus wurden vor allem in Küstennähe benutzt. Die Deckkonstruktion bestand aus langen Holzstäben, die Sitze waren aus Flechtwerk.

Doppel-Kanus
Die größeren Boote, die William Hodges, ein Künstler aus James Cooks Mannschaft, 1773 zeichnete, konnten bis zu 200 Menschen aufnehmen.

***Taro*-Pflanze**
Wenige polynesische Pflanzenarten haben im kälteren Klima Neuseelands überlebt. Taro *wuchs, gedieh aber nicht gut und wurde zur Luxusspeise.*

Kiore
Der Kiore *wurde aus Polynesien mitgebracht. Die Rattenart diente den ersten Maori-Siedlern als Nahrungsquelle, tötete jedoch viele einheimische Vögel.*

Legende von Maui
Eine Tuschezeichnung (1907) von Wilhelm Dittmer zeigt die Legende von Maui, einem polynesischen Gott, der laut Sage die Nordinsel am Angelhaken aus dem Meer fischte.

Kanu-Regatta
Heute feiern die Maori das Erbe der ersten Entdecker und Siedler mit der Ngaruawahia-Regatta, die jedes Jahr auf dem Waikato River stattfindet (siehe S. 116).

Abel Tasmans Schiffe *Heemskerck* und *Zeehaen*

Tasman segelte an Van-Diemens-Land, dem heutigen Tasmanien, vorbei und erreichte am 13. Dezember 1642 Hokitika. Er notierte »eine große und hohe Landerhebung«. Die Mannschaften der *Heemskerck* und der *Zeehaen* hatten die Southern Alps gesichtet. Tasman wollte landen, doch die starke Brandung veranlasste ihn, weiter nach Norden zu segeln, wo er einen Ankerplatz fand – die heutige Golden Bay. Feindliche Maori rammten jedoch ein Beiboot der *Zeehaen* und erschlugen vier holländische Seefahrer. Die Holländer nannten die Bucht »Mörderbucht«, Tasman verließ die neuseeländischen Gewässer ohne weitere Erkundungen am 6. Januar 1643.

Abel Tasman

James Cook

Die Erforschung Neuseelands durch Europäer ruhte über 100 Jahre. Mochte es noch so gute kommerzielle Gründe für einen Besuch geben – die feindliche Haltung der Maori sorgte für wenig Begeisterung. 1769 begab sich der Engländer James Cook auf eine wissenschaftliche Expedition in den Südpazifik. Beobachtet werden sollte der Durchgang des Planeten Venus durch die Sonne. Nachdem er das seltene Schauspiel auf Tahiti gesehen hatte, segelte Cook weiter nach Süden, bis er am 9. Oktober 1769 an der Ostküste Neuseelands landete.

Cooks Schiff, die *Endeavour*, war für diese Reise gut ausgerüstet – an Bord befanden sich sogar Botaniker und Künstler. Neben der Dokumentation wissenschaftlicher Funde war es Cooks Aufgabe, die Möglichkeiten einzuschätzen, die das Land für eine Kolonialisierung bot. Als professioneller Seemann zeichnete Cook die Küstenlinien exakt auf. Auf dieser ersten von insgesamt drei Reisen beanspruchte Cook Neuseeland für England. Zufällig segelte Ende 1769 eine französische Expedition unter Führung von Jean de Surville nur wenige Kilometer an Cook vorbei, ohne dass die Mannschaften der Schiffe einander wahrnahmen.

Nach Cook kamen die europäischen Einwanderer nur zögerlich nach Neuseeland. Sie fanden Arbeit als Wal- und Robbenfänger oder als Holzfäller. Viele waren nur auf schnellen Gewinn aus und verließen das Land, sobald die Quellen versiegten. Anfang 1800 wurde die Robbenjagd unrentabel, denn die Tierbestände waren nahezu ausgerottet. Auch die Zahl der Wale sank drastisch.

Vertrag von Waitangi

Die Auswirkungen der Besuche auf das traditionelle Maori-Leben waren enorm. Plötzlich waren die Maori Krankheiten wie Masern und Pocken ausgesetzt, ihre kriegerischen Instinkte wurden mit Waffen befriedigt. In den 1820er Jahren kamen mindestens 20 000 Maori in den sogenannten Musketen-Kriegen zwischen den

ZEITSKALA

1791 Erste Walfänger erreichen die Doubtless Bay, Northland

1814 Samuel Marsden errichtet die erste anglikanische Mission in der Bay of Islands

1821 Musketen-Kriege zwischen Maori-Stämmen

1831 Walfangstationen an der Cook Strait eingerichtet

1833 James Busby wird britischer Bürger

1750 | **1800** | **1820** | **1830** | **1840**

Das Schiff *Endeavour*

1769 James Cook betritt beim ersten seiner drei Besuche Neuseeland

1815 Erstes Kind eines weißen Siedlers geboren

1835 Unabhängigkeitserklärung von 34 Stammesführern unterzeichnet

1840 Britische Oberhoheit. Vertrag von Waitangi von 50 Führern unterzeichnet

Stammesführer

Das Haus des Vertragsabschlusses von Waitangi

Stämmen um. Viele Maori-Stämme drangen in benachbarte Gebiete ein, um sie zu annektieren.

Auch der Einfluss des Christentums löste wesentliche Veränderungen aus. Der anglikanische Missionar Samuel Marsden gründete 1814 in der Bay of Islands die erste Missionsstation. Obwohl die Christianisierung der Maori zunächst schleppend voranging, hatte sich der christliche Glaube um 1840 relativ weit etabliert.

Zu dieser Zeit gab es ungefähr 115 000 Maori-Einwohner und nur 2000 europäische Siedler (Pakeha). Während einige Maori vom Handel mit den Europäern profitierten, nahmen die Fehden innerhalb der Stämme zu, und immer mehr Land wurde durch die Europäer aufgekauft. So kam die Forderung auf, Königin Victoria solle Gesetze und Verordnungen erlassen. 1840 wurde der Vertrag von Waitangi unterzeichnet, in dem die Maori ihre Souveränität aufgaben und britische Staatsbürger wurden. Die Übersetzung in die Maori-Sprache brachte mit sich, dass verschiedene Stammesführer den Vertrag unterschiedlich interpretierten. Diese Missverständnisse sollten nicht ohne Folgen bleiben.

Neuseeländische Kriege

Im Gegensatz zu Australien, wo unter den ersten Einwanderern einige Strafgefangene waren, kamen viele Siedler Neuseelands als freie Menschen mit ihren Familien. Die New Zealand Company bereitete 1837 die Umsiedlung einer repräsentativen Auswahl der englischen Gesellschaft zu den neuseeländischen Inseln vor, in Wellington, Wanganui, Nelson, New Plymouth, Christchurch und Dunedin entstanden Siedlungen.

Nach der Unterzeichnung des Vertrags von Waitangi verliefen die Beziehungen zwischen Maori und Pakeha (weiße Siedler) mehrere Jahre lang relativ harmonisch. Einzelne Gefechte brachen im Allgemeinen nur wegen der Landverteilung aus – bis

Vertrag von Waitangi

Der Vertrag von Waitangi ist das Gründungsdokument Neuseelands, ein Abkommen zwischen der britischen Regierung und den Maori, das bis heute in Kraft ist. Als der Vertrag unterschrieben wurde, begriffen die meisten der unterzeichnenden Stammeshäuptlinge nicht genau, welche Implikationen das Dokument hatte. Die britische Krone in Person von Queen Victoria erhielt durch den Vertrag das Recht, Land zu kaufen, die Maori bekamen dafür alle Rechte und Privilegien britischer Bürger. Eine Vertragsklausel gestand ihnen »volles Besitzrecht über Ländereien, Wälder und Fischgründe« zu. Missverständnisse ergaben sich aus den zwei Sprachversionen des Vertrags (Maori und Englisch), die unterschiedlich interpretiert werden können. Die Streitigkeiten darüber dauern bis heute an.

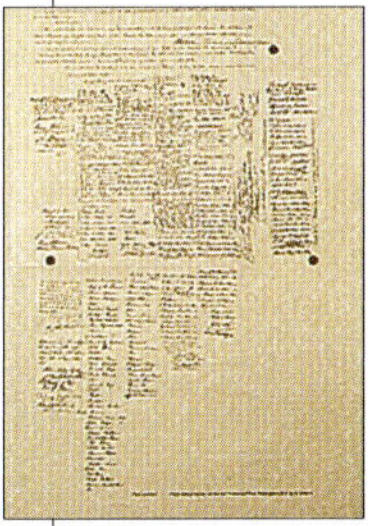

Unterschriften auf dem Vertrag

1844 Hone Heke zerstört britische Flagge und löst damit den »Krieg des Nordens« aus

1850 Die Siedlung Canterbury durch englische Immigranten gegründet

1860 Neuseeländische Kriege zwischen Maori und Europäern

Te Kooti

1867 Maori bekommen vier Sitze im Parlament

1845 | **1850** | **1855** | **1860** | **1865**

1848 Dunedin von schottischen Pionieren gegründet

1854 Erste Sitzung des neuen Parlaments

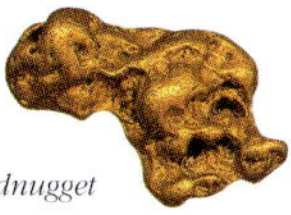

Goldnugget

1861 Erster Goldrausch nach Funden in Tuapeka, Central Otago

1865 Wellington löst Auckland als Hauptstadt ab

1860 in Waitara, Taranaki, ein kritischer Punkt erreicht war: Ein untergeordneter Führer des Stammes Te Ati Awa hatte der Regierung Land verkauft, ohne vorher die Genehmigung seines Stammes einzuholen – nach Maori-Recht Grundvoraussetzung für den Umgang mit kommunalem Eigentum. Als der Stamm den Handel nicht akzeptierte, konterte die Regierung mit dem Einmarsch von Truppen und gewaltsamer Enteignung. Im Gegenzug stärkten die meisten nördlichen Stämme die Te Ati Awa und sorgten für eine Ausweitung der Auseinandersetzungen. Mitte der 1860er Jahre war der Höhepunkt der Feindseligkeiten erreicht, 20 000 britische Soldaten standen 5000 Maori-Kriegern gegenüber, viele Siedler bereiteten sich darauf vor, das Land zu verlassen.

1868 gelang es zwei Anführern, Titikowarau im Westen und Te Kooti im Osten, eine Reihe von Schlachten zu gewinnen, durch interne Streitereien verloren sie jedoch die Unterstützung der Maori-Bevölkerung. 1869 endeten die Neuseeländischen Kriege. Landverkäufe waren jetzt an der Tagesordnung, viele geschahen unter Zwang.

***Passagiere der Cressy nach der Landung in Port Lyttelton* von William Fox (1851)**

***Te Heuheus Altes Pa von Waitahanui am Lake Taupo* von George F. Angas (1847)**

Das Ergebnis der Kriege: Die Regierung konfiszierte 12 000 Quadratkilometer Land. Der größte Teil wurde an »freundliche« Maori-Stämme, der Rest an Pakeha-Siedler übergeben.

Wirtschaftlicher Aufschwung

Nachdem 1861 zuerst in Otago und dann auch an der Westküste Gold gefunden wurde, war der Boden für die Industrialisierung der Südinsel geschaffen. Bis dahin hatte die Nordinsel dominiert.

Ende des 19. Jahrhunderts setzte aufgrund groß angelegter Regierungsanleihen ein umfassender wirtschaftlicher Aufschwung ein. Man baute das Eisenbahnnetz aus, installierte Telegrafenleitungen und unterstützte Einwanderer finanziell. In den 1870er Jahren verdoppelte sich die Bevölkerungszahl. Gute Exportpreise für Wolle unterstützten die wirtschaftlichen Aktivitäten. Auch technische Errungenschaften spielten für den Aufschwung eine Rolle: 1882 segelte ein Schiff von Otago nach Großbritannien, an Bord hatte es die erste Schiffsladung mit Gefrierfleisch.

Bald gewann Neuseeland auch mit seinen sozialen Errungenschaften An-

ZEITSKALA

1869 Neuseeländische Kriege wegen Uneinigkeit der Maori beendet

1882 Erste Kühlschiffe verlassen Otago nach Großbritannien

1893 Wahlrecht für Frauen (als erstes Land der Welt)

1907 Neuseeland wird Land des britischen Commonwealth

1870 | 1880 | 1890 | 1900 | 1910

1879 Wahlrecht für jeden Mann über 21 Jahre

1887 Tongariro National Park gegründet – der erste in Neuseeland

Maori-Waffe

Frühes Transportmittel

sehen. 1893 sprach die liberale Regierung allen Frauen das Wahlrecht zu, 1898 führte sie eine nach Bedürftigkeit gestaffelte Rente ein – beides war in der ganzen Welt einmalig.

Kriegsjahre

Nachdem Neuseelands Bevölkerungszahl 1908 die Millionengrenze erreicht hatte, änderte sich der politische Status. Die ehemalige Kolonie Großbritanniens wurde zum Dominion im britischen Commonwealth.

Die Liberal Party errang aufgrund großer Erfolge in der Sozialpolitik (Einführung der Altersversorgung, Stimmrecht für Frauen, Verteilung von Großgrundbesitz) Ansehen im In- und Ausland. Ihre Vormachtstellung dauerte jedoch nur bis 1912, sie verlor nach und nach die Nähe zur Bevölkerung. Die politischen Parteien, die die Liberal Party ablösten – die National Party und die Labour Party – bestimmen bis heute das politische Bild.

Plakat im Ersten Weltkrieg

Der Erste Weltkrieg brachte einen entscheidenden Einschnitt für die aufstrebende Nation. 1915 gründeten Neuseeland und Australien zusammen das Australian and New Zealand Army Corps (ANZAC). Als es der britischen Aufforderung nachkam, die bestens bewaffneten und gut platzierten türkischen Verteidigungstruppen auf der Halbinsel Gallipoli anzugreifen, wurden Tausende Soldaten im acht Monate währenden Kampf getötet. Seither wird am 25. April (Anzac Day) der Opfer gedacht, der Tag gilt vielen als eigentlicher Nationalfeiertag Neuseelands. Als kleines Land hatte Neuseeland enorm unter dem Krieg zu leiden. Von 110 000 Truppenmitgliedern fielen 16 697, 41 262 Soldaten wurden verwundet – eine außerordentlich hohe Zahl. Heute sehen viele Neuseeländer den Krieg und besonders Gallipoli als dasjenige Ereignis, das den nationalen Charakter des Landes hervorgebracht hat.

Die 1920er Jahre verliefen positiv, doch die Weltwirtschaftskrise machte auch vor Neuseeland nicht halt: 1932 herrschte Depression. Die erste

Neuseeländischer Truppenverband auf der Hutt Road in der Nähe von Petone, Wellington, 1914

1914 Neuseeland tritt auf der Seite der Alliierten in den Ersten Weltkrieg ein

1915 Neuseeländische Truppen erleiden schwere Verluste in Gallipoli

1918 Ende des Ersten Weltkriegs

1920 Erste Feier des Anzac Day

1933 Elizabeth McCombs wird erste Abgeordnete

Elizabeth McCombs

1935 Labour Party gewinnt zum ersten Mal die Wahl

1936 Die neuseeländische Pilotin Jean Batten fliegt in Weltrekordzeit von England nach Australien

1936 40-Stunden-Woche eingeführt

1915 **1920** **1930** **1935** **1938**

Fabrikarbeiterinnen

Camp für Arbeitslose in Akatarawa, Hutt Valley, in den 1930er Jahren

Labour-Regierung, 1935 gewählt, führte das Land aus der Krise. Neuseeland bemühte sich um ein nach Einkommen gestaffeltes Gesundheitssystem und ein ausgeweitetes Programm für die Altersversorgung.

1939 wurde Neuseeland zum zweiten Mal im letzten Jahrhundert in einen Weltkrieg verwickelt. Premier Michael Joseph Savage ließ keinen Zweifel daran, wo die Loyalität des Landes zu liegen habe: »Wohin Britannien geht, gehen auch wir, wo es steht, stehen auch wir.«

Neuseelands Soldaten dienten im Mittleren Osten, in Griechenland und in Italien, obwohl die größere Bedrohung für das Land von Japan ausging. Nach dessen Angriff auf Pearl Harbour (1941) setzte man die Truppen zunehmend im Pazifik ein, mit den USA wurden Bündnisse geschlossen. Amerikanische Soldaten waren während des Krieges auf Neuseeland stationiert, viele von ihnen heirateten dort. 1951 wurde die militärische Zusammenarbeit zwischen den USA, Australien und Neuseeland durch den Verteidigungspakt ANZUS bestätigt.

Ablösung von Großbritannien

Nach dem Krieg orientierte sich Neuseeland bezüglich seiner militärischen Sicherheit zwar an den USA, wirtschaftlich blieb es jedoch eng mit Großbritannien verknüpft. Als britische »Farm im Südpazifik« hatte Neuseeland traditionell leichten Zugang zu den Märkten des Vereinigten Königreichs, wo 1960 beispielsweise 55 Prozent seiner gesamten Exporte landeten. Aber das fand ein Ende, als das Mutterland 1973 der EU beitrat und seine Prioritäten auf den europäischen Kontinent verlegte. Seither nimmt Großbritannien nur sechs Prozent der neuseeländischen Exporte ab. Neue Märkte mussten gefunden werden, z. B. in Asien: Hongkong, China, Japan, Taiwan und Südkorea stehen heute auf der Liste der zehn wichtigsten Handelspartner Neuseelands.

Wie die westlichen Länder erfuhr auch Neuseeland in den 1960er Jahren soziale Veränderungen, als die junge Generation gesellschaftliche Ordnungen infrage stellte. Die Ent-

Kleiderfabrik in Wellington in den 1940er Jahren

ZEITSKALA

1939 Neuseeland kämpft im Zweiten Weltkrieg auf der Seite der Alliierten

Sir Edmund Hillary

1953 Sir Edmund Hillary besteigt den Everest mit Sherpa Tenzing Norgay

1965 Truppen nach Vietnam

1975 Waitangi-Tribunal zur Untersuchung der Maori-Ansprüche auf Land nach Konfiszierung

1984 Labour Party unter David Lange gewinnt Wahl

1940 | 1950 | 1960 | 1970 | 1980

1947 Westminster-Statuten vom Parlament übernommen

1948 Protest gegen Ausschluss der Maori von der All Black Rugby Tour durch Südafrika

Holzfigur in Waitangi Marae

1961 Todesstrafe abgeschafft

1973 Fregatte nach Französisch-Polynesien als Protest gegen Atomtests

1981 Erster Kindergarten in Maori-Sprache

1981 Proteste wegen der South African Rugby Tour

scheidung, die USA durch eine Truppe im Vietnamkrieg zu unterstützen, wurde vehement bekämpft, 1972 beendete die Labour-Regierung die Einberufung für Vietnam. Ein Jahr später schickte man eine Fregatte nach Französisch-Polynesien, um gegen die dortigen Atomwaffentests zu protestieren.

Mitte der 1970er Jahre, als der Anstieg der Ölpreise die Bevölkerung beunruhigte, wandten sich die Neuseeländer wieder der konservativen National Party unter Robert Muldoon zu. Später wurden die Wähler seiner interventionistischen Wirtschaftspolitik überdrüssig, 1984 stimmten sie für die linksliberal orientierte Labour Party unter David Lange. In den nächsten sechs Jahren erlebte Neuseeland viele Veränderungen, als Labour die Wechselkurse freigab, Handelsschranken abschaffte, Tarife aufhob, staatliche Vermögenswerte veräußerte und Tausende von Beamten entließ – alles in dem Bestreben nach größerer wirtschaftlicher Effizienz. Zur gleichen Zeit veränderten sich die Beziehungen zum Ausland: Neuseeland hatte immer eine strenge Anti-Atomwaffen-Politik verfolgt, 1985 teilte man den USA mit, dass mit Atomwaffen bestückte oder atomgetriebene Kriegsschiffe in neuseeländischen Häfen nicht mehr willkommen seien. Die Amerikaner kündigten ANZUS auf, im gleichen Jahr versenkten französische Saboteure in Auckland das Greenpeace-Schiff *Rainbow Warrior*.

Die *Rainbow Warrior* wird 1985 im Hafen von Auckland versenkt

Vertreter der Ngai Tahu und der Regierung unterzeichnen 1997 das Abkommen Deed of Settlement

Die National Party, die 1990 unter Jim Bolger (1997 gefolgt von Jenny Shipley) an die Macht kam, verfolgte weiterhin eine relativ rigide Wirtschaftspolitik. Viele Neuseeländer, durch eine Serie unproduktiver Verwaltungsakte desillusioniert, forderten ein Verhältniswahlrecht, das 1997 eingeführt wurde. Jenny Shipley wurde die erste direkt gewählte weibliche Premierministerin. Die Parlamentswahlen von 1999, 2002 und 2005 gewann die Labour Party unter dem Vorsitz von Helen Clark, musste sich aber 2008 der National Party unter John Key geschlagen geben.

Neuseelands Gesellschaft hat sich verändert: Einst bestand die Mehrheit der Bevölkerung aus Pakeha, heute ist Auckland die größte polynesische Stadt der Welt. Auch viele Asiaten haben sich hier niedergelassen. Wegen seiner vielen Kulturen ist das Land zu einer zukunftsweisenden Nation innerhalb der internationalen Gemeinschaft geworden.

1985 *Rainbow Warrior* versenkt

1987 Maori wird offizielle Sprache

1990 National Party bildet Regierung

1990 Catherine Tizard als erste Frau Generalgouverneur

1995 Neuseelands Team gewinnt America's Cup

1997 Jenny Shipley erste Premierministerin

1997 Regierung gewährt Ngai-Tahu-Stamm Ersatz für konfisziertes Land

2004 *Der Herr der Ringe* erhält elf Oscars

2006 Maori-Königin Te Atairangikaahu stirbt nach 40-jähriger Herrschaft

2008 John Key (National Party) wird Premierminister

2011 Christchurch wird von einem schweren Erdbeben heimgesucht

2011 Neuseeland ist Gastgeber des Rugby World Cup; das heimische Rugby-Team wird nach 1987 zum zweiten Mal Weltmeister

1990 **2000** **2010** **2020**

Jenny Shipley

Die Regionen Neuseelands

Neuseeland im Überblick

Das im Südwesten des Pazifiks gelegene Neuseeland gehört zu den Ländern mit der geringsten Bevölkerungsdichte. Neuseeland ist ein Land der Gegensätze: der subtropische Norden und der kühlere Süden, der feuchte Westen und der trockenere Osten, die Vulkane der Nordinsel und die vergletscherten Berge der Südinsel. Mächtige geologische Kräfte haben eine Landschaft geschaffen, die von Bergen, Hügeln, Seen und Flüssen geprägt ist. Dadurch wurde Neuseeland auch zum Paradies für Naturfreunde und Sportler. Die Schaf- und Rinderzucht wird noch immer auf großen Flächen betrieben, aber der Trend geht mehr in Richtung Vielfalt. Im stärker besiedelten Norden liegt das Zentrum der Kultur der Maori und der pazifischen Inseln.

Einer der vielen Weinberge in Marlborough ***(siehe S. 206f)***

Christchurch Cathedral im Zentrum von Christchurch ***(siehe S. 222f)***

Pancake Rocks und »Blowholes« bei Punakaiki im Paparoa National Park ***(siehe S. 236)***

Blick von den Remarkables auf Lake Wakatipu ***(siehe S. 276)***

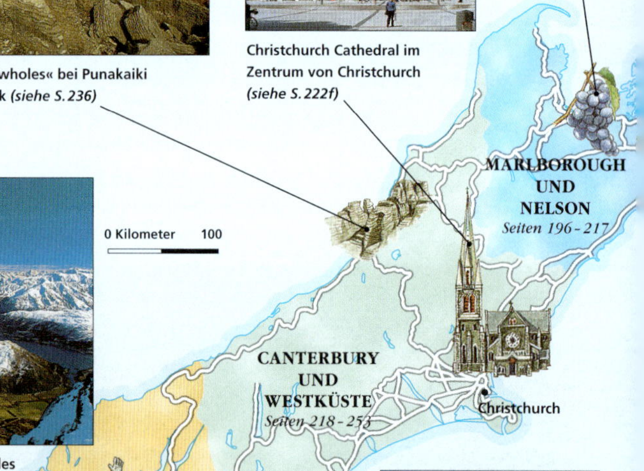

Larnach Castle, eines der alten Herrenhäuser ***(siehe S. 266)***

◁ **Schneebedeckte Gipfel der Südinsel spiegeln sich in einem See**

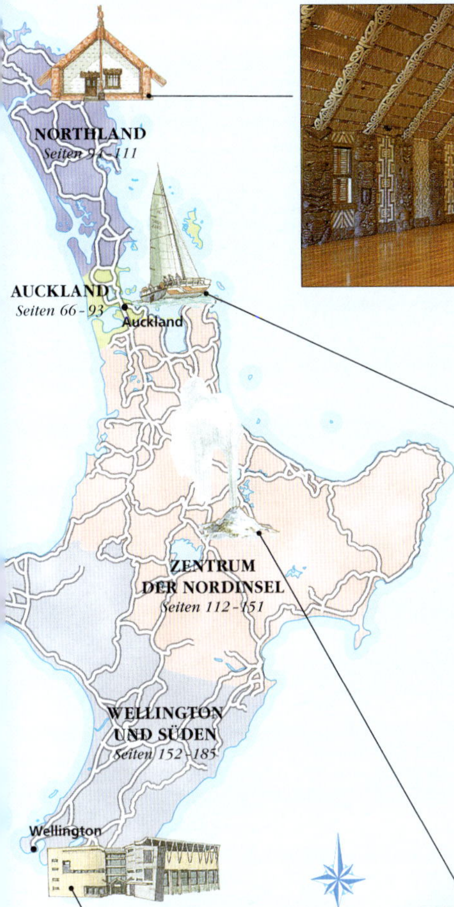

Schnitzereien im Maori-Versammlungshaus der Waitangi Treaty Grounds *(siehe S. 104f)*

Boote im Yachthafen Westhaven von Auckland *(siehe S. 72)*

Der aktive Lady-Knox-Geysir – zu bestaunen im Wai-o-tapu Thermal Wonderland *(siehe S. 140)*

Maori-Versammlungshaus im Museum of New Zealand Te Papa Tongarewa *(siehe S. 166f)*

Nordinsel

Die Nordinsel stellt sich vor

Dank der verschiedenen Klimazonen ist die Landschaft auf der Nordinsel vielseitig, vom »winterlosen« Norden bis hin zu den schneebedeckten Bergen des Central Plateau und den stürmischen Winden des Südens. Von Northland bis Taranaki im Westen und Hawke's Bay im Osten verleiht das Meer beiden Küsten einen unverwechselbaren Charakter. Die Nordinsel ist für ihre geothermalen Aktivitäten in Rotorua und dem Volcanic Plateau bekannt, in Northland ist das Land fruchtbar, mit saftigen Weiden, Obstgärten und Schafherden. Auckland, die größte Stadt Neuseelands, und die Hauptstadt Wellington befinden sich auf der Nordinsel.

Die Bay of Islands (siehe S. 102f) *gehört zu den schönsten Gebieten Neuseelands. Das warme, türkisblaue Meer, viel Sonne, Sandstrände und stille Buchten machen die Bay of Islands zu einem Paradies für Schwimmer, Taucher und Segler sowie für Sportfischer.*

Mount Taranaki/Egmont (siehe S. 182f), *ein schlafender, schneebedeckter Vulkan, liegt im Zentrum der landwirtschaftlich reichen Region Taranaki und des Egmont National Park.*

Im Parlamentsgebäude *in Wellington* (siehe S. 158) *treffen unterschiedliche Architekturstile aufeinander. Der »Beehive«, der unter einer runden Kupferkuppel die Kabinettsbüros beherbergt, bildet einen Gegensatz zum eckigen Parlamentsgebäude aus Marmor, in dem das House of Representatives untergebracht ist.*

◁ **Heiße Dämpfe im vulkanischen Zentrum der Nordinsel *(siehe S. 64f)***

Der Sky Tower (siehe S. 75) *ist das markanteste Wahrzeichen Aucklands. Von den Aussichtsplattformen können die Besucher ein 360-Grad-Panorama auf die Stadt, den Hafen und die Inseln im Golf von Hauraki genießen.*

Zur Orientierung

Das Bath House *in den Government Gardens in Rotorua* (siehe S. 134), *ein elegantes Gebäude im Tudor-Stil, gehört zu den am häufigsten fotografierten Gebäuden. Es wurde im Jahr 1908 als Thermalbad erbaut. Heute ist dort das einzigartige Rotorua Museum of Art and History untergebracht.*

Napiers Art-déco-Gebäude (siehe S. 146f), *z. B. das Rothmans Building, wurden nach dem verheerenden Erdbeben im Jahr 1931 errichtet.*

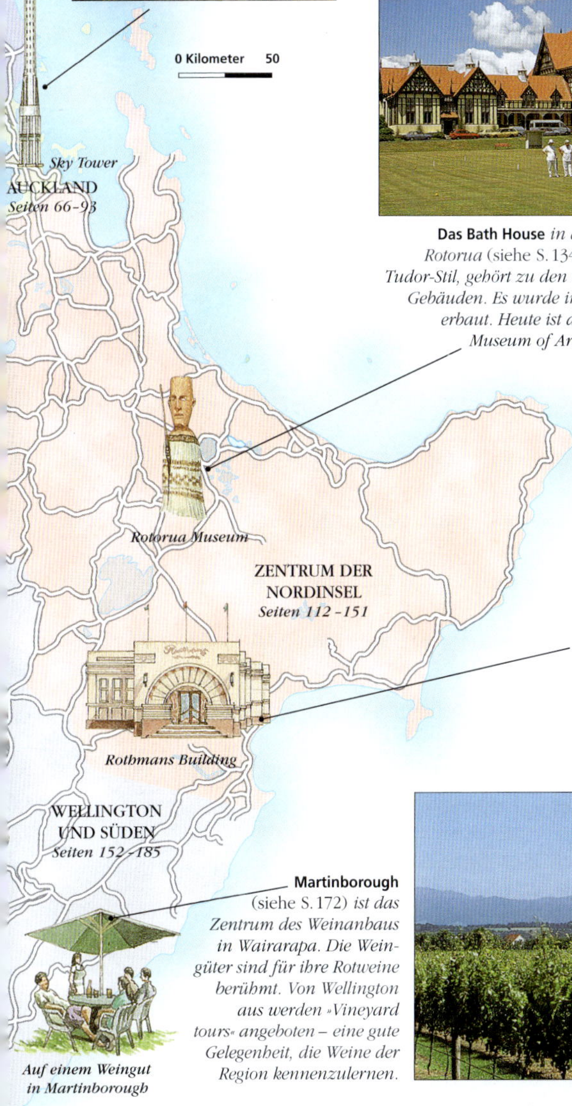

Auf einem Weingut in Martinborough

Martinborough (siehe S. 172) *ist das Zentrum des Weinanbaus in Wairarapa. Die Weingüter sind für ihre Rotweine berühmt. Von Wellington aus werden »Vineyard tours« angeboten – eine gute Gelegenheit, die Weine der Region kennenzulernen.*

Historisches Northland

Samuel Marsden

Vor 700 bis 800 Jahren sollen die ersten Seefahrer aus Polynesien im Norden der Nordinsel angelegt haben, deshalb wird Northland auch als die »Geburtsstätte der Nation« bezeichnet. In Rangihoua gründete der erste Missionar, Samuel Marsden, im Jahr 1814 eine anglikanische Missionsstation. In Waitangi wurde 1840 der Vertrag von Waitangi unterzeichnet *(siehe S. 48f)*. Russell, die erste Hauptstadt Neuseelands, wurde 1840 gegründet. Hier haben auch die ersten Widerstandsbewegungen der Maori gegen die Briten ihren Ursprung.

Kemp House
Das Missionshaus aus dem Jahr 1821 gehört zu den ältesten Gebäuden Neuseelands. Es wurde 142 Jahre von der Familie Kemp bewohnt (siehe S. 106).

Waipoa Bay, Moturoa Island
Hier legten Kapitän Cook (1769) und der Franzose Marion du Fresne (1772) an. Du Fresne vergrub eine Flaschenpost im Sand, in der Neuseeland zu französischem Besitz erklärt wurde.

Kauri-Bäume sind charakteristisch für Northland, aber viele Wälder wurden gerodet, besonders zwischen 1870 und 1910.

Holzfällen am Hokianga

Charles Heaphys Gemälde *Ansicht des Kahu-Kahu, Hokianga River* (1839) hat die Holzindustrie am Hokianga River zum Thema. Die riesigen Kauri-Bäume waren ideal für den Schiffsbau und als Bauholz für Häuser.

Hokianga Harbour gehörte zu den ersten Maori-Siedlungen. Kupe *(siehe S. 45)* brach von hier nach Hawaiki auf.

Russell, Bay of Islands
Die Stadt der Robbenjäger und Walfänger nannte man in den gesetzlosen Jahren nach 1800 »Hölle des Pazifiks« (siehe S. 102).

Hongi Hika
Als der Maori-Häuptling 1820 bei einer Reise nach England König George IV. begegnete, war er entschlossen, König von Neuseeland zu werden. Zu diesem Zweck führte Hongi Hika seinen Stamm, die Ngapuhi, gegen andere Stämme in den Krieg.

Kauri-Harz
Das in Farben und Lacken verwendete Harz von Kauri-Bäumen war bis zum Zweiten Weltkrieg ein wichtiges Exportprodukt aus Northland.

Pohutukawa
Dieser Baum hat einen festen Platz in der Mythologie der Maori. Sie glauben, dass die Geister der Toten ihre Reise in die Heimat auf Hawaiki an den Wurzeln eines Pohutukawa-Baumes in Cape Reinga beginnen.

Kauri-Baumstämme werden von einem Schiff geschleppt.

Kriegerhäuptlinge
Auf dem Bild sind Hone Heke mit seiner Ehefrau Harriet sowie Häuptling Kawiti zu sehen. Da er mit dem Vertrag von Waitangi nicht einverstanden war, gehörte er zu den ersten Führern, die sich gegen die Briten auflehnten.

***Pa* in Ruapekapeka**
Dieses pa *gehört zu den größten Stätten, die jemals gebaut wurden. Im Jahr 1846 wurde es von britischen Truppen in einem Überraschungsangriff gestürmt. Die Maori rechneten nicht damit, an einem Sonntag, dem Tag der Ruhe, von den Briten überfallen zu werden.*

Vulkanisches Zentrum

Skifahrer auf dem Mount Ruapehu

Von White Island im Nordosten bis zum Mount Ruapehu erstreckt sich die Taupo Volcanic Zone, zu der auch die geothermalen Stätten Rotoruas gehören. Hier, am Beginn des pazifischen »Ring of Fire«, hat das Aufeinandertreffen der Pazifischen und der Australischen Platte die Voraussetzung für eine der aktivsten vulkanischen Regionen geschaffen *(siehe S. 22)*. Die Pazifische Platte schiebt sich unter die Australische Platte, dabei schmilzt Gestein zu Magma. Viele Jahre später erreicht dieses Magma wieder die Erdoberfläche. Vulkanausbrüche wie einige am Lake Taupo, bei denen Bimsstein 50 Kilometer in die Höhe geschleudert wurde, sind die Folge.

Mount Ruapehu
Der höchste Berg der Nordinsel ist das ganze Jahr schneebedeckt und weist acht Gletscher auf. Durch Vulkanausbrüche in den Jahren 1995 und 1996 verschwand der Kratersee.

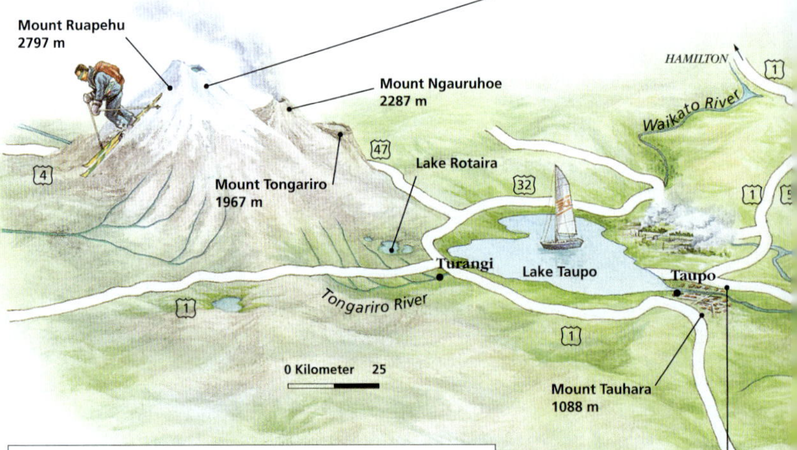

Drei Arten von Vulkanen

Man unterscheidet drei Arten von Vulkanen: Erstens Vulkanfelder (z. B. in Auckland), bei denen nach jedem Ausbruch an verschiedenen Orten ein kleiner Vulkan entsteht, zweitens Kegelvulkane, bei denen aufeinanderfolgende Ausbrüche nahe einem Schlot einen großen Kegel bilden, der selbst ein Vulkan ist, sowie drittens Caldera-Vulkane, deren Ausbrüche oftmals so stark sind, dass die Oberfläche in den entstandenen Krater einstürzt. In der Taupo Volcanic Zone gibt es zurzeit drei aktive Kegelvulkane (Ruapehu, Ngauruhoe und White Island) und zwei Caldera-Vulkane (Taupo und Tarawera). Der Mount Ngauruhoe ist der Schlot für den angrenzenden Mount Tongariro.

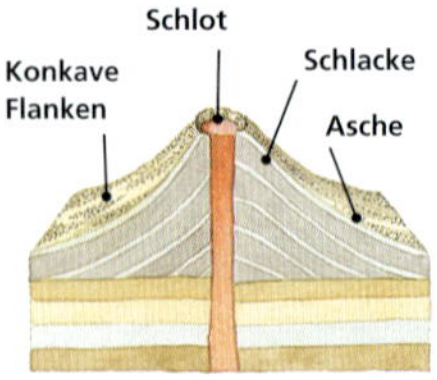

Kegelvulkan

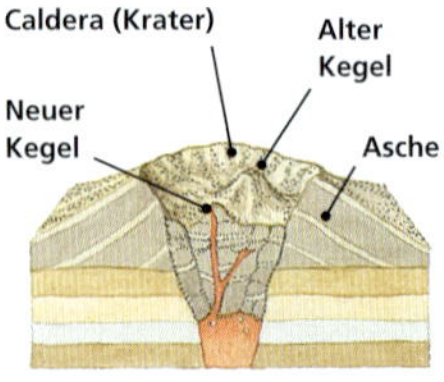

Caldera-Vulkan

Wairakei Geothermal Power Station
Über 60 Ausflussöffnungen hat das Rohrsystem, aus dem vom Vulkangestein erhitztes Wasser in Form von Dampf austritt.

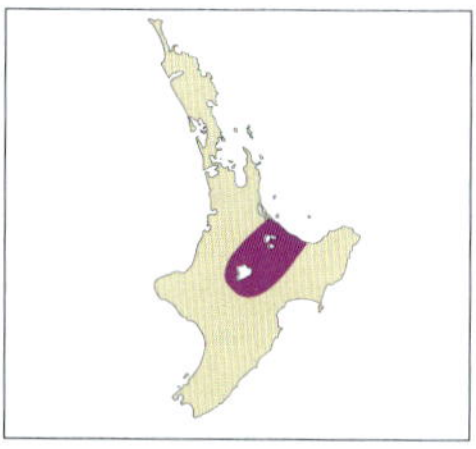

Zur Orientierung

Pohutu-Geysir
Dieser Geysir, der bis zu 30 Meter hochschießen kann, ist einer der zwölf großen Geysire von Neuseeland (siehe S. 138f).

White Island
Ein Besuch (per Boot oder Hubschrauber) auf diesem Vulkan lohnt sich wegen seiner starken thermischen Aktivität (siehe S. 130).

Taupo Volcanic Zone

Das Gebiet von White Island bis Ruapehu ist unter den fünf Vulkangebieten auf der Nordinsel das aktivste. Neben Vulkanen hat es eine Vielzahl weiterer Merkmale: Geysire, Schlammbecken, Flüsse, Seen und Wasserfälle. Die Region gehört zu Neuseelands faszinierendsten Besucherzielen.

Wai-o-tapu
Der brodelnde und zischende Champagne Pool mit seinem ockerfarbenen Rand ist eine der vielen Attraktionen in Wai-o-tapu (siehe S. 140).

Mount Tarawera
Bei einem Vulkanausbruch (1886) bildete sich eine sechs Kilometer lange und 250 Meter tiefe Spalte. Die nahen Pink und White Terraces wurden verschüttet (siehe S. 137).

Auckland

Rund jeder dritte Neuseeländer lebt in und um Auckland. Die Stadt mit ihren 1,4 Millionen Einwohnern wächst schneller als jede andere Stadt in Neuseeland. Seit 1991 hat sich die Einwohnerzahl um 20 Prozent erhöht, fast doppelt so stark wie im Landesdurchschnitt. In Auckland kann man das Stadtleben genießen, Strände und Wanderwege sind in einer Autostunde zu erreichen.

Bereits 1350 hatten sich Maori in der Gegend um Auckland niedergelassen. Stammeskriege und Epidemien zerstörten die Siedlungen, und als 1840 europäische Siedler kamen, war die Gegend beinahe menschenleer. Wegen seiner zentrale Lage, dem Hafen und dem fruchtbaren Boden wurde Auckland nach der Unterzeichnung des Vertrags von Waitangi *(siehe S. 48f)* dennoch zur Hauptstadt und löste Russell im Norden ab. Seit 1865 ist Wellington die Hauptstadt von Neuseeland.

Obwohl Auckland anfänglich keine wohlhabende Siedlung war, ließen es der Goldrausch und eine gesteigerte landwirtschaftliche Produktion im späten 19. Jahrhundert zur größten und zur am schnellsten wachsenden Stadt Neuseelands werden. Die Innenstadt wird seit Mitte der 1990er Jahre immer lebendiger, da manche Aucklander aus traditionellen Vorstadtvillen in die Apartments im Zentrum ziehen. Vulcane Lane, Viaduct Basin, Parnell und Ponsonby wurden Szeneviertel mit Cafés, Bistros und edlen Restaurants. Der Einzelhandel und die Kunstszene haben von diesem Trend profitiert.

Auckland ist auch attraktiv für die Nachbarn aus den anderen Pazifikstaaten und zudem die größte polynesische Stadt weltweit. Das Zusammenleben von Europäern, Maori, Polynesiern und Asiaten mit all ihrer kulturellen Vielfalt gibt der Stadt eine kosmopolitische Atmosphäre. Sie ist in der Vielfalt der landestypischen Läden und Lokale zu spüren und kann auch auf den regionalen Märkten, z.B. in Otara und Avondale, beobachtet werden.

Wellenreiten bei Piha an der Westküste von Auckland

◁ **Blick von Waitemata Harbour auf Aucklands Zentrum und den Sky Tower** ***(siehe S. 68–71)***

Überblick: Auckland

Obwohl sich Auckland über mehr als 1000 Quadratkilometer erstreckt, sind viele Attraktionen der Innenstadt in der Nähe des Hafenviertels und der alten Parks gelegen. Von erloschenen Vulkanen wie dem One Tree Hill *(siehe S. 84f)* und von den Aussichtsplattformen des Sky Tower – unverkennbares Wahrzeichen der Stadt *(siehe S. 75)* – kann man einen unvergesslichen Panoramablick über die Stadt, den Hafen und die umliegenden Inseln genießen. Die Queen Street, die als die »Goldene Meile« Aucklands gilt, ist neben Ponsonby, Parnell und Newmarket eine der wichtigsten Gegenden für Unterhaltung und Shopping. Das Wasser trägt viel zum Zauber Aucklands bei, ein Ausflug nach Rangitoto oder zu einer anderen Insel im Hauraki-Golf ist ein Muss für jeden Besucher.

Yachten in der Westhaven Marina von Auckland *(siehe S. 72)*

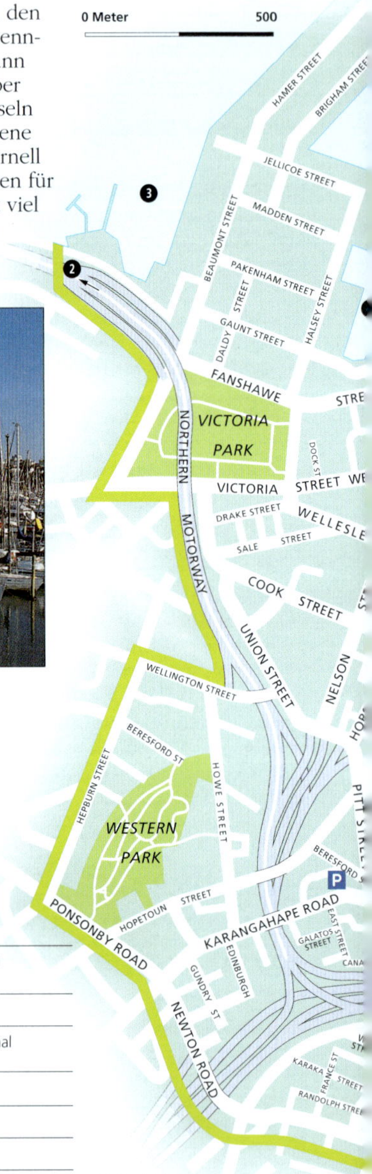

Sehenswürdigkeiten auf einen Blick

Aotea Square und Aotea Centre at THE EDGE ❿
Auckland Art Gallery ⓯
Auckland Domain und Winter Gardens ⓰
Auckland Harbour Bridge ❷
Auckland Town Hall ⓫
Auckland War Memorial Museum S. 78f ⓱
Britomart Transport Centre ❼
Ferry Building ❻
Old Arts Building und Uhrenturm ⓮
Old Customhouse ❽
Old Government House ⓭
Sky Tower ⓬
SKYCITY Auckland ❾
Viaduct Basin ❹
Voyager New Zealand Maritime Museum ❺
Waitemata Harbour ❶
Westhaven Marina ❸

LEGENDE

- Detailkarte Auckland *siehe S. 70f*
- Fährhafen
- Auckland International Airport
- Bahnhof
- Busbahnhof
- Information
- Parken
- Park
- Krankenhaus

SIEHE AUCH

- ***Hotels*** S. 298–300
- ***Restaurants*** S. 326–328

Weitere Zeichenerklärungen *siehe hintere Umschlagklappe*

In Auckland unterwegs

Die Innenstadt Aucklands ist kompakt, die meisten Sehenswürdigkeiten sind zu Fuß zu erreichen. Besucher können den Auckland Explorer Bus benutzen, der ab 9 Uhr alle 30 Minuten (im Winter stündlich) vom Ferry Building abfährt und an 14 Attraktionen hält. Hier gibt es Erklärungen auf Band in verschiedenen Sprachen. Auch zu den umliegenden Vororten verkehren Busse, es gibt aber auch Autobahnen und Schnellstraßen. Regelmäßige Fährverbindungen bringen Besucher und Einheimische zu den Inseln im Hauraki-Golf.

Inlineskater am Tamaki Drive
(siehe S. 82 f)

Im Detail: Hafenviertel

Logo des Maritime Museum

Hervorragende Shopping-Möglichkeiten, historische Gebäude, Spitzenrestaurants und Bars sowie eine bezaubernde Aussicht – Aucklands Hafenviertel bietet für jeden etwas. Vor wenigen Jahren noch war diese Gegend wenig interessant für Einwohner und Besucher, die Innenstadt war abends so gut wie menschenleer. Dies hat sich geändert: Im Zentrum von Auckland pulsiert nun das Leben. Neue Apartments direkt am Wasser sowie zahlreiche Trendbars und Restaurants haben das Hafenviertel zu einer beliebten Gegend zum Wohnen und für die Freizeit gemacht.

Old Customhouse
Heute befindet sich in dem historischen Zollgebäude von 1889 ein Duty-free-Shop (siehe S. 73, 90).

Britomart Transport Centre
Die Verwaltung des öffentlichen Nahverkehrs hat ihren Sitz im ehemaligen Gebäude der Hauptpost.

★ Ferry Building
Hier kann man Tickets für Fähren und Hafenrundfahrten buchen oder im beliebten Restaurant im Erdgeschoss essen (siehe S. 73).

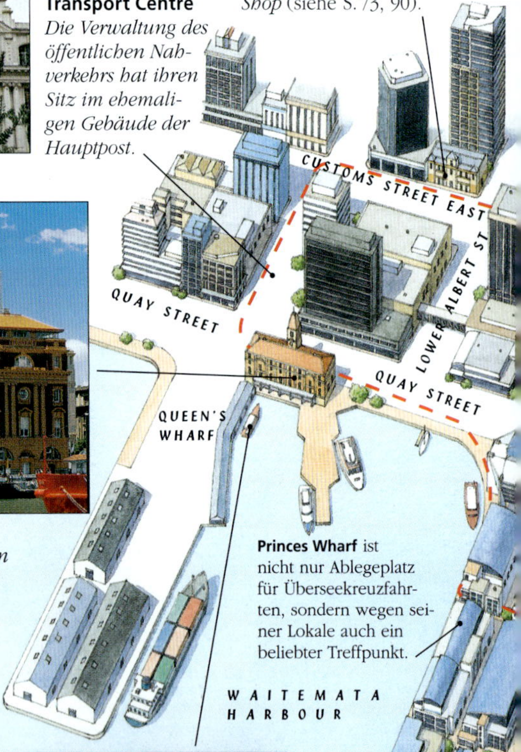

Princes Wharf ist nicht nur Ablegeplatz für Überseekreuzfahrten, sondern wegen seiner Lokale auch ein beliebter Treffpunkt.

LEGENDE

– – – Routenempfehlung

Schiffsverkehr
Am Ferry Building starten zahlreiche Hafenrundfahrten. Auch die Fähren nach Devonport und zu den Inseln im Golf von Hauraki legen hier ab.

America's Cup

1995 versetzte der Sieg von Team New Zealand beim America's Cup, der bekanntesten Segelregatta der Welt, das Land in einen kollektiven Freudentaumel. Der folgende Wettbewerb im Jahr 2000 wurde vor der Küste Neuseelands ausgetragen, wo das Team den Titel verteidigen konnte und Neuseeland somit auch 2003 Austragungsort des America's Cup war. Beide Male lagen die teilnehmenden Yachten in Viaduct Basin. 2003 und 2007 unterlagen die Neuseeländer jeweils der Schweizer Yacht *Alinghi*, die die Trophäe erstmals nach Europa holte.

Das neuseeländische Team der *Black Magic* schlägt die Konkurrenz im Finale des America's Cup 2000

Tepid Baths

Der 1914 errichtete und später renovierte Bau beherbergt heute Wasser- und Fitness-Einrichtungen.

Viaduct Basin

Das Industriegebiet wurde für den America's Cup 1999/2000 zum Unterhaltungsviertel (siehe S. 72).

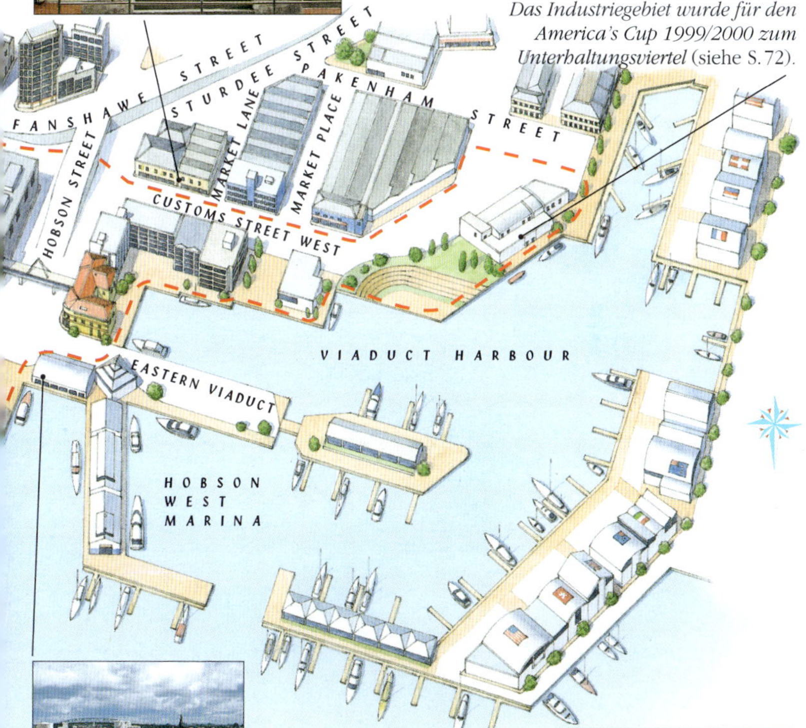

★ Voyager New Zealand Maritime Museum

Zu den Ausstellungsstücken zählen auch historische Schiffe, die Besucher auf eine Hafenrundfahrt mitnehmen (siehe S. 73).

NICHT VERSÄUMEN

★ Ferry Building

★ Voyager New Zealand Maritime Museum

Von der Auckland Harbour Bridge sieht man die Yachten in der Westhaven Marina

Waitemata Harbour ❶

Der lebhafte Hafen mit dem grünen Vulkankegel von Rangitoto Island im Hintergrund ist eine der beeindruckendsten Ansichten von Auckland. Stundenlang kann man Fähren, Ausflugsboote und Handelsschiffe beim An- und Ablegen beobachten. Der Hafen von Auckland bildet eine natürliche Grenze zwischen dem Geschäftsviertel im Zentrum und dem dicht besiedelten Nordufer.

Auckland Harbour Bridge ❷

State Hwy 1.

Seit dem späten 19. Jahrhundert gibt es einen Fährverkehr für Passagiere von Auckland in den Norden. Im Jahr 1959 wurde dann die Harbour Bridge erbaut, zehn Jahre später erweiterte man die 43 Meter hohe Stahlbrücke von vier auf acht Spuren. In den Stoßzeiten fließt der Verkehr nur zäh über die 1020 Meter lange Brücke. Betonbarrieren markieren die Fahrspuren, sie werden zweimal täglich maschinell verschoben, um den Verkehr möglichst reibungslos am Morgen in die Stadt und am späten Nachmittag aus der Stadt heraus in die nördlichen Vororte zu leiten. Ein elektronisches Ampelsystem an beiden Enden der Brücke zeigt an, welche Spuren befahrbar sind. Trotz der Staus ist die Harbour Bridge einer der besten Aussichtspunkte auf die Stadt. Die Brücke verbindet nicht nur zwei große Viertel Aucklands, der State Highway 1 ist zugleich die Hauptstrecke für den Verkehr Richtung Norden. Auf der Fahrt Richtung Süden bietet sich ein wunderbarer Blick auf die Boote im Yachthafen.

Rast im Café am Viaduct Basin

Westhaven Marina ❸

Westhaven Drive.

Im Yachthafen Westhaven sieht man die Leidenschaft der Neuseeländer für den Segelsport. Der Hafen ist seit über 70 Jahren in Betrieb und mit 1980 vor Anker liegenden Schiffen einer der größten Häfen der südlichen Hemisphäre. Hier sind auch Pier Z, der Sitz einiger großer Charterboot-Unternehmen, sowie Ablegemöglichkeiten für kleine und große Boote. Im nördlichen Teil des Hafens haben große Yachtclubs ihren Sitz.

Viaduct Basin ❹

Ecke Halsey St & Viaduct Harbour.

Anlässlich des America's Cup 1999/2000 wurde das frühere Industriegebiet in ein Viertel mit exklusiven Apartmenthäusern, Läden und Restaurants umstrukturiert. Das Gebiet ist Teil einer umfassenden Umgestaltung des Hafenbereichs und einer der besten Orte, um die Aussicht zu genießen und die Atmosphäre der Stadt zu spüren. Ein beliebter Treffpunkt für Einheimische und Besucher ist das Kermadec, ein Fischrestaurant mit pazifischem Flair *(siehe S. 327)*. Das 2011 eröffnete Viaduct Event Centre ist Bühne für Veranstaltungen.

Hotels und Restaurants in Auckland *siehe Seiten 298–300 und 326–328*

Voyager New Zealand Maritime Museum ❺

Ecke Quay & Hobson St. *(0800) 1258 9126 oder (09) 373 0800.* *tägl.* *25. Dez.* www.maritimemuseum.co.nz

Schiffe haben in Neuseelands Geschichte immer eine zentrale Rolle gespielt, angefangen bei den Kanus der polynesischen Navigatoren und Entdecker *(siehe S. 46f)* über die Boote der Walfänger, die um 1840 Russell *(siehe S. 102)* zum Zentrum der Walfangindustrie machten, bis hin zu den Dampfern der europäischen Einwanderer. Diesen Aspekt der Vergangenheit drückt das Voyager New Zealand Maritime Museum aus, das in der Maori-Sprache Te Huiteananui-a-Tangaroa, »das legendäre Haus von Tangaroa« (Gott des Meeres) genannt wird.

Die innovative Ausstellung wird selbst denjenigen gefallen, die für Boote nur wenig übrig haben. Ein Raum ist mit schwankendem Boden und knarrenden Geräuschen wie das Innere eines Schiffs gestaltet. Auf historischen Dampfschiffen kann man eine Hafenrundfahrt machen.

Reste eines Walfangboots im Voyager NZ Maritime Museum

Ferry Building ❻

Quay St. *tägl.*

An dem neobarocken Gebäude von 1912 legen die Fähren ab. In zehn Minuten ist man von hier in Devonport oder auf Waiheke Island *(siehe S. 88f)*.

Das Fundament des von Alex Wiseman entworfenen Gebäudes besteht aus Coro-

Das Ferry Building, ein Tor zum Hafen

mandel-Granit, die Mauern aus Sandstein und Ziegel.

In dem beliebten Restaurant Seafood Bar & Grill *(siehe S. 327)* verabreden sich die Auckländer gerne zum Essen und genießen den Blick über den Hafen.

Britomart Transport Centre ❼

Queen St.

Das Britomart Transport Centre ist Sitz der Verwaltung des öffentlichen Nahverkehrs. Von hier aus werden Zug-, Bus- und Fährverkehr organisiert. Der Komplex und seine Umgebung wurden 2009 erweitert, dabei entstand auch Taku Tai Plaza, eine Area mit vielen Läden und Cafés.

Old Customhouse ❽

Ecke Albert & Customs St. *(0800) 388 937.* *tägl.* www.dfsgalleria.com

Das Old Customhouse ersetzt ein Gebäude, das in den 1880er Jahren abbrannte. Der einstige Sitz verschiedener Behörden wurde von Thomas Mahoney 1889 im Stil der französischen Renaissance erbaut. Der Entwurf soll dem heutigen Selfridge's-Bau in der Londoner Oxford Street nachempfunden sein. Auffallend sind die schön gestaltete Fassade des Baus sowie die aufwendigen Holzarbeiten aus Kauri. Heute ist hier der größte Duty-free-Shop der Stadt *(siehe S. 90)* zu finden.

Stadt der Segler

Angeblich ist Auckland die Stadt mit den meisten Privatbooten pro Einwohner weltweit. In dem gemäßigten Klima können die Boote häufiger benutzt werden als in Europa oder an der Ostküste Amerikas. Segeln ist in Auckland seit den 1840er Jahren, als die ersten Segelregatten im Waitemata Harbour stattfanden, eine beliebte Freizeitbeschäftigung. Sichere Häfen und die Nähe zu malerischen Inseln machen einen Bootsausflug auch für Besucher aus Übersee attraktiv. Die Preise für Charterboote hängen von der Größe des Bootes und der Jahreszeit ab, man kann auch ein Boot mit Skipper mieten. Das Highlight des Jahres ist die Auckland Anniversary Regatta *(siehe S. 41)*.

Segelregatta im Waitemata Harbour

Spielcasino in SKYCITY

SKYCITY Auckland ❾

Ecke Victoria & Federal St.
(0800) 759 2489, (09) 363 3000.
tägl.
www.skycityauckland.co.nz

In SKYCITY Auckland, Neuseelands größter Spielbank, können Spieler, die entsprechendes Glück haben, eine Luxuslimousine gewinnen. Der rund um die Uhr geöffnete Komplex bietet ein kaum zu überbietendes Angebot an Unterhaltungsmöglichkeiten. Mehr als 1600 Spielautomaten warten auf Besucher. SKYCITY umfasst vier Casinos mit insgesamt mehr als 100 Spieltischen. Traditionelle Casinospiele wie Stud Poker, Craps, Black Jack, Bakkarat und Roulette finden hier regen Zulauf. Beliebte chinesische Spiele sind das Würfelspiel *tai sai* und *pai gow*, das mit 32 Dominosteinen gespielt wird. Unterhaltung in SKYCITY ist jedoch nicht auf Glücksspiele beschränkt. Am bekanntesten ist der Komplex wegen des Sky Tower – mit 328 Metern das höchste Bauwerk des Landes *(siehe S. 75)*. Zum Komplex gehören auch zwei Hotels – das Vier-Sterne-Hotel SKYCITY mit seinen 306 Zimmern und 38 Suiten sowie das Grand Hotel (fünf Sterne) mit 316 Zimmern. Darüber hinaus gibt es auch viele Bars, Cafés und Restaurants. Geschäftsleuten stehen einige Konferenzräume zur Verfügung. Sehr beliebt sind auch die Veranstaltungen im Theatersaal, der rund 700 Besuchern Platz bietet.

Skulptur auf dem Aotea Square

Aotea Square und Aotea Centre at THE EDGE ❿

Queen St. *(09) 309 2677.*
www.the-edge.co.nz

Ende der 1980er Jahre verkauften einige Souvenirläden Neuseelands eine völlig schwarze Postkarte mit der Aufschrift »Nachtleben in Neuseeland«. Die Zeiten haben sich geändert. Der neuseeländische Architekt Ewen Wainscott entwarf das Aotea Centre, das, im Jahr 1990 erbaut, zum Mittelpunkt eines lebhaften Nachtlebens wurde. Am Eröffnungsabend trat die weltberühmte neuseeländische Sängerin Kiri Te Kanawa auf. Hier werden Veranstaltungen aus den Bereichen Tanz, Oper, klassische Musik, Theater und Show geboten. Auch Festivals wie der Aotearoa Hip Hop Summit finden hier statt.

Auf dem Aotea Square vor dem Zentrum finden Märkte und Kunstfestivals statt. Das hölzerne *waharoa* (Tor) am Eingang stammt von dem Maori-Künstler Selwyn Muru. Auf einer Seite des Platzes steht das Force Entertainment Centre mit Cafés, Läden und Imax-Kino mit 460 Plätzen, auf der anderen Seite befindet sich die Auckland Town Hall. Das Viertel um den Aotea Square ist als »THE EDGE« bekannt.

Auckland Town Hall ⓫

Queen St. *(09) 309 2677.*
tägl. *Feiertage.*

Das schmale Rathaus aus der Zeit Eduards VII. ist das wichtigste historische Gebäude Aucklands. Es ist sowohl Sitz von Verwaltung und Politik als auch kultureller Treffpunkt. Während der Bauarbeiten zur Rückversetzung in den Urzustand wurden nachträglich angebrachte Materialien entfernt und die Grundstruktur erneuert. Die Concert Chamber, die Council Chamber und die Eingangshalle wurden detailgetreu renoviert, wobei bei der Rekonstruktion der Fenster auch dem Original entsprechendes Glas verwendet wurde, das im Laufe der Jahre verschwunden war.

Die Great Hall, ein ausgezeichneter Veranstaltungsort für Konzerte, ist ein Nachbau des 1881–84 erbauten Neuen Gewandhaus-Saals in Leipzig, der 1944 bei Bombenangriffen der Alliierten zerstört wurde.

Auckland Town Hall

Sky Tower ⓬

Aucklands 328 Meter hoher Sky Tower wurde im August 1997 als Sende- und Telekommunikationseinrichtung eröffnet. Die Touristenattraktion hat Sydneys AMP Tower als höchstem Turm der südlichen Hemisphäre den Rang abgelaufen. Das Gebäude, Teil von SKYCITY Auckland, wird jährlich von fast einer Million Menschen besucht. Von den vier Aussichtsplattformen kann man bis zu 80 Kilometer weit in die Ferne blicken. Nervenkitzel pur bietet der 360°-Skywalk.

INFOBOX

Ecke Victoria & Federal St.
☎ (0800) 759 2489. ◯ *tägl. 8.30 Uhr bis spätnachts.*
www.skycity.co.nz

Aussichtsplattformen
Von den innen und außen liegenden Aussichtsplattformen hat man einen fantastischen Blick auf Auckland und Umgebung.

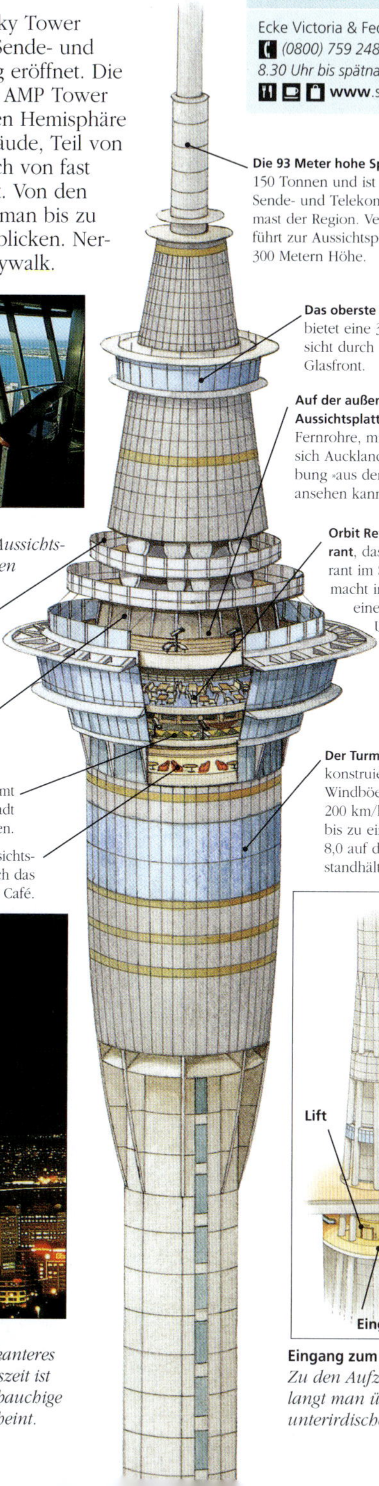

Die 93 Meter hohe Spitze wiegt 150 Tonnen und ist der wichtigste Sende- und Telekommunikationsmast der Region. Vertigo Climb führt zur Aussichtsplattform in 300 Metern Höhe.

Das oberste Deck bietet eine 360-Grad-Aussicht durch die nahtlose Glasfront.

Auf der außen gelegenen Aussichtsplattform gibt es Fernrohre, mit denen man sich Auckland und Umgebung »aus der Nähe« ansehen kann.

Orbit Revolving Restaurant, das Drehrestaurant im Sky Tower, macht in einer Stunde eine vollständige Umdrehung.

In den Etagen über und unter der breiten Turmmitte sind Telekommunikationseinrichtungen untergebracht.

The Observatory ist das Restaurant mit dem besten Blick über die Stadt.

Auf der Hauptaussichtsplattform bekommt man mehrsprachige Informationen über Stadt und Wetter auf Band und Sensorbildschirmen.

Auf der unteren Aussichtsplattform befindet sich das Sky Lounge Café.

Der Turm wurde so konstruiert, dass er Windböen bis zu 200 km/h und Erdbeben bis zu einer Stärke von 8,0 auf der Richterskala standhält.

Sky Tower bei Nacht
Nachts ist der Sky Tower ein noch markanteres Merkmal als bei Tag. In der Weihnachtszeit ist der Turm bunt angestrahlt, sodass die bauchige Mitte wie eine fliegende Untertasse erscheint.

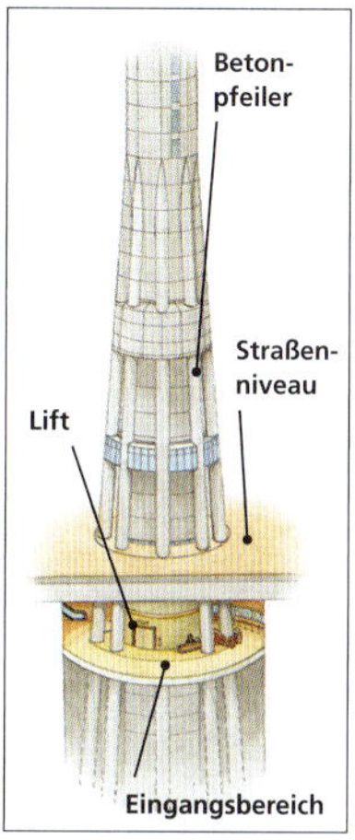

Eingang zum Tower
Zu den Aufzügen gelangt man über eine unterirdische Galerie.

Old Government House, Neuseelands erstes Herrenhaus aus Holz

Old Government House ⓭

Ecke Waterloo Quadrant & Princes St. *für Besucher nicht zugänglich.*

Bis 1865, als Wellington Hauptstadt wurde, war das Old Government House Regierungssitz, bis 1969 diente es als Wohnhaus des neuseeländischen Generalgouverneurs. Hier verkehrte auch das Königshaus, Queen Elizabeth II. hielt 1953 im Obergeschoss ihre Weihnachtsansprache. Heute ist das Gebäude Teil der University of Auckland mit einem Gemeinschaftsraum, einer Empfangssuite und Apartments für Gastdozenten. Das Old Government House ist vom zentralen Geschäftsviertel zu Fuß zu erreichen. Aus der Ferne wirkt das Gebäude, das von William Mason entworfen und im Jahr 1856 fertiggestellt wurde, als sei es aus Stein. Tatsächlich ist es aus Holz gebaut. Der große Feuerdorn und die Norfolk-Kiefer am südlichen Rand des Rasens sollen von Sir George Grey während seiner zweiten Amtsperiode als Gouverneur zwischen 1861 und 1867 gepflanzt worden sein.

Old Arts Building und Uhrenturm ⓮

Princes St. *für Besucher nicht zugänglich.*

Das Old Arts Building und der Uhrenturm gehören ebenfalls zur Universität und liegen am Albert Park, einem beliebten Treffpunkt für Studenten. Der in Chicago ausgebildete Architekt R.A. Lippincott entwarf das Gebäude, fertiggestellt wurde es 1926.

Der Uhrenturm, der das Gebäude überragt, ist dem Tom Tower der Christ Church in Oxford, England, nachempfunden und Symbol der Universität. Das achteckige Innere des Bauwerks hat schöne Gewölbe und Galerien mit Mosaikböden und Säulen aufzuweisen. Zwischen 1985 und 1988 führte man größere Umbaumaßnahmen durch, die das Institute of Architects mit einem Preis auszeichnete.

Zwischen der Rückseite des Old Arts Building und der Old Choral Hall verläuft über 85 Meter die Barracks Wall. Sie ist der Rest der Mauer von 1847, die das Gelände umgab, in dem bis 1870 britische Truppen stationiert waren. Die Basaltsteine für die Mauer wurden aus den Hängen des Mount Eden geschlagen, einem Gebiet, das heute als Eden Garden bekannt ist.

Das Old Arts Building und der Uhrenturm in Auckland

Auckland Art Gallery ⓯

Ecke Wellesley & Kitchener St. *(09) 307 7700. tägl. Karfreitag, 25. Dez. einige Exponate.*
www.aucklandartgallery.govt.nz

Kunstinteressierte Besucher sollten die Auckland Art Gallery besuchen. Die Konzeption des Gebäudes im Stil der französischen Renaissance muss für die Architekten eine besondere Herausforderung gewesen sein, da es als Eckgebäude an einem Hang erbaut werden sollte. Ursprünglich waren hier Behörden und die Stadtbücherei untergebracht, mittlerweile dient das Gebäude als Galerie für neuseeländische Kunst.

Eingang zur New Gallery, Teil der Auckland Art Gallery

Unter den 12 500 Exponaten der Sammlung befinden sich nationale und internationale Kunstwerke. Zudem finden regelmäßig Wechselausstellungen statt. Die New Zealand Collection zeigt die Werke vieler prominenter Künstler des Landes, darunter Arbeiten von Frances Hodgkins, Colin McCahon und Ralph Hotere. Die Mackelvie Collection umfasst ebenso wie die Grey Collection hauptsächlich ausländische Gemälde.

Die New Gallery, fast direkt neben der Auckland Art Gallery gelegen, war früher die Telefonzentrale der Stadt. Seit sie vom Architekten David Mitchell umgestaltet wurde, gibt es ein Drittel mehr Ausstellungsfläche, die überwiegend zeitgenössischer Kunst gewidmet ist. In einem Anbau werden Werke von renommierten Künstlern aus aller Welt präsentiert.

Hotels und Restaurants in Auckland *siehe Seiten 298–300 und 326–328*

Auckland Domain und Winter Gardens ⓰

Auckland Domain ◯ *tägl.*
Winter Gardens ◯ *tägl.*
▣ *(War Memorial Museum).*

Open-Air-Konzert der Sky City Starlight Symphony, Auckland Domain

Das Zentrum Aucklands ist um einige erloschene Vulkane herum errichtet. Viele von ihnen sind heute beliebte Freizeitgelände und Parks. Im ältesten Park, Auckland Domain, erkennt man noch immer die Tuffringe, die vor Tausenden von Jahren durch vulkanische Aktivität entstanden. 1840, in den frühen Jahren europäischer Besiedlung, wurde Land für den 1,35 Quadratkilometer großen Park reserviert. 1940 entstand um einen Totara-Baum auf dem Pukekaroa-Hügel eine geschnitzte Maori-Gedenk-Palisade. Diese Umzäunung erinnert an den geradezu legendären Maori-Führer Potatu Te Whero Whero, der hier 100 Jahre zuvor mit den benachbarten Stämmen Frieden geschlossen hatte.

In der Nähe befindet sich ein Sportplatz, an dem die Tuffringe ein natürliches Amphitheater bilden. Dort finden jeden Sommer kostenlose Konzerte unter freiem Himmel statt.

Statue in den Winter Gardens

Der große, schattige Park ist auch für Spaziergänge und Picknicks beliebt. Einige der gigantischen Bäume im Park waren Sämlinge einer Pflanzschule, die 1841 gegründet wurde, um europäische Pflanzen und Bäume auf Neuseeland zu verbreiten. In den ehemaligen Gärten sind noch immer zahlreiche Skulpturen zu sehen. Am bekanntesten sind die drei Bronzeskulpturen im Teich. Die zentrale, männliche Figur repräsentiert Auckland, die zwei weiblichen stehen für Weisheit und Fruchtbarkeit des Bodens.

Die Winter Gardens, ein Vermächtnis der Auckland Exhibition von 1913, bestehen aus zwei Glashäusern, verbunden durch einen Hof mit großem Seerosen- und Lotusteich. Unter den Kuppeldächern wächst eine Vielzahl verschiedener Pflanzen. Hinter den Winter Gardens entstand ein Farnhaus, in dem sich über hundert Arten befinden. Die Gärten bieten eine beliebte Kulisse für Hochzeiten und andere Fototermine.

Das bekannteste Gebäude im Park ist das Auckland War Memorial Museum *(siehe S. 78f)*. Es ist aus Stahlbeton gebaut, mit Portland-Stein verkleidet und mit Bronze verziert. Auf der Vorderseite befinden sich Tafeln, die Schlachten des Ersten Weltkriegs nachstellen. Auf der Rückseite wurden 1960 von R.F. und M.K. Draffin Listen der Schlachten des Zweiten Weltkriegs hinzugefügt.

Eines der beiden schönen Glashäuser der Winter Gardens

Auckland War Memorial Museum ⓱

Ehrenmal vor dem Museum

Erbaut wurde das Auckland War Memorial Museum 1929 zum Gedenken an das Ende des Ersten Weltkriegs, in dem 16697 Neuseeländer ihr Leben ließen. Die Fassade ähnelt den griechischen Tempeln, die viele Soldaten von den Decks der Kriegsschiffe im Mittelmeer sahen. Die Gestaltung des Ehrenmals vor dem Museum basiert auf dem Bild mit dem Grab des Unbekannten Soldaten in London, das in den 1920er Jahren vor jedem Kinofilm gezeigt wurde. Der Besucher erhält hier nicht nur einen Überblick über die Geschichte Neuseelands, sondern sieht auch eine Sammlung von Maori-Schätzen sowie Maori-Aufführungen.

Luftansicht des Museums im Auckland-Domain-Park

Museumslobby

In der Eingangshalle des Museums befinden sich große Säulen, die an den Parthenon in Griechenland erinnern. Das Licht wird durch die Buntglasdecke über der Eingangshalle gefiltert.

»Origins« zeigt die Skelette ausgestorbener Tiere wie Dinosaurier und Moas. Viele davon wurden in den Höhlen der Umgebung entdeckt.

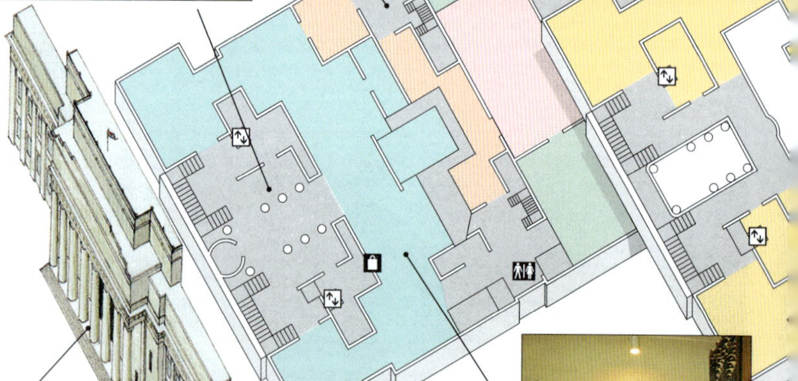

Das Eingangsportal erinnert an griechische Tempel.

NICHT VERSÄUMEN

★ Ehrenstätte des Ersten Weltkriegs

★ Maori-Schätze

★ Maori-Schätze

Die Galerie birgt eine Sammlung von wertvollen Kultgegenständen der Maori, z.B. das waka *(Kanu) im Vordergrund und ein Versammlungshaus mit Schnitzereien.*

Discovery Centres
In den zwei interaktiven Entdeckungszentren »Weird and Wonderful« und »Treasures and Tales« erleben Kinder Interessantes aus den verschiedensten Bereichen und lernen somit die Welt kennen.

INFOBOX

The Domain. *(09) 306 7067 oder (09) 309 0443. Explorer Bus. tägl. 10–17 Uhr. 25. Dez. Spende erbeten (außer Kriegsdenkmäler); Maori-Vorführungen.*
www.aucklandmuseum.com

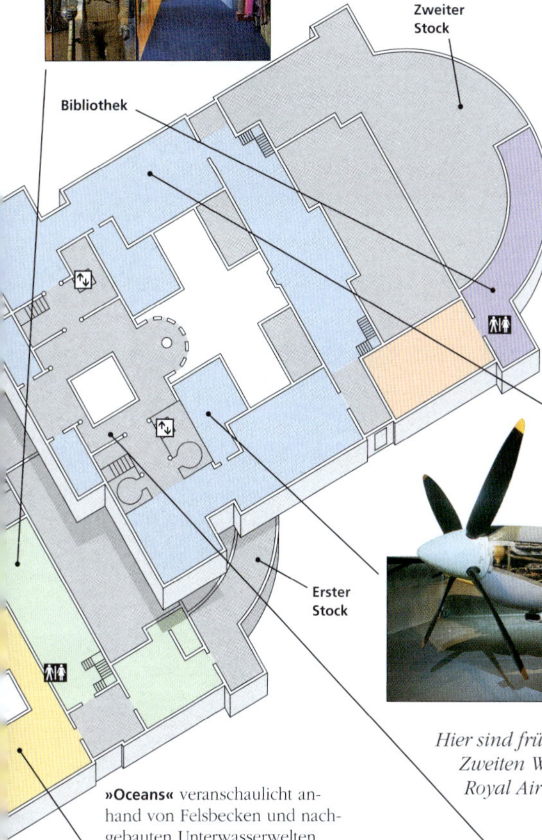

Kurzführer

Das Museum umfasst drei Stockwerke: Das Erdgeschoss ist den Bewohnern Neuseelands – europäischen Einwanderern wie Maori – sowie dem Pazifikraum gewidmet. Im ersten Stock bekommt man Informationen über das Land und seine Naturgeschichte, die oberste Etage zeigt Exponate zur Kriegsbeteiligung Neuseelands. Die Bibliothek ist montags bis freitags von 13 bis 17 Uhr, samstags von 10 bis 17 Uhr geöffnet.

»Scars on the Heart« zeigt Exponate der beiden Weltkriege, u.a. die Nachbildung eines Schützengrabens aus dem Ersten Weltkrieg.

Spitfire Gallery
Hier sind frühe Jagdflugzeuge ausgestellt. Im Zweiten Weltkrieg kamen viele Piloten der Royal Air Force aus Neuseeland, u.a. der Oberbefehlshaber Keith Park.

»Oceans« veranschaulicht anhand von Felsbecken und nachgebauten Unterwasserwelten die Meeresflora und -fauna.

LEGENDE

- Naturgeschichte
- Design & Dekorative Kunst
- Exhibition Hall
- Bibliothek
- Maori und Pazifikraum
- Andere Ausstellungen
- Discovery Centres
- Kriegsausstellungen

★ Ehrenstätte des Ersten Weltkriegs
Die Glasdecke über der Eingangshalle zeigt die Wappen aller britischen Herrschaftsgebiete und Kolonien während des Ersten Weltkriegs. Auf dem Balkon sieht man die Abzeichen der Einheiten, Regimenter und Korps, in denen Neuseeländer dienten.

Das Geschäftsviertel von Auckland rund um den Sky Tower ***(siehe S. 75)*** ▷

AA

Abstecher von Auckland

Auch außerhalb des Stadtzentrums von Auckland gibt es eine Menge zu sehen und zu unternehmen. An erster Stelle stehen Häfen, Strände und Inseln, denn von hier aus hat man nicht nur eine traumhafte Aussicht, sondern auch ausgezeichnete Wassersportmöglichkeiten wie Kajakfahren, Surfen und Segeln. Die Stadt ist bekannt für ihre schönen Parks und Gärten, die Besuchern ruhige Rückzugsmöglichkeiten oder Abenteuer in Busch und Wildnis bieten. Familien mit Kindern werden Gefallen finden an Tarlton's Antarctic Encounter und Underwater World, an Rainbow's End oder auch an Aucklands Zoo. Dem Hafen gegenüber lockt Devonport mit seinen zahlreichen Restaurants und Kunstgewerbeläden.

Sehenswürdigkeiten auf einen Blick

- Auckland Regional Botanic Gardens 8
- Auckland Zoo 5
- Devonport 14
- Hauraki Gulf Islands 16
- Henderson 12
- Highwic House 7
- Kelly Tarlton's Antarctic Encounter and Underwater World 3
- Kumeu 13
- Museum of Transport and Technology 4
- One Tree Hill 6
- Orewa 15
- Piha 11
- Rainbow's End 9
- Savage Memorial Park 2
- Tamaki Drive 1
- Titirangi 10

LEGENDE

- Auckland Zentrum
- Auckland Stadtgebiet
- Park, Wald, Naturschutzgebiet
- Autobahn
- Highway
- Andere Straße
- Auckland International Airport

Blick auf Auckland City vom Tamaki Drive

Tamaki Drive 1

Der Tamaki Drive östlich der Stadt bietet die beste Aussicht auf Auckland. Die Straße quert die Hobson Bay und verläuft entlang der Küste durch Okahu Bay, Mission Bay und St. Heliers Bay. Die Sicht über den Waitemata Harbour Richtung Rangitoto Island und Devonport ist großartig. Viele der vornehmsten Häuser der Stadt befinden sich auf den Hügeln hinter dem Tamaki Drive. Urlauberbusse machen häufig einen kleinen Abstecher, um den nahe gelegenen Paritai Drive zu befahren, Aucklands teuerstes Pflaster. Über den Tamaki Drive gelangt man zu kleinen, feinsandigen Stränden wie an der Mission Bay. Diese Strände sind beliebte Ausflugsziele für Familien, Schwimmer und Sonnenhungrige. Die Mission Bay wurde nach dem melanesischen Mission House benannt, das 1859 als Teil von Bischof Selwyns Mission School errichtet wurde. Nachdem man die Schule 1867 nach Norfolk Island verlegt hatte, wurde das Haus für verschiedene Zwecke benutzt. Heute befindet sich darin ein gediegenes Restaurant.

Fahrrad-Familienvergnügen auf dem Tamaki Drive

Hotels und Restaurants in Auckland *siehe Seiten 298–300 und 326–328*

Das Panorama vor Aucklands Hafen, geprägt von Rangitoto Island

Der Tamaki Drive endet an der St. Heliers Bay. Es lohnt sich, die Cliff Road zur Ladies Bay weiterzufahren. Von der Aussichtsplattform auf dem Felsen hat man einen wunderschönen Blick auf den Hauraki Gulf. Direkt unter der Plattform, aber dennoch weit genug, um nicht den belästigenden Blicken der Besucher ausgesetzt zu sein, ist einer der wenigen Nacktbadestrände Neuseelands. An allen anderen Stränden am Tamaki Drive ist Nacktbaden verboten.

Windsurfen für Anfänger

Savage Memorial Park ❷

Der Park, der über den Tamaki Drive zu erreichen ist, wurde nach einem Premierminister Neuseelands benannt, Michael Joseph Savage (1871–1940). In den Gartenanlagen stößt man noch auf Befestigungsanlagen aus dem Zweiten Weltkrieg. Wo sich heute Gärten erstrecken, lag früher ein historisches Maori-*pa* (befestigtes Dorf), die Küstenlinie war für ihre Muschelvielfalt berühmt. Die Gegend, die heute Bastion Point heißt, war früher unter dem Namen »Tokapurewha« (Muschelfelsen) bekannt. Internationale Berühmtheit erlangte sie 1979, als Maori gegen die Zerstörung eines nahe gelegenen Maori-Dorfs protestierten, das der vornehmen Wohngegend weichen sollte. Die Protestbesetzung dauerte ganze 506 Tage, ihr folgte ein zehn Jahre langer Rechtsstreit. Im Jahr 1990 wurde das Land schließlich dem Ngati-Whatua-Stamm zurückgegeben. Das 900 Quadratmeter große *Orakei Marae* ganz in der Nähe ist das Versammlungshaus des Stammes.

Kleinere Versammlungshäuser findet man um Kaipara Harbour und in Helensville an der Nordküste.

Fahrt durch das Meer, in einem Plexiglastunnel in Kelly Tarlton's Underwater World

Kelly Tarlton's Antarctic Encounter and Underwater World ❸

23 Tamaki Drive. ☎ (0800) 805 050 oder (09) 528 0603. 🚌 Downtown Centre, 757, 767, 769. ◯ tägl. 🎫 kein Blitz. ♿ Antarctic Encounter.

Die bekannteste Attraktion am Tamaki Drive ist Kelly Tarltons Antarktiserlebnis mit Unterwasserwelt. Besucher gleiten von Fischen umgeben auf einem Laufband durch einen Plexiglastunnel unter einem Wasserbecken. Das Band führt durch zwei Meeresaquarien, eines für Rifffische und eines für Haie und Rochen. Im Antarctic Encounter steht der Nachbau der Hütte des Südpolforschers Robert F. Scott (1868–1912), akustisch untermalt von Eis- und Sturmgeräuschen. Ein Höhepunkt ist die Fahrt mit einer beheizten Schneekatze durch eine subantarktische Landschaft, vorbei an einer Pinguinkolonie zu einem Aquarium unter Eis.

Museum of Transport and Technology ❹

Great North Rd, Western Springs. *45, Customs St.* *(09) 815 5800 oder (0800) 668 286.* *tägl.* *25. Dez.* **www**.motat.org.nz

Das Museum of Transport and Technology (MOTAT) besitzt etwa 300 000 Stücke, von denen rund ein Fünftel in Gebäuden nahe dem Auckland Zoo der Öffentlichkeit zugänglich ist. Die Exponate reichen von zahnmedizinischem Gerät über Dessous bis hin zu Häusern des 19. Jahrhunderts.

Das Herzstück der Sammlung sind 30 historische Flugzeuge, darunter die Rekonstruktion eines Flugzeugs des Neuseeländers Richard Pearse, der angeblich noch vor den Brüdern Wright als erster Mensch einen erfolgreichen Flugversuch absolvierte *(siehe S. 248)*. Sehr interessant ist das luxuriöse Flugboot ZK-AMO *Aranui*, das 1949–1960 im südpazifischen Raum verkehrte. Eine Straßenbahn transportiert Besucher vom Museum direkt zum Eingang des Zoos.

Historisches Flugzeug im Museum of Transport and Technology

Auckland Zoo ❺

Motions Rd, Western Springs. *45, Customs St.* *(09) 360 3800.* *tägl.* *25. Dez.* **www**.aucklandzoo.co.nz

Die isolierte geografische Lage Neuseelands führte dazu, dass sich die Tierwelt weitestgehend unabhängig vom Rest der Welt entwickeln konnte. So begünstigte das Fehlen von Raubtieren die Entwicklung einer großen Zahl flugunfähiger Vogelarten. Abgesehen von Fledermäusen gibt es auch keine einheimischen Säugetiere. Nirgendwo sonst lässt sich diese einzigartige Tierwelt besser kennenlernen als im Zoo von Auckland. In dem 1922 eröffneten Tierpark erlebt man über 700 Tiere aus 117 verschiedenen Arten, u. a. Sattelstare, Tui, Kakas, Kakarikis – und die nachtaktiven Kiwis.

Eiserner Elefant am Zoo

Der Zoo besticht durch naturnah gestaltete Gehege, in denen sich nicht nur einheimische Tierarten beobachten lassen. Primaten, u. a. Totenkopfäffchen und Makaken, leben in einem Regenwald, Zebras und Giraffen durchstreifen eine Savanne mit Zulu-Hütten, und im Feuchtgebiet leben Paviane Seite an Seite mit Nilpferden.

One Tree Hill ❻

Manukau Rd.

Auf dem inaktiven Vulkankegel One Tree Hill (Maungakiekie) befand sich einst die größte Maori-Siedlung der Region. Der Hügel ist nach dem einzelnen Baum benannt, der 1640 auf dem

Auf dem One Tree Hill (Maungakiekie) befand sich einst die größte Maori-Siedlung der Region

Gipfel gepflanzt wurde. In der Folgezeit kamen weitere Bäume hinzu, die jedoch bis 2001 entfernt wurden, da sie umzustürzen drohten. Die Bäume hatten sich sonderbarerweise zu einem Politikum entwickelt. Der berühmteste war ein Totara-Baum, der 1852 von Arbeitern gefällt wurde, die damit gegen ihre Arbeitsbedingungen protestierten.

Der One Tree Hill liegt im Cornwall Park. Er ist nach dem Herzog und der Herzogin von Cornwall benannt und wurde von Sir John Logan Campbell, der hier bestattet wurde, 1901 anlässlich der Neuseelandreise des Herzogpaars gestiftet. Neben Campbells Grab steht ein Obelisk.

Acacia Cottage, Aucklands ältestes erhaltenes Holzhaus, wurde 1841 von Campbell errichtet und 1920 von der Shortland Street in den Cornwall Park verlegt. Am Eingang des Parks befindet sich das **Stardome Observatory**. In einer Sternwarte kann man Sterne beobachten, einzelne Aspekte der Astronomie und des Universums werden im Stardome Planetarium erklärt.

Acacia Cottage im Cornwall Park

Acacia Cottage
Cornwall Park. *(09) 630 8485.* *tägl.* *Feiertage.* *302, 304, 305.*

Stardome Observatory
One Tree Hill Domain. *(09) 624 1246.* *tägl.* *Feiertage.* *Stardome und Sternwarte.*

Highwic House 7

40 Gillies Ave, Epsom. *Zubringerbus.* *(09) 524 5729.* *Mi–So.* *Karfreitag, 25. Dez.*

In dem 1862 erbauten Anwesen lebte der Farmer Alfred Buckland. Das Haus wurde in mehreren Etappen erbaut, wobei der vordere Teil noch sorgfältiger ausgeschmückt wurde als der Rest. Mit seinen reichen Verzierungen und den rautenförmigen Fenstern ist das Haus ein klassisches Beispiel für neogotische Bauweise. Auch ein Besuch der Gärten lohnt sich.

Wasserspaß im Rainbow's End

Auckland Regional Botanic Gardens 8

Hill Rd, Manukau City. *(09) 366 2000.* *tägl.* www.aucklandbotanicgardens.co.nz

Der riesige Botanische Garten erstreckt sich über 640 Quadratkilometer. Er bietet mehr als 10 000 Pflanzenarten und eine beachtliche Sammlung von Zierpflanzen. Bei Führungen wird auch die richtige Pflege der Pflanzen erläutert. Im preisgekrönten Besucherzentrum findet jedes Jahr die Ellerslie Flower Show statt.

Rainbow's End 9

Ecke Great South & Wiri Station Rd, Manukau City. *471, 472, Central Auckland.* *(09) 262 2030.* *tägl.* *25. Dez.* www.rainbowsend.co.nz

Der Vergnügungspark ist der größte des Landes. Er bietet mit seinen vielen Fahrgeschäften jede Menge Spaß und Unterhaltung. Am beliebtesten ist eine mehr als 30 Meter hohe Achterbahn mit Loopings, rasanten Wenden und Spiralen. Zu den weiteren Attraktionen zählen das Motion Master Virtual Theatre, in dem Dinosaurier zum Leben erweckt werden, eine Fahrt durch den Zauberwald, ein Minigolfplatz, Go-karts für die ganze Familie, Wasserfahrten und der »Goldrush«, der Fahrgäste auf einer spannenden Fahrt im Grubenwagen durch eine verlassene Goldmine fährt.

Sir John Logan Campbell

Sir John Logan Campbell (1817–1912) war einer der führenden Ingenieure des Landes. Am 21. Dezember 1840 errichtete er am Ende der Shortland Street ein Zelt – Aucklands erstes Geschäft. Als der emsige Unternehmer 95-jährig starb, war er der berühmteste Geschäftsmann der Stadt. Abgesehen vom Handel und der Landwirtschaft engagierte er sich in der Schifffahrt, in Brauereien, der Holzwirtschaft, dem Export von Kauri-Harz, Flachs und Mangan sowie in Verlags- und Bankgeschäften. Außerdem war er Mitglied des Parlaments, Offizier und Gründungsmitglied des Mechanics Institute und des Northern Club. Die Übergabe seiner Farm als Park an die Stadt machte den »Vater Aucklands« unvergesslich.

Totempfahl am Eingang des Arataki Visitors Centre

Titirangi ⑩

Straßenkarte E2. *3400.*

Westlich von Auckland liegt das Städtchen Titirangi, von dem sich ein faszinierender Blick auf die Hügel von Waitakere und den 390 Quadratkilometer großen Manukau Harbour bietet. Hier leben viele Maler und Schriftsteller, der Ort hat fast schon Kultstatus. An der Hauptstraße reihen sich Cafés und Restaurants aneinander. Das augenfälligste Gebäude ist das im spanischen Stil errichtete Lopdell House aus dem Jahr 1930, in dem sich eine Kunstgalerie, ein kleines Theater und ein Restaurant befinden. Vor der Bibliothek findet an jedem letzten Sonntag im Monat von 9 bis 12 Uhr ein Kunsthandwerksmarkt statt.

Titirangi ist das Tor zum Auckland Centennial Memorial Park in den Waitakere Ranges. Der von vulkanischer Tätigkeit vor 1,7 Millionen Jahren geformte Park zieht mit seinen 250 Kilometer Wanderwegen mehr als zwei Millionen Besucher pro Jahr an.

Im **Arataki Visitors Centre** fünf Kilometer hinter Titirangi kann man sich über die Geschichte und Sehenswürdigkeiten der Region informieren. Außerdem sind dort detaillierte Karten, Bücher, Kassetten und Poster erhältlich. Von den großen Holzterrassen bietet sich ein grandioser Ausblick auf den Hafen. Am Besucherzentrum beginnt auch der gut beschilderte Wanderweg Arataki Nature Trail.

Arataki Visitors Centre
Scenic Drive. *(09) 817 0077.*
tägl. *25. Dez.*

Piha ⑪

Straßenkarte E2. *2500.*

Die zerklüfteten, windumtosten Strände der Westküste Aucklands sind ein Geheimtipp der Einheimischen und von Urlaubern weitgehend unentdeckt. Aufgrund von gefährlichen Strömungen und schnell wechselnden Wetterbedingungen, die auf die ungeschützte Lage der Strände zurückzuführen sind, sollte man beim Schwimmen und Wellenreiten allerdings extrem vorsichtig sein.

Piha ist wegen der hohen Wellen der beliebteste Strand, gleichzeitig ist er auch der vornehmste. Viele »Baches«, die traditionellen, sehr einfachen Ferienhäuser, mussten hier großen Villen weichen. Der Piha Surf Life Saving Club dient im Sommer als Gemeindezentrum und Treffpunkt.

Australtölpel bei Muriwai

Umgebung: Der offenste, aber auch beeindruckendste Küstenabschnitt befindet sich bei **Whatipu**, südlich von Piha am Manukau Harbour. Eine vom Strand aus sichtbare Sandbank liegt vor der Hafeneinfahrt. Hier lief am 7. Februar 1863 die HMS *Orpheus* auf Grund. Von den 259 Seeleuten an Bord überlebten nur 70 das Unglück.

Etwas südlich von Piha liegt **Karekare** mit seinen idyllischen Picknickplätzen. Direkt Unterhalb eines Wasserfalls bietet sich die Möglichkeit zu schwimmen. Am Strand des Ortes wurden Teile des preisgekrönten Films *Das Piano* gedreht.

Weiter im Norden befindet sich **Bethells Beach**, der seit Jahrhunderten von Maori bewohnt wird. Archäologen haben hier über 75 Siedlungen entdeckt. Auf Ihumoana Island direkt vor der Küste liegt das am besten erhaltene Insel-*pa*.

Auf einem Felsvorsprung am **Muriwai Beach** (hinter Bethells) hat sich eine Kolonie von 2000 Australtölpeln angesiedelt, die ursprünglich auf Motutara Island nisteten. Von Aussichtsplattformen kann man die Vögel beobachten, ohne sie zu stören – am besten von März bis Dezember.

Blick vom Aussichtspunkt auf den beliebten Strand Piha

Henderson ⑫

Straßenkarte E2. *4600.*

Die Weinberge von Henderson sind ein beliebtes Ausflugsziel für Einheimische und Besucher. In vielen Kellereien kann man essen, oft werden kostenlose Weinproben angeboten.

Im Familienbetrieb Babich Wines gibt es eine Picknick- und *Pétanque*-Anlage mit Blick über die Weinberge. Die Weine dieser Kellerei sind preisgekrönt, darunter z. B. der Babich Patriarch, das Sortiment umfasst aber auch preiswertere Weine.

Picknick und Weinprobe bei Babich Wines in Henderson

Neuseelands zweitgrößte Weinkellerei, Corbans Wine, wurde 1902 von libanesischen Einwanderern gegründet. Auch hier lohnt sich ein Besuch, ebenso bei Montana Wines, wo zahlreiche Sorten hergestellt werden – die Hälfte der gesamten Weinproduktion des Landes. Der hier ausgebaute Deutz Marlborough Cuvée gewann 1998 beim International Wine Challenge in London die Auszeichnung »Sparkling Wine of the Year«. Informationen zu den Kellereien gibt es im Auckland Visitor Centre.

Kumeu ⑬

Straßenkarte E2. *1800.*

Einen Restaurantbesuch in den Weinbergen verbinden viele Aucklander mit dem Kauf von frischem Obst und Gemüse an einem der Verkaufsstände an der Straße. Bei Kumeu, einem Zentrum des Wein-, Obst- und Gemüseanbaus, können Besucher unter vielen Produkten wählen.

Ein Besuch bei Kumeu River Wines sollte bei keiner Weintour fehlen. Mit ihren

Obst und Gemüse aus der Region um Kumeu

Weinen aus einheimischen Reben errang die Kellerei bereits fünfmal den Spitzenplatz der Liste der 100 besten Weine der US-Zeitschrift *Wine Spectator*. Das House of Nobilo, in dem 1998 insgesamt mehr als 4000 Tonnen Trauben verarbeitet wurden, ist die viertgrößte Winzerei in Neuseeland und verkauft außerdem Weine der Kellerei Selaks Wines, die sie 1998 übernahm.

Auch Soljans Estate Winery hat für seine Gäste einen idyllischen Picknickbereich, zudem werden Führungen angeboten. Zu den Spitzenweinen dieser Kellerei zählen die Chardonnays.

Matua Valley Wines stellt eine breite Palette guter Qualitätsweine her. Neben Picknickplätzen gibt es hier eines der besten Winzerei-Restaurants von Auckland, das Hunting Lodge.

Neuseeland und der Film

Neuseelands Küste war schon für viele Filme stimmungsvolle Kulisse. Die Strandszenen von Jane Campions Film *Das Piano*, der 1994 die Goldene Palme sowie zwei Oscars gewann, wurden bei Karekare gedreht. Bethells Beach kann man in *Xena: Warrior Princess* und *Hercules: The Legendary Journeys* wiedererkennen. Viele Fernsehserien, z. B. *Black Beauty*, Spielfilme und Werbespots wurden an der neuseeländischen Küste aufgenommen. Auch einheimische Filmproduktionen sind international sehr erfolgreich, seit 1940 wurden hier über 120 Spielfilme produziert. Die Verfilmung von Tolkiens Trilogie *Der Herr der Ringe* gehört zu den aufwendigsten Produktionen aller Zeiten. Drehorte der drei mit Oscars prämierten Filme waren u. a. Matamata, das Volcanic Plateau, Te Anau, Nelson, Wellington, Canterbury, Queenstown und Wanaka. Auch *Der Hobbit* ist eine neuseeländische Produktion.

Dreharbeiten an einem neuseeländischen Strand

Gut erhaltene viktorianische Gebäude an der Küste von Devonport

Devonport ⓮

Straßenkarte E2. *18 000.*

Im Vergleich mit den – außer Titirangi – weniger wohlhabenden südlichen und westlichen Vierteln Aucklands sind die Gegenden im Osten und Norden der Stadt bevorzugtere Wohngegenden. Die Vororte nördlich der Harbour Bridge sind relativ wohlhabend, die vielen Strände dienen nicht nur zum Schwimmen, sondern auch als Anlegestelle für die zahlreichen Segelboote und Dingis der Einheimischen.

Devonport liegt nur zehn Fährminuten von Aucklands Ferry Building *(siehe S. 73)* entfernt. Als einziger Vorort hat es einen historischen Kern. Bei einem Spaziergang entlang der King Edward Parade vermitteln die vielen Villen einen guten Einblick in die viktorianische Architektur des Viertels. Außerdem bietet sich ein großartiger Blick über den Waitemata Harbour und Auckland City. Am Victoria Wharf legen die Fähren an. Von hier aus erreicht man in fünf Minuten die Cafés, Restaurants und Buchläden der Victoria Road. Die erloschenen Vulkane Mount Victoria und North Head sind mit dem Auto bequem zu erreichen.

Devonport hat eine lange militärische Tradition. Die Basis der Royal New Zealand Navy wurde bereits 1941 eröffnet. Heute sind hier etwa 2200 Angehörige der Marine stationiert. Das **Navy Museum** beleuchtet Devonports Rolle in der Geschichte der Marineschifffahrt anhand einer Fotosammlung, Uniformen, Waffen und anderen Exponaten.

Weiter nördlich liegt der beliebte Strand von **Takapuna**. Die Hurstmere Road ist mit ihren vielen Brasserien, Cafés und Läden ein lebendiger Ort mit buntem Treiben.

Navy Museum
Spring St. *(09) 445 5186.*
tägl. *Karfreitag, 25./26. Dez.*
Spende. *nach Vereinbarung.*

Orewa ⓯

Straßenkarte E2. *28 000.*
214A Hibiscus Coast Hwy.
(09) 426 0076.

Strandhäuser und Motels säumen die Hauptstraße dieser kleinen Küstenstadt, die etwa 40 Autominuten nördlich von Auckland liegt. Orewas Hauptattraktion ist der drei Kilometer lange Sandstrand, der bei Schwimmern, Wellenreitern und, dank der Ostwinde, bei Surfern gleichermaßen beliebt ist.

Umgebung: Nördlich von Orewa liegt, etwas abseits vom State Highway 1, das Städtchen **Puhoi**, Neuseelands älteste böhmische Siedlung. Ein Gedenkstein an der Straße in den Ort erinnert an die Herkunft der ersten Siedler. Das Pub fungiert gleichzeitig als Museum, die Church of St Peter and St Paul (1881) weist böhmische Malereien auf.

48 Kilometer nördlich von Auckland liegt Waiwera, das wegen seines Thermalbads, der **Waiwera Infinity Hot Pools**, bekannt ist. Die Anlage verfügt über neun Becken mit verschiedenen Temperaturen, Whirlpools, Wasserrutschen, einen Wellnessbereich und Picknickplätze. Aus der Quelle sprudeln bis zu einer Million Liter Wasser pro Tag.

Waiwera Infinity Hot Pools
State Hwy 1. *(0800) 924 937.*
tägl.
www.waiwera.co.nz

Hauraki Gulf Islands ⓰

Straßenkarte E2. *Department of Conservation, Ferry Building, Quay St, Auckland.* *(09) 379 6476.* **www**.doc.govt.nz

Die Inseln im Hauraki Gulf gehören zu den schönsten der Welt. Etwa 65 Inseln werden für Freizeitaktivitäten genutzt, andere stehen wegen ihrer seltenen Vogelkolonien und unberührten Pflanzen unter Naturschutz. In Waiheke wohnen viele Pendler, die in Auckland arbeiten, in Great Barrier Island und Kawau vor allem Menschen, die einen gemütlichen Lebensstil pflegen.

Der Strand von Orewa – beliebt zum Schwimmen, Surfen und Wellenreiten

Sir George Greys historisches Villa Mansion House auf Kawau Island im Hauraki Gulf

Wegen der Ökofarmen und der vielen dort ansässigen Künstler gilt **Waiheke Island** als »alternative« Insel. Für Besucher sind vor allem die weißen Sandstrände, die Weinberge und Olivenplantagen attraktiv.

Auf der **Great Barrier Island** wird Strom hauptsächlich über Windmühlen und Dieselgeneratoren erzeugt, manche Kühlschränke laufen noch mit Kerosin, Trinkwasser wird von den Dächern aufgefangen. Der 620 Meter hohe Mount Hobson und der Ruahine mit 410 Metern überragen die Insel. Mit etwas Glück bekommt man einen Kaka (einheimische Papageienart) oder eine Brown Teal Duck zu Gesicht.

Boote auf **Kawau Island** legen bei Warkworth ab. Die Insel ist bekannt für das 1846 erbaute Mansion House, das dem früheren Gouverneur und Premierminister Sir George Grey gehörte. Er brachte verschiedene Tierarten nach Neuseeland, z. B. Kookaburras, Pfaue und das Parma-Wallaby.

Mit ihren 260 Metern überragt die Insel Rangitoto den Golf deutlich. Sie entstand durch einen Vulkanausbruch vor rund 600 bis 700 Jahren. Inzwischen sind die steilen Lavahänge mit Büschen und Bäumen bewachsen. Außerdem findet man dort Moose, Mangroven, Farne, Tree Daisies, Orchideen, Pohutukawa-, Manuka- und Rewa-Bäume. Der Gipfel lässt sich auf verschiedenen Wanderwegen oder mit einem kleinen Zug erreichen.

Streifenkiwi mit Ei

Rakino ist ein beliebtes Wochenendziel. Kleine Häuschen stehen dicht gedrängt über hohen Abhängen. Die Strände der Insel eignen sich gut zum Schwimmen, es gibt auch Anlegestellen für Yachten.

Im Tierschutzgebiet der Little Barrier Island brüten 30 einheimische und 19 eingeführte Vogelarten, z. B. Streifenkiwis, Kakas und Makomakos. Die Flora der Insel umfasst 370 endemische Arten, darunter 90 Farne. Little Barrier Island darf nur mit einer Sondererlaubnis betreten werden.

In dem geschützten Kanal zwischen Goat Island und dem Festland kann man mit ein wenig Glück Muränen, Schnapper, Blue Cod, Marblefish und Kelpfish entdecken. Auch auf die in neuseeländischen Restaurants bei Einheimischen wie Besuchern beliebten Langusten trifft man in diesem unter Naturschutz stehenden Gebiet.

Der Kanal ist nur zwei bis fünf Meter tief, man kann aber direkt vom Strand aus tauchen. Die Sichtweite unter Wasser schwankt – je nach Wetter – zwischen zwei und 15 Metern, von Januar bis Juni ist die Sicht am besten.

Waiheke Island
8000. Korora Rd, Oneroa. (09) 372 1234.
www.waiheke.co.nz

Great Barrier Island
1000. Claris Airport. (09) 367 6009.
www.greatbarrier.co.nz

Kawau Island
200.

Neugierige und hungrige Seevögel im Leigh Marine Reserve

Shopping

Die Läden in Auckland lassen kaum Wünsche offen. Sie sind über die ganze Stadt verteilt, deshalb sollte man sich zuerst genau informieren. In der Innenstadt finden Sie hauptsächlich europäische Produkte, während in anderen Stadtteilen mehr polynesische oder asiatische Waren angeboten werden. Wer landestypische Erzeugnisse kaufen möchte, sollte sich an Produkte aus Schafwolle oder Fell halten, z. B. Pullover oder Stofftiere aus Opossumfell. Zur bunten Designerszene Neuseelands gehören u. a. Zambesi, Karen Walker, Anne Mardell und Trelise Cooper, die in den exklusiveren Gegenden zu finden sind. Schmuck, Porzellan und Glaswaren sind hochwertig. Langusten werden für den Überseetransport entsprechend verpackt.

Jade-Anhänger

Öffnungszeiten

Die Ladenöffnungszeiten liegen meist zwischen 9 und 18 Uhr, viele Geschäfte haben auch am Wochenende geöffnet. Große Supermärkte sind meist bis 21 Uhr oder sogar rund um die Uhr offen. In den sogenannten *Dairies* und an Tankstellen erhält man Produkte für den täglichen Bedarf.

Duty-free-Shops

Die Mehrwertsteuer (GST) in Neuseeland beträgt 12,5 Prozent. Urlauber können diese Steuer und andere Gebühren umgehen, indem sie bei Ankunft oder Abflug im Flughafen sogenannte Duty-free-Produkte kaufen. Auch im Duty-free-Shop **DFS Galleria** in der Innenstadt ist dies möglich. Im Schnitt lassen sich bei solchen Käufen 30 Prozent sparen. Die bei DFS Galleria gekauften Produkte müssen am Flughafen abgeholt werden. Neben den Standardartikeln wie Zigaretten und Alkohol sind Produkte aus Schaffell, Schmuck aus *Paua*-Muscheln sowie Perlen und Holzschnitzereien besonders beliebt.

Shopping-Center

Die Queen Street ist das Finanz- und Wirtschaftszentrum der Stadt. Das renovierte Charles Bohringer's Civic Theatre (1929), das Force Entertainment Centre und Shopping-Center wie das **Atrium on Elliott**, das **Tower Shopping Centre** und das **Westfield Downtown Shopping Centre** haben wieder mehr Besucher in die Gegend gelockt. Auch Buchläden wie **Whitcoulls**, **Dymocks** und **Unity Books**, CD- und Plattenläden wie **Marbecks Record Shop** sowie Mode- und Souvenirgeschäfte sind hier. Der **Voyager New Zealand Maritime Museum Shop** bietet Seglerbekleidung und Souve-

Eine Filiale von Rodd and Gunn in der Innenstadt

Der größte Duty-free-Shop des Landes, DFS Galleria, im Old Customhouse

nirs, die besonders während des America's Cup äußerst gefragt sind.

Aucklands wichtigste Einkaufsgegend ist Newmarket. Zu den am Broadway gelegenen Läden gehören **Country Road**, **Rodd and Gunn** und **Living and Giving**. In den Stadtteilen Parnell und Ponsonby findet man luxuriösere Geschäfte, z. B. Delikatessenläden oder Boutiquen mit Designermode, Kunst und Kunsthandwerk.

Frisches Obst und Gemüse auf einem Markt in Auckland

Märkte

Wer an preisgünstigen, landestypischen Produkten interessiert ist, sollte sich auf dem **Victoria Park Market** umschauen, der in einer Müllverbrennungsanlage von 1905 untergebracht ist. Heute wird dort fast alles – von Souvenirs bis zu Snacks – verkauft, es gibt drei Restaurants und einen *Food Court*. Samstagvormittags kann man auf dem **Otara Market** zwischen 6 und 12 Uhr Obst und Gemüse wie grüne Bananen oder Yams sowie *hangi* (auf heißen Steinen zubereitete Maori-Gerichte) und Mode der Pazifikinseln erstehen.

AUF EINEN BLICK

Shopping-Center

Atrium on Elliott
Elliott St.
(09) 375 4960. www.atriumonelliott.co.nz

DFS Galleria
Old Customhouse, Ecke Albert & Customs St.
(0800) 388 937.

Dress-Smart Factory Outlet
151 Arthur St, Onehunga. (09) 622 2400.

Queens Arcade
34–40 Queen St.
(09) 358 1777.

Tower Shopping Centre
125 Queen St.
(09) 309 6949.

Westfield Downtown Shopping Centre
11–19 Customs St West.
(09) 978 5265.

Märkte

Otara Market
Newbury St & Te Puke, Otara Community Hall.
(09) 274 0830.

Victoria Park Market
210 Victoria St West.
(09) 309 6911.
www.victoria-park-market.co.nz

Delikatessen und Wein

Accent on Wine
347 Parnell Rd, Parnell.
(09) 358 2552.

Pandoro Panetteria
427 Parnell Rd, Parnell.
(09) 358 1962.

Kleidung

Country Road
164 Queen St. (09) 309 6862. 157 Broadway, Newmarket.
(09) 529 1987.

Karen Walker
15 O'Connell St.
(09) 309 6299.
6 Balm St, Newmarket.
(09) 522 4286.

Living and Giving
277 Broadway, Newmarket.
(09) 522 1270.

Rodd and Gunn
75 Queen St. (09) 309 6571. 277 Broadway, Newmarket.
(09) 522 0607.

Voyager New Zealand Maritime Museum Shop
Viaduct Basin.
(09) 373 0800.

Workshop
Ecke Vulcan Lane & High St.
(09) 303 3735.
18 Morrow St, Newmarket.
(09) 524 6844.

Bücher und Musik

Borders
291–297 Queen St.
(09) 309 3377.

Dymocks
246 Queen St.
(09) 379 9919.

Marbecks Record Shop
25 Queen's Arcade.
(09) 379 0444.
www.marbecks.co.nz

Real Groovy Records
438 Queen St.
(09) 302 3940.

Unity Books
19 High St.
(09) 307 0731.
www.unitybooks.co.nz

Whitcoulls
210 Queen St.
(09) 984 5400.

Women's Bookshop
105 Ponsonby Rd.
(09) 376 4399.
www.womensbookshop.co.nz

Souvenirs und Mitbringsel

Breen's Sheepskin Specialists
Tower Centre, 6 Customs St.
(09) 373 2788.

Höglund Art Glass Gallery
285 Parnell Rd, Parnell.
(09) 300 6238.
www.hoglund.co.nz

OK Gift Shop
Downtown Shopping Centre, Ecke Albert & Customs St.
(09) 303 1951.

Smith & Caughey's
253–261 Queen St.
(09) 377 4770.
255 Broadway, Newmarket,
(09) 524 8049.

Unterhaltung

Die ethnische Vielfalt Aucklands spiegelt sich im kulturellen Angebot der Stadt wider: Puccini-Opern stehen ebenso auf dem Programm wie Maori-Tänze. Die Queen Street ist das Zentrum des Nachtlebens: Das Aotea Centre, die Auckland Town Hall sowie eine Vielzahl von Kinos befinden sich dort. Das Civic Theatre Centre ist schon allein wegen seiner Architektur einen Besuch wert. Eine andere Art des Nachtvergnügens bieten Fort Street und Karangahape Road, auch bekannt als K-Road: Dort befinden sich Stripbars, Massagesalons und Nachtclubs. In den Casinos von SKYCITY kommen Spielernaturen auf ihre Kosten. In den Vororten findet das Nachtleben hauptsächlich in Kinos, Sportparks und Discos statt.

Straßenmusiker in der Queen Street

Blick auf die eindrucksvolle Bühne im Civic Theatre Centre

Veranstaltungen

Als wichtigste Informationsquelle für Veranstaltungen empfiehlt sich *The New Zealand Herald*. Die Tageszeitung enthält Kino-, Konzert-, Ballett- und Theaterspielpläne. Broschüren mit detaillierten Angaben zu Kultur- und Sportveranstaltungen liegen überall in Auckland an den Informationsstellen aus. Die größten Vorverkaufsagenturen – **Ticketmaster** und **Ticketek** – listen Veranstaltungen auf ihrer Website auf. Reservierungen sind telefonisch oder online möglich.

Theater

Die wichtigsten Veranstaltungsorte, **Aotea Centre** und **Auckland Town Hall**, gehören zum Komplex THE EDGE *(siehe S. 74)*. Dort werden große Musicals und Theaterproduktionen aufgeführt. Die Great Hall in der Auckland Town Hall *(siehe S. 74)* ist wegen ihrer Akustik berühmt. Weitere Bühnen sind Maidment Theatre an der Universität und Silo in der Grey's Avenue.

Tanz

Die Ballettszene Neuseelands ist überschaubar, die bedeutendsten Choreografen sind zurzeit Mary Jane O'Reilly, Michael Parmenter und Douglas Wright.

Derzeit ist die Footnote Dance Company aus Wellington, die auch in Auckland Vorstellungen gibt, das einzige klassische Ballettensemble des Landes. Auch das ebenfalls aus der Hauptstadt stammende Royal New Zealand Ballet tritt in Auckland auf. Die einzige in Auckland heimische Tanztruppe ist die Black Grace Dance Company. Es gibt auch Gastspiele internationaler Ensembles.

Feuerwerk bei einem Symphoniekonzert in der Auckland Domain

Annabel Reid vom Royal New Zealand Ballet tanzt *Raymonda*

Musik

Im Bereich der klassischen Musik genießen das New Zealand Symphony Orchestra (NZSO) und das Auckland Philharmonia Orchestra (APO) einen hervorragenden Ruf. Ungewöhnlich am APO ist, dass die Musiker gleichzeitig Eigentümer des Orchesters sind. Die meisten Konzerte finden in der Auckland Town Hall statt. Das NZSO und das APO spielen bei den eintrittsfreien Veranstaltungen »Symphony under the Stars« und »Opera in the Park« in der Auckland Domain *(siehe S. 77)*.

In vielen Pubs in Auckland wird Live-Musik geboten, z. B. im Powerstation, in der Judder Bar und im Dogs Bollix, einem beliebten Irish Pub.

Die Manaia Cultural Performance Group bei einer Tanzvorführung

Kulturelle Veranstaltungen

Im Auckland War Memorial Museum *(siehe S. 78f)* werden authentische Maori-Zeremonien und -Tänze geboten. Bei den drei- bis viermal täglich stattfindenden Vorführungen zeigen die Mitglieder der Manaia Cultural Performance Group neben traditionellen Gesängen und Tänzen den *haka*, einen furchterregenden Kriegstanz, der nur von Männern getanzt wird, sowie *Poi*-Tänze, die von Frauen vorgeführt werden *(siehe S. 30f)*. Die Vorführungen dauern etwa 45 Minuten.

Beim Pasifika Festival in Western Springs kann man im März etwas über Polynesien erfahren *(siehe S. 42)*. Dann finden Veranstaltungen mit Kunst und Kultur der verschiedenen polynesischen Völker statt.

Clubs

Auch wenn in den Theatern des ganzen Landes nationale und internationale Comedians auftreten, die **Classic Comedy & Bar** darf den Anspruch erheben, die einzige Bühne für Stand-up-Comedy zu sein.

Die meisten Clubs der Stadt befinden sich in der Karangahape Road. Bei jungen Leuten sehr populär sind vor allem der **Sinners Nightclub**, in dem sich bis zu 1000 Tanzwütige austoben können, sowie das **Calibre**, in dem elegantes Outfit angesagt ist. **Kiss Bar** hat vorwiegend House Music auf dem Programm. Zu den bekanntesten Schwulenclubs in Auckland gehören das **Mea Culpa** in der Ponsonby Road und die **Flesh Nightclub & Lounge Bar** in der O'Connell Street.

Film

Große Kinocenter findet man in ganz Auckland. Die größeren Komplexe, zu denen auch die **Village SKYCITY Cinemas** gehören, zeigen hauptsächlich die wichtigen amerikanischen Streifen, meist bevor sie in Europa anlaufen. Das renovierte **Rialto Cinema** in Newmarket hat sich demgegenüber mehr dem Programmkino verschrieben.

Der Höhepunkt der Kinoszene ist das New Zealand Film Festival alljährlich im Juli. Während des Festivals, das mehrere Tage dauert, wird eine bunte Mischung nationaler und internationaler Filme geboten.

Architektonisch interessante Fassade der Village SKYCITY Cinemas

AUF EINEN BLICK

Tickets

Ticketek
(09) 307 5000, (0800) TICKETEK. **www**.ticketek.com

Ticketmaster
(09) 970 9700.
www.ticketmaster.co.nz

Theater

Aotea Centre
Queen St.
(09) 309 2677.

Auckland Town Hall
Queen St.
(09) 307 5648.

Civic Theatre Centre
Ecke Queen & Wellesley St.

SKYCITY Theatre
Ecke Wellesley & Hobson St.
(0800) 759 2489.

Clubs

Boogie Wonderland
Ecke Customs & Queen St.
(09) 361 6093.

Calibre
179 Karangahape Rd.
(09) 303 1673.

Classic Comedy & Bar
321 Queen St.
(09) 373 4321.

Khuja Lounge
536 Queen St.
(09) 377 3711.

Kiss Bar
309 Karangahape Rd.
(09) 303 27 26.

Mea Culpa
3/175 Ponsonby Rd.
(09) 376 4460.

SPQR
150 Ponsonby Rd.
(09) 360 1710.

Spy Bar
204 Quay St, Viaduct Basin.
(09) 377 7811.

Kinos

Rialto Cinema
169 Broadway, Newmarket.
(09) 369 2417.

Village SKYCITY Cinemas
(09) 972 2800.

Northland

Die starke Verwurzelung mit den Maori-Traditionen, alte europäische Siedlungen, subtropisches Klima und die herrliche Landschaft machen Northland zur Wiege der Nation und zu einem der beliebtesten Erholungsgebiete. Die Geschichte Northlands ist geprägt von europäischen Besitzansprüchen, Blutvergießen und Rücksichtslosigkeit, doch heute überwiegt der Freizeitspaß.

Die lange Geschichte der Maori-Besiedlung wird besonders in den befestigten Maori-Dörfern *(pa)* und den Fanggründen für Schalentiere an der Küste sichtbar. Die traditionelle Kultur *(siehe S. 30f)* wird noch von den vielen hier lebenden Maori-Stämmen gepflegt.

Die frühe europäische Besiedlung brachte skrupellose Walfänger mit sich, die Russell den Beinamen »Hölle des Pazifiks« eintrugen *(siehe S. 102)*. Die Bordelle und Tavernen sind heute verschwunden. Dagegen zeugen Gebäude wie das Pompallier House noch immer von den Einflüssen der Missionare, die den christlichen Glauben ins Land brachten.

Von großer historischer Bedeutung ist das Waitangi Treaty House, in dem der Vertrag von Waitangi *(siehe S. 48f und 104f)* unterzeichnet wurde. Cape Reinga *(siehe S. 108)* ist in zweierlei Hinsicht von Bedeutung: zum einen wegen seiner Lage am Schnittpunkt von Tasmansee und Pazifik, zum anderen wegen seiner großen Bedeutung in der Maori-Mythologie als Ort, an dem die Seelen der Toten ihre Reise nach Hawaiki antreten.

Besucher sind vor allem von der Schönheit der Natur beeindruckt: sanfte Hügel, weiße Sandstrände, riesige Sanddünen und Felsformationen. Im Unterschied zu vielen anderen Gegenden kann man in den unberührten Kauri-Wäldern stundenlang wandern, ohne anderen Urlaubern zu begegnen. Weitere Freizeitaktivitäten sind Fischen, Tauchen, Kajakfahren, Sandsurfen und Reiten.

Tauchen am Wrack der *Rainbow Warrior* *(siehe S. 53)* vor der Matauri Bay

◁ **Sanfte Hügellandschaften prägen das Landschaftsbild weiter Teile von Northland**

Überblick: Northland

Der besondere Charme von Northland ergibt sich aus dem natürlichen Charakter des Landes. Die Region profitiert von den abwechslungsreichen Küstengebieten, die unbegrenzte Freizeitmöglichkeiten bieten. Maori und Europäer trafen hier erstmals aufeinander, und so gibt es noch viele gut erhaltene historische Stätten. Drei Ausgangspunkte eignen sich für die Entdeckung von Northland: Paihia, das in der Nähe von Russell, Waitangi, Kerikeri und der wunderschönen Bay of Islands liegt; Kaitaia, von dem aus man Tagestouren auf die Halbinsel Aupori, nach Mangonui und Ahipara machen kann; sowie Opononi und Omapere mit ihren Stränden und der Nähe zum Wairere Boulders Nature Park mit einzigartigen Felsformationen.

Pohutukawa-Bäume umrahmen die Bucht der Whangarei Heads

Touren und Unternehmungen

Die hier aufgeführten Orte sind ideal, um sich zu erholen und etwas zu unternehmen. Allerdings ändert sich das Wetter – je nach Jahreszeit – häufig. Vor einer Tour sollten Sie sich eingehend vor Ort informieren.

	Bootstouren	Sportfischen	Kajakfahren	Segeln	Tauchen	Schnorcheln	Schwimmen	Wandern
Cape Reinga								■
Kai-Iwi Lakes			●	■			■	
Kaitaia								■
Ninety Mile Beach							●	■
Omapere	●	■	●				●	
Opononi	●	■	●				●	
Paihia	●	■	●	■	●	■	●	
Russell	●	■	●	■	●	■	●	■
Tutukaka	●	■	●	■	●	■	●	
Waipoua Forest								■
Whangarei	●	■	●	■	●	■	●	■

SIEHE AUCH

• ***Hotels*** S. 301f

• ***Restaurants*** S. 328–330

Eine Figur am Versammlungshaus von Waitangi wird bemalt

Ausflugsbus am Ninety Mile Beach

Sehenswürdigkeiten auf einen Blick

In Northland unterwegs

Am besten lässt sich Northland mit dem Auto entdecken. Die Halbinsel Aupori wird von einer 21 Kilometer langen, bis Cape Reinga reichenden Straße durchzogen. Bustouren führen meist über den Ninety Mile Beach, was mit Mietwagen nicht möglich ist. Es empfiehlt sich, nach Norden an der Ost- und nach Süden an der Westküste zu fahren.

Town Basin am Ufer von Whangarei

Whangarei 1

Straßenkarte E1. *47 000.* *Tarewa Park, 92 Otaika Rd.* *(09) 438 1079.* **www**.whangareinz.org.nz

Die nördlichste Stadt Neuseelands liegt zwei Autostunden von Auckland entfernt. Begrenzt wird Whangarei von bewaldeten Hügeln auf der einen und einem tiefen Hafenbecken auf der anderen Seite. Der fruchtbare Boden und das milde Klima lassen in der Gegend eine üppige Vegetation gedeihen – viele Gärten und Plantagen zeugen davon.

Das Herz der Stadt, Town Basin, wurde im Kolonialstil renoviert. Zahlreiche Cafés, Restaurants, Kunstgalerien, Museen und Läden beleben das Zentrum und machen es für Besucher und Einheimische attraktiv.

Whangarei ist außerdem ein häufig angesteuerter Hafen für Weltumsegler, die den pazifischen Sommerstürmen ausweichen. Sie nutzen die Hafenanlagen der Stadt, um hier ihre Yachten wieder instand zu setzen.

Eine große Sonnenuhr weist auf das **Clapham Clock Museum** hin, das über 1400 Uhren beherbergt. Rund 400 davon stiftete A. Clapham, viele davon hat er selbst hergestellt. Die älteste, eine englische Laternenuhr, stammt von 1720. Außerdem enthält die Sammlung Wanduhren im Biedermeier-Stil, alte Standuhren, Schwarzwälder Kuckucksuhren und eine Pendeluhr aus dem niederländischen Friesland. Die Uhren wurden alle auf verschiedene Zeiten eingestellt, um zu vermeiden, dass Besucher zu jeder vollen Stunde ohrenbetäubendem Lärm ausgesetzt sind.

Exponat im Clapham Clock Museum

Im Westen Whangareis kann man im **Quarry Arts Centre** authentisches Kunsthandwerk aus der Gegend erwerben, viele Künstler leben auf dem Gelände. Ein wenig weiter draußen findet man **Museum & Kiwi House Heritage Park**. Das Museum präsentiert eine schöne Sammlung von Maori-Artefakten, das Anwesen ist immer noch im Originalzustand von 1885. Im Kiwi House kann man sich mit einer der gefährdetsten Vogelarten Neuseelands anfreunden.

Wer eher sportliche Betätigung und Herausforderungen sucht, kann die verschiedenen Wanderwege in und um Whangarei genießen. Im **Parahaki Scenic Reserve** im Osten der Stadt führen schöne Spazierwege durch das Buschland. Vom Kriegerdenkmal auf dem Gipfel des Mount Parahaki, das über den Memorial Drive sowie über zwei Wege vom Mair Park oder der Dundas Road zu erreichen ist, bietet sich ein wunderbarer Blick auf Stadt und Hafengelände. Überall begegnet man Spuren der Maori, außerdem führt ein Weg zu einem historischen Maori-*pa*. Die 26 Meter hohen Whangarei Falls befinden sich nordöstlich des Parahaki Scenic Reserve im Vorort Tikipunga, etwa fünf Kilometer nördlich des Zentrums. Die Umgebung lädt zum Picknicken ein, von den beiden Aussichtsplattformen blickt man auf den Wasserfall.

Die malerischen Whangarei Falls

Clapham Clock Museum
Town Basin, Quayside.
(09) 438 3993. *tägl.*
25. Dez.

Quarry Arts Centre
21 Selwyn Ave. *(09) 438 1215.* *tägl.* *nach Vereinbarung.*

Museum & Kiwi House Heritage Park
State Hwy 14, Heritage Park, Maunu.
(09) 438 9630. *tägl.*
25., 26. Dez.

Tutukaka 2

Straßenkarte E1. *520.* *Dive! Tutukaka Marina Rd.* *(09) 434 3867.*

Fährt man von Whangarei wenige Kilometer auf der kurvenreichen Küstenstraße, erreicht man Tutukaka, einen bekannten Ausgangspunkt für Tauchfahrten auf die Poor Knights Islands und für Sport- und Hochseefischerei. Hier befinden sich auch einige

Yachten im Hafen von Tutukaka

Tauchschulen. In dem natürlichen Hafenbecken liegen viele Yachten und Fischerboote vor Anker.

Zwischen Tutukaka und Matapouri lädt ein Riff zum Tauchen ein, das um die versunkenen Marineschiffe *Tui* und *Waikato* angelegt wurde. Einige Tauchschulen bieten geführte Tauchgänge zu den Wracks. Nähere Informationen dazu finden Sie im Internet (www.diving.co.nz).

Poor Knights Islands ❸

Straßenkarte E1. *Tarewa Park, 92 Otaika Rd, Whangarei.* *(09) 438 1079.* **www**.whangareinz.org.nz

Etwa 24 Kilometer vor der Küste von Tutukaka liegen die Poor Knights Islands. Das einstige Fischergebiet um die beiden Inseln wurde 1981 zum Naturschutzgebiet erklärt. Die Inseln dürfen nur mit einer Sondererlaubnis des Department of Conservation betreten werden, doch die Gewässer sind für Taucher zugänglich. Der berühmte Meeresforscher Jacques Cousteau zählte diese Gewässer aufgrund der hervorragenden Sicht und der vielfältigen Fischwelt zu den fünf besten Tauchrevieren der Welt. Das Gebiet profitiert von Meeresströmungen, und so leben hier auch tropische Fischarten, die nicht in den kälteren Küstengewässern zu finden sind. In dem erodierten Vulkangestein entstand ein wahres Labyrinth aus Tunneln, Bogen und Höhlen. Tauchzeit in diesem Revier ist das ganze Jahr über. Tauchboote legen jeden Tag von der Tutukaka Marina ab.

Auch die Tierwelt ist interessant. Auf beiden Inseln leben Reptilien wie Geckos und die seltenen Tuataras. Außerdem befinden sich auf den Inseln die weltweit einzigen Brutkolonien von Sturmtauchern.

Matapouri ❹

Straßenkarte E1.

Nur ein kurzes Stück nördlich von Tutukawa liegt das Städtchen Matapouri mit einem der schönsten Strände von Northland. Die vielen kleinen Buchten und Inselchen sowie das ruhige Wasser und der weiße Sandstrand machen diesen Küstenabschnitt zum Favoriten für Schwimmer und Schnorchler. Ein zwei Kilometer langer Weg verbindet den Strand mit der Whale Bay. Mehrere Aussichtspunkte bieten einen herrlichen Blick auf Meer und Küste.

Eines der besten Tauchgebiete der Welt vor den Poor Knights Islands

Blick über die Bay of Islands *(siehe S. 103)* ▷

Friedhof der Christ Church, der ältesten Kirche in Russell

Russell ❺

Straßenkarte E1. 1000.
The Wharf. (09) 403 8020.

Zu Beginn des 19. Jahrhunderts hieß Russell noch Kororareka und war Hauptort der Walfangindustrie. Gesetzlosigkeit regierte die Stadt, was ihr den Beinamen »Hölle des Pazifiks« einbrachte. 1844 erhielt der Ort zu Ehren des damaligen Kolonialministers den Namen Russell. Heute lebt die ruhige Stadt vor allem von Tourismus, Fischfang und Austernzucht.

Das einst als Captain Cook Memorial Museum bekannte **Russell Museum** zeigt ein Modell von Kapitän Cooks *Endeavour* und Erinnerungsstücke an die frühe Siedlerzeit und den US-Autor Zane Grey, der in den 1920er Jahren viel dazu beitrug, dass die Bay of Islands zum Zentrum der Sportfischerei wurde.

Die 1836 erbaute **Christ Church** ist die älteste Kirche des Landes. Sie wurde u.a. von Charles Darwin finanziert, dem Begründer des Darwinismus und Autor des Buches *Von der Entstehung der Arten*, der 1835 Neuseeland besuchte.

Die stattliche **Pompallier Mission** entstand 1841/42 als Druckerei der Maristenmission. 1968 wurde das vernachlässigte Gebäude dem New Zealand Historic Places Trust unterstellt und 1993 wieder in seinen ursprünglichen Zustand gebracht. Das älteste Industriegebäude des Landes zeigt heute eine Ausstellung zu Druckerei und Buchbinderei, u.a. mit der urspünglichen Druckmaschine.

Der Flagstaff Hill erinnert an Russells turbulente Vergangenheit, denn an dieser Stelle sägte Hone Heke (1810–1850) im Jahr 1844 den britischen Flaggenmast um *(siehe S. 63)*.

Restaurantschild in Paihia

Russell Museum
2 York St. (09) 403 7701.
tägl. 25. Dez.

Christ Church
Church Rd. (09) 403 7696.
So 10.30 Uhr.

Pompallier Mission
The Strand. (09) 403 9015.
tägl. Anzac Day (vorm.), 25. Dez.
nur im Garten.

Paihia ❻

Straßenkarte E1. 1850.
Marsden Rd. (09) 402 7345.

Der ehemalige Missionsposten Paihia ist heute – wie auch Russell und Tutukaka – Ausgangspunkt zum Tiefsee-Sportfischen.

Im Norden von Paihia, an der Straße nach Kerikeri, liegt der **Lily Pond Farm Park**. Der Bauernhof ist in Betrieb und besonders bei Kindern ein Hit. Als Besucher kann man hier die typischen Nutztiere Neuseelands wie Schafe, Schweine und Ziegen erleben, aber auch »exotischere« Arten wie Emus, Alpakas oder Aale.

Am Waitangi River *(siehe S. 104f)*, drei Kilometer von Paihia entfernt, befinden sich die **Haruru Falls**. Diese Wasserfälle sind von Waitangi über eine Straße zu erreichen. Besucher können zu Fuß in das Gebiet gelangen, um die vielen Reiher zu beobachten. Zu den Wasserfällen kann man auch mit einem Kajak fahren, das man bei **Coastal Kayakers** ausleiht. Das Unternehmen bietet auch geführte Touren an.

Lily Pond Farm Park
RDI Puketona Rd. (09) 402 6099.
Fr–Di. 25. Dez.

Haruru Falls
Waitangi Treaty Grounds.
(09) 402 7437. tägl.
9–15 Uhr. 25. Dez.
Coastal Kayakers Te Karuwha Pde, Waitangi. (09) 402 8105.
www.coastalkayakers.co.nz

Sport und Aktivurlaub in der Bay of Islands

Ein angenehmes Klima, die abwechslungsreiche Küste am Pazifischen Ozean sowie über 150 Inseln machen die Bay of Islands zu einer der attraktivsten Ferienregionen Neuseelands. Seit Auckland in den 1930er Jahren durch eine Straße mit Northland verbunden wurde, ist Paihia das touristische Zentrum der Region. Der Ruf der Bay of Islands gründet sich hauptsächlich auf dem vielfältigen Angebot im Bereich der Sportfischerei, inzwischen werden jedoch auch viele andere Wassersportarten angeboten, darunter beispielsweise Kajakfahren, Segeln, Tauchen und Wasserski. In letzter Zeit locken die Veranstalter zusätzlich mit Panoramaflügen, Gleitschirmfliegen und Reiten.

Schild des Anglerclubs

Sportfischen

In der Bay of Islands können Besucher das ganze Jahr über auf hoher See fischen. Am häufigsten wird der bis zu 120 Kilogramm schwere Gestreifte Marlin gefangen. Doch die Artenvielfalt in der Bay of Islands ist groß. Ausflugspakete zum Hochseefischen beinhalten in der Regel Unterkunft, Verpflegung, Ausrüstung und Köder. Angelscheine sind nicht nötig.

Die Familie Rowe vom Bay of Islands Swordfish Club mit ihrem preisgekrönten Fang

Angler *lassen ihre Beute immer öfter wieder frei, so wie diesen Gestreiften Marlin.*

Schwimmen mit Delfinen *ist eine beliebte Attraktion in der Bucht. Lizenzierte Touranbieter achten darauf, dass Menschen keine Gefahr für die Tiere darstellen.*

Geführte Kajaktouren *werden in allen Schwierigkeitsgraden und in verschiedenen Gewässern angeboten.*

Beim Gleitschirmfliegen *hat man die Möglichkeit, die atemberaubende Landschaft der Bay of Islands aus luftigen Höhen zu betrachten.*

Bootsfahrten *wie z.B. Paihia's Cream Trip locken immer mehr Gäste an. Mit diesem Schiff wurde früher die Milch von den Farmen abgeholt.*

Waitangi Treaty Grounds ❼

Figur am Versammlungshaus

Waitangi rückte am 6. Februar 1840 in den Fokus der Geschichte, als dort vor dem Haus von James Busby (1800–1871) der Vertrag von Waitangi *(siehe S. 18 und S. 48f)* unterzeichnet wurde. Der Wohnsitz des Briten wurde in »Treaty House« umbenannt und ist seit 1932 offizielle Gedenkstätte. Hier treffen sich Jahr für Jahr Maori und Politiker der Regierungspartei, um am 6. Februar den Waitangi Day zu feiern. Besucher können an Führungen teilnehmen.

Blick über die Waitangi Treaty Grounds
Die Küste ist mit schönen Mangroven- und Buschlandschaften umsäumt.

Visitor Centre
In einer Multimedia-Show werden die Ereignisse rund um die Unterzeichnung des Vertrags von Waitangi und die wichtigsten Personen erklärt. Kopien des Vertrags sind ausgestellt. Im Souvenirshop erhalten Sie außerdem Maori-Schnitzereien und Bücher zum Thema.

Entlang dem Küstenweg stößt man auf ungewöhnliches Lavagestein, das bei der Eruption unter Wasser in sechseckige Formen erstarrte.

★ Maori-Kriegskanu
Das 35 Meter lange Kanu Ngatokimatawhaorua *wurde nach dem Kanu benannt, in dem Kupe Neuseeland entdeckte* (siehe S. 45). *Bis zu 120 Ruderer finden darin Platz. Jedes Jahr am Waitangi Day wird es zu Wasser gelassen.*

NICHT VERSÄUMEN

- ★ Maori-Haus
- ★ Maori-Kriegskanu
- ★ Treaty House

INFOBOX

Straßenkarte E1. *von Kerikeri.* *1 Tau Henare Drive, Waitangi.* *(09) 402 7437.* *tägl. 9–17 Uhr.* *25. Dez.*
www.waitangi.net.nz

Mangrovenwälder
Ein Plankenweg führt durch einen naturbelassenen Mangrovenwald zu den Wasserfällen Haruru Falls.

★ Treaty House
In dem in Australien vorgefertigten Treaty House (siehe S. 49) *lebte der Brite James Busby. Bis 1840 wurden dort politische Versammlungen abgehalten.*

★ Maori-Versammlungshaus
Das Versammlungshaus (Te Whare Runanga) *wurde zum 100. Jahrestag der Vertragsunterzeichnung am 6. Februar 1940 eröffnet. Es enthält kunstvolle Wandschnitzereien.*

Treaty Grounds
Jedes Jahr wird auf dem Gelände vor dem Treaty House ein feierlicher Festakt zur Erinnerung an die Unterzeichnung des Vertrags zelebriert.

Stone Store, St James Church und das Kerikeri Mission House

Kerikeri 8

Straßenkarte E1. *4200.*

Das malerische Kerikeri ist das Kunstzentrum des hohen Nordens und bekannt für subtropisches Klima, Zitrus- und Kiwiplantagen sowie historische Gebäude.

Hier steht die **Kerikeri Mission Station**, eine der ersten neuseeländischen Siedlungen. Die zweite europäische Missionsstation in Neuseeland wurde 1819 unter dem Schutz des Maori-Häuptlings Hongi Hika errichtet *(siehe S. 63)* – die erste Mission entstand fünf Jahre zuvor in der Bay of Islands. Zur Mission Station gehört das Kerikeri Mission House aus dem Jahr 1821. 1832 übernahm es die Familie Kemp, 1974 kam es unter die Obhut des New Zealand Historic Places Trust. Der sorgte dafür, dass der Zustand der 1840er Jahre weitgehend wiederhergestellt wurde.

In Kerikeri steht auch Neuseelands ältestes noch erhaltenes Steingebäude. Der Stone Store entstand 1835 als Teil des Mission House. Im Laufe der Zeit wurde das einstige Lagerhaus in einen Gemischtwarenladen umfunktioniert und in den 1960er Jahren zu einem Souvenirshop für handgeschmiedete Nägel und andere historische Artikel. Hinter dem Haus steht die 1878 aus heimischen Hölzern wie Kauri und Puriri erbaute **St James Church**.

Auf einem Hügel befinden sich die Überreste von Kororipo Pa, einer Maori-Festung, die in den 1820er Jahren unter Hongi Hika als strategischer Ausgangspunkt für Kriegszüge genutzt wurde. Auf der anderen Seite des Flusses liegt **Rewa's Village**, ein aus voreuropäischen Originalmaterialien nachgebautes Maori-Fischerdorf. Dort gibt es Informationen zu traditionellen Maori-Gebäuden wie *marae* (Versammlungsorte) und *pataka* (Lagerhäuser) sowie den Discoverer's Garden und zwei Maori-Kanus.

Kerikeri Mission Station
The Basin. *(09) 407 9236.*
tägl. *25. Dez.* *nach Vereinbarung.*

St James Church
The Basin. *tägl.*

Rewa's Village
1 Landing Rd. *(09) 407 6454.*
tägl. *Karfreitag, 25. Dez.* *nach Vereinbarung.*

Waimate North 9

Straßenkarte E1. *700.*

Die ehemalige Missionsstation Waimate North unweit von Kerikeri wurde in den 1830er Jahren gegründet. In dieser Stadt entstand auch die erste Farm nach englischem Vorbild. In **Te Waimate Mission**, dem letzten der drei Missionshäuser aus dem Jahr 1832, können Besucher alte Möbel und Werkzeuge besichtigen.

Te Waimate Mission
Te Ahu Ahu Rd. *(09) 405 9734.*
Mai–Okt: Sa–Mo; Nov–März: tägl. *25. Dez.*

Whangaroa 10

Straßenkarte E1. *530.*

Die bezaubernde Siedlung mit dem hübschen Hafen lässt sich am besten vom Gipfel der Felsformation St Paul aus betrachten. Die Hügel dahinter waren einst mit riesigen Kauri-Bäumen bewaldet. Die Bäume wurden hauptsächlich für den Schiffsbau verwendet und sind heute weitgehend verschwunden. Ende des 19. Jahrhunderts arbeiteten hier viele Kroaten in den Feldern *(siehe S. 110)*.

Whangaroa ist heute vor allem als Ausgangspunkt für Angel-, Tauch- und Schnorcheltouren beliebt.

Doubtless Bay 11

Straßenkarte D1.

Hier soll der Entdecker Kupe als Erstes angelegt haben *(siehe S. 45f)*. In der Anfangszeit der europäischen Besiedlung spielte die Doubtless Bay eine wichtige Rolle für die Walfänger. Heute laden die goldenen Strände Cable Bay und Cooper's Beach zum Schwimmen und Schnorcheln ein. Im Fischerdorf Mangonui an der Flussmündung stehen noch viele historische Gebäude.

Te Waimate Mission, eines der ältesten Holzhäuser Neuseelands

Kunst und Kunsthandwerk

Kunsthandwerk ist in Neuseeland weitverbreitet, wobei es in Farb- und Motivwahl starke regionale Unterschiede gibt. Interessanterweise war Neuseelands berühmtester Künstler ein Österreicher: Der Architekt und Maler Friedensreich Hundertwasser verbrachte einen Großteil seines Lebens in Neuseeland, wo er nach seinem Tod im Februar 2000 auch begraben wurde. In Kawakawa, südlich von Paihia und Russell, zieht ein von ihm entworfenes Toilettengebäude viele Besucher an. Der neuseeländische Künstler Chris Booth ist bekannt für riesige Steinskulpturen wie die an der Landspitze der Matauri Bay. Im ganzen Land werden jedoch landestypische Bilder, Drucke, Knochenschnitzereien und Schmuck aus Jade *(greenstone)* verkauft. In Kerikeri z. B. werden auf dem Art and Craft Trail hochwertige Produkte angeboten.

Töpferkunst aus Northland

Kunst aus den Sümpfen

Künstler fertigen aus Kauri-Holz Möbel und kleine Kunstobjekte. Das Holz stammt von den Überresten der Kauri-Bäume, die vor 30 000 bis 50 000 Jahren in den Sümpfen der Gegend versanken.

Dieses Kauri-Objekt *in Awanui ist aus einem Baum, der elf Meter Umfang hatte und 1087 Jahre alt war, als er vor 50 000 Jahren konserviert wurde.*

Der Teil einer Steinskulptur *des aus Northland stammenden Künstlers Chris Booth bildet den Eingang des Albert Park in Auckland.*

Matten, Körbe und Hüte *werden aus Flachs geflochten und sind beliebte Souvenirs. Die Flachsweberei gehört zu den traditionellen Maori-Fertigkeiten.*

Maori-Künstler *wie Hohepa Renata stellen aus Holz, Knochen und Jade Kunstobjekte in traditionellem und ganz individuellem Design her.*

Geschnitzte Holzmaske

Töpferwaren *werden mit unterschiedlichen, oft aus Asien übernommenen Techniken gefertigt.*

Kaitaia ⓬

Straßenkarte D1. *5300.*
Jaycee Park, South Rd.
(09) 408 0879.

Die größte Stadt im hohen Norden eignet sich gut als Ausgangspunkt für Tagesausflüge. Im **Te Ahu Centre** ist die erste Hinterlassenschaft der europäischen Siedler ausgestellt – ein 1500 Kilogramm schwerer schmiedeeiserner Anker, den der Entdecker de Surville 1769 bei einem Sturm in der Doubtless Bay verloren hatte.

Te Ahu Centre
Ecke South Rd & Church St.
(09) 408 1403. *tägl.*
Karfreitag, 25. Dez.
nach Vereinbarung.
www.farnorthmuseum.co.nz

Cape Reinga ⓭

Straßenkarte D1.

Der Name Reinga (»Unterwelt«) bezieht sich auf eine Maori-Sage, wonach von diesem Ort die Seelen der Toten ihre Reise nach Hawaiki antreten. An den Wurzeln eines alten Pohutukawa-Baums an der Spitze des Kaps soll die Reise beginnen. Blickt man von der Kapspitze aufs Meer, sieht man die Stelle, an der die Tasmansee auf den Pazifischen Ozean trifft. Das Kap ist jedoch nicht der nördlichste Punkt des Landes – der liegt am North Cape.

Ninety Mile Beach ⓮

Straßenkarte D1.

Eigentlich ist der Name Ninety Mile Beach falsch, denn der lang gezogene Strand an der Westküste misst lediglich 60 Meilen (96 km). Mit seinen über 140 Meter hohen Dünen ähnelt er einer gigantischen Sandwüste. Einst war das Gebiet bewaldet, aber die Kauri-Bäume wurden durch Überschwemmungen während der Eiszeiten zerstört. Nun sollen Pinien die Dünen stabilisieren. Fischen und Muscheln suchen ist hier der beliebteste Zeitvertreib.

Tour auf die Halbinsel Aupori ⓯

Tankstellenschild

Die Aupori-Halbinsel, von den Maori »Fischschwanz« genannt, ist ein nur zwölf Kilometer breiter Landstreifen zwischen dem Ninety Mile Beach im Westen und den Stränden und Buchten entlang der Ostküste. Die unberührten Strände und die ganzjährig hohen Temperaturen machen dieses Gebiet zu einer beliebten Ferienregion, die zum Schwimmen, Spazierengehen, Fischen und Sanddünenrutschen einlädt.

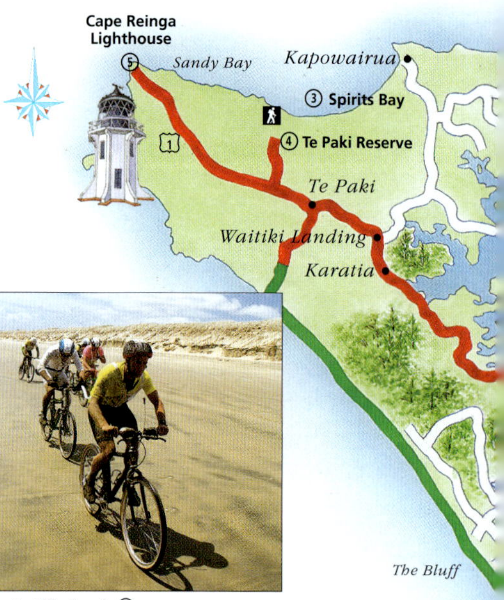

Ninety Mile Beach ⑥
Aufgrund des harten Sandes ist dieser Strand als Piste für Mountainbiker sowie für Marathonläufe äußerst beliebt.

Cape Reinga Lighthouse ⑤
Schon 48 Kilometer vor der Küste ist der Leuchtturm von Cape Reinga zu sehen. Der einsam gelegene weiße Turm ist der nördlichste in Neuseeland.

LEGENDE

- Routenempfehlung
- Panoramastraße
- Andere Straße
- Wanderweg

Spirits Bay ③
Das heilige Maori-Gebiet ist der Ausgangspunkt für den 28 Kilometer langen Wanderweg zum Cape Reinga.

Suche nach Schalentieren

Das Sammeln von *kai moana* (Schalentieren) ist nicht nur eine Maori-Tradition. Auch viele andere Neuseeländer fischen von Booten und an der Küste, sie tauchen oder graben im Sand danach. Am Ninety Mile Beach sucht man hauptsächlich nach *tuatua*, einem in dieser Region sehr häufigen Schalentier. Die erlaubte Menge liegt bei 150 Stück pro Person und Tag, jedes Tier muss mindestens 125 Millimeter lang sein. Schwieriger zu finden sind *pauas* (Seeohren). Bei diesen Tieren liegt die Grenze bei zehn Stück.

Suche nach *tuatua* am Ninety Mile Beach

Rarawa Beach ②
Der leuchtend weiße Quarzsand macht Rarawa Beach zu einem der attraktivsten Strände der Ostküste.

Gumdiggers Park ①
Bei einem Spaziergang durch das Gelände lernt man viel über die Ökologie des Parks und seine Bewohner.

Te Paki Reserve ④
Sanddünen hinunterzurutschen ist hier besonders beliebt. Doch auch der 40-minütige Spaziergang zum Strand ist lohnenswert.

ROUTENINFOS

Länge: *210 km.*
Zwischenstopps: *Zwischen Kaitaia und Waitaki Landing gibt es Übernachtungs- und Einkehrmöglichkeiten. Die Straße zum Leuchtturm hat eine Gesamtlänge von 21 Kilometern. Als Alternative für die Rückfahrt auf dem State Highway 1 können Fahrzeuge mit Allradantrieb von Te Paki, 16 km südlich von Cape Reinga, bis Waipapakauri Beach den Ninety Mile Beach befahren, dies jedoch nicht während der Flut. Es empfiehlt sich, den Strand auf einer Bustour zu besichtigen; das Befahren dieser Strecke mit Leihwagen ist nicht gestattet.*

Boatshed Café und Galerie in Rawene

Kaikohe 16

Straßenkarte E1. *4100.*

Kaikohe, der wichtigste Ort der Region, ist bekannt für die **Ngawha Hot Springs** (auch »Waiaraki Pools«). Während an anderen Orten die heißen Quellen zu wichtigen Touristenattraktionen ausgebaut wurden und das Treiben entsprechend groß ist, bleibt Kaikohe vom Rummel weitgehend verschont. Mit den Einheimischen kommt man leicht ins Gespräch, und wenn man sich mit der schönen Schlichtheit der Anlagen angefreundet hat, kann man das zwischen 32 und 42 °C warme Wasser in aller Ruhe genießen.

Eine weitere Attraktion ist **Heritage Kaikohe**, ein Freilichtmuseum, in dem in verschiedenen Häusern an die Zeit der frühen europäischen Besiedlung erinnert wird. In Führungen werden z. B. das Old Courthouse (1862), die Utakura Settlers Hall (1891) und Alexander's Sawmill (1913) erklärt. Sehr interessant sind auch einige Oldtimer, eine Eisenbahn und ein kleiner Bahnhof. Von dem auf einem kleinen Hügel gelegenen Denkmal für Häuptling Hone Heke hat man einen wunderbaren Blick auf die Küsten.

Ngawha Hot Springs
State Hwy 12. *(09) 405 2245.*
tägl. *Feiertage.*

Heritage Kaikohe
Recreation Rd. *(09) 401 0816.*
tägl. *1. Jan, Karfreitag, 25., 26. Dez.*

Rawene 17

Straßenkarte D1. *520.*
Boatshed Café and Gallery, The Esplanade. *(09) 405 7728.*

Das malerische Dorf mit den direkt am Ufer liegenden Läden war die Heimat von Reddy Clendon (1800–1872), dem ersten Konsul der USA in Neuseeland, der später Bürgermeister von Hokianga wurde. Das **Clendon House** ist heute dem New Zealand Historic Places Trust unterstellt und wurde vermutlich nach 1866 erbaut. Eine Fähre verkehrt von Hokianga Harbour über Broadwood und Herekino nach Kaitaia.

Clendon House
Clendon Esplanade. *(09) 405 7874.* *Sa–Mo.* *Mai–Okt und 25. Dez.* **www**.historic.org.nz

Opononi 18

Straßenkarte D1. *600.*
Hokianga i-SITE, Hwy 12.
(09) 405 8869.

Bei vielen Neuseeländern bleibt der Name der kleinen Küstenstadt Opononi für immer mit ihrem berühmtesten Besucher verbunden: dem Delfin Opo. Er erlangte im Sommer 1955 nationalen Ruhm, als er immer wieder zum Strand der Stadt kam und dort mit den Kindern spielte. Später wurde Opo von unbekannten Dynamit-Fischern getötet. Noch heute markiert eine Skulptur des Künstlers Russell Clark vor dem Pub von Opononi sein Grab. Im Hokianga i-SITE wird ein Video von Opo gezeigt.

Schräg gegenüber von der Skulptur ist die Ablegestelle für eine Bootsfahrt, bei der sich ein hervorragender Blick auf die Sanddünen gegenüber von Hokianga Harbour bietet.

Skulptur von Opo, dem Delfin, in Opononi

Frühe Harzindustrie

Als im 19. Jahrhundert die Kauri-Wälder des Landes abgeholzt waren, entwickelte sich eine neue Industrie. Das Harz, das von den Bäumen abgesondert wird, entwickelte sich zu einem wertvollen Rohstoff für die Herstellung von Lacken. Um die Harzbrocken zu finden, wurde der Boden mit langen Holzstäben durchsucht. 1885 waren nicht weniger als 2000 Arbeiter, vor allem Immigranten aus Kroatien, in dieser Branche beschäftigt. Später arbeiteten sie dann hauptsächlich als Gemüse- und Weinbauern in der Gegend um Auckland.

Heute sind Kauri-Harzstücke beliebte Souvenirs. Der Bernstein wird geschliffen, poliert und zu Schmuckstücken verarbeitet. Ab und zu kann man kleine Insekten- oder Pflanzenteile in einzelnen Stücken entdecken.

Poliertes Kauri-Harz

Tane Mahuta, Neuseelands größter Kauri-Baum

Waipoua Forest ⓳

Straßenkarte D1. *Waipoua Visitors' Center.* *(09) 439 6445.* *tägl.*

Ein Besuch im Waipoua Forest lohnt sich vor allem wegen der imposanten Kauri-Bäume. Der Anblick eines dieser über 2000 Jahre alten Bäume, der sich auf Fotos nur schwer einfangen lässt, hinterlässt bei den meisten Besuchern einen bleibenden Eindruck. Den größten Kauri-Baum – von den Maori *Tane Mahuta* (»Gott des Waldes«) genannt – erreicht man über einen kurzen Fußweg durch den Wald. Er ist 51 Meter hoch, hat einen Umfang von 14 Metern und ein Volumen von 244,5 Kubikmetern. Experten des Department of Conservation schätzen das Alter des Giganten auf ungefähr 1500 Jahre, vier weitere Bäume im Wald sind mindestens 1000 Jahre alt. Außerdem wachsen auf dem Gelände rund 300 Baum-, Palmen- und Farnarten.

Dargaville ⓴

Straßenkarte E1. *4900.* *4 Murdoch St.* *(09) 439 4975.* **www**.kauriinfocentre.co.nz

Dargaville ist das Zentrum des Kumara-Anbaus. Diese Süßkartoffeln werden hier an vielen Straßenständen verkauft.

Das **Dargaville Museum** ist nicht nur für Segler interessant. Neben Maori-Kanus, Schiffsmodellen und anderen Gegenständen der Seefahrt reichen die Ausstellungsstücke von alten Fotos des Yugoslav Social Club über Andenken an die Northern Wairoa Scottish Society bis zu einem Schweineschädel aus New Mexico.

Dargaville Museum
Harding Park. *(09) 439 7555.* *tägl.* *25. Dez.*

Umgebung: 45 Kilometer südlich von Dargaville bietet das **Kauri Museum** in Matakohe Informationen zu Kauri-Bäumen. Hier wird die Rolle und Verarbeitung dieser Mammutbäume vor dem Hintergrund der Entwicklungsgeschichte Neuseelands beleuchtet. Das Museum empfiehlt sich in Verbindung mit einem Besuch des Waipoua Forest Park.

Im Hauptteil des Gebäudes findet man Kauri-Möbel, Schnitzereien und Holztafeln sowie eine große Sammlung an geschliffenen und polierten Harzobjekten. Des Weiteren werden ein Postamt von 1909, ein Wohnhaus aus dem frühen 20. Jahrhundert sowie eine Kirche von 1867 gezeigt.

Die **Kai-Iwi Lakes** 34 Kilometer nördlich von Dargaville heißen Waikere, Taharoa und Kai-Iwi. Die tiefblauen Seen sind vielleicht nicht ganz so aufregend wie die Strände an der Westküste, trotzdem sind sie beliebte Orte zum Schwimmen, Wasserskifahren und Fischen sowie für Picknicks und Camping.

Kauri Museum
Church Rd, Matakohe. *(09) 431 7417.* *tägl.* *25. Dez.* *nach Vereinbarung.*
www.kauri-museum.com

Bootsmodell im Dargaville Museum

Zentrum der Nordinsel

Entlang der Route Auckland, Taranaki, Manawatu und Hawke's Bay trifft man sowohl auf natürliche als auch von Menschen erschaffene Sehenswürdigkeiten: schneebedeckte Vulkane, Geysire, fischreiche Seen und Flüsse, Gebirgszüge, Sandstrände, fruchtbares Farmland, Obstgärten, Weinberge und ausgedehnte Wälder. Rotorua war und ist ein wichtiges Zentrum der Maori-Kultur.

Zwischen White Island im Norden und Mount Ruapehu im Süden zerschneiden die Ausläufer des Vulkans Taupo *(siehe S. 64f)* das Plateau. Gewaltige tektonische Verschiebungen formten einst die Landschaft der zentralen Hochebene. Rotorua weist aber auch heute noch eine ganze Reihe vulkanischer Attraktionen auf: sprühende Geysire, blubbernde Schlammlöcher, farbenfrohe Schwefelterrassen, dampfende Seen und heiße Quellen. Die Seen sind ideale Angelreviere, auf den Flüssen tummeln sich Wildwasser-Freaks und Jetboote. Im Tongariro National Park kann man im Winter Ski fahren.

Steil zerklüftete, mit niedrigem Buschwerk bewachsene Höhenzüge ziehen sich über eine Länge von 300 Kilometern vom Plateau bis zum East Cape. Sie trennen das kühlere westliche Hochland von der trockenen Küstenregion im Osten. Fruchtbares Farmland und weite Waldgebiete erstrecken sich bis zur Bay of Plenty, dem King Country und Waikato. Die Hügel, auf denen heute Schafe, Kühe und Rehe grasen, waren um 1900 noch von Urwald bedeckt. Die Halbinsel Coromandel erlebte im 19. Jahrhundert einen kurzen Goldrausch. Heute zieht die unberührte Natur vor allem Aussteiger und Künstler an. Die Bay of Plenty, das East Cape und die Strände von Gisborne laden zum Schwimmen, Fischen und Surfen ein.

Diese Region und der Ort Rotorua sind ein Zentrum der Maori-Kultur. 1858 nahm in Waikato das Maori King Movement *(siehe S. 117)* seinen Anfang. Wegen Gebietsstreitigkeiten kam es hier zu Kampfhandlungen.

Aufführung traditioneller Maori-Tänze in Rotorua

◁ **Kiwi-Plantage bei Te Puke *(siehe S. 129)***

Überblick: Zentrum der Nordinsel

Das Zentrum der Nordinsel bietet eine Vielzahl verschiedener Landschaften. Hamilton, die zweitgrößte Stadt der Region, ist von üppigem Weideland umgeben. An der nahen Westküste liegen die Strände von Raglan und die Höhlen von Waitomo. Nördlich von Hamilton geht die unwirtliche Halbinsel Coromandel über in die Sandstrände der Bay of Plenty, East Cape ist ein Paradies für Angler und Wassersportler. Die Stadt Hawke's Bay ist für ihre Art-déco-Bauten und Weinberge berühmt. Die Mondlandschaft der White Island reicht bis zum Vulkan Ruapehu, dem besten Skigebiet der Nordinsel. Die Wildnis des Tongariro National Park bietet Natur pur, mehrere Plätze dienten als Kulisse für die Trilogie *Der Herr der Ringe*.

Weinbau in Hawke's Bay

Touren und Unternehmungen

Die hier aufgeführten Orte sind ideal, um sich zu erholen, etwas zu unternehmen und Sport zu treiben. Allerdings ändert sich das Wetter – je nach Jahreszeit – häufig. Vor einer Tour sollten Sie sich eingehend vor Ort informieren.

	Sportfischen	Golf	Tauchen/Schnorcheln	Skifahren	Surfen	Schwimmen	Wandern	Forellenangeln
Coromandel		■	●		●	■	●	
Gisborne	●	■	●		●	■		■
Mayor Island	●		●			■	●	
Mount Maunganui/Tauranga	●	■			●	■	●	
Opotiki		■			●	■	●	■
Raglan		■	●		●	■	●	
Rotorua		■				■	●	■
Taupo		■				■		■
Te Urewera National Park						■	●	■
Tongariro National Park		■		■		■	●	■
Turangi		■				■	●	■
Whitianga	●	■	●		●	■	●	

Weitere Zeichenerklärungen *siehe hintere Umschlagklappe*

Sehenswürdigkeiten auf einen Blick

Cambridge 6
Cape Kidnappers 38
Coromandel 11
Coromandel Forest Park 10
Gisborne 27
Hahei 14
Hamilton 5
Hastings 37
Katikati 17
Kawhia 4
Mayor Island 20
Mount Maunganui 19
Napier S. 146–149 36
Ngaruawahia 1
Opotiki 24
Orakei Korako Geyserland 31
Otorohanga 7
Pirongia Forest Park 3
Port Jackson 12
Raglan 2
Rotorua S. 134–139 28
Taupo 33
Tauranga 18
Te Puke 21
Te Urewera National Park 26
Thames 9
Tongariro National Park S. 142f 35
Turangi 34
Waihi 16
Waimangu Volcanic Valley 29
Wai-o-tapu Thermal Wonderland 30
Wairakei Park 32
Waitomo Caves S. 120f 8
Whakatane 22
Whangamata 15
White Island 23
Whitianga 13

Touren

East-Cape-Tour 25
Weingüter der Hawke's Bay 39

Maori-Versammlungshaus in Te Kaha, Bay of Plenty

Im Zentrum der Nordinsel unterwegs

Am besten erkundet man die Region mit dem Mietwagen. Der State Highway 1 führt quer durch das Landesinnere, der landschaftlich reizvollere Coast Highway umrundet die Halbinsel Coromandel, die Bay of Plenty und East Cape. Die Straßen sind in gutem Zustand, im Winter kann es im Tongariro National Park zu Sperrungen kommen. Zwischen Auckland und Wellington gibt es eine Zugverbindung mit Halt in Hamilton und anderen Städten. Bustouren befahren viele Ziele der Region.

IEHE AUCH

Hotels S. 302–307

Restaurants S. 330–334

Ngaruawahia ❶

Straßenkarte E2. *6500.* *160 Great South Rd, Huntly.* *(07) 828 6406.* *Ngaruawahia Regatta (Sa vor/nach St Patrick's Day, 17. März).* **www**.waikatodistrict.co.nz

Am Rande des Waikato-Beckens fließen Waikato und Waipa zusammen. Dort liegt Ngaruawahia, eine der ältesten Maori-Siedlungen des Landes und noch heute ein wichtiges kulturelles Zentrum der Maori. Nahe der River Road befindet sich einer ihrer heiligsten Kultplätze: Turangawaewae Marae, der »Stammsitz« des Volkes der Waikato Tainui. Inmitten der *marae* steht Turongo House, die offizielle Residenz des Königs Tuheitia Paki. Besuchern bleibt der Zutritt zu Turangawaewae Marae normalerweise verwehrt, man verweist sie nach Rotorua, wo die Kultur der Maori allgegenwärtig ist. Nur anlässlich der alljährlichen Ngaruawahia-Regatta wird das *marae* für Fremde geöffnet, dann können Besucher das Kanurennen *(waka)*, Stammestänze *(iwi)* und Maori-Zeremonien *(siehe S. 42)* verfolgen.

Vom Gipfel des sechs Kilometer entfernten Mount Taupiri hat man einen guten Überblick über das gesamte Waikato-Becken. Beim Wandern sollten Sie jedoch nicht das heilige Gräberfeld der Maori betreten, das sich auf einem Höhenzug gegenüber dem State Highway 1 ausdehnt.

Wasserfälle von Bridal Veil, südöstlich von Raglan

Nördlich von Ngaruawahia erstreckt sich an den Hängen der Hakarimata Range ein Naturschutzgebiet gleichen Namens mit uralten Rimu- und Kauri-Bäumen. Drei Wanderwege durchziehen das Gelände und bieten exzellente Ausblicke auf das Waikato-Tal.

Umgebung: Etwa 30 Kilometer westlich von Ngaruawahia treten vier 32–42 °C warme Mineralquellen, die **Waingaro Hot Springs**, an die Oberfläche, wo sie als Badepools öffentlich genutzt werden können. Neuseelands längste Wasserrutsche und eine Anlage für Schlauchboote bieten Freizeitspaß pur. Hier werden eine Reihe von Übernachtungsmöglichkeiten in jeder Preislage angeboten.

Waingaro Hot Springs
Waingaro Rd. *(07) 825 4761.*
tägl.

Raglan ❷

Straßenkarte E2. *3100.* *Wainui Rd.* *(07) 825 0556.* *Raglan Surf Classic (Nov).*

Waikatos einziger Badeort an der Westküste ist Raglan, ein kleines, beschauliches Städtchen mit Schatten spendenden Bäumen entlang der Hauptstraße. Im Sommer locken der ruhige Hafen, die weiten Strände und das weltberühmte Surfrevier vor allem Wassersportler hierher. Der Te Kopua Beach und die Te Aro Aro Bay in der Nähe der Stadt laden zum Schwimmen ein, die zehn Kilometer südlich gelegene Whale Bay ist ein Mekka für Surfer aus aller Welt.

Entlang einer 25 Kilometer langen Strecke bieten sich von der nach Süden führenden Whaanga Road atemberaubende Blicke auf die raue

Turangawaewae Marae, Ngaruawahia, Sitz des Maori-Königs

Hotels und Restaurants im Zentrum der Nordinsel *siehe Seiten 302–307 und 330–334*

Küstenlandschaft und die weißen Schaumkronen der Tasmansee.

An der Straße nach Kawhia, 21 Kilometer südöstlich von Raglan, erreicht man nach einem kurzem Marsch durch Buschwerk die Bridal Veils Falls. Der 55 Meter hohe Wasserfall stürzt aus einer engen Spalte in ein Felsenbassin. Der zehnminütige steile Fußweg hinauf zum Becken lohnt sich.

Die Whale Bay bei Raglan, ein Mekka für Surfer aus aller Welt

Pirongia Forest Park ❸

Straßenkarte E3. *Pirongia Historic Visitor Center, 798 Franklin St, Pirongia.* *(07) 871 9018.*

Der Naturpark südöstlich von Raglan besteht aus vier Waldgebieten. Gut ausgebaute Trails führen Wanderer auf die Kuppen und Bergrücken. Der 959 Meter hohe erloschene Vulkan Mount Pirongia ist das weithin sichtbare Wahrzeichen des Pirongia-Naturreservats. Die gezackte Kammlinie und die dunkelgrünen Bergwälder kontrastieren wunderbar mit dem tiefer gelegenen Farmland. Näher an Raglan liegt der Mount Kariori. Der Berg steigt von der Küste steil bis auf 756 Meter an. Beide Berge sind über Pfade verhältnismäßig leicht zu besteigen.

Mount Pirongia, ein erloschener Vulkan

Da es kaum Quellen gibt, sollte man im Sommer Trinkwasser mitnehmen. Viele einheimische Vögel schwirren in den Baumkronen, die Flüsse des Naturparks sind voll von diversen Fischarten und anderen Wassertieren.

Die Hütte auf dem Mount Pirongia, Pahautea, bietet acht Personen Platz, Übernachtungen können beim Department of Conservation in Hamilton gebucht werden. Picknickplätze liegen am Ende der Corcoran und der Grey Road, der Campingplatz am Ufer des Kaniwhaniwa ist für Angler ein exzellenter Forellengrund.

Maori King Movement

Königin Te Atairangikaahu

Die Bewegung nahm ihren Anfang nach 1850. Die Maori begriffen, dass interne Stammeskämpfe nur den Pakeha, den Europäern, Vorteile brachten. So wurde 1858 ein König gewählt, der Verehrung und den Respekt aller Maori genoss. Darüber hinaus sollte diese Symbolfigur helfen, die Streitigkeiten zwischen Regierung und Maori zu schlichten. Doch die weiße Regierung betrachtete die Bewegung als Rebellion, so kam es um 1860 zu Konflikten, den *Waikato Land Wars*. Königin Te Atairangikaahu wurde 1966 Maori-Herrscherin. Ihr folgte König Tuheitia Paki 2007 als siebter Maori-Monarch. Er gilt vor allem als spirituelle und kulturelle Autorität, in Zeiten der Neudefinition der Rolle der Maori innerhalb der Gesellschaft Neuseelands nimmt der Einfluss der Könige jedoch wieder zu.

Kawhia ❹

Straßenkarte E3. *550.* *Kawhia Museum & Information Centre, Kaora St.* *(07) 871 0161.*

Fährt man von Raglan die malerische Küstenstraße nach Süden, so erreicht man nach 55 Kilometern den kleinen Ort Kawhia. Nördlich des Hafens, fünf Kilometer landeinwärts, findet man die verstreuten Häuschen des Ortes. Die abgeschiedene Bucht erstreckt sich an einem mehr als 57 Kilometer langen Küstenabschnitt.

Früher waren Kawhia und die umliegenden Täler ein bevorzugtes Siedlungsgebiet der Maori, die das Areal auch mit Waffengewalt verteidigten. Am Hang hinter dem Makatu-Haus liegt Tainui vergraben, das heilige Stammeskanu der ersten Siedlungswelle der Maori. Steinmarkierungen über eine Länge von 23 Metern zeigen den genauen Lageplatz an. Einst war das Boot an einem Pohutukawa-Baum, Tangi te Korowhiti, am Ende der heutigen Karewa Street befestigt worden. Noch immer verehren die Maori diese Baumgruppe als heiliges Relikt ihrer acht Jahrhunderte zurückliegenden Besiedlung von Aotearoa.

Der weite Hafen von Kawhia an der Westküste

Hamilton ❺

Straßenkarte E2. 129 000.
10 km südlich der Stadt. *Ecke Bryce & Anglesea St.* *(07) 839 3580.* *Balloons Over Waikato (Mitte Apr); National Agricultural Fieldays (Juni).* **www**.visithamilton.co.nz

Hamilton, als Militärstützpunkt im 19. Jahrhundert gegründet, ist das Zentrum des fünftgrößten Ballungsraums in Neuseeland und die größte Stadt im Landesinnern. Das Stadtgebiet erstreckt sich an beiden Ufern des Waikato River, des mit 425 Kilometern längsten Flusses im Land. Am Ufer wurden gepflegte Parks angelegt, viele Brücken verbinden den Ost- und den Westteil der Stadt. Der Schaufelraddampfer ***Waipa Delta*** kreuzt dreimal täglich auf dem Fluss und bietet die besten Ausblicke auf Hamilton und Umgebung.

Das fünfstöckige **Waikato Museum of Art and History** direkt am Flussufer gibt einen guten Überblick über Neuseelands Kunstgeschichte, die Vergangenheit von Waikato und die der Tainui-Maori. Unter anderem wird hier das beeindruckende Kriegskanu Te Winika gezeigt.

Die **Hamilton Gardens** im Süden der Stadt zählen zu den bekanntesten Attraktionen von Hamilton. Ebenfalls direkt am Waikato River findet man, neben einheimischer Botanik, traditionelle japanische, chinesische und englische Gartenanlagen.

Hamilton ist Veranstaltungsort für das Fest Balloons Over Waikato, das Ballonfahrer aus aller Welt anzieht, und die National Agricultural Fieldays, eine der größten Landwirtschaftsmessen in Australasien *(siehe S. 43)*.

Waipa Delta
Prince's Wharf. *(0800) 472 3351.*
Do–So.
www.waipadelta.co.nz

Waikato Museum of Art and History
1 Grantham St. *(07) 838 6606.*
tägl. *25. Dez.*
www.waikatomuseum.org.nz

Hamilton Gardens
Cobham Drive. *(07) 856 3200.*
tägl.

Cambridge ❻

Straßenkarte E3. 13 500.
15 km östlich der Stadt.
Ecke Queen & Victoria St.
(07) 823 3456.

Südöstlich von Hamilton erreicht man die von grünem Weideland umgebene Stadt Cambridge, Zentrum der einheimischen Vollblutzucht. Wegen der zahlreichen Eichen und Eschen wird Cambridge auch »Stadt der Bäume« genannt. Der mit exotischem Baumbestand umstandene Lake Koutu lädt zum Spazierengehen und Picknicken geradezu ein.

Glasarbeiten im Cambridge Country Store

Cambridge ist vor allem wegen seines Angebots an Volkskunst und folkloristischem Kunsthandwerk bekannt. Der **Cambridge Country Store**, untergebracht in einer Kirche von 1898, ist weithin berühmt, eine Reihe von Antiquitätenläden und Galerien ziehen viele Besucher an. Auch die St Andrew's Church ist ein architektonischer Höhepunkt. Das westlich gelegene Matamata war einer der Drehorte für *Der Herr der Ringe* und *Der Hobbit*.

Töpferwaren und Volkskunst im Cambridge Country Store

Cambridge Country Store
92 Victoria St. *(07) 827 8715.*
tägl. *25. Dez.*
www.cambridgecountrystore.co.nz

Otorohanga ❼

Straßenkarte E3. 2600.
21 Maniapoto St.
(07) 873 8951.

Fünfzig Kilometer südlich von Hamilton liegt die Provinzstadt Otorohanga, deren einzige Attraktion das **Otorohanga Kiwi House** ist. Drei Kiwi-Arten werden im dortigen Zoo gezüchtet, in weitläufigen Volieren können viele der über 300 Exemplare der 29 Kiwi-Unterarten bestaunt werden. Zudem sind einheimische Wildtauben, Tuis, Sittiche und andere Vogelarten zu sehen. An Reptilien gibt es Geckos, Wetas und Tuataras.

Über Otorohanga erreicht man auch die berühmten Waitomo-Höhlen *(siehe S. 120f)*.

Otorohanga Kiwi House
20 Alex Telfer Drive. *(07) 873 7391.* *tägl.* *25. Dez.*
Nachtvogelhaus.
www.kiwihouse.org.nz

Der Schaufelraddampfer MV *Waipa Delta* auf dem Waikato River

Pferdezucht und Milchwirtschaft

Friesisch-Holsteinische Kuh

Ein besonders schöner Anblick auf der Fahrt von Hamilton nach Cambridge sind die vielen Pferdefarmen. Auf holzumzäunten Weiden grasen junge Vollblüter, die von ihren Eigentümern mit bestem Futter verwöhnt werden. Etwas abseits der Straße sieht man schöne Stallgebäude, in denen die Pferde untergebracht sind, und Hallen, in denen sie trainiert werden. Auf den angrenzenden Wiesen stehen die schwarz-weißen Kühe der Milchfarmer. Das milde und feuchte Klima von Waikato bietet beste Voraussetzungen für die Aufzucht edler Pferde und kraftstrotzender Rinder. Die sanften Hügel sind ideales Terrain für die Ausbildung junger Rennpferde.

Einjährige und Fohlen auf einem Gestüt von Waikato

Vollblutzucht

Waikato ist auf der ganzen Welt für seine Rennpferde berühmt. Jedes Jahr werden für über 120 Millionen NZ$ einjährige Vollblüter exportiert. Mehr als 60 Hengste stehen in 18 Deckstationen für die Zucht bereit. Die besten Hengste besamen 100 bis 150 Stuten pro Jahr.

Neuseelands Horse Magic *Dieses Gestüt führt sechs Kilometer südlich von Cambridge seine edlen Pferde vor. In einer einstündigen Horse-Show erfährt man alles über Pferdezucht. Auch andere Gestüte in Waikato bieten ähnliche Vorführungen an.*

In Waikato *gezogene Vollblüter haben Australiens berühmten Melbourne Cup bereits 18-mal gewonnen.*

Neuseelands wichtigste Rinderrassen *In Waikato weiden Kühe der Rassen Friesisch-Holsteinisch, Jersey und Ayrshire, wobei die schwarz-weißen Holsteiner dominieren. Die durchschnittliche Milchleistung pro Kuh liegt bei 3420 Liter im Jahr.*

Die besten Einjährigen *der neuseeländischen Pferdezüchter werden jedes Jahr in Karaka, in den südlichen Außenbezirken von Auckland, vorgeführt und versteigert.*

Waitomo Caves 8

Glowworm-Cave-Logo

Die Kalksteinhöhlen von Waitomo bilden ein verzweigtes, 45 Kilometer langes System unterirdischer Grotten, die alle mit dem Waitomo River verbunden sind. Die sogenannte Glowworm Cave (Glühwürmchen-Höhle) wurde bereits 1887 erkundet, viele der anderen Höhlen sind für Höhlenforscher interessant. Eine Besichtigungstour durch das Labyrinth gibt Gelegenheit, die Stalaktiten und Stalagmiten sowie das faszinierende Licht zu erleben. Besonders mutige Besucher können sich auch in einen der dunklen Höhlenschächte abseilen lassen oder unterirdische Wasserläufe befahren. Das 2,5 Kilometer lange, für »normale« Besucher zugängliche Höhlensystem ist hell ausgeleuchtet und hat gut gesicherte Wege.

Waitomo Walkway
Der fünf Kilometer lange Wanderweg führt über naturbelassenes Weideland in den unberührten Busch, an Felsen und natürlichen Kalksteinbecken vorbei.

Black Water Rafting
Ausgerüstet mit Neoprenanzügen, Helmen, Grubenlampen und Schlauchbooten erkunden besonders Mutige einen unterirdischen Fluss in der Ruakuri-Höhle.

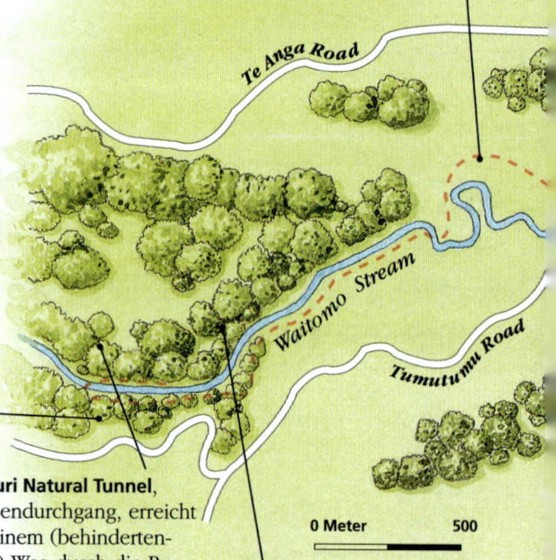

LEGENDE

- Straße
- Fluss
- Wanderweg

Den Ruakuri Natural Tunnel, einen Felsendurchgang, erreicht man auf einem (behindertengerechten) Weg durch die Ruakuri-Schlucht nach 30 Minuten. Führungen werden angeboten.

★ Höhle von Aranui
Im Aranui-Felsendom sind die schönsten Stalaktiten der Waitomo-Höhlen. Die Zapfen aus Kalkstein schimmern von rostfarben über rosa bis reinweiß.

Das Labyrinth der Waitomo-Höhlen

Unterirdische Wasserläufe wuschen einst die bis 100 Meter dicken Kalksteinschichten aus, die an den tektonischen Bruchlinien liegen *(siehe S. 22)*. Durch viele Erdspalten drang Grundwasser ein, die Wasserläufe schufen ein weitverzweigtes Netz unterirdischer Kanäle: Ein Höhlensystem entstand. Das mit aufgelöstem Kalkstein angereicherte Tropfwasser bildete über viele Jahrmillionen gewaltige, von der Höhlendecke hängende Stalaktiten bzw. vom Boden aufstrebende Stalagmiten. Diese Felsgebilde machen einen Besuch der Höhlen von Waitomo zu einem unvergesslichen Erlebnis.

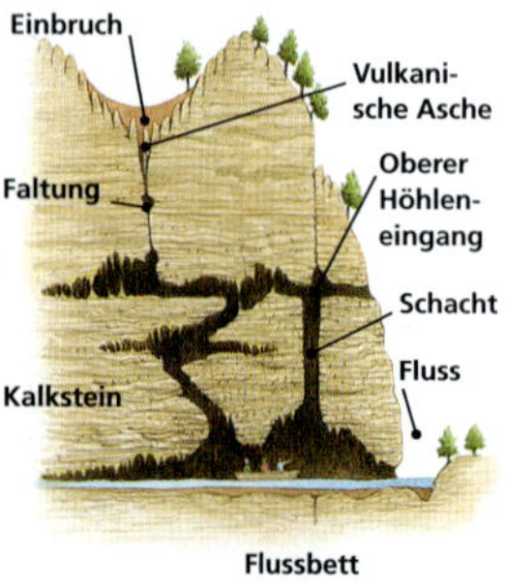

Woodlyn Park
Besucher der Pioneer Heritage Show können lernen, wie man ein Schaf schert oder einen Hund abrichtet.

Das Tokikarpu-Versammlungshaus nahe der Te Anga Road ist ein kulturelles Zentrum der dort lebenden Maori.

Das Waitomo Caves Hotel, 1908 erbaut, liegt inmitten eines Wäldchens oberhalb der Waitomo-Höhlen *(siehe S. 306).*

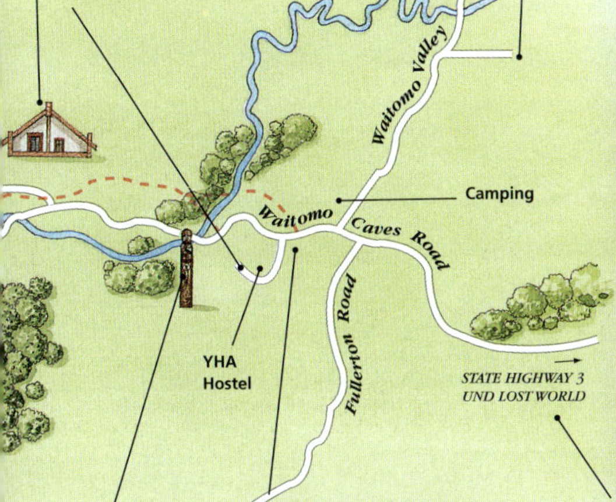

Das Museum of Caves mit dem i-SITE Visitor Centre zeigt eine exzellente Ausstellung über Höhlen. Eine Multimedia-Show widmet sich den Glühwürmern und lässt die Erforschung der Höhle nachvollziehen.

★ Glowworm-Höhle
Ein Gang durch die drei Ebenen der Höhle, einst »Banquet Chamber« (Festsaal), »Pipe Organ« (Orgelpfeife) und »Cathedral« getauft, wird mit einer Bootsfahrt durch die magische Glowworm-Grotte gekrönt.

INFOBOX

Straßenkarte E3. *21 Waitomo Caves Rd. (07) 878 7640. Alle Sehenswürdigkeiten.* *tägl.* **Waitomo Museum of Caves** *(07) 878 7640.* **Waitomo Glowworm-Höhle** *(07) 878 8227.* *außer in Aranui Cave.* **Woodlyn Park** *(07) 878 6666.* *Pioneer Show.* **Black Water Rafting** *(0800) 228 464.* **Lost World** *(0800) 929 866.*

Lost World
Ein Abenteuer der besonderen Art bietet das Abseilen (»abseiling«) in einen etwa 100 Meter tiefen Schacht und die daran anschließende Expedition durch das Mangapu-Höhlensystem.

NICHT VERSÄUMEN

★ Glowworm-Höhle

★ Höhle von Aranui

Das Karaka-Vogelschutzgebiet in der Nähe von Thames

Thames ❾

Straßenkarte E2. *10 000.* *2 km südlich der Stadt.* *206 Pollen St.* *(07) 868 7284.* *Pohutukawa Festival (Nov–Dez).* **www**.thamesinfo.co.nz

Am südöstlichen Ende des Fjords gleichen Namens liegt Thames, das wirtschaftliche Zentrum der Region Coromandel. Vor über 100 Jahren brach sich das Echo von detonierendem Dynamit an den Hügeln um Thames – 1863 war dort Gold gefunden worden. Heute versorgt die Stadt die wachsende Bevölkerung der Region. Von Thames aus sind die Halbinsel Coromandel und das Coromandel-Naturreservat gut erreichbar. Die Stadt verdankt dem Goldrausch schöne alte Villen.

Das **Thames Historical Museum** präsentiert Exponate zur Stadtgeschichte. Über 5000 Gesteinsproben und Schürfwerkzeuge hat die **Thames School of Mines and Mineralogical Museum** zu bieten. Die Schule bildete von 1885 bis 1954 Bergbauingenieure aus.

Nahe der Waiotahi Creek Road steht auf einem Hügel nördlich der Stadt ein Mahnmal für die Gefallenen des Ersten Weltkriegs. Von hier bietet sich ein schöner Panoramablick über die Stadt, die Bucht von Thames und den entfernteren Golf von Hauraki. Unterhalb der Brown Street lassen sich in den Mangroven des Karaka-Vogelschutzgebietes die verschiedensten Arten von Zugvögeln beobachten. Die beste Zeit ist der Übergang von Flut zu Ebbe.

Thames Historical Museum
Ecke Pollen & Cochrane St. *(07) 868 8509.* *tägl. 13–16 Uhr.*

Thames School of Mines and Mineralogical Museum
101 Cochrane St. *(07) 868 6227.* *tägl.* *Karfreitag, 25. Dez.*

Umgebung: Am südlichen Ende des Fjords von Thames leben in einer 85 Quadratkilometer großen Wattlandschaft viele Zugvögel. Vogelfreunde können dort Möwen, Austernvögel und Strandläufer beobachten. Das **Miranda Shorebird Centre**, gegründet von der Miranda-Naturstiftung, bietet sowohl Gelegenheit zur Vogelbeobachtung als auch Übernachtungsmöglichkeiten vor Ort an. Die Thermalquellen der Miranda Hot Springs liegen nicht weit entfernt.

Wanderer im Kauaeranga Valley, Coromandel Forest Park

Miranda Shorebird Centre
285 East Coast Rd, Pokeno. *(09) 232 2781.* *tägl.* *25. Dez.* *Spende.* **www**.miranda-shorebird.org.nz

Coromandel Forest Park ❿

Straßenkarte E2. *Kauaeranga Valley, Thames.* *(07) 867 9080.*

Im Inneren der Halbinsel erstreckt sich auf einer Länge von etwa 100 Kilometern ein Naturschutzpark. Den besten Zugang hat man über die gut ausgebauten Wege und Rastplätze des dicht bewaldeten Kauaeranga Valley.

Von 1870 bis 1920 war das Tal Hauptlieferant für das Holz der Kauri-Bäume. Reste von Holzdämmen, alten Brücken und Holzkränen über den Kauaeranga River erinnern an die romantische Zeit der Flößer und Holzfäller.

Der Fluss ist voller Forellen, ein gutes Auge kann sogar Edelsteine im Flussbett erspähen. Vom Pinnacle, einem Bergrücken, hat man eine gute Aussicht. Die befestigten Pfade des Kauaeranga Kauri Trail wurden von Buschmännern des Kauri-Stammes angelegt. Auskünfte über Wege und Übernachtungen gibt es im Visitor Centre.

Hotels und Restaurants im Zentrum der Nordinsel *siehe Seiten 302–307 und 330–334*

Goldrausch bei Coromandel

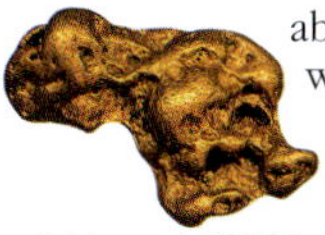

Goldnugget, Objekt der Begierde

Der erste bedeutende Goldfund wurde 1852 nahe Coromandel Town gemacht. 300 Goldgräber steckten ihre Claims ab. Der zweite große Fund im Jahr 1867 brachte dann 5000 Goldsucher nach Thames. Die Stadt boomte, über 18 000 Minenarbeiter belebten an Wochenenden die Straßen. Die drei Cabarets und über 100 Hotels waren immer gut besucht. Nach 1870 nahmen die Erträge der Goldfelder von Thames ab. Die »Goldminers« zogen weiter in die Berge von Karangahake und nach Waihi. 1912 war die Waihi's Martha Mine eine der größten Minen der Welt *(siehe S. 126)*. Nach und nach wurden die Minen der Region geschlossen, erst neue Fördertechniken führten 1988 zu einer Wiederbelebung der Goldsuche. So wurden in der Waihi-Mine im kostengünstigen Tagebau bis 2007 wieder goldhaltige Erze gefördert.

Kerzen spendeten Licht und warnten gleichzeitig vor tödlichen Grubengasen.

Mit Hammer und Meißel wurde das goldhaltige Erz im Stollen herausgebrochen.

In Jutesäckchen wurde jedes ausgelöste Goldkorn (Nugget) am Gürtel verstaut.

Wachsfigur eines Minenarbeiters

Goldrausch-Relikte

Aufgelassene Goldminen, tiefe Schächte und altes Minengerät sind überall in Thames zu finden. Die Bergbauschule, das mineralogische Museum und zahlreiche Führungen erinnern ebenfalls an den Goldrausch von Thames. Das Edelmetall der Halbinsel Coromandel musste mühsam mit Hacke und Schaufel abgebaut werden.

Halbedelsteine *kommen in Coromandel ebenfalls vor, z. B. Opale, Amethyste und Edelquarze an den Stränden nördlich von Thames.*

In den Klassenzimmern *der Thames School of Mines wurden Ingenieure und Minenarbeiter auf den Alltag in den Goldminen vorbereitet.*

Hobbygrabungen *in den alten Stollen sind heute beliebt. Dabei muss man unbedingt beachten, ob die Schächte der alten Minen sicher abgestützt sind.*

Das Imperial Hotel *ist eines der vielen alten Nobelhotels, die im 19. Jahrhundert in Thames am Höhepunkt des Goldrausches eröffnet wurden.*

Coromandel ⓫

Straßenkarte E2. *1500.* *3 km südlich der Stadt.* *355 Kapanga Rd.* *(07) 866 8598.* **www**.coromandeltown.co.nz

Der Fischerort Coromandel Town wird als »Town« bezeichnet, da man ihn von der gleichnamigen Halbinsel unterscheiden wollte. Er ist eine Autostunde von Thames entfernt. Seinen Namen verdankt der Ort dem britischen Segelschiff HMS *Coromandel*, welches im Jahr 1820 an der Küste anlegte, um Kauri-Holz zu laden. Die Stadt wurde später maßgeblich vom Goldrausch geprägt *(siehe S. 123)*, die viktorianischen Kolonialbauten sind Resultate dieses Booms. Die beschauliche Atmosphäre und die reizvolle Umgebung ziehen viele Künstler und Erholungsuchende an. Ein idealer Platz zum Wandern, Schwimmen, Fischen, Segeln oder auch einfach nur, um die Seele baumeln zu lassen.

Eine der Hauptsehenswürdigkeiten von Coromandel ist **Driving Creek Railway and Potteries**. Der bekannte Töpfer Barry Brickell verkauft dort Tongefäße und Holzobjekte, unterhält aber auch ein Kauri-Wiederaufforstungsprojekt. Eine alte Schmalspurbahn befördert Passagiere durch die Regenwälder und Tunnel der Bergregion, ehe sie nach einer Stunde die Bergstation erreicht.

Nördlich der Stadt steht an der Buffalo Road die 100 Jahre alte **Coromandel Gold Stamper Battery** – einst ein

Ein wassergetriebenes Fahrrad der Waiau-Wasserspiele

mit Wasserkraft betriebenes Bergwerk, heute ein Museum. **Coromandel School of Mines and Historical Museum** gibt Auskunft über die Geschichte des Bergbaus und die Zeit der Kauri-Flößerei. Das Ortsgefängnis kann ebenfalls besichtigt werden.

Driving Creek Railway and Potteries
380 Driving Creek Rd.
(07) 866 8703. *tägl.*
25. Apr, 25. Dez.

Coromandel Gold Stamper Battery
Buffalo Rd. *(07) 866 7933.*
Sommer: tägl.; Winter: Do–Mo.
25. Dez.

Coromandel School of Mines and Historical Museum
841 Rings Rd. *(07) 866 8039.*
Sommer: tägl.; Winter: Sa, So.
25. Dez.

Umgebung: Die genialen Einfälle des Künstlers Chris Ogilvie können neun Kilometer von Coromandel entfernt bei den **Wasserspielen** bewundert werden. Einer der genialsten Wasserapparate steht im Park und erfreut Besucher jeden Alters. Östlich davon zweigt eine Straße zum Castle Rock ab. Der 525 Meter hohe, erloschene Vulkan war einst das »Rückgrat« der Halbinsel.

Nach einer Fahrt durch Nadelwälder kommt man zum Ausgangspunkt eines 45-minütigen Aufstiegs. Die letzten Meter zum Gipfel sind mühevoll, doch der Panoramablick entschädigt. Etwas weiter gelangt man zum Waiau-Kauri-Hain. Die riesigen, uralten Kauri-Bäume stehen schon seit mehr als 100 Jahren unter Naturschutz.

Wasserspiele
471 The 309 Rd. *(07) 866 7191.*
tägl.
www.waiauwaterworks.co.nz

Die Driving Creek Railway ist in ihrer Art einmalig

Küstenregion zwischen Coromandel Town und Port Jackson

Port Jackson ⓬

Straßenkarte E2. *10.* *355 Kapanga Rd, Coromandel Town.* *(07) 866 8598.*

An der Spitze der Halbinsel überrascht 56 Kilometer nördlich von Coromandel die weich geschwungene Strandsilhouette von Port Jackson. Die Küstenstraße endet sechs Kilometer weiter in Colville, dem letzten Ort an Fletcher's Bay. Die von schönen Pohutukawa-Bäumen umsäumte Bucht wird von Anglern als guter Fischgrund geschätzt.

Der sieben Kilometer lange Coromandel Walkway führt in einem dreistündigen Marsch von Fletcher's Bay zur Stony Bay. Campingplätze mit Toiletten, Duschen und Grillstationen findet man sowohl in Port Jackson, Fletcher's Bay als auch in der Stony Bay.

Boote im geschützten Hafen von Whitianga

Whitianga ⓭

Straßenkarte E2. *3500.*
3 km südwestlich der Stadt.
66 Albert St. *(07) 866 5555.*
www.whitianga.co.nz

Whitianga liegt am inneren Ufer der Mercury Bay. Kapitän Cook *(siehe S. 48)* hatte die Bucht 1769 anlässlich der Beobachtung des Planeten Merkur so genannt. Die windgeschützte Bucht ist zwischen November und April ein bevorzugter Ankerplatz der Hochseefischer. Angelwettbewerbe finden im Februar und März statt. Der kleine Mercury Bay Boating Club wurde 1988 berühmt, als Multimillionär Michael Fay von dort seine Teilnahme am America's Cup, einem der prestigeträchtigsten Segelwettbewerbe, vorbereitete.

Das **Mercury Bay Museum** hat in einer ehemaligen Molkerei gegenüber der Werft an der Esplanade ein Zuhause gefunden. Einzelheiten aus dem Leben des Maori-Häuptlings Kupe *(siehe S. 46)* dokumentieren die über tausendjährige Siedlungsgeschichte des Ortes. Eine Fähre bringt Besucher nach Ferry Landing, dem ursprünglichen Stadtkern von Whitianga, der heute aus einer Promenade und Läden mit Kunsthandwerk besteht. Whitianga Rock, flussaufwärts von Ferry Landing, war und ist ein heiliger Ort der Ngati-Hei-Maori.

Buffalo Beach wurde nach einer Tragödie des Jahres 1840 benannt. Der britische Segler *Buffalo* kam aus Australien, wo er Sträflinge abgesetzt hatte. In Neuseeland sollte er Kauri-Holzplanken laden, als ein schwerer Sturm das Schiff zerstörte. Eine Kanone des Schiffes steht im Memorial Park an der Albert Street.

Boating-Club-Logo

An der Nordostspitze der Landzunge liegt Shakespeare Lookout. Hier, oberhalb der Lonely Bay, steht ein Denkmal für Cook. Die Wellen an der Flaxmill Bay haben die Küstenfelsen ausgehöhlt und so ein natürliches Echo geschaffen.

Das **Te Whanganui-A-Hei Marine Reserve** von Cathedral Cove dehnt sich über eine Fläche von neun Quadratkilometern aus und reicht von Cooks Bluff bis zum Strand von Hahei. Seit 1992 steht die Artenvielfalt mariner Lebensformen hier unter Schutz. Besucher dürfen nur schwimmen oder segeln, es ist verboten, Muscheln zu sammeln oder zu angeln.

Mercury Bay Museum
11 The Esplanade. *(07) 866 8598.* *tägl.* *25. Dez.*
www.mercurybaymuseum.co.nz

Hahei ⓮

Straßenkarte E2. *200.*
General Store, Hahei Beach Rd.

Hahei ist Ausgangspunkt für eine zweistündige Wanderung nach Cathedral Cove. Der Weg führt durch eine hohe offene Höhle, die das Meer aus den weißen Felsen gespült hat. Der Spaziergang erfordert Fitness, doch der weite Panoramablick entschädigt für alles. Der Strand von Hahei, durch vorgelagerte Inseln geschützt, schimmert wegen der vielen Muschelschalen tiefrosa. Hahei wird vor allem von Tauchern geschätzt. Sechs Kilometer südlich liegt der Hot Water Beach, an dem man sich seinen eigenen Warmwasserpool in den Sand graben kann.

Badegäste genießen die heißen Quellen im Sand des Hot Water Beach von Hahei

Whangamata 15

Straßenkarte E2. *4100.*
616 Port Rd. *(07) 865 8340.*
www.whangamatainfo.co.nz

Der Name der Stadt bedeutet in der Maori-Sprache »Obsidian-Hafen«. Das dunkle, glasartige Vulkangestein wurde von der 30 Kilometer entfernten Mayor Island an die Strände von Whangamata gespült. Heute gilt die Stadt als die »Surf-Hauptstadt Neuseelands«. Die Höhe der Wellen und die Dünung an einer Sandbank, die als »The Bar« bekannt ist, verleihen Whangamata bei Wellenreitern, Schwimmern und Surfern Kultstatus. Im Norden liegen die Strände von Onemana und Opoutere, im Süden der von Whiritoa.

Aber auch das Hügelland nahe der Stadt bietet viele Attraktionen: Im Tairua Forest liegen das Wentworth Valley, der Taungatara-Nationalpark und das Parakiwai Valley. Zahlreiche Pfade führen an Flüsse und in das naturbelassene Buschland. Einer der Wege endet an der »Luck at Last«-Goldmine. Hier können alte Erzmühlen, Anlagen zur Goldwäsche und sogar ein alter Backofen bestaunt werden. Wegbeschreibungen bekommt man beim Whangamata Information Centre und bei der Holzfirma Matariki Forests. Allerdings sind hin und wieder einige Sektoren des Parks wegen Holzschlags geschlossen.

Whangamata Beach, eines der besten Surfgebiete Neuseelands

Das Wharekawa Wildlife Refuge, 15 Kilometer nördlich von Whangamata, ist ebenfalls ein bekanntes Naturschutzgebiet. In dem Vogelreservat lassen sich einheimische Arten wie Austernfischer und Regenpfeifer gut beobachten.

Martha Mine in Waihi

Waihi 16

Straßenkarte E2. *4500.*
Seddon St. *(07) 863 6715.*
www.waihi.org.nz

Die Geschichte von Waihi ist eng mit den Goldfunden des Jahres 1878 verbunden. Robert Lee und John McCrombie entdeckten damals eine Goldader. Martha Mine, 1882 errichtet und bis 1952 in Betrieb, war eine der ertragreichsten der gesamten Region *(siehe S. 122f)*. Von 1987 bis 2007 war die Mine wieder geöffnet. Woche für Woche wurden dort bedeutende Mengen an Gold abgebaut. Die Mine wird derzeit einem umfassenden Sanierungsprogramm unterzogen, das einige Jahre in Anspruch nehmen wird. Geplant ist die Anlage einer Freizeitlandschaft mit See und bewachsenen Flächen.

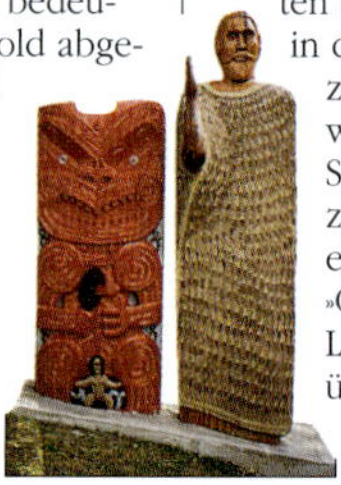

Skulptur auf der Straße von Katikati

Originale Diesel- und Dampfloks der **Goldfields Railway** fahren noch heute über die Goldfelder von Karangahake. Die sieben Kilometer lange Strecke verbindet Waihi und Waikino. Mehrere Wegweiser führen zum Karangahake Gorge Historic Walkway. Der etwa fünf Kilometer lange Rundweg durchquert die Schlucht und verläuft vorbei an alten Brücken, Minengerät und eingefallenen Schächten. Waihi Beach, elf Kilometer östlich, ist ein beliebter Strand.

Goldfields Railway
30 Wrigley St. *(07) 863 9020.*
tägl. *25. Dez.*

Katikati 17

Straßenkarte E2. *4000.*
34 Main Rd. *(07) 549 1658.*
www.katikati.co.nz

Im Jahr 1870 erwarb ein wohlhabender Ire namens George Vesey Stewart das Gebiet von Katikati samt den umliegenden Inseln und verkaufte das Land an 406 »angesehene und gebildete« Familien aus dem nordirischen Ulster. Leider war den neuen Siedlern nicht klar, was Kolonisierung bedeutet. Sie machten Stewart Vorwürfe, sie in die Wildnis gelockt zu haben. Katikati erwies sich als idealer Standort für Blumenzüchter und Milchbauern, heute gilt es als »Open-Air-Galerie« des Landes. Künstler haben über 30 Wandbilder und Kunstobjekte kreiert. **Sapphire Springs & Motor Camp**, sechs Kilometer entfernt, bietet Thermalquellen zum Schwimmen und für Heilbäder.

Sapphire Springs & Motor Camp
Hot Springs Rd. *(07) 549 0768.*
tägl.

Wandbild an einer Mauer in Katikati

Künstler von Coromandel

Küstenlandschaften, romantische Täler und bewaldete Berge sind die Vorzüge der Halbinsel Coromandel, wo Zivilisationsmüde zu alternativen Lebensstilen finden. Vor allem Künstler haben die Region für sich entdeckt. Es ist nicht ungewöhnlich, dass hier Maler zu Bauern werden, Töpfer zu malen beginnen oder Weber sich der Schafzucht widmen. Seit 1960 haben sich viele »Alternative« künstlerischen Tätigkeiten zugewandt. Zur Sicherung eines an der Natur orientierten Lebensstils produzieren sie attraktives Kunsthandwerk, das in ganz Neuseeland gekauft wird. Eine Broschüre liegt in den Besucherzentren aus und gibt nützliche Hinweise, wo die abgelegenen Studios zu finden sind und Kunst zu »Atelierpreisen« gekauft werden kann.

Mundgeblasene Glasschüssel

Knochen und Jade *sind bevorzugte Materialien für Schmuck und Anhänger im Maori-Design.*

Viele Läden *in Thames und Coromandel Town, z.B. Weta Art, bieten eine große Auswahl an Kunsthandwerk aus den Regionen an.*

Barry Brickell in den Driving Creek Potteries

Töpferwaren *werden entweder auf der Töpferscheibe gefertigt oder per Hand geformt und mit vielfarbiger Glasur gebrannt.*

Kunsthandwerk aus Coromandel

Obwohl sich die ersten Künstler um 1960 auf Töpferei spezialisiert hatten, wird heutzutage eine ganze Palette von Kunsthandwerk angeboten: Schnitzereien (aus Knochen, Holz oder Jade), Kauri-Holzmöbel, Webstoffe, Strickwaren, Schmuck, Glasarbeiten und Messer.

Colville General Store, *einer der ungewöhnlichsten Läden der Halbinsel, liegt 26 Kilometer nördlich von Coromandel Town und wird von 80 Mitgliedern einer Kooperative geführt.*

Alternativer Lebensstil *baut auf den Umgang mit natürlich erzeugten Lebensmitteln und die Heranführung der Kinder an künstlerische Selbstverwirklichung.*

Tauranga ⓲

Straßenkarte E2. *einschließlich Mount Maunganui 100 000.* *3 km östlich der Stadt.* 95 Willow St. *(07) 578 8103.* **www**.bayofplentynz.com

Die größte Stadt der westlichen Bay of Plenty liegt am Ufer des lang gestreckten Tauranga Harbour und ist ein wichtiges Handelszentrum. Die ganze Ebene verdankt ihr Entstehen den Überflutungen am Ende der letzten Eiszeit. Die dem Meer zugewandte Seite der Stadt wird von der Matakana-Insel geschützt, im Westen begrenzen die Hügel von Kaimai die Bucht.

Die Küstenstadt ist nicht nur bei Neuseelands Pensionären überaus beliebt, sondern bei allen, die das milde Klima und das umfangreiche Sportangebot zu schätzen wissen. Die einstige Hochburg des Flachshandels und der protestantischen Missionare wird heute vorwiegend von Yachtbesitzern, Surfern und Sportfischern bevölkert. Hier kann man Wasserski fahren, windsurfen und tauchen. Mittelpunkt des Ortes ist die Promenade »The Strand« mit einer großen Auswahl an Läden und Restaurants.

Während der bewaffneten Konflikte nach 1860 *(siehe S. 49f)* zwischen Regierung und Maori war das fünf Kilometer südlich von Tauranga gelegene Gate Pa Schauplatz heftiger Kämpfe. Soldaten des nahen Monmouth Redoubt Camp sollten den Nachschub für das Waikato Maori King Movement *(siehe S. 117)* unterbinden. Die gut erhaltenen Schützengräben samt der schweren Geschütze können besichtigt werden.

Die **Elms Mission Station** wurde 1938–47 von Reverend Brown erbaut. Die Wohnhäuser zählen zu den ältesten des Landes. Auf dem Gartengrundstück steht auch die große Bibliothek von 1939.

Tauranga bietet 50 Kilometer Strand und Meeresschutzzonen sowie 27 Kilometer öffentliche Wanderwege.

The Elms Mission Station
Ecke Mission & Chapel St.
(07) 577 9772. *Grundstück: tägl.; Haus und Bibliothek: Sa, So u. Feiertage 14–16 Uhr (Führung nach Vereinbarung).* *Haus, Bibliothek.*
www.theelms.org.nz

Umgebung: McLaren Falls Park liegt abseits des State Highway 29, der nach Hamilton führt. Das Buschland wird von Pfaden durchzogen, die an Tausenden von »importierten« Bäumen vorbeiführen. An bestimmten Tagen werden die Staustufen des Wairoa River geöffnet, der Fluss wird dann zum tosenden Gelände der Wildwasserkanuten. Das Tauranga City Council bietet auf dem Areal drei Unterkünfte für Rucksackreisende.

McLaren Falls Park
McLaren Falls Rd. *Tauranga District Council.* *(07) 577 7000.* *tägl.*

Wettbewerb der Hochseeangler in Tauranga

Strand nahe Mount Maunganui, von »The Mount« aus gesehen

Mount Maunganui ⓳

Straßenkarte E2. *einschließlich Tauranga 100 000.* *3 km südlich der Stadt.* *Salisbury Ave.* *(07) 575 5099.*

Auf einer schmalen Halbinsel am nördlichen Ende der Bucht von Tauranga Harbour wurde eine Ortschaft namens »Town of Mount Maunganui« gegründet, heute der wichtigste Hafen für den Holzexport der Nordinsel. Nahe der Stadt erhebt sich die kegelförmige Spitze des 232 Meter hohen Mount Maunganui. Der Auf- und Abstieg dauert 90 Minuten und gibt Gelegenheit, die Befestigungsanlagen der Maori zu bestaunen. Für die Polynesier war »The Mount«, wie der Berg später genannt wurde, ein heiliger *Pa*-Ort. Vom Gipfel blickt man über die Küstenlinie. Am Fuß des Berges entspringen die warmen **Mount Salt Water Pools** – ideal für eine Erfrischung nach einer Wanderung.

Wundervolle Strände ziehen sich von The Mount bis nach Papamoa und darüber hinaus, ein Paradies für Surfer und Schwimmer. Auf Moturiki Island schießt bei hoher Flut eine weiße Gischtfontäne aus einem Felsenloch.

Mount Salt Water Pools
Adams Ave. *(07) 575 0868.*
tägl.

Mayor Island 20

Straßenkarte F2. 35 km vor Tauranga Harbour. *von Tauranga oder Whangamata.* *95 Willow St, Tauranga.* *(07) 578 8103.*

Mayor Island (Tuhua) ist eine hügelige, dicht bewachsene Insel mit vier Kilometer Durchmesser, die nur wenige Ankerplätze zwischen den steilen Klippen aufweist. Die höchste Erhebung ist der Opauhau (354 m). Zwei kleine Seen liegen versteckt in einem Krater. Der Kegel des erloschenen Vulkans sinkt tief bis zum Meeresboden ab.

Eine Kostbarkeit der Insel ist schwarzer Obsidian. Das Naturglas entsteht durch schnelle Abkühlung kalkspathaltiger Lava. Vor der Besiedlung durch die Europäer kämpften die Maori wegen des Obsidians um die Insel.

Ein 18 Kilometer langer Wanderweg umrundet das Eiland. Der Nordstrand ist ein meeresbiologisches Schutzgebiet. Es gibt zwar einen Zeltplatz und einige Hütten, Proviant und Trinkwasser müssen aber selbst mitgebracht werden. In den Gewässern leben Thunfische, Marlins, fliegende Fische und Mako-Haie. Verschiedene Anbieter organisieren Tauchausflüge und Sightseeing-Touren nach Mayor Island.

Rundfahrt in einem Kiwi-Cart durch Kiwi360

Te Puke 21

Straßenkarte F3. *6800.* *130 Jellicoe St.* *(07) 573 6772.* **www**.tepuke.co.nz

Die Gründung von Te Puke geht auf die Kolonisierung (nach 1880) durch den Iren George Vesey Stewart *(siehe S. 126)* zurück. Die Viehzucht war damals durch die »Buschkrankheit« eingeschränkt, deren Ursache (Kobaltdefizit) erst nach 1930 erkannt und bekämpft werden konnte. Bis 1960 herrschte in diesem Landstrich die Zucht von Schafen und Rindern vor, danach gewann der Gartenbau an Bedeutung. Die ersten Obstbauern experimentierten mit Kreuzungen der chinesischen Stachelbeere und vermarkteten das Produkt unter einem neuen Namen: Kiwi. Seitdem gilt Te Puke als »Welthauptstadt der Kiwi«. In **Kiwi360** können Besucher alle Stadien des Anbaus und der Verarbeitung verfolgen. Das parkähnliche Ausstellungsgelände liegt sechs Kilometer südöstlich von Te Puke.

Eingang zu Kiwi360

Im **Spring Loaded Fun Park** wird die ganze Vielfalt der landwirtschaftlichen Produkte Neuseelands ausgestellt. Der Park acht Kilometer südlich von Te Puke hat von Rehen über Schafe und Schweine bis hin zu Avocados, Kiwis und Nadelbäumen alle agrarischen Handelsgüter aufzuweisen. Kinder können die Tiere anfassen und füttern. Für die Erwachsenen stehen Motorboote bereit, mit denen während einer 30-minütigen Fahrt der Flusslauf des Kaituna River erkundet werden kann.

Die Kiwi

Ehe die Kiwi *(Actinidia chinensis)* ihren weltweiten Siegeszug antreten konnte, war sie als Chinesische Stachelbeere bekannt. Sie wurde seit 1918 in Te Puke angebaut und erst Mitte der 1930er Jahre von einem Obstbauern namens Jim McLoughlin auf dem einheimischen Markt angeboten. Als immer mehr Kiwiplantagen entstanden, suchte und fand man neue, überseeische Absatzmärkte. Ende der 1960er Jahre stieg der Export durch gutes Marketing und die Tatsache, dass gekühlte Kiwis bis zu sechs Monaten genießbar bleiben, sprunghaft an. Dadurch wurden in den 1970er Jahren viele Plantagenbesitzer über Nacht zu Dollarmillionären. Seit 1988 ist mit der gelbfleischigen, tropischen Zespri Gold Kiwi der traditionellen smaragdgrünen Hayward-Kiwi eine ebenbürtige Konkurrenz erwachsen.

Kiwis aus Te Puke

Kiwi360
35 Young Rd. *(07) 573 6340.*
tägl. *25. Dez.*
obligatorisch.
www.kiwi360.com

Spring Loaded Fun Park
316 State Hwy 33, Te Puke. *(07) 533 1515.* *Sommer: tägl.; Winter: Mi–So.* *25. Dez.* *Fahrten.*
obligatorisch.

Angeln an der Mündung des Whakatane River

Whakatane ㉒

Straßenkarte F3. *17000.* **i** *Ecke Quay St & Kakahoroa Drive.* *(07) 306 2030, (0800) 942 528.* **www**.whakatane.com

Im Herzen der Küstenregion der östlichen Bay of Plenty liegt Whakatane. Mehr als 2500 Sonnenstunden pro Jahr machen die Stadt zum idealen Aufenthaltsort für Wassersportler. Man kann hier zum Baden gehen oder mit Delfinen schwimmen. Whales and Dolphins Watch NZ, ein Veranstalter an der Strandpromenade, bringt flipperverliebte Urlauber direkt zu den verspielten Meeressäugern in der Bay of Plenty.

Das Leben der Maori und das der europäischen Siedler sind die Themen vom **Whakatane District Museum and Gallery**.

Einer der vielen Wanderwege ist der Nga Tapuwae O Toi Walkway. Die Route erlaubt schöne Ausblicke auf die Küste und die Pohutukawa-Bäume am Ufer. Die siebenstündige Tour beginnt oberhalb der Stadt an der Seaview Road. Der erste Orientierungspunkt ist Kapu te Rangi (»die himmlischen Höhen«), einer der ältesten Befestigungswälle des Landes.

Whakatane District Museum and Gallery
51–55 Boon St. *(07) 307 0505.* *tägl.* *1. Jan, Karfreitag, 25., 26. Dez.* *Spende.* **www**.whakatanemuseum.org.nz

Umgebung: Zehn Kilometer nördlich der Hafeneinfahrt liegt **Whale Island**. Das Naturschutzgebiet ist vor allem während der Weihnachtszeit ein beliebtes Ziel von Ausflügen, die von Whakatane Coastguard organisiert werden. Das Whakatane Visitor Centre nimmt Buchungen entgegen.

Der idyllisch gelegene **Ohope Beach** erstreckt sich von Otarawairere im Westen der Bucht bis zur zwölf Kilometer entfernten Einfahrt des Ohiwa Harbour. Der Hafen ist ein Umschlagplatz für Fisch.

White Island ㉓

Straßenkarte F2. 50 km vor Whakatane.

Neuseelands aktivster Vulkan, White Island, liegt am nördlichen Ende der Vulkanauffaltung Taupo–Rotorua *(siehe S. 64f)*. Man kann mit dem Schiff oder dem Hubschrauber dort landen – oder ihn sich einfach aus der Luft ansehen. Die Insel ähnelt einer Mondlandschaft und ist so unwirklich, dass viele Besucher White Island als den beeindruckendsten Ort Neuseelands empfinden. Bis 1914 hat man auf der Insel Schwefel abgebaut, dann tötete ein nächtlicher Ausbruch alle Arbeiter. Reste der Minengeräte sind bis heute zu sehen. Die Insel bietet Tauchern hervorragende Reviere.

Altes Minengerät der Schwefelminen auf White Island

Ohope Beach, Whakatanes bestes Surfrevier

Opotiki ㉔

Straßenkarte F3. *4150.* **i** *Ecke St John & Elliott St.* *(07) 315 8484.* **www**.opotikinz.com

Am Zusammenfluss von Waioeka und Otara liegt Opotiki. Die größte Ansiedlung vor Gisborne ist Zugang zum East Cape. 1865 wurde hier Reverend Carl Sylvius Völkner von Maori gefangen genommen, gehängt und enthauptet. Die Polynesier waren überzeugt, er habe Informationen über ihre Befestigungen und Truppenbewegungen an Gouverneur George Grey *(siehe S. 76)* weitergegeben. Hiona St Stephen's Anglican Church, wo die Hinrichtung vollstreckt wurde, steht im Norden des Geschäftsviertels an der Church Street. Das **Opotiki Museum** präsentiert vielerlei Gerätschaften der frühen Siedler. Dem Museum ist ein Lebensmittelgeschäft angegliedert.

Die Hukutaia Domain, ein tropischer Regenwald, kann über das westliche Ende der Waioeka Bridge und die Woodlands Road erreicht werden. Der Wald besteht aus über 2000 Baumarten. Ein 2000 Jahre alter, hohler Puriri-Baum *(Vitex lucens)* diente einst Maori-Häuptlingen als Grabstätte.

Opotiki Museum
123 Church St. *(07) 315 5193.* *Mo–Sa.* *Karfreitag, 25. Dez.*

Siedlungsgeschichte der Maori

Wie die alten Sagen erzählen, kamen die Maori in drei seetüchtigen Kanus von der Insel Hawaiki *(siehe S. 45)*. Im 14. Jahrhundert landeten sie im Osten der Bay of Plenty: die Mataatua in Whakatane, die Arawa und Tainui in der Whangaparaoa Bay, westlich des East Cape. Muriwai's Cave in Whakatane war der Aufenthaltsort von Muriwai, einer Magierin der Maori. Sie soll als Einsiedlerin in der Höhle gewohnt haben. Das milde Klima und der Fischreichtum bewogen die Maori dazu, sich in der Küstenregion niederzulassen. Auch heute noch bilden sie einen großen Teil der Bevölkerung der Bay of Plenty. Ihre rot umrahmten Versammlungshäuser sind spirituelle und soziale Zentren.

Die Höhle von Muriwai

Kunst und Kultur der Maori

Entlang der Küste stehen überall verzierte Versammlungshäuser und andere Zeugnisse der Maori-Kultur. Sie symbolisieren Geschichte, Religion und das hierarchische Stammeswesen der Maori. Holz ist das bevorzugte Material, sowohl religiöse als auch weltliche Gegenstände werden aus Holz gefertigt und mit magischen Symbolen versehen *(siehe S. 30f)*.

Versammlungshäuser *wie das Tukaki in Te Kaha sind fast immer einem berühmten Maori-Krieger geweiht. Die Maske unter der Gabelung des Dachfirsts stellt den Kopf dar, die weit geschwungenen Seitenbretter die Arme.*

Elemente der Maori-Kunst *wurden auch in christlichen Kirchen übernommen. Kunstvolle Schnitzereien verzieren die Seitenwände und Deckensparren der St Mary's Church in Tikitiki.*

Haka, *ein kraftvoller Tanz, wird auch heute noch in den Schulen eingeübt. Früher diente der Tanz dazu, die Maori-Krieger auf bevorstehende Kriegszüge einzustimmen.*

Das ornamental geschnitzte Eingangstor *bewacht den heiligen Versammlungsort von Omaio Marae.*

Eine geschnitzte Stele *an der Hauptstraße von Opotiki ist Beleg für die Renaissance der Maori-Kultur, dem Wiederaufleben der alten Traditionen und Riten.*

East-Cape-Tour ㉕

Pohutukawa-Blüten

Der Pacific Coast Highway schlängelt sich an den zerklüfteten Bergen der Halbinsel des East Cape entlang. Von Opotiki im Norden schmiegt sich die Straße an die mit Pohutukawa-Bäumen bewachsene Felsenküste. Vor Gisborne im Süden verlässt der Highway das Meeresufer und führt durch grünes Farmland. Die Küste ist nur noch über Nebenstraßen zu erreichen. Fast jede Bucht ist für Wassersport aller Art geeignet. Man kann aber auch reiten und wandern. Kultstätten *(marae)* der Maori und christliche Kirchen liegen am Weg.

Te Araroa Pohutukawa ③
In der Nähe des Meeresufers wächst in Te Araroa der Te Waha-o-Rerekohu (»der Mund des Rerekohu«). Der größte Pohutukawa-Baum des Landes besteht aus 22 Wurzelstämmen.

Raukokore Church ②
Das 1894 erbaute hölzerne Kirchlein der Anglikaner steht als einsames Wahrzeichen zwischen der Straße und dem Meer.

Motu River ①
Das von Felsen und Wäldern eingerahmte Flussbett ist bestens für Kanufahrten und Jetboote geeignet. An der Flussmündung kommen Angler auf ihre Kosten.

Tolaga Bay ⑧
Am längsten Holzsteg Neuseelands kann man gut fischen und baden. Ein fünf Kilometer langer Weg führt bis nach Cooks Cove und zu einem faszinierenden Felsenbogen.

Tokomaru Bay ⑦
Die schöne, von Klippen gerahmte Bucht ist bei Schwimmern und Surfern beliebt. Ein Besuch der alten Fischerhäuser lohnt sich.

ROUTENINFOS

Länge: *334 km.*
Zwischenstopps: *Vom Maraenui Hill Lookout, 36 Kilometer von Opotiki entfernt, genießt man das tolle Panorama. Die Orte auf der Strecke sind klein, aber fast überall kann man einkehren, an der Hicks Bay auch übernachten. Die Genehmigung, den Mount Hikurangi zu ersteigen, bekommt man von Ngati Porou Outdoor Pursuits, Gisborn (06) 867 9960. Jetbootfahren auf dem Motu River kann man im Opotiki Information Centre* (siehe S. 130) *buchen.*

East Cape Lighthouse ④
Eine Kiesstraße entlang der Küste führt zum östlichsten Leuchtturm des Landes. Der Blick von der Plattform entschädigt für den mühsamen Aufstieg über die 700 Stufen des Turms.

St Mary's Church in Tikitiki ⑤
Die 1924 als Mahnmal für die im Ersten Weltkrieg für Neuseeland gefallenen Maori erbaute Kirche ist eine der am reichsten verzierten des Landes *(siehe S. 131)*.

Mount Hikurangi ⑥
Der Gipfel wird jeden Tag als Erster von den Strahlen der Sonne beschienen und ist den Maori heilig. Deshalb darf der Berg nur mit Genehmigung bestiegen werden.

LEGENDE

- Routenempfehlung
- Andere Straße
- Fluss
- Aussichtspunkt

Das Steuerhaus der *Star of Canada*, Gisborne Museum

Te Urewera National Park ㉖

Straßenkarte F3. *Aniwaniwa Visitor Centre, State Hwy 38, Wairoa.* *(06) 837 3803.* **www**.doc.govt.nz

Neuseelands viertgrößter Nationalpark weist das größte Regenwaldgebiet der Nordinsel auf. Über Jahrhunderte war die Gegend die Heimat des Tuhoe-Stammes, der seine Lebensgrundlage in der Tier- und Pflanzenwelt des Urwalds fand. Der 243 Meter tiefe Lake Waikaremoana (»See der sich kräuselnden Wellen«) liegt im Zentrum des Nationalparks. In drei bis vier Tagen kann man ihn auf einem 46 Kilometer langen Wanderweg, einem der schönsten der Nordinsel, umrunden *(siehe S. 350)*. Buchungen nimmt das Aniwaniwa Visitor Centre entgegen. Auch Kurzwanderungen sind möglich – zum Teil auf Kieswegen.

Gisborne ㉗

Straßenkarte F3. *35 000.* *4 km nordwestlich der Stadt.* *209 Grey St.* *(06) 868 6139.* *Wine and Food Festival (letzte Woche Okt).* **www**.gisbornenz.com

In der sonnenverwöhnten Umgebung von Gisborne findet man einfach alles – von Viehwirtschaft über Gartenbau und Blumenzucht bis hin zu exzellenten Surfstränden wie denen von Midway, Wainui und Makorori. Ein Monument auf dem Kaiti Hill erinnert an James Cook, der am 9. Oktober 1769 am Kaiti Beach von Gisborne erstmals neuseeländischen Boden betrat *(siehe S. 48)*.

Das **Gisborne Museum** – auch bekannt als **Tairawhiti Museum and Arts Centre** – stellt Kunst von Maori und Europäern aus. Am Ufer des Taruheru River steht das Steuerhaus der *Star of Canada*, die 1912 vor Kaiti Beach sank. Statuen von Kapitän Cook und dem Jungmatrosen Nick an der Mündung des Turanganui River erinnern an Nicholas Young, der auf Cooks Schiff *Endeavour* als Erster Neuseeland sichtete.

Gisborne/Tairawhiti Museum and Arts Centre
Kelvin Park, Stout St. *(06) 867 3832.* *tägl.* *Karfreitag, 25. Dez.* *außer* Star of Canada. **www**.tairawhitimuseum.org.nz

Umgebung: Im **Eastwoodhill Arboretum**, 35 Kilometer westlich von Gisborne, findet man viele exotische Pflanzen. Die **Morere Hot Springs**, 60 Kilometer südlich von Gisborne, bieten Besuchern heiße und kalte Quellen, schöne Wanderwege und eine Vielzahl exotischer Vögel.

Eastwoodhill Arboretum
2392 Wharekopae Rd. *(06) 863 9003.* *tägl.* *25. Dez.* *nach Anmeldung.*

Morere Hot Springs
State Hwy 2, Morere. *(06) 837 8856.* *tägl.* *25., 26. Dez.*

Hohe Bäume im Eastwoodhill Arboretum bei Gisborne

Rotorua ㉘

Die Stadt Rotorua am Südufer des gleichnamigen Sees ist sicherlich das populärste Urlaubsziel der Nordinsel. Die aus unzähligen Erdspalten austretenden Schwefeldämpfe weisen auf heiße Quellen und heilende Thermalbäder hin. Neben den kristallklaren Flüssen und Seen sind sie die Hauptattraktion von Rotorua. Der Ort ist ein bedeutendes kulturelles Zentrum der Maori. Kunstwerke und Architektur sind lebendige Zeugnisse einer Kultur, die sich heute erneut in traditionellen Gesängen und Tänzen ausdrückt.

Government Gardens und das Rotorua Museum of Art and History

Government Gardens

Queens Drive.

Die gepflegten Government Gardens befinden sich vor dem **Rotorua Museum of Art and History**. Im Inneren des Parks befinden sich Rasenflächen, auf denen Cricket und Rasenbowling gespielt werden. Zwischen den Blumenrabatten sprudeln heiße Quellen. Das 1927 errichtete Arawa Soldiers' Memorial ist Zeugnis der recht blutigen Geschichte von Rotorua. Am Fuß des Denkmals steht das Kanu der Arawa-Maori, die mit dem Boot ihre Besiedlung Neuseelands verbinden.

Rotorua Museum of Art and History

Queens Drive. *(07) 349 4350.*
tägl. *25. Dez.*
Erdgeschoss.
www.rotoruamuseum.co.nz

Das Museum von Rotorua ist voller Maori-Artefakte. Es liegt in einem Gebäude, das 1908 als The Great Spa of the South Pacific eröffnete. Die wichtigsten Exponate sind die verzierten Balken des Rotoiti-Houmaitawhiti-Versammlungshauses. Einige Palisaden der Maori-Siedlung von Ohinemutu aus dem 19. Jahrhundert sind ebenfalls zu sehen. Die Statue der gebärenden *Kumara*-Göttin Pani ist eine Besonderheit, da die Fruchtbarkeitsgottheiten der Maori in der Regel männlichen Geschlechts waren.

Die Geschichte des original renovierten Gebäudes wird in der Abteilung »Taking the Cure« gezeigt. Die historischen, mythologischen und geologischen Höhepunkte von Rotorua werden in einem 15-minütigen Film eindrucksvoll dramatisiert. Gezeigt wird auch der Ausbruch des Vulkans Tarawera im Jahr 1886.

Blue Baths

Queens Drive. *(07) 350 2119.*
tägl. *25. Dez.*

Die heißen Becken wurden 1930 eröffnet und erfreuen sich immer noch großer Beliebtheit. Sie sind in einem Anwesen untergebracht, das im spanischen Missionsstil konzipiert wurde. Ein Museum dokumentiert den Bau der Anlage.

Polynesian Spa

Hinemoa St. *(07) 348 1328.*
tägl.
www.polynesianspa.co.nz

Jahr für Jahr kommen Stammgäste aus aller Welt zu den zwischen 33 und 42 °C warmen Mineralquellen. Das säurehaltige, mit schwach strahlendem Radon angereicherte Nass wird aus Quellen nach oben gepumpt. Mit alkalischem Wasser vermischt entfaltet es seine belebende Wirkung. Für Erwachsene steht ein großes Becken mit besonders mineralhaltigem Wasser, für Familien mit Kindern ein Süßwasserpool mit einer Rutsche bereit. In einigen Becken lässt sich die Temperatur individuell regeln. Massagen unter fließendem Wasser und weitere Wellness-Angebote gibt es im »Luxusbereich«.

Spa City

»Krüppel werden ihre Krücken wegwerfen und Kranke wieder genesen« hieß es in einem 1903 veröffentlichten Regierungsschreiben über die Mineralquellen von Rotorua. Zwei der Quellen werden seitdem kommerziell genutzt. 1908 öffnete über der größten Quelle das Bath House seine Tore. Das Wasser galt schon damals als äußerst »anregend« für die Gesundheit. Das QE Health am Ufer des Lake Rotorua nutzt noch heute die Heilkräfte des heißen Quellwassers, besonders für Schmerz- und Rheumapatienten.

Mineralwasser-Becken des Polynesian Spa

Die anglikanische Kirche St Faith

arbeiten, gewebten Wandteppichen und bemalten Pergamenten der Maori ausgestattet. Nahe der Kirche wurden u. a. der berühmte Prediger Seymour Mills Spencer (1810–1898) und der Seefahrer Kapitän Gilbert Mair (1843–1923) beigesetzt.

St Faith's Anglican Church

Ohinemutu. ◯ *tägl.*
✝ *So Uhr.*

Die 1910 im Tudor-Stil erbaute Kirche ist die zweitälteste Kirche von Ohinemutu. Das Maori-Dorf am Seeufer war der frühe Siedlungskern, um den sich später die Stadt Rotorua ausbreitete. Eines der Kirchenfenster zeigt Jesus, wie er, gewandet in einen *korowai* (Häuptlingsmantel), über das Wasser des Lake Rotorua schreitet. Das Innere der Kirche ist reich mit Schnitz-

Tamatekapua

Ohinemutu.

Schnitzkunst, Tamatekapua

Das hübsch verzierte Tamatekapua-Versammlungshaus wurde 1873 als sozialer Mittelpunkt des Arawa-Stammes errichtet. Es steht der St Faith's Anglican Church gegenüber und wurde nach einem Bauwerk benannt, das einst auf der Insel Mokoia stand. Die Figur am Fuß des Hauptpfeilers stellt den Navigator Ngatoroirangi dar. Der Sage nach soll seine spirituelle Kraft für die heißen Quellen der Gegend verantwortlich sein.

INFOBOX

Straßenkarte E3. *68 000.* ✈ *State Hwy 30, 10 km nordöstlich der Stadt.* *1167 Fenton St.* *(07) 348 5179.* ◯ *tägl. 8–18 Uhr (Winter bis 17.30 Uhr).* ● *25. Dez.* *Biennial Festival of the Arts (Jan/Feb, in ungeraden Jahren); New Zealand International Two-Day Walk (März); Rotorua Marathon (Mai).* **www**.rotoruanz.com

Kuirau Park

Kuirau Rd.

Im Park von Kuirau stößt man auf vulkanische Spuren wie thermale Schlammlöcher, Dampffontänen und Mini-Geysire. Ein warmer See, kostenlose heiße Thermal-Fußbäder und ruhige Picknickplätze sowie ein Kinderspielplatz sind weitere Pluspunkte des Parks. Zusätzlich erfreut ein duftender Garten die Besucher.

An Wochenenden und während der Schulferien fährt eine Miniatureisenbahn Kinder über das Gelände.

Umland von Rotorua

Figur im Tamaki Maori Village

Viele der schönsten Sehenswürdigkeiten der Gegend liegen im Umland von Rotorua. Der umwaldete Lake Rotorua und 15 weitere Seen bilden eine Seenplatte. Die geothermischen Wunder der Region, kristallklare, fischreiche Flüsse und unberührte Wälder erweitern das Angebot für Naturliebhaber und Angler. Rotorua ist ein wahres Paradies für Camper, Kanuten und Wanderer. Wer eine ungewöhnlichere Fortbewegungsart sucht, kann Jeeptouren oder Reitausflüge buchen. Kulturinteressierte werden bei den Maori fündig. Einige der Farmen stehen auch für Besucher offen.

Blick vom Mount Ngongotaha auf den Lake Rotorua und Mokoia Island

Lake Rotorua

Der fast kreisrunde See ist der größte im Gebiet von Rotorua und ein beliebtes Ziel von Anglern, Windsurfern und Kajaksportlern. Der See kann auch mit Schaufelraddampfern und Motorbooten befahren werden. Mokoia Island in der Mitte des Sees war die Bühne der romantischen Liebesgeschichte der schönen Hinemoa mit dem jungen Häuptling Tutanekai. Die Insel umfasst eine reiche Vogelfauna. Es gibt ein vier Kilometer langes Wegesystem und den öffentlich benutzbaren Hinemoa's Pool.

Skyline Skyrides

185 Fairy Springs Rd. *(07) 347 0027.* *tägl.*
www.skylineskyrides.co.nz

Der 778 Meter hohe Mount Ngongotaha thront über Stadt und See. Eine Seilbahn führt zum 487 Meter hoch gelegenen Skyline Lookout. Von der Bergstation hat man einen atemberaubenden Ausblick über Rotorua und Umgebung. Eine ungewöhnliche Art des »Abstiegs« ist eine Fahrt mit dem Holzschlitten auf Rädern. Viele wählen zwei schönere, aber flachere Routen. Für Mutigere gibt es eine steile Abfahrt. Sessellifte führen wieder zum Skyline Lookout zurück.

Rainbow Springs Kiwi Wildlife Park

Fairy Springs Rd. *(07) 350 0440.* *tägl.*
www.rainbowsprings.co.nz

Besucher können Regenbogen-, Bach- und Tigerforellen füttern, die sich in den kristallklaren Flüssen tummeln, oder die Tuataras, Kiwis und andere Vogelarten in einer begehbaren Voliere beobachten. Das Gelände bietet mit dem Kiwi Encounter eine besondere Attraktion, die Naturgeschichte und Naturschutz verbindet.

Im Rainbow Springs Kiwi Wildlife Park kann man Forellen beobachten

The Agrodome and Agroventurers

Western Rd, Ngongotaha. *(07) 357 1050.* *tägl.*
www.agrodome.co.nz

Das 1972 gegründete Familienunternehmen bietet sowohl Ferien auf dem Bauernhof als auch Abenteuerurlaub an. Dreimal täglich wird in einer großen *Sheep Show* die Arbeit mit Schafen und Wachhunden vorgeführt. Falls gewünscht, können die Besucher mit Kühen und Schafen »auf Tuchfühlung« gehen. Der Souvenirladen der Farm bietet u.a. hochwertige Wollbekleidung und Schafteppiche an.

Das Freizeitangebot des Areals umfasst außerdem eine Fahrt mit der »Shweeb« genannten Bahn. Dabei handelt es sich um eine Art Schwebebahn, die man mit Pedalen selbst bedient. Sie ähnelt einem Liegefahrrad, mit dem man sich schwebend fortbewegt und mit anderen um die Wette fahren kann.

Sheep Show im Agrodome Agricultural Theme Park

Hotels und Restaurants im Zentrum der Nordinsel *siehe Seiten 302–307 und 330–334*

Hell's Gate

State Hwy 33. (07) 345 3151.
tägl.
www.hellsgate.co.nz

Das »Tor zur Hölle« tut sich im Tal von Tikitere auf, 16 Kilometer von Rotorua entfernt. Die vulkanischen Wunder von Hell's Gate tragen ihren Namen nicht zu Unrecht. Wenn sich die Nebel lichten, richtet sich der Blick auf die dampfenden Kakahi Falls, die höchsten warmen Wasserfälle der südlichen Hemisphäre. Hier liegt auch der größte Heißwasserpool des Landes. Die Heilkräfte der Schwefelquellen werden heute medizinisch genutzt. Es gibt ausgebaute und beschilderte Wege.

Whakarewarewa Forest Park

Am State Hwy 5.

Das Waldgebiet schließt direkt an die vulkanische Zone von Tikitere an. Majestätische Redwood-Bäume und Mischwald bilden einen 40 Quadratkilometer großen Park, der zu Pferd, auf dem Mountainbike oder auch zu Fuß erkundet werden kann. Hier gibt es auch einen botanischen Lehrpfad und Picknickplätze.

Reiten im Whakarewarewa Forest Park

Tamaki Maori Village

State Hwy 5. (07) 349 2999.
tägl. 25. Dez.

In diesem Nachbau eines Dorfes der Maori, wie es vor der europäischen Besiedlung war, lernt man die Tradition und die Kultur der Urbevölkerung hautnah kennen. Bei den Führungen (tägl. 18.30–22 Uhr) können Besucher miterleben, wie ein *hangi* auf heißen Steinen im Lehmofen zubereitet wird und wie es schmeckt. Wer will, findet hier auch die Möglichkeit, im Dorf zu übernachten und abends Mythen und Legenden der Maori zu lauschen. In einem der regelmäßig veranstalteten Workshops kann man die traditionelle Schnitz- und Webkunst, die Tänze und viele andere besondere Lebens- und Kulturformen der Maori erlernen.

Ein Maori-Krieger begrüßt die Besucher des Tamaki Maori Village

Blaue und grüne Seen

Tarawera Rd.

Elf Kilometer südöstlich von Rotorua liegen ein blauer und ein grüner See (Tikitapu und Rotokakahi). Von einer schmalen Landenge zwischen den Gewässern kann man deren unterschiedliche Färbung gut vergleichen. Lake Rotokakahi ist den Maori heilig und deshalb nicht zugänglich, Lake Tikitapu ist ein beliebtes Urlauberziel.

Buried Village

Tarawera Rd. (07) 362 8287.
tägl. 25. Dez.
www.buriedvillage.co.nz

15 Autominuten und nur 2,5 Kilometer vom Lake Tarawera entfernt stehen die Überreste des Dorfes Te Wairoa, das 1886 bei einem Ausbruch des Mount Tarawera verschüttet wurde. Einige Ausgrabungen können besichtigt werden, ein kleines Museum dokumentiert das ganze Ausmaß der Tragödie. Versteckte Buschpfade führen zu den Wasserfällen von Te Wairoa.

Der Ausbruch des Tarawera

Dem tatsächlichen Ausbruch am 10. Juni 1886 ging ein monatelanges tiefes Grollen des Berges voraus *(siehe S. 64f)*. Die drei Stunden dauernde Eruption, die noch in Auckland und Christchurch zu hören war, riss einen 17 Kilometer breiten Krater. Riesige glühende Lavabrocken wurde über 14 Kilometer weit geschleudert und begruben die Maori-Dörfer Te Ariki, Te Wairoa und Moura unter einer 20 Meter dicken Schlamm- und Ascheschicht. Mehr als 150 Einwohner kamen ums Leben. Die berühmten Pink and White Terraces, rosafarbene Silikat-Terrassen, die als achtes Weltwunder galten, wurden durch den Ausbruch vollständig zerstört. Das Information Centre von Rotorua *(siehe S. 135)* organisiert geführte Touren zum Krater und Rundflüge über den Ort des Geschehens.

Das Bild (um 1890) von Charles Blomfield stellt die berühmten Pink Terraces dar

Geothermen von Whakarewarewa

Maori-Maske

Die geothermische Zone an Rotoruas Südende, auch Whaka genannt, umfasst zwei Gebiete: das Te Puia (früher New Zealand Maori Arts and Crafts Institute) und das Whakarewarewa Thermal Village. Im Te Puia werden Schnitzwerk, Webstücke, typische Architektur und Festungsanlagen der Maori sowie vielerlei andere Kulturgüter ausgestellt. Auch die Geysire Pohutu und Prince of Wales Feathers befinden sich auf diesem Gelände. Das Thermal Village wartet mit einem Versammlungshaus, Badeanlagen und einem Maori-Friedhof auf. An beiden Orten vermitteln Führungen die Einzigartigkeit dieser Kultur.

★ Te-Aronui-a-Rua-Versammlungshaus
In diesem Teil des Te Puia werden die Besucher mit rituellen Drohgebärden eines Maori-Kriegers empfangen.

★ Schnitzschule
Im Te Puia werden uralte Holzbearbeitungstechniken an die nächste Generation weitergegeben.

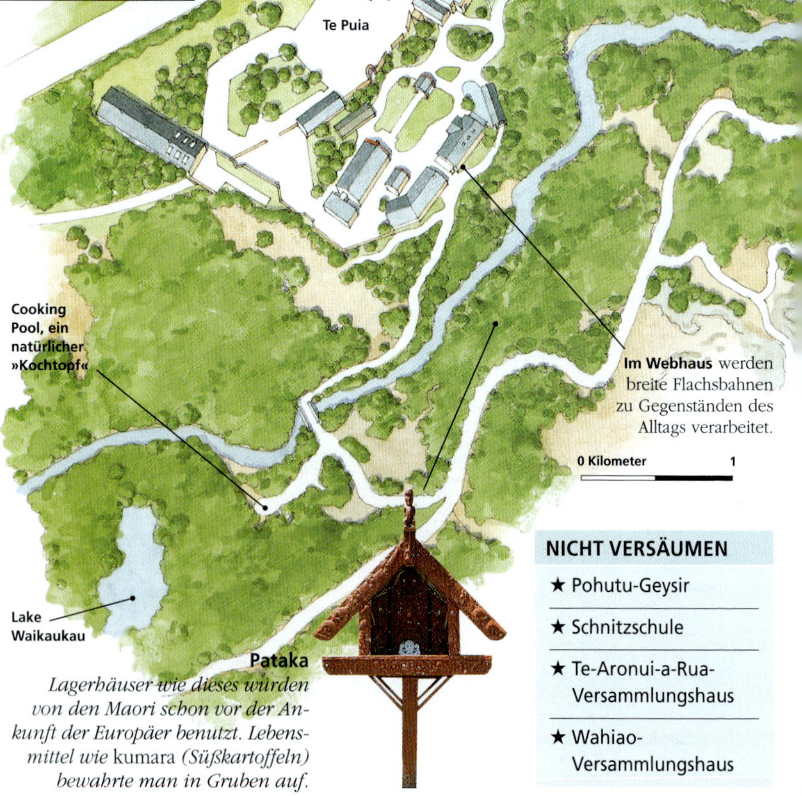

Im Webhaus werden breite Flachsbahnen zu Gegenständen des Alltags verarbeitet.

Pataka
Lagerhäuser wie dieses wurden von den Maori schon vor der Ankunft der Europäer benutzt. Lebensmittel wie kumara *(Süßkartoffeln) bewahrte man in Gruben auf.*

NICHT VERSÄUMEN

- ★ Pohutu-Geysir
- ★ Schnitzschule
- ★ Te-Aronui-a-Rua-Versammlungshaus
- ★ Wahiao-Versammlungshaus

★ Pohutu-Geysir
Der Pohutu (»großer Schwall«) ist der größte Geysir und schießt zehn- bis 25-mal täglich bis zu 30 Meter (je nach Windverhältnissen) hoch.

INFOBOX

Te Puia Hemo Rd. *(07) 348 9047.* *tägl. 8–18 Uhr (Winter bis 17 Uhr).* *Maori-Darbietungen tägl. 10.15, 12.15, 15.15 Uhr.* **www**.tepuia.com
Whakarewarewa Thermal Village 17 Tryon St. *(07) 349 3463.* *tägl. 8.30–17 Uhr.* *25. Dez.* *Vorführungen 11.15, 14 Uhr.* **www**.whakarewarewa.com

Am Puarenga Stream tauchen Kinder nach Münzen, die Besucher von einer Brücke werfen.

Prince of Wales Feathers Geyser

★ Wahiao-Versammlungshaus
Besucher, Kinder eingeschlossen, nehmen vor dem Versammlungshaus an einer Zeremonie teil.

Whakarewarewa Thermal Village

Geyser Flat, eine Silikat-Terrasse von einem Quadratkilometer, weist über 500 thermale Aktivitäten auf, darunter sieben Geysire.

Im Brainpot, einem symmetrischen Silikat-Becken, sollen einst die Köpfe von getöteten Feinden gekocht worden sein.

Überirdische Grabstätten
Im Whakarewarewa Thermal Village begräbt man die Toten wegen der hohen Bodentemperatur in überirdischen Kammern.

Vulkanische Aktivitäten

Die vulkanischen Aktivitäten von Whakarewarewa erinnern nachdrücklich daran, dass die Erdkruste noch immer in Bewegung ist. Die vulkanischen Gase können auf spektakuläre, manchmal auch gefährliche Weise an die Oberfläche treten. Kochend heiße Geysire schießen donnernd durch Felsspalten nach oben, Schlammlöcher brodeln beim Austritt von Gasen, und neben mineralisch gefärbten Kalkterrassen strömen heiße Quellen und vulkanische Dämpfe in die natürlich entstandenen Felsenbecken.

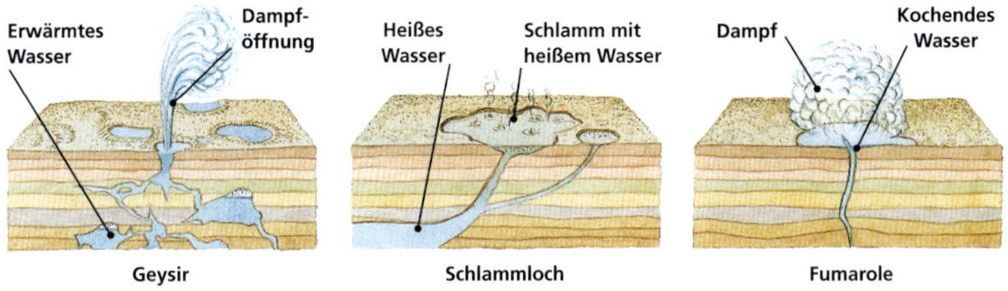

Waimangu Volcanic Valley ㉙

Straßenkarte E3. *(07) 366 6137.* *tägl.* *Bushaltestelle und Bootsanleger.*
www.waimangu.co.nz

Das durch den Ausbruch des Tarawera am 10. Juni 1886 *(siehe S. 137)* erschaffene hydrothermale System von Waimangu ist das einzige der Welt, das unverändert erhalten ist. Während eines 90-minütigen Spaziergangs am 17 Kilometer langen Krater entlang kommt man an einer Reihe geothermischer Spalten vorbei.

Der 38 000 Quadratmeter große Frying Pan Lake gilt als größte Heißwasserquelle der Welt. Die Dampfschwaden über ihm bleiben an den roten Felsen der Cathedral Rocks hängen. Der See entstand bei einem Vulkanausbruch von 1971, der ein Hotel unter sich begrub. Der blassblaue, dampfende See und die pastellfarbenen Silikat-Terrassen sind den Umweg von der Hauptstraße wert. Die Wassertemperatur beträgt 80 °C, die Oberfläche des Sees variiert innerhalb von 38 Tagen bis zu acht Meter.

Am Ende des Weges liegt Lake Rotomahana, der die Oberflächen der weißen und rosafarbenen Silikat-Terrassen bedeckt *(siehe S. 137)*. Der Mount Tarawera erhebt sich gegenüber. Eine Bootstour führt am Ufer voller Krater, dampfender Spalten und Geysire entlang. Die geothermischen Verhältnisse lassen seltene Pflanzen am Ufer wachsen. Tour und Bootsfahrt dauern zwei bis drei Stunden.

Der Inferno Crater im Waimangu Volcanic Valley

Der Champagne Pool im Wai-o-tapu Thermal Wonderland

Wai-o-tapu Thermal Wonderland ㉚

Straßenkarte E3. *(07) 366 6333.* *tägl.* *Hauptbereich.*
www.geyserland.co.nz

Der regelmäßig aktive Lady-Knox-Geysir, 1904 nach der Tochter des Generalgouverneurs Lord Ranfurly benannt, ist Mittelpunkt des farbenprächtigen geothermischen Gebiets von Wai-o-tapu. Täglich um 10.15 Uhr schießt die heiße Fontäne bis zu 21 Meter in die Höhe.

Zu den weiteren Attraktionen gehört die »Artist's Palette« (Farbpalette), eine Ansammlung von heißen und kalten Geysiren, blubbernden Schlammlöchern und zischenden Dampfspalten, darunter der Champagne Pool, nach seinen schwefel- und ockerfarbenen Rändern benannt. Die Primrose-Terrassen sind ebenfalls ein lohnenswertes Ziel des 30- bis 75-minütigen Ausflugs in die faszinierende Welt der Vulkane.

Orakei Korako Geyserland ㉛

Straßenkarte E3. *(07) 378 3131.* *tägl.* *inkl. Bootstour.* **www**.orakeikorako.co.nz

Orakei Korako, »das versteckte Tal«, liegt am südlichen Ende des Lake Ohakuri, der von den Wassern des Waikato River gespeist wird. Um die geothermische Zone des Tales zu erreichen, muss man den See per Boot überqueren, dann kommt man zu den imposanten Emerald Terraces, den größten Silikat-Terrassen Neuseelands. Eine 60-minütige Wegstrecke führt an einem Geysir, an weiteren Silikat-Terrassen, Schlammlöchern, heißen Quellen und an einer Höhle vorbei. Im Café am See gibt es Getränke und Snacks.

Fahrt über die Stromschnellen des Waikato River

Wairakei Park ㉜

Straßenkarte E3. *stündlich.*

Die Hauptattraktion des Areals zehn Kilometer nördlich von Taupo sind die Huka Falls (»Schaumfälle«). Der Waikato River fließt hier durch eine enge Felsspalte und stürzt anschließend elf Meter tief in ein schäumendes Becken.

Der Fluss ist bis zu den Huka Falls mit Jetbooten oder, etwas beschaulicher, mit Kajaks zu befahren. Ein 1908 angelegter Weg führt sieben

Kilometer am rechten Ufer entlang zu den Stromschnellen von Aratiatia, die auch über eine Straße zu erreichen sind. Die Schleusen oberhalb der Stromschnellen werden mehrmals täglich für Wildwasserkanus und Jetboote geöffnet. Zwei Kilometer südlich von Wairakei liegen am Ende der Karapiti Road die **Craters of the Moon**. Die von Buschland umgebenen dampfenden Krater und kochenden Schlammlöcher können ohne Eintritt bestaunt werden.

Die einzige Shrimps-Farm des Landes liegt abseits der Huka Falls Road. Man nutzt das warme Wasser der thermischen Quellen zur Aufzucht von Riesengarnelen für das eigene Huka Prawn Park Restaurant *(siehe S. 332)*.

Taupo 33

Straßenkarte E3. *21 300.* *8 km südlich der Stadt.* *Gascoigne St Travel Centre.* *(07) 378 9005.* *30 Tongariro St.* *(07) 376 0027.* *Lake Taupo International Trout Fishing Contest (Ende Apr).* **www**.laketauponz.com

Die Stadt Taupo liegt am nordöstlichen Ende des Sees. Lake Taupo ist der größte See des Landes und entstand im Jahr 186 n. Chr. als Folge eines Vulkanausbruchs *(siehe S. 64f)*. Feiner weißer Sandstrand und felsige Buchten umsäumen den 619 Quadratkilometer großen See. An klaren Tagen sind die Vulkane Tongariro und Ngauruhoe sowie der schneebedeckte Gipfel des Ruapehu zu sehen.

Die Region um den Taupo wird gleichermaßen als Farmland und als touristisches Ziel genutzt. Das ganze Jahr über ziehen exzellente Fischgründe, gute Wassersportmöglichkeiten und die thermische Wunderwelt Besucherscharen aus aller Welt an. Die Stadt bietet vielfältige Übernachtungsmöglichkeiten, einige davon mit Seeblick. Manche Hotels haben sogar ihre eigenen heißen Quellen.

Für Aktivurlauber werden Bungee-Jumping, Bootsausflüge, Reiterferien, Mountainbike-Touren, Fallschirmsprüngen, Rundflüge und Golf angeboten. Bungee-Jumping an der Spa Road am Waikato River ist eine besondere Attraktion. Detaillierte Informationen über das Programm der Veranstalter, zu Wandertouren und anderen Angeboten eines Aktivurlaubs können im Taupo Information Centre eingeholt werden.

Turangi 34

Straßenkarte E3. *5500.* *Ngawaka Place.* *(07) 386 8999.*

Am südöstlichen Ende des Lake Taupo und am Ufer des Tongariro River liegt die Stadt Turangi. Das einst unbedeutende Fischerdorf war 1964 durch den Zustrom von Arbeitern des Tongariro Hydro-Electricity Scheme zu einer Stadt angewachsen. Turangi ist ein ausgezeichneter Ausgangspunkt für Angeltouren, Campingausflüge, Flussfahrten sowie für Kajak- und Skifahrer. Die Filmemacher von *Der Herr der Ringe* drehten hier einige Szenen.

Südlich befindet sich das **Tongariro National Trout Centre**. Fischrogen von wild lebenden Forellen wird künstlich befruchtet und die Brut wieder ausgesetzt. Ein Spaziergang führt zum Aquarium, wo Forellen beobachtet werden können.

Baumbeschnitt in einer Kiefernschonung bei Turangi

Tongariro National Trout Centre
State Hwy 1. *(07) 386 9254.* *tägl. 10–15 Uhr.* *1. Jan, 25. Dez.*

Paradies für Forellenangler

Der weltberühmte Lake Taupo und die umliegenden Seen – Kuratau, Hinemaia, Rotoaira und Otamangakau – haben viele Zuflüsse, in denen Regenbogenforellen und andere Forellen zu Hause sind. Manchmal stehen an der Mündung des Waitahanui River die Angler Schulter an Schulter und bilden den »Gartenzaun«. Zum Fischen mit der Angel oder vom Boot ist die Zeit von November bis März günstig. Die Forellen stehen dann in Ufernähe und fressen die Larven der Wasserflöhe. Im Spätsommer drängen sich die Fische nachts an den Zuflüssen des Sees. Dann kommen die Fliegenfischer zum Zuge. Zum Flussangeln sind die Monate Mai bis Oktober am besten. Angelscheine gibt es in Sportläden und bei den Informationszentren.

Angler an der Mündung des Waitahanui River

Tongariro National Park ㉟

Büste von Tukino Te Heuheu IV

Am südlichen Ende des Lake Taupo erstrecken sich über 7600 Quadratkilometer die Naturschönheiten des Tongariro National Park. Den Mittelpunkt bilden drei aktive Vulkane: Ruapehu, Ngauruhoe und Tongariro *(siehe S. 64f)*. Sie wurden 1887 von Tukino Te Heuheu IV, Führer der Ngati Tuwharetoa, symbolisch an die Regierung Neuseelands übergeben. Der Nationalpark ist über mehrere Straßen erreichbar. Im Winter sind dort Skifahrer und Snowboarder zu Hause, das ganze Jahr kann man wandern, bergsteigen oder campen. Der Park wurde 1990 wegen seiner Naturwunder und 1993 wegen seines kulturellen Wertes von der UNESCO zum Welterbe erklärt.

★ Skigebiet Whakapapa
Das größte erschlossene Skigebiet Neuseelands hat ein weitverzweigtes Liftsystem und über 300 Pisten verschiedener Schwierigkeitsgrade für Skifahrer und Snowboarder.

Bayview Chateau Tongariro
Das 1929 erbaute Luxushotel am Fuß des Mount Ruapehu verwöhnt seine Gäste mit einem atemberaubenden Panoramablick (siehe S. 306).

★ Mount Ruapehu
Im Sommer können Urlauber von der Bergstation des Whakapapa-Sessellifts bis zum Krater des höchsten Berges der Nordinsel, Mount Ruapehu, aufsteigen.

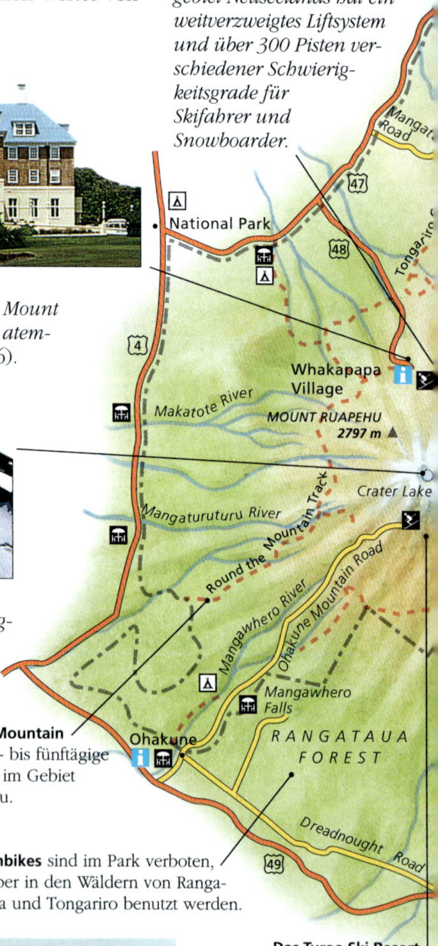

Round the Mountain ist eine vier- bis fünftägige Wanderung im Gebiet des Ruapehu.

Mountainbikes sind im Park verboten, dürfen aber in den Wäldern von Rangataua, Erua und Tongariro benutzt werden.

Das Turoa Ski Resort ist für seine weitläufigen Skipisten, langen Abfahrten und steilen Hänge bekannt.

0 Kilometer 5

LEGENDE

- State Highway
- Nebenstraße
- Fluss
- Piste (nur für Jeeps)
- Wanderweg
- Parkgrenze
- Gesperrter Bereich
- Information
- Camping
- Picknick
- Skigebiet

NICHT VERSÄUMEN

★ Emerald Lakes

★ Mount Ruapehu

★ Skigebiet Whakapapa

Hotels und Restaurants im Zentrum der Nordinsel *siehe Seiten 302–307 und 330–334*

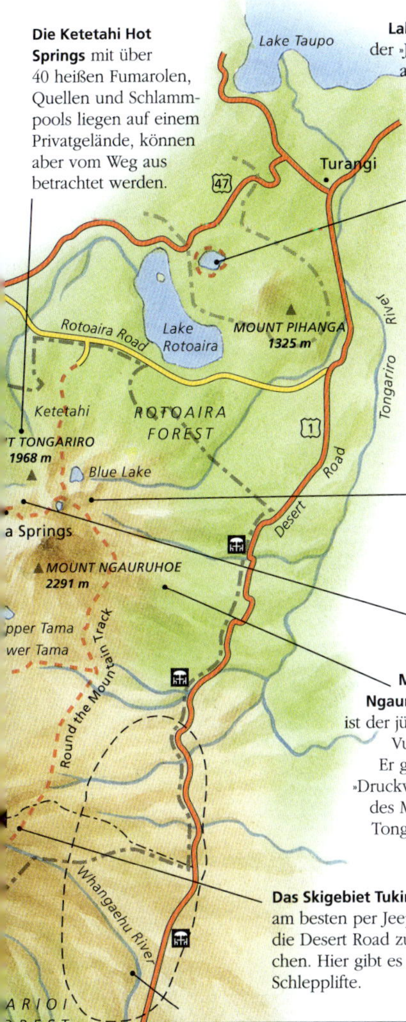

Die Ketetahi Hot Springs mit über 40 heißen Fumarolen, Quellen und Schlammpools liegen auf einem Privatgelände, können aber vom Weg aus betrachtet werden.

Lake Rotopounamu, der »Jadesee«, ist überaus schön, er liegt etwa 20 Minuten zu Fuß vom State Highway 47 entfernt.

INFOBOX

Straßenkarte E3. *National Park.* *National Park Store, Carroll St.* **Ohakune** *54 Clyde St.* *(06) 385 8427.* *tägl. 9–17 Uhr.* **Whakapapa** *hinter Bayview Chateau Tongariro.* *(07) 892 3729.* *tägl. 8–18 Uhr (Winter bis 17 Uhr).* **www**.doc.govt.nz

★ Emerald Lakes

Das Gipfelplateau des niedrigsten Vulkans, Mount Tongariro, besteht aus vielen Kratern. Einige davon wurden zu mineralgrün schimmernden »Smaragdseen«.

Mount Ngauruhoe ist der jüngste Vulkan. Er gilt als »Druckventil« des Mount Tongariro.

Tongariro Alpine Crossing

Von Mangatepopo nach Ketetahi verläuft der 18,5 Kilometer lange Wanderweg. Die Strecke führt durch atemberaubende Vulkanfelder und wird oft als schönster Wanderweg Neuseelands bezeichnet.

Das Skigebiet Tukino ist am besten per Jeep über die Desert Road zu erreichen. Hier gibt es nur Schlepplifte.

Rangipo-Wüste

Extreme Temperaturen an der Ostseite des Vulkans haben eine bizarre Wüstenlandschaft mit spärlicher Vegetation geschaffen, ein Sperrgebiet, das vorwiegend als Trainingsgelände der Armee genutzt wird.

GEFAHR DURCH VULKANE

Das Vulkangebiet des Tongariro-Nationalparks ist einzigartig, weil hier eine große Zahl vulkanischer Aktivitäten zu verzeichnen ist. Geysire oder Dampfquellen können zu jeder Zeit und ohne jegliche Vorwarnung ausbrechen. Aus diesem Grund ist es besonders wichtig, dass sich alle Wanderer, die die oberen Vulkanhänge besteigen wollen, unbedingt vorher beim nächstgelegenen Visitor Centre über den jeweiligen »Volcanic Alert Status« (Vorwarnstufe) bezüglich ihrer Ausflugsrouten informieren.

Skifahrer in Whakapapa am Mount Ruapehu haben die Vulkane Ngauruhoe und Tongariro vor Augen ▷

Im Detail: Napier ㊱

Wandverzierung des Stadttheaters

Die elegante Stadt am Rand des Pazifischen Ozeans erlitt bei dem Erdbeben des Jahres 1931 schwere Schäden. Das anschließend ausgebrochene Feuer forderte weitere Opfer und zerstörte die meisten Gebäude. Das Beben hob auch das Flussbett und das umliegende Marschland an. Dadurch wurden neue Siedlungsflächen geschaffen. Die neueren Stadtgebiete wurden, relativ erdbebensicher, im damaligen Art-déco-Stil errichtet. Die pastellfarbenen Gebäude gelten heute weltweit als architektonisches Meisterwerk.

Napier Mall
In der verkehrsberuhigten Emerson Street stehen Bänke, die mit Art-déco-Motiven geschmückt sind.

★ Deco Centre
Der Zweckbau des 1922 errichteten Feuerwehrgebäudes wurde im Art-déco-Stil renoviert und beherbergt heute den Art Deco Trust und Art Deco Shop.

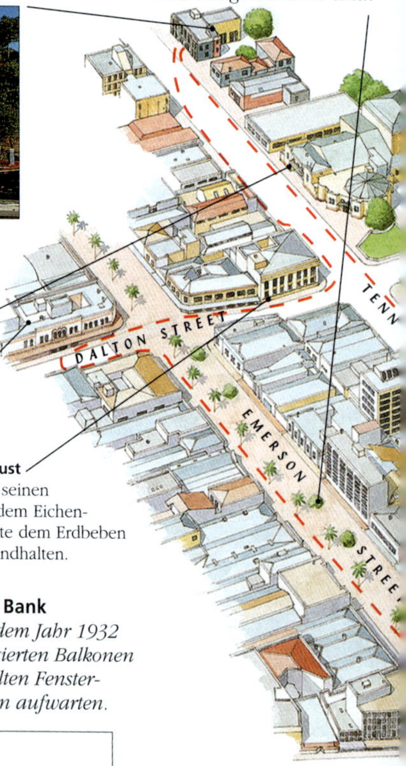

Das Stadttheater von 1938 ist wegen der ägyptischen Säulen und Türbogen bekannt geworden. Im Foyer können Wandgemälde mit nackten Nymphen bewundert werden.

Das Public Trust Building mit seinen Säulen und dem Eichengebälk konnte dem Erdbeben von 1931 standhalten.

Countrywide Bank
Der Bau aus dem Jahr 1932 kann mit verzierten Balkonen und verwinkelten Fensterumrahmungen aufwarten.

0 Meter 50

Art Deco Trust

Die Stiftung ist für die Bewahrung und den Erhalt der Art-déco-Gebäude von Napier verantwortlich. Sie katalogisiert die Gebäude, gibt Broschüren zu diesem Thema heraus und veranstaltet Führungen durch den Art-déco-Distrikt der Stadt. Einer der Höhepunkte der Saison ist das im Februar stattfindende Art Deco Weekend, das alljährlich mehr als 40 000 Besucher anzieht.

Ein passend gekleidetes Paar am Art-déco-Wochenende

LEGENDE

– – – Routenempfehlung

NICHT VERSÄUMEN

★ Deco Centre

★ The Dome

Das Napier Antique Centre aus dem Jahr 1932 ist eines der vier Gebäude, die mit Motiven der Maori-Kultur verziert wurden.

Daily Telegraph Building
Der 1932 errichtete Bau zeigt viele Art-déco-Motive. Typische Sonnensymbole, Blitze und Blumenornamente herrschen dabei vor.

INFOBOX

Straßenkarte F4. *56 000.* *5 km nordwestlich der Stadt.* *Munro St.* *100 Marine Pde.* *(06) 834 1911.* *Mo–Fr 8.30–17 Uhr, Sa, So 9–17 Uhr.* *25. Dez.* ***Art-déco-Führungen*** *Art Deco Trust, Deco Centre, 163 Tennyson St, (06) 835 0022.* **www**.napier.nz.com

Criterion Hotel
Mit Blei verzierte Glasscheiben waren nach 1930 der letzte Schrei. Ein schönes Beispiel ist das Fenster am Treppenaufgang.

Masonic Hotel
Das 1932 fertiggestellte Hotel hat im ersten Stock eine sehr schöne vorspringende Loggia.

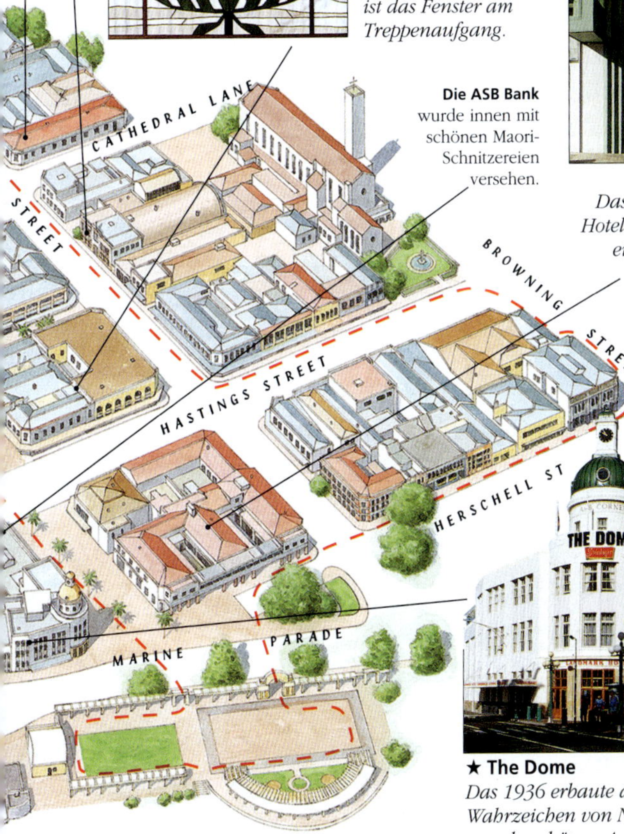

Die ASB Bank wurde innen mit schönen Maori-Schnitzereien versehen.

★ **The Dome**
Das 1936 erbaute architektonische Wahrzeichen von Napier besitzt einen wunderschönen Aufzug.

Überblick: Napier

Statue der Pania

Die am Meeresufer gelegene, mit Norfolk-Kiefern gesäumte Marine Parade ist nur wenige Gehminuten vom Art-déco-Viertel entfernt. Die Blumenuhr, der Tom-Parker-Brunnen, eine Statue der Pania (eine hiesige Legende), schöne Kolonnaden sowie die versunkenen Gärten tragen zum Charme von Napier bei. An einem Hügel im Norden der Stadt liegt Bluff Hill. Die steilen Straßen und schönen alten Holzhäuser bilden den höchsten Punkt der Stadt. Dahinter erstreckt sich der Hafen von Ahuriri, im 18. Jahrhundert die erste Ansiedlung europäischer Einwanderer in dieser Gegend.

Ocean Spa

42 Marine Parade. (06) 835 8553. tägl. 25. Dez. **www**.oceanspa.co.nz

Der Bäder- und Spa-Komplex unter freiem Himmel zieht viele Besucher an. Hier kann man den weiten Blick über das Meer genießen und sich erholen. Direkt am Strand gibt es Pools zum Entspannen, Schwimmen und Planschen, außerdem Spas, eine Sauna, ein Dampfbad sowie ein Fitness- und Massage-Center.

The National Aquarium of New Zealand

Marine Parade. *(06) 834 1404.* *tägl.* *25. Dez.* **www**.nationalaquarium.co.nz

Das Aquarium ist in einem Gebäude untergebracht, das einem Stachelrochen ähnelt. Es befindet sich direkt an der Küste, sodass die Zufuhr von frischem Meerwasser gewährleistet ist. Im unteren Bereich sieht man marine und terrestrische Lebewesen aus Neuseeland wie die Tuataras genannten Brückenechsen, im oberen Teil des Aquariums Tiere aus allen Teilen der Welt.

Besucher im National Aquarium of New Zealand

Das Ozeanarium kann von einem Unterwassertunnel aus besichtigt werden. Die hier lebenden Haie, Stachelrochen, Seepferdchen und Fische der Ostküste werden täglich um 10 und 14 Uhr von Tauchern gefüttert. Bei der Attraktion »Swim with the Sharks« können Besucher jeden Tag um 9, 11 und 15 Uhr unter ständiger Aufsicht mit Haien schwimmen.

Hawke's Bay Museum and Art Gallery
65 Marine Parade/9 Herschell St.
(06) 835 7781. *tägl.*
25. Dez.
Das in einem Art-déco-Gebäude untergebrachte Museum zeigt Kunstgegenstände der Maori sowie angewandtes und dekoratives Kunsthandwerk aus der Zeit der Einwanderer. Das verheerende Erdbeben von 1931 kann virtuell nachvollzogen werden, die Folgen für Napier werden detailliert erläutert.

Bluff Hill Domain
Lighthouse Rd.
Vor dem Erdbeben von 1931 bestand Napier aus einer Anzahl von Inseln (Scinde Island), die von Wasser umgeben waren. Vom 102 Meter hohen Aussichtspunkt von Bluff Hill gewinnt man einen Eindruck, wie die Stadt damals ausgesehen haben mag. Von den früheren Geschützstellungen hat man einen schönen Rundblick auf die Bergketten des Kaweka und Ruahine im Westen, auf die Mahia-Halbinsel im Nordosten und auf das Cape Kidnappers, das südöstlich des Stadtgebiets von Napier liegt.

Port Ahuriri
Vier Kilometer westlich des Stadtkerns von Napier liegt der Fischereihafen Ahuriri. Besucher können die Anlandung des Fischfangs beobachten oder einige der besten Bars und Restaurants in Napier besuchen. Am Anfang der Hafenpromenade, dem Perfume Point, findet man Antiquitätenläden. In Trainworld, an der Ecke Bridge und Waghorne Street, ist eine der größten Modelleisenbahnanlagen der Welt zu sehen. In der nahen Ossian Street steht mit dem Rothmans Building ein schöner Art-déco-Bau.

Botanical Gardens
Spencer Rd.
Die Botanischen Gärten liegen auf einem Hügel mitten in der Stadt. Neben der großen Voliere verbreiten die gepflegten Rasenflächen, leuchtenden Blumenbeete und hohen Bäume Charme und eine ruhige Atmosphäre.

Ausblick vom Te Mata Peak auf die nördlich gelegene Stadt Napier

Hastings 37

Straßenkarte F4. *28 400.* *25 km nördlich der Stadt.* *Caroline Rd.* *Russell St North.* *(06) 873 5526.* *Hawke's Bay Wine and Food Festival (erstes Wochenende im Feb); Hastings Blossom Festival (Sep).*

Die Ebene von Heretaunga, 20 Kilometer südlich von Napier, ist von Obstplantagen bedeckt. Auch Wein wird hier angebaut *(siehe S. 150f)*. Nach dem Erdbeben von 1931 wurde die Stadt als einzige Neuseelands nach amerikanischem Vorbild in Straßenblocks gegliedert. Es gibt noch einige Gebäude im spanischen Kolonialstil, darunter das Hawke's Bay Opera House.

Zwischen Hastings und der östlichen Küstenregion erhebt sich der 399 Meter hohe Te Mata Peak. Laut einer Maori-Legende verdankt der Te Mata seine Form dem Häuptling Te Mata o Rongokako, der sich auf Geheiß einer schönen Häuptlingstochter durch den Berg fressen sollte. Von Hastings aus ist der »Bissen« in der Bergflanke klar zu erkennen, der dem Häuptling zum Verhängnis wurde und dem Te Mata sein heutiges Aussehen gab.

Äpfel aus Hawke's Bay

Cape Kidnappers 38

Straßenkarte F4.

Eine Maori-Legende besagt, dass die sichelförmige Bucht sowie das zerklüftete Umland von Cape Kidnappers 30 Kilometer südlich von Napier einen riesigen Fischhaken darstellen, mit dem Maui die Nordinsel aus dem Meer angeln wollte. Ihren Namen verdankt die Bucht James Cook, der 1769 hier landete *(siehe S. 48)*. Er nannte sie so, weil Maori hier angeblich seinen tahitianischen Übersetzer entführen wollten.

Das Cape ist der Nistplatz von über 20 000 australischen Gannet-Seeschwalben, die dicht über den Köpfen der Besucher zu ihren Nestern segeln. Die beste Zeit zur Vogelbeobachtung ist von November bis Februar. In der Brutphase zwischen Juli und Oktober ist der Zutritt untersagt. Die Kolonie ist bei Ebbe in einem acht Kilometer langen Fußmarsch zu erreichen. Bequemer geht es allerdings per Kutsche, Traktor oder Mountainbike.

Australische Gannet-Seeschwalben im Cape Kidnappers Gannet Reserve

Weingüter der Hawke's Bay 39

Weinfass-Rennen

Hawke's Bays viele Sonnenstunden und der für den Weinbau günstige Boden ließen mehr als 70 Weingüter entstehen, die hochklassige Weine aller Rebsorten erzeugen. Ursprünglich war es eine Obstregion, heute setzt man vor allem auf Wein. Die erstklassigen Trauben werden mit traditionellen, aber auch mit modernen Keltermethoden verarbeitet. Der Erfolg der Weine schlägt sich nicht nur in der Exportstatistik und den internationalen Auszeichnungen nieder, sondern wird am ersten Februarwochenende jedes Jahres beim Hawke's Bay Wine and Food Festival auch national gewürdigt.

Mission Estate Winery ①
Das 1851 von französischen Missionaren gegründete Weingut ist das älteste des Landes. Anfangs lieferte es nur Messweine. Heute offeriert man hier Weinproben, Weinverkauf und Führungen durch die Kellerei. Außerdem sind ein Gourmet-Restaurant und ein Souvenirladen angeschlossen.

Clearview Estate Winery ⑨
Das von Tim Turvey und Helma van den Berg 1989 eröffnete Weingut liegt an einem sanften Hang und bietet nur beste Weine, die direkt beim Gut oder per Postversand verkauft werden.

Te Mata Estate Winery ⑧
Dies ist eines der ältesten Weingüter Neuseelands (seit 1892 wird an den Hängen des Te Mata Peak Wein angebaut) und eines der erfolgreichsten der Region. Man baut in Te Mata vor allem Rotweine an, die u.a. in der alten, schön restaurierten Kellerei (oder per Postversand) verkauft werden.

Vidal Wines ⑦
Der Spanier Anthony Vidal begann 1905 seine Weinproduktion in einem Stallgebäude. Die Stadtentwicklung hat den Stall zwar eliminiert, doch Vidal bietet noch immer gute Weine an. Vor Ort gibt es auch eine Brasserie.

Sileni Estates ⑥
Die hohen Investitionen des Weinguts zahlen sich heute aus. Auf metallroten Erdschichten gelegen bietet Sileni neben guten Weinen einen Gourmetladen und ein Restaurant mit Café.

LEGENDE

- Routenempfehlung
- Andere Straße
- Fluss

Park Estate Winery ②
Einst eine Obstplantage hat die Park Estate Winery eine Marktlücke entdeckt: Man verkauft sowohl Weine als auch Säfte von exotischen Feijoa- oder Schwarzbeeren sowie normalen Fruchtsaft. Führungen durch das Weingut, Verkostungen und Bewirtung, Obst und Gemüseverkauf vor Ort.

Neuseelands Obstkorb

Warme Sommer und kalte Winter haben der Region den Spitznamen »Obstkorb der Nation« eingebracht. Auch wenn Äpfel hier das Exportgut Nummer eins sind (ca. neun Millionen Kisten jährlich), werden u. a. auch Birnen, Kiwis und Pfirsiche angebaut. Die wachsende weltweite Apfelproduktion und fallende Preise wirken sich mittlerweile jedoch negativ auf den Export aus. In Pernel Fruitworld, einer Obstplantage unweit von Hastings, züchtet man 85 verschiedene Fruchtsorten. Stündlich finden Führungen statt, Obst können Besucher dabei kostenlos verzehren. Ein Museum dokumentiert die Geschichte des kommerziellen Obstanbaus.

Führung durch Pernel Fruitworld

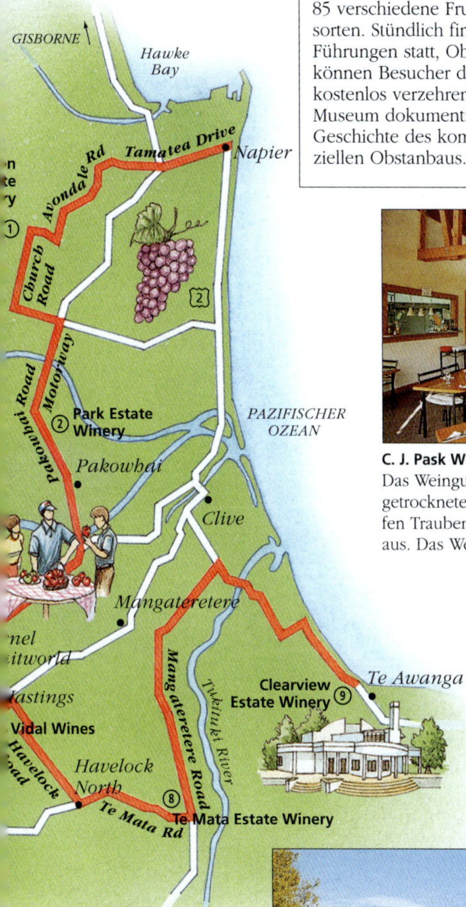

C. J. Pask Winery ③
Das Weingut in mediterranem Stil liegt in einem ausgetrockneten Flussbett. Man baut dort aus überreifen Trauben (Spätlese) sehr edle Weine aller Sorten aus. Das Weingut ist eines der besten in der Region.

Te Awa Winery ④
Nach den hochgepumpten Wassermengen aus der Ebene von Hawke's Bay wird dieses Weingut »Fluss Gottes« genannt und produziert bordeauxtypische Rotweine, die im eigenen Restaurant ausgeschenkt werden.

ROUTENINFOS

Auf Weingütern ergibt sich meist eine Gelegenheit, die Weine zu probieren. Viele Güter bieten Führungen an, die meisten auch Verkostung und Verkauf. Einige haben angeschlossene Restaurants, eine Reservierung ist empfehlenswert. Nähere Informationen können beim Napier Visitor Information Centre eingeholt werden (siehe S. 147).

Besucher, die mehrere Weingüter an einem Tag besichtigen wollen, sollten besser eine der zahlreichen angebotenen Bustouren buchen.

Ngatarawa Wines ⑤
Ein rechteckiger Lilienteich und restaurierte Stallgebäude bilden den edlen Hintergrund für noch edlere Weine. Das Ngatarawa-Weingut bietet darüber hinaus einen Picknickplatz und ein *Pétanque*-Spielfeld.

Wellington und Süden

Als sich die europäischen Siedler Mitte des 19. Jahrhunderts von Wellington, seit 1865 Hauptstadt Neuseelands, Richtung Norden aufmachten, stießen sie auf unberührte Regenwälder. Die jüngste Geschichte der Gebiete, die heute Wellington und Umgebung umfassen, ist eng mit dem massiven Kahlschlag und den Brandrodungen gegen Ende des 19. Jahrhunderts verknüpft.

Ehedem standen Abertausende alter Baumriesen auf fruchtbarem Land, das allein von den Maori besiedelt wurde. Zwischen 1870 und 1910 vollzog sich der gigantischste Kahlschlag des Landes. Der anwachsende Strom von Einwanderern benötigte immer mehr Farmland, zugleich verschlang der Eisenbahnbau Unmengen Holz. An den Bahngleisen entlang entstanden Kleinstädte und verschwanden nach dem Abzug der Holzfäller wieder. 1907 war der Höhepunkt der Holzproduktion in der südlichen Hälfte der Nordinsel überschritten, weites, fruchtbares Farmland prägt seither das Antlitz der Region.

Obwohl die Gegend um Taranaki, Wanganui und Manawatu zu den ertragreichsten Anbauflächen in Neuseeland gehört, setzt man heute nicht mehr nur auf die Landwirtschaft. So werden vor der Küste von Taranaki jetzt die reichen Gasvorkommen genutzt. Auch der Tourismus hat die Nordinsel entdeckt: Das milde Klima, breite Sandstrände, glasklare Flüsse, zahlreiche Nationalparks, wilde Gebirgszüge, Skigebiete, Weinbau und nicht zuletzt das Kulturerbe der Maori erfüllen jeden Wunsch.

Die Hafenstadt Wellington ganz im Süden der Nordinsel ist das wirtschaftliche, administrative und kulturelle Zentrum der Region. Die kleinen Städte nördlich von Wellington versorgen nicht nur die umliegenden Farmen, sondern dienen Besuchern auch als Zwischenstopps auf dem Weg zu den Naturparks und Vulkanen im Zentrum.

Der »Beehive« und das Parlamentsgebäude in Wellington, der Hauptstadt Neuseelands

◁ **Mount Taranaki, auch Mount Egmont genannt, im Zentrum des Egmont National Park** ***(siehe S. 182 f)***

Überblick: Wellington und Süden

In Tagesausflügen kann man die Küste von Kapiti sowie die Orte Horowhenua, Manawatu, Wanganui und Taranaki erreichen. Der Unterschied zwischen der modernen Hauptstadt Wellington und dem Umland könnte jedoch nicht größer sein: Schon nach einer Stunde Autofahrt ist man mitten im Herzen einer von der Landwirtschaft geprägten Ebene. Verschlafene Kleinstädte wechseln sich mit Schafherden ab und, in jüngster Zeit, auch mit Straußenfarmen und Weingütern. Die Naturparks von Egmont und Whanganui bieten etwas für Besucher, die auf mehr Abenteuer aus sind.

Schaffarm in der Umgebung von Martinborough

Sehenswürdigkeiten auf einen Blick

Cape Egmont 21
Egmont National Park S. 182f 18
Featherston 9
Hawera 23
Kapiti Island Nature Reserve 6
Levin 8
Martinborough 10
Masterton 11
Mount Bruce National Wildlife Centre 12
New Plymouth S. 180f 17
Oakura 19
Opunake 22
Otaki 7
Paekakariki 3
Palmerston North 13
Paraparaumu 4
Stratford 24
Sugar Loaf Islands Marine Park 20
Waikanae 5
Wanganui S. 178f 14
Wellington S. 156–169 1
Whanganui National Park 16
Whanganui River 15

Tour

Marine-Drive-Tour 2

Touren und Unternehmungen

Die hier aufgeführten Orte sind ideal, um sich zu erholen und etwas zu unternehmen. Allerdings ändert sich das Wetter – je nach Jahreszeit – häufig. Vor einer Tour sollten Sie sich eingehend vor Ort informieren.

	Golf	Jetbootfahren	Kajakfahren	Segeln	Wellenreiten	Schwimmen	Wandern	Windsurfen
Egmont National Park						■	●	
Manawatu Gorge			●				●	
Masterton	●		●			■	●	
New Plymouth	●	■	●	■	●	■	●	■
Oakura					●	■		■
Opunake					●	■		■
Palmerston North	●					■		
Paraparaumu	●	■	●	■	●	■	●	■
Sugar Loaf Islands						■		
Waikanae	●	■	●			■	●	
Wanganui	●	■	●			■		
Wellington	●		●		●		●	■
Whanganui National Park			●			■	●	
Whanganui River		■	●			■	●	

LEGENDE

- Autobahn
- State Highway
- Nebenstraße
- Eisenbahn (Hauptstrecke)
- Eisenbahn (Nebenstrecke)
- Regionalgrenze
- Gipfel

Weitere Zeichenerklärungen *siehe hintere Umschlagklappe*

Im Süden der Nordinsel unterwegs

Die touristischen Ziele der Region sind mit Bus, Eisenbahn oder Flugzeug gut zu erreichen. Außerdem gibt es ein gut ausgebautes Straßennetz. Der moderne Flughafen von Wellington ist Drehscheibe des nationalen und internationalen Flugverkehrs, auch Kreuzfahrtschiffe laufen den Hafen der Stadt an. Mehrmals täglich überqueren Fähren für den Auto-, Eisenbahn- und Personenverkehr die Meerenge der Cook Strait und verbinden so Wellington mit der Südinsel.

SIEHE AUCH

- ***Hotels*** S. 307–310
- ***Restaurants*** S. 334–336

Chaffers Marina in Lambton Harbour in Wellington

Wellington: Kulturmetropole

Plakat einer Theateraufführung

In erster Linie war Wellington als Sitz des Parlaments und der staatlichen Verwaltung von Neuseeland bekannt, in den 1980er und 1990er Jahren hat sich die Stadt zu einer lebendigen und ambitionierten Kulturmetropole entwickelt. Sie liegt an einer der schönsten Hafenbuchten der Welt und ist voller Kunst und Kulturschätze. Das Museum of New Zealand Te Papa Tongarewa *(siehe S. 166f)*, das Royal New Zealand Ballet, das New Zealand Symphony Orchestra, die National Business Review New Zealand Opera, die Chamber Music New Zealand und die New Zealand School of Dance sind hier zu Hause. Die Kunstszene der Stadt verbindet internationale Kunstevents mit dem reichhaltigen Kulturerbe des pazifischen Raums.

Gutes Theater *wird von den Einwohnern Wellingtons sehr geschätzt. Die bekanntesten Theater sind Downtown, Circa und Bats.*

Die vielen privaten und öffentlichen Galerien *werden kompetent geführt und stellen sowohl einheimische als auch internationale Künstler aus. Bekannte Galeristen wie Peter McLeavey sind mit neuseeländischer Kunst auch auf dem internationalen Kunstmarkt erfolgreich.*

Der Kiwi und der Farn, *beides Wahrzeichen Neuseelands, sind auch die Symbole des International Festival of the Arts.*

»Wellywood«

Die Filmindustrie des Landes kam erst ab 1960 richtig in Schwung. Die meisten Studios stehen in Wellington und können sich mit bedeutenden Kinostars schmücken. Der Spitzname »Wellywood« ist also nicht ganz unberechtigt. Einer der – auch international – erfolgreichen Regisseure Wellingtons ist Peter Jackson, der Streifen wie *Meet the Feebles*, *Brain Dead*, *The Frighteners*, *King Kong* und *The Lovely Bones* drehte. Er führte zudem bei der Verfilmung von J. R. R. Tolkiens *Der Herr der Ringe* Regie – die Trilogie zählt zu den teuersten und erfolgreichsten Filmproduktionen aller Zeiten. Auch viele Szenen von *Der Hobbit* wurden in den Filmstudios der Stadt gedreht. Das alljährlich im Juli stattfindende International Film Festival ist ein Publikumsmagnet.

Filmarbeiten an einer der zahlreichen *locations* der Stadt

Das New Zealand Symphony Orchestra *von Wellington spielt überall im Land. Das Orchester begleitet auch die berühmte neuseeländische Opernsängerin Kiri Te Kanawa anlässlich eines Konzerts zum Jahrtausendwechsel in Gisborne.*

Trommeln und andere Schlagwerkzeuge kommen hier bei einer modernen Musik-Performance zum Einsatz.

Eine würfelförmige Bühnenkulisse ist die Plattform einer innovativen Aufführung.

International Arts Festival

Das Internationale Kunstfestival, das alle zwei Jahre von September bis Oktober in Wellington stattfindet, gilt als das wichtigste Event der darstellenden Künste des Landes. Die neuseeländische Percussion-Gruppe *Strike* zählt zu den Höhepunkten.

Das Westpac Stadium *ist der bevorzugte Austragungsort von Neuseelands Lieblingssportarten Rugby, Cricket und Fußball. Die 40000 Sitzplätze der imposanten Arena werden auch für Live-Konzerte genutzt.*

Bücher und Schriftsteller

Um 1880 legten schottische Einwanderer in Dunedin fest, dass Bildung in Neuseeland »kostenlos, nicht kirchlich und Pflicht für alle« sein müsse. Die Forderungen der damaligen Siedler, oft selbst nur mäßig gebildet, haben inzwischen zu einem hohen Bildungsniveau geführt. Neuseeländische Literatur, vor allem Kinderbücher, werden in alle Welt exportiert. Landesweite Lesewettbewerbe fördern das Interesse an einheimischer Literatur. Die Literaturfestivals und Schriftstellerkongresse, die jedes Jahr in Wellington stattfinden, werden großzügig unterstützt und stoßen beim Publikum auf reges Interesse. Einige der auch international bekannten Autoren sind die in England lebende Lyrikerin Fleur Adcock sowie die Romanautoren Maurice Gee, Elizabeth Knox und Vincent O'Sullivan *(siehe S. 33)*.

Die Autorin Linda Burgess bei einer Lesung

Das Royal New Zealand Ballet *aus Wellington tritt sowohl in Neuseeland als auch in Übersee auf. Stephen Wellington und Nadine Tyson tanzen den Pas de deux aus dem selten aufgeführten Ballett* Raymonda.

Wellington ❶

Figur in der Plimmers Lane

Wellingtons Geschäftsviertel reicht von den Hügeln der Stadt bis hinunter zum Hafen. Um 1880 wurden Strandabschnitte am alten Hafen aufgeschüttet, über die Jahre wuchs hier das Handelszentrum. Heute sind in diesem Teil nicht nur Ministerien und Behörden untergebracht; Botschaften, der Oberste Gerichtshof, das Nationalarchiv, die Nationalbibliothek, das Museum of New Zealand Te Papa Tongarewa und viele große Firmen haben sich hier niedergelassen. Die eleganten Läden, Restaurants und Galerien verleihen dem Viertel eine angenehme Atmosphäre. In Wellington fanden viele Studioaufnahmen der Filmtrilogie *Der Herr der Ringe* statt. Wellington ist geradezu das »Zentrum von Mittelerde«.

Lunch auf der Terrasse des Astoria Café am Lambton Quay

Lambton Quay

Wellingtons Prestigemeile verläuft mitten durch das Stadtzentrum. Der etwa ein Kilometer lange Boulevard ist von belebten Arkadengängen, Einkaufszentren und Fußgängerzonen gesäumt. Auch der Lambton Quay liegt weitgehend auf Land, das der See abgerungen wurde. Kleine Hinweisschilder an den Trottoirs zeigen den früheren Verlauf der Wasserlinie an. Während steile Treppen direkt in die stadtnahen Hügel führen, kann man auf den zur Strandseite abfallenden Seitenstraßen die neu gestaltete Uferpromenade erkunden *(siehe S. 162–165)*.

Cathedral Church of St Paul

Mulgrave St. *(04) 473 6722.* *tägl.* *für Besucher Karfreitag, 25. Dez.* *Spende.* **www**.oldsaintpauls.co.nz

Die Kathedrale St Paul von 1866 (»Old St Paul's«) ist ein kolonialer Prachtbau im Stil der frühen englischen Gotik. Für den Bau wurde inklusive der Nägel nur einheimisches Holz verwendet.

Wellington Cathedral of St Paul

Ecke Molesworth & Hill St. *(04) 472 0286.* *tägl.* *hinter der Kirche.*

Nach mehreren Jahrzehnten Bauzeit wurde die romanische Kirche nach einigen äußeren und inneren Veränderungen 1998 fertiggestellt. Die Kirche steht gegenüber dem Gerichtsgebäude und der Nationalbibliothek und beeindruckt mit kunstvoll verglasten Fenstern. Einige Erinnerungsstücke an historische Ereignisse und eine Orgel mit 4000 Pfeifen wurden stilvoll in das architektonische Konzept der Kathedrale integriert. Die zu dem Gebäudeensemble gehörende Lady Chapel diente bis 1998 einer Gemeinde an der Kapiti-Küste als Gemeindekirche und Versammlungsort.

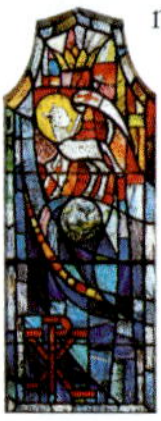

Bleiglasfenster

Kunstobjekte in der Galleria der Parlamentsgebäude

Parliament Buildings

Molesworth St. *(04) 817 9503.* *tägl.* *1. und 2. Jan, 6. Feb, Karfreitag, 25. und 26. Dez.* **www**.parliament.govt.nz

Eigentlich besteht das Parlament aus drei Hauptgebäuden: Das klassizistische Parlamentsgebäude wurde 1922, die Staatsbibliothek 1899 und der sogenannte Beehive (Bienenkorb), der nur den Parlamentariern zugänglich ist, 1979 eröffnet. Kostenlose Führungen umfassen alle drei Gebäude. Die Bauten stehen genau an der Stelle nebeneinander, an der 1865 nicht nur das erste Parlamentsgebäude errichtet wurde, sondern auch eine Erdbebenspalte verläuft.

Der gepflegte Park erfreut Besucher mit alten Bäumen und einem Rosengarten.

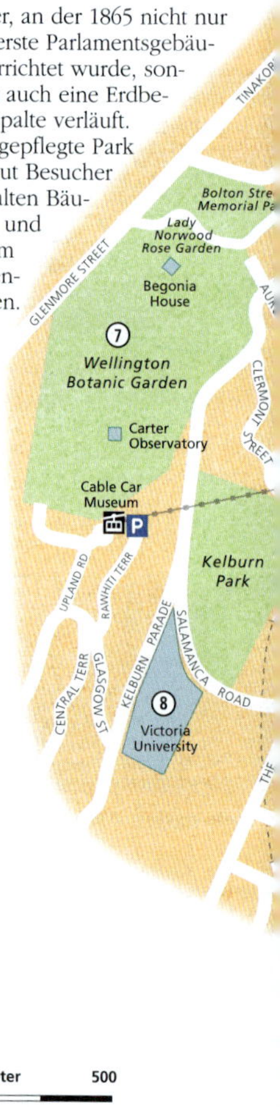

LEGENDE

Detailkarte Wellington *siehe S. 162 f*

Zeichenerklärungen *siehe hintere Umschlagklappe*

Old Government Buildings

Zentrum von Wellington

Cathedral Church of St Paul ①
Katherine Mansfield Birthplace ⑨
Lambton Quay ⑤
Old Government Buildings ④
Parliament Buildings ③
Victoria University ⑧
Wellington Botanic Garden ⑦
Wellington Cable Car ⑥
Wellington Cathedral of St Paul ②

INFOBOX

Straßenkarte D5. *456 000.*
8 km südlich der Stadt.
Bunny St (zwischen Featherston St und Waterloo Quay).
Platform 9, Bahnhof Wellington, Waterloo Quay.
Aotea Quay Terminal.
Civic Square, Ecke Victoria & Wakefield St. *(04) 802 4860.*
New Zealand International Arts Festival (Feb–März).
www.wellingtonnz.com

Old Government Buildings

15 Lambton Quay. *(04) 472 7356.* *tägl.* *1./2. Jan, Ostersonntag, 25. Apr, 25./26. Dez.*

Das größte ganz aus Holz erbaute Gebäude der südlichen Halbkugel wurde 1870 fertiggestellt und sieht aus, als sei es aus Stein gebaut. Bis zu Beginn des 20. Jahrhunderts war der Bau Tagungsort des Parlaments. Danach wurden bis 1990 verschiedene Ministerien dort untergebracht. Heute wird das renovierte Gebäude von der Juristischen Fakultät der Victoria University genutzt. Der ehemalige Kabinettssaal im ersten Stock und eine Ausstellung mit historischen Dokumenten und Fotografien im Erdgeschoss sind der Öffentlichkeit zugänglich.

Souvenirladen im Museum von Katherine Mansfield Birthplace

Katherine Mansfield Birthplace

25 Tinakori Rd. *(04) 473 7268.* *Di–So 10–16 Uhr.* *Karfreitag, 25. Dez.* *nach Vereinb.*

Die Villa von 1888 war das Geburtshaus von Katherine Mansfield, der berühmtesten Dichterin des Landes *(siehe S. 33)*. Neben dem exquisiten Mobiliar sind auch Originalmanuskripte und historische Fotografien ausgestellt.

Überblick: Wellington

Wasserrosen im Botanischen Garten

Das pulsierende Zentrum wird im Norden von einem Grüngürtel begrenzt. Es ist ein urbanes Mosaik aus teuren Villen, charmanten Studentenbuden, kleinen Eigenheimen, dem Geschäftsviertel mit dem Regierungssitz, einem alten Friedhof und einer Stadtautobahn. Im ausgehenden 19. Jahrhundert nahm die Zahl der Einwanderer drastisch zu. Die enge Hafenbucht konnte all die neuen Behausungen nicht mehr fassen, und die Stadt dehnte sich auf die umliegenden Hügel aus. Bei einem Spaziergang durch den Vorort Thorndon lässt sich die Entwicklung der neuseeländischen Hauptstadt gut nachvollziehen.

Die Zahnradbahn erklimmt die Höhe zum Botanischen Garten

Wellington Cable Car

Cable Car Lane, 280 Lambton Quay. *(04) 472 2199.*
Museum *tägl.* *25. Dez.*
www.wellingtoncablecar.co.nz

Die 1902 in Betrieb genommene Zahnradbahn verbindet den alten Stadtkern mit den Vorstädten auf den Hügeln. Erst seit 1933 werden die Triebwagen elektrisch betrieben. Victoria University, der Botanische Garten und das Carter-Observatorium sind mit der Kelburn Cable Car zu erreichen.

Wellington Botanic Garden

Tinakori Rd. *(04) 499 1400.*
tägl.
www.wellington.govt.nz

Biotope mit geschütztem Regenwald, Nadelbäume und seltene Blumen prägen das Gelände des 1868 eröffneten Botanischen Gartens. Zu den Highlights zählen die üppigen Blumen- und Gartenschauen. Jährlich erblühen hier rund 30 000 Tulpen. Der Lady Norwood Rose Garden besteht aus 106 Rosenbeeten, in denen Neuzüchtungen und englische Rosenklassiker dicht beieinanderstehen. Im Begonien-Haus finden Besucher einen Lilienteich, Orchideen, tropische Schlinggewächse und fleischfressende Pflanzenarten vor. Das Treehouse Visitor Centre kann man per Lift oder über eine Holztreppe erreichen.

Ein altes Planetarium, audiovisuelle Vorführungen zum Thema Planeten und ein historisches Teleskop gehören zu den Attraktionen des **Carter Observatory**, das ganz in der Nähe der Endhaltestelle der Zahnradbahn liegt.

Carter Observatory

40 Salamanca Rd, Kelburn.
(04) 472 8167. *tägl.*
www.carterobservatory.co.nz

Das efeubewachsene Hunter Building der Victoria University

Victoria University

Kelburn Parade. *(04) 472 1000.*

Mit über 21 000 Studenten ist die Victoria University die viertgrößte unter den acht Hochschulen Neuseelands. Die Maori haben außerdem drei eigene Bildungsinstitute. Die 1897 eröffnete Universität ist seit 1904 auf dem Hügel von Kelburn ansässig. Neben einigen anderen Fachbereichen befinden sich die Juristische Fakultät und die Fakultät für Architektur und Design direkt in der Innenstadt von Wellington.

Der Lady Norwood Rose Garden im Botanischen Garten von Wellington

Hotels und Restaurants im Süden der Nordinsel *siehe Seiten 307–310 und 334–336*

Bunte Villen

Die bunten Villen scheinen zum Teil geradezu an den Hügeln der Oriental Bay, von Mount Victoria, Thorndon und Kelburn zu kleben. Die charmanten Wahrzeichen der alten Vororte von Wellington sind nur über lange und steile Treppen oder per Zahnradbahn zu erreichen. Die für Neuseeland typischen Wohnhäuser entstanden um die Jahrhundertwende aus einstöckigen Bungalows mit umlaufender Veranda, die später zu zweistöckigen Gebäuden mit vorspringenden, verglasten Vorbauten aufgestockt wurden. Als Baumaterial wurde meist Kauri-Holz verwendet. Die Dächer wurden später mit Eisenblechen überzogen, die Fassaden mit vorfabrizierten Dekorationselementen aus Gusseisen versehen. Bleiverglasungen und Panoramafenster waren dabei ebenso beliebt wie gedrechselte Handläufe an Balustraden oder Veranden.

Bunt bemalter Fensterstock

Holzhäuser an den Hügeln über der Oriental Bay

Vorstädte über dem Wasser

Durch die Bodenknappheit in der Bucht waren die Siedler bald gezwungen, ihre Häuser an die Hänge der Hügel zu bauen. Viele alte Villen und einige original restaurierte Gebäude können während eines Spaziergangs oder einer Spazierfahrt am Hafen entlang aus der Nähe begutachtet werden.

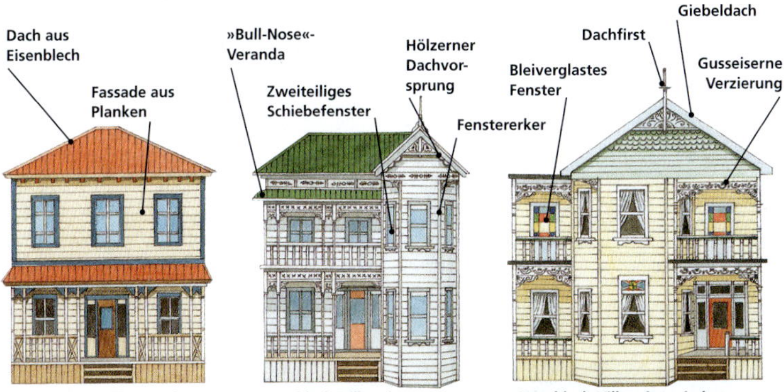

Zweistöckige Villa mit glatter Fassade und breiter Veranda

Satteldach-Villa mit vorspringender Fensterfront

Satteldach-Villa mit typischen Gusseisenverzierungen

Die Villen der Mittelklasse *aus dem 19. Jahrhundert hatten normalerweise einen Wohnraum (»parlour«), drei oder vier Zimmer und eine Diele. Das Badezimmer und die Küche waren im hinteren Teil des Hauses untergebracht. Die Toilette (»long drop«) und die Waschküche (»wash house«) wurden oft im hinteren Teil des Hauses untergebracht.*

Wohnzimmer der 1888 erbauten Villa, in der Katherine Mansfield geboren wurde ***(siehe S. 159)***

Im Detail: Hafenviertel

Pongafarn-Kugel, Civic Square

Das Gebiet zwischen Lambton Harbour und Clyde Quay Wharf wurde einst dem Meer abgerungen. Um das ehemalige Zentrum des Hafenviertels von Wellington zu Fuß zu umrunden, sollten Sie mindestens eine Stunde veranschlagen. Die Blütezeiten des Hafens leben im Museum of Wellington City & Sea wieder auf. Im Frühjahr und im Sommer werden gegenüber dem Museum of New Zealand Te Papa Tongarewa Regatten mit großen Kriegskanus abgehalten. Der schön gestaltete Civic Square und die umliegenden öffentlichen Einrichtungen wie die Stadthalle sind bei Einheimischen und Besuchern als Treffpunkt beliebt.

Courtenay Place
Bars, Clubs, Restaurants und Theater am Courtenay Place beleben das Nachtleben von Wellington (siehe S. 165).

Circa Theatre
Das renovierte Haus ist eines der Zentren der modernen Theaterszene Wellingtons (siehe S. 156).

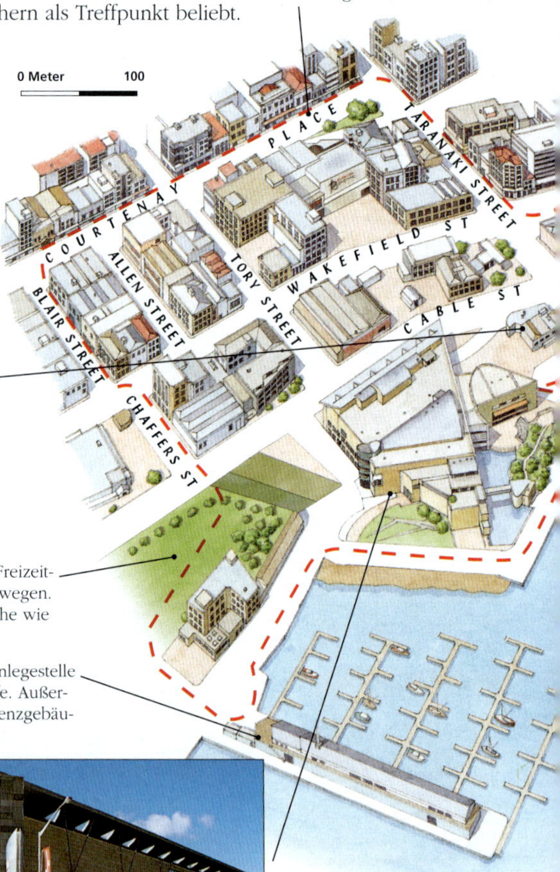

Waitangi Park ist ein beliebtes Freizeitgelände mit Strand und Spazierwegen. Im Sommer zieht es Einheimische wie Urlauber hierher.

Der Overseas Terminal ist die Anlegestelle für Yachten und kleinere Schiffe. Außerdem befinden sich dort Konferenzgebäude und Ausstellungsräume.

★ Museum of New Zealand Te Papa Tongarewa
Die Geschichte Neuseelands und der Maori wird auf interaktive Weise anschaulich vermittelt. Außerdem sind hier Exponate moderner Kunst zu sehen (siehe S. 166f).

NICHT VERSÄUMEN

- ★ Museum of New Zealand Te Papa Tongarewa
- ★ Museum of Wellington City & Sea

City-to-Sea Bridge
Die mit reichen Schnitzereien im pazifischen Stil verzierte Brücke verbindet Frank Kitts Park mit dem Civic Square.

Der Civic Square wird vom Michael Fowler Centre, dem Rathaus und der städtischen Galerie begrenzt *(siehe S. 164).*

Im Frank Kitts Park liegt ein Kinderspielplatz mit Leuchtturm und Rutsche. Eine Fußgängerüberführung verbindet den Park mit dem Geschäftsviertel.

★ Museum of Wellington City & Sea
Das Museum zeigt viel von der sozialen und maritimen Vergangenheit Wellingtons (siehe S. 165).

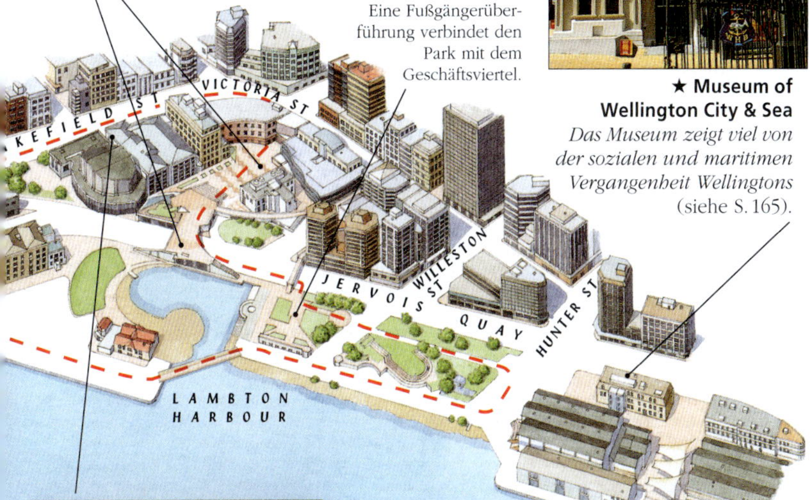

LEGENDE

– – – Routenempfehlung

Town Hall
Die Stadthalle ist seit Jahrzehnten ein bekannter Konzertsaal und dient noch immer als Forum für große internationale Kulturveranstaltungen (siehe S. 165).

Queens Wharf
Die Restaurants, Cafés und Bars werden vor allem von den Angestellten der nahen Büros nach Feierabend besucht.

Hafenviertel

Palme aus Stahl

Das Hafenviertel wird von der City-to-Sea-Fußgängerbrücke mit dem Stadtkern verbunden. Flankiert von mehreren Werften und Geschäftsgebäuden führt der Weg vom Civic Square bis hinüber zum Frank Kitts Park, umrundet die Hafenlagune und endet am Museum of New Zealand Te Papa Tongarewa *(siehe S. 166f)*. Neben der eigentlichen Funktion ist die beeindruckende Brücke auch eine öffentliche Kunstzone, auf der sich das bildhauerische Werk der führenden Künstler Neuseelands bewundern lässt.

Civic Square

Wakefield St. *(04) 802 4860.*
tägl.
www.wellingtonnz.com

Das Herz der Wellingtoner Kulturszene schlägt auf dem 1991/92 aus einer ehemaligen Geschäftsstraße entstandenen weitläufigen Civic Square. Der in warmen Erdfarben gepflasterte Platz überrascht mit einer Vielzahl großer Skulpturen und bietet Zugang zu verschiedenen öffentlichen Museen und Kulturinstitutionen. Die Stadtbibliothek, das Visitor Information Centre, das City Council Building, die City Gallery und die Konzerthallen der Town Hall und des Michael Fowler Centre gruppieren sich rund um den Civic Square.

Der Platz nimmt auch seine alte Rolle als Bindeglied zwischen dem Geschäftsviertel, den Kulturstätten und dem Vergnügungsviertel wieder wahr: Das Museum of New Zealand Te Papa Tongarewa, das Opernhaus, mehrere Theater, Kinos, Cafés und Bars am Courtenay Place sind vom Civic Square aus bequem zu erreichen. Der Platz wird von Besuchern und Einheimischen gerne als Treffpunkt genutzt, für kurzweilige Unterhaltung sorgen Straßentheater und Freiluftkonzerte. Ausstellungen und Veranstaltungen tragen zum besonderen Ambiente des beliebten Zentrums bei.

City Gallery

Civic Square. *(04) 801 3021.*
tägl. 10–17 Uhr. *25. Dez.*
internationale Ausstellungen.
www.citygallery.org.nz

Die führende Kunstgalerie des Landes ist in einem wundervollen Art-déco-Gebäude, der einstigen Public Library, untergebracht – mit Türen aus altem Kauri-Holz, Marmorböden, polierten Messinghandläufen und dekorativem Fensterdekor. Die spannenden Ausstellungen der städtischen Galerie sind ebenso hochklassig wie kontrovers. Das Haus hat keine eigene Sammlung, sondern spezialisiert sich auf die Präsentation interessanter in- und ausländischer Künstler. Die Galerie zeigt moderne Kunst aus den Bereichen Malerei, Bildhauerei, Multimedia, Videoinstallation, Grafik, Industriedesign sowie Architektur.

Das Gebäude wurde umfassend renoviert und erweitert. Hinzu kam eine Abteilung zur Kunst der Maori und anderer Südseevölker, die Michael Hirschfeld Gallery mit ausgesuchten Werken von Künstlern aus Wellington wurde vergrößert.

Zeitgenössische Installation in der City Gallery

Neil Dawsons Farnkugel schwebt über dem Civic Square

Hotels und Restaurants im Süden der Nordinsel *siehe Seiten 307–310 und 334–336*

Michael Fowler Centre

Wakefield St. (04) 801 4231. tägl. Konzerte. nach Vereinbarung. www.wellingtonconventioncentre.com

Der Bau wurde von dem aus Christchurch stammenden Architekten Sir Miles Warren entworfen und nach einem ehemaligen Architekten und Bürgermeister benannt. Das Halbrund bietet den Vorteil, die über 2550 Sitzplätze akustisch optimal zu beschallen. Ob Rockkonzerte, Tagungen oder Parteitage – die Halle ist mittlerweile Wellingtons erste Adresse für Großveranstaltungen aller Art. Auch das sich einer kontinuierlich wachsenden Beliebtheit erfreuende New Zealand International Arts Festival *(siehe S. 42 und 156f)* hält zahlreiche Veranstaltungen im Michael Fowler Centre ab.

Mit viktorianischen Fliesen ausgelegte Lobby der Stadthalle

Town Hall

Wakefield St. (04) 801 4231. tägl. Konzerte. nach Vereinbarung.

Die gelungene Renovierung der schon 1904 fertiggestellten Stadthalle mit dem antik gestylten Eingang hat das Gebäude wieder zu einem eleganten Konzertsaal werden lassen. Der Boden mit viktorianischen Fliesen, schmiedeeiserne Geländer, originalgetreue Lampen und ein mit Zinkblech überzogener Baldachin geben der Town Hall ihren alten Glanz zurück. Stützpfeiler gegen Erdbeben wurden eingebaut, das Treppenhaus ist originalgetreu renoviert. Die Akustik des Zuschauerraums für 2000 Personen (»shoe box«) gilt als Nonplusultra für die Klangqualität klassischer Musik.

Courtenay Place, die erste Adresse im Vergnügungsviertel von Wellington

Courtenay Place

Die Ansammlung von Nachtclubs, modischen Cafés, Restaurants und Theatern macht den Courtenay Place und die umliegenden Straßen zur Amüsiermeile der Stadt.

Die Restaurants bieten für jeden Anspruch und Geldbeutel einen Querschnitt durch die Küchen dieser Welt. Courtenay Place ist ein Dorado für Theatergänger, Tanzwütige und Nachtschwärmer. Nachtclubs, Bars, Cafés und Theater schaffen auch zu später Stunde eine Betriebsamkeit, die viele Straßenmusiker und -schauspieler zu nutzen wissen. Die entspannte Atmosphäre erinnert an weitaus größere Metropolen, allerdings ohne deren unangenehme Begleiterscheinungen.

Museum of Wellington City & Sea

Queens Wharf. (04) 472 8904. tägl. 10–17 Uhr. 25. Dez. nach Vereinbarung. www.museumofwellington.co.nz

Das Museum befindet sich im früheren Zollhaus aus dem Jahr 1892. Ursprünglich war es ein Museum für die maritime Vergangenheit Wellingtons, heute bietet es einen Überblick über die lange und reiche Kulturgeschichte der Stadt. Schiffsmodelle, historisches Schiffszubehör, Wrackteile, Seegemälde, alte Karten, Schaubilder und Videos erzählen von der Geschichte des Hafens und der Küstenregion.

Eines der eindrucksvollsten Exponate ist das Modell des Fährschiffs *Wahine*, das im April des Jahres 1968 vor der Küste des Wellingtoner Vororts Seatoun während eines Sturms gesunken war. Eine Fotosammlung bebildert die Tragödie. Die Plimmer's Ark Gallery zeigt Überreste des Schiffes *Inconstant*, das 1848 erbaut worden war. Das Museum widmet sich auch der frühen Besiedlung durch Maori und Europäer und der Stadtentwicklung der letzten rund 100 Jahre.

Für die kleinen Besucher gibt es einen Ausstellungsraum mit Spielangeboten.

Außenansicht des Museum of Wellington City & Sea am Hafen der Stadt

Museum of New Zealand Te Papa Tongarewa

Museumslogo

Mit einer Ausstellungsfläche von etwa der Größe dreier Fußballfelder ist das Museum of New Zealand Te Papa Tongarewa (»Neuseeland unser Land«) eines der größten Nationalmuseen der Welt. Die 1998 eröffnete Stätte zeigt den Einfluss aller Kulturen auf das heutige Neuseeland, beherbergt die nationale Kunstsammlung und hat zudem noch genügend Fläche für internationale Ausstellungen aus aller Welt. Einige der beeindruckendsten Kunstwerke der Maori und ein einzigartiges Versammlungshaus sind hier zu sehen.

Vom Gebirge bis ans Meer
Die erstaunliche Vielfalt der Pflanzen- und Tierwelt Neuseelands, von Kiwi bis Kauri, wird in Ausstellungen naturgetreu präsentiert.

Die »Kräfte der Natur«, die Neuseeland geprägt haben, werden hier interaktiv zum Leben erweckt.

Earthquake House
In dieser Simulation eines Erdbebens aus dem Jahr 1987 spürt man die heftigen Erdstöße und hört den ohrenbetäubenden Lärm.

Bush City
In der Freiluftausstellung streifen Besucher durch einen Regenwald, bestaunen eine Vulkanlandschaft, stehen vor einem Wasserfall oder an einer Lagune und erforschen eine Höhle.

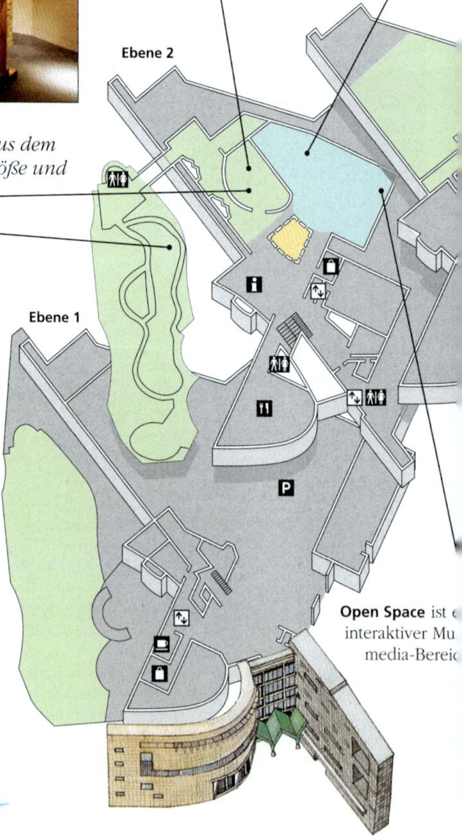

Open Space ist e interaktiver Mu media-Bereic

NICHT VERSÄUMEN

- ★ Mākōtukutuku Wharepuni
- ★ The Marae

INFOBOX

Cable St. (04) 381 7000. tägl. 10–18 Uhr (Do bis 21 Uhr). 25. Dez. einige Bereiche.
www.tepapa.govt.nz

★ Mākōtukutuku Wharepuni
Dieses wharepuni *(Schlafhaus) versetzt Besucher in die Zeit vor etwa 600 Jahren zurück.*

Toi Te Papa Art of the Nation

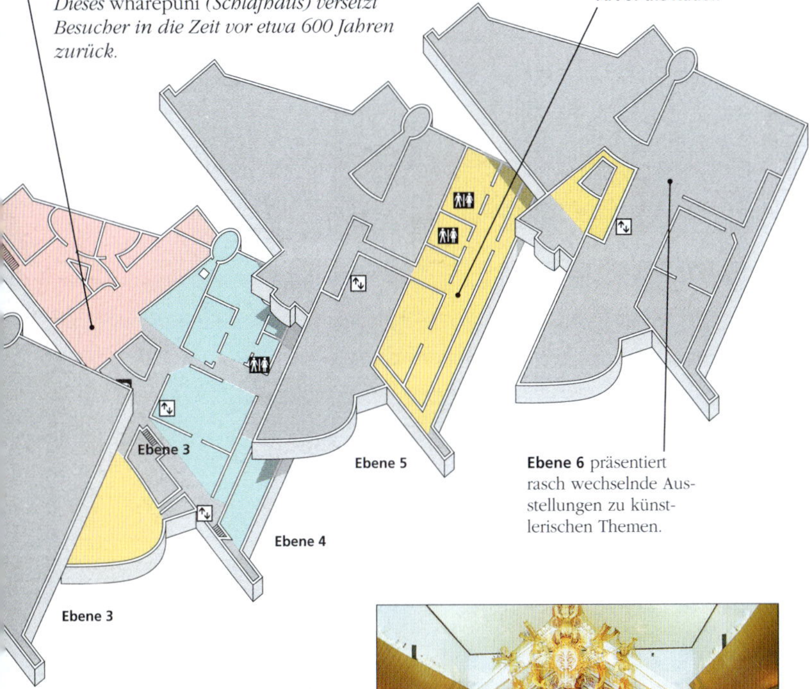

Ebene 6 präsentiert rasch wechselnde Ausstellungen zu künstlerischen Themen.

★ The Marae
Das Versammlungshaus ist der Mittelpunkt eines heiligen Ortes der Maori. Das Haus des Museum of Te Papa Tongarewa erinnert an das Stammland der Maori, die Insel Hawaiki.

Kurzführer

Die erste der interaktiven Ausstellungen ist auf Ebene 2, die auch zur Bush City führt, zu finden. Ebene 3 zeigt die Entwicklung Neuseelands seit Ankunft der ersten Europäer. Auf Ebene 4 werden Beispiele pazifischer Kunst und Kulturerbe der Maori sowie europäische Kunst ausgestellt. Ebene 5 beherbergt die Sammlung Toi Te Papa Art of the Nation sowie Objekte der Sammlung neuseeländischer Kunst, die über das ganze Museum verteilt ist. Eine kleine Galerie und eine Freiluftterrasse mit Blick auf Stadt und Hafen sind auf Ebene 6.

LEGENDE

- Kunst
- Geschichte
- Maori
- Natur

Marine-Drive-Tour ❷

Die Straße entlang der Oriental Bay, in der auch der Hafen von Wellington liegt, führt über die Owhiro Bay hinaus zur Meerenge der Cook Strait. Die Strecke gehört ohne Zweifel zu den atemberaubendsten Küstenrouten Neuseelands. An wolkenlosen Tagen ist die Szenerie kaum zu überbieten, und wenn Stürme aufziehen, verleiht die peitschende Gischt der Küste eine düstere Dramatik. Man kommt an malerischen Buchten mit geschützten Stränden vorbei, hin und wieder berührt man die Vorstädte Wellingtons, wo Holzvillen *(siehe S. 161)* an den Hängen ins Meer zu stürzen scheinen, dann wieder fährt man durch Wälder, die bis ans Wasser reichen.

Owhiro Bay ⑩
Von der Bucht kann man entweder über die Happy Valley Road zur Stadt zurückfahren oder eine Schleife über den Red Rocks Coastal Walk einplanen und die Seehunde in der Bucht beobachten.

Island Bay ⑨
Die Nachfahren italienischer Einwanderer, die vor über 100 Jahren hier ankamen, fischen auch heute in den Gewässern der Cook Strait.

Lyall Bay ⑧
Die Bucht grenzt direkt an den internationalen Flughafen, wird aber trotzdem gerne von Wellenreitern besucht. Bei klarem Wetter sieht man die Gipfel der Südinsel.

0 Kilometer 1

LEGENDE

- Routenempfehlung
- Andere Straße
- Aussichtspunkt

Oriental Bay ①
Die Atmosphäre der Bucht vermittelt einen Hauch von Riviera. Auf den grünen Hügeln gegenüber dem breiten Sandstrand wechseln sich prächtige viktorianische Villen mit modernen Ferienapartments ab.

ROUTENINFOS

Länge: *30 km.*
Zwischenstopps: *Die Straße verläuft direkt am Meer, überall befinden sich wunderschöne Aussichtspunkte. Es gibt eine Reihe gekennzeichneter Parkplätze, auf denen man das Auto abstellen kann, wenn man spazieren gehen möchte. Zum Einkehren ist Scorch-O-Rama an der Scorching Bay ideal. Hier kann man an Tischen direkt am Wasser sitzen.*

Mahanga Bay ③
Eine der kleinsten und geschütztesten Buchten entlang der Straße ist bis zum Ufer von Kiefern gesäumt.

Evans Bay ②
Die enge Bucht ist ein beliebtes Segelrevier und beheimatet auch den Yachthafen.

Scorching Bay ④
Die von Schwimmern gerne besuchte Bucht bietet schöne Ausblicke auf die Inseln Somes und Ward sowie auf die Cook Strait. Der Küstenvorort Eastbourne liegt gegenüber.

Karaka Bay ⑤
Die Bucht wurde benannt nach dem Karaka-Baum, der orangenartige Früchte trägt. Nahe am Pier stehen Holzhäuser, die um 1900 von wohlhabenden Sommergästen errichtet wurden.

Worser Bay ⑥
In den östlichen Vororten Wellingtons ist die Filmindustrie ansässig. Hier finden auch Peter Jacksons Workshops statt *(siehe S. 156).*

Breaker Bay ⑦
Hin und wieder überqueren Zwergpinguine die Straße und widmen sich lautstark dem Nestbau unter den Häusern.

Historische Straßenbahnen im Tramway Museum von Paekakariki

Paekakariki ❸

Straßenkarte E4. *1700.* *i-SITE, Rimu Rd, Paraparaumu.* *(04) 298 8195.*
www.naturecoast.co.nz

Verlässt man Wellington auf dem State Highway 1 in nördlicher Richtung, so erreicht man nach 40 Minuten Paekakariki. Der Ort ist die erste von vier aufeinanderfolgenden Städten, die sich wie auf einer Schnur über 40 Kilometer entlang der Kapiti-Küste aufreihen. Teile der Küste dienten als Kulisse für die Filmtrilogie *Der Herr der Ringe*. In der Nähe von Paekakariki liegt der Queen Elizabeth Park mit Stränden und Wanderwegen. Eine Tram führt von MacKays Crossing durch das 6,4 Quadratkilometer große Parkareal.

Das **Wellington Tramway Museum** zeigt Vorläufer der heute in Wellington fahrenden Busse und Straßenbahnen.

Wellington Tramway Museum
Queen Elizabeth Park. *(04) 292 8361.* *Sommer: tägl.; Winter: Sa, So.* *25. Dez.*

Paraparaumu ❹

Straßenkarte E4. *12 000.* *Coastlands.* *(04) 298 8195.*

Das städtische Zentrum der Kapiti Coast ist Paraparaumu mit seinen vielen Läden, Cafés und Restaurants direkt am Wasser. Der Strand ist touristisch gut erschlossen und bietet u.a. einen Kinderspielplatz. Auch die Fähren nach Kapiti Island legen von hier ab.

Ein Muss für Autoliebhaber ist das **Southward Car Museum** mit der »größten Oldtimer-Sammlung der südlichen Hemisphäre«, wie es stolz heißt. Unter den 250 restaurierten Fahrzeugen steht auch ein Duesenberg, der einst Marlene Dietrich gehörte. Die Fahrradausstellung nennt sogar ein Exemplar aus dem Jahr 1863 ihr Eigen. Schnittige Rennboote, skurrile Eigenbauten und Autozubehör aller Art vervollständigen die Sammlung. Ein Cadillac aus den 1950er Jahren war im Besitz der Gangster Al Capone und Lucky Luciano. Zur Sonderausstattung gehört u.a. ein stählernes Chassis nebst kugelsicheren Klappscheiben, um besser zurückschießen zu können.

Junge mit Kalb in Lindale

Das auf einer Farm eingerichtete **Lindale Tourist Centre** dürfte vor allem für Kinder interessant sein. Man sieht, wie Schafe geschoren werden, darf Kälbern und Ziegen die Flasche geben, kann Rehkitze füttern und große Laufvögel wie Strauße oder Emus aus der Nähe bewundern. Neben Spazier- und Wanderwegen stehen auch ein Picknick- und Barbecue-Gelände zur Verfügung.

Ein Laden präsentiert die preisgekrönten Kapiti-Käsesorten sowie die beliebte Kapiti-Eiscreme. Hier findet man auch eine Anzahl von Galerien, Läden und Imbissbuden.

Southward Car Museum
Otaihanga Rd. *(04) 297 1221.* *tägl.* *Karfreitag, 25. Apr, 25. Dez.*
www.southward.org.nz

Lindale Tourist Centre
State Hwy 1, Paraparaumu Nord. *(04) 297 0916.* *tägl.* *Karfreitag, 25. Dez.* **www**.lindale.co.nz

Oldtimer im Southward Car Museum

Waikanae ❺

Straßenkarte E4. *8600.* *i-SITE, Rimu Rd, Paraparaumu.* *(04) 298 8195.*
www.naturecoast.co.nz

Zwischen Kapiti-Küste und den Hügeln von Tararua liegt Waikanae. Die überwiegend älteren Bewohner prägen die Atmosphäre des Ortes mit seinen zahlreichen Kunstgewerbeläden und Gartenanlagen. Die nach englischem Vorbild angelegten, besonders schönen Burnard Gardens können besichtigt werden.

Im **Waikanae Estuary Scientific Reserve** leben 63 Vogelarten. Große Bestände bilden u. a. Königslöffler, Raubseeschwalben und Purpurhühner. Daneben gibt es auch einige Arten von Zugvögeln, die nicht das ganze Jahr über zu sehen sind.

Blick auf Kapiti Island vom Festland aus

Kapiti Island Nature Reserve ❻

Straßenkarte E4. *Paraparaumu.* *Department of Conservation, Waikanae Field Center, 10 Parata St, Waikanae.* *(04) 296 1112.*

Kapiti Island, sechs Kilometer vor dem Festland gelegen, ist ein beliebtes Ziel in der Küstenregion von Kapiti. Seit 1897 schon ist die zehn Kilometer lange Insel Naturschutzgebiet. Ein Besuch des Naturparks ist nur mit einer Genehmigung des Department of Conservation in Wellington möglich. Alle Besuchergruppen werden von einem Wildhüter begleitet.

Für Segler, Taucher und Fischer gelten in Inselnähe keine Einschränkungen. Sehr seltene Vogelarten wie Sattelstare oder Takahes können auf Kapiti Island beobachtet werden. Die vorwitzigen Weka-Vögel sind zutraulich, stehlen dafür aber alles, was Besucher für einen Augenblick unbeaufsichtigt lassen.

Otaki ❼

Straßenkarte E4. *7600.* *239 State Hwy 1.* *(06) 364 7620.*

Vor der Ankunft der europäischen Siedler um 1840 war Otaki eine Maori-Siedlung. Die schönste Kirche in ganz Neuseeland, Rangiatea Church, wurde 1851 erbaut und brannte 1995 ab. Eine Nachbildung der Maori-Kirche ist seit 2003 für die Öffentlichkeit zugänglich.

Umgebung: Südlich von Otaki befindet sich das **Hyde Park Museum**. Es präsentiert einen gelungenen Querschnitt der Maori-Kunst – von vorkolonialen Stücken bis hin zu modernem Kunsthandwerk. Im »Royal Room« werden Erinnerungsstücke an den Besuch des Königspaares im Jahr 1953 ausgestellt. Ein aus etwa 3000 Einzelstücken bestehender Kaufladen belegt das Preisniveau des Jahres 1937.

19 Kilometer südlich der Stadt können über die Gorge Road die **Otaki Forks** und der **Tararua Forest Park** besucht werden.

Eingang zum Hyde Park Museum in Otaki

Hyde Park Museum
State Hwy 1, Te Horo. *(04) 298 4515.* *Di–So.* *Spende.*

Levin ❽

Straßenkarte E4. *15 400.*

Levin liegt in einer fruchtbaren Ebene, die sich zu einer der größten Gemüseanbauflächen des Landes entwickelt hat. Die Hauptstraße mit den kleinen Läden ist heute noch das Abbild einer typisch neuseeländischen Kleinstadt. Am Stadtrand von Levin kann man nach dem Prinzip »Pick-your-own« erntefrisches Obst und Gemüse direkt vom Feld kaufen.

Te Rauparaha

Der kriegerische Maori-Häuptling Te Rauparaha (1768–1849) vom Stamm der Ngati Toa erkor nach jahrelangen Kämpfen in Waikato und Taranaki um 1820 Kapiti Island zu seinem Hauptquartier. Bis ins Jahr 1840 beherrschte er sowohl den Südwesten der Nordinsel als auch den Norden der Südinsel Neuseelands. Auf ihn soll auch *haka*, der Kriegsgesang der Maori, zurückgehen, der heute vom Rugby-Team All Blacks vor wichtigen Spielen zelebriert wird.

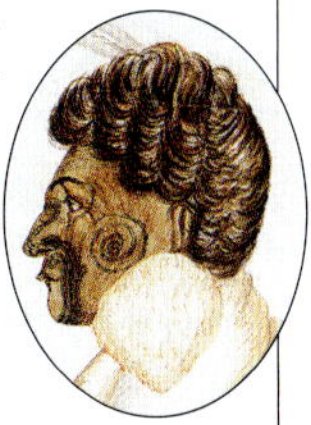

Aquarell (1840) von Isaac Coates

Kamate. Kamate.
Ka Ora. Ka Ora.
Tenei te tangata
puhuruhuru
Nana nei i tiki mai
I whakawhiti te ra.
Upane. Upane.
Whiti te ra.

Tod und Leben,
Leben und Tod!
Haariges Volk –
du brachtest die Sonne
zum Scheinen.
Steht Mann an Mann,
geht fest geschlossen
der Sonne entgegen!

Heuernte auf einer Farm in der Nähe von Martinborough

Featherston 9

Straßenkarte E4. *2600.* *Old Courthouse, Main St.* *(06) 308 8051 (10–13 Uhr).* **www**.wairarapanz.com

Am Fuß der Hügel von Rimutaka liegt Featherston. Von Wellington gesehen stellt der Ort den südlichen Zugang zur Region von Wairarapa dar. Das Städtchen ist wegen seiner Antiquitätenläden und der Häuser im Kolonialstil bekannt. Hier findet man kleine Museen, so das **Fell Locomotive Museum** mit der einzigen erhaltenen Fell-Bahn der Welt, einer von Ingenieur Fell konstruierten Schmalspurbahn, die bis in die 1920er Jahre die Hügel von Rimutaka bezwang.

Fell Locomotive Museum
Ecke Fitzherbert & Lyon St. *(06) 308 9379.* *tägl.* *Anzac Day (nur Vorm.), 25. Dez.*

Umgebung: Kommt man auf der Straße von Wellington, so weist ein Schild kurz vor Featherston auf einen Aussichtspunkt hin. Von oben hat man einen wundervollen Panoramablick über den **Lake Wairarapa**, die Hügelkette des Haurangi (Aorangi) Forest Park und die Palliser Bay. Die Feuchtgebiete des Sees sind die drittgrößten Neuseelands. Hier leben einheimische und zugewanderte Vogelarten.

Südöstlich des Sees, am **Cape Palliser**, ziehen Pelzrobben in der größten Brutkolonie Neuseelands ihre Jungen auf. Weltweit gibt es nur neun Kolonien dieser Spezies. Die beste Zeit, um die Tiere mit Nachwuchs zu beobachten, ist von November bis Januar.

Ein lohnendes Ziel in der Nähe sind auch die **Putangirua Pinnacles**. Geologen schätzen, dass die Zapfenbildung vor etwa 120 000 Jahren begann. Starke Regenfälle wuschen das Geröll einer Mure aus und schufen die bis zu 1000 Jahre alten Naturwunder.

Martinborough 10

Straßenkarte E5. *1500.* *18 Kitchener St.* *(06) 306 5010.* *Martinborough Country Fair (Feb/März); Toast Martinborough (Nov).* **www**.wairarapanz.com

Der irische Einwanderer John Martin gründete 1881 den Ort Martinborough, der die umliegenden Farmen versorgte. Seit 1970 baut man in der Region erfolgreich Wein an *(siehe S. 36f)*. Heute ist der Ort zu einem beliebten Wochenendziel geworden. Die Weinläden, Cafés, Restaurants, Bars sowie die Künstler und Galerien verleihen Martinborough eine entspannte Atmosphäre. Fast alle 20 Kellereien vor Ort sind vom Marktplatz aus bequem zu Fuß zu erreichen.

Umgebung: Neuseelands erster kommerzieller Windpark, die **Hau Nui Wind Farm**, liegt 21 Kilometer südöstlich von Martinborough. Die Windräder auf dem 540 Meter hohen Bergrücken stehen zwar auf dem Privatgelände des Energieerzeugers Wairarapa Electricity, können aber von einem nahe gelegenen Hügel gut eingesehen werden.

Gemütliche Weinrunde bei Grapevine in Martinborough

Masterton ⓫

Straßenkarte E4. *22 800.* *Ecke Dixon & Bruce St.* *(06) 370 0900.* *Golden Shears (März).* **www**.wairarapanz.com

Ungefähr 90 Minuten von Wellington bzw. von Palmerston North entfernt liegt Masterton, die größte Stadt von Wairarapa. Hier finden im Sommer viele bekannte Veranstaltungen statt. Neben dem jährlichen Heißluftballon-Festival und der alle zwei Jahre abgehaltenen Flugschau zieht vor allem der jedes Jahr veranstaltete Schafschur-Wettbewerb Golden Shears *(siehe Kasten)* viele Besucher an.

The Wool Shed, ein Museum, widmet sich Geschichte und Bedeutung der Schafschur in Neuseeland. Masterton verfügt zudem über ein Museum zu Kunst und Geschichte der Region, auch der Bauernmarkt samstagvormittags ist eine Attraktion. Der **Queen Elizabeth Park** birgt einen See, auf dem man rudern kann, einen Golfplatz und Spielplätze.

The Wool Shed
12 Dixon St. *(06) 377 8008.* *tägl. 10–16 Uhr.* *Anzac Day, Karfreitag, 25. Dez.* *Spende.* **www**.thewoolshednz.com

Umgebung: In unmittelbarer Nähe von Masterton befinden sich die Strände von **Castlepoint** und **Riversdale**, die vor allem von Surfern geschätzt

Im Cobblestones Museum stehen alte Erntemaschinen

werden. Der State Highway 2 verläuft durch das malerische Dorf **Greytown**. Die 1854 gegründete Siedlung – die älteste von Wairarapa – kann mit einem wunderschön rekonstruierten Straßenensemble von Holzhäusern im viktorianischen Stil aufwarten. Das **Cobblestones Museum** steht an der Stelle, an der 1856 die Gebäude des Wellingtoner Postdienstes errichtet wurden. In den Ausstellungsräumen sind Landmaschinen und Fahrzeuge aller Art untergebracht. Einige der restaurierten Gebäude wurden mit dem Hausrat der ersten Siedler eingerichtet.

Den **Tararua Forest Park** erreicht man über Holdsworth. Der Ort liegt nach 15 Kilometern auf dem State Highway 2 an der Abzweigung der Norfolk Road südlich von Masterton. Die Parkwege laden zum Wandern ein, die Wiesen am Ufer des Flusses Atiwhakatu zum Picknicken.

Cobblestones Museum
169 Main St, Greytown. *(06) 304 9687.* *tägl.*

Mount Bruce National Wildlife Centre ⓬

Straßenkarte E4. *(06) 375 8004.* *tägl.* *25. Dez.* **www**.mtbruce.org.nz

In dem Vogelschutzzentrum 30 Kilometer nördlich von Masterton leben bedrohte und seltene Vogelarten wie Stitchbirds, Kokakos und Takahes in großen Volieren. Bei einem Streifzug durch den letzten Rest des als »Forty Mile Bush« bekannten Regenwaldes trifft man auf uralte Pflanzenarten wie Rimu, Rata und Kamahi. Auch der nachtaktive Kiwi, die Brückenechse (Tuatara) und Aale sind hier vertreten. Im Uferschlamm nahe der Brücke sonnen sich die scheuen Tiere ungestört.

Kokako am Mount Bruce

Schafschur-Wettbewerb »Golden Shears«

Einer der größten Wettbewerbe im Schafscheren wird jedes Jahr zwischen Donnerstag und erstem Samstag des Monats März in Masterton abgehalten. Die vom Wairarapa District Young Farmers Club initiierte Veranstaltung sollte lediglich einen Teil der lokalen Landwirtschaftsmesse darstellen. Heute ist der »Golden Shears«-Wettbewerb eine nationale Institution. Seit 1961 zieht der Kampf um die »goldene Schere« Hunderte Spezialisten aus aller Welt und Tausende Besucher an. In den 1960er und 1970er Jahren waren die Eintrittskarten für die Show schon zwölf Monate im Voraus ausverkauft. Mittlerweile gibt es landesweit mehrere kleinere Veranstaltungen dieser Art, doch die »Golden Shears« bleiben das Maß aller Dinge. Die Kunst der Schafschur wurde inzwischen professionalisiert. Die Preisgelder stiegen über die Jahre deutlich an, große Sponsoren nutzen die Veranstaltung heute gezielt für eigene Publicity-Zwecke. Viele Schafscherer unterziehen sich gezielt Fitness- und Trainingsprogrammen, um Preisgeld und Pokal zu erringen.

Beim Schafschur-Wettbewerb

Palmerston North ⓭

Zeichen des Rugby-Instituts

Seit Mitte der 1960er Jahre war für Palmerston North die wachsende Bedeutung der Weidewirtschaft auch der Grund für die rasante Entwicklung zur größten Stadt von Manawatu. Der Ort liegt in einer fruchtbaren Ebene, die sich von der Tasmansee bis zu den Hügeln von Tararua und Ruahine ausbreitet. Drei wichtige Straßen kreuzen sich bei der Stadt und machen sie zum Verkehrsknotenpunkt. Die Studenten der Massey University, der größten Universität Neuseelands, geben Palmerston North die lockere Atmosphäre einer Universitätsstadt.

The Square

(06) 350 1922.

Die ruhige, schattige Grünanlage im Herzen der Stadt existiert schon seit 1866. Abseits des sehr hektischen Geschäftszentrums erfreuen sorgfältig gepflegte Rasenflächen, kleine Zierbrunnen und Teiche, bunte Blumenrabatten und angenehmen Schatten spendende Bäume das ganze Jahr über alle, die Ruhe und Entspannung suchen. Die Läden und Wohngebäude um den Platz sind ein Querschnitt durch die Architekturgeschichte Neuseelands.

Te Manawa Art Gallery

326 Main St. (06) 355 5000. *tägl. 10–17 Uhr.* *1. Jan, Karfreitag, 25., 26. Dez.* **www**.temanawa.co.nz

Die Galerie wurde 1959 als Palmerston North Art Gallery gegründet und zog als Manawatu Art Gallery in ein modernes und größeres Gebäude nahe beim »Square« um. Vor dem Eingang steht der *Pacific Monarch*, eine monumentale Plastik von Paul Dibble. Der Bronzeguss gilt als Neuseelands größte Skulptur aus diesem Material.

Die Galerie hat sich zwar auf Gegenwartskunst, vor allem Kunst aus den 1970er Jahren spezialisiert, stellt aber auch eine reiche Sammlung von Bildern, Drucken, Skulpturen, Zeichnungen, Fotografien und Keramiken neuseeländischer Künstler aus. Die Galerie ist wichtiger Bestandteil des Te-Manawa-Komplexes, der auch ein Museum und ein Wissenschaftszentrum umfasst.

Bronzeplastik von Paul Dibble vor der Te Manawa Art Gallery

New Zealand Rugby Museum

326 Main St. (06) 355 5000. *tägl. 10–17 Uhr.* *1. Jan, Karfreitag, 25., 26. Dez.* *nach Vereinbarung.* **www**.rugbymuseum.co.nz

Die 1968 eingerichtete Ruhmeshalle wurde 2011 in den Te-Manawa-Komplex verlegt. Sie zeigt Erinnerungsstücke aus der langen Geschichte des Nationalsports Neuseelands. Das erste Rugby-Match wurde 1870 in Nelson veranstaltet. Auch Trikots und Utensilien aus anderen Ländern, in denen Rugby gespielt wird, sind zu sehen. Die Kappen, Trikots, Trophäen, Schläger, signierten Bälle, Krawatten, Poster und Fotografien lassen keinen Wunsch der Fans offen. Auch Videos großer Spiele und interaktive Stationen faszinieren die Besucher. Der zerbrochene Körperschutz eines Spielers des South African Springbok Team erinnert an den umstrittenen Besuch der südafrikanischen Rugby-Mannschaft 1981. Die Begegnung wurde von Anti-Apartheid-Demonstrationen begleitet.

Plakat von 1926 im New Zealand Rugby Museum

Massey University

Tennant Drive. (06) 356 9099. **www**.massey.ac.nz

Fünf Kilometer südlich des Stadtkerns hat sich in einer paradiesischen Landschaft die glückliche Verbindung von alten Privathäusern und modernen Großbauten zum Komplex der Massey University gefügt. Folgt man dem Massey History Walk, Teil des City Heritage Trail, erfährt man Einzelheiten zur Stadtgeschichte. Die Universität unterhält ein eigenes Rugby-Institut und eine Flugschule.

Umgebung: Östlich der Stadt schießt der Manawatu River durch die imposante Felsenge der **Manawatu Gorge**. Der Flusslauf widerspricht allen geografischen Gesetzen: Er fließt an den Hängen der Tararua Range bergauf, ehe sein Wasser einen 180-Grad-Bogen beschreibt und nach Westen in die Tasmansee mündet. Die Schlucht ist zum Jetboot- und Kajakfahren sehr beliebt.

Von den zahlreichen Parks sind die Cross Hill Gardens, im Norden in 45-minütiger Fahrt zu erreichen, wegen der vielen Rhododendren besonders sehenswert.

Hotels und Restaurants im Süden der Nordinsel *siehe Seiten 307–310 und 334–336*

Te Manawa

Diese Kulturstätte ist Museum, Galerie und wissenschaftliches Zentrum unter einem Dach. Als einzige derartige Stätte Neuseelands verbindet das Te Manawa die interaktive Vermittlung wissenschaftlicher Fakten mit dem sozialen, kulturellen und künstlerischen Erbe der Region. Das Museum mit seinen zahlreichen Ausstellungsstücken zur Siedlungsgeschichte der Maori in der Region ist das Herz des Museums. Die Science Galleries präsentieren wechselnde interaktive Ausstellungen, die vor allem bei Kindern beliebt sind. Seit 2011 ist auch das New Zealand Rugby Museum *(siehe S. 174)* dem Komplex angegliedert.

INFOBOX

326 Main St. (06) 355 5000. tägl. 10–17 Uhr (auch an einigen Feiertagen). 1. Jan, Karfreitag, 25., 26. Dez.
www.temanawa.co.nz

Manawatu Journeys
Vielfältige Objekte dokumentieren die Geschichte der Region.

★ Te Awa – The River
Insekten zählen zu den in dieser Ausstellung gezeigten Tierarten, die im Gebiet des Manawatu River leben.

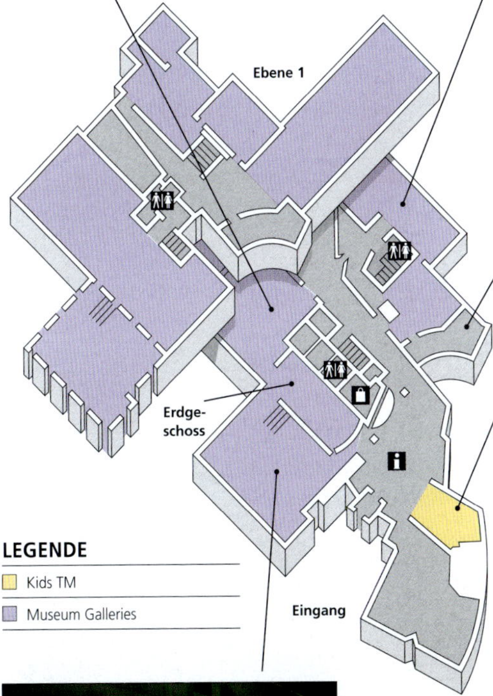

AgResearch Conservatory
zeigt eine sehenswerte Sammlung einheimischer und fremder Pflanzen.

LEGENDE
- Kids TM
- Museum Galleries

Kids TM
In diesem Areal schlüpfen Kinder unter acht Jahren in verschiedene Rollen und lernen dabei spielerisch die Welt kennen.

★ Tangata Whenua Gallery
Die geschnitzten Palisadenpfähle aus dem 19. Jahrhundert sind Teil der Exponate zur Geschichte der Maori.

NICHT VERSÄUMEN

- ★ Tangata Whenua Gallery
- ★ Te Awa – The River

Der Pohangina River fließt durch das Farmland von Manawatu *(siehe S. 174)* ▷

Wanganui ⓮

Laterne mit Blumen

Die Umgebung von Wanganui wurde schon im 12. Jahrhundert von Maori besiedelt. Der stetige Strom neuer Einwanderer veranlasste die New Zealand Company 1840, mit den Maori erstmals über Landkäufe in Wanganui zu verhandeln. Die Stadt wurde zum Zentrum eines Gebietes, das sich im Westen bis Waitotara, im Osten bis Marton und im Norden bis zum Tal des Whanganui River erstreckt. Mit dem Auto sind es nach Palmerston North eine Stunde, nach Wellington etwa zweieinhalb Stunden Fahrt. Neben der erfolgreichen Exportwirtschaft hat in letzter Zeit auch die Kunstszene Wanganui für sich entdeckt.

Blick vom Durie Hill auf die City Bridge und die Stadt Wanganui

Victoria Avenue

Schöne alte Häuser, Kinos, Gaslampen, schmiedeeiserne Bänke und Zierpalmen machen die Victoria Avenue zur unumstrittenen Attraktion der Stadt. Von Dezember bis März zieren beim Blumenfestival »Wanganui in Bloom« etwa 1000 Blumenkörbe die Straßenlaternen und Veranden der Fußgängerzone.

Durie Hill

2 Blythe St, via Anzac Parade. (06) 345 8525. tägl.

Am Ende der Victoria Avenue erhebt sich der Durie Hill. Ein historischer Aufzug aus dem Jahr 1919 im Berginnern überwindet die 66 Meter Höhenunterschied bis zum Gipfel in einer Minute. Weltweit existieren nur wenige dieser Lifte. Ein Fußgängertunnel verbindet Straße und Aufzug.

Die Wendeltreppe innerhalb des 34 Meter hohen Durie Hill Memorial Tower auf dem Plateau des Hügels erfordert dagegen etwas Anstrengung, doch Besucher werden durch das überwältigende Panorama auf Wanganui, den Mount Taranaki/Egmont im Nordwesten *(siehe S. 182f)*, den Mount Ruapehu im Osten *(siehe S. 142f)* und die Tasmansee belohnt. Für das 1925 errichtete Mahnmal des Ersten Weltkriegs wurden versteinerte Muscheln verwendet.

Whanganui Regional Museum

Queens Park. (06) 349 1110. tägl. Karfreitag, 25. Dez. www.wanganui-museum.org.nz

Unter den Schätzen des 1895 errichteten Museums sind die Gemälde von Gottfried Lindauer (1839–1926) hervorzuheben. Der Künstler, der vor allem Maori malte, floh 1863 vor dem Militärdienst in der österreichisch-ungarischen Armee nach Neuseeland. Das *waka* (Kriegskanu) Te Mata-o-Hoturoa ist ein weiterer Höhepunkt der Ausstellung. Die Objekte des Hauses sind Zeugnisse der geologischen, sozialen und naturgeschichtlichen Vergangenheit.

INFOBOX

Straßenkarte E4. *44 000.*
8 km südöstlich der Stadt.
165 Ridgway St. *i-SITE, 31 Taupo Quay.* *(06) 349 0508.*
Wanganui in Bloom (Dez–März). **www**.wanganui.com

Sarjeant Gallery

Queens Park. *(06) 349 0506.*
tägl. *Karfreitag, 25. Dez.*
www.sarjeant.org.nz

Die Galerie besitzt eine viel beachtete Sammlung von Ölgemälden, Gouachen und Drucken der klassischen Moderne, ebenso die Denton Photography Collection sowie Zeichnungen und Plakate aus dem Ersten Weltkrieg.

Moutoa Gardens

Market Place.

Im Stadtkern von Wanganui wurde der schöne Park angelegt. Große Statuen stehen zwischen seltenen Bäumen und bunten Blumenbeeten. Die Parkanlage wird seit den 1990er Jahren auch für politische Versammlungen genutzt. So protestierten hier im Jahr 1995 Maori gegen die Bodenpolitik der Regierung Neuseelands.

Statue, Moutoa Gardens

Cooks Gardens

Maria Place.

Das beliebte Ausflugsziel mit einer rasanten Radrennbahn aus Holz und einem schönen Glockenturm zieht viele Besucher an. 1962 brach Peter Snell in den Cook Gardens mit einer Zeit unter vier Minuten über die Meile den alten Weltrekord des Engländers Roger Bannister.

Whanganui Riverboat Centre

Taupo Quay. *(06) 347 1863.*
tägl. *im Inneren.*
www.riverboats.co.nz

Der 1899 in London gebaute Raddampfer *Waimarie* fuhr über 50 Jahre auf dem Whanganui River, ehe er restauriert und ausgestellt wurde. Das Schiff legt hier zu Rundfahrten ab.

Der Raddampfer *Waimarie* auf dem Whanganui River

Whanganui River ⓯

Straßenkarte E3–E4. *Wanganui Department of Conservation, Ecke Ingestre & St Hill St.* *(06) 345 2100.* **www**.whanganuiriver.co.nz

Der Whanganui River ist nur der drittlängste Strom des Landes, aber der längste schiffbare Fluss Neuseelands. Von seinem Quellgebiet am Fuß des Mount Tongariro schlängelt er sich 290 Kilometer durch den Whanganui National Park und die Stadt Wanganui, bevor er in die Tasmansee mündet.

Bis 1920 war der Fluss die Hauptverkehrsader ins Landesinnere. Raddampfer verkehrten zwischen Wanganui und dem Mount Ruapehu. 239 verzeichnete Schluchten und Stromschnellen machen den Fluss heute zum Zentrum des neuseeländischen Kanusports. Start und Zielpunkte der Wassersportler liegen bei Taumarunui, Pipiriki oder Wanganui. Die 145 Kilometer lange Strecke von Taumarunui nach Pipiriki dauert mit dem Kanu fünf Tage. Zwischen Oktober und April sind Vorbuchungen beim jeweiligen Department of Conservation oder anderen Vorverkaufsstellen nötig.

Von Wanganui bis Pipiriki kann man dem Flusslauf auf einer befestigten Straße folgen und Seitenwege zu historisch bedeutsamen Orten, frühen Maori-Dörfern, Wasserfällen und schönen Aussichtspunkten erkunden.

Whanganui National Park ⓰

Straßenkarte E3. *Department of Conservation, 74 Ingestre St, Wanganui.* *(06) 349 2100.*

Alle drei Kerngebiete des 1987 errichteten Nationalparks liegen nahe beim fischreichen Whanganui River. Breitblättrige Podocarp-Bäume in Flussnähe bilden das Herz des Parks. Hohe Farnbäume, eine dichte Ufervegetation und viele Vogelarten schaffen seine unvergleichliche Atmosphäre.

Aktivurlauber können unter Kanufahrten, Floßfahrten, Jetbooten oder Wandertouren wählen, auch Angler und Jäger kommen auf ihre Kosten. Eine gemütlichere Option ist eine Fahrt mit dem Raddampfer *Waimarie* aus dem 19. Jahrhundert.

Der Whanganui River auf seinem Weg durch den Whanganui National Park

New Plymouth ⓱

Brunnen im Pukekura Park

Der einzige Tiefwasserhafen an Neuseelands Westküste liegt in der Bucht von Taranaki, eingerahmt von weißen Stränden, vor denen sich Wellenreiter tummeln. Im Hintergrund von New Plymouth thront der mächtige Vulkankegel des Mount Taranaki/Egmont. Die Region erzeugt verschiedene landwirtschaftliche Güter. Auch Holzwirtschaft und Schwerindustrie sind bedeutend. Außerdem ist die Region das Zentrum der Öl- und Gasförderung sowie der petrochemischen Industrie des Landes. Die Stadt kann mit vielen schönen Parks und Grünflächen aufwarten. New Plymouth ist darüber hinaus ein idealer Ausgangspunkt für einen Besuch im Egmont National Park *(siehe S. 182f)*.

Fenstermosaike in der Taranaki Cathedral Church of St Mary

Taranaki Cathedral Church of St Mary

37 Vivian St. (06) 758 3111. tägl. an den meisten Tagen.

Die 1848 geweihte Marienkirche ist die älteste Steinkirche Neuseelands. Die leuchtenden Fenstermosaike sind, wie der Kirchenbau selbst, ein Kleinod der Architektur. Die Grabplatten von Kindern, Soldaten, Siedlern und kirchlichen Würdenträgern erinnern an die Zeit der Stadtgründung. Auch zum Christentum übergetretene Maori-Häuptlinge wurden hier beigesetzt.

Puke Ariki

1 Ariki St. (06) 759 6060. tägl.

www.pukeariki.com

Die aus Bibliothek, Museum und Besucherzentrum bestehende Anlage wurde in der ehemals bedeutendsten Stätte der Maori in Taranaki eingerichtet. In diesem Komplex sind etwa 6000 Objekte der Maori zu sehen. Unterhalb von Puke Ariki beginnt ein rund sieben Kilometer langer Wanderweg an der Küste.

Richmond Cottage

Ariki St. (06) 759 6060. Wochenende, Feiertage 11–15.30 Uhr.

Das Richmond Cottage, 1853 aus Stein statt des üblichen Holzes erbaut, war der elegante Wohnsitz der prominenten Familie Richmond. Die Mehrzahl des Mobiliars und die Erinnerungsstücke des wunderschön restaurierten Hauses stammen noch aus jener Zeit. Um 1880 konnten Badegäste hier ein Zimmer mit Aussicht mieten.

Pukeariki Landing

Ariki St. tägl.

Die grüne Oase inmitten der Stadt öffnete ihre Tore, nachdem die Bahnlinie, die an der Küste entlangführte, geschlossen wurde. Die schöne Parkanlage verdankt ihren Namen der Anlandung von Menschen und Waren, die genau an dieser Stelle abgesetzt wurden.

Govett-Brewster Art Gallery

40 Queen St. (06) 759 6060. tägl. 25. Dez. für Sonderausstellungen.

www.govettbrewster.com

Das 1970 gegründete Museum für Gegenwartskunst – damals ein Novum in Neuseeland und im asiatisch-pazifischen Raum – war ein Geschenk der Mäzenin Monica Brewster. In ihrer Stiftungssatzung legte sie fest, dass die Govett-Brewster Art Gallery immer von einem ausgewiesenen Kunstexperten des Landes geleitet werden solle, der sich »nicht von örtlichen Politikern beeinflussen lassen« solle. Besonders die zwischen 1970 und 1990 entstandenen Arbeiten von Patrick Hanly, Colin McCahon und Michael Illingworth sowie die umfangreiche Skulpturensammlung des Museums sind äußerst sehenswert.

Die Figuren, Bilder, Statuen und Filme des international bekannten Künstlers Len Lye (1901–1980) sind in einem Archiv untergebracht. In der Galerie werden jedes Jahr rund 20 Ausstellungen veranstaltet, gelegentlich werden auch Vorlesungen über moderne Kunst abgehalten. Für Forschungszwecke bedeutend ist die umfassende Bibliothek.

Die Parkanlagen von Taranaki

Die Gärten, Parks und Grünzonen von Taranaki ziehen viele Besucher an. Das milde Klima, genügend Sonne und ausreichend Regen sind – zusammen mit nährstoffreicher Vulkanerde und einer windgeschützten Lage – die idealen Voraussetzungen für Gartenbau. Rhododendren, Azaleen und Kamelienbäume gedeihen hier besonders gut, ebenso Rosen, Magnolien, Iris und andere typisch neuseeländische Pflanzen. Während des Taranaki Rhododendron Festival von Ende Oktober bis Anfang November öffnen zahlreiche Hobbygärtner ihre großen und kleinen Gärten für Blumenliebhaber und Gartenfreunde aus allen Teilen der Welt. Manchmal bietet man den Besuchern Tee an. Weitere Informationen über die Parkanlagen von Taranaki erhalten Sie online unter: www.gardens.org.nz.

Rhododendronstrauch

Farne im Pukekura Park

Pukekura Park

Liardet St. ◯ *tägl.* ♿

Zehn Gehminuten vom Stadtzentrum entfernt liegt der Pukekura Park. Die Anlage steht ganz unter dem Thema Wasser. Pfade führen durch feuchten Regenwald, vorbei an exotischen Bäumen und Riesenfarnen, hin zu sprudelnden Bächen und künstlichen Seen. Das Farnhaus, der Springbrunnen, ein Wasserfall, das Wasserrad, ein Spielplatz und Mietboote machen einen Besuch zum Erlebnis. Vom Teehaus am großen See hat man einen überwältigenden Blick auf den Mount Taranaki/Egmont. Während des Lichterfestes von Weihnachten bis Februar verwandeln Tausende farbiger Lampen den Park in ein Märchenland.

INFOBOX

Straßenkarte D3. *70 000.* *12 km nordöstl. der Stadt.* *Queen St.* *1 Ariki St (Puke Ariki Foyer).* *(06) 759 6060.* *Taranaki Rhododendron Festival (Okt–Nov); Festival of Lights (Dez–Feb).* **www**.newplymouthnz.com, **www**.taranaki.info

Brooklands Park

Brooklands Park Drive. ◯ *tägl.* ♿

An den Pukekura Park schließt der im englischen Stil angelegte Brooklands Park mit weiten Rasenflächen und gepflegter Gartenkultur an. Der einstige Privatpark wurde 1934 der Stadt geschenkt. Unter anderem findet man hier einen über 2000 Jahre alten Puriri-Baum, 300 Arten von Rhododendren und einen Zoo für Kinder. Die offene Bühne der Bowl of Brooklands dient als Forum für Konzerte und Unterhaltungsveranstaltungen.

Ein ehemaliges Kolonialkrankenhaus, das 1847 errichtete Gables, befindet sich auf dem Parkgelände. Das schöne Gebäude aus Strandsteinen ist heute eine Galerie und ein Medizinmuseum.

Zentrum von New Plymouth

Govett-Brewster Art Gallery ①
Puke Ariki ④
Pukeariki Landing ③
Pukekura Park ⑥
Richmond Cottage ②
Taranaki Cathedral Church of St Mary ⑤

Zeichenerklärungen
siehe hintere Umschlagklappe

Egmont National Park ⑱

Bergsteiger unterwegs

Der Naturpark ist besonders leicht zugänglich. Der Vulkankegel des 2518 Meter hohen Mount Taranaki/Egmont ist das Wahrzeichen des Gebiets, die Spitze des fast symmetrischen Bergriesen ist ganzjährig mit Schnee und Eis bedeckt. Ein enges Wegenetz mit 190 Kilometern Gesamtlänge ist für erfahrene Bergsteiger und Skifahrer der Himmel auf Erden. Für ungeübte Besucher stehen viele leichtere Routen zur Auswahl. Wie überall in den Bergen sollte man aber auch hier auf rasche Wetterwechsel gefasst sein.

Schutzhütten
Wanderwege verbinden die Schutzhütten, Hüttenpässe gibt es bei den Information Centres und beim Department of Conservation.

Neuseelands Bäume
Der Wechsel zwischen feuchtem Bergklima und heißem Sommerwetter fördert eine wuchernde Vegetation. So findet man an den Berghängen alle erdenklichen Arten von Bäumen.

Puniho Track
Der Rundweg ist entweder eine exzellente Tagestour (sechs bis acht Stunden) oder Teil des »Around-the-Mountain«-Rundwegs, der die Holly-Hütte und die Kahui-Hütte einbezieht.

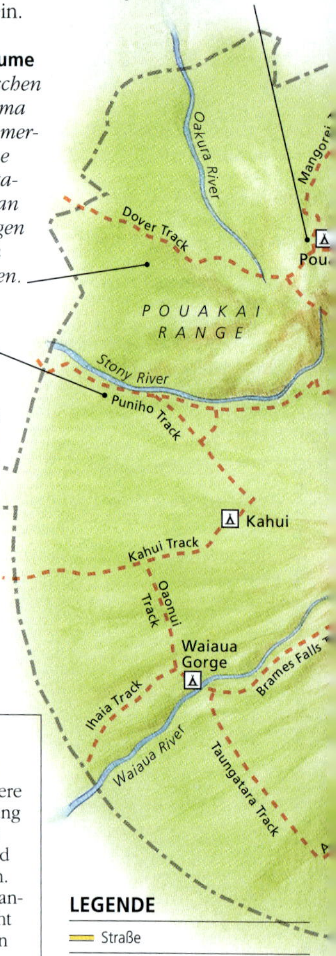

LEGENDE

- Straße
- Fluss
- Parkgrenze
- Wanderweg
- Information
- Hütte
- Picknick

Wege im Egmont National Park

Die vielen »Tracks« des Parks führen hinauf zum Gipfel oder enden auf einem Rundweg auf halber Höhe. Kürzere Strecken beginnen an der Gabelung der drei Straßen zum Gipfel. Man kann zwischen Spaziergängen und anspruchsvolleren Touren wählen. Der beliebte Pouaki-Rundweg beansprucht zwei Tage, Zugang besteht von North Egmont. Die Vegetation reicht in den Tieflagen von Rimu- und Kamahi-Bäumen über dichte Bergwälder bis zu hochalpinen Strauchgewächsen. Eine Vielzahl von Insekten und Vögeln machen den Park auch für Naturliebhaber ohne ausgeprägten Bewegungsdrang zu einem Erlebnis.

Bergwanderer auf einem der »Tracks«

INFOBOX

Straßenkarte D3. *Stratford Depot, Miranda St.* *Egmont National Park Visitor Centre.* *(06) 756 0990; Dawson Falls Visitor Centre.* *(027) 443 0248.*
egmontvc@doc.govt.nz
www.doc.govt.nz

Mount Taranaki / Egmont
Der erloschene Vulkan ist wahrscheinlich das Ergebnis einer Eruption vor über 70 000 Jahren. Der heilige Berg der Maori brach zuletzt 1775 aus.

Egmont Road
Wegzeichen im Egmont Village verweisen auf die 16 Kilometer lange Egmont Road, die in den nördlichen Teil des Parks führt. Picknickplätze liegen am Wegrand.

Das **North Egmont Visitor Centre** vermittelt audiovisuell interessante Einzelheiten zur Geschichte des Parks und des Vulkans.

Gletscherwanderungen
Über Eis und Schnee führen einige Routen über den nördlichen Bergsattel auf den Gipfel. Im Winter ist hochalpine Ausrüstung nötig.

Das **Dawson Falls / Te Rere O Noke Visitor Centre** zeigt typische Pflanzen des Parks und ein Modell der vulkanischen Attraktionen der Gegend.

Dawson Falls
Den über 18 Meter hohen Wasserfall kann man in 20 Minuten zu Fuß vom Dawson Falls Visitor Centre aus erreichen.

Blick auf eine der Sugar Loaf Islands

Oakura ⓳

Straßenkarte D3. *1000.*

An der schönen Küste von Taranaki liegt 15 Kilometer westlich von New Plymouth das Städtchen Oakura. Die Ortschaft ist typisch für die ländlichen Gemeinden Neuseelands: eine von Läden gesäumte Hauptstraße, die Tankstelle, ein Spielplatz, Kirchen, Kneipen und das Kriegerdenkmal. Ein Restaurant in einem alten Bahnwaggon an der Hauptstraße ist da schon etwas Außergewöhnliches. Die Crafty-Fox-Galerie verkauft Werke von Künstlern, die hier leben.

Der Strand von Oakura ist bei Wellenreitern, Surfern und Schwimmern sehr beliebt. Die spektakulären Sonnenuntergänge an dieser Küste inspirierten die Maori zum Namen der Stadt: Oakura heißt in ihrer Sprache »Ort der glühenden Röte«.

Sugar Loaf Islands Marine Park ⓴

Straßenkarte D3. *von Lee Breakwater, New Plymouth.*

Die Inseln, 1991 zum Meeresschutzgebiet erhoben, liegen etwa einen Kilometer vor Port Taranaki, dem Hafen von New Plymouth. Ihre Felszacken und Riffe sind die ältesten vulkanischen Zeugnisse in Taranaki. Die vor fast zwei Millionen Jahren entstandenen Tuffgebirge wurden abgetragen, Reste davon liegen nun zwischen fünf und 30 Meter unter dem Meeresspiegel.

Von den elf Inseln sind Motumahanga und Moturoa, auch die »Outer Islands« genannt, am nördlichen Rand der Meeresschutzzone die größten der Inselgruppe. Vier kleinere Felsklippen vor Paritutu bilden die »Inner Islands«.

Der Artenreichtum der Inselwelt ist überwältigend: Über 80 verschiedene Fischarten, mindestens 19 Spezies geschützter Seevögel, seltene einheimische und eingeführte Pflanzen und gleich 33 Arten von Meeresschwämmen wurden katalogisiert. Die Robben leben das ganze Jahr über auf der Insel und ziehen Jäger wie Delfine und Killerwale an. Hin und wieder werden auch Pilot- und Buckelwale gesichtet. Mit Charterbooten können die Inseln umrundet werden, aber nur Round Rock und Snapper Rock, zwei der Inner Islands, kann man bei der niedrigsten Ebbe betreten.

Das relativ tiefe Wasser und der Überfluss an Meerestieren machen die Inselgruppe zu einem beliebten Tauchrevier. Im Sommer und Herbst kann das Sonnenlicht bis in eine Wassertiefe von 20 Metern hinabreichen. Sogar Angeln ist, allerdings mit Auflagen, erlaubt. Die Angler fangen meist Kabeljau, Kingfish und Schnapper. Von betuchten Sportfischern wird im Sommer und Frühherbst das Hochseefischen der exklusiven Art betrieben. Im tiefen Wasser vor den Sugar Loaf Islands macht man dann Jagd auf Thunfische, Marlins und Makos (Riffhaie). Der von Ernest Hemingway entworfene Mythos der Macho-Fischer ist hier noch ungebrochen.

Cape Egmont ㉑

Straßenkarte D3.

Der westlichste Punkt von Taranaki wird von stürmischen Winden und einer rauen See umtost. Der Leuchtturm ist das Wahrzeichen von Kap Egmont. 1881 brachte man den Turm von Mana Island nahe Wellington hierher, bis 1951 wurde der Lichtkopf mit Dieselmotoren betrieben, heute übernehmen dies Elektroaggregate.

30 Kilometer vor der Küste wird auf dem Maui Field Methangas gefördert und in Oaonui, neun Kilometer nördlich von Opunake, verarbeitet. Im firmeneignen Informationszentrum auf dem Gelände der Raffinerie wird die Entwicklung der Off-Shore-Ölförderung erklärt. Modelle von Tankern und Förderplattformen zeigen die Arbeitsgänge. Mit Ferngläsern ist die Plattform Maui A zu sehen.

Stufen zum Leuchtturm von Cape Egmont

Opunake ㉒

Straßenkarte D3. *1600.* *55 High St.* *(06) 278 8599.* *Opunake Beach Carnival (Jan).*

Die Stadt Opunake, geschäftiger und wohlhabender Mittelpunkt eines auf Viehzucht spezialisierten Umlands, liegt an der Westseite des Mount Taranaki/Egmont. Der Strand von Opunake in der geschützten Middleton Bay gilt als der schönste und sicherste von ganz Taranaki. In den Sommermonaten kommen Scharen von Badegästen

Opunake Beach, ein malerischer Badestrand an der Küste von Taranaki

und Surfern hierher. Auf dem Opunake Walkway, der an zwei alten Friedhöfen vorbeiführt, können Wanderer die weiten Strände der Küste und den Opunake Lake erreichen. Der See ist für alle Arten von Wassersport bestens geeignet. Der sieben Kilometer lange Wanderweg hat mehrere Zugänge, die alle gut ausgeschildert sind.

Hawera 23

Straßenkarte D3. *9000.*
55 High St. *(06) 278 8599.*

Der im Herzen der ländlichen Region von Taranaki gelegene Ort hält interessante Sehenswürdigkeiten für seine Besucher bereit. Die 3,8 Hektar großen **Hollard Gardens** wurden in den 1920er Jahren von Bernard Hollard angelegt und 1982 in den Queen Elizabeth II National Trust eingegliedert. Von September bis November entfaltet der Park seine volle Pracht.

Eine hervorragende Möglichkeit, die wunderschöne Umgebung zu erleben, ist ein Flug mit dem Hubschrauber. Das familiengeführte Unternehmen **Heliview Taranaki** bietet diese Option. Passagiere werden auf Wunsch mit einem Minibus von ihrer Unterkunft abgeholt und wieder dorthin zurückgebracht. Der Flug führt über Hawera, die fantastische Küstenlandschaft und die Gipfel des Mount Taranaki und der Pouaki Range. Im Rahmen eines einstündigen Flugs im Helikopter kann auch eine Landung eingeplant werden, die den Passagieren ermöglicht, die Mount Damper Falls zu erleben. Eine weitere Option ist der einstündige Flug »Port to Peak« von Port Taranaki zum Mount Taranaki.

Die Fontera Dairy Factory, eine riesige Molkerei in der Nähe von Hawera, ist nicht zu besichtigen.

Statue einer Kuh vor der Fontera Dairy Factory

Einen guten Überblick über das Städtchen Hawera hat man von der Spitze des Wasserturms. Er wurde im Jahr 1914 erbaut, nachdem in den 1880er Jahren Brände den Großteil des Stadtkerns eingeäschert hatten. Nur einen Monat nach Einweihung des Wasserreservoirs erschütterte ein Erdbeben die Stadt und neigte den Turm um 75 Zentimeter nach Süden. Inzwischen wurde der Neigungswinkel auf acht Zentimeter reduziert.

Das **Tawhiti Museum**, in einer früheren Käserei eingerichtet, gilt als bestes Privatmuseum des Landes. Exponate lassen die Zeiten früher Besiedlung lebendig werden. Eine dampfgetriebene Eisenbahn erinnert an die ersten Bahnstrecken von Taranaki.

Hollard Gardens
Manaia Road, nördlich von Kaponga.
(06) 765 7127. *tägl.*
Spende.

Heliview Taranaki
Port Taranaki Heliport, Ocean View Parade. *0800 435 426, (06) 753 0123.* **www**.heliview.co.nz

Tawhiti Museum
401 Ohangai Rd. *(06) 278 6837.*
wechselnde Zeiten.
nach Vereinbarung.

Stratford 24

Straßenkarte D3. *5700.*
61–63 Miranda St. *(06) 765 6708.*

Die Stadt Stratford östlich des Mount Taranaki/Egmont und 40 Kilometer südlich von New Plymouth wurde nach Shakespeares Geburtsstadt benannt. Viele Straßen tragen Namen von Figuren aus seinen Dramen. Im **Taranaki Pioneer Village** stehen etwa 50 alte Siedlerhäuser, eine Schule, das Gefängnis sowie ein historischer Bahnhof. Wie in einer Zeitmaschine kann man auf diese Art die Geschichte von Stratford und Umgebung hautnah erleben.

Taranaki Pioneer Village
Stratford South. *(06) 765 5399.*
tägl. *25. Dez.* *nicht alle Ausstellungsstücke.*

Lebensgroße Figuren des Tawhiti Museum in Hawera

MOUNT COOK AIRLINE
17

Südinsel

Die Südinsel stellt sich vor

Unvergleichlich schöne Landschaften erwarten die Besucher der Südinsel. Die schneebedeckten Gipfel der Southern Alps prägen die Szenerie und schaffen mit unzähligen Gletschern, Seen, Flüssen und Fjorden in der südlichen Hälfte einen großen Abenteuerspielplatz der Natur. Im sonnenverwöhnten Nordteil laden goldschimmernde Strände, ein Netz von Wasserstraßen und fruchtbare Weinberge Besucher ein. An der Tasmansee peitschen hohe Wellen gegen die Küste. Östlich der Küste durchquert man die Canterbury Plains und das Farmland von Otago und Southland. Eine Tour über die Südinsel beginnt meist in Christchurch oder in Picton.

Zur Orientierung

Im Aoraki / Mount Cook National Park (siehe S. 252f) *überragen die höchsten Gipfel Neuseelands die Southern Alps und die Vorgebirge. Kein Wunder, dass der weite Naturpark bei Wanderern, Bergsteigern und Fotografen gleichermaßen beliebt ist.*

Der Lake Te Anau (siehe S. 281) *liegt gegenüber dem Gebirgszug des Fiordland National Park. Der längste See des Landes ist wegen seiner vielen Forellen und Lachse ein Paradies für Angler.*

Der Octagon (siehe S. 258 und S. 261), *ein lebendiger Platz im Zentrum von Dunedin, bekommt sein kulturelles Flair nicht zuletzt durch die Statue des schottischen Dichters Robert Burns.*

◁ **Zwischenlandung im Schnee während eines Flugs über den Aoraki / Mount Cook** ***(siehe S. 252 f)***

Nelson Lakes National Park (siehe S. 212) *an der Nordspitze der Southern Alps hat sein Zentrum an den Gletscherseen Rotoiti und Rotoroa.*

Die Küste von Kaikoura (siehe S. 208 f) *ist der einzige Ort, an dem Sie das ganze Jahr über Pottwale beobachten können. Charterboote ökobewusster Unternehmen bringen Besucher zur Walbeobachtung aufs offene Meer hinaus.*

Die Provincial Council Buildings *in Christchurch* (siehe S. 226) *bilden den Mittelpunkt des historischen Stadtkerns und gelten als Neuseelands vollendetste Säkularbauten im neogotischen Stil.*

Die Moeraki Boulders (siehe S. 267) *sind vollkommen runde, glatte Felsen verschiedener Größe. Wie eine Perlenkette liegen die grauen Steine am Strand vor den Klippen aufgereiht.*

Landschaften

Die vielfältigen Landschaften der Südinsel sind überwältigend: die grünen Marschen des Marlborough Sound, die langen Strände nahe Nelson, die weiten Ebenen von Canterbury, die schneebedeckten Berge der Hochgebirge, die dampfenden Regenwälder der Westküste, die zerklüfteten Hügelketten, das satte Farmland von Otago bis Southland und die Fjorde des Südwestens. So gegensätzlich wie die Landschaften ist auch das Klima: Nur drei Stunden Autofahrt trennen die feuchtere Westküste von der trockeneren Ostküste.

Mitre Peak *im Fiordland National Park ist die höchste Meeresklippe der Welt.*

Im Abel Tasman National Park *kontrastieren goldfarbene Strände mit dem Grün der Wälder* (siehe S. 214f). *Der Weg entlang der Küste ist eine der beliebtesten Routen der Südinsel.*

Schafe werden während der kalten Wintermonate zusätzlich mit Heu gefüttert.

Southern Alps
Fast über die gesamte Südinsel erstreckt sich diese alpine Bergformation. Sie entstand durch das Zusammentreffen der Australischen mit der Pazifischen Kontinentalplatte *(siehe S. 22)*.

An der Westküste, *einer regenreichen Region zwischen der Tasmansee und den Southern Alps, liegen die unberührten Regenwälder der Südinsel. Auf dem Milford Track* (siehe S. 283) *lassen sich Naturschauspiele wie dieser Wasserfall am besten erkunden.*

Auf der Halbinsel Banks *formten die ehemaligen Lavaströme erloschener Vulkane die Hafenbecken von Lyttelton und Akaroa.*

Die Marlborough Sounds *entstanden durch Überschwemmungen eines verzweigten Flussdeltas* (siehe S. 202f).

Die Sutherland Falls *in Fiordland galten mit 580 Metern Fallhöhe lange Zeit als die höchsten Wasserfälle der Welt.*

Berge und Gletscher verbinden sich zu einer einzigartigen Landschaft, die Wanderer und Bergsteiger immer wieder begeistert.

Die Felsformationen der Southern Alps ragen mächtig auf. Aus der Luft oder von der Straße aus bieten sich immer wieder neue, spektakuläre Ausblicke.

Lake Ohau und die andere Seen an der Ostseite der Alpen sind aus dem Schmelzwasser der nahen Gletscher entstanden.

Lake Tekapo *und andere Seen verdanken ihre milchig blaue Farbe feinen Eiskörnern, die an den Felsen zerrieben werden.*

»Braided Rivers«

Im Zopfmuster talwärts fließende Wasserläufe haben das seltene Naturphänomen der »Braided Rivers« erschaffen. In Jahrtausenden schwemmten die Flüsse Rakaia, Waimakariri, Rangitata und Waitaki große Mengen Erde von den Southern Alps in die Ebenen. So entstanden die fruchtbaren Canterbury Plains. An den Flussufern lebt der Wrybill, ein Vogel mit einem seitwärts gebogenen Schnabel. In den Flussläufen des Mackenzie Basin kann der seltene Schwarze Stelzenläufer beobachtet werden. Die endemische Vogelart brütet auf Treibgut und kleinen Inseln *(siehe S. 251)*.

Die Flussläufe des Waimakariri River versorgen die Canterbury Plains mit reichlich Wasser

Tierwelt

Straßenschild: Achtung Wildtiere

Durch die geringe Bevölkerungsdichte sind die Wildtiere auf der Südinsel nicht so gefährdet wie auf der Nordinsel. Die große Zahl an Brutgebieten spiegelt dies wider. Neuseeland wird wegen der vielen Brutplätze an den Küsten oft als das »Seevogelparadies der Welt« bezeichnet. Das Fehlen von natürlichen Feinden macht die Vögel Neuseelands furchtloser – sie sind deshalb besser zu beobachten. Große Kolonien von Meeressäugern können mit hoher Wahrscheinlichkeit entlang den Küsten Neuseelands angetroffen werden. Reiseveranstalter und Wildhüter sprechen sogar von 100 Prozent Wahrscheinlichkeit, die Tiere zu Gesicht zu bekommen.

Weiße Reiher *brüten im September und Oktober nur in einem Sumpfgebiet bei Okarito. Beobachten kann man sie auch in anderen Vogelschutzgebieten.*

Der Königsalbatros *ist mit drei Meter Flügelspannweite einer der größten Seevögel. In Taiaroa Head auf der Halbinsel Otago* (siehe S. 266) *befindet sich der einzige Nistplatz der Welt auf festem Land.*

Der Schwarze Stelzenläufer (Kakī), ein gefährdeter Watvogel, lebt im Gebiet der Braided Rivers. Von Unterständen aus kann man die seltenen Tiere beobachten *(siehe S. 251).*

Der Zwergpinguin, die kleinste Pinguinart der Welt, lebt auch in der Nähe des Menschen, so in Oamaru *(siehe S. 269).*

Große Tümmler können eine Geschwindigkeit von 40 km/h erreichen. Sie bevorzugen küstennahe Brutreviere für die Jagd. Eine Gruppe lebt ganzjährig im Doubtful Sound *(siehe S. 284).*

Der Dickschnabelpinguin hat ein gelbes Haarbüschel über jedem Auge. Im Juni verlassen die Tiere das Meer und ziehen in die Regenwälder, um in Höhlen unter den Wurzeln der Bäume Nester zu bauen.

Der Kiwi, *ein Nachtvogel, kann auf Stewart Island* (siehe S. 288f) *während der Dämmerstunden beim Fressen beobachtet werden.*

Der Gelbaugenpinguin, *eine der seltensten Arten der Welt, ist auf der Halbinsel Otago* (siehe S. 267) *zu Hause. Abends marschieren die Tiere am Strand auf und ab.*

Pelzrobben *»heulen« von vielen Felsen entlang der Küste. Bei Cape Foulwind (siehe S. 234) kann man im Frühjahr und Sommer die Jungtiere einer Robbenkolonie beobachten.*

Watvögel *wie diese Stelzenläufer sammeln sich in großen Gruppen und sind in den Wattgebieten und Prielen der Küstenregion auf Nahrungssuche.*

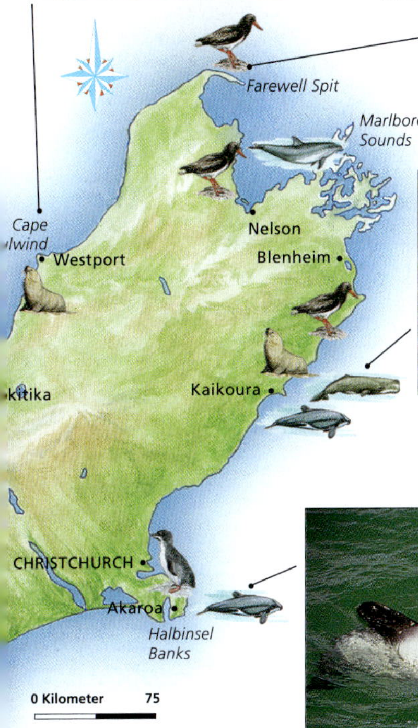

Pottwale *leben in den Gewässern vor Kaikoura (siehe S. 209). Sie tauchen bis zu 1000 Meter tief, um die reichen Plankton-Bänke in den kalten Zonen zu erreichen.*

Hectordelfine, *eine nur in Neuseeland vorkommende Delfinart, gehen zu zweit oder in kleinen Gruppen meist in Küstennähe auf die Jagd.*

LEGENDE

- Kakī/Schwarzer Stelzenläufer
- Zwergpinguin
- Großer Tümmler
- Dickschnabelpinguin
- Pelzrobbe
- Hectordelfin
- Kiwi
- Königsalbatros
- Pottwal
- Watvogel
- Weißer Reiher
- Gelbaugenpinguin

TIERBEOBACHTUNG

Vor allem während der Brut- und Aufzuchtzeiten ist es wichtig, die Tiere so wenig wie möglich zu stören. Robbenmütter können angreifen, wenn jemand ihren Jungen zu nahe kommt. Werden die Gelbaugenpinguine gestört, kommen sie nicht an Land, um ihre Jungen zu füttern. Delfine mögen es nicht immer, wenn man in ihrer Nähe schwimmt. Am besten nimmt man sich einen erfahrenen Führer, der die Brutplätze und Gewohnheiten der Tiere kennt, aber auch über Lebensraum und Rhythmus der Tiere informieren kann.

Sport und Aktivurlaub

Snowboard-Fahrer

Queenstown gilt wegen seines breiten Angebots als Top-Adresse für Aktivurlauber. Die Berge, Seen und Flüsse der Umgebung sowie das regenarme Klima bieten ideale Bedingungen für jede Art von »Outdoor-Activities« an. Neuseelands Experten in Sachen Extremsport erfinden immer wieder neue Herausforderungen. Ob man durch Wildwassercanyons zischen, von Brücken springen, extreme Hänge mit den Skiern bewältigen oder mit dem Fallschirm abspringen will – gut ausgebildete Führer sind immer und überall zuerst auf die Sicherheit der ihnen anvertrauten Besucher bedacht.

Jetboote, *die speziell für flache Gewässer konstruiert wurden, rasen mit halsbrecherischem Tempo über nur zehn Zentimeter tiefe, enge Wildwasserschluchten.*

Queenstown und Umgebung

LEGENDE

State Highway

Nebenstraße

Fluss

Extremsport in der Nähe von Queenstown

Die hier angegebenen Ziele für Extremsportarten befinden sich alle im Umkreis von 150 Kilometern. Die Veranstalter sorgen für Fahrzeuge, Ausrüstung und qualifizierte Führer.

	Bungee-Jumping	Gleitschirmfliegen	Jetbootfahren	Mountainbiken	Skifahren	Tandem-Gleitschirm	Tandem-Fallschirm	Wildwasser-Rafting
Cardrona Alpine Resort				■	●			
Coronet Peak		■			●			
Kawarau Bridge	●							
Kawarau River			●					■
Queenstown *(siehe S. 276 f)*	●			■		■	●	
Remarkables		■		■	●	■	●	
Shotover River			●					■
Skippers Canyon	●		●					
Treble Cone					●	■		
Waiorau Snow Farm					●			
Wanaka *(siehe S. 270 f)*				■		■	●	■

Die Abfahrten *der Skigebiete in der Nähe von Queenstown zählen zu den besten des Landes.*

Mountainbiker *können – individuell oder in geführten Gruppen – auch abgelegene Gebiete erkunden, die früher nur zu Fuß erreichbar waren.*

Wildwasserfahrten *durch die engen Schluchten der Flüsse Kawarau und Shotover sind ein aufregendes, anstrengendes und ziemlich nasses Abenteuer.*

Queenstown, Lake Wakatipu und die Remarkables sind vom Aussichtspunkt Skyline Gondola an Bob's Peak zu sehen.

An der Absprungzone der Bungee-Springer werden die Fußgurte angelegt und die Seile auf das Körpergewicht der Springer abgestimmt.

Ein Bungee-Springer stürzt sich von der Plattform in die Tiefe, bevor ihn das Gummiband »auffängt«.

Bungee-Jumping

Der Neuseeländer A. J. Hackett sprang erstmals 1986 mit einem Gummiband an seinen Fußgelenken vom Eiffelturm in Paris. Heute kann man zwischen einem »trockenen« oder einem »nassen« Sprung von einer 134 Meter hohen Brücke über einem engen Flusstal wählen. Auf Bob's Peak ist die Plattform »Ledge« das ultimative Ziel besonders wagemutiger Bungee-Springer aus aller Welt.

Skitouren und Langlauf *sind die besondere Attraktion der Waiorau Snow Farm in der Pisa Range bei Wanaka. In der Wintersaison finden hier auch Skisprung-Wettbewerbe und Langlauf-Rennen statt.*

Tandem-Gleitschirmflüge *(»parapenting« oder »paragliding«) erfolgen zusammen mit einem Lehrer. Das Paar stürzt sich von einem Hügel, der Gleitschirm öffnet sich, und man schwebt talwärts. Diese ungefährlichere Variante des Tandem-Fallschirmsprungs aus einem Flugzeug ist sehr beliebt.*

Marlborough und Nelson

Die Region um Marlborough und Nelson wird nicht nur wegen ihres milden Klimas geschätzt. Die Landschaft wechselt von zerklüfteten Küsten zu hellen Stränden, von Inseln über Hochland bis hin zu den dicht bewaldeten Höhenzügen der Naturparks. Die Gartenbauregion ist auch Neuseelands größtes Weinbaugebiet und profitiert vom Fischreichtum der Gewässer.

Archäologische Funde belegen die Besiedlung der Region durch die Maori seit dem 13. Jahrhundert. Die polynesischen Seefahrer Kupe *(siehe S. 45)* und Rakaihautu hielten sich hier auf, und auch Abel Tasman fuhr 1642 in die Golden Bay ein *(siehe S. 48)*. Nach tödlichen Auseinandersetzungen mit den Maori mieden die Holländer jedoch die Inseln, erst die Besuche Cooks in den 1770er Jahren verliefen friedlicher *(siehe S. 48)*.

Nach dem Vertrag von Waitangi *(siehe S. 48f)* gründete die New Zealand Company 1842 eine Niederlassung in Nelson. Schon 1858, ein Jahr vor Entstehung der Provinz Marlborough, wurde Nelson zur zweiten Stadt Neuseelands erhoben. Die Region ist mit Marlborough im Osten und Nelson im Westen zweigeteilt.

Die landschaftlichen Gegensätze Marlboroughs sind allerdings beachtlich: Von den Flüssen des Marlborough Sound im Norden über die Weinberge und Schaffarmen um Blenheim bis zur wilden Kaikoura-Küste hat die Region viel zu bieten. Die Golden Bay im Norden von Nelson wird durch den Farewell Spit sowie durch die Bergrücken der Nationalparks Abel Tasman und Kahurangi vor der rauen See geschützt. Die Stadt Nelson sowie Motueka liegen direkt an der Tasmansee. Das fruchtbare Hinterland ist von den Southern Alps und dem dritten Nationalpark der Region, den Nelson Lakes, begrenzt.

Kaikoura ist nicht nur touristisch bedeutsam, es ist auch ein Zentrum für Wein-, Obst- und Gemüseanbau.

Buntes Treiben auf dem Wochenmarkt in Nelson

◁ **Der Sandstrand von Totaranui im Abel Tasman National Park** ***(siehe S. 214f)***

Überblick: Marlborough und Nelson

Der nördliche Teil der Südinsel wartet mit vielen Sonnenstunden, einladenden Küsten, mehreren Meeresschutzzonen, gutem Essen und Trinken sowie mit drei Nationalparks auf: Nelson Lakes, Abel Tasman und Kahurangi National Park. Ein Besuch von Kaikoura *(siehe S. 209)* oder eine Tour durch die Weingüter *(siehe S. 206f)* gehört zu den Höhepunkten des Urlaubsangebots. Das Kunsthandwerk aus Nelson und eine Reihe von Abenteuertouren ziehen viele Besucher an. Auch die vielen Routen der Nationalparks inklusive der Marlborough Sounds *(siehe S. 202f)* lassen keine Wünsche offen – gleich ob man sie zu Fuß oder mit dem Mountainbike erlebt.

Der beliebte Strand von Kaiteriteri in der Nähe von Motueka

Sehenswürdigkeiten auf einen Blick

Abel Tasman National Park S. 214f 14
Blenheim 6
Collingwood 18
Farewell Spit 19
Havelock 4
Kahurangi National Park 13
Kaikoura 7
Marlborough Sounds S. 202f 2
Motueka 12
Nelson S. 210f 8
Nelson Lakes National Park 11
Picton 1
Queen Charlotte Drive 3
Richmond 9
St Arnaud 10
Takaka 16
Takaka Hill 15
Waikoropupu Springs Scenic Reserve 17

Tour

Weingüter im Wairau Valley 5

LEGENDE

- State Highway
- Nebenstraße
- Panoramastraße
- Eisenbahn (Hauptstrecke)
- Eisenbahn (Nebenstrecke)
- Regionalgrenze
- Gipfel

SIEHE AUCH

• ***Hotels*** S. 310–312
• ***Restaurants*** S. 336–338

Weitere Zeichenerklärungen *siehe hintere Umschlagklappe*

In Marlborough und Nelson unterwegs

Die meisten Nebenstraßen im Hinterland von Marlborough und Nelson, besonders die zu den Marlborough Sounds und zur Molesworth Station *(siehe S. 208)*, sind enge Schotterwege. Eine abwechslungsreiche Bahnstrecke führt die Ostküste entlang von Picton nach Kaikoura und weiter bis Christchurch. Nelson ist zwar nicht per Bahn zu erreichen, kann aber – wie Blenheim – angeflogen werden. Ab Wellington werden Flüge zur Golden Bay und zu den Sounds angeboten. Bus- und Bootstouren in die drei Nationalparks sind von Nelson, Motueka, Marahau und Kaiteriteri aus möglich.

Weingärten bei Blenheim im Wairau Valley, Neuseelands größtem Weinbaugebiet

Touren und Unternehmungen

Die hier aufgeführten Orte sind ideal, um sich zu erholen und etwas zu unternehmen. Allerdings ändert sich das Wetter – je nach Jahreszeit – häufig. Vor einer Tour sollten Sie sich eingehend vor Ort informieren.

	Vogelbeobachtung	Bootfahren	Meerestiere beobachten	Mountainbiken	Kajakfahren	Schwimmen	Wandern
Abel Tasman National Park	●		●	■	●	■	●
Blenheim	●			■			●
Collingwood	●			■			●
Farewell Spit	●		●				●
Havelock		■			●		●
Kahurangi National Park	●						●
Kaikoura	●	■	●	■	●	■	●
Marlborough Sounds	●	■	●	■	●	■	●
Motueka	●					■	●
Nelson		■		■		■	●
Nelson Lakes National Park	●	■				■	●
Picton		■		■	●	■	●
Queen Charlotte Drive						■	●
St Arnaud	●	■		■	●	■	●

Picton ❶

Straßenkarte D4. *4000.* *Koromiko, 9 km südlich.* *The Foreshore.* *(03) 520 3113.* **www**.destinationmarlborough.com

Am oberen Ende des Queen Charlotte Sound dient Picton als Fährhafen über die Cook Strait. Die anmutige Stadt zwischen den Bergen und dem Meer ist von der typischen Klangkulisse einer Hafenstadt erfüllt. Zahlreiche Fähren, Wassertaxis und Segelboote kreuzen die Bucht, die auch von vielen Seglern als beliebter Ankerplatz geschätzt wird.

Pictons breite Straßen und die historischen Gebäude der Uferpromenade betonen die europäische Vergangenheit. Der Hafen des Wairau-Distrikts, ehemals Waitohi, war 1859 kurzfristig die Hauptstadt der neu geschaffenen Provinz von Marlborough, bis 1866 Blenheim diese Funktion übernahm. Regelmäßige Fährverbindungen zwischen den Inseln existieren seit 1899. Die erste Eisenbahn- und Autofähre wurde 1962 in Betrieb genommen.

Picton ist der geeignete Ort, um sich mit der Geschichte der Region vertraut zu machen. Das **Picton Museum** befasst sich u.a. mit dem ersten Besuch von James Cook im 18. Jahrhundert und der großen Zeit der Walfänger ab 1820.

Am Ausgang der Bucht liegen die Schiffe ***Echo*** und ***Edwin Fox***. Die *Echo* lief im Jahr 1905 vom Stapel und transportierte auf der Route Blenheim–Wellington jährlich 14000 Tonnen Fracht. Der Segler *Edwin Fox* ist das letzte existierende Schiff, auf dem Sträflinge nach Australien und Tausende von europäischen Einwanderern nach Neuseeland gebracht wurden. Das 1853 in Indien ganz aus Teakholz gebaute Schiff wird hier im Trockendock neben dem Museum aufwendig konserviert.

Ausstellung zum Thema Walfang im Picton Museum

Maori-Keule im Picton Museum

Edwin Fox, ein ehemaliges Segelschiff für Gefangenentransporte

Direkt am Wasser liegt das erst vor kurzer Zeit eingerichtete **EcoWorld Aquarium and Terrarium**, in dem Besucher die Vielfalt der hier heimischen Arten bestaunen können.

Wander- und Radwege beginnen nahe der *Echo* bzw. am Shelly Beach des Picton Harbour. Aussichtspunkte bieten einen guten Blick auf die Stadt. Ein steiler Weg bringt Sie zur Victoria Domain, einem kleinen Naturschutzgebiet, das nach Königin Victoria benannt wurde. Ein längerer Fußmarsch führt zur Bob's Bay, erlaubt einen Blick auf den Queen Charlotte Sound und endet bei »The Snout«, einer Landzunge zwischen Picton und der Bucht von Waikawa. Die Maori nennen die Landzunge »Te Ihumoeoneihu«, die Nase des Sandwurms.

Verschiedene Wanderwege in den Tälern Essons und Tirohanga ziehen sich durch das Waldgebiet hinter Picton.

Picton Museum
London Quay. *(03) 573 8283.* *tägl.* *25. Dez.*

Echo
Shelly Beach. *(03) 573 7498.* *Sommer tägl., Winter nach Vereinbarung.* *25. Dez.*

Edwin Fox
Dunbar Wharf. *(03) 573 6868.* *tägl.* *Karfreitag, 25. Dez.*

EcoWorld Aquarium and Terrarium
Picton Waterfront. *(03) 573 6030.* *tägl.* *25. Dez.*

Umgebung: Nach 20-minütiger Fahrt erreicht man nordöstlich von Picton die Halbinsel Karaka Point, einen ehemaligen *Pa*-Ort der Maori. Ein Weg führt zum Strand, Markierungen weisen auf alte Befestigungsanlagen hin.

Marlborough Sounds ❷

Siehe S. 202 f.

Queen Charlotte Drive ❸

Straßenkarte D4.

Der Queen Charlotte Drive, die bekannteste Route durch die Marlborough Sounds, verbindet Picton mit dem Ort Havelock. Mit Pausen kann die 35 Kilometer lange Tour auf den engen und kurvenreichen Straßen bis zu einem halben Tag in Anspruch nehmen.

Auf dem Weg bieten sich zunächst einige schöne Ausblicke auf Picton. Die Governors Bay, acht Kilometer von Picton entfernt, ist der beste Aussichtspunkt auf den Queen Charlotte Sound. Die Route führt an schönen Stränden und Picknickplätzen sowie an malerischen Küstenorten in der Ngakuta Bay und der Momorangi Bay vorbei. Das **Sirpa Alalääkkölä Art Studio** in der Ngakuta Bay stellt farbenfrohe Gemälde mit Motiven der Region aus.

Zwölf Kilometer weiter westlich zweigt bei der Governors Bay ein Weg zur historischen Siedlung Anakiwa ab. Hier beginnt der Queen Charlotte Track *(siehe S. 202f)*. Man findet eine Hütte mit Picknickplatz vor, ein kurzer Spazierweg durch einen Buchenwald führt zur Davies Bay.

Der Queen Charlotte Drive folgt nun dem Ufer des Mahakipawa, bis man den Pelorus Sound erreicht. Von den Wegen und Aussichtspunkten am Cullen Point lassen sich Buchten und Küstenverlauf gut überblicken. Schließlich fällt die Straße stetig in Richtung Havelock ab, dem Endpunkt des Queen Charlotte Drive.

Sirpa Alalääkkölä Art Studio
Phillips Rd, Ngakuta Bay. *(03) 573 7775.* *nach Vereinbarung.*

Havelock ❹

Straßenkarte D4. *500.*
46 Main Rd. *(03) 574 2104.*
www.havelockinfocentre.co.nz

Die selbst ernannte Weltmetropole der grünlippigen Neuseelandmuschel wird wegen ihres historischen Flairs und der Qualität der hier gezüchteten Muscheln immer beliebter. Havelock verdankt seine auf 1853 datierte Gründung dem Bau des Nelson–Blenheim Track, der nahe der Stadt an das Ufer des Pelorus Sound stößt. Die Holzindustrie und Goldminen bestimmten die Geschicke der Region, nun haben Fischfang und Meerestierfarmen (Schalentiere) die dominierende Rolle übernommen.

Ein Restaurant in Havelock und seine unübersehbare Spezialität

Die Hauptstraße hat sich viel von der Atmosphäre der Pionierzeit bewahrt. Spaziert man die Hafenpromenade entlang, fallen die imposante Villa des Sägewerkbesitzers William Bronwlee, die St Peter's Church und die alte Schule (heute ein Hostel) auf, die der Atomphysiker Lord Rutherford *(siehe S. 21 und 212)* in den 1870er Jahren besuchte. Man findet außerdem Cafés und Antiquitätenläden sowie eine Anzahl von Läden mit Schmuck und Kunsthandwerk der Maori.

Jadeskulptur in Havelock

Die in Havelock angebotenen Abenteuertouren umfassen Kajakfahrten auf dem Meer. Der »Mail Run« (Postzustellung per Boot) ist die beste und beliebteste Art, die Buchten des äußeren Sound zu erreichen. Im **Havelock Museum** werden Hausrat aus der Pionierzeit und Erinnerungsstücke an Lord Rutherford ausgestellt. Im März findet das jährliche Muschelfest statt.

Havelock Museum
Main St. *(03) 574 2176.*
tägl. *Spende.*

Umgebung: Neun Kilometer westlich von Havelock liegt **Canvastown**. Die Ortsgründung von 1864 ist eng mit dem ersten Goldrausch der Region verbunden. Tausende Goldsucher hatten hier eine große Zeltstadt errichtet, das sumpfige Gelände ließ jedoch nach Öffnung der Goldfelder an der Westküste viele Glücksritter wieder abwandern.

Elf Kilometer weiter westlich überquert der State Highway 6 den Pelorus Sound, und man erreicht das **Pelorus Bridge Scenic Reserve**. In dieser Flusslandschaft führt ein Wegesystem durch dichtes Waldgebiet zu Badestellen und Wasserfällen. Gut ausgestattete Campingplätze und Schutzhütten sind vorhanden, Flussfahrten und Naturtouren werden ebenfalls angeboten. Einige der Wege sind auch für Rollstuhlfahrer passierbar.

Brücke im beliebten Naturschutzgebiet Pelorus Bridge Scenic Reserve

Marlborough Sounds ❷

Pilz am Wegesrand

Die Marlborough Sounds bieten eine Vielfalt stiller Buchten, Höhlen und Wanderwege, viele Wildtiere, historische Sehenswürdigkeiten und einzigartige Ausblicke. Picton und Havelock sind die wichtigsten Städte der Region *(siehe S. 200f)*, von hier aus lassen sich die Sounds am besten erforschen. Ob per Fahrrad, Kajak oder zu Fuß – der Wunderwelt der Sounds kann man sich einfach nicht entziehen.

Radtour auf den Sounds

D'Urville Island
Die Insel, nur per Wassertaxi zu erreichen, war schon den Maori wegen ihres harten Sandgesteins bekannt. Die Bewohner leben von Landwirtschaft und Tourismus, Aktivurlauber können angeln, tauchen oder Kajak fahren.

French Pass
Das malerische Fischerdorf erhielt seinen Namen wegen der gefährlichen Meerenge zwischen dem Festland und der Küste von D'Urville Island.

Tennyson Inlet wird von dichtem Wald umsäumt. Die Schönheit der stillen Bucht wird auch von den Camping- und Picknickplätzen nicht geschmälert.

Entstehung der Sounds

Die Sounds erscheinen als Erhebungen, die aus dem Meer ragen. In Wirklichkeit sind es mehrere überflutete Täler. Als sich das Weltklima veränderte, stieg der Meeresspiegel. Vulkanische Aktivitäten und die tektonische Kontinentaldrift taten ihr Übriges, sodass der Ozean küstennahe Gebiete überschwemmte. Aber erst am Ende der letzten Eiszeit vor rund 10 000 Jahren war der heutige Wasserstand erreicht, und die Küstenlinie bekam ihr gegenwärtiges Gesicht.

Überflutete Täler in der Elaine Bay des Tennyson Inlet

NICHT VERSÄUMEN

- ★ Motuara Island
- ★ Outer Queen Charlotte Sound
- ★ Queen Charlotte Track

★ Queen Charlotte Track
Der 71 Kilometer lange, gut beschilderte Weg zwischen Ship Cove und Anakiwa verlangt ein wenig Fitness und festes Schuhwerk. Er kann auch mit dem Mountainbike befahren werden.

INFOBOX

Straßenkarte D4. *zwischen Picton und Anakiwa.* *von Picton und Havelock.* **Picton** *The Foreshore.* *(03) 520 3113;* **Havelock** *46 Main Rd.* *(03) 574 2104.* *tägl.* *Karfreitag, 25. Dez.* **www.**doc.govt.nz

★ Motuara Island
Von einem Weg durch das Schutzgebiet des Motuara Island Scenic and Historic Reserve lässt sich die Vogelwelt bestens beobachten.

Die Titirangi Bay besitzt einen der wenigen Sandstrände der Sounds mit Farmpark und Erholungsgebiet.

★ Outer Queen Charlotte Sound
Die faszinierenden Buchten und Inseln sind am besten mit einem Wassertaxi, dem Kajak oder auf einer Wildlife-Tour zu erkunden.

LEGENDE

- State Highway
- Nebenstraße
- Wanderweg
- Information
- Parken
- Camping
- Picknick
- Wassertaxi
- Aussichtspunkt

Am Tory Channel befand sich seit 1827 die erste landgestützte Walfangstation des Landes. Die Ruinen der 1964 geschlossenen Perano-Station können besichtigt werden.

Port Underwood war in den Jahren nach 1830 eine Basis der Walfänger. Heute ist die Whites Bay mit ihrem Strand die Hauptattraktion der Bucht.

Kenepuru Sound
In diesem Ort findet man Unterkünfte aller Preisklassen. Hier ist alles auf Fischfang, Wandern und Naturerlebnis ausgerichtet.

Kajakfahrer im Abel Tasman National Park *(siehe S. 214f)* ▷

Southern

Weingüter im Wairau Valley ❺

Chardonnay-Trauben

Nicht nur wegen des ausgezeichneten Sauvignon Blanc wird das Wairau Valley, die größte und bekannteste Weinregion des Landes, von Weinkennern aus aller Welt besucht. Inzwischen bieten hier etwa 130 Weingüter ihre Produkte an, Montana Wines *(siehe S. 208)* war 1971 das erste. Die besten Weine werden im Februar auf dem Wine Marlborough Festival prämiert. Im Montana Brancott Visitor Centre der Montana Winery erfahren Besucher alles über Weinbau.

Weinbau nahe Blenheim vor dem Hintergrund der Richmond Range

Cloudy Bay ⑨
Das Weingut gehört zu den erfolgreichsten in Neuseeland und ist für seine guten Sauvignon Blancs, Chardonnays und Pinot Noirs bekannt. Für Besucher zum Kosten und Kaufen täglich geöffnet.

Allan Scott Wines and Estates ⑧
Einer der Pioniere des Weinanbaus in Marlborough offeriert mit seinem Chardonnay, Sauvignon Blanc und einem Riesling die typischen Weine der Region.

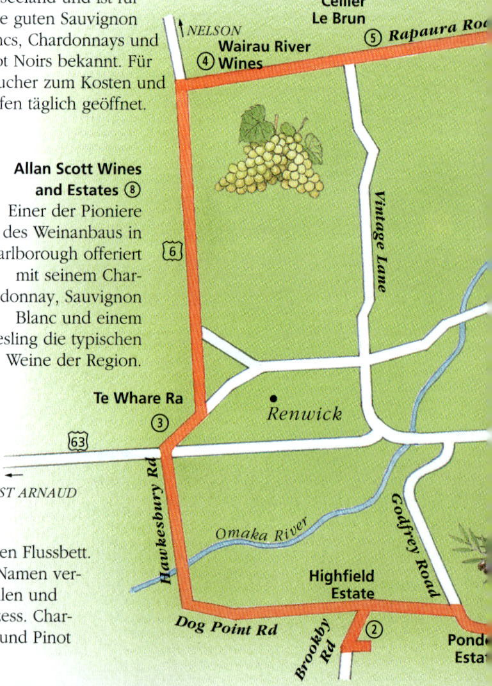

Stoneleigh Vineyards ⑦
Das Weingut liegt in einem trockenen Flussbett. Die Steine, die dem Gut auch den Namen verliehen, reflektieren die Sonnenstrahlen und beschleunigen so den Reifungsprozess. Chardonnay, Riesling, Sauvignon Blanc und Pinot Noir werden hier angebaut.

Hunters Wines ⑥
Das vielfach ausgezeichnete Weingut bietet rote, weiße und moussierende Weine an. Hier werden die Rebsorten Pinot Noir, Cabernet/Merlot, Sauvignon Blanc, Chardonnay sowie ein guter Brut produziert.

LEGENDE

- Routenempfehlung
- Andere Straße
- Fluss

Ponder Estate ①
Neben ausgezeichneten Sauvignon Blancs und Chardonnays hat man nun auch den Olivenanbau eingeführt. Beste Weine und gute Olivenöle werden in der hauseigenen Shed Gallery angeboten. Der Hausherr Mike Ponder stellt hier auch seine Kunstwerke aus.

Highfield Estate ②
Den besten Blick auf die Weinberge des Highfield Estate hat man vom Turm des Hauptgebäudes, das im Stil eines Landguts der Toskana errichtet ist. Auch hier kann man die Weine kosten und kaufen.

Te Whare Ra ③
Süße Dessertweine sind die Spezialität des kleinen, exklusiven Weinguts. Besonders der Gewürztraminer gilt als einer der besten des Landes.

Wairau River Wines ④
Das außergewöhnliche Gebäude (aus Schlamm, Lehm, Stroh und Pferdehaaren) von Wairau River Wines bietet außer dem Verkauf der hauseigenen Rieslings, Chardonnays und Sauvignon Blancs auch ein Restaurant und einen Souvenirladen.

Cellier Le Brun ⑤
Hier setzt man bei der Sektproduktion ausschließlich die *méthode traditionelle* ein. Das Weingut und die Keller können besichtigt werden, der Weinverkauf findet im eigenen Laden statt.

ROUTENINFOS

Start: *Blenheim ist Beginn und Endpunkt der Rundfahrt. Die Straßen sind gut ausgebaut.*
Länge: *34 km.*
Das Weinbaugebiet ist recht überschaubar. Dennoch sollten Sie mehr als einen Tag für den Besuch der Weingüter veranschlagen. Aufgrund der strengen Alkoholkontrollen in Neuseeland ist die Teilnahme an einer Weintour mit dem Bus zu empfehlen. Nähere Informationen erhalten Sie im Blenheim Visitor Centre (siehe *S. 208**).*
Zwischenstopps: *Neben den Restaurants der Weingüter bieten auch Speiselokale in Renwick und Blenheim eine gute Küche. Im Sommer wird an der Straße frisches Obst verkauft.*

Uhrenturm am Seymour Square in Blenheim

Blenheim 6

Straßenkarte D5. *20 500.* *6 km westlich der Stadt.* *Railway Station, Sinclair St.* *(03) 577 8080.* *Wine Marlborough (2. Sa im Feb); Classic Fighters Air Show (Ostern); Hunters Garden Marlborough (2. Wochenende im Nov).*

Mit dem Erfolg des Weinbaus *(siehe S. 206f)* hat die Bedeutung von Blenheim, der größten Stadt in der Region um Marlborough, deutlich zugenommen. Das jährliche Food and Wine Festival ist ein großes Ereignis. Über die Jahre wurden Blenheim und Umgebung Heimat für viele Künstler und Galeristen.

Der Seymour Square mit seinem Brunnen, den Gärten und einer hohen Turmuhr bildet den Mittelpunkt der Stadt. In der **Millennium Art Gallery**, Blenheims einziger Kunstgalerie, werden die Arbeiten der ortsansässigen Künstler ausgestellt. Am Südrand der Stadt schließt das **Marlborough Museum** an die historischen Gebäude des Brayshaw Park an. Der Park unterstreicht mit einer Miniatureisenbahn, einem Teich mit Bootsverleih und dem im Kolonialstil erbauten Minidorf die koloniale Vergangenheit und den damaligen Lebensstil Blenheims.

Die gut beschilderten Fuß- und Radwege des **Wither Hills Farm Park** kann man auch mit mittelmäßiger Kondition genießen.

Millennium Art Gallery
Ecke Seymour & Alfred St. *(03) 579 2001.* *Sa, So 13–16 Uhr.* *Feiertage.* *Spende.*

Marlborough Museum
Brayshaw Park, 26 Arthur Baker Place. *(03) 578 1712.* *tägl. (Archiv nur Di, Do).* *25. Dez.*

Wither Hills Farm Park
Redwood St. *Blenheim i-SITE Visitor Centre, (03) 577 8080.* *tägl.*

Umgebung: Südlich von Blenheim befindet sich das **Montana Brancott Visitor Centre**. Die eine Stunde dauernde Führung gewährt mit einer Weinverkostung, einer Videoshow, dem Besuch von zwei Kellern und einem interaktiven »Aroma-Rad« interessante Einblicke in die hiesige Weinproduktion.

Weiter südlich im Awatere Valley liegt **Molesworth Station**, die größte Farm Neuseelands. Eine 59 Kilometer lange Straße (nur im Sommer befahrbar) erschließt die landschaftliche Vielfalt des Agrargebiets.

Montana Brancott Visitor Centre
State Hwy 1. *(03) 520 6975.* *tägl.* *Karfreitag, 25. Apr, 25. Dez.*

Molesworth Station
Department of Conservation. *(03) 572 9100.* *Dez–Feb.*

Kaikoura 7

Straßenkarte D5. *3700.* *Westend St.* *(03) 319 5641.* *Kaikoura Seafest (1. Sa im Okt); Kaikoura Races (Mo nach Labour Day).*

Der Maori-Name Kaikoura bedeutet »Gericht aus Languste« und reflektiert die Bedeutung des nahen Meeres. Als Kapitän Cook 1770 die Halbinsel Kaikoura umsegelte, taufte er sie »Lookers On« und bezog sich damit auf die Maori, die ihn beobachteten.

1842 kamen erstmals europäische Walfänger hierher. Heute verdankt Kaikoura den sanften Meeresriesen seinen boomenden Tourismus. Im Visitor Centre werden Relikte des Walfangs und eine Videoshow zum Thema Wal gezeigt. Das historische **Fyffe House**, das älteste Gebäude Kaikouras, zeigt Schnitzereien aus Walzähnen. Die Wege des »Garden of Memories« sind von einigen Walrippen flankiert. In der Scarborough Street über der Stadt findet man einen Aussichtspunkt und die Gold Gallery, die mit Blattgold verzierte Walskulpturen ausstellt. Am südlichen Stadtrand liegt die **Kaikoura Winery**, die man auch besichtigen kann. Die Höhle **Maori Leap Cave**, vom Meer in Jahrmillionen aus den Sandsteinklippen gewaschen, ist voller Stalagmiten. Sechs Kilometer südlich des Ortes befindet sich das Gasthaus Fyffe Country Lodge. Nebenstraßen führen auf den nahen Mount Fyffe. Wer hier spazieren geht, kann einen großartigen Blick auf Stadt und Küste genießen.

Walzahn mit Schnitzerei

Fyffe House
62 Avoca St. *(03) 319 5835.* *Sommer: tägl.; Winter: Do–Mo.* *Karfreitag, 25. Dez.* *Erwachsene.*

Kaikoura Winery
State Hwy 1. *(03) 319 7966.* *tägl.* *Karfreitag, 25. Dez.*

Maori Leap Cave
State Hwy 1. *(03) 319 5023.* *tägl.* *25. Dez.* *obligatorisch.*

Picknick an der Küste von Kaikoura

Hotels und Restaurants in Marlborough und Nelson *siehe Seiten 310–312 und 336–338*

Meerestouren vor Kaikoura

Seit das Interesse an Ökologie und Tierbeobachtung Ende der 1980er Jahre einen ungeahnten Aufschwung genommen hat, wurde Kaikoura eine der wichtigsten Städte für den Ökotourismus. Vor allem Pottwale, Orkas und unzählige Delfinarten können vor den Küsten der Region gesichtet werden. Mehrere Veranstalter in Kaikoura bringen Besucher mit Booten, Flugzeugen und auch in Unterwasser-Expeditionen dicht an die Tiere heran. Die große Anzahl an hier lebenden Meeressäugetieren erklärt sich aus dem Zusammenspiel von tiefem Wasser, warmen und kalten Strömungen und dem dadurch vorhandenen Nahrungsüberfluss für Wale, Delfine und andere Meeresbewohner. Von den Seevögeln der Region sind vor allem der Königsalbatros, der Wanderalbatros, der Schwarzbraune Albatros und der Silbersturmvogel zu nennen.

Souvenir aus Bleiglas

Walbeobachtung mit einem Whale Watch®-Boot

Walbeobachtung

Am häufigsten kommen vor Kaikoura Zahnwale (z. B. Orkas) vor, auch Pottwale zeigen sich hier regelmäßig. Im Gegensatz zu den meisten Walen, die Plankton aufnehmen, sind Zahnwale aktive Beutejäger, die sich von Fischen, Krill und Tintenfischen ernähren.

Veranstalter *bemühen sich, ihre Gäste möglichst nahe an die Meeressäuger zu bringen.*

Mit Dusky-Delfinen *zu schwimmen ist ein unvergessliches Erlebnis.*

Neuseeländische Pelzrobben *kann man am Ohau Point, 23 Kilometer nördlich von Kaikoura, sehr gut beobachten.*

Frische Schalentiere *sind eine Spezialität der Restaurants der Stadt. Jedes Jahr im Oktober werden während des »Kaikoura Seafest« Unmengen an Meeresfrüchten verspeist.*

Albatrosse *sind häufig ganz nah an den Meeresufern von Kaikoura zu beobachten.*

Nelson ❽

Statue von Abel Tasman

Nelson war die zweite Niederlassung der New Zealand Company. Das Handelshaus brachte 1842 die ersten Siedler hierher, zwei Jahre später wurde die Firma aber liquidiert. Doch viele Siedler blieben in der Region, und Nelson wurde 1853 Provinzhauptstadt. Per Dekret erhielt Nelson 1858 als zweiter Ort Neuseelands den Status einer Stadt. Im Zentrum von Nelson befinden sich viele Galerien und historische Sehenswürdigkeiten. So wurde eine Statue des Entdeckers Abel Tasman an Nelsons Hausstrand Tahunanui errichtet. Die Stadt war einer der wichtigsten Drehorte bei der Verfilmung von Tolkiens Trilogie *Der Herr der Ringe*.

Blick auf die Bucht von Nelson vom Auckland Point

Anzac Park

Ecke Rutherford & Halifax St.

Der schön gestaltete Anzac Park mit gepflegten Blumenbeeten, hohen Palmen und einem Kenotaph ist Nelsons wichtigste Kriegergedenkstätte. Eine von Pferden gezogene Straßenbahn, »City Bus« genannt, war bis 1901 in Betrieb. Am Auckland Point lag einst das Matangi Awhio *pa* der Maori, die hier auch mit den Europäern Handel trieben. Von einem Aussichtspunkt des neu aufgeforsteten Parks hat man einen weiten Blick über das Stadtgebiet von Nelson.

Nelson Provincial Museum

Ecke Trafalgar & Hardy St. *(03) 548 9588.* *tägl.* *Karfreitag, 25. Dez.* *Spende (Gebühr nur für Sonderausstellungen).*

Die untere Galerie des Museums dokumentiert Natur- und Kulturgeschichte der Region anhand von Artefakten der Maori wie etwa *taonga* (Ornamente). Zudem werden Fotos, Keramik, Glaswaren und Bekleidung von der Kolonialzeit bis in die Gegenwart gezeigt. Die obere Galerie präsentiert Sonderausstellungen.

Centre of New Zealand

Ecke Milton & Hardy St.

Ein Spazierweg am Botanical Reserve – wo 1870 das erste Rugbyspiel Neuseelands stattfand – führt auf den Botanical Hill zu einem Aussichtspunkt, der in Nelson als »Centre of New Zealand« bezeichnet wird. Von dort überblickt man die Stadt, den Hafen, das Tal von Maitai und den gleichnamigen Fluss, der in den Hafen mündet. Ein Fußweg folgt dem Flusslauf bis zur Badeanlage Riverside Pool mit ihrer historischen Fassade. Der Weg endet am Visitor Centre.

Suter Art Gallery

208 Bridge St. *(03) 548 4699.* *tägl.* *Karfreitag, 25. Dez.* **www**.thesuter.org.nz

Die Suter Art Gallery von 1899 zeigt u.a. einige wichtige Werke von Sir Tosswill Woollaston (einem Wegbereiter der modernen Kunst in Neuseeland), von Frances Hodgkins, Colin McCahon *(siehe S. 32)* und der aus Nelson stammenden zeitgenössischen Malerin Jane Evans. Außerdem ist hier die Kunstsammlung von Andrew Suter ausgestellt, der von 1866 bis 1891 Bischof von Nelson war. Er stiftete der Stadt die Werke von Künstlern der frühen Kolonialzeit – darunter viele Gouachen von John Gully.

Queens Gardens und Albion Square

Zu den wichtigen historischen Stätten der Stadt gehören die Queens Gardens. Einige Bäume des 1887 eröffneten Parks sind über 150 Jahre alt. Der Albion Square, der an den Park anschließt, war politisches Zentrum der Stadt. Einige koloniale Bauten geben dem Platz noch immer einen bedeutsamen Anstrich. Das Pulvermagazin, eine Feuerwache, das Aquarium für Forellenzucht und ein seit 1864 genutzter Briefkasten vermitteln einen Eindruck vom Leben in der »guten alten Zeit«.

Church Hill

Trafalgar Square.

Über dem Church Hill ragt der Glockenturm der anglikanischen Christ Church Cathedral auf, des dritten kirchlichen Bauwerks an einem Platz, der schon eine Vergangenheit als Mine, *pa*, Befestigungsanlage und Immigrantenlager hinter sich hat. Eine breite Granit-

Die Christ Church Cathedral auf dem Church Hill

Blumenstände am Wochenmarkt von Nelson

treppe, ein Geschenk Thomas Cawthrons an die Stadt, führt von der Trafalgar Street herauf. Auf Tafeln wird die Geschichte des Church Hill erläutert, Reste des alten Forts sind neben dem Eingang der Kathedrale zu sehen.

Nelson Market

Montgomery Square. *(03) 546 6454.* *Sa 8–13, So 9–13 Uhr.* *1. Jan, 25. Dez.*

An Wochenenden verwandelt sich der Parkplatz am Montgomery Square in einen bunten Markt. Noch vor Sonnenaufgang werden die Stände aufgebaut, und bald wechseln Pflanzen, Obst, Gemüse, Spielzeug und allerlei Krimskrams den Besitzer. Für den Hunger zwischendurch halten Imbissstände viel Delikates bereit – von Käse bis zu Sushi.

Trafalgar Street South

Trafalgar Street, die Hauptstraße von Nelson, wird südlich des Church Hill zur Trafalgar Street South. Sie führt zum Fairfield Park, in dessen Nähe zwei schöne Anwesen aus der Kolonialzeit stehen: Melrose House wurde um 1878 im prunkvollen italienischen Stil erbaut. Eine Besonderheit des Fairfield House von 1873 ist ein Aussichtsturm, der von seinem Erbauer Arthur Atkinson für astrologische Zwecke genutzt wurde. Im Garten stehen Bäume, die der Dalai-Lama 1996 anlässlich seines Besuchs in Neuseeland eigenhändig gepflanzt hat.

INFOBOX

Straßenkarte D4. *43 500.*
15 km südwestlich der Stadt.
27 Bridge St. *77 Trafalgar St.* *(03) 548 2304.* *Nelson Jazz Festival (Jan); School of Music Winter Festival (Juli); Nelson Arts Festival (Sep); Sealord Summer Festival (Dez/Jan).*
www.nelsonnz.com

South Street

Westlich des Church Hill liegt das historische Viertel um die South Street. Die Hütten der ehemaligen Arbeitersiedlung entstanden 1863–67. 16 Häuser blieben im Originalzustand erhalten, viele wurden renoviert und in Kunsthandwerksgalerien umgewandelt.

Ehemalige Arbeitersiedlung in der historischen South Street

Richmond ❾

Straßenkarte D4. *11 000.*
Nelson, 8 km westlich der Stadt.
22 Gladstone Rd. *(03) 543 9521.*

Die Stadt ist das Zentrum einer Gartenbauregion. Sehenswert sind die Washbourne Gardens mit dem 1862 erbauten Gefängnis und das Redwood Stables Restaurant, das aus Ziegelsteinen des ersten neuseeländischen Rennstalls erbaut wurde. Die Kunstfertigkeit der Glasbläser Ola und Marie Höglund bei **Höglund Art Glass** ist bewundernswert. Sie produzieren u.a. Kelche und Schmuck.

Umgebung: Sechs Kilometer südwestlich von Richmond wird in Brightwater an den 1871 hier geborenen Physik-Nobelpreisträger Lord Ernest Rutherford *(siehe S. 21)* erinnert. Auch die **McGlashen Pottery** ist in Brightwater zu Hause. Südwestlich des Ortes, in Wakefield, steht die 1846 erbaute Kirche St John's.

Höglund Art Glass
Lansdowne Rd. *(03) 544 6500.*
tägl. *Karfreitag, 25. Dez.*

McGlashen Pottery
128 Ellis St, Brightwater. *(03) 542 3585.* *tägl.* *1. Jan, Karfreitag, 25. Apr, 25. Dez.*

Die älteste Kirche der Südinsel, St John's in Wakefield

St Arnaud ❿

Straßenkarte D5. *200.*
View Rd. *(03) 521 1806.*
Antique & Classic Boat Show (März); Rainbow Mountain Bike Race (März).

Von Blenheim oder Nelson in 90 Minuten mit dem Auto erreichbar liegt St Arnaud am Ufer des Lake Rotoiti, ein Paradies für Angler, Segler und Wasserskifahrer. Auch der nahe Lake Rotoroa hat gute Forellengründe. St Arnaud ist ein geeigneter Ausgangspunkt für Touren in den Nelson Lakes National Park und in die **Rainbow Ski Area**. Die Pisten des Skigebiets sind für Anfänger und Fortgeschrittene zum Skifahren und Snowboarden geeignet. Nur im Sommer ist die Straße bis Hanmer Springs *(siehe S. 233)* befahrbar.

Lake Rotoiti im Nelson Lakes National Park

Rainbow Ski Area
Wairau Valley. *(03) 521 1861.*
Juni–Okt: tägl.

Nelson Lakes National Park ⓫

Straßenkarte C5.
View Rd. *(03) 521 1806.*

Die Gletscherseen Rotoiti und Rotoroa sind der atemberaubende Mittelpunkt des rund 1000 Hektar großen Naturparks an der Nordspitze der Southern Alps. Im Wassertaxi lässt sich die Landschaft mit ihren hohen Bergen, Wäldern, Tälern und Seen am besten genießen. Die Wasserwelt des Parks ist ideal zum Angeln und für alle Wassersportarten. Im Winter besuchen Skifahrer den Park. Unter den vielen Wanderwegen ist der Circuit Travers–Sabine besonders zu empfehlen. Der 80 Kilometer lange Weg führt durch zwei Täler, über einen Pass, durch die Speargrass Wetlands und an den Seen entlang. Die zweitägige Tour über den Höhenweg des Robert Ridge berührt den schönen Lake Angelus.

Motueka ⓬

Straßenkarte D4. *6600.*
20 Wallace St. *(03) 528 6543.*

Die Gartenbauregion von Motueka kann mit allen erdenklichen Obstkulturen aufwarten: Kiwis, Äpfel, Birnen, Beerenfrüchte und Trauben. Die Stadt ist auch Ausgangspunkt für Touren in den Abel-Tasman- und den Kahurangi-Nationalpark.

Umgebung: 14 Kilometer nördlich von Motueka liegt **Kaiteriteri**, bekannt wegen seiner goldfarbenen Sandstrände. Südlich von Motueka befinden sich die Küstenorte Tasman und Mapua, weiter im Landesinnern das nach 1840 von deutschen Einwanderern gegründete Upper Moutere Village. Jeder dieser Orte bietet Galerien, Läden, Restaurants und Übernachtungsmöglichkeiten.

Kahurangi National Park ⓭

Straßenkarte C4. *20 Wallace St, Motueka.* *(03) 528 6543.*

Im 4510 Quadratkilometer großen Schutzgebiet leben zahlreiche einheimische Tiere und Pflanzen. Höhepunkt des Parks ist der Heaphy Track, auf dem man vier bis sechs Tage wandern kann. Kajakfahren, Raften, Jagen und Fischen wird überall angeboten. Der Hauptzugang erfolgt von Motueka, aber auch von Karamea *(siehe S. 234)* erreicht man den Nationalpark.

Die Kunstszene von Nelson

Das milde Klima und die reizvolle Umgebung haben schon früh viele Künstler nach Nelson gezogen und eine lebendige Kunstszene entstehen lassen. Die unzähligen Galerien der Stadt stellen edle Glaswaren, Gemälde, Schmuck, Textilkunst, Schnitzereien und kunstvolle Keramiken aus. Die Suter Art Gallery *(siehe S. 210)* ist für ihre umfangreichen Sammlungen historischer Gemälde und Skulpturen sowie der Kunst der klassischen Moderne weithin bekannt. Nelson macht sich mittlerweile auch als Veranstaltungsort von Festivals einen Namen. So finden hier u. a. das Nelson Jazz Festival und das Nelson School of Music Festival statt. Im Tasman Regional Museum widmet sich eine Fotoausstellung der Geschichte der Region und der kolonialen Anfänge Neuseelands.

Glasvase

Ron McGlashen in seinem Töpferatelier in Brightwater

Keramiken

Die schönen Lehmerden und Brennglasuren ziehen seit einigen Jahren Keramikkünstler aus aller Welt an. In den Töpferwerkstätten belegen qualitativ hochwertige Töpferwaren das Talent der in Nelson arbeitenden Künstler, die zu den besten des Landes zählen.

Handgefertigte Fliesen am Türrahmen eines Ladens in Mapua

Glaskunst *in Nelson verbindet modernes Design mit traditionellem Handwerk. Die farbenfrohen Kunstwerke der Glasbläser und -künstler sind absolute Unikate.*

Die vielen Kunstgalerien sind typisch für die Region

Räumliche Kunstwerke *sind beliebt in der einheimischen Kunstszene. Bildhauer aus Nelson wurden mit Auftragsarbeiten für öffentliche Plätze betraut. Und so sieht man an vielen Stellen lustige dreidimensionale Objekte.*

Die Künstler *in Nelson haben sich schon immer von der großartigen Natur inspirieren lassen, wie die Sammlungen der Suter Art Gallery* (siehe S. 210) *zeigen.*

Abel Tasman National Park ⓮

Austernfischer im Park

Abel Tasman ist mit 225 Quadratkilometern der kleinste Nationalpark Neuseelands. Das milde Klima, golden schimmernde Strände, dichte Regenwälder und unberührte Sanddünen machen den Park jedoch weithin bekannt. Der schönste Track entlang der Küste kann nur in einer Richtung begangen werden, den Rückweg sollte man per Wassertaxi oder Charterboot antreten. Schutzhütten und eine große Zahl von Zeltplätzen ermöglichen jederzeit eine Unterbrechung der Touren durch den Park. Im Sommer ist es allerdings ratsam, Hütten und Wanderungen vorher zu buchen. Der Abel Tasman National Park eignet sich besonders für Kajakfahrten. Wer sich einmal zwischen Robben, Delfinen und Pinguinen treiben ließ, wird dies nie vergessen.

Der Abel Tasman National Park aus der Luft

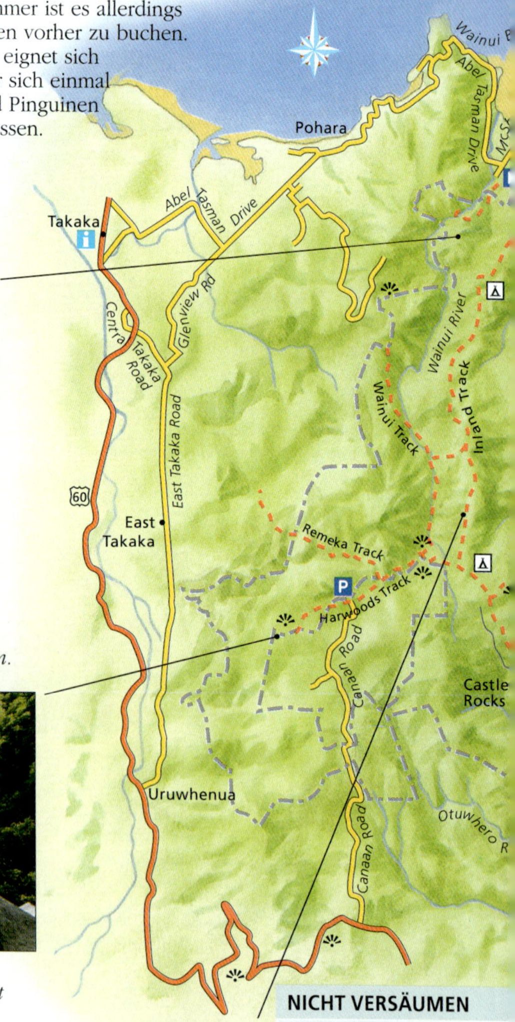

★ Wainui Falls

Die schönsten Wasserfälle von Nelson sind vom Parkplatz an der Straße nach Totaranui in 30 Minuten zu Fuß zu erreichen.

★ Harwood's Hole

Ein einstündiger Fußmarsch führt vom Canaan-Parkplatz (siehe S. 216) zum Rand des 176 Meter tiefen Marmorschachts von Harwood's Hole. Es ist ratsam, nicht zu dicht an den Spalt zu treten, da die Ränder brüchig sind.

Der Inland Track ist bergiger als der Coastal Walk. Die dreitägige Tour führt von der Tinline Bay zur Wainui Bay. Für genügend Trinkwasser muss selbst gesorgt werden.

NICHT VERSÄUMEN

- ★ Harwood's Hole
- ★ Totaranui
- ★ Wainui Falls

Hotels und Restaurants in Marlborough und Nelson *siehe Seiten 310–312 und 336–338*

INFOBOX

Straßenkarte D4. *tägl. von Nelson und Motueka nach Marahau und Totaranui.* *Wassertaxis und Boote von Kaiteriteri und Marahau.* *79 Trafalgar St, Nelson.* *(03) 546 9339.* **www**.doc.govt.nz

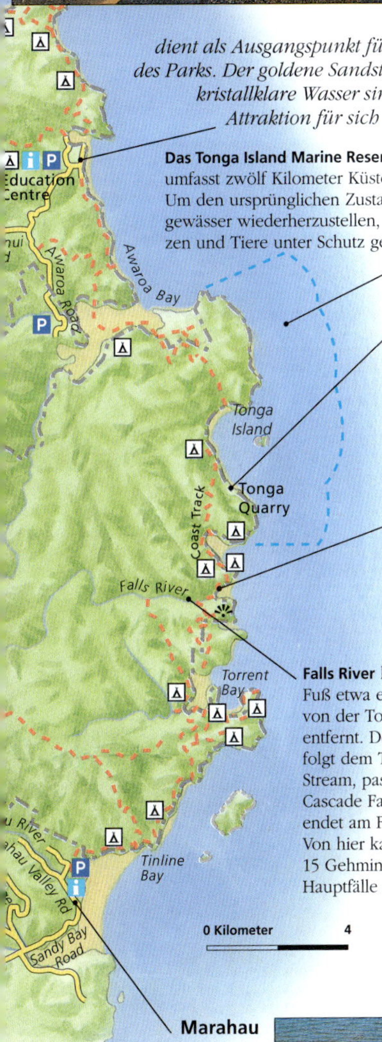

★ Totaranui
dient als Ausgangspunkt für den Nordteil des Parks. Der goldene Sandstrand und das kristallklare Wasser sind jedoch eine Attraktion für sich (siehe S. 216).

Das Tonga Island Marine Reserve umfasst zwölf Kilometer Küstenlandschaft. Um den ursprünglichen Zustand der Inselgewässer wiederherzustellen, wurden Pflanzen und Tiere unter Schutz gestellt.

Granitfelsen
Granit kommt überall im Park vor und wurde früher im Tonga-Steinbruch auch abgebaut.

Coast Track
Der 51 Kilometer lange Coast Track von Marahau nach Wainui passiert vier Schutzgebiete, die nur bei Ebbe begehbar sind.

Falls River liegt zu Fuß etwa eine Stunde von der Torrent Bay entfernt. Der Weg folgt dem Tregida Stream, passiert die Cascade Falls und endet am Falls River. Von hier kann man in 15 Gehminuten die Hauptfälle erreichen.

LEGENDE

- State Highway
- Nebenstraße
- Fluss
- Wanderweg
- Parkgrenze
- Meeresschutzgebiet
- Information
- Parken
- Camping
- Aussichtspunkt

Marahau
Der Ort ist der südliche Zugang des Parks. Von hier aus kann man Kajaktouren oder Wanderungen unternehmen. Ein besonderes Vergnügen ist es, mit Robben zu schwimmen.

Blick vom Takaka Hill auf Motueka und Nelson

Takaka Hill ⓯

Straßenkarte D4.

Takaka Hill trägt wegen der großflächigen Marmoreinschlüsse, die sich leuchtend gegen das Grün des Tasman-Parks abheben, auch den Beinamen »Marmorberg«. Vom Gipfel des Takaka Hill kann man D'Urville Island im Norden und Nelson im Osten ausmachen. Unter den vielen Höhlen und Felsnischen sind vor allem die **Ngarua Caves** beim Gipfel den Aufstieg wert. In der einzigen für Besucher zugänglichen Höhle kann man Knochen von Moas *(siehe S. 25)* sehen. Unterhalb der Höhle liegt der Strand von Marahau *(siehe S. 215)*, von dem aus Marmor für das neue Parlamentsgebäude in Wellington verschifft wurde.

Westlich der Ngarua Caves führt die Canaan Road zum gleichnamigen Parkplatz. Hier beginnen Rad- und Wanderwege, der Rameka Track ist besonders Mountainbikern zu empfehlen. Ein kleiner Spaziergang führt zum 176 Meter tiefen Schacht von Harwood's Hole *(siehe S. 214)*, ein steiler Seitenpfad erklimmt die Höhe des Harwood Lookout, von dem man einen schönen Ausblick über die Tafellandschaft des Kahurangi National Park *(siehe S. 212)* hat.

Östlich der Höhlen liegt Hawkes Lookout. Von der Plattform an einer 500 Meter abfallenden Felswand blickt man auf das Waldgebiet des Riwaka Resurgence.

Ngarua Caves
(03) 528 8093. Sommer: tägl.; Winter: Schulferien.

Takaka ⓰

Straßenkarte D4. *1230.*
6 km nördl. der Stadt.
Willow St. (03) 525 9136.
www.nelsonnz.com

Takaka ist das wirtschaftliche Zentrum der Golden Bay und ein Tor zum Abel Tasman National Park *(siehe S. 214f)*. Die Bewohner der Stadt wirken wie eine bunte Mischung aus Farmern und »Aussteigern«. Milchwirtschaft ist eine der wichtigsten Einnahmequellen der Region. Das **Golden Bay Museum** zeigt Artefakte aus der Zeit Abel Tasmans und präsentiert die Geschichte der Minen. In mehreren Galerien werden Keramiken und Skulpturen von hier lebenden Künstlern ausgestellt.

Im **Bencarri Farm Park & Café** werden neben Fischen auch Lamas, Alpakas und Yaks gezüchtet. Die Wege entlang dem Flussufer und ein sehr gemütlicher Picknickplatz in einem Tal verleihen dem Bencarri Farm Park eine besonders schöne Atmosphäre.

Golden Bay Museum
Commercial St. *(03) 525 5268.*
tägl. 10–16 Uhr. So (Winter), Feiertage.

Bencarri Farm Park
McCallum's Rd. *(03) 525 8261.*
Sommer: tägl. 25. Dez.
eingeschränkt.

Umgebung: Zehn Kilometer von Takaka entfernt erstreckt sich der Strand von **Pohara**, dahinter befindet sich eine Gedenkstätte für Abel Tasman. Der Weg führt weiter zur **Wainui Bay**, wo mehrere Küstenwege – darunter auch der zu den Wainui Falls *(siehe S. 214)* – abzweigen. Hinter der Bucht führt die Straße zum Abel Tasman National Park, dann zum goldenen Strand von Totaranui. Im Sommer sind Campingplatz und Visitor Centre geöffnet.

Bemalter Kürbis

Lamas zum Streicheln im Bencarri Farm Park

Waikoropupu Springs Scenic Reserve ⓱

Straßenkarte D4.

Etwa sieben Kilometer nördlich von Takaka führt eine Abzweigung vom State Highway 60 zum Waikoropupu Springs Scenic Reserve. Die glasklaren Gewässer des Naturschutzgebiets, des größten Quellgebietes des Landes, werden von unterirdischen Quellen gespeist, die mit den Höhlensystemen von Takaka Hill und Riwaka Resurgence *(siehe S. 216)* verbunden sind.

Taucher im klaren Wasser, Waikoropupu Springs Scenic Reserve

Nach einem leichten Aufstieg zu einer Aussichtsplattform können die Quellen mit einem dort installierten Fernrohr in Augenschein genommen werden.

Nach den Quellen (am Ende der Straße) führt der drei Kilometer lange Pupu Walkway zu einer ehemaligen Goldwaschanlage. Der künstliche Kanal, eine erstaunliche Leistung der damaligen Bergbauingenieure, wird bis heute für den Turbinenantrieb eines kleinen Kraftwerks genutzt.

Collingwood ⓲

Straßenkarte D4. *500.*

Das stille Fischerdorf an der Mündung des Aorere River diente nach 1850 als Versorgungshafen der Goldsucher und war kurzzeitig auch als Hauptstadt von Neuseeland im Gespräch. Trotz mehrerer Feuersbrünste sind Gerichtsgebäude, Post, der alte Friedhof und die anglikanische St Cuthbert's Church erhalten geblieben.

In Collingwood starten sowohl die Touren zum Farewell Spit als auch die Busverbindungen zum Heaphy Track im Kahurangi National Park *(siehe S. 212)*.

Umgebung: 20 Kilometer von Collingwood entfernt verläuft der schöne Kaituna Track mit Flüssen, dichten Waldgebieten und den Te Anaroa Caves, einem 350 Meter langen Höhlensystem mit Glühwürmchen und Muschelfossilien. Außerdem führt der Weg an den Minen von Aorere vorbei, Neuseelands erstem größeren Goldvorkommen, wo auch Silber und Quarze abgebaut wurden.

Farewell Spit ⓳

Straßenkarte D4. *Farewell Spit Information Centre.* *(03) 524 8454.* *tägl.*

Am nördlichsten Punkt der Südinsel erstreckt sich eine 35 Kilometer lange Sanddüne. Farewell Spit ist ein geschlossenes Naturreservat, das zu einer international anerkannten Meeresschutzzone erklärt wurde.

Ausflugsbus am Farewell Spit

Zu den hier beheimateten Vogelarten kommen im Frühjahr Zehntausende von Watvögeln aus der nördlichen Hemisphäre hinzu. Erst im Herbst fliegen sie zu ihren heimischen Brutplätzen zurück. Im Sommer sind hier schwarze Schwäne, Kanadagänse, Australische Tölpel, Kaspische Seeschwalben, Austernfischer, Krähenscharben und Uferschnepfen versammelt. Ein Besuch der Schutzzone ist nur im Rahmen einer geführten Tour von Collingwood aus möglich.

Ehemalige Goldfundstätten in Aorere bei Collingwood

Umgebung: Direkt westlich des Spit liegt der **Puponga Farm Park** mit Wanderwegen und Aussichtspunkten. Hier kann man sich auch an der Farmarbeit beteiligen. Auf einem Weg vom Besucherzentrum erreicht man Fossil Point und kommt weiter westlich nach einem leichten Aufstieg zum Leuchtturm von Pillar Point und zu Old Man Range. Am Ende der Straße führt ein Weg durch die Dünen des Wharariki Beach. Hier gibt es Felsenpools, Seevögel, Robben und einen Blick auf die Archway Islands.

Puponga Farm Park
Collingwood – Puponga Main Rd.
(03) 525 8026. *tägl.*

Die weißen Sanddünen von Farewell Spit laden zum Aufstieg ein

Canterbury und Westküste

Das Gebiet von Canterbury und der Westküste erstreckt sich von der Tasmansee im Westen bis zum Pazifischen Ozean im Osten und gliedert sich geologisch, botanisch sowie klimatisch in die verschiedenartigsten Landschaften. Zu finden sind hier vier Nationalparks und mit dem Aoraki/Mount Cook der höchste Berg Neuseelands. Christchurch, die größte Stadt der Südinsel, ist ein idealer Ausgangspunkt für Erkundungen der Region.

Als Canterbury um 1850 in großem Stil von Europäern besiedelt wurde, lebte hier, wie auch an der Westküste, vor allem der Stamm der Ngai Tahu. Bereits um 1860 hatte sich die Regierung einen Großteil des Stammesgebiets in dubiosen Transaktionen angeeignet. Die Ngai Tahu verarmten und waren unfähig, mit dem wirtschaftlichen Aufschwung der Siedler mitzuhalten. Es dauerte bis 1997, bis der Stamm von der Regierung Neuseelands entschädigt wurde.

Während die Siedler in den 1850er Jahren der Landwirtschaft wegen nach Canterbury kamen, waren es schon in den 1860er Jahren die Goldfunde, die Einwanderer an die Westküste zogen. Bis heute hat sich die »Coast« mit ihren zerklüfteten Bergen und Gletschern, den üppigen Wäldern, rauschenden Flüssen und verschwiegenen Seen einen Teil der alten Goldgräberromantik erhalten. Das Klima an der Westküste ist recht feucht, der Westwind bringt häufig schwere Regenfälle mit sich – bedingt durch die feuchte Luft, die an den Southern Alps aufsteigt. Im Gegensatz dazu ist Canterbury relativ trocken. Warme, oft stürmische Winde streichen die Ostseite der Alpen hinunter und über die Canterbury Plains.

Die Ebene wirkt wie ein bunter Flickenteppich aus grünem Weideland und Getreidefeldern. Sie ist von breiten Flusstälern durchzogen. Daran grenzen karge Tussock-Wiesen und bewaldete Hügelketten. Das Landesinnere, über dem sich die höchsten Berge Neuseelands auftürmen, bildet ein großes, trockenes Becken von herber Schönheit.

Bergsteiger am Gipfel des Aoraki/Mount Cook

◁ **Osterglocken im Hagley Park von Christchurch, einem beliebten Treffpunkt** ***(siehe S. 227)***

Überblick: Canterbury und Westküste

Die abwechslungsreiche Landschaft wird geprägt von den Southern Alps. Nur zwei Straßen und eine Eisenbahnlinie durchqueren das Massiv. Deshalb sollte jeder, der dieses faszinierende Gebiet mit seiner besonderen Tier- und Pflanzenwelt hautnah kennenlernen möchte, die Region zu Fuß erkunden. Unabhängigen Outdoor-Aktivisten bieten sich unerschöpfliche Möglichkeiten, und diejenigen, die die Wildnis lieber in Begleitung eines Führers erkunden wollen, finden entsprechende Angebote in fast allen touristisch erschlossenen Orten.

Straßenbahn in Christchurch

Sehenswürdigkeiten auf einen Blick

Akaroa ❺
Aoraki/Mount Cook National Park S. 252f ㉘
Arthur's Pass ⓱
Arthur's Pass National Park S. 244f ⓲
Ashburton ㉑
Christchurch S. 222–229 ❶
Geraldine ㉒
Greymouth ⓭
Halbinsel Banks ❹
Hanmer Springs ❼
Hokitika ⓮
Karamea ❿
Lake Ohau ㉗
Lake Pukaki ㉕
Lake Tekapo ㉔
Lewis Pass ❽
Lyttelton ❸
Mount Hutt ⓳
Paparoa National Park ⓬
Port Hills ❷
Rakaia ⓴
Reefton ❾
Timaru S. 248f ㉓
Twizel ㉖
Westland/Tai Poutini National Park S. 238f ⓯
Westport ⓫

Touren

Arthur's-Pass-Tour ⓰
Weingüter von Waipara ❻

SIEHE AUCH

• ***Hotels*** S. 312–316

• ***Restaurants*** S. 338–340

Touren und Unternehmungen

Die hier aufgeführten Orte sind ideal, um sich zu erholen und etwas zu unternehmen. Allerdings ändert sich das Wetter – je nach Jahreszeit – häufig. Vor einer Tour sollten Sie sich vor Ort informieren.

	Fischen	Golf	Mountainbiken	Bergsteigen	Skifahren	Wandertouren	Wandern	Raften
Aoraki / Mount Cook		■			●		●	
Arthur's Pass National Park				■	●	■	●	
Banks-Halbinsel	●	■	●			■	●	
Franz Josef Glacier				■	●	■	●	■
Hanmer Springs	●	■	●		●	■	●	■
Hokitika	●	■				■	●	
Karamea	●	■	●			■	●	■
Lake Ohau	●	■			●		●	
Lake Tekapo	●			■		■	●	
Lewis Pass			●	■	●	■	●	
Mount Hutt	●			■	●	■	●	
Paparoa National Park	●					■	●	
Port Hills			●				●	
Rakaia	●	■					●	■
Reefton	●		●			■		■
Westport	●	■						■

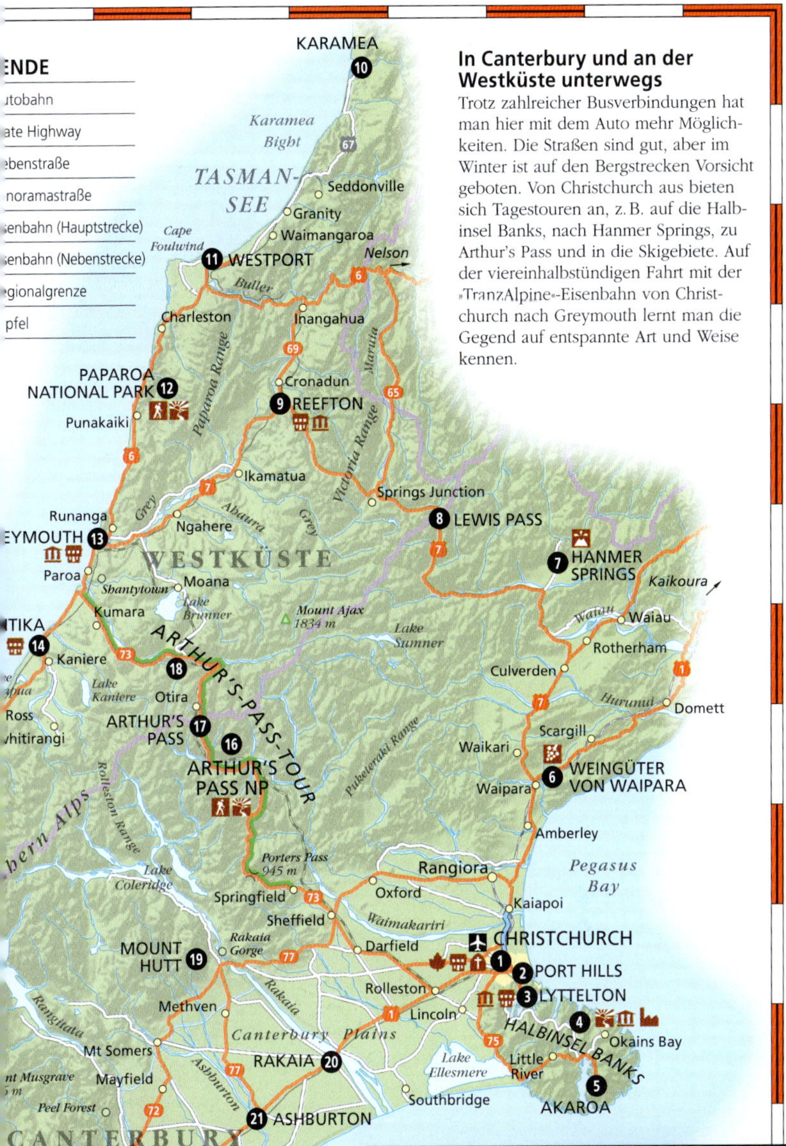

In Canterbury und an der Westküste unterwegs

Trotz zahlreicher Busverbindungen hat man hier mit dem Auto mehr Möglichkeiten. Die Straßen sind gut, aber im Winter ist auf den Bergstrecken Vorsicht geboten. Von Christchurch aus bieten sich Tagestouren an, z. B. auf die Halbinsel Banks, nach Hanmer Springs, zu Arthur's Pass und in die Skigebiete. Auf der viereinhalbstündigen Fahrt mit der »TranzAlpine«-Eisenbahn von Christchurch nach Greymouth lernt man die Gegend auf entspannte Art und Weise kennen.

Lake Tekapo, ein Paradies für Wassersportler

Christchurch ❶

»Wizard« von Christchurch

Canterburys Hauptstadt ist die größte Stadt auf der Südinsel und zugleich das Tor zu den landschaftlichen Highlights. Bereits 1850 war Christchurch als Hauptstadt angelegt worden, bemerkenswerte Gebäude und Monumente sowie viele Parks lassen die koloniale Vergangenheit lebendig werden. Vieles erinnert an die konservative Siedlung einer Gemeinde der Church of England, die die Stadt im 19. Jahrhundert nach englischem Vorbild erbaute. Die Stadt entwickelte sich vom Agrarzentrum zu einem bedeutenden Standort der Hightech-Industrie. Erdbeben richteten 2010 und 2011 schwere Schäden an, Teile der Innenstadt sind noch immer gesperrt.

Cathedral Square

Der im Herzen der Stadt gelegene Kathedralplatz wird beherrscht von der anglikanischen Christchurch Cathedral. Weitere historische Gebäude flankieren den Platz: das 1879 im Stil der Renaissance erbaute Old Chief Post Office, das frühere Government Building (1879), das Regent Theatre (1905) und das Press Building *(siehe S. 29)*, in dem noch immer die Tageszeitung gedruckt wird. Der Kathedrale gegenüber stand die Statue des Stadtgründers John Robert Godley. Nach Beschädigungen beim Beben 2011 wurde sie entfernt. Die Stufen vor der Kathedrale ziehen Exzentriker an, so auch den ortsansässigen »Wizard«, der oft mittags erscheint, um Fluch- und Segenssprüche zu verteilen.

Christchurch Cathedral

Cathedral Square. (03) 366 0046. tägl. nur Turm. tägl. außer Sa.

Die Kathedrale von Christchurch wurde 1864–1904 als Zentrum der neuen anglikanischen Gemeinde Canterburys errichtet und ist noch heute das bedeutendste Wahrzeichen der Stadt. Der Entwurf für das neogotische Gebäude stammt vom englischen Architekten George Gilbert Scott. Benjamin Mountfort aus Christchurch war verantwortlich für den Bau der Kathedrale und nahm maßgeblich Einfluss auf die Gestaltung des Kirchenbaus. Der imposante Bau aus Holz und Stein ist bis ins Detail überaus beeindruckend. Bemerkenswert sind z. B.

Bleiglasfenster und Wandfliesen, Christchurch Cathedral

die kunstfertigen Holzschnitzereien und Steinmetzarbeiten um den Hochaltar und die Kanzel.

Die Kathedrale überstand zwar das Erdbeben von 2010 ohne größere Schäden, das schwere Beben im folgenden Jahr ließ jedoch die obere Turmhälfte einstürzen. Von der Turmspitze hatte sich

Godley und die Besiedlung Canterburys

John Robert Godley (1814–1861) gilt als Gründer von Canterbury, obwohl er nur drei Jahre in der neuen Provinz verbrachte. Zusammen mit Edward Gibbon Wakefield, dem Begründer der New Zealand Company *(siehe S. 49)*, rief er 1848 die *Canterbury Association* ins Leben, die 1210 Quadratkilometer Land für die Provinz erwarb. Damit sollte unter der Oberherrschaft der englischen Kirche an den fernen Küsten ein Stück England entstehen. In diesem Sinne berichteten die englischen Zeitungen auch vom hohen Auftrag der »Canterbury Pilgrims«, die im September 1850 auf den Schiffen *Randolph*, *Charlotte Jane*, *Cressy* und *Sir George Seymour* die Segel setzten. Bereits drei Jahre nach der Gründung konnte sich Canterbury als eine der sechs Neuseelandprovinzen selbst verwalten. 1852 kehrte Godley nach England zurück.

Godleys Statue am Cathedral Square

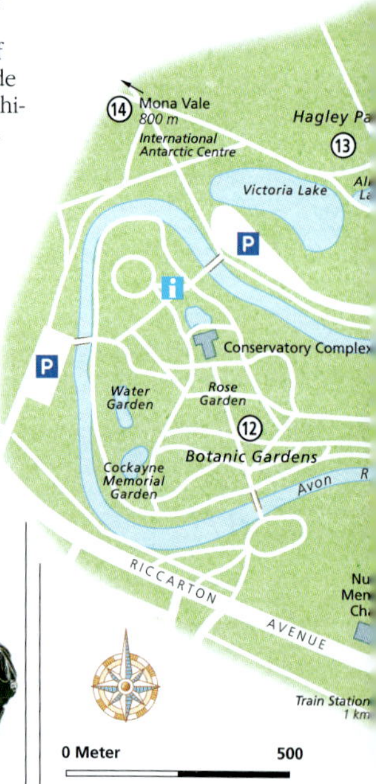

LEGENDE

Detailkarte Christchurch *siehe S. 224 f*

Tram

Zeichenerklärungen
siehe hintere Umschlagklappe

INFOBOX

Straßenkarte C6. *390 000.* *10 km nordwestlich der Stadt.* *1 Troup Dr.* *123 Worcester St.* *Cathedral Square.* *Old Chief Post Office Building, Cathedral Square.* *(03) 379 9629.* *Showtime Canterbury (Nov); Summertimes Festivals (Dez–März).* **www.**christchurch.org.nz

vorher eine fantastische Aussicht bis zu den Southern Alps geboten. Auch einige Teile des Gemäuers wurden beim Beben von 2011 schwer beschädigt. Beim Wiederaufbau der Kathedrale wird großer Wert darauf gelegt, die Gefahr eines erneuten Einsturzes durch eine erdbebensichere Konstruktion einzuschränken.

Staken mit dem Kahn auf dem Avon River in Christchurch

Avon River

Cashel St und Oxford Terrace.

Der Avon River, der sich in sanften Windungen durch die Stadt zieht, ist eine der Hauptattraktionen Christchurchs. Der Fluss zieht mit seinen grünen, mit Trauerweiden und alten Eichen bestandenen Ufern im Sommer Besucher und Einheimische gleichermaßen an. Ein Uferspaziergang vom Victoria Square zur Bridge of Remembrance führt vorbei am Gerichtshof, an der Floral Clock, an der Provinzverwaltung und an der Statue des Polarforschers Robert Scott, geschaffen im Jahr 1917 von seiner Witwe Kathleen.

An einigen Stellen entlang dem Ufer, z. B. am Rathaus *(siehe S. 224)* und an den Antigua Boat Sheds, können Kähne gemietet werden.

Victoria Square

Der frühere Marktplatz der Stadt liegt nördlich des Cathedral Square und ist heute eine gepflegte Grünanlage. Sehenswert sind die Floral Clock, die Brunnen von Bowker und Ferrier sowie die Statuen von Queen Victoria (1901) und James Cook (1932). Am Rand des Platzes stehen das Rathaus und das Parkroyal Hotel. Das 1972 an den Ufern des Avon aus Glas und Marmor erbaute Rathaus spielt mit den Reflexen des stehenden und fließenden Wassers. Nur einen Häuserblock weiter, an der Victoria Street, befindet sich das Casino von Christchurch, leicht erkennbar an der Fassade mit der Roulettescheibe.

Victoria Square

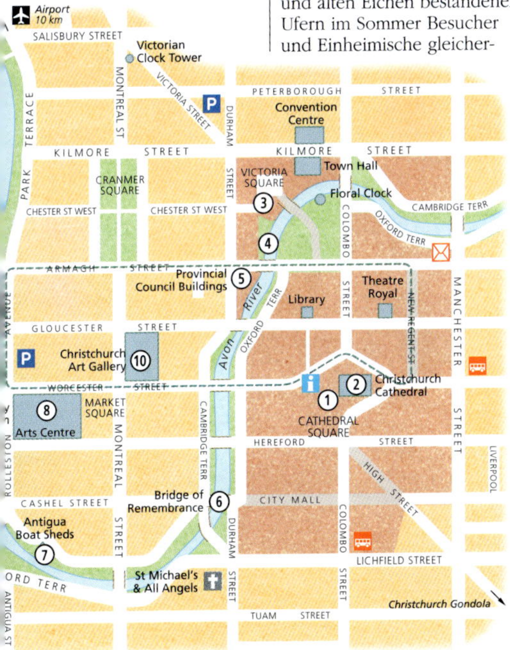

Zentrum von Christchurch

- Antigua Boat Sheds ⑦
- Arts Centre ⑧
- Avon River ④
- *Botanic Gardens S. 228f* ⑫
- Bridge of Remembrance ⑥
- Canterbury Museum ⑨
- Cathedral Square ①
- Christchurch Art Gallery ⑩
- Christchurch Cathedral ②
- Christ's College ⑪
- Hagley Park ⑬
- Mona Vale ⑭
- Provincial Council Buildings ⑤
- Victoria Square ③

Im Detail: Christchurch

Fenster in der Christchurch Cathedral

Die Straßen um den Cathedral Square sind gitternetzartig angelegt und werden von vier breiten Alleen eingefasst. Dieses strenge Konzept wird aufgelockert durch den Avon, der sich durch Innenstadt und Grünanlagen windet. Die vielen neogotischen und edwardianischen Gebäude, die schönen Parkanlagen und das einladende Flussufer bestätigen das Urteil, Christchurch sei die englischste aller nicht englischen Städte. Mehrere Erdbeben hinterließen schwere Schäden. Bis zum Abschluss der groß angelegten Bauprojekte werden noch einige Jahre vergehen.

New Regent Street
Die charmante Fußgängerzone wurde 1932 im spanischen Missionsstil erbaut. Nur die Straßenbahn darf hier verkehren.

In der **Thomas Edmonds Band Rotunda** befindet sich heute ein Restaurant.

Floral Clock
Das Blumenbeet existiert seit 1955 und wird zweimal jährlich, im Frühling und Sommer, mit über 5000 Pflanzen bestückt.

Victoria Square, begrenzt vom Avon River, ist mit den Blumenbeeten und den vielen Bäumen eine Oase inmitten der Stadt.

Im Rathaus, das 1972 von den Architekten Warren und Mahoney erbaut wurde, finden viele Theateraufführungen statt.

Gericht

Parkroyal Hotel

NICHT VERSÄUMEN

★ Christchurch Cathedral

★ Provincial Council Buildings

★ Provincial Council Buildings
Die zwischen 1858 und 1865 errichteten Gebäude haben schöne Buntglasfenster, fein ziselierte Deckengewölbe und kunstvolle Mosaike aufzuweisen.

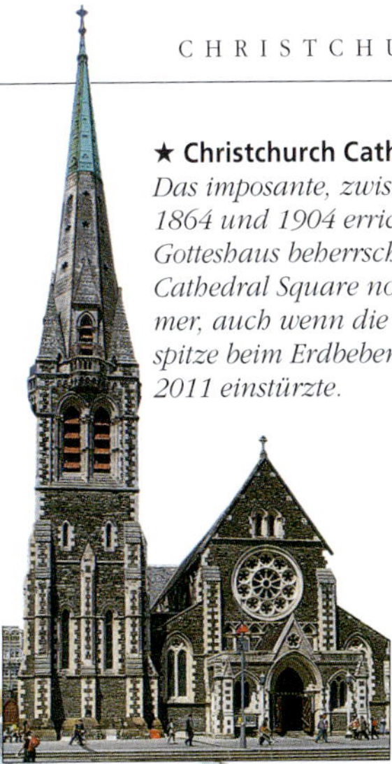

★ Christchurch Cathedral
Das imposante, zwischen 1864 und 1904 errichtete Gotteshaus beherrscht den Cathedral Square noch immer, auch wenn die Turmspitze beim Erdbeben von 2011 einstürzte.

Christchurch Tram
Restaurierte Straßenbahnen kommen auf einer Strecke von drei Kilometern an den Sehenswürdigkeiten der Stadt vorbei (siehe S. 222f).

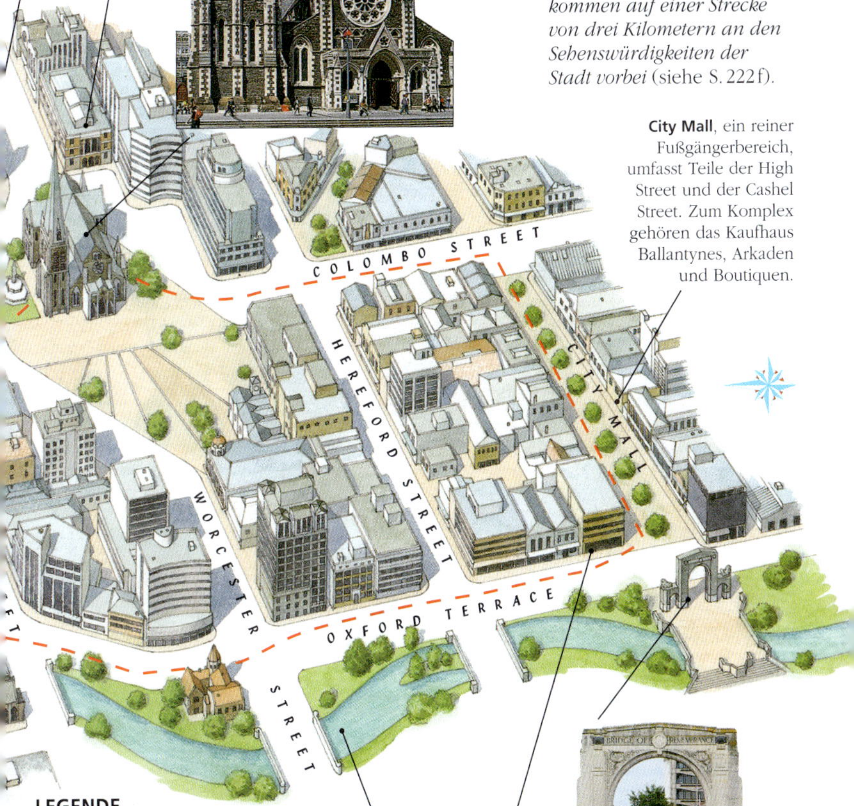

City Mall, ein reiner Fußgängerbereich, umfasst Teile der High Street und der Cashel Street. Zum Komplex gehören das Kaufhaus Ballantynes, Arkaden und Boutiquen.

LEGENDE

- - - Routenempfehlung

0 Meter 100

Bridge of Remembrance
Der steinerne Brückenbogen erinnert an die Soldaten aus Canterbury, die in den beiden Weltkriegen und danach gefallen sind.

Oxford Terrace
Bars, Cafés und Restaurants erlitten bei den Beben schwere Schäden.

Aus Stein errichtete Gebäude der Provincial Council Buildings

Provincial Council Buildings

Ecke Armagh & Durham St.
(03) 941 7680. Mo–Sa. Feiertage. eingeschränkt.

Die von Benjamin Mountfort, einem Architekten aus Christchurch, entworfenen Provinzverwaltungsgebäude gelten als das beste Beispiel für die neogotische Architektur Neuseelands. Außerdem sind es die einzigen noch erhaltenen Verwaltungsgebäude aus der Periode von 1853 bis 1876, als die Provinz von gewählten Räten regiert wurde.

Der Bau der Anlage gliederte sich in drei Phasen. Die ersten beiden Gebäude wurden zwischen 1858 und 1861 vor allem aus Holz erbaut. Das dritte erhielt einen gemauerten Versammlungsraum. Es wurde 1865 fertiggestellt und ist das Prunkstück des Komplexes.

Bridge of Remembrance

Ecke Cashel St & Oxford Terrace.

Als Gedenkstätte für Neuseelands Soldaten, die in kriegerischen Auseinandersetzungen fielen, steht die Brücke am Eingang zur City Mall, der zentralen Einkaufszone der Stadt. Der große Steinbogen über der Brücke stammt von 1923 und wurde in den frühen 1990er Jahren renoviert.

Canterbury Museum

Rolleston Ave. *(03) 366 5000. bis Ende der Bauarbeiten. Spende.* www.canterburymuseum.com

Das von 1869 bis 1876 erbaute neogotische Canterbury Museum gilt als einer der gelungensten Säkularbauten Mountforts. Das Museum zeigt eine Sammlung antarktischer Exponate und eine der umfangreichsten Vogelausstellungen der Südhalbkugel. Andere Räume beherbergen orientalische Kunst, Möbel und Bekleidung, die Rekonstruktion einer Straße Christchurchs aus dem 19. Jahrhundert sowie eine Abteilung für Maori-Kultur. Jagdszenen zeigen den ausgestorbenen Moa und seine polynesischen Jäger.

Moa-Skelett im Canterbury Museum

Christ's College

Rolleston Ave. *(03) 3766 8705. tägl. Gebäude: in Schulferien. nach Vereinbarung. teilweise.*

Im Christ's College ist die englische Vergangenheit lebendig. Hier werden die Söhne von Canterburys Elite in Schuluniform und nach englischem Vorbild in neogotischen, von 1863 stammenden Gebäuden unterrichtet. Besucher können im Rahmen einer Führung die Hauptgebäude besichtigen.

Arts Centre

Ecke Rolleston Ave & Worcester St.
(03) 363 2836. bis Ende der Bauarbeiten. nur Erdgeschoss. 10–16 Uhr. Wochenende. World Buskers Festival (Mitte Jan). www.artscentre.org.nz

Das in den Gebäuden der alten Universität untergebrachte Arts Centre war bis zu den schweren Zerstörungen durch das Erdbeben von 2011 ein renommiertes Zentrum für Kunst und Kunsthandwerk *(siehe S. 229)*. Der Komplex beherbergte mehr als 40 Galerien, Studios und Spezialläden, es gab Theater- und Ballettaufführungen sowie einige gute Restaurants.

1877 begann man mit dem Bau der neogotischen Gebäude. Mehrere Architekten waren für dieses Projekt am Werk, darunter auch Mountfort, der den Uhrenturm, die Eingangshalle und das Hauptgebäude entwarf.

Das Arts Centre soll wieder komplett hergestellt werden, bis zum Abschluss der Bauarbeiten werden jedoch einige Jahre vergehen.

Am Wochenende ist Markt im Arts Centre in Christchurch

Hotels und Restaurants in Canterbury und an der Westküste *siehe Seiten 312–316 und 338–340*

Christchurch Art Gallery (Te Puna o Waiwhetu)

Ecke Montreal & Worcester St.
(03) 941 7970. *tägl.*
25. Dez. *für einige Ausstellungen.*
www.christchurchartgallery.org.nz

Die Galerie ist die erste Kunstadresse der Stadt. Sie birgt eine umfangreiche Sammlung von 5000 nationalen wie internationalen Kunstwerken. Zudem werden hier regelmäßig Sonderausstellungen präsentiert. Zur Präsenzsammlung gehören niederländische, französische, italienische und englische Gemälde, Zeichnungen, Drucke, Skulpturen und Keramikarbeiten.

Die Sammlung neuseeländischer Kunst – vor allem die Artefakte aus Canterbury – ist eine der umfassendsten der Region. Zu sehen sind Arbeiten des Landschaftsmalers William Sutton *(siehe S. 32)* und anderer führender Künstler wie Doris Lusk, Colin McCahon, Rita Angus, Charles Goldie, Frances Hodgkins, Dick Frizzell und Seraphine Pick.

Antigua Boat Sheds

2 Cambridge Terrace. *(03) 366 5885.* *tägl.* *25. Dez.*
www.boatsheds.co.nz

Die Antigua-Bootsvermietung an den Ufern des Avon bietet seit 1882 Vergnügungsfahrten auf dem Fluss an. Hier kann man Kanus oder Paddelboote mieten, um damit in die Stadt oder zu den Botanic Gardens zu kommen. Die Antigua Boat Sheds konnten sich als einzige kommerzielle Bootsvermietung halten.

Mona Vale

63 Fendalton Rd. *(03) 348 9660.*
bis Ende der Bauarbeiten.
www.monavale.co.nz

Mona Vale (1899/1900), eine historische Villa, steht nordwestlich von Hagley Park inmitten einer gepflegten, mit alten Bäumen bestandenen Gartenanlage. Durch das Anwesen windet sich der Avon River. Besucher dürfen sich im Garten aufhalten, können Enten füttern oder auch Kahn fahren.

Das imposante Gebäude wäre in den 1960er Jahren beinahe abgerissen worden,

Mona Vale am Ufer des Avon River

aber nach Protesten einer breiten Öffentlichkeit erwarb die Stadt das Anwesen. Die Villa wurde bei den Erdbeben schwer beschädigt und wird derzeit originalgetreu wiederaufgebaut.

Hagley Park

(03) 941 6840. *tägl.*

Hagley Park, eine ausgedehnte Grünanlage mitten im Stadtzentrum, ist die grüne Lunge der Stadt. Hier findet man einen Golfplatz, Sportanlagen, baumgesäumte Spazier- und Fahrradwege, künstlich angelegte Seen sowie die Botanic Gardens *(siehe S. 228f)*.

Schon die ersten Siedler hatten in ihrem Stadtplan eine Fläche von zwei Quadratkilometern für einen öffentlichen Park vorgesehen. 1856 wurde schriftlich festgelegt, dass das Gelände »für immer« der Öffentlichkeit zugänglich sein sollte. In den Jahren nach 1870 ersetzten die Siedler die heimische Flora durch europäische Pflanzen und Bäume.

International Antarctic Centre

38 Orchard Rd. *(03) 353 7798.*
tägl.
www.iceberg.co.nz

20 Minuten westlich vom Stadtzentrum liegt der Stützpunkt für die neuseeländischen, US-amerikanischen und italienischen Antarktisprogramme. Das Besucherzentrum zeigt eine Reihe von Exponaten, man kann auch eine Fahrt mit einem Antarktisfahrzeug machen.

Christchurch Gondola

10 Bridle Path Rd. *(03) 384 0700.*
tägl.
www.gondola.co.nz

Südöstlich der Stadt befördert die Christchurch Gondola ihre Passagiere von der Station im Heathcote Valley hinauf zum Krater eines erloschenen Vulkans auf den Port Hills. Von hier aus hat man einen Rundblick über die Stadt sowie über die Halbinsel Banks und die Ebene Canterbury Plains bis zu den Southern Alps.

Bootsverleiher im Hagley Park

Christchurch: Botanic Gardens

Skulptur »Taking Flight«

Der 1863 gegründete Botanische Garten trägt zur Rolle Christchurchs als Neuseelands Gartenstadt entscheidend bei. Die Gewächshäuser, Blumenbeete und Wasserspiele sowie der englische Rasen und die Wäldchen schmiegen sich in die Windungen des Avon, das fließende Wasser verleiht der ganzen Anlage eine Atmosphäre der Ruhe und Beschaulichkeit. An den Botanischen Garten grenzt im Osten Christchurchs Künstlerviertel an. Das Stadtmuseum, die städtische Kunstgalerie, das Ballett, das Theater und das Arts Centre sind hier angesiedelt.

★ Conservatory Complex
Das bekannte Gewächshaus ist das 1923 errichtete Cuningham House mit seinen tropischen Pflanzen.

★ Water Garden
Dieser kühle, ruhige Ort ist umgeben von immergrünen Gewächsen, exotischen Bäumen und Sträuchern.

Kinderspielplatz

Im Cockayne Memorial Garden wachsen einheimische Pflanzen und Sträucher.

Der New Zealand Garden zeigt einheimische Pflanzen in einem typischen Mischwald.

Rose Garden
Im gepflegten Garten vor dem Conservatory Complex blühen Rosen, ein Symbol für das englische Erbe der Stadt.

Daffodil Woodland and Bandsmen's Memorial Rotunda
Bereits 1933 wurden um die Rotunde herum 16 000 Blumenzwiebeln gesetzt, die im Frühling ein Blütenmeer erschaffen.

NICHT VERSÄUMEN

★ Conservatory Complex

★ Water Garden

Canterbury Museum
Das 1868 vom Geologen Julius von Haast gegründete Museum besitzt bemerkenswerte Sammlungen zur Erforschung der Antarktis und zur Kultur der Maori (siehe S. 226).

INFOBOX

Rolleston Ave (Haupteingang). *Worcester St.* (03) 941 8999. *tägl. 7 Uhr bis eine Std. vor Sonnenuntergang.* *25. Dez.* *nur im Sommer.* *Summertimes Festival (Dez–März).* **www**.ccc.govt.nz

Auf den Seen Victoria und Albert, beide künstlich angelegt, tummeln sich Enten und Schwäne, und es ist sehr beliebt, hier Modellboote fahren zu lassen.

Peacock Fountain
Der verzierte, gusseiserne Pfauenbrunnen hat seinen Platz inmitten der Blumenbeete im östlichen Eingangsbereich des Gartens.

Christ's College
(siehe S. 226)

Rolleston Avenue

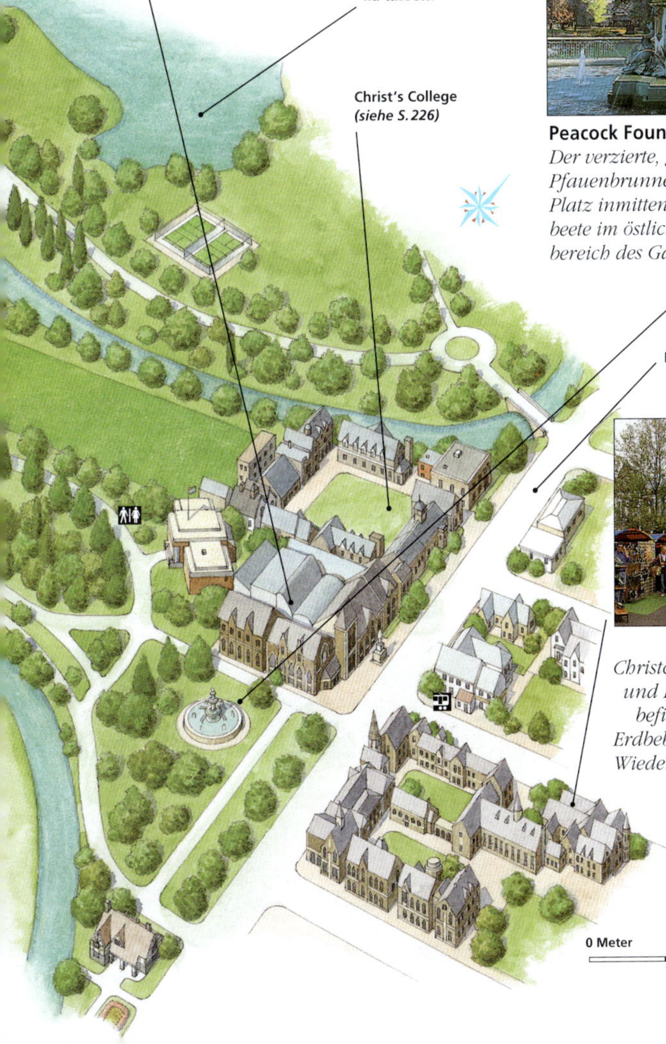

Arts Centre
Christchurchs Kunst- und Kulturzentrum befindet sich nach Erdbebenschäden im Wiederaufbau (siehe S. 226).

»Sign of the Takahe« an der Dyers Pass Road oberhalb von Christchurch

Port Hills ❷

Straßenkarte C6.

Die Port Hills, die nach dem Ausbruch des jetzt erloschenen Vulkans Lyttelton entstanden sind, trennen Christchurch von Lyttelton Harbour. Ihre mit Sträuchern bewachsenen und mit Vulkangestein durchsetzten Hänge säumen den südlichen Teil der Stadt. Wegen ihrer Stadtnähe sind die Hügel bei Spaziergängern, Läufern, Kletterern und Mountainbikern überaus beliebt. Dank der Bemühungen des Politikers Harry Ell erreicht man die Port Hills auch mit dem Auto. Ell setzte sich Anfang des 20. Jahrhunderts für eine Straße durch das Hügelland ein. Der erste Abschnitt der Summit Road wurde 1938 eingeweiht.

Zu Ells Plänen gehörte auch die Schaffung mehrerer Rasthäuser entlang der Port Hills. Das schönste ist das 1949 fertiggestellte Sign of the Takahe, in dem heute ein Restaurant untergebracht ist. Das imposante neogotische Gebäude, das sich an einem Hügel der Vorstadt Cashmere befindet, lag Ell besonders am Herzen. Ein weiteres Vermächtnis des Politikers ist der stark frequentierte Rastplatz Sign of the Kiwi an der Summit Road.

Viele Wege führen auf die Port Hills mit ihrem wunderbaren Blick auf Lyttelton Harbour, die Canterbury Plains und die Southern Alps. Zum Kraterrand kann man von Christchurch aus aber auch mit der Seilbahn gelangen *(siehe S. 227)*.

Lyttelton ❸

Straßenkarte C6. *4000.* *20 Oxford St.* *(03) 328 9093.*

In Lyttelton gingen die Canterbury-Pilger an Land, die 1850 kamen, um die neue Provinz zu besiedeln. Der Ort ist benannt nach Lord Lyttelton, dem Vorsitzenden der Canterbury Association. Große Anstrengungen wurden unternommen, um eine Verkehrsanbindung zu schaffen. Zunächst wurde 1867 wurde ein Eisenbahntunnel durch das Vulkangestein der Port Hills getrieben, um den Hafen von Lyttelton mit Christchurch zu verbinden, 1964 folgte schließlich ein Autotunnel. Der Hafen gehört zu den am meisten genutzten der Südinsel Neuseelands.

Das **Lyttelton Museum** befasst sich mit der lokalen Meeresgeschichte, mit der kolonialen Vergangenheit der Region und mit der Antarktis-Erforschung.

Die alte Lyttelton Timeball Station stand seit ihrer Erbauung im Jahr 1875 wie ein Wachturm über der Stadt. Bei den Erdbeben der Jahre 2010 und 2011 erlitt sie schwere Schäden. Vorher signalisierte eine große schwarze Kugel den im Hafen liegenden Schiffen die Greenwich-Zeit. Es bestehen Hoffnungen, dass dieser Mechanismus nach einem geplanten Wiederaufbau der Anlage wieder in Betrieb genommen werden kann.

Von den Docks von Lyttelton aus laufen Fähren die Inseln Quail und Ripapa und die Hafenstadt Diamond Harbour an.

Lyttelton Museum
Gladstone Quay. *(03) 328 8972.* *Di, Do, Sa, So, nur nachmittags.* *25. Dez.* *Spende.* *Erdgeschoss.*

Halbinsel Banks ❹

Straßenkarte C6.

Die Halbinsel entstand bei Ausbrüchen der Vulkane Lyttelton und Akaroa, vor 25 000 Jahren war sie noch eine Insel. Überall findet man hier Zeugnisse der dramatischen geologischen Vergangenheit: Vulkangestein, felsige Landzungen, tiefe Täler und jähe Felsabbrüche. Von der Gipfelstraße aus hat man einen guten Blick auf diese eindrucksvolle Szenerie.

Die Halbinsel war von den Maori bereits vor 1000 Jahren besiedelt worden, und bis in die 1820er Jahre lebten die Ngai Tahu hier in Wohlstand und Sicherheit. Das änderte sich, als sie sich in Stammeskämpfe verwickeln ließen, was auch mit der Entschei-

Maori and Colonial Museum und Versammlungshaus an der Okains Bay

Hotels und Restaurants in Canterbury und an der Westküste *siehe Seiten 312–316 und 338–340*

Laverick's Bay auf der Halbinsel Banks

dung der britischen Regierung zusammenhing, einen Gouverneur einzusetzen und den Vertrag von Waitangi *(siehe S. 48f)* zu unterzeichnen.

Besonders schön an der Insel sind ihre malerischen Buchten und Dörfer. Bekannt sind Pigeon Bay, Okains Bay, Laverick's Bay und Le Bons Bay. Die Gegend ist ideal für Wandertouren, vom fünfstündigen Pigeon Bay Walkway bis zum zwei- bis viertägigen Banks Peninsula Track, der die Küste entlang zu den entlegenen Buchten im Osten führt. Zu diesen gelangt man auch auf dem **Eastern Bays Scenic Mail Run**.

In Okains Bay befindet sich das **Maori and Colonial Museum** mit einem 1867 gebauten Maori-Kanu *(waka)*, das zu den Waitangi-Day-Feierlichkeiten am 6. Februar *(siehe S. 41)* genutzt wird.

Einen Besuch wert ist auch **Barry's Bay Cheese Factory**. Berühmt für guten Wein und gutes Essen sind Weinkellerei und Restaurant der French Farm *(siehe S. 338)*.

Eastern Bays Scenic Mail Run
19 Rue Renard. *(03) 304 7873.*
Mo–Sa. *Feiertage.*

Maori and Colonial Museum
1146 Main Rd, Okains Bay.
(03) 304 8611. *tägl.*
25. Dez.

Barry's Bay Cheese Factory
State Hwy 75. *(03) 304 5809.*
tägl. *25. Dez.*

Akaroa 5

Straßenkarte C6. *750.*
80 Rue Lavaud. *(03) 304 8600.* **www**.akaroa.com

Der hübsche Ort, der sich an die Landzunge von Akaroa Harbour schmiegt, ist die älteste Stadt Canterburys. Sie wurde 1840 von einer kleinen Gruppe französischer Siedler gegründet. Mit ihren vielen alten Häusern, den schmalen Straßen, den französischen und englischen Straßennamen, den bunten Läden und der speziellen Lage direkt vor dem Hafen hat die Stadt großen Charme. Viele Gebäude erinnern an die französische Vergangenheit, so auch das **Langlois-Eteveneaux House**, das in Frankreich vorgefertigt und 1841 in Akaroa aufgestellt wurde. Es gehört – wie auch das Gerichtsgebäude (1880) – zum Komplex des **Akaroa Museum**. Das Museum befasst sich mit Natur- und Regionalgeschichte sowie mit Architektur. Mit dem **Akaroa Lighthouse** (Leuchtturm) von 1880 zählt man insgesamt 43 historische Gebäude.

Der ruhige Badestrand liegt inmitten der Stadt. Vom Kai aus kann man eine Hafenrundfahrt machen und dabei Hectordelfine, Zwergpinguine und Robbenkolonien beobachten. Zahlreiche Wanderwege führen hinauf auf die vulkanischen Berge, von denen aus man wundervolle Blicke auf den Hafen hat.

Außerdem bieten viele Galerien und Läden in der Stadt Produkte des lokalen Kunsthandwerks an.

Langlois-Eteveneaux House und Akaroa Museum
71 Rue Lavaud. *(03) 304 1013.*
tägl. *25. Dez.*

Akaroa Lighthouse
(03) 304 7325. *Wochenende, Feiertage und nach Vereinbarung.* *Erdgeschoss.*

Jean-François Langlois

Verantwortlich für Akaroas französisches Erbe war vor allem der Walfänger Jean-François Langlois. Im August 1838 verfolgte er die Idee einer französischen Kolonie und versuchte, den hier ansässigen Ngai Tahu einen Teil der Halbinsel abzukaufen. Im Jahr darauf kehrte er nach Frankreich zurück und gründete die Nanto-Bordelaise Company.

Langlois-Eteveneaux House

Der französische Kapitän Charles Lavaud wurde mit dem Schutz der 57 Siedler beauftragt, die im August 1840 in Akaroa an Land gingen. Die französischen Ambitionen wurden jedoch von den Briten durchkreuzt, die zwischenzeitlich den Vertrag von Waitangi unterzeichnet hatten und sich – sobald sie von der Landung erfahren hatten – beeilten, in Akaroa zwei Verwaltungsräte einzusetzen. Trotz der Intervention der Engländer blieben die französischen Siedler, obwohl Langlois 1842 wieder nach Frankreich zurückkehrte. 1849 war mit dem Aufkauf der Nanto-Bordelaise Company durch die New Zealand Company der Weg für die britische Besiedlung offen.

Weingüter von Waipara ❻

Cabernet-Trauben

Die ersten Weinanlagen in der Region Waipara wurden 1980 angelegt. Die Anwesen sind vergleichsweise jung, ihre Entwicklung gilt jedoch als vielversprechend. Viele Weingüter wurden bereits mit Preisen ausgezeichnet. In Canterbury gibt es über 30 Weingüter, die rund 65 Kilometer nördlich von Christchurch gelegene Region Waipara ist das erfolgreichste Gebiet. Weinproben – inklusive einer Fahrt mit der Pferdekutsche – kann man über das Christchurch Visitor Information Centre *(siehe S. 223)* buchen.

Pegasus Bay ①
Diese Weinkellerei kelterte ihre ersten Trauben 1991, hat aber bereits viele Preise erhalten. Hier kann man bei der Verkostung den herrlichen Ausblick genießen.

Mountford Vineyard ⑧
Mountford baut Chardonnay und Pinot Noir der Spitzenklasse aus. Vom Gebäude aus überblickt man das kleine Weingut.

Daniel Schuster Wines ⑨
Das 1988 gegründete Weingut produziert hochwertigen Chardonnay und Pinot Noir. Weinproben sind nach Anmeldung möglich.

Waipara Springs ⑦
Mit seinen 1982 erstmals kultivierten Reben ist Waipara Springs eines der ältesten Güter in der Region. Es wurde mit zahlreichen Preisen ausgezeichnet. Die Weinprobe findet im Garten statt.

0 Kilometer 3

Glenmark Wines ⑥
Glenmark baut seit 1981 Wein an und ist das erste Weingut im Distrikt. Seine Weine wurden vielfach ausgezeichnet und können in rustikalem Ambiente verkostet werden.

Mount Cass Vineyards ④
Das frühere Weingut Chancellor Wines gehört nun der Alpine Pacific Wine Company. Nach Anmeldung können die Weine Mount Cass und Hanmer Junction probiert werden.

Torlesse Wines ⑤
Torlesse verwendet Rebsorten von Waipara und Marlborough und keltert eine breite Sortenpalette, u.a. Gewürztraminer, Cabernet Sauvignon, Sauvignon Blanc und Chardonnay.

ROUTENINFOS

Länge: *170 km hin und zurück von Christchurch aus. Die meisten Weingüter liegen an Seitenstraßen, die vom State Highway 1 abgehen. Bitte achten Sie beim Ein- und Abbiegen auf den schnellen Verkehr.*
Zwischenstopps: *Pegasus Bay, Canterbury House; die Weingüter Glenmark und Waipara Springs betreiben Restaurants. Hier ist vorherige Buchung zu empfehlen.*

Mud House and Waipara Hills Winery ②
Das 1984 angelegte Weingut mit dem großen steinernen Gebäude zählt zu den jüngsten der Region.

Fiddlers Green ③
Hier wird erst seit 1998 Wein produziert. Trotzdem hat dieser Neuling für seine Riesling- und Sauvignon-Weine bereits Preise gewonnen.

LEGENDE

- Routenempfehlung
- Andere Straße
- Fluss

Pool mit heißen Quellen in Hanmer Springs

Hanmer Springs ❼

Straßenkarte C5. *800.* *42 Amuri Ave.* *(03) 315 7128.*
www.hurunui.com

Das kleine, 385 Meter hoch gelegene Dorf ist durch die **Hanmer Springs Thermal Pools & Spa** bekannt. Obwohl schon 1859 entdeckt, sind die heißen Quellen erst seit 1883 der Öffentlichkeit zugänglich. Heute findet man dort zwölf verschieden temperierte Thermalbecken sowie private Pools und Wasserrutschbahnen. Um die Becken sind in dem 168 Quadratkilometer großen Naturpark vielfältige Aktivitäten möglich, z. B. Wanderungen zum Conical Hill (Hin- und Rückweg eine Stunde) oder zum weiter entfernten Mount Isobel (fünf bis sechs Stunden), aber auch Mountainbike-Touren.

Bei der fünf Kilometer entfernten Waiau Ferry Bridge kann man sich im Bungee-Jumping, Jetbootfahren und Raften versuchen.

Hanmer Springs Thermal Pools & Spa
42 Amuri Ave. *(03) 315 0000.*
tägl. *25. Dez.*
www.hanmersprings.co.nz

Lewis Pass ❽

Straßenkarte C5.

Der Lewis Pass, über den der State Highway 7 führt, ist der zentrale Übergang über die Gebirge der Südinsel. Das 183 Quadratkilometer große Lewis Pass National Reserve bietet Möglichkeiten zum Wandern, Fischen und Jagen.

Oben am Pass verfügt das **Maruia Springs Thermal Resort** über eine kleinere Anlage mit Heißwasserbecken in natürlicher Umgebung. Von hier hat man einen herrlichen Rundblick über die umliegenden Wälder und Gipfel.

Maruia Springs Thermal Resort
State Hwy 7. *(03) 523 8840.*
tägl. *25. Dez.*

Reefton ❾

Straßenkarte C5. *1000.* *67–69 Broadway.* *(03) 732 8391.*

Das 1872 gegründete Reefton verdankt seinen Namen den goldhaltigen Quarzadern. Die Goldgräberzeit ist vor allem durch die zahlreichen Relikte aus den Zeiten des Booms der 1870er Jahre, die man in den Buchenwäldern des Victoria Forest Park findet, sehr präsent. Die Gegend lässt sich auf unzähligen Wegen entweder zu Fuß oder mit dem Mountainbike erkunden.

Ein Spaziergang durch Reefton führt vorbei an vielen historischen Gebäuden, auch an der **School of Mines**, einer Bergbauschule, an der von 1887 bis 1970 unterrichtet wurde. Das zwei Kilometer von Reefton entfernte **Black's Point Museum** zeigt Exponate aus der Goldgräberzeit.

School of Mines
Shiel St. *(03) 732 8391.*
nach Vereinbarung.

Black's Point Museum
State Hwy 7. *(03) 732 8391.*
Mi–So. *25. Dez.*

Karamea ⓾

Straßenkarte C4. *700.*
Market Cross. *(03) 782 6652.*
Whitebaiters Ball (Okt).
www.karameainfo.co.nz

Karamea, seit 1874 von Europäern besiedelt, ist eine abgelegene Gemeinde nördlich des State Highway 67 an der Westküste. Der Ort, der von der Landwirtschaft lebt, schmiegt sich in eine Senke und ist umgeben vom Kahurangi National Park. Bekannt ist Karamea als Ausgangspunkt für den Heaphy Track, der von hier 15 Kilometer nach Norden führt, aber auch für kleinere Wanderwege, z. B. für den Nikau Loop (40 Minuten) oder den Scotts Beach Walk (90 Minuten).

Etwa 26 Kilometer nordöstlich von Karamea liegt das **Oparara Basin** mit seinen gewaltigen Kalksteinfelsen und dem weitverzweigten Höhlensystem, das sich im dichten Wald über 15 Kilometer erstreckt. Ein Großteil des Schotterwegs, der zu dem Becken führt, ist eng und kurvig, kann aber mit dem Auto befahren werden. Das brüchige Honeycomb-Höhlensystem, das erstmals 1980 erforscht wurde, ist nur mit Führer zu begehen. Man findet hier Relikte von rund 50 Tierarten, einschließlich Skelette des ausgestorbenen Moa und des Neuseeland-Adlers. Ohne Führer kann

Nikau Loop am Ausgangspunkt des Wanderwegs Heaphy Track

Kühe und Strand in der Nähe von Karamea

man in 20 Minuten durch den Wald zum Oparara Arch (43 Meter hoch und 219 Meter lang) und zu den Höhlen Box Canyon und Crazy Paving wandern. Man sollte eine gute Lampe mitnehmen. Zudem bieten diverse ortsansässige Veranstalter für besonders Abenteuerlustige Raftingtrips mit den Schwierigkeitsgraden 4 und 5 an.

Wachsender Beliebtheit erfreut sich der drei bis fünf Tage erfordernde Wangapeka Track, der in Karamea beginnt. Der Fenian Track (vier Stunden) führt an der ehemaligen Goldgräbersiedlung Adams Flat vorbei.

Oparara Basin
State Hwy 67. *(03) 782 6652.*
Honeycomb Caves. *obligatorisch für die Honeycomb Caves.*

Westport ⓫

Straßenkarte C5. *5000.*
5 km nördlich der Stadt.
1 Brougham St. *(03) 789 6658.* **www**.westport.org

Obwohl Westport im Goldrausch der 1860er Jahre gegründet wurde, bestimmte der Kohlenbergbau die Geschichte der Stadt. Bis 1954 wurde die Kohle aus den umliegenden Minen im Hafen verladen und den Buller River hinuntertransportiert. Heute wird sie per Eisenbahn nach Lyttelton an der Ostküste *(siehe S. 230)* gebracht. Das **Coal Town Museum** in Westport erzählt in Rekonstruktionen von der Bergbauvergangenheit der Stadt.

Westport ist der Ausgangspunkt für viele Outdoor-Aktivitäten (u. a. Jetboot- und Jetskifahren). Am beliebtesten ist das »Underground Rafting« im Nile River Canyon. Dazu benötigt man einen Führer. Man muss sich zuerst durch unterirdische Tunnel treiben lassen und in Grotten und Höhlen vordringen, die nur von Glühwürmchen erleuchtet werden, bevor man auf offenen Wassern die Schnellen des Waitakere River und den Nile River Canyon hinunterfahren kann. Die Metro-Höhle, eine Tropfsteinhöhle, kann man zu Fuß begehen.

Robben in der Tauranga Bay bei Westport

Westports North Beach, Carter's Beach sowie die malerische Tauranga Bay sind beliebt bei Schwimmern und Surfern. Auf dem Cape Foulwind Walkway zur Tauranga Bay kann man eine Brutkolonie von Robben *(siehe S. 193)* sehen. Der drei Stunden erfordernde Weg führt vorbei an schroffen Granitfelsen und grünen Niederungen, an Mooren und Sandstränden.

Coal Town Museum
Queen St South. *(03) 789 8204.*
tägl. *25. Dez.*

Bergbau an der Westküste

Die Kohlevorkommen der Westküste wurden erstmals 1848 von Thomas Brunner entdeckt. Die größten frühen Minen befanden sich nordöstlich von Westport auf den Plateaus von Denniston und Stockton, wo seit 1878 in großem Umfang abgebaut wurde. Der Abbau in dem bergigen, zerklüfteten Terrain war lebensgefährlich und verlangte innovative technische Lösungen. Am berühmtesten war der Steilhang von Denniston, von dem die voll beladenen Loren auf einem Schienenstrang mithilfe eines Stahlseils 520 Meter abgelassen wurden. Die leeren Wagen wurden durch das Gewicht der vollen wieder nach oben gezogen. Der Aufzug, den man erst 1967 stilllegte, beförderte in insgesamt 87 Betriebsjahren rund 23 Millionen Tonnen Kohle vom Denniston Plateau herunter. Mit jährlich mindestens zwei Millionen Tonnen exportierter Kohle ist der Bergbau nach wie vor ein wichtiger Wirtschaftszweig der Westküste.

Miner's Hall in der Nähe von Runanga, Greymouth

Loren transportierten die Kohle auf Schienen in und außerhalb der Mine.

Der Eingang zur Mine wurde sorgfältig gesichert.

Kumpel am Eingang der Kohlenmine von Rewanui

Bergbaustädte

Im Zuge des Kohleabbaus entstanden im 19. Jahrhundert viele Ansiedlungen, die heute nur noch Geisterstädte sind. Der 120 Kilometer lange Buller Coalfields Heritage Trail führt vorbei an stillgelegten Bergwerken und an den ehemals blühenden Städten Denniston, Stockton und Millerton. Informationen über diesen Trail gibt es im i-SITE Visitor Centre in Westport.

Loren *wie diese im Coal Town Museum wurden benutzt, um die Kohle von den Bergen herunterzutransportieren.*

Diese Materialseilbahn *beförderte die Kohle vom höher gelegenen Stockton in die Küstenstadt Ngakawau, wo sie dann auf die Bahn verladen und nach Lyttelton an der Ostküste transportiert wurde.*

In Denniston *erinnert noch viel an den Bergbau, u. a. Reste des Maschinenparks und auch der alte Verladebahnhof. Hier wurde die Kohle des ganzen Plateaus gesammelt und gesiebt, bevor man sie den Berg hinunterbeförderte.*

Paparoa National Park ⓬

Straßenkarte C5. *State Hwy 6, Punakaiki.* *(03) 731 1895.*

Der seit 1987 bestehende, 300 Quadratkilometer große Nationalpark bietet ein atemberaubendes Landschaftserlebnis. Am berühmtesten sind die nahe dem Küstendorf Punakaiki gelegenen Pancake Rocks mit ihren Felslöchern. Kalksteinwände wurden in Tausenden von Jahren durch Regen, Wind und salzige Luft zu geschichteten Felsformationen, den heutigen Pancake Rocks, ausgewaschen. Über Hunderttausende von Jahren sind durch kohlendioxidhaltigen Regen, der sich in den Kalkstein gefressen hat, Höhlen entstanden. Bei Hochwasser bilden sich in diesen unterirdischen Höhlen »Blowholes«, in die die Wellen unter großem Druck hineingepresst werden und sich dann in sprühenden Schauern entladen. Die Pancake Rocks sind einfach und sogar für Rollstuhlfahrer über den kurzen Dolomite Point Walk vom State Highway zu erreichen.

Der Park bietet viele Möglichkeiten für Spaziergänge und Wanderungen. So führt z. B. der 15 Minuten kurze Truman Track durch den subtropischen Wald zu einem wildromantischen Küstenstreifen mit Höhlen und Wasserfall, ein zweistündiger Marsch zu den Kalksteinformationen des »Ballroom Overhang«. Ein Weg, der 1867 als Umgehung des gefährlichen Küstenwegs gebaut wurde, ermöglicht eine zwei bis drei Tage dauernde Tour durch den Park.

Greymouth ⓭

Straßenkarte C5. *13 500.* *Ecke Herbert & Mackay St.* *(03) 768 5101.* **www**.west-coast.co.nz

Als größte Stadt der Westküste liegt Greymouth an der Stelle des ehemaligen Mawhera-*pa*. Obwohl Unterhändler der Kolonialregierung 1860 einen Großteil der Westküste für 300 Pfund aufgekauft haben, blieb das Gebiet von Greymouth Maori-Land. Greymouth wurde 1865 angelegt. In dieser Zeit gab es hier größere Goldfunde, die Kohlevorkommen waren schon 17 Jahre früher entdeckt worden. Als das Goldfieber abebbte, sorgte der Bergbau für das Überleben. Die Mündung des Grey River, die der Stadt als Hafen diente, bescherte ihr auch so manche Katastrophe. Wiederholt wurde die Stadt überschwemmt, im Jahr 1988 gleich zweimal. Daraufhin wurde zum Schutz ein Damm errichtet, der im Volksmund »Great Wall of Greymouth« genannt wird.

Das **History House Museum** besitzt eine große Sammlung alter Fotografien zur Geschichte der Stadt. Die **Left Bank Art Gallery** zeigt lokale Kunstwerke und beherbergt eine bedeutende Sammlung traditionellen und zeitgenössischen Jadeschmucks. Alle paar Jahre veranstaltet sie eine größere Ausstellung.

Wie die anderen Städte an der Westküste hat auch Greymouth Angebote für abenteuerliche Unternehmungen, z. B. eine Fahrt durch die Taniwha-Höhlen mit der Luftmatratze oder das Beobachten von Delfinen. Der Grey River ist ein gutes Fischwasser.

Left Bank Art Gallery

History House Museum
Gresson St. *(03) 768 4028.* *Sommer: tägl.; Winter: Mo–Fr.* *25. Dez.*

Left Bank Art Gallery
1 Tainui St. *(03) 768 0038.* *Sommer: tägl.; Winter: Di–Sa.* *25. Dez, 1. Jan.* *Spende.* *nach Vereinbarung.*

Die Pancake Rocks am Dolomite Point bei Punakaiki

Hotels und Restaurants in Canterbury und an der Westküste *siehe Seiten 312–316 und 338–340*

Straße in Shantytown, einer nachgebauten Goldgräberstadt

Umgebung: Eines der beliebtesten Ausflugsziele von Greymouth aus ist **Shantytown** elf Kilometer südlich. In dieser nachgestellten Goldgräberstadt können Besucher mit einer Dampflok aus dem Jahr 1913 zu einem Sägewerk sowie zu einer Goldschürfstelle fahren und dort selbst ihr Glück versuchen.

Lake Brunner, ein friedlicher, romantischer, von Bergen umgebener See, nur 42 Kilometer von Greymouth entfernt, eignet sich hervorragend zum Forellenfischen, Bootfahren und für den Wassersport. Zentrum ist der kleine Ort Moana am Nordende des Sees. Von Greymouth fährt täglich ein Bus hierher. Auch der TranzAlpine-Ausflugszug (Abfahrt von Christchurch), der eine der spannendsten Strecken der Welt befährt, stoppt in Moana.

Shantytown
Rutherglen Rd, Paroa, Greymouth.
(0800) 742 689, (03) 762 6634.
tägl. *25. Dez.*

Hokitika ⓮

Straßenkarte C5. *3600.* *2 km nördlich der Stadt.* *36 Weld St.* *(03) 755 6166.* *Wildfoods Festival (März).* **www**.hokitika.org und **www**.wildfoods.co.nz

Mit seinen breiten Straßen, den historischen Gebäuden und den hervorragenden Kunstateliers ist Hokitika wohl die attraktivste Stadt an der Westküste. Noch 1864 kaum mehr als ein Dorf, entwickelte sich Hokitika 1866 im Zuge des Goldfiebers zu einer florierenden Handelsstadt. Im Hafen wimmelte es von Schiffen mit ankommenden Goldgräbern. Der Hafen war so gefährlich, dass allein in den Jahren 1865 und 1866 durchschnittlich alle zehn Wochen ein Schiff unterging. Auf dem Hokitika Heritage Trail kann man neben den 22 historischen Gebäuden auch ein solches Schiffswrack besichtigen. Das interessanteste Gebäude ist das Carnegie Building von 1908, das heute das städtische Informationszentrum und das **Historic Carnegie Complex and Museum** beherbergt. Das Museum informiert über den Goldabbau und die Stadtgeschichte und birgt eine Sammlung seltener Bücher über die Westküste.

Das **National Kiwi Centre** hat sich auf Laufvogel- und Fischarten spezialisiert, die für die Gebiete der Westküste typisch sind. Empfehlenswert ist ein Besuch der »Glowworm Dell« im Norden. Man sollte erst nach Einbruch der Dunkelheit hingehen, am hellsten leuchten die Glühwürmchen in einer feuchten Nacht.

Historic Carnegie Complex and Museum
Carnegie Centre, Ecke Tancred & Hamilton St. *(03) 755 6898.*
tägl. *25. Dez.*

National Kiwi Centre
64 Tancred St. *(03) 755 5251.*
tägl. *1. Jan, 25. Dez.*

Uhrenturm in Hokitika

Umgebung: Um Hokitika herum gibt es viele lohnende Ausflugsziele. Der zehn Kilometer südlich der Stadt gelegene **Lake Mahinapua** und der **Lake Kaniere** 20 Kilometer östlich sind schöne Seen, die u. a. zum Bootfahren, Angeln, Schwimmen und als Ausgangspunkt für Buschwanderungen sehr beliebt sind. Für den 13 Kilometer langen Lake Kaniere Walkway benötigt man ungefähr vier Stunden. Das Museum im 28 Kilometer südlich von Hokitika gelegenen Ort **Ross** befasst sich mit der Arbeit in den Goldminen. 1909 wurde hier das größte Goldnugget Neuseelands gefunden. Man vermutet weitere Goldvorkommen und hat wieder mit Schürfungen begonnen.

Jade

Künstler in der Mountain Jade Greenstone Factory

Der neuseeländische Edelstein Jade mit der geologischen Bezeichnung Nephrit wird in Neuseeland *greenstone* und von den Maori *pounamu* genannt. Vulkanische Aktivitäten brachten durch große Hitze und enormen Druck große Nephritbrocken hervor, die mit dem Abfluss in die Flüsse der Westküste gespült wurden. Jade hat für die Maori eine wichtige spirituelle Bedeutung. Schon lange vor den Europäern schickten die Maori Suchtrupps los und verarbeiteten das harte Material zu Werkzeugen und Schmuck. Später tauschten sie die kostbaren Steine gegen Lebensmittel und wichtige Gegenstände. 1997 wurde – als Teil des Vertrags von Waitangi *(siehe S. 48f)* – eine Jadefundstelle an der Westküste an den Stamm der Ngai Tahu zurückgegeben.

Westland / Tai Poutini National Park ⓯

Warnschild am Fox Glacier

Der 1270 Quadratkilometer große Nationalpark erstreckt sich von den Höhen der Southern Alps im Osten, wo er an den Aoraki / Mount Cook National Park grenzt, bis zur Tasmansee im Westen. Berühmt ist das Areal für seine bis zu 3500 Meter hohen Gipfel und Gletscher, den dichten Regenwald, für seine Lagunen an der Küste und für die wundervollen Seen. Auffallend ist, dass die Natur trotz des Goldrausches an der Westküste nach 1860 und trotz der bäuerlichen Siedlungsbewegung in den Flussniederungen relativ unberührt blieb.

Skitouren
Auf Skiern kann man die Gletscher am besten erkunden. Eine andere Möglichkeit sind Kufenflugzeuge und Hubschrauber.

Gillespies Beach, eine Goldgräbersiedlung, ist Ausgangspunkt für schöne Wanderungen auf einem ehemaligen Minenweg oder am Strand entlang zu einer Pelzrobbenkolonie.

★ Lake Matheson
Wenn es am Morgen klar und windstill ist, spiegeln sich Aoraki/Mount Cook und Mount Tasman in diesem See.

LEGENDE

- State Highway
- Nebenstraße
- Fluss
- Wanderweg
- Parkgrenze
- Information
- Picknick

Der Copland Valley Track, den man vom State Highway 6 aus erreicht, ist bei Wanderern sehr beliebt. Nur geübte Kletterer gelangen über den Pass und kommen nach Mount Cook Village.

Lowland Regenwald
Der Park hat extrem viel Niederschlag (5000 mm pro Jahr in Franz Josef Village), und so wuchert hier dichter Farn im Unterholz – eine Art, die nur hier zu finden ist.

NICHT VERSÄUMEN

- ★ Fox Glacier
- ★ Franz Josef Glacier
- ★ Lake Matheson

Hotels und Restaurants in Canterbury und an der Westküste *siehe Seiten 312–316 und 338–340*

INFOBOX

Straßenkarte B6. 🚌 ℹ **Franz Josef Glacier Village** ☎ *(03) 752 0796;* **Fox Glacier Village** ☎ *(03) 751 0807.* ○ *tägl.* ● *25. Dez.* *oblig. auf Gletschern.*
www.doc.govt.nz

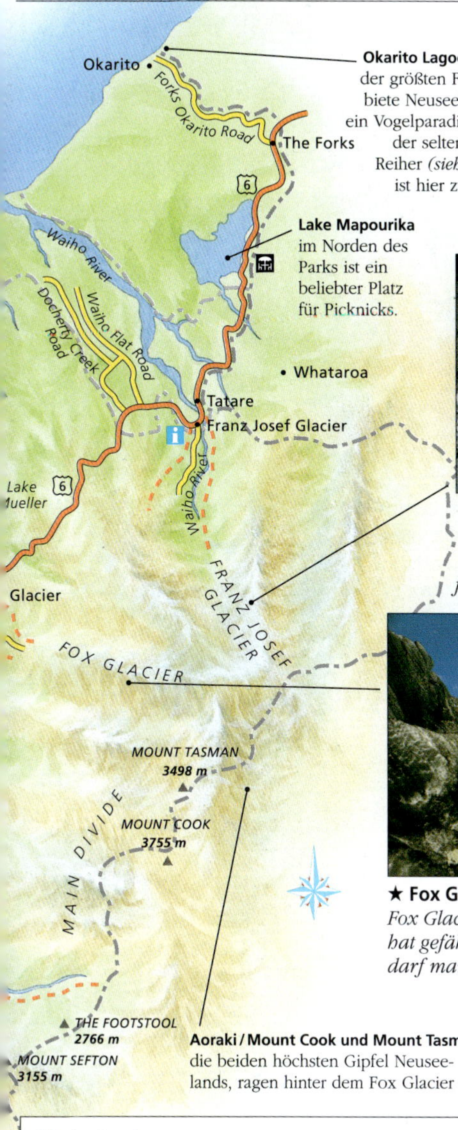

Okarito Lagoon, eines der größten Feuchtgebiete Neuseelands, ist ein Vogelparadies. Auch der seltene Weiße Reiher *(siehe S. 192)* ist hier zu finden.

Lake Mapourika im Norden des Parks ist ein beliebter Platz für Picknicks.

★ Franz Josef Glacier

Ein zweistündiger Marsch von Franz Josef Village den Waiho River hinauf führt zur Sohle des berühmten Eisfelds.

★ Fox Glacier

Fox Glacier, der größte Gletscher des Parks, hat gefährliche Gletscherspalten. Deshalb darf man sich nur mit Führer hinaufwagen.

Aoraki / Mount Cook und Mount Tasman, die beiden höchsten Gipfel Neuseelands, ragen hinter dem Fox Glacier auf.

Gletscherbewegungen

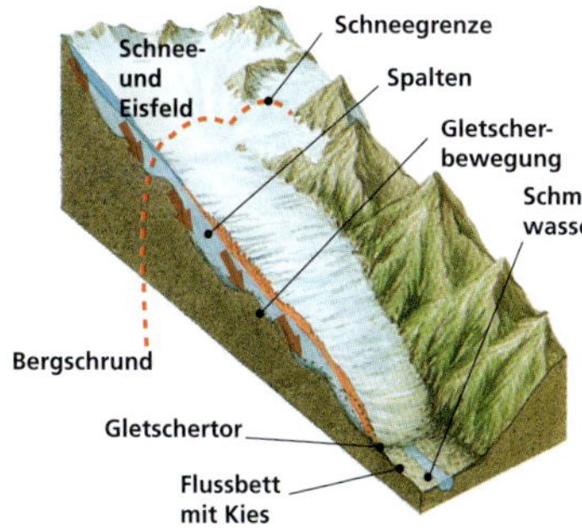

Ein Gletscher kann sich mit einer Geschwindigkeit von mehreren Metern pro Tag bewegen. Gletscher entstehen, wenn sich Schnee in hoch gelegenen Mulden *(névés)* ansammelt, der sich dann zu bläulichem Eis verdichtet. Das Eisfeld drängt durch sein eigenes Gewicht bergabwärts, bricht auf, bildet Spalten und reißt Geröll mit sich. Die Gletscherbewegung führt zur Entstehung von u-förmigen Tälern. Am unteren Ende schmelzen die Gletscher ab. Die Gletscher Franz Josef (11 km lang) und Fox (13 km lang) haben ihren Ursprung in einer Zone ewigen Eises und erstrecken sich bis hinunter an den küstennahen Regenwald.

Heißluftballons über den Canterbury Plains ***(siehe S. 190 f)*** ▷

DRAUGHT

Arthur's-Pass-Tour ⑯

Arthur's Pass Road ist der höchste und eindrucksvollste State Highway über die Southern Alps. Von Springfield aus steigt die Straße zum 945 Meter hoch gelegenen Porters Pass an, bevor sie zwischen Berggipfeln und beeindruckenden Kalksteinfelsen über eine weiträumige Hochebene führt. Östlich des Arthur's Pass National Park ist die Straße von Buchenwäldern gesäumt. Dann steigt sie erneut auf 920 Meter an, um sich schließlich an der Westseite der Southern Alps steil wieder hinunterzuwinden.

Porters Pass und Lake Lyndon ①
Dieses Gebiet ist Lebensraum für viele typische einheimische Tiere. Am Lake Lyndon kann man im Sommer gut Vögel beobachten, der See ist voller Fische.

Skigebiet Porters ②
Porter Heights ist eines der sechs Skigebiete am Highway 73 und liegt am nächsten an Christchurch. Die kleineren Skigebiete werden von Skiclubs betrieben, sind aber für Besucher offen.

Jacksons Pub ⑩
An dieser Stelle lag einst eine wichtige Eisenbahn- und Postkutschenstation.

Otira Viaduct ⑨
Die 1999 fertiggestellte Brücke des State Highway 73 führt über den Otira River.

Buchenwälder ⑧
Die Wälder im Osten des Parks bestehen fast vollständig aus Bergbuchen und unterscheiden sich deutlich von den dichten Mischwäldern, die im Westen des Parks zu finden sind.

LEGENDE

- Routenempfehlung
- Andere Straße
- Fluss
- Aussichtspunkt

Castle Hill ③
Die großen Kalksteinformationen von Castle Hill sind beeindruckend und zum Klettern sehr beliebt. Die Gegend war früher für die Maori eine wichtige Quelle zur Nahrungssuche. Außerdem verlief hier die Route, auf der die Maori zur Westküste zogen.

ROUTENINFOS

Tourenlänge zwischen Springfield und Kumara Junction: *160 km. Diese Bergstrecke ist nach starkem Schneefall manchmal gesperrt, man sollte sich also vorher erkundigen.*
Zwischenstopps: *Entlang der Strecke gibt es viele malerische Aussichtspunkte und Rastplätze. Arthur's Pass ist der einzige Ort zwischen Kumara und Springfield, in dem man einkehren kann. Hotels findet man auch in Jacksons und in Bealey.*

Cave Stream ④
Für die zweistündige Tour durch diese 360 Meter lange Kalksteinhöhle benötigt man kräftiges Schuhwerk, warme Kleidung und eine gute Lampe.

Craigieburn Forest Park ⑤
Die mit Buchen bestandenen Hügel sind ein beliebtes Gebiet zum Picknicken, Wandern und Mountainbiken.

Lake Pearson ⑥
Lake Pearson und der nahe gelegene Lake Grasmere sind gute Forellengewässer. Im Wasser des Lake Pearson spiegeln sich häufig die Berggipfel.

Bealey Spur ⑦
Bealey Spur ist eine Ansammlung von rustikalen Ferienhäusern am Rande des Arthur's Pass National Park.

0 Kilometer 20

State Highway zum Arthur's Pass

Arthur's Pass ⑰

Straßenkarte C5. 50. Dept of Conservation, State Hwy 73, Arthur's Pass. (03) 318 9211.

Das kleine Bergdorf Arthur's Pass liegt in einem Tal ungefähr fünf Kilometer östlich des Passes. Ursprünglich wohnten hier die Bauarbeiter, die 1865/66 die Straße von Christchurch an die Westküste bauten. Im Jahr 1908 wurde mit dem Eisenbahntunnel zwischen dem Dorf Arthur's Pass und Otira auf der Westseite des Passes begonnen. 1912 war die Bevölkerung von Arthur's Pass auf 300 Einwohner angewachsen – hauptsächlich Arbeiter, die mit dem Tunnelbau beschäftigt waren. Zehn Jahre lang dauerte es, bis der Durchstich gelang, und weitere fünf, bevor der erste Zug den Tunnel befahren konnte. Aus dieser Zeit sind zahlreiche Arbeiterbaracken übrig geblieben, die heute oft als Ferienhäuser genutzt werden.

Seit den 1920er Jahren entwickelte sich das Dorf zur Basisstation für Wanderer und Bergsteiger. Im Winter übernachten hier vor allem Skifahrer, die die zwanglose Atmosphäre des nahe gelegenen Skigebiets Temple Basin genießen. Auch die Verwaltung des Arthur's Pass National Park *(siehe S. 244f)* befindet sich hier im Ort.

Eine originale Wellblechbaracke in Arthur's Pass Village

Arthur's Pass National Park ⑱

Mannsschild-Blüten

Mitten in den Southern Alps, 153 Kilometer von Christchurch und 98 Kilometer von Greymouth entfernt, liegt der 1147 Quadratkilometer große Arthur's Pass National Park. Es ist der siebtgrößte Nationalpark des Landes und ein Ort gewaltiger geologischer und klimatischer Gegensätze. Auf der Westseite der Berge, wo es viel Niederschlag gibt, erstrecken sich grüne Hügel mit üppigem Regenwald. Die Flüsse sind hier rauschend und stürzen steil über Felsklippen hinab. Auf der eher trockenen Ostseite überwiegen Bergbuchenwälder und breite Flussniederungen. Insgesamt 16 Berge sind über 2000 Meter hoch, sodass gut ausgerüstete Bergsteiger ebenso auf ihre Kosten kommen wie eher untrainierte Wanderer jeden Alters.

★ Dobson Nature Walk
Dieser Naturpfad inmitten der Gipfelregion vermittelt auf einem Spaziergang von rund 30 Minuten einen guten Eindruck von den hoch- bzw. subalpinen Pflanzen der Region.

Bealey Valley
Ein Wanderweg führt vom State Highway 73 aus durch Buchenwälder zum wunderschönen Bealey Valley. Die Gehzeit beträgt insgesamt etwa drei bis vier Stunden.

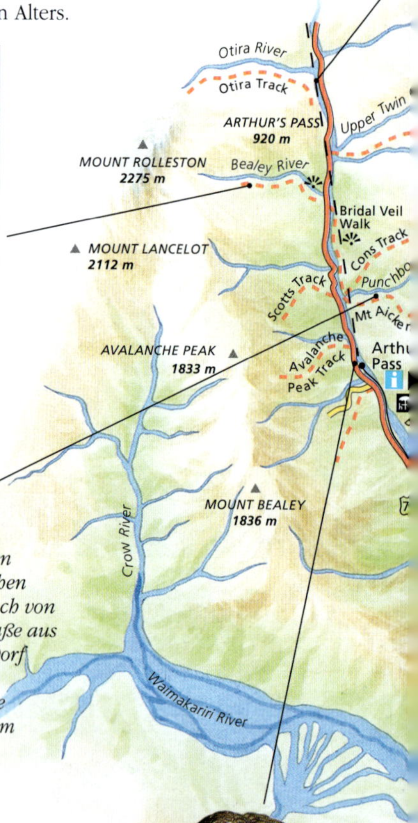

★ Devil's Punchbowl Waterfall
Man kann den 131 Meter hohen Wasserfall auch von der Hauptstraße aus sehen. Vom Dorf Arthur's Pass geht man eine Stunde bis zum Fuß dieses imposanten Wasserfalls.

Kea
Diese ebenso frechen wie neugierigen Bergpapageien sieht man manchmal sogar im Dorf, etwa wenn sie am Gummi der Autoscheiben herumpicken.

NICHT VERSÄUMEN

- ★ Devil's Punchbowl Waterfall
- ★ Dobson Nature Walk

Temple Basin
Von hier aus haben Wanderer eine fabelhafte Aussicht über die Berge und Täler. Im Winter ist das Skigebiet nur zu Fuß zu erreichen.

INFOBOX

Straßenkarte C5.
Arthur's Pass Village.
(03) 318 9211. tägl.
25. Dez. nur im Dorf, nicht auf den Wegen.
www.doc.govt.nz

Flora und Fauna im Arthur's Pass National Park

Wie die eindrucksvollen Bergbuchenwälder im Osten und die abwechslungsreichen Regenwälder im Westen verfügt auch der Park über eine äußerst vielfältige hoch- und subalpine Flora, zu der Bergblumen und -kräuter sowie Gräser und Büsche zählen. Im Park leben viele endemische Vogelarten, darunter Paradieskasarkas, Graurücken-Brillenvögel, Piwakawahas, Keas und Zwergschlüpfer sowie seltene Vögel wie der Bergzaunkönig, die Saumschnabelente oder der Flecken-Kiwi.

Saumschnabelenten

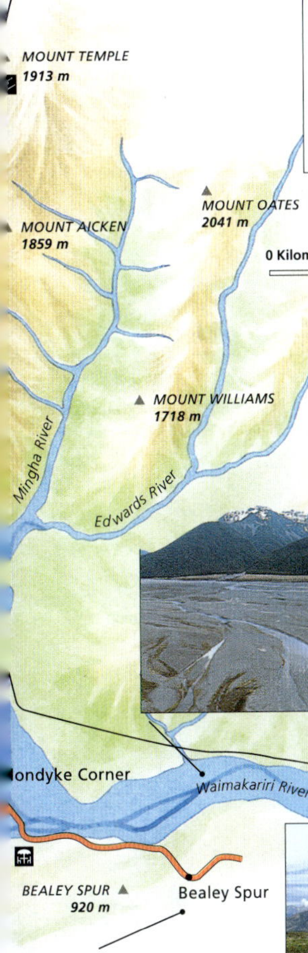

LEGENDE

- State Highway
- Nebenstraße
- Fluss
- Wanderweg
- TranzAlpine-Eisenbahn
- Tunnel
- Information
- Camping
- Picknick
- Skigebiet
- Aussichtspunkt

Waimakariri River
An den Windungen dieses mächtigen Flusses häufen sich Felsbrocken und Geröll aus den Southern Alps.

Bealey Spur Village
Mit Tussock-Gras bewachsene Täler gehen hier in eine zerklüftete Berglandschaft über.

TIPPS FÜR WANDERER

Die Täler und Bergflanken des Parks sind ein riesiges Wandergebiet, das sowohl kürzere, einfach zu begehende Wege umfasst als auch herausfordernde Klettersteige. Das Wetter ist jedoch sehr wechselhaft, und viele Wege sind nicht besonders gut ausgebaut. Bergtouren sollten Sie deshalb unbedingt mit genauen Weg- und Zielangaben beim Visitor Centre in Arthur's Pass Village anmelden.

Skifahrer am Mount Hutt mit dem Lake Coleridge im Hintergrund

Mount Hutt ⓳

Straßenkarte C6. *121 Main St, Methven. (03) 302 8955. New Zealand Walking Festival (Apr).*

Mount Hutt in den Ausläufern der Southern Alps ist Canterburys größtes Skigebiet und beansprucht für sich, die längste Skisaison Australasiens (von Anfang Juni bis Mitte Oktober) zu bieten. Das Skigebiet verfügt über neun Lifte. Für den Fall, dass der Schnee doch einmal ausbleibt, gibt es Schneekanonen. Von dem 2075 Meter hohen Berg hat man eine wunderschöne Aussicht über die Canterbury Plains.

Umgebung: Methven – im Winter ein Paradies in Sachen Après-Ski – bietet im Sommer das Bild einer typischen neuseeländischen Kleinstadt. Das 42 Quadratkilometer große Naturschutzgebiet westlich davon hat viele Wanderwege inmitten eines Buchenwaldes. 16 Kilometer nördlich von Methven liegt Rakaia Gorge, ein beliebter Ort zum Motorbootfahren. Ein fünf Kilometer langer Weg führt an seinen Ufern entlang.

Rakaia ⓴

Straßenkarte C6. *800. Rakaia Salmon Fishing Competition (Ende Feb).*

Am Südufer des Rakaia River befindet sich der kleine Ort Rakaia, der stolz von sich behauptet, die Lachshauptstadt Neuseelands zu sein. Ein riesiger Fiberglasfisch im Zentrum der Stadt steht als Wahrzeichen für die zahlreichen guten Lachs- und Forellengründe, die der Fluss hier bietet.

Brücke über die Rakaia Gorge, ein beliebter Ort zum Jetbootfahren

Ashburton ㉑

Straßenkarte C6. *16 000. The Green, East St. (03) 308 1050. Wheels Week (Mai).*

Die Stadt beiderseits des Ashburton River ist Hauptstadt des Farmbezirks von Mittel-Canterbury. Die Stadt wurde nach Lord Ashburton benannt, einem Mitglied der Canterbury Association, welche die Provinz ab 1850 besiedelte. Obwohl die Gegend ursprünglich trocken war, floriert die Landwirtschaft infolge künstlicher Bewässerung. In der Stadt gibt es viele historische Backsteinbauten und zahlreiche alte Bäume. Lohnenswert ist ein Besuch im **Ashford Village**, das Handarbeiten hoher Qualität produziert und verkauft. Hier gibt es auch ein Spinnradmuseum.

Ashford Village
427 West St. *(03) 308 9085. tägl. 1., 2. Jan, Karfreitag, Ostermontag, 25., 26. Dez. in der Fabrik. obligatorisch in der Fabrik.*

Geraldine ㉒

Straßenkarte C6. *2000. Ecke Cox & Talbot St. (03) 693 1006. Geraldine Arts & Plants Festival (Nov).*
www.southcanterbury.org.nz

Das malerische kleine Farmstädtchen ist ein beliebter Zwischenstopp für Reisende auf dem Weg ins südlich gelegene Mackenzie Country. Der 1866 als Schafweide und als Basiscamp für Sägewerke gegründete Ort hieß zunächst Talbot Forest, dann Fitzgerald und schließlich Geraldine. Heute gehört der Talbot Forest zum Bestand des Podocarpwaldes, der das Hinterland von Geraldine bildet. Viele historische Gebäude sind renoviert, so das Postgebäude von 1908.

Vor Ort produzierte Säfte und Gewürze kann man bei **Four Peaks Plaza** kaufen. Im **Vintage Car and Machinery Museum** stehen Fahrzeuge der Baujahre 1907–1953, Traktoren von 1874 sowie eine große Anzahl früher landwirtschaftlicher Maschinen.

Four Peaks Plaza
76 Talbot St. *(03) 693 9727. tägl. 25. Dez.*

Vintage Car and Machinery Museum
178 Talbot St. *(03) 693 8756. Sommer: tägl.; Winter: Wochenende. 1. Jan, 25. und 26. Dez. nach Vereinbarung.*

Umgebung: Der Ort ist eine gute Ausgangsbasis, um die Wälder und Flüsse Mittel-Canterburys zu erkunden, z. B. den Peel Forest 22 Kilometer nördlich, die Mount Somers Conservation Area 47 Kilometer im Norden oder die Orari-, Waihi- und Te-Moana-Schluchten, die zum Schwimmen, Raften oder Picknicken einladen.

Das Postamt in Geraldine, im Jahr 1908 erbaut

Landwirtschaft im Hochland

Als die »Canterbury Pilgrims« um 1850 die Gegend besiedelten, erkannten sie sofort die ausgezeichneten Möglichkeiten zur Schafzucht. Die Landbesitzer von Canterbury wurden bald zu einer einflussreichen wirtschaftlichen und politischen Kraft. Obwohl im Zuge der Landreform Ende des 19. Jahrhunderts die großen Ländereien aufgeteilt wurden, vermitteln riesige Weideflächen noch heute einen Eindruck von der Bedeutung der Landwirtschaft in Neuseeland, vor allem aber in Canterbury. Sehr gut ausgebaute Verkehrsverbindungen und moderne Kommunikationsmittel haben dafür gesorgt, dass das Leben auf dem Land mittlerweile weniger einsam ist als früher, aber nach wie vor bestimmen die Jahreszeiten den Lebensrhythmus.

Merinoschaf

Jahresablauf

Im Sommer weidet das Vieh an den Berghängen, vor Wintereinbruch wird es in die Täler getrieben. Der Abtrieb dauert mehrere Tage, die Hirten bewegen sich dabei zu Pferd oder zu Fuß und führen dann gut ausgebildete Hunde mit. Nach der Schur im Frühling, wenn die Lämmer vom Mutterschaf entwöhnt sind, kehrt das Vieh für die Sommermonate wieder ins Hochland zurück.

Schafherde beim Abtrieb im Herbst

Schafhandel *ist ein ernstes Geschäft. So sind die Farmer auf den Viehauktionen der Gegend stets auf der Suche nach Tieren, mit denen sich die Woll- und Fleischproduktion verbessern lässt.*

Die Schafschur *wird im Team und meist von Hand erledigt, sodass den Tieren eine schützende Wollschicht erhalten bleibt. Wegen ihrer Genügsamkeit und ihrer dichten Wolle werden im Hochland überwiegend Merinoschafe gezüchtet.*

Winterfutter *wie Heu und Silage gibt man den Schafen in den kalten Wintermonaten.*

Die Merinowolle *der Hochlandfarmen auf der Südinsel ist von hoher Qualität und wird meist zu Pullovern und anderen luxuriösen Strickwaren verarbeitet.*

Lammbraten *mit Kartoffeln und Bohnen ist ein beliebtes landestypisches Gericht.*

Timaru ㉓

Bild von C. F. Goldie, Aigantighe

Auf halbem Weg zwischen Christchurch und Dunedin, inmitten einer Hügellandschaft markiert Timaru, die größte Stadt in Süd-Canterbury, die Grenze der Canterbury Plains. Ihren Namen verdankt die Stadt dem Ausdruck »Te Maru«, was etwa »Zufluchtsort« bedeutet und daran erinnert, dass hier einst ein sicherer Hafen für die Kanus der Maori war. Seit 1838 wurde hier Walfang betrieben. Das Stadtzentrum ist auf Grundbesitz von George und Robert Rhodes erbaut, die zu den ersten Siedlern gehörten, wenngleich die ernsthafte Besiedlung der Gegend erst 1859 begann. Heute ist Timaru eine aufstrebende Regionshauptstadt mit vielen beachtlichen Gebäuden im Geschäftszentrum.

Die Galerie Aigantighe vom Park aus gesehen

Caroline Bay

nicht auf dem Strand.

Seit 1877 der künstliche Hafen von Timaru geschaffen wurde, dient der weiße Sand von Caroline Bay als sicherer und beliebter Badestrand, an dessen Südseite sich der Hafen befindet. Hinter dem Strand ist eine Grünanlage mit Spielplatz, Vogelhaus, Tennisplätzen und einer Minigolf-Anlage.

Während einer groß angelegten Sanierung entstanden eine Uferpromenade, einige Volleyballfelder, eine Aussichtsplattform und andere Attraktionen. Im Norden befinden sich die Benvenue Cliffs und der Leuchtturm Timarus, der schon seit 1877 in Betrieb ist.

Basilica of the Sacred Heart

7 Craigie Ave. *(03) 684 4263.* *tägl.* *tägl.*

Die von Francis William Petre 1910/11 erbaute Basilika ist das beeindruckendste Gebäude Timarus. Mit ihren beiden Türmen und der mächtigen Kuppel überblickt sie die Hauptstraße in südlicher Richtung. Im Inneren ist die Kirche mit Deckenfresken, mächtigen weißen Säulen und Mosaikfenstern ähnlich beeindruckend gestaltet. Vom Architekten der Basilika stammen auch die katholischen Kathedralen von Christchurch und Dunedin.

Aigantighe

49 Wai-iti Rd. *(03) 688 4424.* *Di–So.* *1., 2. Jan, 25., 26. Dez.* *nach Vereinbarung.*

Dieses bezaubernde Museum spricht sich wie das englische *egg and tie* aus, der Ausdruck bedeutet auf Gälisch so viel wie »zu Hause«. Aigantighe befindet sich in einem Gebäude von 1908, das der Stadt 1958 von Alexander und Helen Grant vermacht wurde, die als schottische Einwanderer eine Farm in Mackenzie Country betrieben. Die großartige Dauerausstellung zeigt Porzellan sowie Werke von neuseeländischen und britischen Malern. Das Museum liegt inmitten einer zur Entspannung einladenden Gartenanlage, in der Steinskulpturen ausgestellt sind.

St Mary's Anglican Church

24 Church St. *(03) 688 8377.* *Di–Fr.* *Karfreitag, 25. Dez.* *Mi, Fr, So.*

Die Grundsteinlegung für diese Kirche fand im Jahr 1880 statt, während das Kirchenschiff erst 1886 fertiggestellt wurde. Im Inneren sind hohe Deckengewölbe, zahlreiche schöne Mosaikfenster, feinste Holzschnitzereien und majestätische Säulen zu sehen.

Viele Kunstwerke und Gedenktafeln tragen den Namen einflussreicher Familien aus dem Süden Canterburys. Vom Kirchturm aus hat man eine fantastische Aussicht über die gesamte Stadt.

Richard Pearse

Jahrzehntelang stand der Erfinder, Flieger und Farmer Richard Pearse (1877–1953) im Mittelpunkt einer Debatte darüber, wem der erste Flug in der Geschichte geglückt ist. Pearse wurde nahe Temuka nördlich von Timaru geboren. Obwohl er Zeit seines Lebens belächelt wurde, gilt er seit seinem Tod als erfinderisches Genie. In der farmeigenen Werkstatt konstruierte er ein Einmannflugzeug aus Bambus, Aluminium, Draht und Segeltuch. Bei seinem ersten Flugversuch soll Pearse zwischen 46 und 91 Meter in der Luft zurückgelegt haben, bevor er in eine Hecke stürzte. Zwar gibt es über den Flug keine Aufzeichnungen, laut Augenzeugenberichten fand er aber am 31. März 1903 statt – und damit nahezu neun Monate vor dem offiziell ersten Flug der Gebrüder Wright am 13. Dezember 1903.

Nachbau des Flugzeugs von Pearse

Hotels und Restaurants in Canterbury und an der Westküste *siehe Seiten 312–316 und 338–340*

Rosen im Botanischen Garten von Timaru

Timaru Botanic Gardens

Queen St. *(03) 684 8199.*
tägl.

Im Botanischen Garten gibt es die Statue des schottischen Dichters Robert Burns zu sehen, des Weiteren einen »Cabbage Tree«, ein großes Agavengewächs, von dem angenommen wird, es stamme aus der Zeit, bevor die ersten Europäer kamen, sowie einen Musikpavillon aus dem Jahr 1911. Interessant sind auch die Rosenbeete und die Pflanzungen bedrohter Arten. Der Forschungskomplex beherbergt eine Wüsten- sowie eine Tropen- und Subtropenabteilung.

South Canterbury Museum

Perth St. *(03) 684 2212.*
Di–So. *1. Jan, 25./26. Dez.*

Der achteckige Museumsbau wurde 1966 eröffnet und ist das bedeutendste regionale Museum. Es gibt Ausstellungen über die Naturgeschichte, die Geschichte der Maori und die frühe Walfang-Industrie. Die Entwicklung der Stadt wird anhand einer Serie von Fotografien dokumentiert. Ein Glanzlicht ist der Nachbau des von Richard Pearse erbauten Flugzeugs, der damit im Jahr 1903 – noch vor den Gebrüdern Wright – geflogen sein soll. Das Flugzeug ist in jener Höhe an der Decke befestigt, von der es heißt, Pearse habe sie seinerzeit erreicht.

Umgebung: Etwa 18 Kilometer nördlich von Timaru ist **Temuka** das Handelszentrum des reichen Hinterlandes und zugleich die Heimat der bekannten Temuka Homewear, in der ein breites Spektrum von hochwertiger Haushaltskeramik hergestellt wird. Die Werkstatt ist nicht öffentlich zugänglich.

Direkt am State Highway 8 liegt der kleine Ort Pleasant Point. Im historischen Eisenbahnmuseum **Pleasant Point Museum & Railway** wird ein zwei Kilometer langes Teilstück der alten Timaru-Fairlie-Linie erhalten, die 1875 eröffnet und 1968 geschlossen wurde. In der Ferienzeit befahren zwei Dampflokomotiven die Strecke. Die Straße windet sich durch grünes Farmland und kreuzt die Orte Cave, Fairlie und Kimbell sowie die Abfahrt des Mount-Dobson-Skigebiets, bevor sie nach dem Burkes Pass ins Mackenzie Country mündet.

Keramik aus Temuka

INFOBOX

Straßenkarte C6. *27 500.*
12 km nördlich der Stadt.
2 George St.
(03) 687 9997. *Caroline Bay Carnival (Dez–Jan).*
www.southisland.org.nz

Pleasant Point Museum & Railway

Main Rd. *(03) 614 8323.*
wechselnde Zeiten.

Lupinen am Ufer des Lake Tekapo

Lake Tekapo 24

Straßenkarte B6. *300.*
Kiwi Treasures, State Highway 8.
(03) 680 6686.
www.mountcooknz.com

Lake Tekapo ist ein wunderschöner Ort. Das intensive Blau des Gletschersees wird von seinem steinigen Grund hervorgerufen, der aus hellem, feinem Gletschergeröll besteht. Der See ist sehr beliebt zum Angeln, Boot- und Kajakfahren, zum Schwimmen und Gleitschirmfliegen.

Direkt am See steht die **Church of the Good Shepherd**. Die Grundsteinlegung dieser Fachwerkkirche erfolgte 1935 im Auftrag des Herzogs von Gloucester. Das Vorderfenster bietet einen perfekt gerahmten Blick auf den See. Neben der Kirche befindet sich die Bronzestatue eines Wachhundes, die 1968 im Gedenken an den wichtigen Beitrag dieser Tiere zur Entwicklung der Landwirtschaft des Hochlands errichtet wurde.

Aufgrund der außergewöhnlich klaren Luft der Gegend hat die Universität von Canterbury ein Observatorium auf dem Gipfel des Mount John westlich der Stadt errichtet. Zu Fuß lässt sich der Gipfel in eineinhalb Stunden erreichen. Ebenfalls schöne Aussichten über See und Gebirge bietet der Cowan's Hill Track, für den man zwei Stunden benötigt.

Der Ort Lake Tekapo ist eine gute Basis, wenn man auf dem 30 Kilometer entfernten Mount Dobson Ski fahren will. Am kleinen Flugplatz werden Panoramaflüge über den Mount Cook angeboten. Der zehn Kilometer entfernte Lake Alexandrina ist für seine Forellenbestände berühmt und bei Schwimmern beliebt.

Church of the Good Shepherd
Pioneer Drive. *(03) 680 6516.*
tägl. *25. Dez, Hochzeiten.* *wechselnd.* *Spende.*

Lake Pukaki 25

Straßenkarte B6. *State Highway 8.* *(03) 435 3280.*
www.mountcooknz.com

Wie Lake Tekapo liegt auch dieser See inmitten einer majestätischen Landschaft. Der State Highway 8 führt an der Südspitze des Sees vorbei, ein Parkplatz mit Picknickgelegenheit bietet einen herrlichen Ausblick auf Mount Cook und die Southern Alps. Der See speist sich aus dem Tasman River, der aus dem gleichnamigen Gletscher entspringt. Als Teil der Upper-Waitaki-Wasserkraftwerke wurde er künstlich gestaut. Kanäle verbinden den See mit Lake Tekapo und Lake Ohau. An klaren Tagen spiegelt sich der Mount Cook im Wasser.

Mount Cook Alpine Salmon ist eine Farm am Pukaki-Tekapo-Kanal. Sie verkauft frischen Lachs und bietet Touren an.

Glentanner Park Centre liegt etwa 20 Kilometer südlich von Mount Cook Village auf dem Gebiet einer 182 Quadratkilometer großen Farm am Ufer des Lake Pukaki. Von hier werden Panoramaflüge über Mount Cook organisiert. Weitere Outdoor-Aktivitäten wie Reiten, Mountainbiken,

Glentanner Park Centre, im Hintergrund die Southern Alps

Bootsausflüge, Jagen und Fischen sind ebenfalls im Angebot. Führungen geben Besuchern Gelegenheit, sich über Schafzucht zu informieren.

Mount Cook Alpine Salmon
Canal Rd. *(03) 435 0085.*
tägl.

Glentanner Park Centre
State Hwy 80. *(03) 435 1855.*
tägl. *für Touren.* *teilweise.*
www.glentanner.co.nz

Die Clay Cliffs, zerfurchte Klippen bei Omarama

Twizel 26

Straßenkarte B6. *1500.*
Twizel Events Centre, Market Place.
(03) 435 3124. **www**.twizel.com

Twizel wurde 1969 im Zusammenhang mit dem Bau der Upper-Waitaki-Wasserkraftwerke errichtet. Als dieses Vorhaben beendet war, kämpften die Einheimischen erfolgreich um den Erhalt der Stadt und begannen Nutzen aus ihrer günstigen Lage an den fischreichen Seen der Umgebung zu ziehen. Der künstlich angelegte Lake Ruataniwha im Süden ist in Wassersportkreisen berühmt. Hier finden jedes Jahr die nationalen Rudermeisterschaften statt. Eine Straße führt zum Lake Benmore, einem 75 Quadratkilometer großen Stausee, der bei Bootfahrern beliebt ist.

Kakī-Vogel

Eine der Hauptattraktionen von Twizel ist **Kakī Visitor Hide**, eine Kakī-Beobachtungsstation. Der Kakī, der Schwarze Stelzenläufer, ist einer der seltensten Vögel der Welt. Seit 1981 ist man darum bemüht, sein Aussterben zu verhindern *(siehe S. 192)*. Man kann die in Gefangenschaft aufgezogenen Vögel versteckt von eigens dafür eingerichteten Stationen aus beobachten. Twizel und Umgebung waren Drehorte einiger Filmszenen von *Der Herr der Ringe*.

Kakī Visitor Hide
Twizel Events Centre, Market Place. *(03) 435 3124.* *tägl. (außer 25. Dez).*

Umgebung: Am State Highway 8 südlich von Twizel liegt die Ortschaft **Omarama**. Sie hat einen weltweiten Ruf bei Gleitschirm- und Segelfliegern, da hier starke nordwestliche Aufwinde herrschen.

Zehn Kilometer westlich des Ortes ragen die **Clay Cliffs** in die Höhe. Bei den hohen zerfurchten Felsen rasteten früher die Maori auf ihrem Weg in die Jagdgebiete des Mackenzie Country. Obwohl der Grund um die unter Naturschutz stehenden Klippen in Privatbesitz ist, ist das Gebiet um die Klippen für die Öffentlichkeit zugänglich.

Clay Cliffs
Henburn Rd. *(03) 438 9780.*
tägl.

Lake Ohau 27

Straßenkarte B6.

Der etwa 30 Kilometer westlich von Twizel gelegene Lake Ohau ist beliebt zum Schwimmen, Angeln, Skifahren und Bootfahren. Sechs Wälder – Ohau, Temple, Dobson, Huxley, Hopkins und Ahuriri – umgeben den See und laden zu Spaziergängen und Wanderungen ein. Wem der Sinn nach Natur pur steht, der findet in den Wäldern eigens errichtete Hütten zum Übernachten.

Das Skigebiet Ohau liegt oberhalb der Westseite des Sees und ist relativ schlicht lediglich mit Schleppliften ausgestattet.

Wasserkraftwerke von Upper Waitaki

Die vernetzten Elektrizitätswerke von Upper Waitaki und Mackenzie Country liefern etwa ein Drittel der aus Wasser gewonnenen Elektrizität Neuseelands. Die Idee, die Wasservorräte der Region nutzbar zu machen, wurde zuerst 1904 diskutiert. Heute umfasst das riesige Netz die Wasserkraftwerke Tekapo A und B, Ohau A, B und C sowie je eines in Benmore, Aviemore und Waitaki. Ein wichtiger Bestandteil des Netzes sind die insgesamt 58 Kilometer langen Kanäle, die Lake Tekapo, Lake Pukaki und Lake Ohau miteinander verbinden. Eine Autofahrt entlang diesen Kanälen ist sehr reizvoll. Die künstlich angelegten Seen haben sich zu beliebten Wassersportgebieten entwickelt.

Lake Benmore vom Berg aus gesehen

Aoraki / Mount Cook National Park ㉘

Mount-Cook-Lilien

Der Nationalpark verdankt seinen Namen dem Aoraki / Mount Cook, der mit 3755 Metern der höchste Berg Neuseelands und ein Heiligtum des Stammes der Ngai Tahu auf der Südinsel ist. Einer Legende der Maori zufolge entstanden der Berg und die benachbarten Gipfel, als ein Junge namens Aoraki und seine drei Brüder vom Himmel mit einem Kanu hinabfuhren, um Papatuanuku (Mutter Erde) zu besuchen. Das Kanu kenterte, und als die Brüder auf den Rücken des Bootes kletterten, wurden sie zu Stein. 1953 wurde das 700 Quadratkilometer große Gebiet zum Nationalpark erklärt. 40 Prozent des Parks sind von Gletschern bedeckt, es gibt insgesamt 19 Gipfel über 3000 Meter.

Panoramaflüge
»Flightseeing« wird vom Glentanner Park Centre und vom Flughafen am Mount Cook aus angeboten. Geflogen werden verschiedene Routen über den Park, Gletscherlandung inbegriffen.

★ Aoraki / Mount Cook
Als eine der großen Herausforderungen für Bergsteiger wurde Aoraki/Mount Cook erstmals 1894 von den Neuseeländern Tom Fyfe, George Graham und Jack Clarke bestiegen.

Der Copland Pass ist eine hoch gelegene Bergsteigerroute über die Southern Alps. Vom Pass aus führt der Weg hinunter zum Copland River und durch den Westland / Tai Poutini National Park *(siehe S. 238f)*.

Hermitage
Das Hotel Hermitage wurde 1895 erbaut und im Lauf der Jahre beständig erweitert. Es ist eines der größeren Hotels im Aoraki / Mount Cook National Park (siehe S. 315).

★ Tasman Glacier
Der Gletscher ist mit 29 Kilometer Länge und 1,6 Kilometer Breite der größte Neuseelands. Helikopter-Skifahren ist eine gute Möglichkeit, das Eisfeld zu erleben.

NICHT VERSÄUMEN

★ Aoraki / Mount Cook

★ Tasman Glacier

INFOBOX

Straßenkarte A6. ✈ *5 km südl. des Ortes.* 🚌 ℹ *1 Larch Grove, Mount Cook Village.* ☎ *(03) 435 1186.* ◯ *tägl.* ● *25. Dez.* ♿ *auf Wegen eingeschränkt.* 🍴 ☕ 🛍 **www.**doc.govt.nz

Tasman Saddle Hut
Die Hütte ist eine von 19 alpinen Hütten und Unterständen für Wanderer und Kletterer.

Murchison Glacier
Zusammen mit den Gletschern Mueller, Hooker, Tasman und Godley hat der Murchison-Gletscher die Täler im Park geprägt.

Der Godley River ist mit einem Wagen mit Allradantrieb vom Lake Tekapo aus zu erreichen.

LEGENDE

- State Highway
- Nebenstraße
- Fluss
- Wanderweg
- Parkgrenze
- Flugplatz
- Information
- Camping
- Picknick
- Aussichtspunkt

Wandern rund um Mount Cook Village

Es gibt verschiedene Wanderwege in unmittelbarer Nähe von Mount Cook Village, die alle gut ausgebaut und beschildert sind. Sie eignen sich auch für Besucher ohne Übung im Klettern. Kea Point und Governors Bush Kea sind kurze Spazierwege, die das Augenmerk auf die Vegetation und die Vögel des Parks lenken. Es gibt verschiedene längere Wanderwege, z. B. die Tracks Sealy Tarns, Hooker Valley und Red Tarns. Sie sind gut ausgeschildert, aber der Boden ist stellenweise sehr steinig. Es empfiehlt sich deshalb, festes Schuhwerk zu tragen. Auch im Sommer sollte man stets einen warmen Pullover dabeihaben, da es häufig sehr windig ist. Wanderkarten mit Wegbeschreibungen und Zeitangaben sind im Visitor Centre im Ort erhältlich.

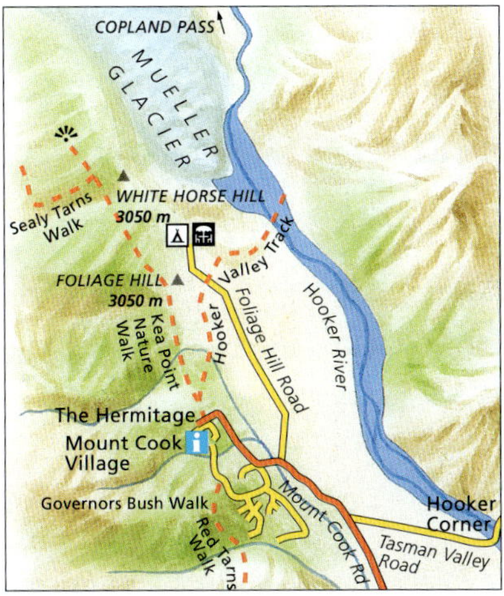

Otago und Southland

Hohe, schneebedeckte Berge, üppige Regenwälder, tiefe Gletscherseen, einzigartige Strände und zerklüftete Küsten machen die Regionen Otago und Southland zu den schönsten Naturlandschaften. Queenstown, inmitten ungezähmter Wildnis und historischer Ansiedlungen gelegen, ist weltbekanntes Zentrum für Abenteuersportarten und eines der meistbesuchten Ziele Neuseelands.

Vor der Ankunft der ersten Europäer hatten sich die Maori in Küstengegenden niedergelassen, in denen es reichhaltige Bestände an Fischen und Meeresfrüchten gab. Außerdem gingen sie auf die Jagd und sammelten Jade *(pounamu)*. Auch die ersten Europäer bevorzugten Gebiete an der Küste, die leicht zu besiedeln waren. Mitglieder der Free Church of Scotland waren die Ersten, die die Gegend systematisch besiedelten und Dunedin zum Zentrum ihrer neuen Heimat machten.

Die Hoffnung auf eine idyllische Enklave wurde nach 1860 durch die Entdeckung von Gold zunichtegemacht. Auf der Suche nach dem vermeintlichen Glück strömten Goldgräber in das Gebiet des heutigen Central Otago. Das Geld, das durch das Gold hereinkam, brachte der Region einen kometenhaften Aufschwung, eine Zeit lang war Dunedin Neuseelands wirtschaftliches Zentrum. Das Vermächtnis der Goldgräber-Ära ist zum einen mit den bescheidenen Steinhütten in den abgelegenen, rauen Landschaften sowie durch Prachtbauten in den Straßen Dunedins bis heute nachvollziehbar. Trotzdem ist viel unberührte Natur erhalten geblieben, etwa der Mount Aspiring und der Fiordland National Park. Weitere attraktive Naturgebiete sind Stewart Island und das Catlins-Gebiet an der Südostküste, wo Farmen und Felder einen reizvollen Kontrast zur Landschaft bilden.

Octagon im Herzen von Dunedin

◁ In den Mirror Lakes im Fiordland National Park spiegeln sich die Berge wider *(siehe S. 280–283)*

Überblick: Otago und Southland

Klima und Landschaftsbild von Otago und Southland wechseln innerhalb kürzester Entfernungen. Im Westen steigt das Land steil von der Küste an, geht in Regenwälder über und endet in hohen Gebirgsgipfeln – ein Szenerie, die den Fiordland und den Mountain Aspiring National Park einzigartig macht. Einen starken Kontrast dazu bilden östlich der Gipfel die Flächen und Täler von Central Otago. Hier ist es trocken und zerklüftet, strahlend blaue Seen erstrecken sich zwischen grasbewachsenen Hügeln und schneebedeckten Bergen. Landschaften wie Abenteuerspielplätze – kein Wunder, dass Ferienorte wie Queenstown so beliebt sind. Von den Seen aus fällt das Land zu den südlichen und östlichen Küsten sowie zum Hinterland ab. Dort sorgt starker Regen für fruchtbares Land und somit für die Versorgung der Städte Dunedin und Invercargill.

Wildwasser-Rafting am Shotover River bei Queenstown

Sehenswürdigkeiten auf einen Blick

Arrowtown ⓬
Bluff ⓳
Cromwell ⓭
Dunedin S. 258–265 ❶
Fiordland National Park S. 280–283 ⓯
Glenorchy ⓫
Gore ⓲
Haast ❾
Halbinsel Otago S. 266f ❷
Invercargill S. 286f ⓱
Kingston ⓮
Lake Hawea ❻
Lindis Pass ❺
Moeraki Boulders Scenic Reserve ❸
Mount Aspiring National Park S. 272f ❽
Oamaru S. 268f ❹
Queenstown S. 276f ❿
Stewart Island S. 288f ⓴
Wanaka ❼

Touren

Catlins-Tour ㉑
Doubtful Sound ⓰

Touren und Unternehmungen

Die hier aufgeführten Orte sind ideal, um sich zu erholen und etwas zu unternehmen. Allerdings ändert sich das Wetter – je nach Jahreszeit – häufig. Vor einer Tour sollten Sie sich eingehend vor Ort informieren.

	Rundflüge	Bungee-Jumping	Jetbootfahren	Gleitschirmfliegen	Skifahren	Wandern	Wildwasser-Rafting	Naturbeobachtung
Catlins						■		■
Dunedin	●					■		■
Fiordland National Park	●					■		■
Haast						■		■
Invercargill	●					■		■
Milford Sound	●					■		■
Mount Aspiring National Park	●					■		■
Oamaru						■		■
Otago Peninsula						■		■
Queenstown	●	■	●	■	●	■	■	
Stewart Island	●					■		■
Te Anau	●		●			■		■
Wanaka	●		●	■	●	■	■	

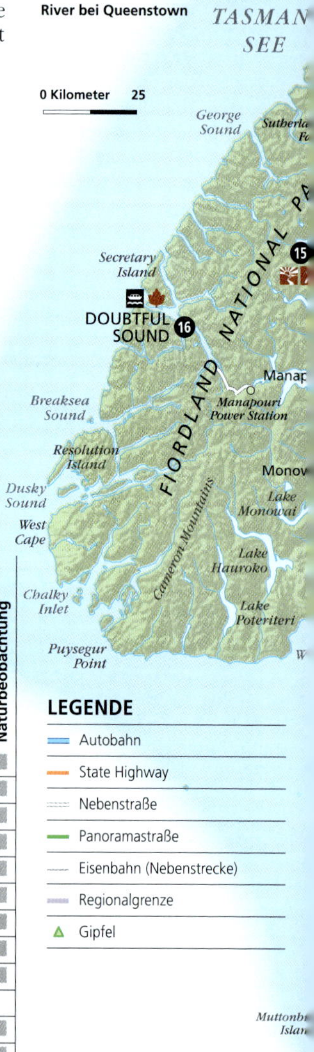

Weitere Zeichenerklärungen *siehe hintere Umschlagklappe*

Der tiefblaue Lake Hawea, einer der größten Seen im Süden

SIEHE AUCH

- ***Hotels*** S. 316–319
- ***Restaurants*** S. 340f

In Otago und Southland unterwegs

Am einfachsten erkundet man die Region mit dem Auto oder dem Bus. Wer sich zum Selbstfahren entschieden hat, kommt auf den gut ausgebauten Autobahnen schnell voran, außer während der Hauptreisezeiten in den Ferien. Einige Straßen, z. B. der State Highway 94 nach Milford, erfordern wegen der Steigungen besondere Vorsicht. Internationale Flughäfen gibt es in Dunedin und Queenstown. Am Flughafen von Invercargill werden Inlandsflüge abgefertigt.

Dunedin ❶

Pinguin aus Bronze

Dunedin zu erkunden macht Spaß, denn auf einem relativ kleinen Areal gibt es eine Menge zu sehen. Die Gebäude der Stadt gehören zu den interessantesten und in architektonischer Hinsicht unterschiedlichsten, die das Land zu bieten hat. Viele von ihnen liegen direkt im Zentrum und stammen aus der Blütezeit nach dem Goldrausch der 1860er Jahre, als Dunedin das Wirtschaftszentrum des Landes war. Andere befinden sich im Norden der Stadt *(siehe S. 264f)* in der Nähe schöner Parks. Rings um das Zentrum erstrecken sich Hügel, von denen man einen wundervollen Blick auf Stadt und Hafen genießen kann.

Octagon

Als das Areal der zukünftigen Siedlung »New Edinburgh« 1846 in Augenschein genommen wurde, plante man das Octagon als zentralen Punkt. 150 Jahre später erfüllt der Platz noch immer diese Funktion. Er war und ist Zeuge von Festivals, Protestmärschen, Festen und königlichen Besuchen, auf ihm wurden Truppen und Helden des Sports begrüßt und verabschiedet. Die Oase im Herzen der Stadt – im Übrigen auch ein beliebter Treffpunkt zum Lunch – ist von zahlreichen bemerkenswerten Gebäuden geprägt. Eine große Bronzestatue des schottischen Dichters Robert Burns, 1887 errichtet, nimmt einen exponierten Platz vor der Paulskathedrale ein. Sein Neffe, Reverend Thomas Burns, war der geistige Führer der ersten schottischen Siedler, die 1848 Dunedin erreichten.

Municipal Chambers

48 The Octagon. ☎ (03) 477 4000. ◯ Mo–Fr. ⬤ Feiertage. im Inneren. ♿ öffentliche Räume.

Das Rathaus von 1880 ist ein exzellentes Beispiel für die Verwendung des Oamaru-Steins *(siehe S. 268f)*. Es wurde umfassend renoviert. Neben dem Sitzungssaal der Ratsmitglieder der Stadt weist der Bau eine Reihe von Empfangs- und Versammlungsräumen auf, auch das Dunedin Visitor Centre ist hier untergebracht. Der Komplex umfasst auch das Glenroy Auditorium mit 473 Sitzen und die Stadthalle mit 2800 Sitzen.

St Paul's Cathedral

The Octagon. ☎ (03) 477 2336. ◯ tägl. ✝ tägl. außer Sa. ♿ im Sommer.

Die anglikanische, 1919 geweihte Paulskathedrale wurde oberhalb des Octagon auf einem erhöhten Platz errichtet, zu dem eine breite Treppe führt. Ihren Platz in einer überwiegend presbyterianisch geprägten Siedlung verdankt sie der Großzügigkeit des Walfängers und Händlers Johnny Jones. Die Kathedrale, die eine kleinere Kirche von 1863 ersetzt, weist viele schöne Details auf, u.a. ein gemauertes Deckengewölbe.

Dunedin Public Art Gallery

30 The Octagon. ☎ (03) 477 4000. ◯ tägl. ⬤ Karfreitag, 25. Dez. nur Sonderausstellungen. ♿

In der modernen Galerie, die perfekt mit den Gebäuden am Octagon harmoniert, befindet sich eine der besten neuseeländischen Sammlungen europäischer Kunst, aber auch Abteilungen mit früher und zeitgenössischer Kunst aus Neuseeland, z.B. Werke von Frances Hodgkins *(siehe S. 32)*.

Eingangshalle der Dunedin Public Art Gallery

St Paul's Cathedral

LEGENDE

Detailkarte Dunedin *siehe S. 260f*

Zeichenerklärungen
siehe hintere Umschlagklappe

First Church

415 Moray Place. *(03) 477 7118.*
tägl. So.

Die 1873 geweihte presbyterianische Kirche gilt als eine Glanzleistung und als herausragendes Vermächtnis des Architekten Robert Lawson. Bemerkenswert sind unter anderem die Fensterrosetten, die hölzerne Decke und der 56 Meter hohe Turm. Umfangreiche Restaurierungsarbeiten waren notwendig, um die äußeren Schäden zu beheben. Für den Bau der First Church musste das Gelände von Bell Hill zwölf Meter abgetragen werden. Eine Ausstellung dokumentiert die Veränderungen.

Der Gerichtshof (»Law Courts«) in Central Dunedin

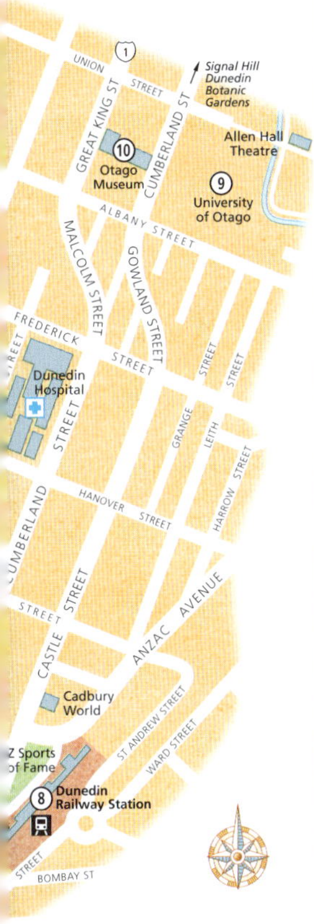

Zentrum von Dunedin

Dunedin Public Art Gallery ④
Dunedin Railway Station ⑧
First Church ⑤
Law Courts ⑦
Municipal Chambers ②
Octagon ①
Olveston House ⑪
Otago Museum ⑩
Otago Settlers Museum ⑥
St Paul's Cathedral ③
University of Otago ⑨

Law Courts

41 Stuart St.

Für den Gerichtshof, 1902 nach einem Entwurf von John Campbell fertiggestellt, wurde der heimische Stein aus Port Chalmers mit dem helleren Oamaru-Stein kombiniert. Gleich um die Ecke befindet sich das ebenfalls von Campbell entworfene Backsteingebäude des Gefängnisses, welches dem New Scotland Yard in London ähnelt. Nach der Fertigstellung 1895 diente der Bau auch als Polizeirevier, bis hierfür Mitte der 1990er Jahre ein neues Gebäude entstand.

Otago Settlers Museum

31 Queens Gardens. *(03) 477 5052.* *tägl.* *Karfreitag, 25. Dez.*
www.otago.settlers.museum

Der Name dieses Museums verrät es bereits: Hier erhalten Besucher einen Einblick in das Leben der ersten Siedler der Provinz Otago. Die verschiedenen umfangreichen Ausstellungen reichen thematisch von frühen Fotografien über Haushaltsgeräte bis hin zu Werkzeugen und Fahrzeugen. Darüber hinaus können hier zwei Dampflokomotiven – eine davon stammt aus dem Jahr 1870 – besichtigt werden. Die Sammlungen des Museums verteilen sich über zwei aneinandergrenzende Gebäude: über eine ehemalige Kunstgalerie aus den frühen 1900er Jahren und eine einstige Busstation im Art-déco-Stil.

Robert Lawson

First Church

Viele der schönsten Häuser im viktorianischen und schottisch-edwardianischen Stil sind von dem Architekten Robert Lawson (1833–1902) entworfen. Der gebürtige Schotte hatte, bevor er nach Melbourne auswanderte, als Architekt in seinem Heimatland erste Erfahrungen gesammelt. In Melbourne versuchte er von der Goldsuche und vom Journalismus zu leben und nahm 1861 seinen erlernten Beruf wieder auf. Im folgenden Jahr erhielt Lawson den Zuschlag für seinen Entwurf der First Church. Er zog nach Dunedin und begann seine Laufbahn in der Stadt. Zu seinen besten Entwürfen gehören das Rathaus, die Otago Boys High School (ein stattliches Gebäude von 1884) und die Knox Church in der George Street, die 1876 geweiht wurde. Lawsons Handschrift des »Dunedin Design« ist jedoch am klarsten in der First Church zu erkennen.

Im Detail: Dunedin

Statue von Robert Burns

Dunedin ist aus historischer Sicht eng mit der schottischen Hauptstadt Edinburgh verbunden. Schon der Name Dunedin – der alte gälische Name für Edinburgh – und viele schottische Straßennamen weisen auf die Verbindung hin. Auch sind seit 1848, dem Ankunftsjahr der ersten presbyterianischen Siedler, einige schottische Traditionen erhalten geblieben. Ein achteckiger Platz namens Octagon bildet das Zentrum der Stadt. Er ist umgeben von zahlreichen Gebäuden im viktorianischen und edwardianischen Stil, die zu den schönsten in Neuseeland zählen. Als Besucher genießt man die vielen Cafés und Restaurants.

St Paul's Cathedral
Die Paulskathedrale hat das einzige Deckengewölbe Neuseelands (siehe S. 258).

Stuart Street Terrace Houses
Um 1900 als Stadtwohnsitz für die Landbevölkerung erbaut, beherbergen die Terrassenhäuser in der Stuart Street heute Restaurants, Boutiquen und Büros.

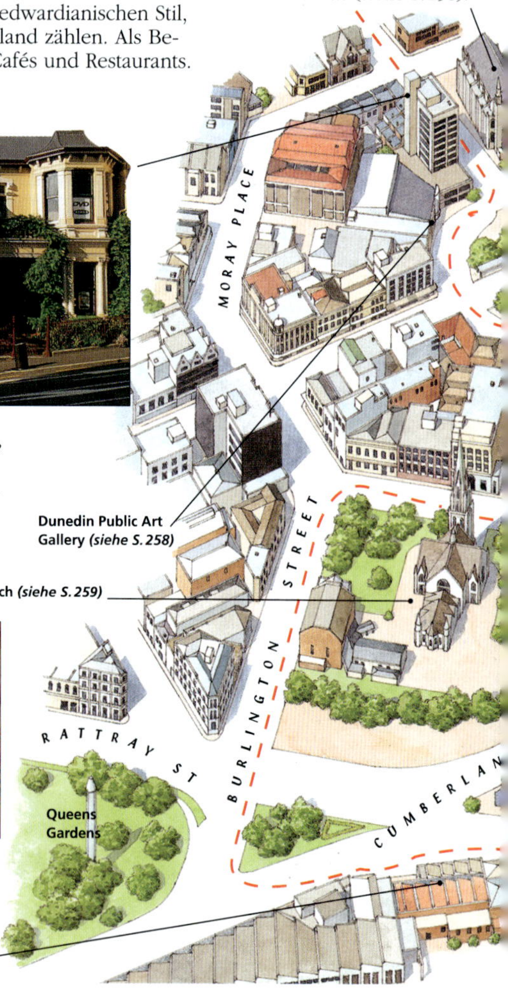

Dunedin Public Art Gallery ***(siehe S. 258)***

First Church ***(siehe S. 259)***

Otago Settlers Museum
Das Museum dokumentiert das Leben der ersten Siedler Otagos. Ein Flügel widmet sich historischen Fahrzeugen (siehe S. 259).

NICHT VERSÄUMEN

★ Dunedin Railway Station

★ Octagon

0 Meter 300

LEGENDE

– – – Routenempfehlung

Municipal Chambers
Das 1880 erbaute Rathaus wird von einem 47 Meter hohen Turm gekrönt. Er stammt aus der »reichen« Zeit des Goldrausches (siehe S. 258).

INFOBOX

Straßenkarte B7. *120 000.*
25 km südlich des Stadtzentrums. Auch internationale Flugverbindungen. *Anzac Ave.*
Intercity, St Andrew St.
i-SITE, 26 Princes St.
(03) 474 3300.
Dunedin Summer Festival (3. Woche im Feb); Rhododendron Festival (3. Woche im Okt).
www.dunedin.govt.nz

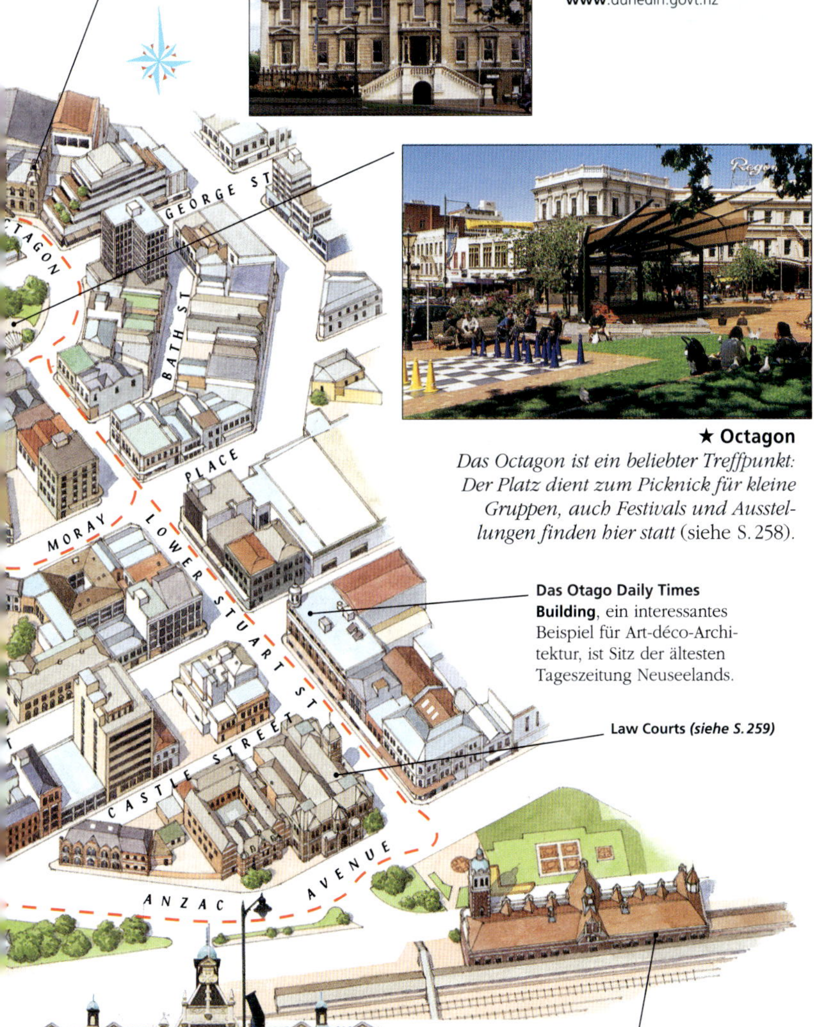

★ Octagon
Das Octagon ist ein beliebter Treffpunkt: Der Platz dient zum Picknick für kleine Gruppen, auch Festivals und Ausstellungen finden hier statt (siehe S. 258).

Das Otago Daily Times Building, ein interessantes Beispiel für Art-déco-Architektur, ist Sitz der ältesten Tageszeitung Neuseelands.

Law Courts ***(siehe S. 259)***

★ Dunedin Railway Station
Der Bahnhof von Dunedin zählt zu den schönsten Steinbauten des ganzen Landes. Der Turm ist 37 Meter hoch (siehe S. 262f).

Dunedin Railway Station

Fries mit Cherub und Laubwerk

Der Bahnhof von Dunedin gehört zu den schönsten historischen Gebäuden Neuseelands und gilt als bestes Beispiel für Bahnhofsarchitektur auf der Südhalbkugel. Obwohl der Bau nicht besonders groß ist, vermitteln seine Proportionen den Eindruck von Erhabenheit. Das 1906 eröffnete Gebäude im flämischen Renaissance-Stil wurde vom neuseeländischen Architekten George Troup entworfen und brachte ihm wegen der an Pfefferkuchen erinnernden Fassade den Spitznamen »Gingerbread George« ein.

★ Steinfassade und Türme
Der helle Kalkstein aus Oamaru (siehe S. 268f) *bildet einen auffälligen Kontrast zum dunkelbläulichen Stein aus Zentral-Otago und den Säulen aus poliertem Aberdeen-Granit.*

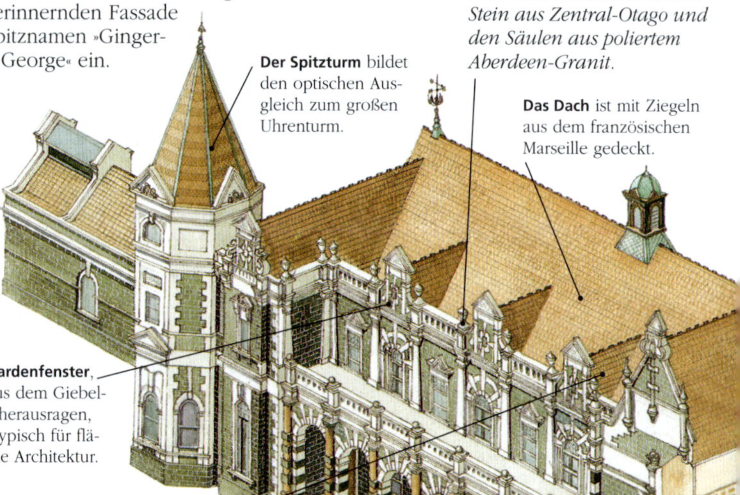

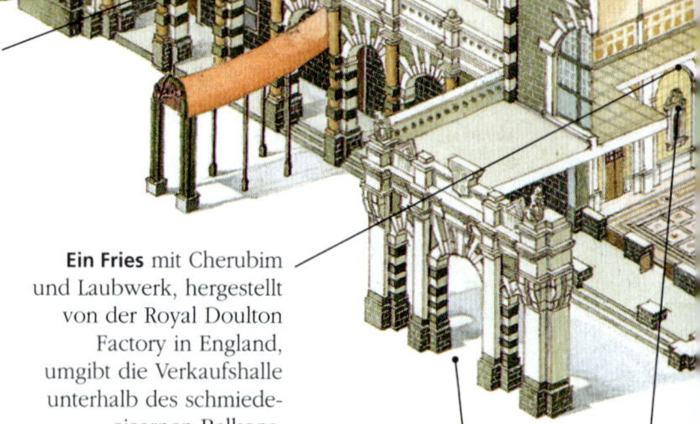

Der Spitzturm bildet den optischen Ausgleich zum großen Uhrenturm.

Das Dach ist mit Ziegeln aus dem französischen Marseille gedeckt.

Mansardenfenster, die aus dem Giebeldach herausragen, sind typisch für flämische Architektur.

Ein Fries mit Cherubim und Laubwerk, hergestellt von der Royal Doulton Factory in England, umgibt die Verkaufshalle unterhalb des schmiedeeisernen Balkons.

Haupteingang

New Zealand Sports Hall of Fame
Die fantasievolle Ausstellung dokumentiert Heldentaten und Errungenschaften berühmter Neuseeländer.

Verkaufsschalter
Die Schalterhalle ist mit weißen Fliesen verkleidet. Über den Schaltern zeigt ein First das alte neuseeländische Eisenbahnlogo.

NICHT VERSÄUMEN

- ★ Bleiglasfenster
- ★ Mosaikboden
- ★ Steinfassade und Türme

★ Bleiglasfenster
Zwei beeindruckende Fenster mit Glasmalerei im Halbgeschoss an jeder Seite der Schalterhalle stellen ankommende Dampfmaschinen mit aufleuchtenden Lichtern dar.

INFOBOX

Anzac Ave. *(03) 477 4449.*
Mo–Fr 8–18, Sa, So und Feiertage 9–18 Uhr.
25. Dez.

Treppenhaus
Von der Schalterhalle zum darüberliegenden Balkon führt eine Treppe mit schmiedeeisernem Geländer und mosaikverzierten Stufen.

Löwen aus Sandstein bewachen die Kuppel an jeder Ecke des Uhrenturms.

Der Uhrenturm ist 37 Meter hoch.

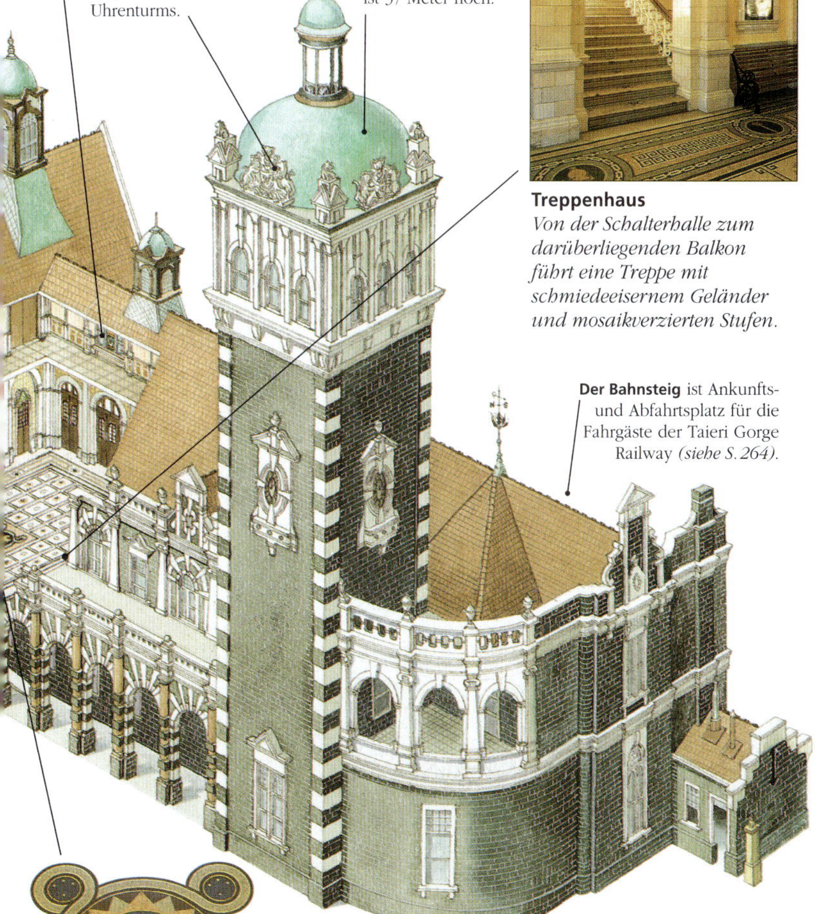

Der Bahnsteig ist Ankunfts- und Abfahrtsplatz für die Fahrgäste der Taieri Gorge Railway *(siehe S. 264).*

★ Mosaikboden
Über 725 000 Porzellankacheln der Firma Royal Doulton stellen Dampfmaschinen, Waggons und das Logo der New Zealand Railways dar.

Nord-Dunedin und Umgebung

Dunedins Stadtkern ist im Norden und Westen von Hügeln, im Osten und Süden von Wasser umgeben. Im Norden der Stadt liegen viele Grüngebiete, darunter der Botanische Garten am Fuße des Signal Hill, und zahlreiche historische Gebäude. Am malerischen Hafen entlang führt eine Straße zu Aussichtspunkten, von denen man einen herrlichen Panoramablick über die Stadt, den Hafen und die Halbinsel hat.

Signal Hill

Signal Hill Rd via Opoho Rd.
tägl.

Im Norden der Stadt führt die Straße zum Signal Hill auf ein Monument zu, das 1940 errichtet wurde, um 100 Jahre britische Souveränität über Neuseeland zu demonstrieren. Von hier blickt man über das Stadtzentrum, den oberen Hafen und Teile der Halbinsel Otago.

Dunedin Botanic Gardens

Opoho Rd. *(03) 471 9275.*
tägl.
Rhododendronfestival (später Okt).

Dunedins riesiger Botanischer Garten, 1868 angelegt, war einer der ersten Neuseelands. Man nutzte die unterschiedlichen Böden und das abwechslungsreiche Mikroklima, um eine Vielzahl von Pflanzen zu züchten. Die unteren Gärten sind eher regelmäßig angelegt – hier findet man Rasenflächen, Bäume und Beete. Auch der edwardianische Wintergarten, 1908 eröffnet, hat hier seinen Platz. Oben auf dem Hügel kann man über 3000 Rhododendronarten im weltberühmten Rhododendron Dell bewundern – im Frühjahr die reinste Augenweide.

Otago Museum

419 Great King St. *(03) 474 7474.*
tägl. *Karfreitag, 25. Dez.* *Spende.* *Sa, So 14 Uhr.*
www.otagomuseum.govt.nz

Das 1877 eröffnete Museum führt in die Kultur- und Naturgeschichte dieser Region ein. Einige Säle zeigen das Leben der Maori vor der Europäisierung, die Kultur der Pazifik-Region, maritime Lebensformen und archäologische Funde aus der Alten Welt. Das Museum birgt auch eine der besten maritimen Ausstellungen des Landes und einen »Tiergarten«. Im interaktiven Erlebnis-Center Discovery World gibt es einen Tropenwald mit rund 1000 Schmetterlingen.

Tunnel Beach Walkway

Blackhead Rd. *tägl.* *Aug–Okt.*

Sieben Kilometer südlich der Stadt befindet sich der Tunnel Beach. Er wurde nach dem Tunnel benannt, der in den 1870er Jahren auf Veranlassung von Edward Cargill durch die Sandsteinklippen geschnitten wurde, damit dessen Familie den schönen Strand erreichen konnte. Der kurze steile Weg bietet eine schöne Aussicht auf die von Wind und Wellen geformten Sandsteinklippen.

Blühender Rhododendron im Botanischen Garten von Dunedin

Uhrenturm der University of Otago

University of Otago

Leith St. *(03) 479 1100.* *Mo–Fr.* *Feiertage.* *Campus und öffentliche Bereiche.*
www.otago.ac.nz

Die University of Otago, die erste Universität Neuseelands (1869), spielt für das Leben der Stadt eine wichtige Rolle. Der Uhrenturm aus Bluestone stammt von 1878 *(siehe S. 28)*. Die im Norden angrenzenden Doppelhaushälften (1879) dienten als Wohnsitz für die ersten vier Professoren. Die ganze Anlage lädt zum Herumschlendern ein.

Organ Pipes

Mount Cargill Rd.

Merkwürdige Basalt-Säulen, »Orgelpfeifen« genannt, erinnern an Dunedins vulkanischen Ursprung. Zu ihnen führt ein einstündiger Fußmarsch vom Wegweiser an der Mount Cargill Road im Norden der Stadt. Der Lohn ist ein großartiger Ausblick.

Taieri Gorge Railway

Anzac Avenue. *(03) 477 4449.*
Abfahrt tägl. zweimal, im Sommer häufiger.

Von Dunedins Bahnhof aus kann man per Zug einen 77 Kilometer langen, vierstündigen Ausflug in den Westen unternehmen. Die 1879 eröffnete Bahnlinie fährt durch Dunedins grüne Küstengebiete und schraubt sich anschließend zu den recht kargen Gras- und ausgewaschenen Felslandschaften der Strath Taieri hoch. Dabei durchfährt man zehn Tunnel und überquert Brücken und Viadukte, die bis zu 47 Meter über dem Taieri River liegen.

Hotels und Restaurants in Otago und Southland *siehe Seiten 316–319 und 340f*

Olveston House

David Theomin

Olveston, eine 1906 fertiggestellte Villa mit 35 Räumen, gehörte David und Marie Theomin und deren Kindern Edward und Dorothy. Sie vermachte Haus und Inventar der Stadt. Heute bekommt der Besucher einen Eindruck vom Leben der damaligen Bewohner. Großer Salon, Esszimmer, Bibliothek, Billardzimmer und Eingangshalle – alles ist vornehm möbliert und enthält viele Schätze, die die reiselustige Theomin-Familie mitbrachte.

INFOBOX

42 Royal Terrace. *(03) 477 3320.* *tägl.* *25. Dez.* *Erdgeschoss.* *obligatorisch; 9.30, 10.45, 12, 13.30, 14.45, 16 Uhr.* **www**.olveston.co.nz

★ Esszimmer
Attraktive Blickpunkte sind hier die Eichentäfelung, halbkreisförmige Bleiglasfenster und geprägte Tapeten.

In der Küche stehen eine Kauri-Anrichte mit weiß-blauem Delfter Porzellan sowie ein Kauri-Tisch.

Fassade
Das Haus erhält seine warme Außenfarbe durch eine Rauputzverkleidung aus Moeraki-Kieseln und Oamaru-Steinen (siehe S. 268f).

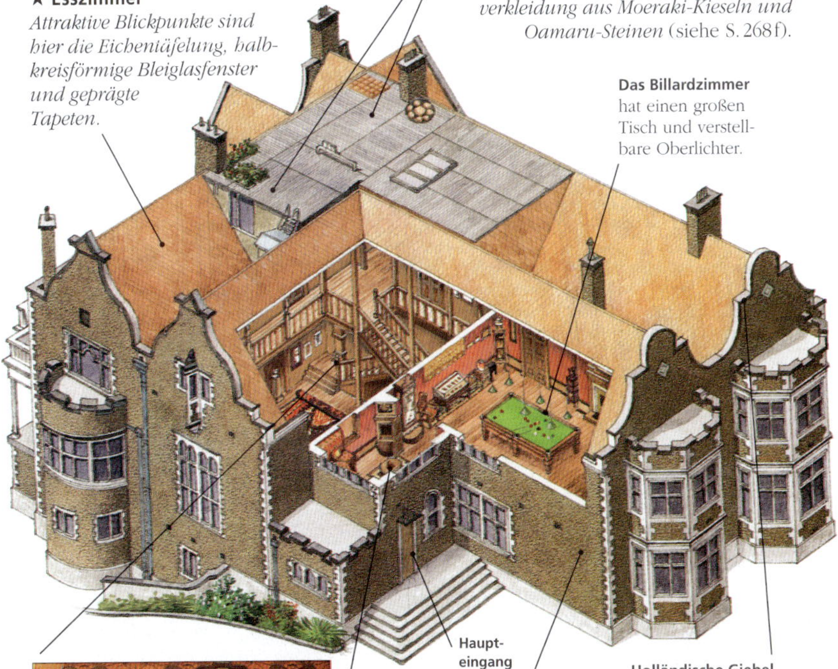

Bibliothek

Das Billardzimmer hat einen großen Tisch und verstellbare Oberlichter.

Haupteingang

Kartenzimmer

Holländische Giebel und vorragende Fenster lockern die Fassade des Olveston House auf.

★ Große Halle
Die Eingangshalle diente vor allem für Empfänge und weist Tischlerarbeiten aus Eiche, Leinentapeten und eine Porzellansammlung auf.

Der Salon, der für Gespräche und zum Musizieren benutzt wurde, besitzt die einzige ausgestaltete Decke.

NICHT VERSÄUMEN

★ Esszimmer

★ Große Halle

Halbinsel Otago ❷

Gelbaugen-pinguin

Die 24 Kilometer lange Halbinsel Otago bietet eine Vielzahl an Attraktionen, darunter viele seltene und ungewöhnliche Tiere und Pflanzen, historische Gebäude, bewaldete Gärten und eine spektakuläre Küstenlandschaft. Für die 64 Kilometer lange Rundtour nehmen Sie am besten die Highcliff Road, die über die Anhöhen der Halbinsel führt, und fahren zurück über die tiefer gelegene Portobello Road entlang der Küste. Der Ausflug kann einen ganzen Tag dauern. Von der Highcliff Road hat man die beste Aussicht über das Küstengebiet.

Larnach Castle

145 Camp Rd. *(03) 476 1616.* *tägl.* *25. Dez.* *nach Vereinbarung.* *im Inneren.* *nur Erdgeschoss.*
www.larnachcastle.co.nz

14 Kilometer vom Zentrum Dunedins an der High Road liegt Larnach Castle, Neuseelands einziges Schloss. Der Bankier, Geschäftsmann und Politiker William J. M. Larnach ließ den Herrensitz zwischen 1871 und 1885 für seine Frau Eliza inmitten eines zwei Quadratkilometer großen Geländes erbauen. Das Schloss bietet u. a. kunstvoll geschnitzte und verzierte Decken und eine große, frei schwebende Treppe. Das prachtvoll gestaltete Interieur stammt von den englischen und italienischen Künstlern, die nach Dunedin gerufen wurden, um dem Gebäude seinen Schliff zu geben. Ein Ballsaal, das Geburtsgeschenk für Larnachs Tochter, wurde als eigener Flügel angebaut. Besucher können eine enge Steintreppe emporsteigen und vom Turm die Aussicht genießen. Unterkünfte sind in der Nähe erhältlich *(siehe S. 317).*

Das Anwesen ging 1967 in den Besitz der Familie Barker über. Nach mehrjähriger umfassender Renovierung präsentiert es sich nun wieder im alten Glanz. Der schön gestaltete Schlossgarten ist Schauplatz einer sehenswerten Pflanzensammlung.

Royal Albatross Centre

Taiaroa Head. *(03) 478 0499.* *tägl.* *25. Dez.* *nur Besucherzentrum.* *obligatorisch; tägl. außer Di vormittags; Reservierung erforderlich.*
www.albatrosses.co.nz

Die Taiaroa-Landspitze am Otago-Hafen ist Heimat der weltweit einzigen Festlandkolonie von Königsalbatrossen. Das 1989 eröffnete Besucherzentrum zeigt eine Ausstellung über die riesigen Vögel. Während der Brutzeit werden Besucher zu Stationen geführt, von denen aus bei günstigen Bedingungen Brut und Flugverhalten der Vögel beobachtet werden können.

Schwarz-weiße Königsalbatrosse auf Taiaroa Head

Eine weitere Sehenswürdigkeit von Taiaroa ist die »Armstrong Disappearing Gun«, eine Marine-Verteidigungskanone mit 15 Zentimeter Kaliber, die 1886 installiert wurde. Die weltweit einzige am Originalstandort erhaltene und funktionstüchtige Waffe dieser Art kommt aus dem Boden hervor, feuert und schnellt in ihre Vertiefung zurück.

Larnach Castle, vom Park aus gesehen

Hotels und Restaurants in Otago und Southland *siehe Seiten 316–319 und 340 f*

Anwesen in den Glenfalloch Woodland Gardens

Glenfalloch Woodland Gardens

430 Portobello Rd. (03) 476 1775. *tägl.* *Spende.* *im unteren Bereich.* *im Sommer.*

An der »unteren Straße«, zehn Kilometer von Dunedin entfernt, lockt der Glenfalloch Woodland Park seit dem vorletzten Jahrhundert Besucher an. In Glenfalloch – gälisch für »verstecktes Tal« – findet man ein elegantes, 1871 erbautes Anwesen, Teesalons (im Sommer geöffnet) und eine Töpferei, die auch Waren verkauft. Die Gebäude liegen geschützt auf einem Gelände mit uralten Bäumen und einem Fluss. Im Frühjahr glühen die Farben der Rhododendren und Azaleen, in den Sommermonaten werden sie von den leuchtenden Farben der Fuchsien abgelöst. Glenfalloch-Besucher haben die Auswahl zwischen mehreren idyllischen Spazierwegen, die über weite Strecken von Baumreihen gesäumt werden.

New Zealand Marine Studies Centre

Hatchery Rd, Portobello. (03) 479 5826. *tägl.* *25. Dez.* www.marine.ac.nz

Portobello, ein kleiner Hafenort mit wenigen Läden und einem Restaurant, wurde durch das Aquarium berühmt, das zum Meeresforschungszentrum der Universität Otago gehört. Das Aquarium liegt am Ende einer kleinen Halbinsel in der Nähe von Portobello und zeigt einen Querschnitt durch das Meeresleben der Region. Für Kinder gibt es ein »Streichelbecken« mit Seesternen, Krabben und Seeanemonen.

Otakou

An der Harrington Point Rd.
tägl. *im Inneren.*

In Otakou begann die Besiedlung durch die ersten Maori. Abgewandelt in Otago verlieh der Ortsname der Provinz ihren Namen. Die Kirche und das Gemeindehaus wurden für die Jahrhundertfeier von 1940 zum Gedenken an die Unterzeichnung des Vertrags von Waitangi *(siehe S. 48f)* gebaut. Was wie Schnitzwerk aussieht, ist in Wirklichkeit gegossener Beton.

Maori-Kirche und Versammlungshaus in Otakou

Penguin Place

Harrington Point Rd. (03) 478 0286. *tägl.* *obligatorisch, nach telefonischer Anmeldung.*

Die Straße zur Landspitze von Taiaroa führt am Penguin Place vorbei, wo man die Rettung der Gelbaugenpinguine, der seltensten Pinguinart der Welt, als Ziel verfolgt. Gelbaugenpinguine gibt es nur auf der Otago-Halbinsel und in wenigen abgeschiedenen Küstengebieten in Otago und Southland. Getarnte Gräben erlauben es dem Besucher, Gelbaugenpinguinen aus der Nähe beim Brüten zuzusehen, ohne sie zu stören. Am besten kommt man zur Abenddämmerung, dann sind die Tiere am aktivsten.

Moeraki Boulders Scenic Reserve ❸

Straßenkarte B7.

Die Moeraki-Kugeln 78 Kilometer nördlich von Dunedin am State Highway 1 waren lange Zeit Stoff für Legenden. Mit ihrer fast perfekt runden Form und einem Umfang von bis zu vier Metern liegen die grauen Kugeln an einem nur 50 Meter langen Strand. Ihre Form erhielten sie vor über 60 Millionen Jahren, als sich im Meer nach und nach Kalkablagerungen um einen harten Kern bildeten.

Der Maori-Legende nach waren die Kugeln die Lebensmittelkörbe *(Te Kaihinaki)* aus dem Araiteuru-Kanu, einem der ältesten Kanus, das die Maori von Hawaiki nach Neuseeland brachte. Während des Aufsammelns von Jade schlug das Kanu leck. Man sagt, dass die *kumara* an Bord zu rauen Felsen, die Körbe dagegen zu glatten Kugeln wurden, während sich das Wrack in ein Riff verwandelte.

Es ist nicht ungewöhnlich, dass sich in der Nähe kleine schwarz-weiße Hectordelfine in den Wellen tummeln. Ein Café sowie ein Restaurant versorgen die Besucher.

Das malerische Fischerdorf Moeraki, eine ehemalige Walfängerstation von 1836, befindet sich auf der anderen Seite der Bucht.

Geheimnisvolle Kugeln am Strand von Moeraki

Im Detail: Oamaru ❹

Lagerhausfenster

Die Hauptstadt des nördlichen Otago ist Dienstleistungszentrum für ein reiches landwirtschaftlich geprägtes Hinterland: ein hübscher Ort mit breiten, baumbestandenen Straßen, gepflegten Gärten, Galerien, Stränden, Kolonien mit Pinguinen und der am besten erhaltenen Ansammlung historischer Gebäude in Neuseeland. Die Häuser wurden ab 1880 aus Oamaru-Stein errichtet, einem heimischen hellen Kalkstein, der leicht zu schneiden und zu bearbeiten ist. In Oamaru verbrachte die neuseeländische Schriftstellerin Janet Frame (1924–2004) ihre Kindheit. Ein Weg führt zu einigen Plätzen, die in den Romanen der Autorin auftauchen.

★ Forrester Gallery
Die prunkvoll gemeißelten korinthischen Säulen zeichnen dieses Gebäude von 1882 aus, das ursprünglich Sitz der Bank of New South Wales war.

Courthouse
Das Gerichtsgebäude, 1883 erbaut und noch in Betrieb, hat einen klassizistischen Portikus mit korinthischen Säulen.

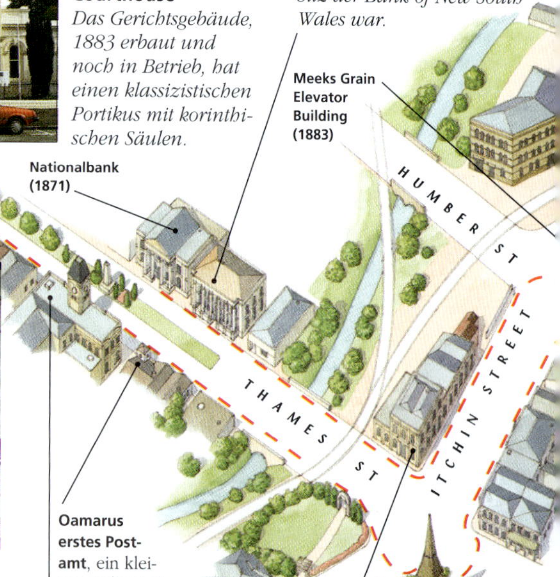

Meeks Grain Elevator Building (1883)

Nationalbank (1871)

★ North Otago Museum
In diesem Museum von 1882 werden u.a. Methoden des Abbaus und Gebrauchs von Oamaru-Stein vorgestellt.

Oamarus erstes Postamt, ein kleines, italienisch anmutendes Gebäude mit Uhrenturm, wurde 1864 erbaut.

Colonial Bank (1878)

St Luke's Anglican Church (1865–1913) kann feine Holzschnitzarbeiten aufweisen.

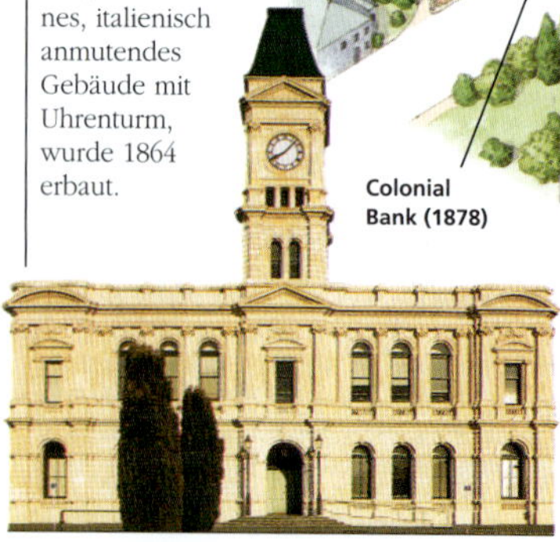

Waitaki District Council
Ursprünglich war dies das zweite Postgebäude von Oamaru (1883). Der 28 Meter hohe Uhrenturm wurde 1903 angebaut.

NICHT VERSÄUMEN

- ★ Forrester Gallery
- ★ New Zealand Loan and Mercantile Warehouse
- ★ North Otago Museum

Hotels und Restaurants in Otago und Southland *siehe Seiten 316–319 und 340f*

Criterion Hotel
Das 1877 erbaute Hotel wurde während der Prohibition 1906 »trocken«. Nach einer Restaurierung bewirtet es jetzt die Gäste in der Atmosphäre eines viktorianischen Pubs.

INFOBOX

12 500. Humber St. Ecke Eden & Thames St. 1 Thames St. (03) 434 1656. Victorian Heritage Celebrations (Nov). **Forrester Gallery** (03) 433 0853. tägl. Karfreitag, 25. Dez. **North Otago Museum** (03) 433 0852. tägl. 1. Jan, Karfreitag, 25. Apr, 25. Dez. **www**.visitoamaru.co.nz

Harbour Street
Im Herzen des Hafengebiets liegen Lager- und Handelshäuser neben Getreidespeichern aus dem 19. Jahrhundert.

Harbour Board Office (1876)

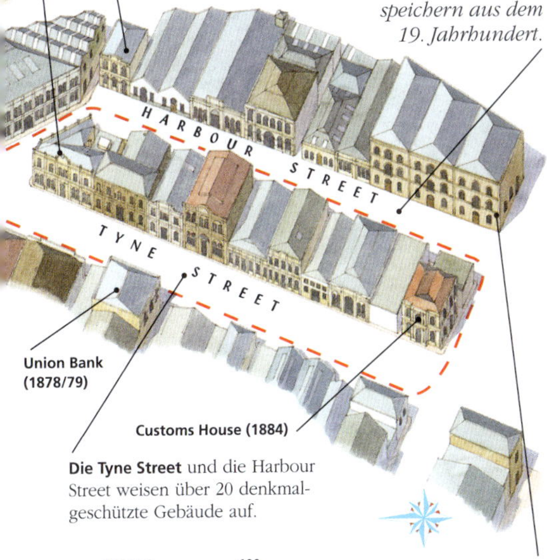

Union Bank (1878/79)

Customs House (1884)

Die Tyne Street und die Harbour Street weisen über 20 denkmalgeschützte Gebäude auf.

0 Meter 100

LEGENDE

– – – Routenempfehlung

★ New Zealand Loan and Mercantile Warehouse
1882 wurde dieses dreigeschossige Lagerhaus für Neuseelands größte Vorratsfirma gebaut. Hier konnten bis zu 100 000 Sack Getreide gelagert werden.

Blick auf Oamaru und den Hafen vom Lookout-Naturschutzgebiet

Überblick: Oamaru

Oamaru hat über seine historische Bedeutung hinaus noch Weiteres zu bieten. Wer sich für Natur interessiert, kann zwischen mehreren Wanderwegen wählen. Der etwa einen Kilometer lange South Hill Walkway oberhalb des Hafens führt zum Lookout-Naturschutzgebiet. Etwas weiter entfernt liegt Bushy Beach, wo man Gelbaugenpinguine beobachten kann.

Oamaru Blue Penguin Colony

Waterfront Rd. (03) 433 1195. tägl. 25. Apr, 25./26. Dez. kein Blitzlicht. **www**.penguins.co.nz

In der Friendly Bay am Hafen von Oamaru kann man beobachten, wie Zwergpinguine in der Morgendämmerung zur Futtersuche aufbrechen und abends zurückkehren. Von einer anderen Stelle sieht man sie in ihren Nistkästen. Die Station wurde 1992 gegründet.

Oamaru Public Gardens

Chelmer St. tägl. bis Sonnenuntergang.

Die Gärten wurden 1876 angelegt und bieten Rosenbeete, Teiche, eine Azaleenwiese und viele Rhododendren. Sehenswert sind auch ein Vogelhaus, ein Pfauengehege und ein Springbrunnen.

Totara Estate

State Hwy 1. (03) 434 7169. tägl. 25. Dez.

Etwa acht Kilometer südlich von Oamaru ist der Platz, an dem 1882 Neuseelands erste Schiffsladung mit gefrorenem Hammelfleisch Richtung England ablegte und damit den wichtigsten Industriezweig des Landes begründete. Es gibt eine Ausstellung zur Geschichte der Fleischindustrie.

Stallung aus Stein bei der Morven Hills Station am Lindis Pass

Lindis Pass ❺

Straßenkarte B6.

Die Hauptverbindung zwischen Otago und dem Waitaki Basin bildet der Lindis Pass. Bevor man die grasbewachsenen Hügel eines Naturschutzgebietes erreicht, schlängelt man sich durch felsige Schluchten hoch. Bereits die Maori kannten diesen Weg, über den sie – wie heute die Besucher – im Sommer zu den Seen Wanaka und Hawea gelangten.

1858 gründete der erste europäische Siedler John McLean die 2000 Quadratmeter große Morven Hills Station. Viele Originalgebäude können etwa 15 Kilometer südlich des Gipfels besichtigt werden, z.B. McLeans Privathaus sowie eine steinerne Stallung von 1880, die Platz für 1500 Schafe bot.

Lake Hawea ❻

Straßenkarte B6. *1100.* *Hawea Picnic Day & Races (Dez).*

Einer der schönsten Seen im Süden ist Lake Hawea, der mit seinen klaren, blauen Wassern zwischen Hügeln und Bergen liegt. Der bis zu 410 Meter tiefe See ist von dem ebenso schönen Lake Wanaka durch eine schmale, 35 Kilometer lange Landzunge getrennt, die »The Neck« genannt wird.

Lake Hawea ist bei Neuseeländern beliebt, an den Ufern findet man viele frei zugängliche Plätze zum Campen. Bekannt ist der See auch wegen der Forellen- und Lachsfischerei und der vielen Möglichkeiten, Boot zu fahren. Der kleine Ort Hawea im Süden ist Ausgangspunkt für viele Unternehmungen.

Wanaka ❼

Straßenkarte B6. *5000.* *100 Ardmore St.* *(03) 443 1233.* *Wanakafest (Sep); Warbirds Over Wanaka (Ostern in Jahren mit gerader Zahl).* **www**.lakewanaka.co.nz

Wanaka am Südende des gleichnamigen Sees ist einer der beliebtesten Ferienorte des Landes. Die weidenbestandenen Ufer und Buchten des Lake Wanaka werden im Sommer zum Bootfahren, Fischen und Wasserskilaufen aufgesucht, im Winter beherrschen Skifahrer und Snowboarder die Szenerie. Viele Wanderer nehmen von hier die atemberaubend schönen Wege in den nicht weit entfernten Mount Aspiring National Park *(siehe S. 272f)*.

Um die Stadt herum gibt es viel zu besichtigen. Eine der Hauptattraktionen ist das **New Zealand Fighter Pilots Museum** am Wanaka Airport. Hier kann man einige Kampfflugzeuge aus dem Zweiten Weltkrieg sehen, z.B. Hawker Hurricane, Tiger Moth, Vampire, Chipmunk, eine Nachbildung einer SE5A und mehrere russische Polikarpovs. Schaukästen klären über die Aufgaben der neuseeländischen Kampfpiloten in verschiedenen Kriegsschauplätzen auf. Besucher können miterleben, wie Flugzeuge in der Wartungshalle restauriert werden. Die Luftfahrtshow »Warbirds Over Wanaka« wird an jedem zweiten Osterfest in Jahren mit gerader Zahl abgehalten. Flugshows und simulierte Schlachten werden geboten, der weite Himmel und die beeindruckende Berglandschaft von Wanaka liefern für das Schauspiel eine perfekte Kulisse.

Angelparadies am Ufer des Lake Hawea

In der Nähe des Flughafens befindet sich das **Wanaka Transport and Toy Museum**. Hier ist eine Privatsammlung von mehr als 13000 Ausstellungsstücken zu sehen, darunter Spielzeuge und Modelle sowie militärische Fahr- und Flugzeuge. Eine russische Antonov AN-2, der größte einmotorige Doppeldecker der Welt, ist ein Höhepunkt der Ausstellung.

Stuart Landsborough's Puzzling World

Eine weitere Sehenswürdigkeit ist **Stuart Landsborough's Puzzling World** am »Great Maze«, einem 1,5 Kilometer langen Irrgarten aus Holz mit Tunneln und Brücken. Beliebt sind auch die Illusion Rooms und das Puzzle Centre, in dem man versuchen kann, eines der vielen kniffligen Puzzlespiele zu lösen.

Wie andere Gebiete von Central Otago ist Wanakas Klima ideal für Weinanbau. **Rippon Vineyard**, vier Kilometer außerhalb der Stadt, war bei der Gründung 1974 eines der ersten Anbaugebiete und Pionier in der Weinproduktion. Das Weingut stellt u.a. Sauvignon Blanc, Riesling, Chardonnay, Pinot Noir und Osteiner her.

Rippon Vineyard am Ufer des Lake Wanaka

New Zealand Fighter Pilots Museum
Wanaka Airport. (03) 443 7010. tägl. 25. Dez.
www.nzfpm.co.nz

Wanaka Transport and Toy Museum
State Hwy 6. (03) 443 8765. tägl. 25. Dez.

Stuart Landsborough's Puzzling World
State Hwy 6. (03) 443 7489. tägl.
www.puzzlingworld.com

Rippon Vineyard
Mt Aspiring Rd. (03) 443 8084. tägl. Mai/Juni. Weinprobe. Rippon Music Festival (Feb, gerade Jahre). www.rippon.co.nz

Umgebung: 25 Kilometer südlich von Wanaka liegt **Cardrona**. Der Ort besteht nur aus ein paar Häusern und einem Hotel aus dem Jahr 1863 *(siehe S. 319)*. Das umliegende Cardrona Valley, in den 1860er Jahren eine beliebte Goldgräber-Route, ist heute wegen des bestens ausgestatteten Cardrona Alpine Resort am südöstlichen Hang des Mount Cardrona und wegen der Möglichkeiten zu Skitouren auf der nahe gelegenen Waiorau Snow Farm bekannt *(siehe S. 194f und S. 351)*.

20 Kilometer südwestlich von Wanaka, abseits der Mount Aspiring Road, befindet sich die **Treble Cone Ski Area**, ein Gebiet, das relativ gering bevölkerte Pisten in allen Schwierigkeitsgraden zu bieten hat *(siehe S. 194 und S. 351)*. In den Bergen von Harris, Richardson und Buchanan ist auch Helikopter-Skifahren möglich. Dabei wird man mit einem Führer in unberührte Gegenden geflogen – eine Erfahrung, die in Europa nur für weitaus mehr Geld möglich ist (weitere Informationen beim Veranstalter Harris Mountains Heli-Ski unter www.heliski.co.nz).

Freizeitangebote in Wanaka

Wanaka ist ein Erholungsgebiet, das im Sommer und im Winter eine Vielzahl von Freizeitangeboten in der Natur bereithält. Beliebt ist das Fischen an See- und Flussufern sowie von Charterbooten aus. Abenteuer auf dem Wasser sind mit Kajaks, Schnell- und Kreuzfahrtbooten möglich, es gibt Kanutrips und Wildwasserfahrten. Viele Spazierwege beginnen in oder nahe der Stadt, im nahe gelegenen Mount Aspiring National Park *(siehe S. 272f)* können gut ausgerüstete, erfahrene Wanderer auch längere Touren unternehmen. Reiten, Mountainbiking und Motorradtouren durch das Gelände sind weitere Möglichkeiten, Wanakas Hinterland zu erkunden.

In der Nähe von Wanaka liegen zwei erschlossene Skigebiete, Treble Cone und Cardrona, sowie die Waiorau Snow Farm mit einem großen Tourenskigebiet und Helikopter-Skiing in den umliegenden Bergen. Von Wanaka Airport aus sind Rundflüge möglich – für Abenteuerlustige werden auch Akrobatikflüge in einer Tiger Moth oder Mustang angeboten.

Sessellift im Skigebiet Treble Cone, südwestlich von Wanaka

Mount Aspiring National Park ❽

Hahnenfuß-Blüten

Nach Fiordland und Kahurangi ist der Mount Aspiring National Park der drittgrößte Nationalpark Neuseelands. Als Teil von Te Wāhipounamu/Southwest New Zealand gehört er zum Welterbe der UNESCO, das sich vom Aoraki/Mount Cook bis zur Südspitze von Fiordland erstreckt. Innerhalb des 3555 Quadratkilometer großen Geländes wechselt die Landschaft von schnee- und eisbedeckten Bergen zu rauen Felsgebieten, von bewaldeten Tälern zu malerischen Flussebenen. Der Park nahe den Urlauberzentren Queenstown und Wanaka ist ein beliebtes Ziel zum Spazierengehen, Wandern und Klettern.

Wandern im Park
Es gibt viele Möglichkeiten, den Park zu erkunden: Sie reichen von kurzen Spaziergängen bis zu Rundtouren für geübte Wanderer.

★ Mount Aspiring/Tititea
Wegen seiner markanten Pyramidenform wird der Gipfel oft als das »Matterhorn« Neuseelands bezeichnet.

Die Olivine Wilderness Area bildet das Herz des gesamten Parks. Hier ist die Natur sich selbst überlassen, es gibt keine Wege oder Hütten.

Der Rees-Dart Track, eine anspruchsvolle vier bis fünf Tage dauernde Tour von Lake Wakatipu aus, verläuft durch wunderschöne Berg- und Tallandschaften, erfordert aber ein hohes Maß an körperlicher Fitness und perfekte Ausrüstung.

Vogelwelt im Mount Aspiring National Park

Bergzaunkönig

Der Park ist für seine vielfältige Vogelwelt berühmt. 59 Arten, davon 38 heimische, halten sich in den Tälern, Flussbetten, Wäldern, im Buschwerk und in den alpinen Regionen auf. Besonders typisch sind hier der Kea, der Bergzaunkönig und die Blauente. Der Kea, dessen Ruf als Echo in den Tälern zu hören ist, ist ein äußerst neugieriger Vogel und für sein Interesse an Ausrüstung und Nahrungsmitteln der Besucher berüchtigt. Der kleine Bergzaunkönig lebt hoch in den Bergen in einer der rauesten Gegenden des Parks, während die Blauentenpaare auf den reißenden Bergflüssen beobachtet werden können.

Matukituki Valley
Am Ende der Straße führt ein Weg den westlichen Flussarm entlang bis zur Anhöhe des Tals und bietet dort aufregende Kletterpartien im Gebiet des Mount Aspiring.

★ Gates of Haast
An der Gates-of-Haast-Brücke stürzt der Haast River in eine tiefe Schlucht mit Felsbrocken.

INFOBOX

Straßenkarte A6.
Wanaka [Bus] *Ardmore St.* [i] *Department of Conservation, Ardmore St.* [Tel.] *(03) 443 7660.* [Öffnungszeiten] *Sommer: tägl.; Winter: Mo–Sa.* [Geschlossen] *25. Dez.* [Eintritt]
Makarora [i] *State Hwy 6.* [Tel.] *(03) 443 8365.* [Öffnungszeiten] *Sommer: tägl.; Winter: Mo–Sa.* [Geschlossen] *1. Jan, 25. Dez.* [Eintritt] **www**.doc.govt.nz

Mount Brewster
Der beliebte Ort zum Klettern und Campen ist vom State Highway 6 leicht zu erreichen.

★ Thunder Creek Falls
Ein kurzer Waldweg führt vom State Highway 6 aus zu dem 30 Meter hohen Wasserfall, der aus einem Felsloch entspringt.

LEGENDE

- State Highway
- Nebenstraße
- Fluss
- Wanderweg
- Parkgrenze
- Information
- Camping
- Picknick
- Aussichtspunkt

NICHT VERSÄUMEN

- ★ Gates of Haast
- ★ Mount Aspiring/Tititea
- ★ Thunder Creek Falls

Haast ❾

Straßenkarte B6. [Einwohner] *300.* [i] *Dept of Conservation, Ecke State Hwy 6 & Haast-Jackson Bay Rd.* [Tel.] *(03) 750 0809.*

Wo der Haast River ins Meer fließt, liegt der Ort Haast, ein beliebter Stopp für Menschen, die zwischen der Westküste und den südlichen Seen reisen. Hier gibt es gute Möglichkeiten zum Surfen und Flussfischen. Das Besucherzentrum hält Informationen über Spazierwege und Ausflüge sowie Landkarten und Souvenirs bereit. Die Mitarbeiter geben Auskunft über die Beschaffenheit von Wegen und Wetterbedingungen in diesem regenreichen Gebiet. Sie sollten volltanken, bevor Sie mit dem Auto über den Pass nach Wanaka fahren.

Umgebung: Die Straße nach Süden führt zum Fischerdorf **Jackson Bay**. Hier kann man beim Wandern Natur pur genießen, z. B. auf dem Hapuka Estuary Walk, am Cascade Viewpoint und auf dem Smoothwater Bay Track. Der Wharekai Te Kau Walk führt zum Okahu Wildlife-Gebiet.

Auch im Norden von Haast gibt es interessante Routen, so den Dune Lake Walk bei Ship Creek, der durch einen dichten Küstenwald führt, und den schönen Aussichtspunkt Knights Point.

Hinter dem malerischen **Lake Moeraki** führt der Monro Beach Walk durch üppige Wälder zu einem Strand, an dem von Juli bis Dezember manchmal Dickschnabelpinguine zu beobachten sind. Die Straße geht weiter zum forellenreichen **Lake Paringa**. Von hier führt ein 15-minütiger Spaziergang durch Silberbuchen, Rimu- und Kahikatea-Bäume.

Die Jackson Bay, umgeben von Sümpfen, Buschland und Bergen

Milford Sound im Fiordland National Park *(siehe S. 282 f)* ▷

Queenstown ⑩

Achtung! Bungee-Jumping

Queenstown liegt am nordöstlichen Ufer des Lake Wakatipu, mit der Bergkette der Remarkables im Hintergrund zählt es zu den landschaftlich schönsten Plätzen der Welt. Seit den 1970er Jahren hat es sich von einem faden Städtchen zu einem führenden internationalen Ferienort entwickelt. Alle Abenteuersportarten, inklusive Bungee-Jumping *(siehe S. 194f)*, werden hier angeboten. Wie viele Orte wurde die Stadt während des Goldrauschs in den 1860er Jahren gegründet. Auch heute noch vermittelt der Ort den Eindruck einer Kleinstadt und kokettiert stolz mit seiner Goldgräber-Vergangenheit.

Die TSS *Earnslaw* auf dem Lake Wakatipu

Lake Wakatipu

Lake Wakatipu ist ein Gletschersee, auch wenn er einer Maori-Legende nach durch den Fußabdruck eines schlafenden Dämonen entstanden sein soll. Der Dämon hatte angeblich ein schönes Maori-Mädchen geraubt und wurde daraufhin von dessen Liebhaber verbrannt. Das Herz des Ungeheuers hörte jedoch nicht auf zu schlagen, und so steigt und fällt der Seespiegel mit jedem Herzschlag alle fünf Minuten um sieben Zentimeter. Der zweitgrößte südliche Gletschersee nach dem Te Anau ist an manchen Stellen bis zu 380 Meter tief.

Die steilen, felsigen Hänge der Remarkables reichen bis an das Seeufer heran, man hat fast den Eindruck, als ob das Zentrum von Queenstown – auf einer der wenigen ebenen Flächen gelegen – sich in die Berge hineinkuschelt. Die meisten Privathäuser sowie viele Hotels liegen allerdings in der bergigen Umgebung von Queenstown.

Queenstown Gardens

Park St. ◯ *tägl.* ♿

Die vom Stadtzentrum gut zu Fuß zu erreichenden Queenstown Gardens befinden sich die auf einer Gletschermoränen-Halbinsel. Große Tannen umgeben Rasenflächen und Rosenbeete. Die Gärten wirken wie eine Oase inmitten der quirligen Ferienstadt und sind besonders im Herbst ein Anziehungspunkt. Eine Eislaufbahn, Sportflächen, ein Kinderpark und ein Rundweg zählen zu den weiteren Attraktionen.

TSS *Earnslaw*

Steamer Wharf. ☎ *(0800) 656 503.* ◯ *tägl.* ♿ *Hauptdeck.*

Die TSS (Twin Screw Steamer) *Earnslaw* ist ein Andenken aus der Zeit des Goldrausches, als Raddampfer den Lake Wakatipu befuhren. 1912 wurde das 51 Meter lange Schiff, auch bekannt als »Lady of the Lake«, zu Wasser gelassen. Noch heute wird es von zwei Dampfmaschinen per Kohlenfeuer angetrieben. Die Innenausstattung besticht mit Holz und Messing.

Von Queenstown aus werden das ganze Jahr über Kreuzfahrten angeboten, sie reichen von einer 90-minütigen Fahrt bis hin zu vierstündigen Ausflügen mit Dinner in den wärmeren Monaten. Besucher können Tages- oder Abendexkursionen über den See zur **Walter Peak High Country Farm** unternehmen. Hier gibt es Erfrischungen im Colonel's Homestead Restaurant, man kann bei einer Pferde-Trekking- oder einer Mountainbike-Tour mitmachen oder bei einer Schafschur zusehen.

Neuseelands Abenteuerhauptstadt

Wildwasser-Rafting auf dem Shotover River

In Queenstown kann man vielerlei erleben – von einzelnen Unternehmungen bis hin zum organisierten Abenteuerurlaub *(siehe S. 194f und S. 350–355)*. Im Sommer konzentrieren sich die Aktivitäten um den See und die Flüsse, besonders den Dart, den Shotover und den Kawarau, wo man mit dem Boot schmale, felsige Schluchten durchquert. Im Winter locken zwei Skigebiete im Umkreis von 30 Kilometern von Queenstown: die Remarkables und Coronet Peak. Seinen Ruf als Abenteuerhauptstadt hat Queenstown jedoch vor allem wegen seiner »luftigen« Attraktionen: Bungee-Jumping, entweder von der 43 Meter hohen Kawarau Bridge oder vom 134 Meter hohen Nevis Highwire Bungy, Paragliding an einem der Berghänge oder Gleitschirmfliegen im Tandemflug an Bob's Peak und von vielen Gipfeln.

Underwater World

Maintown Pier. (03) 442 8537.
tägl. www.kjet.co.nz

Underwater World wurde direkt neben dem Maintown Pier gebaut und bietet eine einzigartige Gelegenheit, das Leben unterhalb der Seeoberfläche zu beobachten. Fünf Meter unter dem Seespiegel können Besucher braune und Regenbogenforellen einträchtig neben großen langflossigen Aalen und schwarzen Krickenten schwimmen sehen.

The Mall

Queenstown erkundet man am besten zu Fuß. Ein geradezu idealer Startpunkt für einen Spaziergang durch das Zentrum ist die Mall, eine lebhafte Fußgängerzone mit zahlreichen Restaurants, Bars, Cafés und Souvenirläden – ein beliebter Treffpunkt für Besucher von Queenstown wie für Einheimische. Die Mall führt direkt zum Maintown Pier, an dem die Kreuzfahrten beginnen.

In der Mall sind einige Gebäude aus der Kolonialzeit erhalten geblieben.

Skyline Gondola

Brecon St. (03) 441 0101.
tägl.
www.skyline.co.nz

Die Seilbahn zum Bob's Peak ist ein fester Bestandteil von Queenstown. Nach 450 Meter Höhendifferenz ist man auf einer Höhe von 730 Metern und kann von der Aussichtsplattform aus einen atemberaubenden Panoramablick über die Remarkables, Lake Wakatipu und Queenstown genießen. Man kann sich im Restaurant oder Café stärken, spazieren gehen oder sich auf einer Rodelbahn gleich wieder bergabwärts stürzen.

Skyline Gondola

INFOBOX

Straßenkarte A6. 7500.
6 km östlich der Stadt.
Steamer Wharf. Ecke Camp & Shotover St. (03) 442 4100, (0800) 668 888.
Winter Festival (Juni–Juli).
www.queenstown-nz.co.nz

Kiwi Birdlife Park

Brecon St. (03) 442 8059.
tägl. 25. Dez. Kiwi House. nur ein Haus.
www.kiwibird.co.nz

Queenstowns Vogelpark beheimatet mehrere Kiwi-Arten und andere vom Aussterben bedrohte heimische Vogelarten. Sie sind Teil eines Brutprogramms, das junge Vögel züchtet, um sie auszuwildern. Nach Verletzungen werden sie dort auch gepflegt.

Eine Hauptattraktion ist das Kiwi-Haus, in dem Besucher die flugunfähigen Vögel beobachten können. In dem parkähnlichen Gelände leben außerdem heimische Eulen, große *Kea*-Papageien, Sittiche und der Schwarze Stelzenläufer, ein nur in Neuseeland vorkommender Watvogel.

Glenorchy ⓫

Straßenkarte A6. *360.*
Kreuzung Mull & Oban St.
(03) 441 0303.

Das Dorf am Ende des Lake Wakatipu ist 44 Kilometer von Queenstown entfernt und von dort in 40-minütiger Fahrt zu erreichen. Der Ort liegt im Schatten schneebedeckter Berge mit Namen wie Mount Chaos und Mount Head, die sich steil über den Flusstälern des Rees und des Dart erheben.

Der Ort ist Startpunkt für Bergwanderer, die in die Täler des Mount Aspiring National Park *(siehe S. 272f)* wollen. Die Wege dort gehören zu Neuseelands »Great Walks«, für geübte Bergsteiger gibt es eine 77 Kilometer lange Tour, die über den Rees Saddle (1447 Meter) führt. Die ganze Tour dauert vier bis fünf Tage und erfordert Kondition und gute Ausrüstung, man kann aber auch nur in einem Tal ein paar Stunden wandern. In Glenorchy werden viele Outdoor-Aktivitäten angeboten.

Arrowtown ⓬

Straßenkarte B6. *2000.* *49 Buckingham St (im Museum).* *(03) 442 1824.* *Autumn Festival (Apr).*

Am Fuß von schroffen Bergen liegt in 21 Kilometer Entfernung von Queenstown der malerischste und am besten erhaltene Goldgräberort der Gegend: Arrowtown. 1862 hatte eine kleine Gruppe von Bergleuten, darunter auch William Fox und John O'Callaghan, im Fox River Gold entdeckt und innerhalb weniger

Lake Hayes in der Nähe von Arrowtown

Wochen 113 Kilo des begehrten Metalls geschürft. Arrowtowns Bevölkerung wuchs schnell auf 7000 Einwohner an, heute ist es einer der wenigen Orte, die nach dem Boom nicht zur Geisterstadt wurden. In der mit Laubbäumen gesäumten Hauptstraße stehen noch viele alte Kolonialgebäude sowie kleine steinerne Hütten von Bergleuten, die bis in die 1860er Jahre zurückdatieren.

Bergarbeiter aus China spielten nach 1865 eine große Rolle in der Geschichte von Arrowtown. Sie ersetzten die europäischen Bergleute, die den Ort wegen des Goldrausches an der Westküste verlassen hatten. Ihr Vermächtnis ist das **Chinese Village**, eine chinesische Siedlung mit gut erhaltenen und restaurierten Steinhäusern und kleinen Hütten.

Steinhütte im Chinese Village

Im **Lakes District Museum** kann man in die Geschichte von Arrowtown und Queenstown eintauchen. Schwerpunkte sind die Goldgräber und ihre Erfindungen sowie eine Darstellung des ersten Wasserkraftwerks Neuseelands, 1886 in der jetzigen Geisterstadt Bullendale erbaut. Andere Ausstellungen beschäftigen sich mit der örtlichen Geologie, mit Landwirtschaft und Sägewerken. Das Museum ist zugleich Visitor Centre.

Chinese Village
Buckingham St. *(03) 442 1824.*
tägl.

Lakes District Museum
49 Buckingham St. *(03) 442 1824.*
tägl. *25. Dez.*

Hauptstraße von Arrowtown

Umgebung: Nahe Arrowtown liegt der viel fotografierte **Lake Hayes**. Die Straße von Arrowtown nach Queenstown führt an der Zufahrtsstraße zum Coronet Peak vorbei, die sieben Kilometer zu schönen Aussichtspunkten führt. **Macetown** ist ein beliebter Zielort für Geländewagen. Die 26 Kilometer lange Tour von Arrowtown führt zu einer steilen, goldhaltigen Schlucht. In einigen Geisterstädten sind noch Überreste von alten Steinhäusern sowie eine Goldstanzerei zu sehen.

Gibbston Valley Wines ist eines der Weingüter, die in letzter Zeit in dieser Gegend entstanden *(siehe S. 36f)* sind. Europäische Sorten gedeihen gut wegen der heißen Sommertage und kühlen Abende, Weinproben und Führungen durch die unterirdischen Keller werden angeboten.

Gibbston Valley Wines
State Hwy 6. *(03) 442 6910.*
tägl. *fast alle Feiertage.*
Weinkeller.

Cromwell ⓭

Straßenkarte B7. *4100.*
47 The Mall. *(03) 445 0212.*

Nach dem Goldrausch entwickelte sich Cromwell zum Dienstleistungszentrum für eines der größten Obstanbaugebiete Neuseelands. In den 1980er Jahren wurde flussabwärts ein Staudamm zur Stromerzeugung gebaut. Lake Dunstan entstand und überflutete Cromwells historische Hauptstraße, einige Gebäude wurden jedoch Stein für Stein an einem neuen Standort wiedererrichtet.

Umgebung: Es gibt viele Relikte aus der Goldgräber-Ära, z. B. **Bendigo**, eine Geisterstadt vier Kilometer entfernt vom State Highway 8, der Hauptstraße zwischen Cromwell und Lindis Pass. 1866 war Bendigo schon verlassen, bis man einen einträglichen goldhaltigen Quarzgang fand.

Ein Rundweg oberhalb von Bendigo führt nach **Logantown** und **Welshtown**, zwei zusammenhängenden Siedlungen, die in den 1880er Jahren verlassen wurden. Es ist ratsam, die Wege nicht zu verlassen, da sich überall alte, nicht gekennzeichnete Minenschächte befinden.

Das **Goldfields Mining Centre** in der fünf Kilometer entfernten Kawarau-Schlucht zeigt eine Ausstellung über Techniken der Goldgräberei.

Goldfields Mining Centre
Kawarau Gorge, State Hwy 6.
(03) 445 1038. *tägl.*
25. Dez.

Goldrausch

Der Goldrausch von Otago begann 1861 mit den Funden in Gabriel's Gully, das in der Nähe der heutigen Stadt Lawrence, 92 Kilometer westlich von Dunedin, liegt. Hier entstand eine Zeltstadt, die Goldsucher brachen bald weiter ins Landesinnere auf. 1862 folgten Funde im Dunstan-Gebiet bei Cromwell und Alexandra, kurz danach in der Wakatipu-Region. Zehntausende trotzten auf der Suche nach dem schnellen Glück den heißen, trockenen Sommern, den kalten, harten Wintern und diversen Hungersnöten, aber in den späten 1860er Jahren verlagerte sich das Zentrum an die Westküste. Als die Hauptfelder an der Oberfläche nichts mehr hergaben, waren ausgeklügeltere Methoden gefragt, wie man das Gold aus dem Gestein extrahieren konnte. Der Goldabbau wurde etwa 1900 eingestellt, erst die Entwicklung moderner Techniken ermöglichte in diesem Gebiet wieder größere Schürfaktionen.

Goldschürfer von Arrowtown kurz nach 1860

Kingston ⓮

Straßenkarte A7. 65.
Segelregatta Kingston – Queenstown (Jan).

Lange Zeit war der kleine Ort Eisenbahn- und Dampfer-Umsteigestation für Reisende, die von Süden kamen und zum Lake Wakatipu wollten. Heute verdankt er seine Bekanntheit dem **Kingston Flyer**, einem Oldtimer-Dampfzug mit mehreren Waggons und Personal in zeitgenössischen Uniformen, der Passagiere auf eine 75-minütige Fahrt mitnimmt.

Kingston Flyer
Kingston Railway Station.
(03) 248 8848. *Okt – Apr: tägl.* *25. Dez.*

Umgebung: Südlich von Kingston, am State Highway 6, befindet sich **Lumsden**, bekannt für forellenreiche Flüsse, die sich durch das Land schlängeln. Vor Lumsden zweigt der State Highway 94 ab, der westlich nach Te Anau, Manapouri und dem Fiordland National Park, östlich in das Farmland von Gore führt.

Der historische Dampfzug Kingston Flyer auf einer Ausflugsfahrt

Fiordland National Park ⑮

Dickschnabelpinguin

Mit über 12 000 Quadratkilometern ist der Fiordland National Park der größte Nationalpark Neuseelands. Wegen der speziellen geologischen Beschaffenheit, Landschaft, Flora und Fauna wurde er in die Te Wāhipounamu/ Southwest New Zealand World Heritage Area aufgenommen. Die Region wird von Wald und Wasser geprägt. 14 Fjorde und fünf größere Seen – Ergebnis der Eiszeitgletscher – sind von steilen Bergen umgeben. Dichter Regenwald macht das Vorankommen außerhalb der 500 Kilometer Wanderwege fast unmöglich. Zur einzigartigen Tierwelt gehören u. a. Meeressäuger und heimische Vogelarten wie der Dickschnabelpinguin.

★ Doubtful Sound
Dieser Fjord erstreckt sich 40 Kilometer vom Fuß des Hauptberges bis zur Tasmansee (siehe S. 284 f).

Entstehung der Fjorde

Milford Sound, Doubtful Sound und andere Sunde sind in Wirklichkeit Fjorde. Sunde sind überflutete Flusstäler, Fjorde sind Täler, die durch den gewaltigen Druck der Gletscher entstanden und später bei der Eisschmelze und dem Anstieg des Meeresspiegels überflutet wurden.

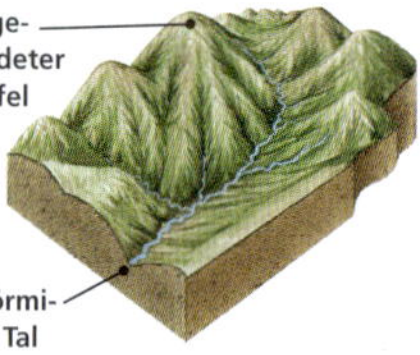

Vor zehn Millionen Jahren *verursachte intensiver Druck in der Erdkruste die jüngsten Hebungen und formte Gipfel und v-förmige Täler.*

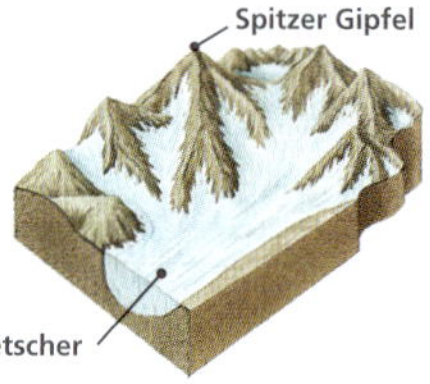

Vor zwei Millionen Jahren *waren die Berge von Gletschern bedeckt. Diese bewegten sich abwärts und gestalteten die Täler u-förmig aus.*

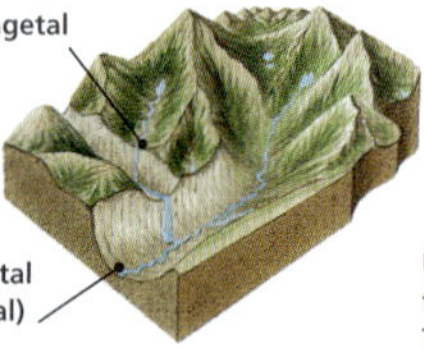

Vor 20 000–12 000 Jahren *schmolz das Eis und ließ Nebentäler als Hängetäler oberhalb des Haupttals zurück.*

Vor 6000 Jahren, *am Ende der letzten Eiszeit, erreichte das Meer etwa den jetzigen Stand, überflutete die Täler und ließ die Gipfel herausragen.*

NICHT VERSÄUMEN

- ★ Cleddau Valley
- ★ Doubtful Sound
- ★ Mitre Peak

Dusky Sound
Der Sund ist für Schiffe vom Lake Manapouri in Richtung Doubtful Sound zu erreichen. Geübte Kletterer können auch die zehntägige Tour über den Dusky Track wählen.

Die schönsten Landschaften erwarten den Besucher entlang dem Milford Track und den anderen drei »Great Walks« im Park *(siehe S. 282f)*.

Die Bowen Falls stürzen 160 Meter tief aus einem Hängetal.

Die Mirror Lakes sind wegen ihrer Spiegelungen berühmt. Sie können vom State Highway 94 aus bewundert werden *(siehe S. 254)*.

Green Lake nördlich von Lake Monowai heißt so wegen seines smaragdgrünen Wassers.

Der Lake Monowai, von einer schönen Buschlandschaft umgeben, ist ein Zentrum für Freizeitaktivitäten. Weiter südlich liegt Lake Hauroko, der tiefste See in Neuseeland, auf einer unasphaltierten Straße von Clifden aus zu erreichen.

INFOBOX

Straßenkarte A6.
✈ *Te Anau / Manapouri.*
ℹ *Lakefront Drive, Te Anau.*
☎ *(03) 249 7959.* 🕒 *tägl.*
www.fiordland.org.nz

★ Mitre Peak

Benannt nach seiner Ähnlichkeit mit einer Bischofsmitra, liefert der Gipfel das berühmteste Fotomotiv am Milford Sound (siehe S. 282f).

★ Cleddau Valley

Das spektakuläre Cleddau-Tal bildet vom 1200 Meter langen Homer-Tunnel eine natürliche Route hinunter zum Milford Sound.

Lake Te Anau

Für die meisten Besucher ist Lake Te Anau mit seinen Wäldern und hohen Berggipfeln der erste Eindruck von Fiordland.

LEGENDE

- State Highway
- Nebenstraße
- Fluss
- Wanderweg
- Parkgrenze
- Schiffsroute
- Inlandsflughafen
- Information
- Camping

Überblick: Fiordland National Park

Kirche bei Te Anau

Mit bis zu 2750 Meter hohen Bergen, 1200 Meter hohen, aus tiefen Fjorden emporsteigenden Felswänden und Wasserfällen, die aus 160 Meter Höhe stürzen, zieht Fiordland Besucher aus aller Welt an. Robbenfänger beuteten als Erste die natürlichen Ressourcen aus, zwischen 1792 und 1820 wurden zahllose Robben geschlachtet. Bis zur Fertigstellung des State Highway 94 (Milford Road) im Jahr 1953 konnte man den Milford Sound nur per Boot oder über den Milford Track erreichen, heute kommen Tagesbesucher in Bussen an. Wer die Gegend auf den berühmten Tracks erkunden will, braucht Zeit, Fitness und gute Ausrüstung. Alle anderen können den Sound vom Boot aus genießen.

Schafherde auf der Straße zum Milford Sound

Te Anau

Straßenkarte A7. *1800.*

Miro St. *Lakefront Drive.*

(03) 249 2924.

Te Anau am südöstlichen Ufer des Lake Te Anau ist Fiordlands Wirtschaftszentrum (vorrangig Hirschzucht und Tourismus) und ein guter Ausgangspunkt, um den Nationalpark zu erkunden. Der See ist mit 61 Kilometer Länge und 417 Meter Tiefe der größte der Südinsel und ein beliebtes Ziel zum Angeln und Bootfahren.

Te Ana-au Caves

Real Journeys Visitor Centre, Lakefront Drive, Te Anau. *(03) 249 7416.* *tägl.*

Die Höhlen von Te Ana-au, per Schiffsfahrt über den Lake Anau zu erreichen, bestehen aus vielen Kalksteingrotten. Ihre fast magische Wirkung können Besucher über sorgsam gestaltete Gehwege und per Bootsfahrt erspüren. Die Grotten sind Heimat für Tausende winziger Neuseeland-Glühwürmchen, die mit ihrem Licht Insekten zum Fressen anlocken. Die Fahrt findet mehrmals pro Tag statt und dauert zweieinhalb Stunden.

Die Höhlen von Te Ana-au

Milford Road

Die 121 Kilometer lange Straße zwischen Te Anau und Milford Sound ist wegen ihrer landschaftlichen Schönheit zum Welterbe erklärt worden. Üppige Wälder, raue Berge, reißende Gebirgsflüsse und malerische Spazierwege zeichnen die Gegend aus. Der Milford Sound ist in zwei Stunden erreichbar, zahlreiche Abstechermöglichkeiten sorgen jedoch dafür, dass die Fahrt bestimmt länger dauert.

Te Anau Downs ist Ablegestelle für das Schiff zum Milford Track. Von hier führt ein 45-minütiger Waldspazierweg zum Lake Mistletoe. Auch die Mirror Lakes sind innerhalb von fünf Minuten über einen Gehweg zu erreichen. An windstillen Tagen kann man dort wunderschöne Landschaftsspiegelungen erleben *(siehe S. 254)*. In der Nähe befindet sich die »Straße des verschwindenden Berges«, ein Straßenabschnitt, an dem ein Berg direkt vor dem Betrachter zu schrumpfen scheint.

Warnung vor Schafen, Milford Road

Am Lake Gunn, etwa 46 Kilometer von Te Anau Downs entfernt, können Besucher aller Altersgruppen und Rollstuhlfahrer einen 45-minütigen Spaziergang durch Buchenwälder machen. Nicht weit weg ist der Divide, Ausgangspunkt für den Routeburn-Track, der Richtung Lake Wakatipu führt. Ein dreistündiger Rundweg zum Key Summit bietet lohnende Aussichtspunkte, das nahe gelegene Hollyford Valley führt durch eine sehr schöne Landschaft. 19 Kilometer östlich vom Milford Sound befindet sich der 1200 Meter lange Homer-Tunnel, der 1935 begonnen und erst 1954 fertiggestellt wurde. Am Ausgang des Tunnels bietet sich ein fantastischer Blick über das Cleddau Valley. Am Chasm, einige Kilometer vom Tunnel entfernt und in etwa 20 Minuten zu Fuß zu erreichen, fällt der Cleddau River 22 Meter tief durch ungewöhnliche Gesteinsformationen.

Milford Sound

Straßenkarte A6. *170.*

Der 16 Kilometer lange Fjord ist Fiordlands Wahrzeichen, am berühmtesten ist Mitre Peak, ein pyramidenartiger Berg, der 1692 Meter hoch direkt aus dem Fjord aufsteigt. Besichtigungsflüge sind möglich, aber die Erhabenheit des Milford Sound lässt sich am besten per Schiff erspüren. Die Touren führen an bizarren geologischen Formationen wie dem Lion Mountain vorbei und schließen auch beeindruckende Wasserfälle ein: Bowen Falls mit 160 Metern und Stirling Falls mit 146 Metern Höhe. Unterwegs sieht man Pelzrobben, Delfine und gelegentlich auch Dickschnabelpinguine.

Ein Unterwasser-Observatorium ermöglicht einen Blick auf seltene schwarze und rote Korallen, auf Seeanemonen, Seesterne und Fische, die alle im Fjord heimisch sind. Häufige Regenfälle sorgen dafür, dass über dem Salzwasser immer eine drei bis vier Meter tiefe Süßwasserschicht liegt.

Pelzrobben am Milford Sound

Neben Tagesausflügen auf dem Milford Sound werden auch mehrtägige Trips auf die offene Tasmansee und in andere Fjorde, z. B. den Dusky Sound, angeboten. Kreuzfahrten sind oft mit Angelmöglichkeiten und Tauchexkursionen verbunden.

»Great Walks« im Fiordland National Park

Wanderer auf dem Milford Track

Der Fiordland National Park ist für Wanderer die beste Region Neuseelands. Die Hauptwanderwege *(siehe S. 280f)* sind allein oder mit Führer das ganze Jahr über begehbar. Den Milford und den Routeburn Track *(siehe S. 350f)* muss man vorher buchen, für alle Tracks braucht man Hütten- oder Campingplatz-Pässe. Voraussetzung für sämtliche Wanderungen sind ausreichend Kondition und geeignete Ausrüstung.

Der spektakuläre 55 Kilometer lange **Milford Track** dauert vier Tage und führt durch das Clinton Valley zum Mackinnon Pass. Bevor es zum Milford Sound hinuntergeht, kommt man an den Sutherland Falls vorbei. Der 39 Kilometer lange **Routeburn Track** erfordert in der Regel drei Tage. Er führt durch Wälder in subalpines Gelände und überquert den Harris Saddle, bevor er durch das Routeburn Valley zum Lake Wakatipu absteigt. Der **Kepler Track**, ein 60 Kilometer langer Rundweg, für den man drei bis vier Tage benötigt, verläuft am Lake Te Anau entlang. Anschließend steigt die Route zum Mount Luxmore an, von dem sich ein herrlicher Panoramablick bietet, und führt danach zum Lake Manapouri hinunter.

Alpen-Margeriten

Blick vom Flugzeug über den Milford Sound

Tour zum Doubtful Sound ⑯

Der Doubtful Sound bekam seinen Namen von James Cook, der als Kapitän 1770 zweifelnd auf die schmale Eingangspassage zum Sund blickte und überlegte, ob er mit dem Schiff sicher hinein- und wieder herauskäme. Der 40 Kilometer lange Fjord ist der zweitgrößte Fiordlands und mit 421 Metern der tiefste. Eine weitläufige Wildnis mit Berggipfeln, Fjorden und Regenwald ist die Heimat vieler seltener Tiere, hier sieht man Dickschnabelpinguine, Robben und Flaschennasendelfine. Schon die Anreise ist ein Abenteuer, sie schließt zwei Bootsfahrten und die Überquerung eines Gebirgspasses ein. Man kann auch die Generatorenhalle des Elektrizitätswerks Manapouri tief im Untergrund besichtigen.

Lake Manapouri ①
Der Ausflug zum Doubtful Sound beginnt am Hafen von Pearl Harbour auf dem Waiau River, der in den Lake Manapouri fließt. Der See hat bewaldete Ufer, er misst 142 Quadratkilometer und hat 43 Inseln.

Neuseelands Pelzrobben ⑩
Kolonien der häufigsten Robbenart können auf den Inseln ausgemacht werden, die den Eingang zum Doubtful Sound bilden.

Flaschennasendelfine ⑨
Eine Kolonie von Flaschennasendelfinen ist manchmal in den Gewässern von Malaspina Reach zu beobachten. Die Säugetiere werden bis zu 4,5 Meter lang.

Commander Peak ⑧
Linker Hand an der Einmündung des Hall Arm liegt der beeindruckende, buschbewachsene Commander Peak. Besucher sehen ihn auf einer Kreuzfahrt durch die überfluteten Gletschertäler des Doubtful Sound *(siehe S. 280)*.

Deep Cove ⑦
Die ruhigen Gewässer des Deep Cove bedecken den zehn Kilometer langen Tunnel des Manapouri-Kraftwerks unterhalb der Berge.

Weitere Zeichenerklärungen *siehe hintere Umschlagklappe*

Manapouri-Kraftwerk

Das Manapouri-Elektrizitätswerk nutzt die unterschiedlichen Höhenverhältnisse der Berge zwischen dem Lake Manapouri und dem Doubtful Sound und fungiert als natürlicher Damm. Das Wasser wird durch vertikale Röhren zu sieben Generatoren in einem großen unterirdischen Raum geleitet und fließt dann aus einem zehn Kilometer langen Tunnel zum Deep Cove. Der erzeugte Strom versorgt die 171 Kilometer entfernten Comalco Aluminium-Hüttenwerke bei Bluff.

Unterirdische Maschinenhalle

ROUTENINFOS

Der Ausflug dauert acht Stunden und kann nur mit einem Touranbieter unternommen werden. Beste Jahreszeit ist – der guten Sicht wegen – der Winter, die geschäftigste Zeit sind Frühjahr und Sommer. Bei der Buchung kann auch ein Imbiss bestellt werden. Insektenschutzmittel, warme Kleidung und Wasser abweisende Jacken sind auch empfehlenswert.

Bootsausflüge:

Real Journeys, (0800) 65 65 01 oder (03) 249 7416.

www.realjourneys.co.nz

Fiordland Explorer Charters, (0800) 43 46 73.

www.doubtfulsoundcruise.com

Manapouri Power Station ②

Führer bringen die Besucher über eine zwei Kilometer lange spiralförmige Zufahrt zur Maschinenhalle hinunter, die 213 Meter unter den Bergen bei West Arm aus dem Granit herausgeschnitten wurde.

Moss Gardens ④

Dutzende von Moosarten auf einem Felsen zeigen, wie sich das Pflanzenleben auf jedem Boden in diesem regenträchtigen Gebiet behaupten kann.

Wilmot Pass Road ③

Die Baukosten für die 22 Kilometer lange Wilmot Pass Road, die im Mai 1965 fertiggestellt wurde, um den Bau des Manapouri-Kraftwerkes zu erleichtern, betrugen über 200 NZ$ pro Meter.

Cleve Garth Falls ⑤

Der 365 Meter hohe Cleve-Garth-Wasserfall bietet einen atemberaubenden Blick von einer Bergkante hoch über der Wilmot Pass Road.

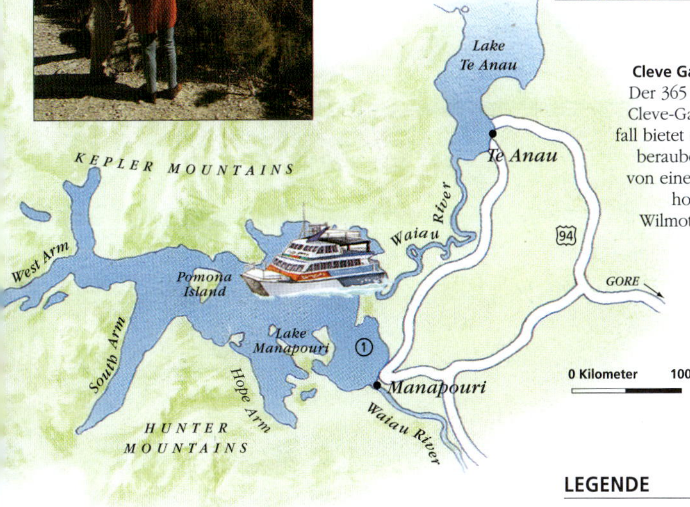

Wilmot Pass ⑥

Der 670 Meter hohe Gipfel wird nach einer kurvenreichen Fahrt durch Regenwald erreicht. Die Straße fällt dann in fünf Schleifen zum Deep Cove ab.

LEGENDE

- Bootsroute
- Busroute
- Andere Straße
- Fluss

Invercargill ⑰

Wasserturm

Neuseelands südlichste Stadt und Wirtschaftszentrum von Southland hat breite, baumbestandene Straßen und viele Parks. Invercargill wurde um 1860 von Schotten gegründet, man bemerkt bis heute die kulturelle Verbundenheit mit dem Heimatland: Straßen sind nach schottischen Flüssen benannt, und es gibt zahlreiche historische Gebäude. Im Westen der Stadt erstrecken sich geschützte Strände und Wanderwege.

Queens Park

Gala St. *tägl.*

Mitten im Stadtzentrum liegt der 0,8 Quadratkilometer große Queens Park, ein sehr formal angelegter botanischer Garten. Man findet Rosengärten und den sehenswerten Steans-Memorial-Wintergarten. Außerdem gibt es einen kleinen Tierpark mit Rehen und Wallabys, ein Vogelhaus sowie einen anspruchsvollen 18-Loch-Golfplatz.

Southland Museum and Art Gallery

108 Gala St. *(03) 219 9069.* *tägl.* *25. Dez.* *Spende.* *nach Vereinbarung.*

Neben den drei Kunstgalerien zeigt das Southland Museum, das in einem pyramidenförmigen Gebäude nahe dem Parkeingang untergebracht ist,

Brückenechse (Tuatara), Southland Museum and Art Gallery

Exponate zur Entwicklung der Menschen und der Natur in diesem Gebiet. Im »Tuatarium« können Besucher einige der lebenden Fossilien *(siehe S. 24)* aus allernächster Nähe betrachten.

Die Ausstellung »Roaring Forties Experience« im Subantarctic Islands Interpretive Centre bietet eine eindrucksvolle Einführung in die fünf Inselreservate Neuseelands, die Hunderte von Kilometern südlich von Invercargill liegen.

INFOBOX

Straßenkarte A7. *50 000.* *2 km westlich der Stadt.* *108 Gala St.* *(03) 211 0895.* *tägl.* *25. Dez.* *Invercargill Summer Festival (Anfang Feb); Shakespeare in the Park (Feb).* **www**.invercargill.org.nz

Wasserturm

Leet St.

Ein auffälliger Orientierungspunkt ist der 42 Meter hohe Wasserturm aus rotem Backstein, der 1889 fertiggestellt wurde. Er ist ein exzellentes Beispiel für die neoromanische Architektur dieser Zeit.

Dee Street und Tay Street

Invercargills früher Wohlstand zeigt sich in vielen vornehmen Geschäftshäusern und Kirchen. Am nördlichen Ende der Dee Street liegen das ehemalige Dee Street Hospital, das älteste Krankenhaus Neuseelands, sowie Porter's Lodge, das älteste Haus von Invercargill, errichtet um 1866. In der Nähe befindet sich St Paul's Presbyterian Church, deren quadratischer Turm aus Gewehren angefertigte Glocken aus Italien beherbergt. Ein Stück weiter fällt das 1901 im eklektischen Stil erbaute ziegelrote Alexander Building

Im Garten von Anderson Park and Art Gallery

auf. Das Grand Hotel direkt gegenüber hebt sich durch fein geschmiedete Eisenbalkons ab.

An der Kreuzung Dee Street und Tay Street (Invercargills Hauptstraßen) steht das Troopers Memorial neben drei Bankgebäuden, die zwischen 1876 und 1926 errichtet wurden. In der Tay Street befinden sich auch das 1906 im Renaissance-Stil fertiggestellte Civic Theatre sowie St John's Anglican Church mit Bleiglasfenstern und einem Tonnengewölbe aus Holz. Die First Presbyterian Church in der Tay Street besitzt einen ungewöhnlichen 32 Meter hohen quadratischen Turm.

Anderson Park and Art Gallery

91 McIvor Rd. *(03) 215 7432.* *tägl. 10.30–17 Uhr.* *Karfreitag, 25. Dez.* *Spende.* *innen.* *Erdgeschoss.* *nach Vereinbarung.*

Fünf Kilometer nördlich der Stadt kann man in einem schönen, 1925 erbauten Haus inmitten einer Gartenlandschaft eine Sammlung neuseeländischer Kunst besichtigen.

Die First Presbyterian Church in der Tay Street

Gore 18

Straßenkarte B7. *8500.* *Ecke Hokonui Drive & Norfolk St.* *(03) 203 9288.* *New Zealand Gold Guitar Awards (Mai–Juni).* **www**.gorenz.com

Die Stadt Gore, 66 Kilometer nördlich von Invercargill, kann so manches für sich beanspruchen: braune Forellen im Mataura River und seinen Nebenflüssen (gewürdigt durch eine große Forellen-Statue in der Stadt), Schafe (der Ort ist von fruchtbarem Farmland umgeben), Moonshine Whisky und die Anerkennung als musikalische Hauptstadt Neuseelands (die Anhänger der Country Music kommen jeden Mai zur Verleihung der New Zealand Gold Guitar Awards).

Ein stolzer Fang

Im Visitor Centre sind das **Gore Historical Museum** und das **Hokonui Moonshine Museum** untergebracht. Letzteres beschäftigt sich mit der überaus bewegten Vergangenheit der illegalen Whisky-Herstellung in den Hokonui Hills hinter Gore.

15 Kilometer westlich von Gore am State Highway 94 liegt die **Croydon Aircraft Company**, wo man alte Flugzeuge wie die Tiger Moth restauriert und Rundflüge anbietet.

Gore Historical Museum und Hokonui Moonshine Museum

Ecke Hokonui Drive & Norfolk St. *(03) 203 9288.* *tägl.* *1. Jan, Karfreitag, 25. Dez.*

Croydon Aircraft Company

(03) 208 9755. *tägl.* *25. Dez.* *nach Vereinbarung.*

Bluff 19

Straßenkarte A7. *2000.* *Gore St.* *Stewart Island Wharf.* *Bluff Oyster & Food Festival (Mai).* **www**.bluff.co.nz

Bluff ist Neuseelands südlichster Exporthafen und Ausgangspunkt für die Fähren nach Stewart Island. Der Ort dient als Station für Fischereiflotten, die die Küsten im Süden und im Westen nach Fischen, Langusten und den berühmten »Bluff-Austern« abfahren. Für Neuseeland einzigartig ist, dass die Austern nur während einer begrenzten Zeit von März bis August geerntet werden dürfen.

Bluff hat eine lange Geschichte: Die Besiedlung durch die Maori datiert in das 13. Jahrhundert zurück. Die Stadt wurde nach dem 265 Meter hohen Bluff Hill benannt, von dem aus der Blick über die Foveaux Strait zur 32 Kilometer entfernten Stewart Island reicht. Unterhalb des Berges liegt Stirling Point, das Ende des State Highway 1. Viele Wege, darunter auch der Foveaux-Wanderweg und der Glory Track, führen durch Wälder. Der Aufstieg zum Bluff Hill mit seinem Panoramablick dauert 45 Minuten.

Das **Bluff Maritime Museum** präsentiert Exponate zur Geschichte des Walfangs und der Austernernte, zur Entwicklung des Hafens und der Fähre nach Stewart Island.

Bluff Maritime Museum

241 Foreshore Rd. *(03) 212 7534.* *tägl.* *25. Dez.* *nach Vereinbarung.*

Internationaler Wegweiser am Stirling Point südlich von Bluff

Stewart Island ⑳

Neuseelandrobbe mit Jungem

Einer Maori-Legende zufolge war Stewart Island, Neuseelands drittgrößte Insel, der Anker von Mauis Kanu (die Südinsel), als er den großen Fisch (die Nordinsel) aus der See zog. Von der Südinsel ist dieses Eiland durch die 32 Kilometer lange Foveaux Strait getrennt. 85 Prozent der Fläche wurden 2002 zum Rakiura National Park erklärt. Die Buchten, Strände, Berge sowie die Vielfalt heimischer Vogelarten machen die 1746 Quadratkilometer große Insel zu einem Paradies. Im 13. Jahrhundert wurde sie von Maori besiedelt, in den 1820er Jahren kamen die ersten Europäer. Heute leben die Bewohner von Fischfang und Tourismus.

Blick auf Paterson Inlet vom Observation Rock

Oban

Oban, Stewart Islands einziger Ort, liegt an der malerischen, geschützten Halfmoon Bay. Die Stadt ist leicht zu Fuß zu erkunden, auf einer 90-minütigen Bustour über Obans 28 Kilometer langes Straßennetz bekommt man alle Sehenswürdigkeiten in Oban und Umgebung gezeigt.

Von Oban aus führen viele Wege durch schönes Buschland zu landschaftlich oder historisch interessanten Plätzen sowie zu hinreißenden Aussichtspunkten, z. B. zum Observation Rock, der herrliche Blicke über das Paterson Inlet Richtung Ulva Island gewährt. An einem klaren Sommerabend ist es leicht zu verstehen, warum die Maori Stewart Island »das Land der glühenden Himmel« genannt haben. Schöne Strände im Norden und Osten der Stadt sind gut zu Fuß zu erreichen.

Die Insel bietet vielfältige Übernachtungsmöglichkeiten: Gasthäuser für Rucksackurlauber, Strandhäuser, Motels, Bed-and-Breakfast-Pensionen und das hundert Jahre alte South Sea Hotel. Das Rakiura Museum in der Ayr Street bietet einen faszinierenden Einblick in die Vergangenheit von Stewart Island. Zu sehen sind hier die Geschichte der Seefahrt sowie Relikte aus der Zeit der Wal- und Robbenfänger, des Zinnabbaus und der Sägewerke.

In Oban kann man Boote chartern, Ausflüge mit Glasboden-Schiffen bieten den Besuchern an klaren Tagen aus nächster Nähe Sicht auf Kraken und Langusten, diverse Fischarten und Garnelen. Für Aktivere werden u. a. Tauchgänge, Höhlentauchen, Kajaks und begleitete Kajakfahrten auf dem Meer angeboten.

South Sea Hotel an der Küste der Halfmoon Bay

Paterson Inlet

Über den Berg der Halfmoon Bay zieht sich die Bucht 16 Kilometer weit ins Hinterland hinein. Für Besichtigungen, zum Tauchen und Angeln können in Oban und Golden Bay Charterboote und Wassertaxis gemietet werden. Bei einer Fahrt durch die Bucht kann man verschiedene Seevögel und Pinguine sowie Robben und Delfine sehen. Auch die Reste eines alten Sägewerks und einer Walfangstation sind erreichbar.

Ulva Island

In der Mitte des Paterson Inlet ist Ulva Island in zehn Minuten per Wassertaxi von Oban aus zu erreichen. Ratten und Opossums wurden auf der Insel ausgerottet, und so entstand ein Gebiet, in dem Besucher aus nächster Nähe Vögel beobachten können. Spaziergänge bis zu drei Stunden sind möglich.

Sehenswürdigkeiten auf einen Blick

Big Glory Bay ④
Codfish Island ⑦
Oban ①
Ocean Beach ⑤
Paterson Inlet ②
Tītī Islands ⑥
Ulva Island ③

Ocean Beach

»Kiwi Spotting« (Beobachten von Kiwi-Vögeln bei Nacht in ihrer natürlichen Umgebung) gibt es nur auf Stewart Island. Mit Führern geht es per Boot zur Landenge in der Little Glory Bay, dann zu Fuß zum Ocean Beach. Hier kann der braune Kiwi beim Fressen beobachtet werden.

Big Glory Bay

Wichtige Erwerbszweige für Paterson Inlet sind die Lachs- und Muschelzucht. Per Boot, mit einem Zwischenstopp auf Ulva Island, geht es an Robben- und Saatkrähenkolonien vorbei zu einer Lachszucht an der Big Glory Bay.

Titī Islands

Muttonbirds, Schwarze Sturmtaucher, brüten auf den vielen Inseln vor Stewart Island. Sie waren lange Zeit Fleisch-, Öl- und Federlieferanten für die Maori, und so werden junge Vögel bis heute jeden April von den Nachkommen der Rakiura-Maori gefangen. Tagsüber bietet der Leuchtturm von Ackers Point eine fantastische Aussicht, nachts hört man in der Brutzeit (Oktober bis April) Schwarze Sturmtaucher zum Land fliegen. Einige Veranstalter haben die Lizenz, Besucher auf die Inseln zur Vogelbeobachtung zu bringen.

INFOBOX

Straßenkarte A7. *400.* *von Invercargill (20 Min.).* *von Stewart Island Wharf, Bluff (1 Std.).* *Rakiura National Park Visitor Centre, Main Rd, Oban.* *(03) 219 0009.* *tägl.* *25. Dez.*
www.stewartisland.co.nz

Schwarzer Sturmtaucher vor seinem Erdloch-Nest

Codfish Island/Whenua Hou

Codfish Island, drei Kilometer vor der Nordwestküste von Stewart Island, war einst eine Robbenfängersiedlung. Die Insel ist jetzt ein Naturschutzgebiet für über 60 Vogelarten, wie für den seltenen, gefährdeten Kakapo, einen großen, flugunfähigen, nachtaktiven Papagei. Ein Besuch von Codfish Island ist nicht möglich.

LEGENDE

- Fluss
- Fähre
- Wanderweg
- Flugplatz
- Fähranlegestelle
- Information

Spaziergänge

Stewart Island hat viele gut ausgebaute Wege. Von Oban führt ein dreistündiger Spaziergang durch Küstenwälder zum Leuchtturm von Ackers Point, vorbei an einem der ältesten Gebäude Neuseelands, dem Ackers Cottage von 1835. Der Ryan's Creek Track dauert drei bis vier Stunden und führt durch Küstenwälder oberhalb von Paterson Inlet.

Für geübte Wanderer bietet sich hingegen der dreitägige Rundweg über den Rakiura Track an. Der Northwest- und der Southern-Rundweg dauern zehn bis 14 Tage. Für die längeren Wanderungen und Touren müssen beim Visitor Centre in Oban vorher entsprechende Hütten- und Campingpässe erworben werden. Weitere Informationen hierfür sind telefonisch unter (03) 219 0002 erhältlich.

Wanderer auf dem Rakiura Track, nördlich von Oban

Catlins-Tour 21

Galerieschild, Papatowai

Extravaganzen und Schönheiten der Natur machen den Reiz dieser südöstlichen Ecke der Südinsel aus. Versteinerte Bäume, herrliche Wasserfälle, goldfarbene Strände, hohe Klippen und geheimnisvolle Höhlen bilden eine einzigartige Mischung an Attraktionen in dieser Gegend, die landläufig als »Catlins« – der Name eines Landbesitzers aus den 1840er Jahren – bezeichnet wird. Eine abwechslungsreiche Küste mit Klippen und herrlichen Stränden ist zur Heimat für viele unterschiedliche Tiere geworden. So findet man hier den seltenen Hectordelfin, Pinguine, Robben und Seelöwen. Gekrönt wird die Landschaft durch die alten Wälder mit Rimu-, Matai-, Totara- und Miro-Bäumen.

Curio Bay ②
Die versteinerten Reste eines 160 Millionen Jahre alten Waldes aus der Jurazeit sind bei Ebbe auf einem Felsplateau zu sehen.

Nugget Point ⑨
Ein 1869 erbauter Leuchtturm hält auf einer Anhöhe Wache über die umliegenden Gipfel. Das Gebiet ist Heimat für Robben, Seelöwen, Pinguine, Tölpel und viele Wasservögel.

Waipapa Point ①
Es ist ein malerischer Ort, obwohl hier Neuseelands schrecklichstes Schiffsunglück passierte, als 1881 die SS *Tararua* auf ein verdecktes Riff auflief und 131 Menschen ihr Leben verloren.

ROUTENINFOS

Länge: *172 km von Invercargill aus, wo die Strecke bei Balclutha wieder auf den State Highway 1 trifft. Man sollte sich einen ganzen Tag Zeit nehmen, um auch die Seitenwege zu den Sehenswürdigkeiten einzuplanen.*

Zwischenstopps: *Die meisten Unterkünfte an dieser Strecke sind eher einfach gehalten. Es gibt Motels in Papatowai und Owaka; Campingplätze, Backpacker Hostels und Privatunterkünfte findet man an verschiedenen Orten in der Region. Die frühzeitige Reservierung der Unterkunft ist nicht nur in der Hochsaison zu empfehlen. An vielen Stellen entlang der Route können Sie etwas zu essen bekommen.*

Jack's Blowhole ⑧
Meerwasser schießt durch einen unterirdischen Tunnel, bevor es aus diesem 60 Meter tiefen Loch, das sich mitten in einem hoch gelegenen Weideland befindet, hochspritzt.

Porpoise Bay ③
Wenn sich an diesem langen Strand die Wellen brechen, kann man oft kleine schwarze und weiße Hectordelfine in der Brandung spielen sehen.

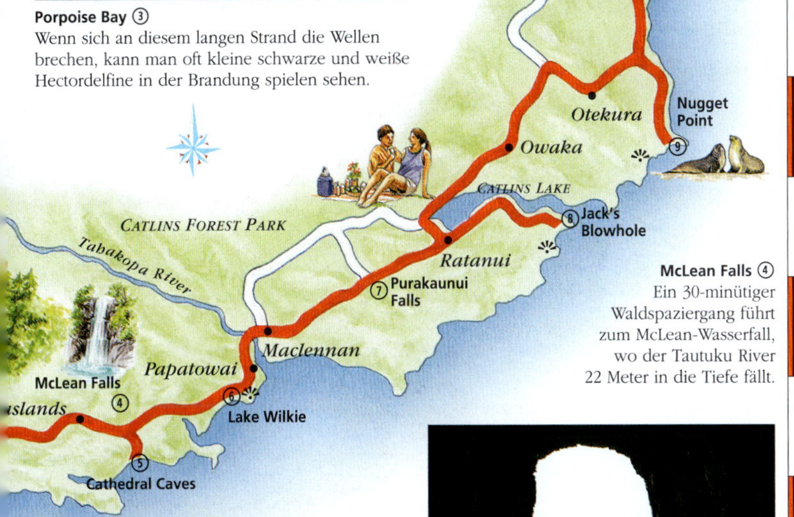

McLean Falls ④
Ein 30-minütiger Waldspaziergang führt zum McLean-Wasserfall, wo der Tautuku River 22 Meter in die Tiefe fällt.

Cathedral Caves ⑤
Die Höhlen sind nur bei Ebbe zu besichtigen. Man erreicht sie nach einem 40-minütigen Spaziergang durch Wald und am Strand. Die Öffnung der größten Höhle ist 30 Meter hoch.

Lake Wilkie ⑥
Der kleine Waldsee ist nicht weit von der Straße entfernt. Man kann ihn in 20 Minuten umrunden und sieht dabei einige Exemplare der Riesenbäume, die in dieser Gegend gefunden wurden.

Purakaunui Falls ⑦
Ein zehnminütiger Spazierweg durch Buchen- und Podocarp-Wald führt zu einer Aussichtsplattform, von der man einen herrlichen Blick auf die Wasserfälle hat. Der Fluss fällt hier 20 Meter über eine Terrassenlandschaft in die Tiefe.

LEGENDE

- Routenempfehlung
- Andere Straße
- Fluss
- Aussichtspunkt

Zu Gast in Neuseeland

Hotels

Neuseeland bietet Übernachtungsmöglichkeiten für jeden Geldbeutel. Am oberen Ende gibt es Fünf-Sterne-Hotels und Lodges mit Luxusausstattung. Mittelklassehotels, Motels, Motor Lodges, Apartments für Selbstversorger, Country Pubs, Bauernhöfe und Bed-and-Breakfast-Zimmer stehen für alle zur Verfügung, die ihre Geldmittel einteilen müssen.

Hotelportier in Auckland

Bei begrenztem Budget sind Campingplätze und sogenannte Backpacker Hostels eine gute Wahl. Außerhalb der größeren Städte und Ferienorte kann das Angebot ein wenig kleiner sein, aber Motels und Campingplätze gibt es praktisch überall. Die Hotelauswahl auf den Seiten 298 bis 319 beschreibt Unterkünfte aller Preisklassen in ganz Neuseeland.

Hotel Crowne Plaza in Christchurch *(siehe S. 313)*

Kategorien und Ausstattung

Das nationale System Neuseelands, das Unterkünfte bewertet und in Kategorien einteilt, ist Qualmark, das 1994 eingerichtet wurde. Die Qualität von Hotels, Motels und Campingplätzen wird durch Sterne ausgedrückt. Ein Stern garantiert, dass grundlegende Anforderungen im Hinblick auf Sauberkeit, Ausstattung und Gastlichkeit erfüllt sind, fünf Sterne bedeuten, dass der Ort zu den besten Neuseelands zählt. Auch das Angebot an Sportaktivitäten, Transportmöglichkeiten und Dienstleistungen wird in der Bewertung ausgedrückt. Die Qualmark-Bewertung ist freiwillig, einige Einrichtungen ziehen es vor, sich davon nicht klassifizieren zu lassen.

Viele Häuser der großen Hotelketten haben Klimaanlagen, aber in Neuseeland braucht man sie eigentlich nicht. Duschen mit heißem Wasser und Heizung gibt es in allen Häusern, Bettwäsche wird auch in Hostels und Motels zur Verfügung gestellt. Nur in Backpacker Hostels und auf Campingplätzen muss man dafür meist eine kleine Gebühr bezahlen.

Preise

Der Preisunterschied zwischen den einzelnen Häusern ist groß. Luxus-Lodges bekommt man nicht unter 650 NZ$ pro Nacht, das Zimmer in einem Backpacker Hostel gibt es für 30 NZ$. Die meisten Motels bewegen sich zwischen 80 und 120 NZ$ pro Zimmer, Übernachtungen in einem Bed-and-Breakfast-Hotel kosten ebenfalls 50 bis 100 NZ$ pro Person. In der Nebensaison werden häufig Rabatte gewährt.

Buchung

Es empfiehlt sich, die Unterkunft vorher zu buchen, besonders in der Hauptreisezeit (Dezember bis Februar). Im Winter (Juni bis August), vor allem während der Schulferien (je zwei Wochen Anfang Juli und von Ende September bis Anfang Oktober) sind die Hotels und Motels der Skigebiete oft ausgebucht. Buchen können Sie direkt bei den Hotels (via Fax, Telefon oder Internet), durch ein Reisebüro oder bei einem der zahlreichen Visitor Information Centres in Neuseeland.

Meist wird bei der Buchung die Nummer Ihrer Kreditkarte verlangt. Es empfiehlt sich, nach den Bedingungen für eine Stornierung zu fragen: Manche Veranstalter ver-

Fassade des Scenic Hotel Southern Cross in Dunedin *(siehe S. 316)*

◁ Apfelplantage in der Gegend von Hawke's Bay *(siehe S. 150 f)*

Huka Lodge am Ufer des Waikato River *(siehe S. 305)*

langen den Preis für eine Übernachtung, wenn Ihre Absage zu kurzfristig kommt. Falls Sie zusätzlichen Service wie ein Kinderbett brauchen, sollten Sie bei der Buchung darauf hinweisen.

Mit Kindern reisen

Mit Kindern zu reisen ist in Neuseeland ganz einfach, Kinderbetten und Babysitter stehen auf Anfrage fast überall zur Verfügung. Nur in manchen exklusiven Lodges und Bed-and-Breakfast-Hotels sind Kinder nicht willkommen. Die Definition von »Kind« ist von Hotel zu Hotel unterschiedlich und reicht von unter zwölf bis unter 17 Jahre. Sonderpreise bekommen Kinder nur, wenn Sie mit Erwachsenen in einem Raum übernachten und kein eigenes Bett benötigen. Informationen über kinderfreundliche Hotels und Restaurants finden Sie auch im Internet (www.kidsnewzealand.com).

Zeichen von Qualmark

Behinderte Reisende

Per Gesetz müssen alle neuen und alle grundlegend renovierten Gebäude in Neuseeland »vernünftige und adäquate« Einrichtungen für Behinderte haben, sodass viele Hotels Rollstuhlzugang besitzen. Am besten fragen Sie bei der Buchung nach.

Luxus-Lodges

Lodges liegen oft an Seen, Flüssen oder am Meer und bieten meist eine atemberaubende Aussicht, ein elegantes Ambiente und luxuriösen Service für eine beschränkte Anzahl von Gästen. Drei Lodges in Neuseeland haben internationalen Ruf: Huka Lodge am Waikato River in der Nähe von Taupo *(S. 305)*, Solitaire Lodge auf einer Halbinsel im Lake Tarawera in der Nähe von Rotorua *(S. 305)* und Wharekauhau Country Estate an der Palliser Bay in Wairarapa *(S. 308)*. Viele Lodges bieten Fischen, Jagen oder andere Outdoor-Freizeitmöglichkeiten an, die Gastgeber wissen meist alles über die Umgebung. Die exklusivsten Lodges können bis zu 1900 NZ$ pro Nacht kosten, bei diesem Preis sind allerdings Essen und Getränke inbegriffen.

Hotelketten

Einige internationale Luxushotelketten sind in Neuseeland vertreten, darunter **Hyatt**, **Millennium**, **Novotel** und **Sheraton**. Andere Ketten heißen **Copthorne**, **Scenic Hotel Group** oder **Best Western** und bieten verlässlichen Standard in den großen Städten und Ferienorten.

Diese Hotels haben alle möglichen Angebote, z. B. Fernseher, Telefon und Minibar in allen Zimmern, außerdem ein Restaurant sowie Zimmerservice. Einige Häuser bieten auch Fitnessräume oder Business- und Konferenzeinrichtungen.

Country Pubs

Country Pubs finden Sie überall im ländlichen Neuseeland. Sie bieten meist einfache, preiswerte Zimmer, manche sind auch in renovierten historischen Gebäuden. Die Preise variieren je nach Lage und Gegebenheiten, schon für 45 NZ$ kann man ein Zimmer bekommen. In einfachen Häusern muss man sich das Bad teilen, einzelne Country Pubs bieten auch Unterkünfte und Mahlzeiten für Backpacker an.

Typisches Country Pub, aus Holz gebaut

Backpacker Lodge Last Resort bei Karamea *(siehe S. 315)*

Apartments für Selbstversorger

Diese Art der Unterbringung ist in Neuseeland nicht weitverbreitet, nur in größeren Städten und Feriengebieten wie Queenstown findet man sie. Meist bieten die Apartments großzügige, komfortable Räume und gut ausgestattete Küchen, die Preise hängen oft von der Dauer des Aufenthalts ab.

Wer eine Woche oder länger an einem Ort verbringen möchte, kann ein solches Apartment oder auch ein sogenanntes »Holiday Home« mieten. Das Letztere kann eine Luxusunterkunft sein oder auch eine kleine, rustikale Hütte, die in Neuseeland »bach« genannt wird. Meist wissen die Immobilienmakler der Gegend am besten, über wen man ein solches Haus finden und buchen kann.

Motels und Motor Lodges

Die meisten Neuseeland-Besucher übernachten in Motels, selbst in kleinen Orten findet man fast immer eines. Motels sind ideal für Familien oder kleine Gruppen, denn die Zimmer sind geräumig und man kann sich selbst verpflegen. Meist gibt es ein oder zwei Schlafzimmer, einen Aufenthaltsraum, Küche und Badezimmer, fast immer Fernseher, Radio und Telefon. Wer weniger Platz braucht, kann ein »Studio« mit nur einem Raum nehmen. Die größeren Motels oder Motor Lodges ähneln Hotels, sie bieten oft Swimmingpool, Wäschedienst, Restaurant und Zimmerservice.

Man kann Geld sparen, wenn man für eine der Ketten einen »Motel Accommodation Pass« erwirbt, wie ihn z. B. **Best Western** und **Golden Chain** anbieten *(siehe S. 297)*.

Backpacker Hostels und Jugendherbergen

Neuseeland hat mehr als 250 Backpacker Hostels an vielen Orten des Landes. Sie liegen meist an der Hauptstraße und bieten saubere, preiswerte Unterkünfte. Hier kann man andere Reisende kennenlernen und die neuesten Tipps bekommen. Die Preise rangieren zwischen 20 NZ$ für eine Übernachtung im Mehrbettzimmer und 30 NZ$ für ein Einzelzimmer.

Eine andere Möglichkeit, preiswert zu übernachten, bietet die **Youth Hostel Association** (YHA) *(siehe S. 297)*, die 56 Jugendherbergen in den Feriengebieten aufweist. Trotz ihres Namens nehmen Jugendherbergen Reisende jeden Alters auf. Es gibt nach Geschlechtern getrennte Schlafräume, aber auch Doppel- und Familienzimmer. Decken und Leintücher werden zur Verfügung gestellt, selbstverständlich sind gut ausgestattete Küchen und Aufenthaltsräume vorhanden, das Bad muss man sich allerdings mit anderen teilen.

Man muss kein Mitglied der Youth Hostel Association sein, um in einer Jugendherberge zu übernachten, Nichtmitglieder zahlen aber einen Aufschlag von 3 bis 4 NZ$ pro Nacht.

Zimmerangebote in Marlborough

Bauernhöfe und Privatzimmer

Sogenannte »Farmstays« bieten die Gelegenheit, das Alltagsleben auf einer Farm kennenzulernen. Die Gäste übernachten entweder auf dem Hof oder in separaten Gebäuden und nehmen die Mahlzeiten mit ihren Gastgebern ein. Badezimmer sind nicht immer separat, ob man sich an der Arbeit auf der Farm beteiligen möchte, bleibt dem Gast überlassen.

Privatzimmer (»homestays«) findet man in städtischen sowie in ländlichen Gebieten. Die Preise für ein Doppelzimmer rangieren in Privatunterkünften zwischen 100 und 400 NZ$ pro Nacht.

Urlaub auf einer Farm in Manawatu

Ein Campervan von Maui Rentals unterwegs auf der Südinsel

Camping

Camping Grounds (oft Holiday Parks oder Motor Camps genannt) sind eine günstige Art zu übernachten. Auf manchen Campingplätzen sind nur Plätze für Zelte und Caravans vorhanden, andere bieten auch Zimmer mit Betten an oder sogar Apartments mit Kochgelegenheit und eigenem Bad. Viele Campingplätze verfügen über Kinderspielplätze, oft sind sie sehr schön am Meer, an Seen oder Flüssen gelegen. Es gibt Gemeinschaftsduschen und die Möglichkeit, Wäsche zu waschen. Gut ausgestattete Küchen gehören meist dazu, zum Teil kann man auch Lebensmittel einkaufen. In der Hauptreisezeit zwischen Weihnachten und Ende Januar sollten Sie buchen, außerhalb der Saison ist es nicht nötig. Im Allgemeinen kostet die Übernachtung auf dem Campingplatz 7 NZ$ pro Person, ein Doppelzimmer ist ab 30 NZ$ zu bekommen.

Typisches Hinweisschild

Wohnmobile

Um das Land zu erkunden, sind Wohnmobile (Campervans) sehr beliebt. Es gibt sie mit zwei, vier oder sechs Betten und mit vielen Annehmlichkeiten *(siehe S. 375)*. Der Mietpreis ist saisonabhängig. Am besten übernachtet man mit dem Campervan auf einem Campingplatz mit Stromanschluss. In sehr abgelegenen Gegenden darf man auch auf Rastplätzen an der Straße über Nacht stehen. Die meisten Campingplätze haben »dump stations« zur Entsorgung des Abwassers.

AUF EINEN BLICK

Luxushotels und Lodges

New Zealand Lodge Association
41 Towey St, Oamaru.
(03) 434 7939.
www.lodgesofnz.co.nz

Southern Crossings
Private Bag 93-236, Parnell, Auckland. *(09) 309 5912.* @ nzdesign@southern-crossings.com

Hotelketten

Best Western
www.bestwestern.co.nz

Copthorne
www.mckhotels.co.nz

Hyatt
www.hyatt.com

Millennium
www.mckhotels.co.nz

Novotel
www.novotel.com

Scenic Hotel Group
www.scenichotelgroup.co.nz

Sheraton
www.sheraton.com

Motels

Best Western NZ
PO Box 74-346, Auckland 5.
0800 237 893.
www.bestwestern.co.nz

Golden Chain NZ
PO Box 5341, Christchurch.
(03) 358 0821, 0800 465 336.
www.goldenchain.co.nz

Backpacker Hostels und Jugendherbergen

Budget Backpacker Hostels New Zealand
208 Kilmore St, Christchurch.
(03) 379 3014.
www.bbh.co.nz

VIP Backpacker Resorts New Zealand
PO Box 60177, Titirangi, Auckland.
(09) 816 8903.
www.vip.co.nz

Youth Hostel Association of New Zealand
PO Box 436, Christchurch.
(03) 379 9970, (0800) 278 299. www.yha.co.nz

Bauernhöfe

New Zealand Farm Holidays
PO Box 74, Kumeu, Auckland. *(09) 412 9649.*
www.nzaccom.co.nz

Holiday Parks

Top 10 Holiday Parks
PO Box 9088, Tower Junction, Christchurch.
0800 867 836.
www.top10.co.nz

Bed-and-Breakfast-Hotels

New Zealand Federation of Bed & Breakfast Hotels
123 Grey St, Palmerston Nth. *(06) 358 6928.*
www.nzbnbhotels.com

Hotelauswahl

Die folgenden Hotels wurden aufgrund ihres guten Preis-Leistungs-Verhältnisses, ihrer Ausstattung und ihrer Lage ausgewählt. Sie sind nach Regionen geordnet. Da Hostels und Herbergen in Neuseeland einen hohen Standard haben, wurden sie ebenfalls in die Hotelliste aufgenommen.

PREISKATEGORIEN

Die Preise gelten für ein Standard-Doppelzimmer pro Nacht während der Hauptsaison, inkl. Steuern, ohne Frühstück:

- $ unter 100 NZ$
- $$ 100–150 NZ$
- $$$ 150–200 NZ$
- $$$$ 200–250 NZ$
- $$$$$ über 250 NZ$

Auckland

CITY Auckland International YHA — $

5 Turner Street (09) 302 8200 FAX (09) 302 8205 **Zimmer** 30 — **Straßenkarte** E2

Die Fünf-Sterne-Jugendherberge ist modern eingerichtet und von der Autobahn aus schnell zu erreichen. Zu den Sehenswürdigkeiten und Läden der Queen Street sind es zu Fuß fünf Minuten, auch THE EDGE und die Universität sind gleich um die Ecke. Es gibt Schlafsäle und Zimmer mit Verbindungstür. Insgesamt 168 Betten. **www.yha.co.nz**

CITY BASE Auckland Backpackers — $

Ecke Queen & Darby Street (09) 358 4877, 0800 227 369 **Zimmer** 74 — **Straßenkarte** E2

Die freundliche, moderne Herberge in einem Hochhaus in der Innenstadt wurde bereits für ihre Unterkünfte ausgezeichnet. Sie ist rund um die Uhr geöffnet, bietet ein Internet-Café und im Untergeschoss eine Bar. Ein Reise-Center hilft Gästen bei der weiteren Planung. Abgetrennter Bereich für weibliche Gäste. **www.stayatbase.com**

CITY The Brown Kiwi — $

7 Prosford Street, Ponsonby (09) 378 0191 **Zimmer** 8 — **Straßenkarte** E2

Das renovierte, zweistöckige Kolonialhaus von 1900 bietet einen schönen Garten und freundliches Personal. Die Cafés, Restaurants und Nachtclubs von Ponsonby sind nicht weit weg, der Bus bringt Sie zu allen wichtigen Sehenswürdigkeiten der Innenstadt. Doppelzimmer sollte man frühzeitig reservieren. **www.brownkiwi.co.nz**

CITY Auckland City Hotel — $$

157 Hobson Street (09) 925 0777 FAX (09) 925 0700 **Zimmer** 135 — **Straßenkarte** E2

Im Herzen von Auckland wurde 1912 dieses Hotel errichtet. Nach mehreren Umgestaltungen erstrahlt es nun als Boutique-Hotel mit zeitgenössischem Dekor, modernsten Kommunikationseinrichtungen (u. a. Internet-Zugang) und biologischen Produkten. **www.achhobson.co.nz**

CITY Baytree Cottage — $$

42 Norfolk Street, Ponsonby (09) 360 1023 **Zimmer** 4 — **Straßenkarte** E2

Das charmante, 1906 im Kolonialstil erbaute Landhaus bietet Platz für maximal sechs Personen und ist ideal für Familien geeignet. Markenzeichen sind die polierten Holzböden. Einige Museen und Kunstgalerien liegen ebenso in unmittelbarer Nähe wie verschiedene Boutiquen, Cafés und Restaurants. **www.baytree-cottage.com**

CITY City Towers Serviced Apartments — $$

2 Maungawhau Road, Newmarket (09) 520 6186 FAX (09) 524 6512 **Zimmer** 28 — **Straßenkarte** E2

Die geräumigen Apartments sind trotz ihrer Größe und der tollen Lage im besten Shopping-Viertel erstaunlich günstig. Jeder, der einen längeren Aufenthalt in Auckland plant, ob Single oder Familie, erhält hier eine gemütliche Unterkunft und ab einer bestimmten Aufenthaltsdauer auch Ermäßigungen. **www.citytowers.co.nz**

CITY Ellerslie International Motor Inn — $$

2 Wilkinson Road, Ellerslie (09) 525 1909, 0800 355 377 **Zimmer** 52 — **Straßenkarte** E2

Für Reisende, die vom Flughafen oder von Süden her auf der Autobahn anreisen, liegt diese Unterkunft sehr günstig (Autobahnausfahrt Ellerslie Penrose). Rennbahn und MT Smart Stadium sind in der Nähe, in die Innenstadt benötigt man mit dem Auto zehn Minuten. Viele Parkplätze. **www.eimi.co.nz**

CITY Mercure Windsor — $$

58–60 Queen Street (09) 309 9979 FAX (09) 309 9978 **Zimmer** 79 — **Straßenkarte** E2

Das Mercure Windsor liegt im Gewerbegebiet von Auckland, in der Nähe des Viaduct Harbour und der Vector Arena. Das Haus aus dem Jahr 1936 – heute ein Boutique-Hotel – gehört einer Hotelkette. Es bietet Spa, Sauna und einen Parkservice. Drei Zimmer sind behindertengerecht gestaltet. **www.accorhotels.com**

CITY Parnell Inn — $$

320 Parnell Road, Parnell (09) 358 0642, 0800 642 763 FAX (09) 367 1032 **Zimmer** 16 — **Straßenkarte** E2

Mitten im eleganten Viertel Parnell ist dieses familiäre Hotel umgeben von Restaurants, Cafés, Boutiquen und Kunstgalerien. Ein kurzer Spaziergang, und man ist beim Auckland Museum. Das Hafenviertel ist zu Fuß 20 Minuten entfernt, der Bus dorthin hält allerdings fast direkt vor dem Hoteleingang. **www.parnellinn.co.nz**

Zeichenerklärung *siehe hintere Umschlagklappe*

CITY The Quadrant $$

10 Waterloo Quadrant (09) 984 6000 FAX (09) 984 6001 **Zimmer** 150 **Straßenkarte** E2

The Quadrant bietet Apartments und kleine Suiten. Alle sind stilvoll und modern eingerichtet. Zur Ausstattung gehören eine Küchenzeile, TV, DVD-Player und Internet-Zugang. Die Quad Bar ist ein beliebter Treffpunkt. Im Haus gibt es ein Fitness-Center sowie einen Wellnessbereich mit Sauna. **www.thequadrant.com**

CITY Rydges Auckland $$

Ecke Federal & Kingston Street (09) 375 5900, 0800 755 900 FAX (09) 359 5901 **Zimmer** 267 **Straßenkarte** E2

Vom Hotel im Zentrum des Gewerbegebiets ist es nicht weit zum Viaduct Basin, den Restaurants des Hafenviertels, zum Sky Tower und den Läden der Innenstadt. Die Zimmer der oberen Stockwerke bieten den Blick auf die Auckland Harbour Bridge und Waitemata Harbour. Zweckmäßige Zimmer, ausgezeichnetes Restaurant. **www.rydges.com**

CITY Bavaria B&B Hotel $$$

83 Valley Road, Mount Eden (09) 638 9641 FAX (09) 638 9665 **Zimmer** 11 **Straßenkarte** E2

Das reizende Hotel liegt inmitten viktorianischer Villen eine zehnminütige Taxifahrt von der Innenstadt entfernt. Die 1905 erbaute Kauri-Villa ist u. a. mit extralangen Betten möbliert. Deutsches Frühstücksbüfett. Das Rugby-Stadion Eden Park, Auckland Domain und Zoo sind in der Nähe. **www.bavariabandbhotel.co.nz**

CITY Copthorne Hotel Auckland Harbour City $$$

196–200 Quay Street (09) 377 0349 FAX (09) 307 8159 **Zimmer** 187 **Straßenkarte** E2

Hier offerieren alle Zimmer das großartige Panorama des Waitemata Harbour. Die Läden, Bars und Restaurants des Hafenviertels sind gleich um die Ecke, bis zum Sky Tower sind es zu Fuß zehn Minuten. Eine Taxifahrt nach Ponsonby dauert fünf Minuten, die Fähre nach Waiheke Island benötigt 20 Minuten. **www.millenniumhotels.com**

CITY Scenic Airedale Hotel $$$

380 Queen Street (09) 374 1741 FAX (09) 374 1740 **Zimmer** 99 **Straßenkarte** E2

Das komplett renovierte Gebäude aus dem Jahr 1954 war Aucklands erstes Bürohochhaus. Heute steht es unter dem Schutz des NZ Historic Places Trust. Im Foyer sind Art-déco-Details aus den 1950er Jahren zu sehen. Das Hotel liegt in der Innenstadt, gleich bei THE EDGE und der Auckland Town Hall. **www.scenichotelgroup.co.nz**

CITY Crowne Plaza Auckland $$$$

128 Albert Street (09) 302 1111, 0800 154 181 FAX (09) 302 3111 **Zimmer** 352 **Straßenkarte** E2

Das Crowne Plaza liegt mitten im Geschäftszentrum, in unmittelbarer Nähe zu mehreren Shopping-Centern und unweit von Edge Entertainment Centre, SKYCITY-Komplex und Queen Street. Es gibt eine Bar, ein Restaurant, einen Fitnessraum, Konferenz- und Festsäle. Mehrsprachiges, freundliches Personal. **www.crowneplazaauckland.co.nz**

CITY Heritage Auckland $$$$

35 Hobson Street (09) 379 8553, 0800 368 888 FAX (09) 379 8554 **Zimmer** 467 **Straßenkarte** E2

Das größte Hotel in Auckland erkennt man schon von Weitem. Viaduct Basin, Queen Street und Sky Tower sind bequem zu Fuß zu erreichen. Zur Ausstattung gehören ein beheizter Pool auf dem Dach, ein Hallenschwimmbecken, Spa, Sauna, Fitness-Center und ein Tennisplatz. **www.heritagehotels.co.nz**

CITY Pullman Auckland $$$$

Ecke Princes Street & Waterloo Quadrant (09) 353 1000 FAX (09) 353 1002 **Zimmer** 340 **Straßenkarte** E2

Exzellenter Service und hervorragendes Essen brachten diesem Hotel seinen guten Ruf ein. Es werden auch Apartments für Selbstversorger vermietet. Gäste haben Zutritt zum Spa at the Hyatt, einem Wellness- und Fitness-Club mit Fitness-Center, 25-Meter-Becken, Jacuzzi, Dampfbad und Sauna. **www.pullmanhotels.com**

CITY SKYCITY Grand Hotel $$$$

90 Federal Street (09) 363 6000, 0800 759 248 **Zimmer** 316 **Straßenkarte** E2

Das Luxushotel beim Sky Tower besitzt 316 Zimmer. Zum Anwesen selbst gehören zwei Restaurants, eine Cocktail-Lounge, Terrasse, Schwimmbecken, Fitness-Center und ein Spa. Der SKYCITY-Komplex bietet weitere elf Restaurants und Bars, drei Casinos und Live-Unterhaltung. Babysitter verfügbar. **www.skycity.co.nz**

CITY Cotter House Luxury Retreat $$$$$

4 St Vincent Avenue, Remuera (09) 529 5156 FAX (09) 529 5186 **Zimmer** 4 **Straßenkarte** E2

Die komplett restaurierte Villa von 1847 liegt in einem von Aucklands schicksten Vierteln. Mit dem Taxi benötigt man zehn Minuten in die Innenstadt. Die Zimmer sind mit Antiquitäten und zeitgenössischer Kunst ausgestattet. Marmorbäder mit Fußbodenheizung, Swimmingpool und ein Pavillon für Pilates- und Yoga-Übungen. **www.cotterhouse.com**

CITY The Great Ponsonby Arthotel $$$$$

30 Ponsonby Terrace, Ponsonby (09) 376 5989, 0800 766 792 FAX (09) 376 5527 **Zimmer** 11 **Straßenkarte** E2

Die kleine restaurierte Villa von 1898 liegt im eleganten Viertel Ponsonby. Ein Spaziergang zu den Cafés, Restaurants und Boutiquen dauert nur zwei, eine Taxifahrt in die Innenstadt fünf Minuten. Die elf Zimmer sind individuell mit Kunst aus Neuseeland und dem Pazifikraum geschmückt. Mit Innenhof und Palmengarten. **www.greatpons.co.nz**

CITY Hotel DeBrett $$$$$

2 High Street (09) 925 9000 **Zimmer** 25 **Straßenkarte** E2

Das Hotel ist in einem 1841 errichteten Haus untergebracht. Erlesenes Mobiliar, Kunstwerke und handbedruckte Bettwäsche prägen das Ambiente der Zimmer, die mit Fußbodenheizung, Flachbildschirm und Internet-Zugang ausgestattet sind. Frühstück ist im Preis inbegriffen. **www.hoteldebrett.com**

Straßenkarte *siehe hintere Umschlaginnenseiten*

CITY Quest Auckland $$$$$

363 Queen Street (09) 300 2200 FAX (09) 300 2300 **Zimmer** 70 **Straßenkarte** E2

Das Quest Auckland bietet Einzel- und Doppelzimmer sowie Apartments, die mit Küchenzeile und Waschmaschine versehen sind. Sie können im Hotelrestaurant essen. Geschäftsreisende schätzen die technische Ausstattung des Hotels, dazu gehört auch ein Tagungsraum für bis zu 50 Personen. **www.questauckland.co.nz**

GROSSRAUM AUCKLAND The Stray Possum Lodge $

Cape Barrier Road, Tryphena, Great Barrier Island (09) 429 0109 FAX (09) 429 0680 **Zimmer** 9 **Straßenkarte** E2

Das Backpacker Hostel liegt nur Minuten vom Fährhafen entfernt in schöner Natur. Zwei separate Häuser mit Doppelzimmern und Zimmern mit Etagenbetten sowie Gemeinschaftsküche, Speisesaal, Sonnendeck und eine große Rasenfläche, z. B. für Zelte. Restaurant und Bar sind auch bei Einheimischen beliebt. **www.straypossum.co.nz**

GROSSRAUM AUCKLAND Crescent Valley Eco Lodge $$

50 Crescent Road East, Waiheke Island (09) 372 4321 FAX (09) 372 4321 **Zimmer** 2 **Straßenkarte** E2

Von dieser weitläufigen Anlage mit Garten aus ist man ruckzuck zu Fuß in Palm Beach. Für das köstliche Frühstück macht man es sich auch auf den sonnigen Terrassen bequem. Auf Wunsch gibt es Lunchpakete für den Strand oder Abendessen mit heimischem Bio-Gemüse. Hier fühlt man sich schnell zu Hause. **www.waihekeecolodge.co.nz**

GROSSRAUM AUCKLAND Quality Inn $$

477 Great South Road, Papatoetoe (09) 277 7320, 0800 700 477 FAX (09) 277 8050 **Zimmer** 68 **Straßenkarte** E2

Eine zehnminütige Fahrt vom internationalen und nationalen Flughafen führt ins Zentrum von Manukau im Süden Aucklands. Das Hotel ist ein guter Ausgangspunkt für Ausflüge in den Botanischen Garten oder zu den samstäglichen polynesischen Märkten. Preiswerte, komfortable Familienzimmer. **www.silveroaks.co.nz**

GROSSRAUM AUCKLAND Fitzroy House $$$

Glenfern Road, Port Fitzroy, Great Barrier Island (09) 429 0091 **Zimmer** 3 **Straßenkarte** E2

Das Landhaus aus den 1920er Jahren liegt wunderschön ruhig an einer kleinen, ruhigen Bucht. Von hier aus führen Wanderwege ins ursprüngliche Hinterland. Es gibt Platz für maximal fünf Personen mit einem Mindestaufenthalt von zwei Nächten. Die Besitzer vermieten Kajaks und bieten Wander-Segel-Kombiausflüge an. **www.fitzroyhouse.co.nz**

GROSSRAUM AUCKLAND Esplanade Hotel $$$$

1 Victoria Road, Devonport (09) 445 1291 FAX (09) 445 1999 **Zimmer** 17 **Straßenkarte** E2

Das elegante, restaurierte Boutique-Hotel von 1903 steht am Hafen von Devonport Village (zehn Minuten mit der Fähre durch den Hafen von Auckland). Geschmackvolle Zimmer mit Hafen- und Stadtpanorama. Im edwardianischen Speisesaal gibt es Mittag- und Abendessen, am Wochenende Brunch. **www.esplanadehotel.co.nz**

GROSSRAUM AUCKLAND The Boatshed $$$$$

Ecke Tawa & Huia Street, Little Oneroa, Waiheke Island (09) 372 3242 FAX (09) 372 3262 **Zimmer** 7 **Straßenkarte** E2

Die Suiten in diesem Boutique-Hotel mit Blick auf die Oneroa Bay ähneln einem Leuchtturm, Bootsschuppen und einer Schiffsbrücke. Die drei Bootsschuppen-Suiten erinnern daran, wie Strandurlaub einmal aussah: Früher kamen viele Gäste in weiß getünchten, mit einfachen Möbeln eingerichteten Strandhütten unter. **www.boatshed.co.nz**

GROSSRAUM AUCKLAND Rangiwai Lodge $$$$$

29 Rangiwai Road (09) 817 8990 FAX (09) 817 8990 **Zimmer** 4 **Straßenkarte** E2

Die Luxus-Lodge in Titirangi ist für Besucher ideal, die in den Waitakere Ranges wandern, die Innenstadt Aucklands besuchen und an die Sandstrände der Westküste bei Karekare und Piha zum Baden oder Surfen möchten. Auch die Weingüter in West-Auckland sind eine Option. **www.accommodation-nz.com**

FLUGHAFEN Auckland Airport Kiwi Hotel $

150 McKenzie Road, Mangere (09) 256 0046 FAX (09) 256 0047 **Zimmer** 53 **Straßenkarte** E2

Die Hotels am Flughafen bieten alle ungefähr den gleichen Service. Unter all diesen ist das Kiwi International am erschwinglichsten. Es bietet rund um die Uhr einen Bustransfer zum Flughafen sowie einen Garten gegen den Jetlag, einen Pool zum Entspannen, ein Restaurant und eine Bar. **www.aucklandkiwihotel.co.nz**

FLUGHAFEN Hotel Grand Chancellor Auckland Airport $$

Ecke Kirkbride & Ascot Road, Mangere (09) 275 7029 FAX (09) 275 3322 **Zimmer** 193 **Straßenkarte** E2

Vielleicht der ultimative Ort, um nach einem langen Flug wieder zu Kräften zu kommen. Das Hotel liegt inmitten von Landschaftsgärten und bietet Swimmingpool, Fitnessraum und Sauna, außerdem Restaurant, Bar und einen Flughafen-Shuttle-Service. **www.ghihotels.com**

FLUGHAFEN Jet Park Airport Hotel $$

63 Westney Road, Mangere (09) 275 4100 **Zimmer** 170 **Straßenkarte** E2

Das von einer Familie betriebene Hotel eignet sich für Geschäftsreisende und Urlauber. Das Restaurant wurde schon mehrfach prämiert, weitere Annehmlichkeiten sind ein Pool und ein lauschiger Garten. Rund um die Uhr wird ein Flughafentransfer angeboten. **www.jetpark.co.nz**

FLUGHAFEN Comfort Inn & Suites Kudos $$$

203 Kirkbride Road, Mangere (09) 275 9988 FAX (09) 523 9285 **Zimmer** 12 **Straßenkarte** E2

Nur eine kurze Autofahrt vom Flughafen und etwa 20 Minuten vom Stadtzentrum entfernt liegt dieses Hotel. Es bietet einen Shuttle-Service (gratis) vom und zum Airport. Die Unterkunft eignet sich für Geschäftsreisende wie für Urlauber. Kostenloses Frühstück, Internet-Zugang und Parkplatz sind weitere Pluspunkte. **www.choicehotels.co.nz**

Preiskategorien *siehe S. 298* **Zeichenerklärung** *siehe hintere Umschlagklappe*

Northland

KAITAIA Kaitaia Hotel $

17 Commerce Street (09) 408 0360 FAX (09) 408 0360 **Zimmer** 36 **Straßenkarte** D1

Das einfache, preisgünstige Hotel aus dem Jahr 1837 liegt mitten in Kaitaia. Es verfügt über ein Restaurant, eine Bar, ein Casino und einen Karaoke-Nachtclub. Es können Touren zum Cape Reinga und zum Ninety Mile Beach organisiert werden. Hier werden häufig Seminare abgehalten, deshalb ist das Hotel oft ausgebucht.

KAITAIA Main Street Lodge $

235 Commerce Street (09) 408 1275 **Zimmer** 18 **Straßenkarte** D1

Guter Ausgangspunkt für Ausflüge zum Ninety Mile Beach, zum Cape Reinga und in die Waipoua-Kauri-Wälder. Die von Maoris geführte Unterkunft im Tuku Wairua Maori Cultural Centre hat Mehrbettzimmer und Schlafsäle. Gäste können Sand- und Boogie-Boards leihen oder Knochenschnitzen lernen. **www.mainstreetlodge.co.nz**

KAITAIA The Northerner Hotel $$

Ecke North Rd & Kohuhu Street (09) 408 2800, 0800 33 44 22 FAX (09) 408 0306 **Zimmer** 76 **Straßenkarte** D1

Das Motor Inn, fünf Autominuten vom Zentrum von Kaitaia entfernt, ist ein idealer Stützpunkt zur Erkundung von Northland. Das Restaurant »La Lumière« ist eines der besten im Ort. Die Zimmer reichen vom Einzimmer-Apartment bis zur Familiensuite. Pool, Sauna und Fitness-Center sind vorhanden. **www.northerner.co.nz**

KERIKERI Kerikeri Homestead Motel $$

17 Homestead Road (09) 407 7063, 0800 222 407 FAX (09) 407 7656 **Zimmer** 12 **Straßenkarte** E1

Das Vier-Sterne-Motel liegt ruhig, aber zentral in der Nähe der Kerikeri Mission Station und der Altstadt mit Blick auf den Golfplatz. Es gibt zwölf Zimmer im Kolonialstil mit Balkon, außerdem ein Freiluft-Schwimmbecken sowie um die Ecke ein Restaurant und eine Bar. **www.kerikerihomesteadmotel.co.nz**

KERIKERI Palm Grove Cottages $$

410 Kerikeri Road (09) 407 8484 FAX (09) 407 5540 **Zimmer** 7 **Straßenkarte** E1

Separate Ferienhäuschen – sie heißen u. a. Robinia, Windrest und Mandalee – stehen in einem großen subtropischen Garten mit Wasserspielen. Zu jedem gehört ein kleiner Garten mit Blick auf den See. Eine kurze Autofahrt führt zu historischen Sehenswürdigkeiten. **www.palmgrove.co.nz**

MATAURI BAY Kauri Cliffs $$$$$

Kauri Cliffs (09) 407 0010 FAX (09) 407 0061 **Zimmer** 22 **Straßenkarte** E1

Diese Luxus-Lodge bietet neben seiner erstklassigen Lage am Meer auch ein herrliches Ozean-Panorama von den Klippen. Gäste bekommen hier weites Land, abgeschiedene Strände und dazu einen 72-Par-Golfplatz, einen Swimmingpool, ein Spa und ein kleines Fitness-Center geboten. **www.kauricliffs.com**

OPUA Mako Lodge and Fishing Charters $$$

18 Point Veronica Drive (09) 403 7770 **Zimmer** 5 **Straßenkarte** E1

Die Gäste dieser Lodge bei Paihia können mit einem Acht-Meter-Boot zum Fischen ausfahren oder auf Sightseeing-Tour gehen. Oder sie paddeln selbst mit kostenlosen Kajaks und Schlauchbooten durch die Buchten. Bis zum Yachthafen von Opua und den Fähren sind es zu Fuß fünf Minuten. **www.makolodge.co.nz**

OPUA Harbour House Villa $$$$$

7 English Bay Road (09) 402 8087 FAX (09) 402 8688 **Zimmer** 6 **Straßenkarte** E1

Verwitterte Balkonmöbel sorgen für das gewisse Flair dieser reizenden Villa. Zum Haus gehört ein subtropischer Garten, in der Umgebung ist die Natur weitgehend unberührt. Die Villa liegt auf einem Felsen über Opua. Ein Küstenweg führt zum Yachthafen und nach Waitangi. **www.harbourhousevilla.co.nz**

PAIHIA Pickled Parrot Backpacker Lodge $

Greys Lane (09) 402 6222, 0508 727 768 FAX (09) 402 6232 **Zimmer** 14 **Straßenkarte** E1

Die kleine, freundliche Herberge mit Innenhof liegt in üppigen Gärten mit Hängematten in den Bäumen. Die Lodge ist berühmt für ihr Frühstück, für das Abendessen auf der Sonnenterrasse und für die Lagerfeuer in der Nacht. Der Strand ist nicht weit. Sportausrüstung kann geliehen werden. **www.pickledparrot.co.nz**

PAIHIA Kingsgate Hotel Autolodge Paihia $$$

Marsden Road (09) 402 7416, 0800 652 929 FAX (09) 402 8348 **Zimmer** 113 **Straßenkarte** E1

Das Business- und Freizeithotel in Paihia liegt direkt am Meer, 100 Meter vom Kai entfernt. Es bietet einen Freiluft-Swimmingpool, eine Sauna, einen großen Whirlpool und einen Fahrradverleih. Gäste können im Restaurant essen oder an der Bar einen Cocktail genießen. **www.kingsgateautolodge.co.nz**

PAIHIA Nautilus Resort $$$

9 Puketona Road (09) 402 8604, 0800 186 661 FAX (09) 402 6247 **Zimmer** 11 **Straßenkarte** E1

Das Hotel am Rand von Paihia ist von einem subtropischen Garten umgeben. Es liegt nah am Strand und nicht weit vom Stadtzentrum entfernt. Es gibt einen Kinderspielplatz, einen Tennisplatz und einen Swimmingpool. Angeboten werden Studios und Zweibettzimmer mit TV. Bewachter Parkplatz. **www.nautilusresort.co.nz**

Straßenkarte *siehe hintere Umschlaginnenseiten*

PAIHIA Copthorne Hotel and Resort $$$$$

Tau Henare Drive (09) 402 7411, 0800 808 228 FAX (09) 402 8200 **Zimmer** 180 **Straßenkarte** E1

Das Hotel liegt im Waitangi National Trust Reserve auf einer Landzunge im Meer. Mehrere Wanderwege führen ins Landesinnere. Auch bis zum Hafen oder zum Golfplatz ist es nur ein Katzensprung. Für Entspannung sorgen der Pool, das Spa oder die Bar. Zimmer gibt es mit Garten oder Meerblick. **www.copthornebayofislands.co.nz**

PUKENUI Pukenui Lodge Motel $$

Ecke Wharf & Main Road (09) 409 8837 FAX (09) 409 8704 **Zimmer** 9 **Straßenkarte** D1

Neuseelands nördlichstes Hotel, 42 Kilometer von Kaitaia entfernt, liegt am Hohoura Harbour in der Nähe von fünf Stränden. Von hier blickt man auf den Kai, an dem die Fischer ihren Fang abladen. Nebenan ist eine Jugendherberge. Organisiert werden Ausritte, Bootstouren, Golfpartien und Ausflüge zum Cape Reinga. **www.pukenuilodge.co.nz**

RUSSELL Flagstaff Lodge & Day Spa $$$$$

17 Wellington Street (09) 403 7117, 0800 403 711 FAX (09) 403 7817 **Zimmer** 4 **Straßenkarte** E1

Die liebevoll restaurierte Villa von 1912 bietet nun den Komfort eines Boutique-Hotels und vier individuell gestaltete, topmodern eingerichtete Zimmer zum Meer. Die Gäste können u. a. im Garten unter den Sternen baden oder Spa-Anwendungen buchen. **www.flagstafflodge.co.nz**

TUTUKAKA Pacific Rendezvous Motel $$$

73 Motel Road, Tutukaka (09) 434 3847 FAX (09) 434 3919 **Zimmer** 30 **Straßenkarte** E1

Das familienfreundliche Motel liegt auf einem Kap, von dem Wege zu zwei abgeschiedenen Stränden führen. Geboten werden Tennisplätze, Swimmingpool, Spa, Kinderspielplatz, Auto- und Bootwaschanlagen sowie der Blick auf Tutukaka Harbour und die Poor Knights Islands. Gutes Preis-Leistungs-Verhältnis. **www.pacificrendezvous.co.nz**

WAIPOUA FOREST Waipoua Lodge $$$$$

4748 SH12, Katui (09) 439 0422 FAX (09) 523 8081 **Zimmer** 4 **Straßenkarte** D1

Die 1890 erbaute Luxus-Lodge beherbergt vier Suiten, von denen man einen schönen Blick über Gärten und Wälder hat. Zum Anwesen gehört ein hervorragendes Restaurant, das auch Feinschmecker zufriedenstellt. Auf Nachtwanderungen kann der nachtaktive Kiwi beobachtet werden. **www.waipoualodge.co.nz**

WHANGAREI Lodge Bordeaux $$$

361 Western Hills Drive (09) 438 0404 FAX (09) 438 0405 **Zimmer** 15 **Straßenkarte** E1

Die Atmosphäre in den geräumigen Apartments für ein oder zwei Personen wird von erlesenen Holzmöbeln, die von Kunsthandwerkern aus der Region angefertigt wurden, geprägt. Die Badezimmer haben Fußbodenheizung. In der Minibar findet man neuseeländische und internationale Weine. **www.lodgebordeaux.co.nz**

WHANGAREI Oceans Tutukaka $$$

Marina Road, Tutukaka (09) 470 2090 **Zimmer** 40 **Straßenkarte** E1

Das Hotel liegt nahe der Tauchschule Dive! Tutukaka. Die 28 Zimmer und zwölf Apartments sind luxuriös eingerichtet und nach maritimen Themen gestaltet. Zum Hotel gehört ein Seafood-Restaurant, das seine Zutaten garantiert nicht aus dem Meeresschutzgebiet bezieht. **www.oceansresorthotel.co.nz**

WHANGAROA Sunseeker Lodge $$

Old Hospital Road (09) 405 0496 FAX (09) 405 1121 **Zimmer** 8 **Straßenkarte** E1

Die Lodge liegt zwischen Kerikeri und Kaitaia und bietet einen Ausblick auf Whangaroa Harbour. Sie besteht aus zwei Motels, einem Ferienhaus mit drei Schlafzimmern, drei Doppelzimmern, Unterkünften für Rucksackurlauber und Zeltplätzen. Es gibt einen Barbecue-Grill sowie einen Motorboot- und Kajakverleih. **www.sunseekerlodge.co.nz**

Zentrum der Nordinsel

CAMBRIDGE Number 1 Motels on Victoria $

85–89 Victoria Street (07) 823 1468 FAX (07) 823 1467 **Zimmer** 28 **Straßenkarte** E3

Die Motor Lodge befindet sich am Stadtrand. Die im Kolonialstil nachgebildete Seite zur Hauptstraße hin beherbergt Kunstgalerien, Antiquitäten- und Buchläden. Die Bar im Innenhof serviert unter einer Glaskuppel auch kleine Gerichte. In unmittelbarer Nähe befinden sich eine Rennbahn und ein Cricket-Club. **www.no1motels.co.nz**

CAMBRIDGE Riverside of Cambridge $$$

7 Williamson Street (07) 827 6069 FAX (07) 827 3068 **Zimmer** 34 **Straßenkarte** E3

Der freundliche Familienbetrieb Riverside of Cambridge liegt am Ufer des Waikato River. Hier wird der Fluss allmählich schmaler, und es bilden sich viele Stromschnellen. Doch die Aussicht und die Spaziergänge am Fluss sind großartig. Nebenan befinden sich ein Golfclub und ein Jetboot-Anbieter. **www.riversidemotel.co.nz**

CAMBRIDGE Earthstead Villas $$$$$

3635 Cambridge Road (07) 827 3771 **Zimmer** 2 **Straßenkarte** E3

Die beiden Ferienhäuschen liegen inmitten von Farmland, schöne Wanderwege führen zu Wäldern und Obstgärten. Den Gästen der Earthstead Villas bieten sich schöne Ausblicke. Sehr gemütlich sitzt man in den Innenhöfen. Sie können zwischen Selbstversorgung oder Übernachtung mit Frühstück wählen. **www.earthstead.co.nz**

COROMANDEL Admiral Arms Hotel $

146 Wharf Road (07) 866 8272 FAX (07) 866 8272 **Zimmer** 4 — **Straßenkarte** E2

Das geschichtsträchtige Hotel erhielt seine erste Alkoholkonzession während des Goldrausches von 1872. Das kürzlich renovierte Haus bietet im oberen Stockwerk preiswerte Unterkünfte. Im Erdgeschoss befindet sich eine Sport-Bar. Freitagabends treten neuseeländische Bands auf. **www.admiralsarms.co.nz**

COROMANDEL Celadon Motel Cottages $$

Ecke Alfred Street & Oxford Terrace (07) 866 8058 **Zimmer** 4 Cottages — **Straßenkarte** E2

Die vier individuell ausgestatteten Cottages liegen in der Nähe der Sehenswürdigkeiten, Restaurants, Bars und Cafés der Stadt. Das Anwesen eignet sich hervorragend für Familien und Gruppen mit bis zu acht Mitgliedern. Jedes der Cottages wird von einem schönen Garten umrahmt. **www.celadonmotel.com**

COROMANDEL Coromandel Colonial Cottages Motel $$

1737 Rings Road (07) 866 8857, 0508 222 688 FAX (07) 866 8857 **Zimmer** 8 — **Straßenkarte** E2

Acht im Kolonialstil gehaltene Unterkünfte verteilen sich am Ortsrand von Coromandel um das erhaltene Wohnhaus des ehemaligen Goldminen-Managers aus dem Jahr 1876. Großer Swimmingpool, Barbecue-Grill, Kinderspielplatz, Kinderbetten und Hochstühle – das Motel eignet sich sehr gut für Familien. **www.corocottagesmotel.co.nz**

COROMANDEL Jacaranda Lodge $$

3195 Tiki Road (SH25) (07) 866 8002 FAX (07) 866 8002 **Zimmer** 6 — **Straßenkarte** E2

Die B&B-Lodge liegt auf einer friedvollen Farm mit herrlichen Gärten voller einheimischer Vögel und Pflanzen. Der Hausherr spricht Hebräisch, es gibt koschere Einrichtungen und eine Gästeküche. Die Frühstückszutaten stammen größtenteils aus eigenem Anbau. **www.jacarandalodge.co.nz**

COROMANDEL Anchor Lodge $$$

448 Wharf Road (07) 866 7992 FAX (07) 866 7991 **Zimmer** 16 — **Straßenkarte** E2

Das Motel liegt fünf Gehminuten von den Läden, Cafés und Restaurants der Innenstadt entfernt. Die Studios besitzen ebenso wie die Unterkünfte mit zwei Schlafzimmern einen eigenen Balkon mit Hafenblick. Für Gäste gibt es ein Spa und einen beheizten Swimmingpool mit Bar. Kostenloser Fahrradverleih. **www.anchorlodgecoromandel.co.nz**

COROMANDEL Indigo Bush Studios $$$

9 Flays Road (07) 866 7388 **Zimmer** 2 — **Straßenkarte** E2

Ein einheimischer Künstler betreibt das aus zwei Apartments bestehende Haus, das durch spezielles Design besticht. Die Küchen sind komplett eingerichtet, geschmackvolles Dekor und Kunstwerke verleihen besonderen Charme. Das untere Apartment verfügt über einen Grillplatz. Frühstück auf Anfrage. **www.indigo-bush-studios.co.nz**

GISBORNE Flying Nun Backpackers $

147 Roebuck Road (06) 827 7567 **Zimmer** 14 — **Straßenkarte** F3

Von den Zimmern des in einem alten Kloster untergebrachten Hostels am Rand von Gisborne hat man einen schönen Blick auf den Surfstrand. Die Unterkunft bietet große öffentliche Räume, eine Lounge und einen Spieleraum. Im Außenbereich gibt es einen Zeltplatz, einen Grillbereich und Sonnenterrassen. **www.bbh.co.nz**

GISBORNE Captain Cook Motor Lodge $$

31 Awapuni Road, Waikanae Beach (06) 867 7002 FAX (06) 867 7073 **Zimmer** 36 — **Straßenkarte** F3

Zu Fuß benötigt man von diesem Motel zum Waikanae Beach, einem kindersicheren Strand mit Aufsicht, zwei Minuten. Von dort aus sind es weitere fünf Gehminuten zu den Cafés und Bars im Hafenviertel. Alle Unterkünfte, ob Studio, ein oder zwei Schlafzimmer, bieten einen rückwärtigen sonnigen Hof. **www.captaincook.co.nz**

GISBORNE Pacific Harbour Motor Inn $$

Ecke Reads Quay & Pitt Street (06) 867 8847 FAX (06) 867 4586 **Zimmer** 27 — **Straßenkarte** F3

Das moderne Motor Inn befindet sich in der Nähe des Stadtzentrums und des malerischen Gisborne-Hafens mit Bars und Restauraunts. Regierungsmitglieder, Geschäftsleute und Urlauber genießen hier den Blick auf Turanganui River und Yachthafen. Das Gebäude besteht u. a. aus Glasziegeln, Terrakotta und Stahl. **www.pacific-harbour.co.nz**

GISBORNE Portside Hotel $$

2 Reads Quay (06) 869 1000, 0800 767 874 FAX (06) 869 1020 **Zimmer** 57 — **Straßenkarte** F3

Oberhalb von Gisbornes innerem Hafen bietet das elegante Portside Hotel Zimmer und Suiten mit Bad, Küche, Balkon, Hafen- oder Stadtblick und Breitband-Internet-Anschluss. Es gibt einen kleinen Pool, Innenstadt und Strand sind nicht weit entfernt. **www.portsidegisborne.co.nz**

GISBORNE Teal Motor Lodge $$$

479 Gladstone Street (06) 868 4019 **Zimmer** 20 — **Straßenkarte** F3

Nur wenige Gehminuten von Gisbornes Zentrum befindet sich die Teal Motor Lodge mit Apartments sowie Ein- und Zweibettzimmern. Zum Anwesen gehören auch ein Meerwasserpool, ein Restaurant und ein Abenteuerspielplatz. Internet-Zugang und Babysitter-Service sind weitere Annehmlichkeiten. **www.teal.co.nz**

GISBORNE Wainui Beach Hideaway $$$

9B Cleary Road, Wainui Beach (06) 867 3269 **Zimmer** 3 — **Straßenkarte** F3

In einem Naturgarten am Wainui Beach stehen die beiden wunderschön renovierten ehemaligen Schafschererhütten The Cottage und The Hideaway. Beide verfügen über hübsche möblierte Terrassen. Ein kurzer Spaziergang führt zum Strand und zu einer Cafébar.

Straßenkarte *siehe hintere Umschlaginnenseiten*

GISBORNE Absolute Wainui B&B $$$$$
69 Wairere Road (06) 867 0386 **Zimmer** 3 **Straßenkarte** F3

Das Anwesen direkt am Meer erreicht man von Gisborne in nur fünf Minuten. Zur Auswahl stehen zwei luxuriös eingerichtete Zimmer und ein Apartment für Selbstversorger mit großem Schlafzimmer, Wohnzimmer, Küche und Bad. Im Preis inbegriffen sind frisches Obst und Frühstück. **www.absolutewainui.com**

HAHEI The Church Accommodation and Dining $$
87 Hahei Beach Road (07) 866 3533 FAX (07) 866 3055 **Zimmer** 12 **Straßenkarte** E2

Das Abendessen wird in der ehemaligen Kirche serviert, die zwölf Unterkünfte sind in einem großen Garten voller Blumen und exotischer Pflanzen verteilt. Die Zimmer sind einfach und gemütlich eingerichtet, aus jedem fällt der Blick auf eine sonnige Veranda. Strand und Läden in der Nähe. **www.thechurchhahei.co.nz**

HAMILTON Le Grand Hotel $$$
Ecke Victoria & Collingwood Street (07) 839 1994 **Zimmer** 38 **Straßenkarte** E2

Durch den Umbau von 1994 wurde aus dem früheren Bürogebäude aus dem Jahr 1926 ein Hotel im europäischen Stil. Zentrale Lage in der Nähe der Hamilton Gardens, des Zoos und des Waikato Museum of Art and History. Hier steigen überwiegend Geschäftsleute ab. Am Wochenende Ermäßigungen für Urlauber. **www.legrandhotel.co.nz**

HAMILTON Novotel Tainui Hamilton $$$
7 Alma Street (07) 838 1366 FAX (07) 838 1367 **Zimmer** 177 **Straßenkarte** E2

Im Herzen der Stadt, am Ufer des Waikato River und neben dem Casino-Entertainment-Komplex Skycity beherbergt das Hotel ein preisgekröntes Restaurant, eine Lobby-Bar und einen Wellness-Club mit Fitnessraum, Sauna, Spa und Beauty-Anwendungen. Läden, Restaurants und Spazierwege am Fluss in unmittelbarer Nähe. **www.novotel.co.nz**

MIRANDA Rata Lodge $$$$$
30 Rataroa Road (09) 232 7636 **Zimmer** 2 **Straßenkarte** E2

Die Luxus-Lodge am Mount Rataroa bietet das Panorama der Coromandel Peninsula und des Pazifischen Ozeans. Terrakotta-Fliesen, Designer-Bäder, Perserteppiche und Antiquitäten prägen das Ambiente in den Zimmern. Von der Lodge ist es nicht weit zu einem Vogelschutzgebiet. **www.ratalodge.co.nz**

MOUNT MAUNGANUI Beach House Motel $$$
224 Papamoa Beach Rd, Papamoa (07) 572 1424, 0800 429 999 FAX (07) 572 1423 **Zimmer** 18 **Straßenkarte** E2

Vom Mount Maunganui ein paar Kilometer die Küste entlang, zwischen Bayfair und Palm Beach Plaza, steht das Motel mit der auffallenden Wellblech-Architektur. Die Gebäude entstanden 1999 und gewannen einen Preis für innovatives Design. Zum Strand ist es nur ein kurzer Spaziergang. **www.beachhousemotel.co.nz**

MOUNT MAUNGANUI Pacific Palms Resort $$$$
21 Gravatt Road, Papamoa (07) 572 0035, 0800 808 835 FAX (07) 572 1135 **Zimmer** 18 **Straßenkarte** E2

Auf zwei Hektar bietet diese familienfreundliche Unterkunft am Mount Maunganui einen beheizten Swimmingpool mit Kinderbecken, ein Entspannungsbecken und Tennisplätze. Golfplätze und der Sandstrand sind bequem zu Fuß erreichbar. Apartments mit zwei oder drei Schlafzimmern, Balkon oder Veranda. **www.pacificpalmsresort.co.nz**

NAPIER Motel de la Mer $$
321 Marine Parade (06) 835 7001, 0800 335 263 FAX (06) 835 7002 **Zimmer** 11 **Straßenkarte** F4

Das Boutique-Hotel an der Marine Parade umfasst elf Zimmer mit Meerblick, teils mit Balkon. Kiesstrand, Meer und die Promenade zu den Attraktionen von Napier liegen auf der anderen Straßenseite. Es gibt einen Kinderspielplatz. Das National Aquarium ist gleich um die Ecke. **www.moteldelamer.co.nz**

NAPIER The Landing $$$$
142 Thompson Road, Bluff Hill (06) 835 0358 **Zimmer** 3 **Straßenkarte** F4

Von dieser modernen Unterkunft bietet sich ein fantastischer Blick über Hawke's Bay, die Bayview Suite bietet sogar eine Rundumsicht. Die Zimmer sind mit Bad, Kühlschrank, TV und Kaffeemaschine ausgestattet. Frühstück steht zur Verfügung. Pool und Barbecue sind beliebte Treffpunkte. **www.thelandingnapier.co.nz**

NAPIER Scenic Hotel Te Pania $$$$
45 Marine Parade (06) 833 773 FAX (06) 833 7732 **Zimmer** 109 **Straßenkarte** F4

Der sechsstöckige, gekrümmte Bau des Te Pania (die Meerjungfrau in einer Maori-Sage) liegt oberhalb von Napiers Strandpromenade mit dem Ocean Spa und in der Nähe des Hawke's Bay Museum, von Galerien, Läden und Cafés. Das drei Jahre alte Hotel hat mehrere Architekturpreise gewonnen. **www.scenichotelgroup.co.nz**

NAPIER Mangapapa Petit Hotel $$$$$
466 Napier Rd (zw. Napier und Havelock North) (06) 878 3234 FAX (06) 878 1214 **Zimmer** 12 **Straßenkarte** F4

Diese Lodge war einst eines der angesehensten Häuser von Hawke's Bay, denn hier wohnte der Konservendosenfabrikant Sir James Wattie. Der Kolonialbau wurde komplett restauriert und bietet nun schlichte Eleganz. Es werden Spa und Schönheitsanwendungen angeboten. Essen, Wein und Service sind erstklassig. **www.mangapapa.co.nz**

NGARUAWAHIA Brooklands Country Estate $$$$$
5908B SH22 (07) 825 4756 FAX (07) 825 4873 **Zimmer** 15 **Straßenkarte** E2

Die Holzvilla wurde im 19. Jahrhundert für eine der ersten Farmerfamilien erbaut. Rustikale Eleganz durch Country-Möbel, Perserteppiche auf Kauri-Holzböden und neuseeländische Aquarelle. Das Vier-Gänge-Abendessen wird privat oder am gemeinschaftlichen Eichentisch serviert. **www.brooklandscountryestate.co.nz**

Preiskategorien *siehe S. 298* **Zeichenerklärung** *siehe hintere Umschlagklappe*

OHOPE Surfs Reach Motels $$

52 West End ☎ *(07) 312 4159* FAX *(07) 312 4995* ***Zimmer*** *10* ***Straßenkarte*** *F3*

Das typische Strandmotel liegt ein paar Autominuten von Whakatane entfernt am elf Kilometer langen Sandstrand bei Ohope. Die Zimmer sind ausgezeichnet eingerichtet, u. a. mit kompletter Küche und Fernseher. Dies ist ein guter Ausgangspunkt für Angelausflüge, Wanderungen, Golf und Delfinbeobachtungen. **www.surfsreachmotels.co.nz**

RAGLAN Solscape Eco Retreat $$

Wainui Road ☎ *(07) 825 8268* ***Zimmer*** *19* ***Straßenkarte*** *E2*

An einem von Neuseelands besten Surfgebieten befindet sich diese einzigartige Unterkunft. Man übernachtet in alten Eisenbahnwagen und -abteilen. Hier kann man sich Surfbretter leihen und Surfunterricht nehmen. Berühmt sind die bei Surfern beliebten »Left-hand Break«-Wellen. **www.solscape.co.nz**

ROTORUA YHA Rotorua $

1278 Haupapa Street ☎ *(07) 349 4088,* FAX *(07) 349 4086* ***Zimmer*** *63* ***Straßenkarte*** *E3*

Das neue, zweckmäßig eingerichtete Backpacker Hostel liegt zwei Gehminuten von Läden, Cafés und Restaurants entfernt. Angeboten werden Gemeinschaftszimmer (auf Wunsch auch nur für Frauen), Einzel- und Doppelzimmer (teils mit Bad). Bettwäsche ist vorhanden. Gute Küche und viele Waschgelegenheiten. **www.yha.co.nz**

ROTORUA Sudima Hotel Lake Rotorua $$

1000 Ererua Street ☎ *(07) 348 1174, 0800 783 462* FAX *(07) 346 0238* ***Zimmer*** *248* ***Straßenkarte*** *E3*

Rotoruas größtes Hotel befindet sich am Seeufer nahe beim Polynesian Spa, den Government Gardens und dem Rotorua Museum. Das Haus bietet Maori-Tradition beim abendlichen *hangi*, ein preisgekröntes Ensemble singt und tanzt dazu. Für Gäste gibt es einen beheizten Pool und Spas. Viele Zimmer mit Seeblick. **www.sudimarotorua.co.nz**

ROTORUA Regal Palms Motor Lodge $$$

350 Fenton Street ☎ *(07) 350 3232, 0800 743 000* FAX *(07) 350 3233* ***Zimmer*** *45* ***Straßenkarte*** *E3*

Der Gewinner des New Zealand Tourism Award liegt am südlichen Ende der Fenton Street. Geothermische Sehenswürdigkeiten, Läden und Restaurants sind in Gehweite. Das Hotel bietet Warmwasser-Swimmingpool, Kinderspielplatz, Sporthalle, Tennisplatz, 9-Loch-Golfkurs und in den Zimmern Entspannungsbecken. **www.regalpalms.co.nz**

ROTORUA Nicara Lakeside Lodge $$$$$

30–32 Ranginui Street ☎ *(07) 357 2105* FAX *(07) 357 5385* ***Zimmer*** *3* ***Straßenkarte*** *E3*

Die modern ausgestattete Lodge befindet sich in ruhiger Umgebung am Ufer des Lake Rotorua – weit weg von den Schwefelquellen und nahe von vielen Attraktionen. Die Ausstattung ist perfekt, die Möblierung überaus geschmackvoll und geradezu luxuriös. **www.nicaralodge.co.nz**

ROTORUA Solitaire Lodge $$$$$

Lake Tarawera ☎ *(07) 362 8208, 0800 765 482* FAX *(07) 362 8445* ***Zimmer*** *9* ***Straßenkarte*** *E3*

Das vielfach preisgekrönte Resort besticht durch seine umwerfende Lage auf einer Landzunge im Lake Tarawera. Im Preis inbegriffen sind ein fünfgängiges Feinschmeckermenü, ein reichhaltiges Frühstück sowie der Verleih von Kajaks und Angelausrüstung. Gegen Aufpreis sind Segeltörns und Wasserski möglich. **www.solitairelodge.co.nz**

TAUPO Tiki Lodge $

104 Tuwharetoa Street ☎ *(07) 377 4545* FAX *(07) 377 4585* ***Zimmer*** *14* ***Straßenkarte*** *E3*

Von dieser eleganten Herberge sind Stadt und See zu Fuß bequem erreichbar. Verfügbar sind Etagenbetten, Doppel- und Familienzimmer, teils mit Bad. Bettwäsche wird gestellt. Es gibt außerdem eine Küche, einen Speiseraum, eine TV/DVD-Lounge, Motorrollerverleih, einen Pool, ein Münztelefon und ein Internet-Café. **www.tikilodge.co.nz**

TAUPO Cypress Villas Motel $$

37 Rifle Range Road ☎ *(07) 378 4322* FAX *(07) 378 4622* ***Zimmer*** *6* ***Straßenkarte*** *E3*

Das gehobene, moderne und zentral gelegene Motel liegt ruhig 200 Meter vom See und fünf Gehminuten von den Läden und Restaurants der Stadt entfernt. Das Haus ist sehr gut für Familien geeignet, da es u. a. zwei geräumige Häuschen mit jeweils zwei Schlafzimmern anbietet. **www.cypressvillas.co.nz**

TAUPO Wairakei Resort $$$

SH1(Thermal Explorer Highway), Wairakei ☎ *(07) 374 8021* FAX *(07) 374 8485* ***Zimmer*** *187* ***Straßenkarte*** *E3*

Top-Hotel im rund 70 Hektar großen Wairakei Thermal Park, zehn Kilometer nördlich von Taupo. Große Auswahl an Suiten und Zimmern, teilweise mit Küche und Gartenbenutzung. Spa, Sporthalle, Golfplatz, beheizte Swimmingpools, Tennisplätze, Restaurants und Bar vorhanden. **www.wairakei.co.nz**

TAUPO Huka Lodge $$$$$

271 Huka Falls Road ☎ *(07) 378 5791* FAX *(07) 378 0427* ***Zimmer*** *24* ***Straßenkarte*** *E3*

Die »Königin« unter den Luxus-Lodges steht am Ufer des Waikato River unweit der eindrucksvollen Huka Falls. Das Haus bietet Komfort, elegantes Ambiente und geräumige Suiten am Flussufer. Wer bei seiner Ankunft beeindrucken möchte – es gibt einen Hubschrauberlandeplatz. Frühstück und Abendessen inklusive. **www.hukalodge.co.nz**

TAUPO Point View Lodge $$$$$

20 Chesham Avenue, Botanical Heights ☎ *(07) 377 4611* FAX *(07) 377 4610* ***Zimmer*** *3* ***Straßenkarte*** *E3*

Von hier hat man eine tolle Aussicht auf den See und die Berge der Umgebung. Die Zimmer sind mit jedem erdenklichen Komfort eingerichtet, zudem gibt es einen Pool. Neben dem Gourmet-Frühstück gibt es auf Wunsch auch Abendessen. Nur fünf Minuten vom Stadtzentrum und vom Flughafen entfernt. **www.pointview.co.nz**

Straßenkarte *siehe hintere Umschlaginnenseiten*

TAURANGA Harbourside City Backpackers $

105 The Strand & FAX *(07) 579 4066* ***Zimmer*** *24* ***Straßenkarte*** *E2*

Beste Lage zu Backpacker-Preisen – Harbourside City liegt zentral im Hafenviertel zwischen Cafés und Bars. Ein freundlicher Ort mit eigener Bar und einem Sonnendeck mit Blick auf den Hafen. Es gibt 78 Betten in Schlafsälen (auch nur für Frauen), Einzel- und Doppelzimmern, zum Teil mit eigenem Bad. **www.backpacktauranga.co.nz**

TAURANGA Hotel on Devonport $$$

Devonport Towers, 72 Devonport Road *(07) 578 2668* FAX *(07) 578 2669* ***Zimmer*** *38* ***Straßenkarte*** *E2*

Das schicke neue Business-Hotel im Zentrum von Tauranga bietet trotz der gehobenen Ansprüche ein gutes Preis-Leistungs-Verhältnis. Die komfortablen Zimmer sind modern eingerichtet, in beruhigenden Farben gehalten und mit Schallschutzfenstern ausgestattet. Breitband-Internet-Anschluss in jedem Zimmer. **www.hotelondevonport.net.nz**

TE KUITI Waitomo Lodge Motel $$

62 Te Kumi Road *(07) 878 0003* FAX *(07) 878 8469* ***Zimmer*** *20* ***Straßenkarte*** *E3*

Die Apartments sind einfach möbliert, verfügen aber über große Betten, gut ausgestattete Bäder und TV. Frühstück nimmt man im Motel oder im nahe gelegenen, preisgekrönten Bosco Café zu sich. Waitomo Glowworm Caves, Otorohanga Kiwi House und Möglichkeiten zum Rafting sind nicht weit entfernt. **www.waitomo-lodge.co.nz**

THAMES Seaspray Motel $$

613 Thames Coast Road, Waiomu Bay *(07) 868 2863* FAX *(07) 868 2863* ***Zimmer*** *6* ***Straßenkarte*** *E2*

Das Seaspray liegt zehn Autominuten nördlich von Thames direkt am Meer. Vom Balkon eines der Familienzimmer lassen sich herrliche Sonnenuntergänge beobachten, bevor man z. B. zum Barbecue an den Strand geht. Hier kann man gut fischen, am Strand spazieren oder durchs Hinterland wandern. **www.seaspraymotel.co.nz**

THAMES Cotswold Cottage $$$

Maramarahi Road, Totara *(07) 868 6306* FAX *(07) 868 6202* ***Zimmer*** *3* ***Straßenkarte*** *E1*

Die wunderschön restaurierte Villa aus den 1920er Jahren liegt in der Nähe von Thames. Das Anwesen umfasst drei sonnige Suiten mit eigenem Eingang, wahlweise mit Meer- oder Landblick. Frühstück ist im Preis inbegriffen, Abendessen wird auf Anfrage zubereitet. **www.cotswoldcottage.co.nz**

TONGARIRO Bayview Chateau Tongariro $$$

SH48, Mount Ruapehu *(07) 892 3809, 0800 242 832* FAX *(07) 892 3704* ***Zimmer*** *115* ***Straßenkarte*** *E3*

Am Fuß des Mount Ruapehu liegt das Chateau Tongariro, eines von Neuseelands historischen Hotels (erbaut 1929). Es bietet u. a. Luxus-Suiten und Familienzimmer, dazu Spa-Anwendungen, ein beheiztes Hallenbad, Golfplatz, Tennis und Pétanque. Serviert werden kleine Gerichte oder Menüs mit mehreren Gängen. **www.chateau.co.nz**

TONGARIRO Skotel Alpine Resort $$$

Ngauruhoe Place, Whakapapa Village *(07) 892 3719* FAX *(07) 892 3777* ***Zimmer*** *48* ***Straßenkarte*** *E3*

Dies ist Neuseelands höchstgelegenes Hotel. Am Rand von Whakapapa Village kann man im Winter Ski fahren und im Sommer wandern. Es werden gemütliche Hotelzimmer, kleine Familienhütten und Schlafsäle für Rucksackurlauber angeboten. Holzeinrichtung, Restaurant, Bar und Entspannungsbecken. **www.skotel.co.nz**

TONGARIRO Powderhorn Chateau $$$$

Mangawhero Terrace, Ohakune *(06) 385 8888* FAX *(06) 385 8925* ***Zimmer*** *32* ***Straßenkarte*** *E3*

Im Hotel am Turoa-Skigebiet sorgt die Einrichtung aus Naturholz für eine behagliche Atmosphäre. Dies ist ein perfekter Ort für Touren in eine von Neuseelands beeindruckendsten Alpinregionen. Hier ist man nur Minuten entfernt von atemberaubenden Panoramen, Wäldern, Vulkanlandschaften, Seen und Gebirgsbächen. **www.powderhorn.co.nz**

WAITOMO Waitomo Caves Hotel $$

RD7 Otorohanga *(07) 878 8204* FAX *(07) 878 8205* ***Zimmer*** *25* ***Straßenkarte*** *E3*

Beim Bau dieses historischen Hotels im viktorianischen Stil im Jahr 1909 ließ man sich von osteuropäischen Chalets inspirieren. In den 1920er Jahren kamen Art-déco-Elemente hinzu. Breite Treppen, große offene Kamine und eine gute Auswahl an Zimmern, die von Schlafsälen bis zur Flitterwochen-Suite reicht. **www.waitomocaveshotel.co.nz**

WHAKATANE White Island Rendezvous $$$

15 The Strand East *(07) 308 9500, 0800 733 529* FAX *(07) 308 0303* ***Zimmer*** *27* ***Straßenkarte*** *F3*

Hier hat der Veranstalter White Island Tours seinen Sitz. Das freundliche Motel ist also ideal, wenn man an einer Tour zum aktiven Vulkan interessiert ist. Läden, Restaurants und Cafés sind in der Nähe. Das »Peejay's Coffee« serviert herzhaftes Frühstück und Mittagessen und den ganzen Tag Kaffee und Muffins. **www.whiteisland.co.nz**

WHAKATANE Motuhora Rise B&B $$$$

2 Motuhora Rise *(07) 307 0224* FAX *(07) 307 0541* ***Zimmer*** *2* ***Straßenkarte*** *F3*

Luxuriöses Bed-and-Breakfast in den Hügeln oberhalb von Whakatane, fünf Autominuten vom Stadtzentrum. Hier kann man den Blick auf die Rangitaiki Plains und auf White Island genießen oder ins Entertainment-Center gehen. Es gibt ein Entspannungsbecken und einen offenen Kamin. Nur Erwachsene. **www.motuhorarise.co.nz**

WHANGAMATA Whangamata Backpackers $

227 Beverley Terrace *(07) 865 8323* FAX *(07) 865 8323* ***Zimmer*** *16 Betten* ***Straßenkarte*** *E2*

Kleine, freundliche Herberge am Strand und in Stadtnähe. Zu den Freizeitangeboten gehören Waldwanderungen, Mountainbiken, Windsurfen und Kanufahren. Gäste dürfen Küche und Waschküche benutzen. Es gibt Schlafsäle, Einzel-, Doppel- und Dreibettzimmer. Bettwäsche wird gestellt. **www.whangamata-backpackers.co.nz**

Preiskategorien *siehe S. 298* **Zeichenerklärung** *siehe hintere Umschlagklappe*

WHANGAMATA Copsefield B&B $$$

1055 SH25 (07) 865 9555 FAX (07) 865 9510 **Zimmer** 4 — **Straßenkarte** E2

Die natürliche Umgebung am Flussufer lädt ein zu Wanderungen und zum Faulenzen am Strand. Mit geliehenen Kanus ist man in zehn Minuten am Opoutere Beach. Schwimmen kann man auch im Fluss. Zum Frühstück gibt es u. a. Brot und Joghurt (beides hausgemacht), Obst und Eier vom Hof. **www.copsefield.co.nz**

WHITIANGA Turtle Cove Accommodation $

14 Bryce Street (07) 867 1517 FAX (07) 867 1520 **Zimmer** 7 — **Straßenkarte** E2

Die preisgünstige Backpacker-Unterkunft ist drei Minuten von den örtlichen Einrichtungen entfernt. Zur Verfügung stehen Schlafsäle und Einzelzimmer, Gemeinschaftsküche, Terrasse, Sonnendeck und Barbecue-Grill. Ein besonderer Service des Hauses ist der Mountainbike-Verleih. **www.turtlecove.co.nz**

WHITIANGA Beachfront Resort $$$

113 Buffalo Beach Road (07) 866 5637 FAX (07) 866 4524 **Zimmer** 8 — **Straßenkarte** E2

Vom Hotel führt ein Weg durch Gärten mit Pohutukawa-Bäumen zu einem Sandstrand. Alle Zimmer haben Meerblick, Balkon oder Zugang zum Garten. Kajaks, Boogie-Boards, Schlauchboote und Angeln können kostenlos geliehen werden. Zum Haus gehören auch ein Barbecue-Grill und ein Entspannungsbecken. **www.beachfrontresort.co.nz**

WHITIANGA Ferry Landing Lodge $$$$

1169 Purangi Road, Cooks Beach (07) 866 0445 FAX (07) 866 0792 **Zimmer** 3 — **Straßenkarte** E2

Von Whitianga aus erreicht man diese Lodge mit der Fähre durch den Hafeneingang. Gäste können in unberührter Natur wandern, an den nahe gelegenen Stränden schwimmen oder sich den Zweisitzer-Kajak der Eigentümer leihen. Zum Frühstück auf dem Sonnendeck gibt es Eingemachtes nach Art des Hauses. **www.ferrylandinglodge.co.nz**

Wellington und Süden

KAPITI COAST The Fantails Accommodation $$

40 MacArthur Street, Levin & FAX (06) 368 9011 **Zimmer** 5 — **Straßenkarte** E4

Unberührte Natur umgibt dieses Bed-and-Breakfast, das auch zwei Hütten vermietet. Frühstück und Abendessen werden mit Bio-Produkten zubereitet, die meisten aus eigenem Anbau. Eine Oase in englischen Gärten mitten in der Stadt. Weitere Pluspunkte sind eine Sauna und ein Massagebecken. **www.fantails.co.nz**

KAPITI COAST Sand Castle Motel $$

20 Paetawa Rd (abseits der Peka Peka Rd), Waikanae (04) 293 6072 **Zimmer** 8 — **Straßenkarte** E4

Das Motel liegt mitten in den Dünen am Strand von Waikanae und sieht mit seinen Zylindern, Kegeln und Blöcken fast wie eine Sandburg aus. Die meisten Zimmer bieten Seeblick und besitzen eine kleine Terrasse. Im Freien steht ein beheiztes Entspannungsbecken. **www.sandcastlemotel.co.nz**

NEW PLYMOUTH Egmont Eco Lodge YHA $

12 Clawton Street (06) 753 5720 **Zimmer** 60 — **Straßenkarte** D3

Egmont Eco Lodge liegt in einem abgeschiedenen Tal in New Plymouth an einem plätschernden Bach inmitten einheimischer Bäume. Am Fluss entlang braucht man zu Fuß 15 Minuten in die Stadt. Ein kostenloser Shuttle-Bus fährt bis auf 1000 Meter Höhe auf den Mount Egmont. **www.mttaranaki.co.nz**

NEW PLYMOUTH One Burgess Hill $$

1 Burgess Hill Road & FAX (06) 757 2056 **Zimmer** 15 — **Straßenkarte** D3

Die luxuriöse, im Stil der Zeit eingerichtete Unterkunft in ruhiger Lage ist fünf Autominuten von New Plymouth entfernt. Sie bietet Apartments mit Küche und Spa, die auch über Internet-Zugang verfügen. Einige sind mit Kaminen ausgestattet. Zum Haus gehört auch ein Tagungsraum für bis zu 35 Personen. **www.oneburgesshill.co.nz**

NEW PLYMOUTH Timandra Motel $$

31B Timandra Street (06) 758 6006, 0800 846 263 **Zimmer** 7 — **Straßenkarte** D3

Die Lage nur wenige Gehminuten vom Zentrum von New Plymouth entfernt ist ein Pluspunkt. Die Ausstattung ist modern, der ruhige Garten dient der Entspannung. Alle Zimmer verfügen über eine Küche, Frühstück und Abendessen gibt es auf Anfrage. In der Nähe sind Pukekura Park und Bowl of Brooklands. **www.timandra.co.nz**

NEW PLYMOUTH Ahu Ahu Beach Villas $$$

321 Ahu Ahu Road, Oakura (06) 752 7370 **Zimmer** 6 — **Straßenkarte** D3

20 Autominuten von New Plymouth entfernt liegen diese beiden Landhäuschen direkt am Meer. Für den Bau verwendete man Hartholzpfähle, französische Fliesen, Gitterfenster und Holztüren, in die Fußböden wurden Muscheln, Steine und Fossilien eingelassen. Dies brachte schon etliche Architekturpreise ein. **www.ahu.co.nz**

NEW PLYMOUTH B-K's Egmont Motor Lodge $$$

115 Coronation Avenue (06) 758 5216, 0800 115 033 **Zimmer** 18 — **Straßenkarte** D3

In dieser Motor Lodge haben alle Unterkünfte eine eigene Küche, viele verfügen über ein Spa. Gegenüber liegen die Rennbahn und Pukekura Park. Das Gebiet um den Mount Egmont bietet kilometerlange Wanderwege. Auf Wunsch gibt es kontinentales Frühstück. **www.egmontmotorlodge.co.nz**

Straßenkarte *siehe hintere Umschlaginnenseiten*

NEW PLYMOUTH Copthorne Hotel Grand Central $$$

42 Powderham Street (06) 758 7495 FAX (06) 758 7496 **Zimmer** 60 **Straßenkarte** D3

Elegantes Business-Hotel im Zentrum von New Plymouth. In Gehweite befinden sich das Puke Ariki Museum, die Govett-Brewster Gallery und der Pukekura Park, einmal im Jahr Schauplatz des Festival of Lights. Schwimmhalle, Golfplätze und Heilbäder in der Nähe. **www.millenniumhotels.com**

PALMERSTON NORTH Supreme Motor Lodge $$

665 Pioneer Highway (06) 356 5265, 0800 112 211 FAX (06) 356 5267 **Zimmer** 25 **Straßenkarte** E4

Eines der größten Motels Neuseelands befindet sich einen Kilometer vom Stadtzentrum entfernt. Es gibt Zimmer für bis zu zehn Personen, alle mit Bad und Küche. Großes beheiztes Hallenbad und Spa-Einrichtungen. Es stehen fünf Restaurants zur Auswahl, die auch aufs Zimmer liefern. **www.supremeaccom.co.nz**

PALMERSTON NORTH Hotel Coachman $$$

140 Fitzherbert Avenue (06) 356 5065, 0800 800 678 FAX (06) 356 6692 **Zimmer** 73 **Straßenkarte** E4

Im nobelsten Hotel von Palmerston North übernachten überwiegend Geschäftsleute, dennoch ist es überraschenderweise sehr gemütlich. Liegt zentral zu The Square, Te Manawa und Rugby Museum, zur Massey University sind es ein paar Minuten mit dem Auto. Die Hotel-Cafébar La Patio ist auch bei Einheimischen beliebt. **www.coachman.co.nz**

PALMERSTON NORTH Plum Trees Lodge $$$

97 Russell Street (06) 358 7813 **Zimmer** 1 **Straßenkarte** E4

Diese Oase liegt mitten in Palmerston North, umgeben von einem prächtigen Garten und vielen Bäumen. Hier können zwei Gäste luxuriös bewirtet werden, z. B. mit einem Frühstückskorb, den man sich auf dem Sonnendeck oder im gemütlichen Inneren schmecken lassen kann. **www.plumtreeslodge.co.nz**

TARANAKI Headlands $$$

4 Havelock Street, Opunake (06) 761 8358 FAX (06) 761 8359 **Zimmer** 9 **Straßenkarte** D3

Oberhalb vom Opunake Beach, etwa 45 Autominuten von New Plymouth entfernt, liegt Headlands. Es umfasst fünf Luxus-Suiten und vier Villen. Alle sind mit großen Betten, TV, Minibar und Mikrowelle ausgestattet. Das Hotel gehört zu den wenigen Orten, an denen man Sonnenauf- und -untergang genießen kann. **www.headlands.co.nz**

WAIRARAPA The Old Manse $$$

19 Grey Street, Martinborough (06) 306 8599, 0800 399 229 **Zimmer** 6 **Straßenkarte** E5

Die sorgfältig renovierte Unterkunft beherbergt sechs Zimmer mit Bädern und TV. Das Haus wird von einem englischen Garten umrahmt, in der Umgebung ragen Weinberge auf. Zu den Annehmlichkeiten zählen u. a. Pool, Billardzimmer und Sportmöglichkeiten. **www.oldmanse.co.nz**

WAIRARAPA The White Swan $$$

109 Main Street, Greytown (06) 304 8894 FAX (06) 304 8824 **Zimmer** 13 **Straßenkarte** E4

Das alte Regierungsgebäude wurde einst von Wellington über den Rimutaka Hill hierher transportiert (dabei fiel ein Teil vom Lastwagen). Nun ist es ein elegantes Country-Hotel mit individuell gestalteten Zimmern. Bar und Restaurant sind erstklassig, ebenso der Service. **www.thewhiteswan.co.nz**

WAIRARAPA Peppers Martinborough Hotel $$$$$

The Square, Martinborough (06) 306 9350 FAX (06) 306 9345 **Zimmer** 16 **Straßenkarte** E5

Das Hotel von 1882 wurde liebevoll renoviert. Es besitzt eine eigene Bibliothek, eine Whisky-Bar und ein Bistro. Neun Zimmer bieten eine Terrasse mit Blick auf The Square, sieben Zimmer – geziert mit Werken des aus Martinborough stammenden Künstlers Scott Tulloch – den Blick auf den Garten. **www.peppers.co.nz**

WAIRARAPA Wharekauhau Country Estate $$$$$

Western Lake Road, Palliser Bay, Featherston (06) 307 7581 FAX (06) 307 7799 **Zimmer** 12 **Straßenkarte** E5

Exklusive Luxus-Lodge auf einer 20 Quadratkilometer großen Schaffarm oberhalb der Palliser Bay. Gäste können mit Quad-Bikes übers Land kurven. Es gibt ein Hallenbad, einen Fitnessraum, einen Tennisplatz und ein Entspannungsbecken. Frühstück und Abendessen sind inklusive, Mittagessen geht extra. **www.wharekauhau.co.nz**

WANGANUI Tamara Lodge $

24 Somme Parade 06 347 6300 FAX (06) 345 8488 **Zimmer** 16 **Straßenkarte** E4

Freundliche, zentral gelegene Backpacker-Lodge in einer edwardianischen Villa mit Blick auf Whanganui River und Mount Ruapehu. Großer Garten, Billardtisch, Fahrräder, Barbecue-Grill, Klavier und Gitarre sind vorhanden. Große Küche, Speisesaal und TV-Lounge sind ebenfalls geräumig. **www.tamaralodge.com**

WANGANUI Anndion Lodge Accommodation $$

143 Anzac Parade 0800 343 056 FAX (06) 343 3056 **Zimmer** 12 **Straßenkarte** E4

Ann und Dion, die Besitzer dieser Fünf-Sterne-Unterkunft am Ufer des Whanganui River, freuen sich über Motorradfahrer. Bis zum Stadtzentrum und dem Beginn der Panoramastraße sind es nur ein paar Minuten Fahrt. Fragen Sie nach dem Super-King-Room oder entspannen Sie im dampfenden Pool. **www.anndionlodge.co.nz**

WANGANUI Kinsgate Hotel The Avenue Wanganui $$

379 Victoria Avenue (06) 349 0044 FAX (06) 345 3250 **Zimmer** 63 **Straßenkarte** E4

Das Business-Hotel liegt an der Hauptstraße nach Wanganui, zehn Gehminuten zu Läden, Cafés und Restaurants sowie zu den Kunst- und Kulturattraktionen der Stadt. Es besitzt einen Freiluft-Swimmingpool und eine Cafébar mit lockerer Atmosphäre. Ausgezeichnetes neuseeländisches Restaurant im Haus. **www.theavenuewanganui.com**

Preiskategorien *siehe S. 298* **Zeichenerklärung** *siehe hintere Umschlagklappe*

WANGANUI Aotea Motor Lodge $$$

390 Victoria Avenue (06) 345 0303 FAX (06) 345 1088 **Zimmer** 28 **Straßenkarte** E4

Das an der Hauptstraße gelegene Motel bietet in jedem Zimmer einen Spa-Bereich, Breitband-Internet, TV, Mikrowelle und Telefon (Ortsgespräche gratis). Die Möblierung in Holz und Leder schafft ein besonderes Flair. Auch wegen der zentralen Lage wird das Haus von Geschäftsreisenden geschätzt. **www.aoteamotorlodge.co.nz**

WANGANUI Arlesford House $$$

202 SH3 (027) 288 9352 **Zimmer** 4 **Straßenkarte** E4

Das Bed-and-Breakfast residiert in einem Country House in einem parkähnlichen Garten sieben Kilometer nördlich von Wanganui. Arlesford House entwarf der einheimische Architekt Bob Talboys, für den Bau verwendete Joseph Gopperth im Jahr 1934 überwiegend Rimu-Holz. Viele Antiquitäten und Perserteppiche. **www.arlesfordhouse.co.nz**

WANGANUI Rutland Arms Inn $$$

Ecke Victoria Ave & Ridgway Street (06) 347 7677, 0800 788 5263 FAX (06) 347 7345 **Zimmer** 8 **Straßenkarte** E4

Das kleine Bed-and-Breakfast in Wanganui, ein »kleines Fleckchen England« in der Nähe des Stadtzentrums, bietet exzellente Einrichtungen und eine freundliche, gastliche Atmosphäre mit modernen Annehmlichkeiten. Die Suiten (eine heißt »Goethe«) sind individuell eingerichtet. Große Bier- und Whiskyauswahl. **www.rutland-arms.co.nz**

WELLINGTON Cambridge Hotel and Backpackers $

28 Cambridge Terrace (04) 385 8829, 0800 375 021 FAX (04) 385 2503 **Zimmer** 65 **Straßenkarte** D5

Preisgünstiges Hotel in einem alten, aber überaus charmanten Gebäude. Te Papa Museum, Hafenviertel, die Bars am Courtenay Place, die Cafés und Restaurants im Gewerbeviertel und das Cuba Quarter – alles ist nur fünf Gehminuten entfernt. Familien- oder Gruppenzimmer mit Etagenbetten. **www.cambridgehotel.co.nz**

WELLINGTON Halswell Lodge $$

21 Kent Terrace, Courtenay Place (04) 385 0196 FAX (04) 385 0503 **Zimmer** 36 **Straßenkarte** D5

Alteingesessenes Hotel/Motel in der Nähe von Te Papa, Oriental Bay und den Cafés, Restaurants und Läden der Innenstadt. Die Lodge selbst ist eine mit Liebe zum Detail renovierte Villa in einer ruhigen Nebenstraße. Die Preise sind etwas höher, dafür gibt es Rabatt bei längeren Aufenthalten. Mit Parkplatz. **www.halswell.co.nz**

WELLINGTON Hotel Willis $$

318 Willis Street (04) 384 5955, 0800 249 467 FAX (04) 384 5952 **Zimmer** 25 **Straßenkarte** D5

Kleines Hotel in der Innenstadt bei den Boutiquen und Cafés des Cuba Quarter und in der Nähe von Te Papa Museum, Hafenviertel und den vielen Sehenswürdigkeiten Wellingtons. Saubere, komfortable Zimmer. Restaurant und Bar servieren Snacks und Getränke. **www.hotelwillis.co.nz**

WELLINGTON Kingsgate Hotel Portland Wellington $$

24 Hawkestone Street (04) 473 2208 FAX (04) 473 3892 **Zimmer** 113 **Straßenkarte** D5

In der Nähe von Bahnhof, Bushaltestellen, Fähranlegestellen und der Autobahnauffahrt bietet das Portland mit seinen komfortablen, gut ausgestatteten Zimmern ein gutes Preis-Leistungs-Verhältnis. Freundliche Atmosphäre und persönlicher Service, Fitnessraum und Sonderangebote am Wochenende. **www.kingsgatewellington.co.nz**

WELLINGTON CityLife Wellington $$$

300 Lambton Quay, The Terrace (04) 922 2800, 0800 368 888 FAX (04) 922 2803 **Zimmer** 70 **Straßenkarte** D5

Modernes Hotel im Gewerbegebiet. Läden, Restaurants und der Beehive sind um die Ecke, andere Attraktionen zu Fuß leicht erreichbar. Geschmackvolle Einrichtung. Die Zimmer sind verhältnismäßig teuer, es besteht jedoch die Möglichkeit zu handeln. **www.heritagehotels.co.nz**

WELLINGTON CQ Comfort Hotel Wellington $$$

213 Cuba Street (04) 385 2153 FAX (04) 382 8873 **Zimmer** 114 **Straßenkarte** D5

Moderne Zimmer in einem renovierten, erdbebensicheren Gebäude aus dem Jahr 1908 (das frühere Hotel People's Palace der Heilsarmee). Im Herzen des Cuba Quarter, umgeben von Cafés, Restaurants und Boutiquen. Das Nachtleben des Courtenay Place, Te Papa Museum und Hafenviertel sind nicht weit weg. **www.cqwellington.co.nz**

WELLINGTON Holiday Inn Wellington $$$

75 Featherston Street (04) 499 8686, 0800 154 181 FAX (04) 499 8687 **Zimmer** 280 **Straßenkarte** D5

Das moderne, gut geführte Hotel bietet alle Annehmlichkeiten, die man sich von dieser Kette erwarten darf. Die Zimmer sind hell und sauber, der Service ist perfekt. Es liegt nahe Lambton Quay, Westpac Stadium, Victoria University und dem Bahnhof. Toller Blick auf Hafen und Stadtzentrum. **www.holidayinnwellington.co.nz**

WELLINGTON The Lighthouse and The Keep Bed and Breakfast $$$

326 & 116 The Esplanade, Island Bay (04) 472 4177 **Zimmer** 2 **Straßenkarte** D5

Eine kurze Autofahrt vom Stadtzentrum führt in diesen Küstenvorort mit vielen italienischstämmigen Einwohnern und jungen Familien. Gäste wohnen hier in einem Leuchtturm oder in einem ungewöhnlichen Steinturm. Strand, Café und Pizzeria sind in unmittelbarer Nähe. **www.thelighthouse.net.nz**

WELLINGTON Museum Hotel $$$

90 Cable Street (04) 802 8900, 0800 994 335 FAX (04) 802 8909 **Zimmer** 165 **Straßenkarte** D5

Das Hotel gegenüber von Te Papa und Hafenviertel erhielt seinen Namen, weil das fünfstöckige, 3500 Tonnen schwere Gebäude einst auf Schienen um 120 Meter verschoben wurde, um Platz für das neue Museum zu schaffen. Es ist zwar ein Betonbunker, doch die Zimmer sind komfortabel und die Aussicht ist gut. **www.museumhotel.co.nz**

Straßenkarte *siehe hintere Umschlaginnenseiten*

WELLINGTON James Cook Hotel Grand Chancellor $$$$

147 The Terrace (04) 499 9500, 0800 275 337 FAX (04) 499 9800 **Zimmer** 260 — **Straßenkarte** D5

Das James Cook Hotel im Gewerbe- und Ladenviertel ist unter Einheimischen bekannt für seinen Aufzug, der The Terrace und Lambton Quay verbindet. Für den Umbau und die Gastfreundlichkeit wurde das Haus mehrfach ausgezeichnet. Guter Ruf als modernes, internationales Mittelklassehotel. **www.ghihotels.com**

WELLINGTON The Terrace Villas $$$$

202 The Terrace, (04) 920 2020 FAX (04) 920 2030 **Zimmer** 35 — **Straßenkarte** D5

Die Apartments befinden sich in der Nähe der Stadt und der Victoria University in mehreren restaurierten Villen (19. Jh.) entlang The Terrace. Die Villen wurden geschmackvoll im Stile des beginnenden 20. Jahrhunderts renoviert. Gut für längere Aufenthalte, da die Preise für eine Woche günstiger sind. **www.terracevillas.co.nz**

WELLINGTON Hotel Intercontinental $$$$$

2 Grey Street (04) 472 2722 FAX (04) 472 4724 **Zimmer** 234 — **Straßenkarte** D5

Das Haus im Geschäftsviertel bietet seinen Gästen alle Annehmlichkeiten eines großen internationalen Hotels. Es besitzt mehrere gute Restaurants und Bars und bietet Zimmerservice, alle erdenklichen Business-Einrichtungen, Swimmingpool und Fitness-Center. Komfortable Zimmer und Top-Service. **www.intercontinental.com**

WELLINGTON Villa Melina $$$$$

89 Ludlam Street, Seatoun (04) 972 1205, 0800 635 462 FAX (04) 973 1205 **Zimmer** 3 — **Straßenkarte** D5

Das Boutique-Hotel liegt oberhalb von einem Strand, nur wenige Kilometer vom Stadtzentrum entfernt. Zur Ausstattung der Zimmer gehören auch hochwertige Bettwäsche und Toilettenartikel. In der Lounge gibt es ein Sortiment an DVDs, ein Heimkino und eine Feuerstelle. Beheizter Pool und Sauna sind vorhanden. **www.villamelina.co.nz**

Marlborough und Nelson

ABEL TASMAN NATIONAL PARK Abel Tasman Ocean View Chalets $$

305 Sandy Bay, Abel Tasman National Park (03) 527 8232 FAX (03) 527 8232 **Zimmer** 9 — **Straßenkarte** D4

Das Anwesen in der Nähe von Marahau, dem Ort am südlichen Zugang zum Abel Tasman National Park, bietet Apartments sowie Chalets für bis zu zwei Personen. Von allen Unterkünften hat man schönen Ausblick. Wanderwege und Sportmöglichkeiten sind in der Nähe, ebenso Cafés und Restaurants. **www.accommodationabeltasman.co.nz**

ABEL TASMAN NATIONAL PARK Abel Tasman Marahau Lodge $$$

Marahau Beach, Abel Tasman National Park (03) 527 8250 FAX (03) 527 8258 **Zimmer** 12 — **Straßenkarte** D4

Bis zum Eingang des Abel Tasman National Park benötigt man zu Fuß fünf Minuten. Die Unterkünfte befinden sich in einem natürlichen Garten, es werden Studios und separate Chalets mit Terrasse vermietet. Kajaktouren, Wassertaxis zum Strand und Küstenwanderungen können arrangiert werden. **www.abeltasmanmarahaulodge.co.nz**

ABEL TASMAN NATIONAL PARK Awaroa Lodge $$$$$

Awaroa Bay, Abel Tasman National Park (03) 528 8758 FAX (03) 528 6561 **Zimmer** 26 — **Straßenkarte** D4

Die umweltfreundliche Luxus-Lodge im Abel Tasman National Park mit kreativer Bio-Küche liegt etwas abgelegen in einem Feuchtgebiet. Großartige Architektur, dazu Café, Bar, Lounge, Terrassen, eine Galerie und eine Bibliothek. Per Hubschrauber, Kajak, Wassertaxi oder zu Fuß erreichbar. Mai bis August geschlossen. **www.awaroalodge.co.nz**

BLENHEIM Olde Mill House B&B $$

9 Wilson St, Renwick (03) 572 8458, 0800 653 262 FAX (03) 572 8458 **Zimmer** 3 — **Straßenkarte** D5

Die restaurierte Villa aus den 1920er Jahren steht an der Stelle der früheren Renwick Saw Mill mitten im Weinanbaugebiet Marlborough. Blenheim ist 15 Autominuten entfernt, zwei Straßen weiter beginnt Renwick Village, in dessen Läden man das Nötigste bekommt. Alle Zimmer mit Bad. **www.oldemillhouse.co.nz**

BLENHEIM Capthorne Hotel Marlborough $$$

20 Nelson Street (03) 577 7333 FAX (03) 577 7337 **Zimmer** 29 — **Straßenkarte** D5

Das charmante Hotel bietet neben bequemen Ledersofas und Rattanstühlen aus Teilen der Wasserhyazinthen komfortable Suiten mit großen Badewannen, gemütliche Doppelzimmer und Familienapartments mit Kinderbetten im Obergeschoss. **www.marlboroughhotel.co.nz**

BLENHEIM Château Marlborough $$$

95–115 High Street (03) 578 0064, 0800 752 275 FAX (03) 578 2661 **Zimmer** 45 — **Straßenkarte** D5

Modernes, komfortables Motel mit Blick auf Blumengärten, Uhr und Brunnen des Seymour Square. Das französisch anmutende Château verströmt europäische Pracht und Eleganz. Zum Motel gehören ein Swimmingpool mit Poolbar, eine weitere Bar und ein Frühstücksraum. **www.marlboroughnz.co.nz**

BLENHEIM Arwen Lodge $$$$

62 Morven Lane, Fairhall (03) 579 2235 **Zimmer** 3 und ein Apartment — **Straßenkarte** D5

Auf einem Hügel oberhalb von Weinfeldern, ein paar Autominuten von Blenheim, in der Nähe von Weingütern, Restaurants und einem Golfplatz gelegen. Guter Ausgangspunkt für einen Ausflug in die Sounds. Zwei gut ausgestattete Häuschen, zur Begrüßung gibt es eine Flasche Wein und einen Frühstückskorb. **www.arwenlodge.co.nz**

BLENHEIM Hotel D'Urville $$$$$
52 Queen Street (03) 577 9945 FAX (03) 577 9946 **Zimmer** 11 **Straßenkarte** D5

Kleines Hotel im historischen Public Trust Building mit neoklassizistischer Art-déco-Fassade. Jedes Zimmer hat ein eigenes Thema. Freundlicher Service und ein ausgezeichnetes Restaurant mit erstklassiger Neuseeland-Küche. In der unkonventionellen Bar gibt es auch Snacks. **www.durville.com**

GOLDEN BAY Pohara Beachfront Motel $$
Abel Tasman Drive, Pohara, Takaka (03) 525 9660, 0800 862 322 FAX (03) 525 9660 **Zimmer** 14 **Straßenkarte** D4

Pohara ist eine Siedlung am Meer entlang der Straße von Takaka zum Abel Tasman National Park. Das Motel liegt direkt am Strand und ist ein guter Ausgangspunkt für Badeausflüge oder Touren zu weiteren schönen Stränden oder den Parks und Naturschutzgebieten der Golden Bay. **www.poharamotel.co.nz**

GOLDEN BAY Twin Waters Lodge $$$$
Totara Avenue, Collingwood (03) 524 8014 **Zimmer** 4 **Straßenkarte** D4

Die wunderschön gestaltete Lodge liegt zehn Kilometer nördlich von Collingwood zwischen einer Flussmündung und einem Strand. Sie bietet Zimmer mit Terrasse und Blick aufs Wasser sowie eine Gäste-Lounge. Frühstück inklusive, Abendessen nach Vereinbarung. Keine Kinder oder Haustiere.**www.twinwaters.co.nz**

GOLDEN BAY Westhaven Retreat $$$$
336 Te Hapu Road, Collingwood & FAX (03) 524 8354 **Zimmer** 8 **Straßenkarte** D4

Das luxuriöse Anwesen befindet sich auf einer Halbinsel und verfügt über sieben Zimmer und ein Cottage. Die Gäste können in Pool, Sauna und Spa entspannen oder durch Wälder und an der Küste wandern und dabei die Aussicht auf den Kahurangi National Park und die Tasmansee genießen. **www.westhavenretreat.com**

KAIKOURA Admiral Creighton B&B $$
191 Beach Road (03) 319 7111, 0800 742 622 **Zimmer** 5 **Straßenkarte** D5

Allein schon die Lage in ruhiger Umgebung mit Blick auf die Berge überzeugt. Das geräumige B&B bietet fünf komfortabel eingerichtete Zimmer. Restaurants und Läden liegen in unmittelbarer Nähe. Idealer Ausgangspunkt für Walbeobachtungstouren. Frühstück inbegriffen. Keine Kinder unter acht Jahren. **www.admiral-creighton.com**

KAIKOURA Anchor Inn Motel $$$
208 The Esplanade (03) 319 5429, 0800 720 033 FAX (03) 319 5427 **Zimmer** 15 **Straßenkarte** D5

Das preisgekrönte Motel am Hafenviertel von Kaikoura wird zu Recht wegen seiner Fünf-Sterne-Einrichtungen gelobt. Die meisten der komfortablen, gut ausgestatteten Zimmer bieten umwerfende Ausblicke aufs Meer oder die Berge. **www.anchorinn.co.nz**

KAIKOURA Fyffe Country Lodge $$$$$
SH1 (03) 319 6869 FAX (03) 319 6865 **Zimmer** 6 **Straßenkarte** D5

Umgeben von englischen Gärten bietet die 250 Meter vom Strand entfernt gelegene Luxus-Lodge das Panorama des Mount Fyffe und des Gebirgszuges Seaward Kaikoura Range. Der Bau aus Holz und Lehm beherbergt auch ein ausgezeichnetes Restaurant. Guter Ort zum Fischen. Keine Kinder unter zwölf Jahren. **www.fyffecountrylodge.co.nz**

KAIKOURA Hapuku Lodge $$$$$
SH1 an der Station Road (03) 319 6559, 0800 524 568 FAX (03) 319 6557 **Zimmer** 10 **Straßenkarte** D5

Die Architektenfamilie des Besitzers entwarf diese Lodge in beneidenswerter Lage zwölf Kilometer nördlich von Kaikoura. Das ausgezeichnete Restaurant serviert ländliche Küche. Vier luxuriöse Baumhäuser in einem Manuka-Hain sind mit handgefertigten Möbeln und Waschbecken aus Granit oder Marmor ausgestattet. **www.hapukulodge.com**

MARLBOROUGH SOUNDS Lochmara Lodge $$
Lochmara Bay, Queen Charlotte Sound (03) 573 4554 **Zimmer** 14 **Straßenkarte** D4

Die preisgekrönte Lochmara Lodge bietet Chalets und Zimmer sowie ein Kunstzentrum und eine Wildtierstation. Das Anwesen ist nur mit dem Wassertaxi von Picton aus erreichbar und eignet sich als Ausgangspunkt für Wanderungen auf dem Queen Charlotte Track. Außerdem Kajak und Schnorcheln sowie Massagen. **www.lochmaralodge.co.nz**

MARLBOROUGH SOUNDS French Pass Sea Safaris and Beachfront Villas $$$
RD3, French Pass (03) 576 5204 **Zimmer** 3 **Straßenkarte** D4

Die Gäste dieser Villas am Meer in French Pass können bei den Sea Safaris erfahren, was »Mauri« bedeutet – bei den Maori die Einheit zwischen Mensch und Natur. Bei Bootsausflügen sieht man u. a. Pinguine, Robben und Delfine. Auch Entdeckertouren an Land werden angeboten. Frühstück inbegriffen. **www.seasafaris.co.nz**

MARLBOROUGH SOUNDS Te Mahia Bay Resort $$$
Kenepuru, Kenepuru Sound (03) 573 4089 FAX (03) 573 4089 **Zimmer** 13 **Straßenkarte** D4

Die »Wochenendhäuschen« stehen am Rand des Kenepuru Sound in einer abgeschiedenen Bucht inmitten einheimischer Pflanzen und Bäume. Freundlicher, aufmerksamer Service der Besitzer, die sich auch liebevoll um den Garten kümmern. Zwei geräumige Apartments kamen kürzlich hinzu. **www.temahia.co.nz**

MARLBOROUGH SOUNDS Raetihi Lodge $$$$
Double Bay, Kenepuru Sound (03) 573 4300 FAX (03) 573 4323 **Zimmer** 14 **Straßenkarte** D4

Die in den 1930er Jahren eröffnete Lodge liegt an einer Bucht und kann nur mit Wassertaxi oder Boot erreicht werden. Den Gast erwartet eine entspannte Atmosphäre mit Blick aufs Meer und auf die Berge im Hinterland. Fitness-Center und Wellnessbereich bieten viele Möglichkeiten. Attraktives Ausflugsprogramm. **www.raetihilodge.co.nz**

Straßenkarte *siehe hintere Umschlaginnenseiten*

MARLBOROUGH SOUNDS Bay of Many Coves Resort $$$$$

Queen Charlotte Sound, Picton (03) 579 9771, 0800 579 9771 FAX (03) 579 9777 **Zimmer** 11 **Straßenkarte** D4

Umwerfende Lage an der Bay of Many Coves. Angel-, Wander-, Segel- und Kajakausflüge können arrangiert werden. Gäste können sich auch im Pool und im Spa entspannen. Die eleganten Apartments und Studios am Ufer sind in Sand-, Holz- und Steintönen gehalten. Erreichbar per Wassertaxi oder Boot. **www.bayofmanycovesresort.co.nz**

MOTUEKA The Resurgence $$$$$

Riwaka Valley Road, Riwaka (03) 528 4664 **Zimmer** 10 **Straßenkarte** D4

Die luxuriöse Lodge in der Nähe des Nationalparks Abel Tasman ist umgeben von 20 Hektar Wildnis. Gäste können sich hier ihren Aufenthalt als Selbstversorger gestalten, Frühstück und Abendessen gibt es auf Anfrage. Ausflüge in die Umgebung (u. a. Golden Bay, Kahurangi oder Nelson) sind möglich. **www.resurgence.co.nz**

NELSON Paradiso Backpacker Hostel $

42 Weka Street (03) 546 6703 FAX (03) 546 7533 **Zimmer** 20 **Straßenkarte** D4

Das Haus ist nur zehn Gehminuten vom Zentrum entfernt und bietet 120 Betten in Zimmern, Schlafsälen und Apartments mit Küchenzeile und Wohnzimmer. Auch ein Zeltplatz gehört zum Anwesen. Zur Entspannung stehen Pool und Spa zur Verfügung. Frühstück und Suppe (abends) sind im Preis inbegriffen. **www.backpackernelson.co.nz**

NELSON The Honest Lawyer Hotel $$$

1 Point Road, Monaco (03) 547 8850, 0800 921 192 FAX (03) 547 8868 **Zimmer** 13 **Straßenkarte** D4

Die Steinarchitektur und die Lage an der Waimea-Bucht, zehn Autominuten von Nelson entfernt, machen das Hotel zu etwas Besonderem. Die Zimmer sind in englischem Landhausstil eingerichtet. Das Restaurant serviert Country-Pub-Küche mit einer pazifischen Note. **www.honestlawyer.co.nz**

NELSON Rutherford Hotel Nelson $$$

Trafalgar Square (03) 548 2299, 0800 368 8888 FAX (03) 546 3003 **Zimmer** 113 **Straßenkarte** D4

Nelsons führendes Innenstadt-Hotel beherbergte bereits Mitglieder des Königshauses, Regierungschefs sowie Film- und Sportstars, doch auch Geschäftsleute und Urlauber. Wie viele Präsidenten in der Präsidentensuite nächtigten, ist allerdings nicht bekannt. Frühstücksbüfett, Sushi, Lunch und Drinks an der Bar. **www.rutherfordhotel.co.nz**

NELSON South Street Cottages $$$$

1, 2B, 3, 12 South Street, Nelson (03) 540 2769 FAX (03) 540 2769 **Zimmer** 4 **Straßenkarte** D4

Hier finden Sie ein Luxusapartment und historische Hütten (1860er Jahre) für Selbstversorger in Neuseelands ältester erhaltener Straße. In jeder Hütte gibt es einen offenen Kamin, eine Küche und eine Waschmaschine. Angeschlossener Hof mit Garten. Nahe am Stadtzentrum. **www.cottageaccommodation.co.nz**

NELSON Te Puna Wai Lodge $$$$

24 Richardson St, Port Hills (03) 548 7621 FAX (03) 548 7645 **Zimmer** 3 **Straßenkarte** D4

Dies ist eine Bed-and-Breakfast-Unterkunft in einer Kolonialvilla in den Port Hills von Nelson. Aus den Zimmern mit Holzböden, antiken Möbeln, offenem Kamin, Terrasse oder Veranda hat man einen großartigen Ausblick aufs Meer. Die Badezimmer sind mit Marmorfliesen und Fußbodenheizung ausgestattet. **www.tepunawai.co.nz**

PICTON Americano Motor Inn $$

32 High Street, Picton (03) 573 6398, 0800 104 104 FAX (03) 573 7892 **Zimmer** 26 **Straßenkarte** D4

Das Americano ist zu Fuß von der Fähranlegestelle und vom Bahnhof aus leicht zu erreichen und in unmittelbarer Nähe von Cafés und Läden. Die 26 Zimmer befinden sich im Erdgeschoss und im 1. Stock. Die oberen Zimmer bieten den Blick auf den Hafen. Internet-Zugang vorhanden. **www.americano.co.nz**

ST ARNAUD Alpine Lodge $$

Main Road (03) 521 1869, 0800 367 777 FAX (03) 521 1855 **Zimmer** 32 **Straßenkarte** D4

Die Alpine Lodge am Rande des Buchenwalds im Nelson Lakes National Park bietet komfortable, mit Holz eingerichtete Zimmer. Es werden Familienzimmer unterm Dach und günstige Hütten vermietet. In der Nähe sind ein Skigebiet, Seen und Wälder, es warten u. a. Flussabenteuer, Goldwaschen und Höhlenexpeditionen. **www.alpinelodge.co.nz**

Canterbury und Westküste

AKAROA Akaroa Village Inn $$

81 Beach Road (03) 304 7421, 0800 695 2000 FAX (03) 304 7423 **Zimmer** 40 **Straßenkarte** C6

Die Unterkünfte liegen am Hafen unmittelbar beim Hauptanleger. Vermietet werden luxuriöse Apartments für Selbstversorger, kleine Hütten, Schlafgelegenheiten im alten Schiffsbüro und komfortable Suiten mit großen Badewannen. Schöne Aussicht auf den Hafen. Swimmingpool im Freien. **www.akaroavillageinn.co.nz**

ARTHUR'S PASS Arthur's Chalets $$

SH73, Arthur's Pass (03) 318 9236 FAX (03) 318 9276 **Zimmer** 11 **Straßenkarte** C5

Die rustikale Alpin-Lodge liegt am Arthur's Pass mitten in den Southern Alps. Die Entfernungen zum Skigebiet sowie zu Wander- und Klettergebieten im Arthur's Pass National Park sind nicht sehr groß. Das Restaurant und die Bar sind sehr gemütlich. **www.arthurspass.co.nz**

ARTHUR'S PASS Wilderness Lodge Arthur's Pass $$$$$

SH73 (16 km östlich vom Ort Arthur's Pass) (03) 318 9246 FAX (03) 318 9245 **Zimmer** 24 **Straßenkarte** C5

Luxus-Lodge auf einer 25 Quadratkilometer großen Merino-Schaffarm im Herzen der Southern Alps. Eleganz, Komfort, großartige Panoramen und ein Gourmet-Restaurant. Täglich können Bergseen, Gebirgspflanzen, Gletscher, Buchenwälder und Vögel bei Wandertouren oder Kanuausflügen erforscht werden. **www.wildernesslodge.co.nz**

ASHBURTON Hotel Ashburton $$

Racecourse Road (03) 308 3059, 0800 330 880 FAX (03) 307 1303 **Zimmer** 54 **Straßenkarte** C6

Gelegen in aufwendig gestalteten Anlagen gegenüber einer Rennbahn bieten die Hotelzimmer den Blick auf den Garten. Zu den Einrichtungen gehören Sauna, Entspannungsbecken, beheiztes Hallenbad, Tennishalle und ein Fahrradverleih. Außerdem gibt es ein Restaurant, eine Bar und ein Casino. **www.hotelash.co.nz**

CHRISTCHURCH Ashford Motor Lodge $$

35 Papanui Road (03) 355 3416, 0800 400 026 FAX (03) 355 3414 **Zimmer** 22 **Straßenkarte** C6

Die kürzlich renovierte Lodge präsentiert sich mit modernem Mobiliar in zeitgenössischem Stil. Die Lage am Hagley Park ist perfekt. Im Stadtzentrum ist man mit dem Auto in fünf Minuten. Gäste können u. a. im mit Solarenergie beheizten Pool entspannen und den Internet-Zugang benutzen. **www.ashfordmotorlodge.co.nz**

CHRISTCHURCH Rydges $$

Ecke Worcester St & Oxford Terrace (03) 379 4700, 0800 446 187 FAX (03) 365 5357 **Zimmer** 208 **Straßenkarte** C6

Eines der wenigen Hotels mit Blick auf den Fluss Avon, in der Nähe des Cathedral Square sowie der Restaurants, Cafés, Läden und Attraktionen der Innenstadt. Das imposante Hotel bietet Zimmer in allen Preisklassen, von manchen blickt man direkt auf die Southern Alps. **www.rydges.com**

CHRISTCHURCH Stonehurst $$

241 Gloucester Street, Latimer Square (03) 379 4620 FAX (03) 379 4647 **Zimmer** 20 **Straßenkarte** C6

Das preisgekrönte Motel mitten in Christchurch liegt in Gehweite zum Cathedral Square. Es gibt Studios sowie Unterkünfte mit einem oder zwei Schlafzimmern und Bad, eine schöne Terrasse, einen Swimmingpool und einen Barbecue-Grill. Das Café serviert jeden Tag Pizza und Pasta. **www.stonehurst.co.nz**

CHRISTCHURCH Windsor Hotel B&B $$

52 Armagh Street (03) 366 1503, 0800 366 1503 FAX (03) 366 9796 **Zimmer** 40 **Straßenkarte** C6

Zentral gelegenes, edwardianisches Bed-and-Breakfast-Hotel. Die Zimmer sind individuell eingerichtet und mit Aquarellen der einheimischen Künstlerin Denise McCulloch geschmückt. Gute Straßenbahnanbindung. Arts Centre, Canterbury Museum und Botanical Gardens sind in der Nähe. Englisches Frühstück inklusive. **www.windsorhotel.co.nz**

CHRISTCHURCH Château on the Park $$$

189 Deans Ave (03) 348 8999, 0800 808 999 FAX (03) 348 8990 **Zimmer** 193 **Straßenkarte** C6

Christchurchs einziges Resort-Hotel befindet sich in einer großen Gartenanlage beim Hagley Park in der Nähe der Innenstadt. Aus vielen der aufwendig gestalteten Zimmer blickt man auf kleine Gärten. In der mit Holz getäfelten Den Bar gibt es Live-Unterhaltung, gutes Essen serviert die Garden Court Brasserie. **www.chateau-park.co.nz**

CHRISTCHURCH The Classic Villa $$$$

17 Worcester Street (03) 377 7905 **Zimmer** 10 **Straßenkarte** C6

Das im italienischen Stil errichtete Boutique-Hotel im Zentrum von Christchurch stellt auch den anspruchsvollsten Gast zufrieden. Die Zimmer bieten höchsten Komfort und sind modern gestaltet. Alle haben Flachbildschirm und Internet-Zugang. Frühstück inbegriffen. Restaurants und Museen sind gleich um die Ecke. **www.theclassicvilla.co.nz**

CHRISTCHURCH Crowne Plaza Christchurch $$$$

Ecke Durham & Kilmore Street (03) 365 7799 FAX (03) 365 0082 **Zimmer** 298 **Straßenkarte** C6

Luxus-Business-Hotel am Fluss Avon und beim Victoria Square. Gut ausgestattete Zimmer mit Klimaanlage, Atrium und diverse Restaurants vorhanden. Zu den Annehmlichkeiten gehören Wäscheservice, Gesundheits- und Fitness-Center, Breitband-Internet-Anschluss und weitere Business-Einrichtungen. **www.christchurch.crowneplaza.co.nz**

CHRISTCHURCH The George $$$$

50 Park Terrace (03) 379 4560 **Zimmer** 53 **Straßenkarte** C6

Von den Zimmern hat man einen schönen Blick auf den Hagley Park und den Avon River. Doch das Boutique-Hotel in hübscher Lage fasziniert auch durch die stilvolle Ausstattung seiner modern eingerichteten Zimmer (u. a. TV und Internet-Zugang). Mountainbike-Verleih und Zugang zu einem Fitness-Center. **www.thegeorge.com**

CHRISTCHURCH Hambledon $$$$

103 Bealey Ave (03) 379 0723 FAX (03) 379 0758 **Zimmer** 8 **Straßenkarte** C6

Luxuriöse Frühstückspension in einem sorgfältig restaurierten Wohnhaus aus den 1850er Jahren im Zentrum von Christchurch, eingerichtet mit viktorianischen Antiquitäten, z. B. einem Himmelbett aus mit Schnitzereien versehenem Mahagoni. Es werden vier Suiten, ein Apartment und drei Hütten vermietet. **www.hambledon.co.nz**

FOX GLACIER Heartland Hotel Fox Glacier $$$

6 Cook Flat Road (03) 751 0839, 0800 273 767 FAX (03) 751 0868 **Zimmer** 67 **Straßenkarte** B6

Reizender alter Holzbau aus dem Jahr 1928 mit Unterkünften in vielen Preisklassen. Seit der Renovierung stehen neben Suiten und größeren Zimmern auch einige preisgünstige Unterkünfte zur Verfügung. Gäste-Lounge, Bar und Restaurant vorhanden. **www.resorts.co.nz**

Straßenkarte *siehe hintere Umschlaginnenseiten*

FOX GLACIER Heartland Hotel Glacier Country $$$

*SH6 (03) 751 0847 FAX (03) 751 0822 **Zimmer** 51* ***Straßenkarte** B6*

Wer auf dem Gletscher Ski fahren oder wandern, den Regenwald durchforsten, bergsteigen oder Weiße Reiher, Robben und Pinguine sehen möchte, findet hier ein ideales Hotel – innerhalb des Within Westland World Heritage Park und nahe an Informationsstellen. Restaurant und Bar mit gemütlichem Kamin. **www.scenichotelgroup.co.nz**

FRANZ JOSEF GLACIER Rainforest Retreat $$$

*Cron Street (03) 752 0220 FAX (03) 752 0003 **Zimmer** 30* ***Straßenkarte** B6*

De-luxe-Baumhäuser, Motelzimmer, Stellflächen für Wohnmobile und eine Herberge für Rucksackurlauber sind auf 2,5 Hektar Regenwald verteilt. Der Ort Franz Josef ist zu Fuß schnell erreichbar. Zu den Einrichtungen gehören ein Whirlpool und eine Sauna sowie Waschküche, Trockenraum, Bar und Restaurant. **www.rainforestretreat.co.nz**

FRANZ JOSEF GLACIER Scenic Circle Franz Josef Glacier Hotels $$$

*SH6 (03) 752 0729 FAX (03) 752 0709 **Zimmer** 130* ***Straßenkarte** B6*

Drei separate Flügel – zwei im Dorf und einer weiter nördlich an einem grünen Hügel am Fluss – mit komfortabel ausgestatteten Zimmern. Zum Haus gehören mehrere Restaurants und Bars. Den Gästen stehen hier viele Möglichkeiten offen, sich sportlich zu betätigen. Die Gletscher sind nicht weit entfernt. **www.scenichotelgroup.co.nz**

FRANZ JOSEF GLACIER Terrace Motel $$$

*15 Cowan Street (03) 752 0130, 0800 837 7223 FAX (03) 752 0190 **Zimmer** 11* ***Straßenkarte** B6*

Das Motel bietet geräumige, moderne und gut ausgestattete Zimmer. Die Besitzer sind freundlich und helfen bei der Planung von Aktivitäten am Franz Josef Glacier und im Gebiet der Westküste. Manche Zimmer sind in einem warmen Dunkelrot gestrichen. Restaurants, Bars und Läden sind zu Fuß bequem erreichbar. **www.terracemotel.co.nz**

GERALDINE The Downs B&B $$$$

*5 Ribbon Wood Road (03) 693 7388 **Zimmer** 3* ***Straßenkarte** C6*

Vor allem Familien schätzen die Vorzüge dieses Hotels, das drei überaus geräumige Zimmer umfasst. Der Garten des Hauses ist eine wahre Oase der Ruhe. Im Zimmerpreis sind Frühstück und Internet-Zugang sowie Kaffee, Tee und hausgemachte Backwaren enthalten. **www.thedowns.co.nz**

GREYMOUTH Revingtons Hotel $

*47 Tainui Street (03) 768 7055 FAX (03) 768 7605 **Zimmer** 25* ***Straßenkarte** C5*

In diesem Hotel von 1876 im Zentrum von Greymouth übernachteten im Jahr 1954 Königin Elizabeth II. und Prinz Philip. Es gibt auch eine separate Herberge, eine Irish Bar, eine Sport-Bar und ein Restaurant im Haus. Guter Ausgangspunkt für Besuche von Shantytown, der Jadefabrik und der Monteith's Brewery. **www.revingtons.co.nz**

GREYMOUTH The Ashley Hotel $$

*74 Tasman Street (03) 768 5135, 0800 807 787 FAX (03) 768 0319 **Zimmer** 60* ***Straßenkarte** C5*

Die Nr. 1 in Greymouth bietet Hotelzimmer, Studios, Apartments und Suiten für Familien, Paare, Gruppen, Urlauber und Geschäftsleute gleichermaßen an. Es gibt einen beheizten Pool, ein Spa und einen Fitnessraum. Im Speisesaal werden Spezialitäten der Westküste serviert. **www.hotelashley.co.nz**

GREYMOUTH Formerly the Blackball Hilton $$

*26 Hart Street, Blackball (von Greymouth aus 28 km landeinwärts) (03) 732 4705 **Zimmer** 16* ***Straßenkarte** C5*

Das Hotel steht in einer früheren Goldgräbersiedlung. Gegründet 1893, als hier eine Kohlenmine in Betrieb ging, wurde das Blackball beim Streik 1908 zum Inbegriff für Kampfgeist. In den 1960er Jahren befand sich hier eine Hippie-Enklave. Das Hotel serviert Frühstück, Abendessen, Wein und einheimisches Bier. **www.blackballhilton.co.nz**

GREYMOUTH Paroa Hotel Motel $$

*508 Main South Road, Paroa (03) 762 6860, 0800 762 6860 FAX (03) 762 6865 **Zimmer** 11* ***Straßenkarte** C5*

Seit 1954 gehört das traditionelle West-Coast-Motel der Familie Monk. In der Nähe befindet sich die nachgebildete Goldgräberstadt Shantytown, acht Kilometer südlich von Greymouth der von Treibholz belagerte Paroa Beach. Zum Motel gehören ein Restaurant, zwei Bars und ein Laden für alkoholische Getränke. **www.paroa.co.nz**

GREYMOUTH The Breakers B&B $$$$

*Nine Mile Creek, SH6 (30 km südl. von Punakaiki) (03) 762 7743 FAX (03) 762 7733 **Zimmer** 4* ***Straßenkarte** C5*

Gastfreundschaft und erstklassiges Essen in schöner Lage, etwas abgeschieden am Meer, umgeben von unberührter Natur und Regenwald. Alle Zimmer bieten Balkon und Meerblick. Hausgemachtes Abendessen nach Voranmeldung. Guter Ausgangspunkt für Ausflüge zu den Pancake Rocks oder in den Paparoa National Park. **www.breakers.co.nz**

GREYMOUTH Rosewood Bed and Breakfast $$$$

*20 High Street (03) 768 4674, 0800 185 748 **Zimmer** 5* ***Straßenkarte** C5*

Ansprechende, große Zimmer in einem renovierten Herrensitz aus den 1920er Jahren. Die Unterkunft liegt in der Nähe des Stadtzentrums und wird von einem deutsch-neuseeländischen Paar betrieben. Zum Frühstück gibt es Freilandeier. Die Gastgeber holen ihre Gäste kostenlos vom Bahnhof oder Bus-Terminal ab. **www.rosewoodnz.co.nz**

HANMER SPRINGS Drifters Inn $$

*2 Harrogate Street (03) 315 7554, 0800 374 383 FAX (03) 315 7235 **Zimmer** 20* ***Straßenkarte** C5*

Gegenüber den Thermalbecken bietet das Drifters Inn eine Gäste-Lounge mit TV, Video, Stereoanlage und offenem Kamin, zudem Küche, Speiseräume und einen Barbecue-Grill. In dieser Gegend kann man Ski fahren, raften, Forellen und Lachs fischen. Es gibt auch Bungee-Jumping, Golf, Wander- und Mountainbike-Touren. **www.driftersinn.co.nz**

HANMER SPRINGS Forest Peak Motel $$

4 Torquay Terrace (03) 315 7132, 0508 224 678 FAX (03) 315 7132 **Zimmer** 10 **Straßenkarte** C5

Die Holz-Chalets befinden sich in einer friedvollen Gartenanlage. Hier gibt es einen Kinderspielplatz. Waldwanderwege, das Stadtzentrum und das Hanmer Springs Thermal Reserve sind bequem zu Fuß erreichbar. Die frei stehenden Chalets bieten Privatsphäre, Raum und schöne Ausblicke. **www.forestpeak.co.nz**

HANMER SPRINGS The St James $$$

20 Chisholm Crescent (03) 315 5225 FAX (03) 315 5265 **Zimmer** 16 **Straßenkarte** C5

Mitten im Ort und doch in Gehentfernung zu den heißen Quellen liegt dieses luxuriös ausgestattete Hotel. Die Zimmer verfügen über komplett eingerichtete Küchen und Fußbodenheizung. Der Blick auf die Berge ist ein weiterer Pluspunkt. Internet-Zugang und ein DVD-Sortiment vorhanden. Frühstück inklusive. **www.thestjames.co.nz**

HOKITIKA Beachfront Hotel $$$$

111 Revell Street (03) 755 8344, 0800 400 3461 FAX (03) 755 8258 **Zimmer** 53 **Straßenkarte** C5

Das Southland ist seit über 100 Jahren im Besitz derselben Familie. Das Hotel am Strand bietet aus allen Zimmern Meerblick oder das Panorama der Southern Alps. Eine Spezialität des Hauses ist Whitebait (Nudelfische). Vier Bars erinnern an die Goldgräberzeit. Tolle Auswahl an neuseeländischen Weinen. **www.beachfronthotel.co.nz**

KARAMEA Last Resort $

71 Waverley Street (03) 782 6617, 0800 505 042 FAX (03) 782 6820 **Zimmer** 31 **Straßenkarte** C4

Preisgünstige Gemeinschaftszimmer, aber auch erstklassige Hütten mit zwei Schlafzimmern. Warmherzige Atmosphäre. Das Restaurant im Haus serviert u. a. Muscheln und Lammkeule. Es gibt auch eine Cafébar. In der Nähe kann man schwimmen, Kanu fahren, fischen, wandern, raften und Höhlen erforschen. **www.lastresort.co.nz**

KARAMEA Karamea Village Hotel $$

Ecke Waverley Street & Wharf Road (03) 782 6800, 0800 826 800 **Zimmer** 10 **Straßenkarte** C4

Ein mit Liebe zum Detail restauriertes Hotel aus dem Jahr 1876 im ruhigen, abgelegenen Karamea, einem Halt auf dem Heaphy Track. Hier gibt es Strände, Höhlen und Flüsse. Preisgünstige Unterkünfte, drei davon sind mit einer eigenen Küche ausgestattet. Gewinner der New Zealand Wildfood Challenge 2004. **karameahotel@xtra.co.nz**

LAKE TEKAPO Godley Resort Hotel $$

SH8 (03) 680 6848 FAX (03) 680 6873, 0800 835 276 **Zimmer** 80 **Straßenkarte** B6

Im Ortszentrum von Tekapo, in der Nähe der Church of the Good Shepherd und der Bronzestatue eines Wachhundes, mit toller Aussicht auf den Lake Tekapo gelegen. Im Winter wärmt in der Gäste-Lounge ein Holzfeuer, außerdem gibt es einen Swimmingpool, einen Fitnessraum und ein Entspannungsbecken. **www.tekapo.co.nz**

LAKE TEKAPO Lake Tekapo Scenic Resort $$$

SH8 (03) 680 6808 FAX (03) 680 6806, 0800 118 666 **Zimmer** 19 **Straßenkarte** B6

Tritt man aus dem Zimmer auf den Balkon, erblickt man den Lake Tekapo. Eine Tür weiter bietet die Lake Tekapo Tavern ein Bistro und eine Bar, weitere Restaurants und Läden sind bequem zu Fuß erreichbar. Dort befindet sich auch das Lake Tekapo Budget Accommodation (für Rucksackurlauber). **www.laketekapo.com**

LAKE TEKAPO Lake Tekapo Lodge $$$$$

24 Aorangi Crescent (03) 680 6566, 0800 525 383 FAX (03) 680 6599 **Zimmer** 4 **Straßenkarte** B6

Die Lehmziegel, aus denen diese Lodge gebaut ist, halten das Haus im Winter warm und im Sommer kühl. Hier hat man eine tolle Aussicht auf den See. Die freundlichen, hilfsbereiten Gastgeber geben Restauranttipps und helfen bei der weiteren Urlaubsgestaltung. **www.laketekapoluxurylodge.co.nz**

METHVEN Methven Motels and Apartments ***Zimmer*** *11* $$

197 Main Street (03) 302 9200 FAX (03) 302 9240 **Straßenkarte** C6

Das Angebot umfasst Häuser, Hütten, Apartments und Motelzimmer, es sind hier jedoch auch Buchungen von Privatzimmern, Lodges, Hotelzimmern oder Unterkünften auf Bauernhöfen in der Nähe des Skigebiets am Mt Hutt möglich. Das Methven Motel ist brandneu, The Hutt ist eine gemütliche Hütte im Wald. **www.methvenmotels.co.nz**

MOUNT COOK Glentanner Park Centre $$

Mount Cook (03) 435 1855 FAX (03) 435 1854 **Zimmer** 14 **Straßenkarte** B6

Auf dem offiziellen Campingplatz am Mount Cook gibt es auch separate Hütten und Zimmer für Backpacker. Preisgünstige Unterkünfte mit großartigem Ausblick auf den Mount Cook National Park. Ausgangspunkt für Wanderungen, Ausritte, Heli-Skiing, Jagd- und Angelausflüge. Auch Rundflüge starten hier. **www.glentanner.co.nz**

MOUNT COOK The Hermitage $$$$

Mount Cook (03) 435 1809, 0800 686 800 FAX (03) 435 1879 **Zimmer** 213 **Straßenkarte** B6

Der lang gestreckte, 1884 errichtete Komplex wurde im Lauf der Zeit mehreren umfassenden Renovierungen unterzogen, u. a. erhielt er dabei einen neuen Flügel. Zur Auswahl stehen Motelzimmer, Chalets und Luxus-Hotelzimmer, viele davon mit Blick auf den Mount Cook. Guter Ausgangspunkt für Gletschertouren. **www.hermitage.co.nz**

PUNAKAIKI The Rocks Homestay B&B $$$

33 Hartmount Place (03) 731 1141, 0800 272 164 **Zimmer** 3 **Straßenkarte** C5

Diese herrliche Wildnis bietet Gästen das 360-Grad-Panorama der Tasmansee, außerdem die raue Westküste, den üppigen Paparoa National Park und Kalksteinfelsen, die hinter dem Haus aufragen. Gehaltvolles Frühstück. Der nächste Laden ist 40 Kilometer entfernt. **www.therockshomestay.com**

Straßenkarte *siehe hintere Umschlaginnenseiten*

PUNAKAIKI Punakaiki Resort $$$$$

SH6 (03) 731 1168, 0800 786 2524 FAX (03) 731 1163 **Zimmer** 63 **Straßenkarte** C5

Moderner, preisgekrönter, auf Energieeffizienz ausgelegter Hotelkomplex, dessen Architektur sich in die Umwelt einfügt. Strandlage mit Ausblick auf die wilde Westküste und den Regenwald des Paparoa National Park. Pancake Rocks und Blowholes sind bequem zu Fuß erreichbar. **www.punakaiki-resort.co.nz**

RAKAIA GORGE Terrace Downs $$$$$

Coleridge Road (03) 318 6943 FAX (03) 317 9372 **Zimmer** 38 **Straßenkarte** C6

Luxus-Lodge und Golf-Resort, wunderschön im Hochland gelegen. Die frei stehenden Chalets bieten den direkten Zugang zum Fairway, die Suiten der Terrace Villa vom Balkon den Ausblick auf den Golfplatz und die Southern Alps. Hotelgäste werden bei den Teetimes bevorzugt. **www.terracedowns.co.nz**

REEFTON Wilson's Hotel $

32 Broadway (03) 732 8800 FAX (03) 732 8221 **Zimmer** 7 **Straßenkarte** C5

Das einladende Hotel aus dem Jahr 1873 ist ein Überbleibsel aus der Goldgräberzeit in Reefton. Hier werden jeden Tag kleine Gerichte serviert, u. a. auch Vegetarisches. Außerdem gibt es sechs Biersorten vom Fass, ein weiteres Restaurant, einen Biergarten und oft bis spätnachts Live-Musik. **wilsons_hotel@hotmail.com**

TIMARU Grosvenor Hotel $$

26 Cairns Terrace (03) 688 3129, 0800 106 102 FAX (03) 684 8381 **Zimmer** 48 **Straßenkarte** C6

Das prachtvolle Hotel aus dem Jahr 1875 liegt im Gewerbegebiet von Timaru in der Nähe von Hafen und Shopping-Viertel. Das Grosvenor ist reich verziert, so wie es im 19. Jahrhundert üblich war. Deshalb ist es auch als »Grand Old Lady of the South« bekannt. Zwei Bars und ein Restaurants. **www.grosvenorhotel.co.nz**

TWIZEL Mountain Chalet Motels $$

Wairepo Road (03) 435 0785, 0800 629 999 FAX (03) 435 0612 **Zimmer** 25 **Straßenkarte** B6

Die Chalets liegen im Herzen des Mackenzie Country zwischen Christchurch und Queenstown, rund 40 Autominuten vom Mount Cook entfernt, in einer Art Park und bieten den Ausblick auf die Berge. Ein guter Ausgangspunkt für Ausflüge ins Hochland und für die Wassersportangebote in der Umgebung. **www.mountainchalets.co.nz**

WESTPORT Westport Holiday Park and Motels $$

31–37 Domett Street (03) 789 7043 FAX (03) 789 7199 **Zimmer** 25 **Straßenkarte** C5

Der familienfreundliche Ferienpark befindet sich in einer Stadt, die wie keine zweite ihr authentisches Neuseelandbild pflegt. In schöner Natur werden Motelzimmer, Apartments und Schlafsäle sowie klassische Hütten mit Terrasse angeboten. Es gibt auch einen Kinderspielplatz und einen Barbecue-Grill. **www.westportholidaypark.co.nz**

Otago und Southland

BLUFF Foveaux Hotel and B&B $

40 Gore Street (03) 212 7196 FAX (03) 212 7197 **Zimmer** 7 **Straßenkarte** A7

Das einzigartige Art-déco-Hotel, zwei Gehminuten von der Fähre entfernt, wurde so weit wie möglich im Originalzustand belassen. Es bietet Möbel aus den 1930er Jahren und gemütliche Bed-and-Breakfast-Unterkünfte. Wer sich zu viele Bluff-Austern genehmigt hat, kann sich am offenen Kamin herrlich ausruhen. **www.foveauxhotel.com**

CROMWELL Golden Gate Lodge $$

Barry Avenue (03) 445 1777, 0800 104 451 FAX (03) 445 1776 **Zimmer** 47 **Straßenkarte** B7

Gut ausgestattetes Hotel, Restaurant und Konferenzzentrum in zentraler Lage zwischen Wanaka und Queenstown. Nah genug, um beide Orte und ihre Attraktionen zu erforschen, aber weit genug weg von den überfüllten Straßen und hohen Preisen von Queenstown. **www.goldengate.co.nz**

DUNEDIN Leviathan Heritage Hotel $$

27 Queens Gardens (03) 477 3160, 0800 773 773 FAX (03) 477 2385 **Zimmer** 77 **Straßenkarte** B7

Preisgünstiges Hotel beim Stadtzentrum. Bis zum Bahnhof sind es rund 20 Meter, bis The Octagon 500 Meter. Gratis-Bustransfer vom und zum Fernbusbahnhof. Hier starten viele Sightseeing-Touren und Ausflüge in die Tier- und Pflanzenwelt. Zu empfehlen für Rucksackurlauber, Familien und alle, die günstig reisen wollen. **www.dunedinhotel.co.nz**

DUNEDIN Pacific Park Hotel $$

22–23 Wallace Street (03) 477 3374, 0800 730 400 FAX (03) 477 1434 **Zimmer** 26 **Straßenkarte** B7

Am Rande von Dunedins »grünem Gürtel« in einer weitläufigen Gartenanlage gelegen, bietet das Hotel schöne Ausblicke auf Stadt und Hafen. Die De-luxe-Suiten besitzen große Badewannen, die meisten Zimmer haben komplett ausgestattete Küchenzeilen. **www.pacificparkdunedin.co.nz**

DUNEDIN Scenic Hotel Southern Cross $$

Ecke Princes & High Street (03) 477 0752 FAX (03) 477 5776 **Zimmer** 178 **Straßenkarte** B7

Dunedins größtes Hotel im Stadtzentrum stammt aus dem Jahr 1883 und wurde nach neuen Standards modernisiert. Es gibt zwei Restaurants, eine Bar und ein Casino. The Octagon, Bahnhof, Theater, Läden und die Otago University sind zu Fuß bequem erreichbar. Gute Angebote in der Nebensaison. **www.scenichotelgroup.co.nz**

Preiskategorien *siehe S. 298* **Zeichenerklärung** *siehe hintere Umschlagklappe*

DUNEDIN 97 Motel Moray Place $$$

97 Moray Place (03) 477 2050, 0800 909 797 FAX (03) 477 1991 **Zimmer** 40 **Straßenkarte** B7

Preiswertes Motel mit superbequemen Betten, gleich in der Nähe von The Octagon, St Paul's Cathedral, Municipal Chambers, Dunedin Public Art Gallery und weiteren Attraktionen, Läden, Theatern und Restaurants. Zu Fuß sollen über 50 Lokale in nur fünf Minuten erreichbar sein. **www.97motel.co.nz**

DUNEDIN Motel on York $$$

47 York Place (03) 477 6120, 0800 00 66 66 FAX (03) 477 6122 **Zimmer** 24 **Straßenkarte** B7

Das Fünf-Sterne-Motel, nahe beim Stadtzentrum gelegen, bietet eine Auswahl an Studios mit und ohne Balkon oder Terrasse und Suiten, die für größere Familien oder Gruppen zu Apartments zusammengelegt werden können. Viele Zimmer sind mit Fußbodenheizung und großen Badewannen ausgestattet. **www.motelonyork.co.nz**

GORE Heartland Hotel Croydon $$$

Gore–Queenstown Highway (03) 208 9029 FAX (03) 208 9252 **Zimmer** 36 **Straßenkarte** B7

Das Hotel liegt im Herzen von Southland auf einem fünf Hektar großen Anwesen mit Blick auf die Hokonui Hills. Gäste dürfen auf dem Neun-Loch-Golfplatz kostenlos spielen. Guter Ausgangspunkt für Ausflüge zum Forellenfischen, zum Hokonui Pioneer Park und in die Croydon Aircraft Company. **www.scenichotelgroup.co.nz**

INVERCARGILL Victoria Railway Hotel $$

3 Leven Street (03) 218 1281, 0800 777 557 FAX (03) 218 1283 **Zimmer** 22 **Straßenkarte** B7

Invercargills Victoria Railway Hotel bietet Boutique-Unterkünfte im Stadtzentrum. Museen, Parks, Kunstgalerien und die historischen Gebäude in der Dee und Tay Street sind gleich in der Nähe. Komfortable Zimmer in einem Gebäude des NZ Historic Places Trust. Bar und Restaurant sind vorhanden. **www.hotelinvercargill.com**

MANAPOURI Murrell's Grand View House $$$$$

7 Murrell Avenue (03) 249 6642 FAX (03) 249 6966 **Zimmer** 4 **Straßenkarte** A7

Das Grand View House befindet sich seit 1889 im Besitz der Familie Murrell. Zur Auswahl stehen vier Zimmer mit Bad und Aussicht auf die gebirgige Umgebung. Das Haus wird von einem ausgedehnten Garten umrahmt. Auch die Lage nahe dem Lake Manapouri überzeugt. Frühstück im Preis inbegriffen. **www.murrells.co.nz**

MILFORD UND DOUBTFUL SOUNDS Overnight Cruises $$$$$

Real Journeys, Lakefront Drive, Te Anau (Buchung) (03) 249 7416, 0800 656 501 **Zimmer** 26 **Straßenkarte** A6

Dies ist die klassische Art, in Fiordland zu übernachten: auf einem Boot im Doubtful oder Milford Sound. Die Tourenboote durchschiffen kleine Buchten, bevor sie für die Nacht den Anker werfen. Angeboten werden Zimmer und Schlafsäle. Büfett nach Sonnenuntergang. Oft sieht man Robben und Delfine. **www.realjourneys.co.nz**

MILFORD SOUND Milford Sound Lodge $

SH94 (03) 249 8071 FAX (03) 249 8075 **Zimmer** 16 **Straßenkarte** A6

Dies ist vielleicht die Herberge mit der weltbesten Lage: in einem uralten Buchenwald am Ufer des Cleddau River. Eine von zwei Übernachtungsmöglichkeiten am Milford Sound. Wenn die Tagesausflügler unterwegs sind, wird es hier sehr ruhig. Guter Ausgangspunkt für Wanderungen, Boots- und Kajaktouren. **www.milfordlodge.com**

MOERAKI Moeraki Village Holiday Park $$

114 Haven Street (03) 439 4759 **Zimmer** 12 **Straßenkarte** B7

Mitten im Fischerdorf Moeraki, von Oamaru aus 30 Autominuten auf der SH1, bieten die Motels (zwei mit Spa-Einrichtungen), Apartments und Hütten schönen Ausblick auf den Hafen. In der Nähe befinden sich ein Restaurant und eine Taverne. Die Eigentümer sprechen Deutsch und Schwyzerdütsch. **www.moerakivillageholidaypark.co.nz**

OAMARU Kingsgate Hotel Brydone $$

115 Thames Street (03) 434 0011 FAX (03) 434 0470 **Zimmer** 49 **Straßenkarte** B7

Das Hotel wurde 1881 aus Oamaru-Stein gebaut. Es steht im Gewerbegebiet von Oamaru gleich bei historischen Gebäuden wie der Forrester Gallery, dem Courthouse und dem Waitaki District Council sowie in der Nähe der Blue Penguin Colony und der Public Gardens. Schöne Bar mit viktorianischer Glasdecke. **www.millenniumhotels.co.nz**

OAMARU Tokarahi Homestead $$$$

47 Dip Hill Road, Tokarahi (03) 431 2055 FAX (03) 431 2551 **Zimmer** 4 **Straßenkarte** B7

Die 35-minütige Autofahrt von Oamaru landeinwärts lohnt sich. Das ungewöhnliche Anwesen aus Kalkstein wurde 1878 erbaut, ein paar Jahre später – als Hochzeitsgeschenk an den Bauherrn – kamen die eindrucksvolle Eingangshalle und die Rezeption hinzu. Viktorianischer Stil. Candle-Light-Dinner. **www.homestead.co.nz**

OAMARU Pen-y-bryn $$$$$

41 Towey Street (03) 434 7939 FAX (03) 434 9063 **Zimmer** 5 **Straßenkarte** B7

Preisgekrönte Luxus-Lodge. Das Anwesen aus dem Jahr 1889 bietet seinen Gästen ein Billardzimmer, eine Bibliothek und Antiquitäten. Die Küche bereitet ihre Gerichte mit Bio-Produkten zu und serviert dazu neuseeländische Weine. Helle, einfach eingerichtete Landhauszimmer. Getränke, Frühstück und Dinner inklusive. **www.penybryn.co.nz**

OTAGO PENINSULA Larnach Lodge and Stablestay $$$

145 Camp Road (03) 476 1616 FAX (03) 476 1574 **Zimmer** 18 **Straßenkarte** B7

Die Ruine von Larnach Castle wird seit 1967 von der Familie Barker wieder aufgebaut. Gäste übernachten in der Nachbildung eines kolonialen Farmhauses in individuell gestalteten Zimmern oder in den umgebauten Stallungen. Die Stallungen sind preisgünstiger, dafür bieten die Lodge-Zimmer Hafenblick. **www.larnachcastle.co.nz**

Straßenkarte *siehe hintere Umschlaginnenseiten*

QUEENSTOWN Base Discovery Lodge $

47–49 Shotover Street (03) 441 1185, 0800 227 369 FAX (03) 441 1187 **Zimmer** 22 **Straßenkarte** A6

Die Herberge für Rucksackurlauber im Herzen von Queenstown liegt an der Hauptstraße. Café und Bar sind sehr zu empfehlen, ebenso die geräumige Lounge mit dem offenen Kamin. Die meisten Zimmer bieten Balkon mit Meer- oder Bergblick und weiß geflieste Badezimmer. Auch Schlafsäle nur für weibliche Gäste. **www.dlq.co.nz**

QUEENSTOWN Alexis Motor Lodge & Apartments $$

69 Frankton Road (03) 409 0052 FAX (03) 409 0054 **Zimmer** 16 **Straßenkarte** A6

Aus allen Motelzimmern bietet sich das Panorama der Remarkable Mountains und des Lake Wakatipu. Frühstück gibt es aufs Zimmer, wo es auf der sonnigen Terrasse genossen werden kann. Bis ins Zentrum von Queenstown sind es fünf Gehminuten. Sichere Ski-Aufbewahrung und Trockenraum. Tiefgarage. **www.alexisqueenstown.co.nz**

QUEENSTOWN Blue Peaks Lodge $$

Ecke Stanley & Sydney Street (03) 442 9224, 0800 162 122 FAX (03) 442 6847 **Zimmer** 60 **Straßenkarte** A6

Das Motel oberhalb von Queenstown liegt fünf Gehminuten vom Stadtzentrum entfernt in der Nähe der Skyline Gondola. Die Umgebung bietet viele Aktivitäten: Jetboote, Bungee-Jumping, Gleitschirmfliegen, Raften, Ausritte, Wanderungen und Shoppen. Die blau umrandeten Dächer sieht man schon von Weitem. **www.bluepeaks.co.nz**

QUEENSTOWN Garden Court Suites and Apartments $$$

41 Frankton Road (03) 442 9713, 0800 427 336 FAX (03) 442 6468 **Zimmer** 54 **Straßenkarte** A6

54 Suiten und Apartments in allen Formen und Größen für Familien, Gruppen und einzelne Reisende. Zimmer mit Balkon oder kleinem Hof, die teureren Unterkünfte sind mit Eichenmöbeln ausgestattet. Es gibt ein Frühstücksrestaurant, eine Bar, ein Spa und Angebote zum Skifahren oder für andere Aktivitäten in der Natur. **www.gardencourt.co.nz**

QUEENSTOWN Heartland Hotel & Scenic Suites $$$$

27 Stanley Street (03) 442 7700 FAX (03) 442 4715 **Zimmer** 84 **Straßenkarte** A6

Das renovierte Chalet im schweizerischen Stil liegt in den Hügeln über dem Stadtzentrum – nah genug am Stadtleben, aber auch hoch genug, um das Panorama des Lake Wakatipu und der Berge genießen zu können. Zum Haus gehören ein Spa, eine Sauna, eine Bar und die Scenic Circle Aurum Suites. **www.scenichotelgroup.co.nz**

QUEENSTOWN Villa del Lago $$$$

249 Frankton Road (03) 442 5727, 0800 845 523 FAX (03) 442 9498 **Zimmer** 16 **Straßenkarte** A6

Luxuriöse Fünf-Sterne-Apartments am See mit einem, zwei oder drei Schlafzimmern und Terrasse. Im Winter wärmen Kaminfeuer, Doppelverglasung und Fußbodenheizung. Ein paar Minuten Autofahrt oder ein Spaziergang entlang dem Frankton Walkway führen ins Zentrum zu Läden, Restaurants, Bars und Nachtclubs. **www.villadellago.co.nz**

QUEENSTOWN Heritage Queenstown $$$$$

91 Fernhill Road (03) 442 4988, 0800 368 888 FAX (03) 442 4989 **Zimmer** 182 **Straßenkarte** A6

Anspruchsvolles, mehrfach preisgekröntes »europäisches« Resort-Hotel oberhalb des Lake Wakatipu mit Blick auf Queenstown und die Remarkables. Der Bau aus Stein und Zedernholz sorgt für eine heimelige Atmosphäre. In das Stadtzentrum benötigt man am See entlang zu Fuß zehn Minuten. **www.heritagehotels.co.nz**

RIVERTON Reo Moana B&B $$

192 Rocks Hwy (03) 234 9004 **Zimmer** 2 **Straßenkarte** B7

Das B&B liegt an der Southern Scenic Route, eine halbe Autostunde von Invercargill entfernt. Beide Zimmer haben ein Bad mit Fußbodenheizung. Gästen stehen eine geräumige Lounge mit offener Feuerstelle und eine gut sortierte Bibliothek zur Verfügung. Frühstück ist inbegriffen. Ein idealer Ausgangspunkt für Angelausflüge.

STEWART ISLAND Bay Motel $$$

9 Dundee Street, Halfmoon Bay (03) 219 1119 **Zimmer** 14 **Straßenkarte** A7

Das komfortable neue Motel vermietet Studios, eine Unterkunft mit Schlafzimmer und eine beliebte Familien-Unterkunft mit zwei Schlafzimmern, größtenteils mit Blick auf die Halfmoon Bay. Die allerbeste Aussicht hat man aus der Honeymoon Suite. Kostenloser Transfer zu Fähre und Flughafen. **www.baymotel.co.nz**

STEWART ISLAND Greenvale Bed & Breakfast $$$$$

Halfmoon Bay (03) 219 1357 **Zimmer** 2 **Straßenkarte** A7

Fünf Minuten von Oban entfernt an der Stelle, an der im Jahr 1942 eine zweistöckige Pension von 1886 abbrannte. Von hier aus fällt der Blick auf die Foveaux Strait. Ausgangspunkt für Ausflüge in den Regenwald sowie zu den Sanddünen und Feuchtgebieten, wo einheimische Vögel leben. **www.greenvalestewartisland.co.nz**

STEWART ISLAND Stewart Island Lodge $$$$$

Halfmoon Bay (03) 219 1085 **Zimmer** 5 **Straßenkarte** A7

Die Luxus-Lodge befindet sich in natürlicher Umgebung oberhalb der Halfmoon Bay. Die Zimmer bieten eine fantastische Aussicht. Von der Terrasse aus kann man seltene einheimische Vögel sehen und hören. Frühstück ist im Preis inbegriffen. Auch die Aperitifs am Abend sind gratis. **www.stewartislandlodge.co.nz**

TE ANAU Te Anau Lakefront Backpackers $

48–50 Lakefront Drive (03) 249 7713 FAX (03) 249 8319 **Zimmer** 14 **Straßenkarte** A7

Hostel am See mit vielen Gemeinschaftsräumen, z. B. Küche, Speisesaal, TV-Lounge und eine Lounge mit Klavier, Gitarre und Kamin. In den Zimmern und Schlafsälen stehen insgesamt 100 Betten zur Verfügung. Hier hilft man Gästen bei der Planung von Wandertouren. **www.teanaubackpackers.co.nz**

Preiskategorien *siehe S. 298* **Zeichenerklärung** *siehe hintere Umschlagklappe*

TE ANAU Lakefront Lodge Te Anau $$

Ecke Lakefront Drive & Mokoroa Street ☎ *(03) 249 7728* FAX *(03) 249 7124* ***Zimmer*** *13* ***Straßenkarte*** *A7*

Gehobenes modernes Motel am See, zwei Gehminuten vom Ortszentrum und den dortigen Restaurants und Cafés entfernt. Hier werden Angebote des Veranstalters Te Anau & Fiordland Sightseeing Trips and Tours vermittelt. Die Zimmer sind geschmackvoll eingerichtet und mit Schallschutzfenstern versehen. **www.lakefrontlodgeteanau.com**

TE ANAU Te Anau Top 10 Holiday Park $$

Te Anau Terrace ☎ *(03) 249 7462, 0800 249 746* FAX *(03) 249 7262* ***Zimmer*** *37* ***Straßenkarte*** *A7*

Der von NZ Tourism ausgezeichnete Fünf-Sterne-Ferienpark liegt am See, zwei Gehminuten von der Stadt entfernt. Zum Angebot gehören luxuriöse Lodge-Zimmer, günstigere Motelzimmer und Zeltplätze. Die Matai Lodge ähnelt den Lodges am Milford Track. Fußbodenheizung in den Gemeinschaftsbädern. **www.teanautop10.co.nz**

TE ANAU Distinction Luxmore Hotel $$$

Main Street ☎ *(03) 249 7526, 0800 589 667* FAX *(03) 249 7272* ***Zimmer*** *180* ***Straßenkarte*** *A7*

Komfortables, modern ausgestattetes Hotel in Zentrum von Te Anau mit guten Einrichtungen. Nebenan starten viele Anbieter ihre Touren für Urlauber (verschiedene Anbieter haben einen Stand im Hotel). Zum Haus gehören auch ein Restaurant und eine Bar. **www.luxmorehotel.co.nz**

TE ANAU Kingsgate Hotel $$$

20 Lakefront Drive ☎ *(03) 249 7421* FAX *(03) 249 8037* ***Zimmer*** *94* ***Straßenkarte*** *A7*

Die geräumigen Zimmer, viele davon mit Blick auf den See oder die Berge, befinden sich in einer Gartenanlage am See. Ein zehnminütiger Spaziergang am See entlang führt in die Stadt und zur Information. Das Hotel serviert Frühstück und Abendessen zu vernünftigen Preisen. **www.millenniumhotels.com**

TE ANAU Te Anau Lodge $$$$$

52 Howden Street ☎ *(03) 249 7477* FAX *(03) 249 7487* ***Zimmer*** *8* ***Straßenkarte*** *A7*

Der ehemalige Konvent wurde 2003 von seinem ehemaligen Standort (1936) im Bergbaudorf Nightcaps hierher verlegt. Das Frühstück aus selbst angebauten Zutaten wird in der Kapelle serviert. Das Innere und die Gästezimmer sind mit Paneelen aus Rimu-Holz ausgestattet und mit Holzmöbeln eingerichtet. **www.teanaulodge.com**

WANAKA Cardrona Hotel $$$

Crown Range Road ☎ *(03) 443 8153* FAX *(03) 443 8163* ***Zimmer*** *16* ***Straßenkarte*** *A7*

Das Hotel aus der Zeit des Goldrausches um 1863 liegt zwischen Queenstown und Wanaka. Uriges Restaurant und nette Bar. Einfach, aber elegant eingerichtete Zimmer mit Blick auf den Garten. In der Umgebung gibt es fünf große Skigebiete. Der Transport dorthin kann arrangiert werden. Trockenraum. **www.cardronahotel.co.nz**

WANAKA Heritage Village Country Resort $$$

Orchard Road ☎ *(03) 443 5300* FAX *(03) 443 5307* ***Zimmer*** *20* ***Straßenkarte*** *A7*

Die weitläufige Anlage, nur ein paar Autominuten außerhalb von Wanaka, ist ideal für längere Familienaufenthalte. Geschmackvoll eingerichtete Hütten und Häuser, mit offenem Kamin, Fußbodenheizung und großen Fenstertüren zum Hof. Café, Restaurant, Spa und Sandkiste. **www.heritagevillage-wanaka.co.nz**

WANAKA Maple Lodge $$$

Halliday Road ☎ *&* FAX *(03) 443 6274* ***Zimmer*** *7* ***Straßenkarte*** *A7*

Von den Zimmern der Lodge hat man eine schöne Aussicht auf die Berge. Zum Lake Wanaka ist es nur eine kurze Autofahrt, in die Skigebiete etwa eine halbe Stunde. Frühstück, Nachmittagstee, Internet-Zugang und Spa sind inbegriffen. Flüge, Ausflüge zum See und eine Partie Golf werden organisiert. **www.maplelodgewanaka.co.nz**

WANAKA The Moorings $$$

17 Lakeside Road ☎ *(03) 443 8479, 0800 843 666* FAX *(03) 443 8489* ***Zimmer*** *14* ***Straßenkarte*** *A7*

Separate Studios mit Blick auf den Lake Wanaka und die schneebedeckten Berge des Mount Aspiring National Park. Läden, Restaurants und Cafés in Wanaka sind zu Fuß bequem erreichbar. Die Fahrt in die Skigebiete Cardrona und Treble dauert 45 Minuten. Balkone, Fußbodenheizung und Trockenraum. **www.themoorings.co.nz**

WANAKA Te Wanaka Lodge $$$

23 Brownston Street ☎ *(03) 443 9224* FAX *(03) 443 9246* ***Zimmer*** *13* ***Straßenkarte*** *A7*

Ski-Lodge im Winter, Bed-and-Breakfast im Sommer. Die Besitzer – zwei junge Naturliebhaber – sorgen für Stimmung und eine herzliche Atmosphäre. Bibliothek, Freiluftbecken und ein Hof, der im Winter mit Feuerkörben beheizt wird. Zentral im Ort gelegen. See, Restaurants, Läden und Golfplatz sind in der Nähe. **www.tewanaka.co.nz**

WANAKA Wyndham Vacation Resort $$$

Lake Wanaka ☎ *(03) 443 8216, 0800 688 688* FAX *(03) 443 9108* ***Zimmer*** *48* ***Straßenkarte*** *B6*

Das Hotel in Familienbesitz ist einen kurzen Spaziergang vom See und von Wanakas Millennium Walkway sowie zwei Kilometer vom Ortskern entfernt. Der Bau aus Holz und Stein liegt an einer Allee und bietet einen beruhigenden Blick auf die Berge. Das Restaurant serviert Delikatessen aus dem Pazifikraum. **www.wyndhamvrap.com**

WANAKA Edgewater Resort $$$$$

Sargood Drive ☎ *(03) 443 8311, 0800 108 311* FAX *(03) 443 8323* ***Zimmer*** *104* ***Straßenkarte*** *A7*

Das Edgewater bietet luxuriöse Hotelzimmer und komplett ausgestattete Apartments mit Blick auf den See oder die Berge. Der lang gestreckte Komplex am See besitzt ein Spa, eine Sauna und Tennisplätze. Das ausgezeichnete Restaurant serviert Weine und saisonale Gerichte aus Neuseeland. **www.edgewater.co.nz**

Straßenkarte *siehe hintere Umschlaginnenseiten*

Restaurants

Café-Schild in Martinborough

Neuseelands Gastronomie erlebte in den letzten rund 30 Jahren eine wahre Revolution. Im Restaurant speiste man früher nur zu besonderen Anlässen, und dann gab es meist traditionell Europäisches wie Lammbraten mit Gemüse. Heute findet man in Neuseeland eine breite Palette unterschiedlichster Restaurants für jeden Geschmack und jeden Geldbeutel. Auch wenn traditionelle Speisen noch zu bekommen sind, hat die multikulturelle Bevölkerung dafür gesorgt, dass besonders in den größeren Städten Kulinarisches aus der ganzen Welt angeboten wird. Asiatische und pazifische Einflüsse sind hierbei besonders prägend, aber in allen Kochstilen werden heimische Produkte verarbeitet, besonders frischer Fisch, Austern, Muscheln, Langusten, Rindfleisch, Lamm und Wild sowie Gemüse und Obst. Dazu kann man neuseeländischen Wein *(siehe S. 324f)* genießen. Beliebt bei vielen Besuchern des Landes ist darüber hinaus das Maori-Gericht *hangi*, das auf heißen Steinen unter der Erde gegart wird.

Bar im Herzog Winery Restaurant in Blenheim ***(siehe S. 337)***

Restauranttypen

In den größeren Städten Neuseelands gibt es eine vielfältige Restaurant-Szene – von sehr formellen Häusern mit Haute Cuisine bis zu einer Vielzahl von Cafés, die preiswerte gute Gerichte anbieten. Manche Lokale haben einen Innenhof, einen Garten oder Tische auf der Straße. Unter den Restaurants mit Ethnoküche herrschen Chinesen, Malaysier und Kambodschaner vor, es gibt aber auch türkische und griechische Lokale. So manches hochklassige Restaurant liegt in ländlichen Gegenden. Den Winzerbetrieben sind oft Lokale angegliedert, in denen man entweder rustikal im Freien essen oder auch etwas formeller in malerischer Umgebung dinieren kann. Auch in Pubs bekommt man oft etwas zu essen, hier ist das Angebot einfacher und preisgünstiger. Typisch sind Steak oder gebackener Fisch mit Pommes frites.

Eine Mahlzeit in einem Café oder Ethnorestaurant kostet weniger als 15 NZ$ pro Person, in edleren Restaurants zahlt man zwischen 25 und 100 NZ$ pro Person für ein dreigängiges Menü. Fast-Food-Ketten wie McDonald's und Burger King haben Filialen in Neuseeland, die beliebten »Fish and Chip Shops« bieten oft empfehlenswerte einheimische Spezialitäten an.

Speisezeiten und Reservierung

Die meisten Restaurants servieren von 12 bis 14 Uhr Mittagessen und von 18 bis 22 Uhr Abendessen, in einigen kann man auch frühstücken. An den Wochenenden sind die Lokale manchmal schon zum Brunch geöffnet. Cafés bieten in den meisten Fällen Frühstück an. Einige davon schließen später als Restaurants, die meisten haben jedoch nur bis 16 Uhr geöffnet. Late-Night- und 24-Stunden-Cafés werden immer beliebter.

In guten Restaurants ist es immer empfehlenswert, einen Tisch zu reservieren, Cafés und Bars handhaben Buchungen unterschiedlich. Um Enttäuschungen zu vermeiden, sollten Sie am besten vorher anrufen.

Bezahlung und Trinkgeld

Die Mehrheit der Restaurants und Cafés akzeptiert Kreditkarten. Schecks und Reiseschecks werden eher selten angenommen. Steuer und Service sind im Preis inbegriffen. In der auf soziale Ausgewogenheit ausgerichteten Gesellschaft Neuseelands

Eines der vielen Restaurants mit wundervoller Aussicht

Tische vor einem Café am Mount Maunganui

ist Trinkgeld allgemein nicht üblich, nur besonders gute Leistungen des Personals werden entsprechend honoriert. Das Trinkgeld können Sie entweder auf dem Tisch liegen lassen oder zum Rechnungsbetrag addieren.

Mit Kindern reisen

Auch wenn Kinder fast überall willkommen sind, sollten Sie für den Fall, dass Sie mit Kleinkindern reisen, bei der Reservierung darauf hinweisen. In gut besuchten Cafés empfiehlt es sich, etwas früher als die anderen Gäste zu essen, chinesische und griechische Lokale pflegen sowieso einen extrem lockeren, liebenswerten Umgang mit den Kleinen. Fast-Food-Ketten gibt es in den meisten Städten, und mit einem Picknick kann man Kindern immer eine große Freude machen. In zahlreichen Motels gibt es sehr gut ausgestattete Küchen, für eine Reise mit kleinen Kindern kann das eine ausgesprochene Erleichterung sein.

Behinderte Reisende

Ein Gesetz schreibt vor, dass neue und restaurierte öffentliche Gebäude für Rollstühle zugänglich sein müssen, oft weist ein Schild auf behindertengerechte Einrichtungen hin. Viele Lokale erfüllen diese Bedingungen, aber besonders bezüglich der behindertengerechten Toiletten sollte man sich bei der Reservierung erkundigen.

Vegetarische Gerichte

Im Fremdenverkehrsamt gibt es oft Listen mit vegetarischen Restaurants, die in den Städten und Ferienorten immer häufiger eröffnet werden. Im Allgemeinen ist es aber kein Problem, auf der Karte vegetarische Gerichte zu finden, ansonsten wird man in den meisten Lokalen gerne ein Gericht an Ihre Wünsche anpassen, besonders dort, wo man frische Produkte verwendet. In den allermeisten asiatischen Restaurants steht Vegetarisches auf der Karte.

Schild eines Winzerei-Cafés

BYO-Restaurants

BYO ist die Abkürzung für »bring your own« und bedeutet, dass man alkoholische Getränke mitbringen und zum Essen konsumieren darf. Statt einer »full liquor licence« besitzen viele Restaurants eine billigere »BYO licence«. Für den Gast bedeutet das günstigere Preise, auch wenn für die Gläser eine kleine Gebühr (»corkage fee«) erhoben wird. In Restaurants ist Wein üblich, in weniger edlen Lokalen ist auch Bier akzeptabel. Auch einige Restaurants mit Alkohollizenz gestatten den Gästen das Mitbringen von Wein.

Getränke

Die sogenannten »Licensed Restaurants« und Bars servieren alle Arten von alkoholischen Getränken, darunter auch Wein, Bier und Spirituosen. Auch die meisten Cafés des Landes dürfen Alkohol ausschenken, haben allerdings ein kleineres Angebot. Neuseeländische Weine und Biere sind im ganzen Land weitverbreitet, in Weinanbaugebieten stehen häufig Weine aus der Region zur Auswahl. In den sogenannten BYO-Restaurants haben die Gäste die Möglichkeit, Alkohol selbst mitzubringen *(siehe Kasten)*.

Mineralwasser mit und ohne Kohlensäure sowie frisch gepresste Fruchtsäfte sind überaus beliebt und werden in jedem Lokal angeboten, aber auch das Leitungswasser kann man fast überall unbesorgt trinken.

Kleidung

Die Kleiderordnung in Neuseeland ist – verglichen mit vielen anderen Ländern – überaus locker. Es bleibt Ihnen überlassen, ob Sie sich beim Essen mit Jackett und Krawatte oder im eleganten Kleid wohlfühlen. Allerdings sollten Sie in den edleren Restaurants nicht allzu freizeitmäßig gekleidet erscheinen, in Cafés dagegen ist legere Straßenkleidung durchaus üblich.

Rauchen

Ende 2004 trat in Neuseeland ein Gesetz in Kraft, das Rauchen in öffentlichen Räumen, darunter auch in Restaurants, Cafés und Bars, verbietet. Geraucht werden darf nur noch im Freien. Und viele Lokale verfügen auch über einen Außenbereich (Terrasse, Biergarten) oder zumindest eine bequeme Ecke, in die sich Raucher zurückziehen können. In der Regel werden Sie beim Eintreten gefragt, wo Sie sitzen möchten. Bei der Reservierung sollten Sie Ihren diesbezüglichen Wunsch unbedingt angeben.

Neuseelands Küche

Die Küche Neuseelands lässt sich am besten mit den Worten Frische und Vielfalt beschreiben. Die verhältnismäßig jugendliche Nation scheut sich nicht vor Experimenten mit Speisen und Aromen. Dem sauberen Meer und dem fruchtbaren Land hat Neuseeland qualitativ hochwertige Lebensmittel zu verdanken. Die Hersteller – viele arbeiten nach streng biologischen Prinzipien – halten diesen ökologischen Standard hoch. Den größten Einfluss auf Neuseelands Küche hat der Pazifikraum, doch auch Europa, Asien, Polynesien und natürlich die Maori hinterlassen deutliche Spuren. Neuseeländische Köche haben in der ganzen Welt einen exzellenten Ruf.

Avocado-Öl

Eine Herde neuseeländischer Weideschafe

Fleisch

Auf Neuseelands Weiden tummeln sich mehr als 30 Millionen Schafe. Ihr Fleisch wird weltweit geschätzt und in Neuseeland aus gutem Grund häufig serviert, z. B. traditionell als Lammkarree oder marokkanisch als Lamm-*tagine*. Wer Lamm nur vom Grillabend als Lammkotelett kennt, wird hier neue Zubereitungsarten entdecken. Neben Lamm werden natürlich auch Rind, Wild oder Geflügel angeboten. Eine besondere Spezialität ist Cervena, das feine, magere Fleisch von in Neuseeland gezüchteten Rehen.

Fisch und Seafood

In Neuseeland gibt es Fisch und *kai moana* (Seafood) im Überfluss, z. B. Kabeljau von den Chatham Islands, Austern aus Bluff in Southland und Grünlippmuscheln aus den Marlborough Sounds bei Havelock. Snapper und *hapuku* (der Maori-Name für Zackenbarsch) sind die gängigsten Salzwasserfische. Lachs kommt überwiegend von den Lachsfarmen auf der Südinsel (Wildlachs darf nicht verkauft werden). Weitere beliebte Fische sind Terakihi, Kaiserbarsch und

Seafood-Auswahl aus neuseeländischen Gewässern

Neuseelands Spezialitäten

Manuka-Honig

Die neuseeländische Küche ist mannigfaltig. Edle Abenddiners tragen deutlich französische Züge mit einer modernen Note. Großartige Bistros servieren Klassiker wie *bœuf bourguignon* und *tarte au citron*. Cafés in Neuseeland zeichnen sich durch eine entspannte, mediterrane Atmosphäre aus. In den meisten Pubs spiegelt sich die konservative angelsächsische Vergangenheit wider. Hier stehen Braten und Ofengemüse auf der Karte. Neuseeland gehört zum asiatisch-pazifischen Raum, deshalb gibt es auch viele asiatische Einflüsse. Fish and Chips zählt in Neuseeland zu den beliebtesten Delikatessen. Probieren Sie auch Whitebait Fritters (frittierte Nudelfische). Deren Hauptsaison an der Westküste ist von August bis September. Außerdem zu empfehlen sind die Restaurants der Weingüter und Gerichte aus dem Maori-Erdofen *hangi*.

Kumara Soup *Die Suppe aus süßen Kartoffeln ist besonders schmackhaft, wenn sie mit Ziegenkäse garniert wird.*

Korb mit Süßkartoffeln auf einem Bauernmarkt

Whitebait. Die typische neuseeländische Muschel heißt *tuangi*, daneben gibt es *tuatua* und *pipi* genannte. Zudem werden gerne Austern, Miesmuscheln und Krebse verzehrt.

Fish and Chips schmeckt am besten im Freien am Meer

Obst und Gemüse

Die landwirtschaftlichen Produkte sind dank der perfekten Bedingungen in Neuseeland nicht nur in großer Vielfalt vorhanden, sondern außerdem von hoher Qualität. Hier werden alle gängigen Gemüsesorten und regionalen Spezialitäten angebaut. Die süße Kartoffel Kumara ist eine überaus beliebte Zutat der traditionellen Maori-Küche, ob gebacken mit Schale, gekocht, gebraten, frittiert oder in Scheiben geschnitten und in Milch gegart. Taros und Süßkartoffeln sind ebenfalls Bestandteil vieler Gerichte. In Neuseeland wachsen Tamarillos (Baumtomaten), Kiwis und Feijoa (Guave). Während der Erntezeit verkaufen Bauern an Straßenständen Obst und Gemüse zu äußerst niedrigen Preisen. Dem Honig von der Manuka-Pflanze – seines erdigen Aromas wegen auf der ganzen Welt geschätzt – wird sogar eine heilende Wirkung nachgesagt. Begehrt ist auch das schmackhafte Avocado-Öl der Nordinsel.

Milchprodukte

Auch die neuseeländische Milchwirtschaft profitiert von den guten Bedingungen im Land. In ganz Neuseeland produzieren kleine Betriebe köstlichen Käse, Joghurt und wundervolle Eissorten. Hokey-Pokey-Eis ist eine Spezialität Neuseelands – köstliches Vanilleeis mit vielen Karamellstückchen.

Maori-Küche *(Kai)*

Der Nahrungsreichtum in Neuseeland ist einer Maori-Legende nach ein Geschenk der Götter. Von Tane, dem Gott des Waldes, kam das Geflügel, von Tangaroa die Meeresfrüchte, von Haumia die essbaren Wildpflanzen und von Rongo das Gemüse.

Das traditionelle Festmahl ist das *hangi* (benannt nach dem Erdofen der Maori). Während die Männer im Feuer Steine erhitzen und ein Erdloch ausheben, bereiten die Frauen Fleisch und Gemüse vor. Die in Tuch gewickelten Zutaten kommen mit den heißen Steinen in das Erdloch. Dort garen sie schonend bis zu vier Stunden. Das Fleisch wird zart und saftig, das Gemüse erhält eine schmackhafte rauchige Note.

Gebratener Hapuku *Geröstete Schalotten, Pancetta und Rucola geben dem beliebten Fisch die mediterrane Note.*

Lamm vom Grill *Sehr lecker mit einfachen Gewürzen und Beilagen wie Red-Pepper-Sauce und Polenta.*

Pavlova *Australier und Neuseeländer streiten, wer das Dessert aus Baiser, Sahne und Obst erfunden hat.*

Getränke

Corbans Noble Riesling

Bis in die 1960er Jahre wurde in Neuseeland vor allem Bier getrunken, Weingenuss war kaum verbreitet. Der kometenhafte Aufstieg des Weinbaus hat seither diesbezüglich viel verändert. Neuseelands mildes Klima ist ideal für die Reife der Trauben, und so haben die geschmackvollen Premium-Weine international schon viele Preise gewonnen. Es gibt ungefähr 300 Weingüter, die meisten liegen in der Nähe der Küste *(siehe S. 36 f)*. Wer sich über die verschiedenen Rebsorten etwas genauer informieren will, bekommt auf den Weingütern, aber auch in den Buchhandlungen ausgezeichnete Weinführer. Auch unter der Internet-Adresse www.nzwine.com findet man viel Wissenswertes.

Weinprobe in der C. J. Pask Winery, Hastings *(siehe S. 150 f)*

Weißwein

Huia Sauvignon Blanc

Palliser Sauvignon Blanc

Chardonnay und Sauvignon Blanc sind Neuseelands berühmteste Weißweinsorten, viele Weinkenner halten den hiesigen Sauvignon Blanc für den weltbesten. Allgemein sind alle neuseeländischen Weine für ihr fruchtiges Aroma bekannt.

Beim Chardonnay hat man eine große Auswahl: Billigere Chardonnays werden in Edelstahltanks produziert, jung abgefüllt und auch jung getrunken. Edlere Sorten gären und reifen in Eichenfässern und gewinnen durch lange Lagerung. Riesling-Weine werden immer beliebter, dem neuseeländischen Riesling wird oft bescheinigt, dass er dem leichten deutschen Riesling ähnlich ist. Auch Pinot Gris ist verstärkt im Kommen.

Weißer Süßwein

Auch neuseeländische Süßweine finden zunehmend internationale Beachtung und erhalten regelmäßig Auszeichnungen. Die wohl interessantesten Süßweine werden aus Botrytis-Trauben gewonnen, die Region Marlborough gilt für diese Sorten als führend *(siehe S. 206 f)*. Allerdings erweist sich das Klima Neuseelands für Süßweintrauben nicht jedes Jahr als ideal. So schwankt die Qualität, die Preise für gute Dessertweine liegen etwas höher als die für andere Weine.

Weinkeller bei Gibbston Valley Wines *(siehe S. 278)*

Weinsorte	Region	Empfohlene Weingüter
Chardonnay	Alle Weinbauregionen	Church Road, Clearview, Cloudy Bay, Corbans, Hunters, Morton Estate Wines, Vavasour
Chenin Blanc	Gisborne, Hawke's Bay	Collard Brothers, The Millton Vineyard
Gewürztraminer	Central Otago, Gisborne, Hawke's Bay, Marlborough	Brookfields, Chifney Wines, Dry River, Eskdale, Gatehouse, Lawson's Dry Hills, Stonecroft
Müller-Thurgau	Gisborne, Hawke's Bay, Marlborough	Corbans Gisborne Winery, Pleasant Valley Wines, Vidal of Hawke's Bay, Villa Maria
Pinot Gris	Canterbury, Marlborough	Brookfields, Dry River, Margrain, Martinborough Vineyard
Riesling	Canterbury, Central Otago, Hawke's Bay, Marlborough, Nelson, Wairarapa	Allan Scott Wines and Estates, Collards, Cooper's Creek, Corbans, Framingham Wine Company, Grove Mill, Martinborough Vineyard, Neudorf, Stoneleigh
Sauvignon Blanc	Canterbury, Gisborne, Hawke's Bay, Marlborough	Cloudy Bay, Grove Mill, Hunters, Jackson Estate, Nautilus, Palliser, Selaks, Villa Maria
Sémillon	Gisborne, Hawke's Bay, Marlborough	Collards, Huntaway, Kim Crawford, Pleasant Valley, Vidal of Hawke's Bay
Süßweine	Central Otago, Gisborne, Hawke's Bay, Marlborough	Church Road, Cooper's Creek, Cottage Block, Dry River, Framingham Wine Company, Villa Maria

Sekt und Champagner

Huia Marlborough Brut

Neuseelands Schaumweine haben Weltruf und sind mit einer Reihe internationaler Auszeichnungen bedacht worden. Der Deutz Marlborough Cuvée wurde 1998 zum »Schaumwein des Jahres« gewählt. Sektsorten der unteren Preisklasse, »bubblies« genannt, sind einfach nur mit Kohlensäure versetzt und ziemlich süß. Qualität verspricht das Etikett *méthode traditionnelle*. Bei diesem Herstellungsverfahren gärt der Wein – wie der französische Champagner – in Flaschen. Die Region Marlborough ist für ihre »Champagner«-Sorten nach der *méthode traditionnelle* berühmt, aber auch andere Weinanbaugebiete ziehen in letzter Zeit nach und bekommen so langsam einen Ruf für ihre Qualitätsprodukte.

Weinanbau in Neuseeland

Auckland	Cabernet Sauvignon, Chardonnay, Merlot, Pinot Noir
Northland	Cabernet Sauvignon, Chardonnay, Merlot
Waikato und Bay of Plenty	Cabernet Sauvignon, Chardonnay, Chenin Blanc, Sauvignon Blanc
Gisborne	Chardonnay, Müller-Thurgau, Muscat, Sémillon
Hawke's Bay	Cabernet, Chardonnay, Chenin Blanc, Merlot, Sauvignon Blanc, Sémillon
Wairarapa	Chardonnay, Pinot Noir, Riesling, Sauvignon Blanc
Nelson	Chardonnay, Pinot Noir, Riesling, Sauvignon Blanc
Marlborough	Chardonnay, Pinot Noir, Riesling, Sauvignon Blanc
Canterbury	Chardonnay, Pinot Gris, Pinot Noir, Riesling
Otago	Chardonnay, Pinot Noir, Riesling, Sauvignon Blanc

Rotwein

Alana Estate Pinot Noir

Auch wenn in Neuseeland hauptsächlich Weißweine angebaut werden, gewinnen die Rotweine nach und nach an Bedeutung. Pinot Noir ist die am meisten verbreitete Rebsorte, aber auch Cabernet Sauvignon, Merlot und Cabernet Franc gedeihen auf den Böden und im Klima Neuseelands prächtig. Noch mischen die Winzer oft die Reben verschiedener Regionen, aber man ist dabei, den Weinausbau zu verfeinern und immer bessere sortenreine Jahrgangsweine zu produzieren.

Clearview Estate ist ein beliebtes Restaurant an der Küste von Hawke's Bay *(siehe S. 150 f)*

Weinsorte	Region	Empfohlene Weingüter
Cabernet Sauvignon	Auckland, Hawke's Bay, Northland, Waikato	Benfield, Brookfields, Church Road, Delamere, Esk Valley, Goldwater, Morton Estate, Villa Maria
Merlot	Auckland, Gisborne, Hawke's Bay, Marlborough	Arahura, Babich, Church Road, C. J. Pask, Clearview Estate, Corbans, Delegates, Esk Valley, Villa Maria
Pinotage	Auckland, Gisborne, Hawke's Bay, Marlborough	Cottle Hill Winery, Kerr Farm Vineyard, Landmark Estate Wines, Ohinemuri Estate Wine, Pleasant Valley
Pinot Noir	Canterbury, Central Otago, Hawke's Bay, Marlborough, Nelson, Wairarapa	Ata Rangi, Black Ridge, Cloudy Bay, Cooper's Creek, Dry River, Martinborough Vineyard, Palliser, Rippon Vineyard

Bier

Bier ist bei den Neuseeländern ein beliebtes Getränk, und Biere wie Steinlager und Kiwi Lager haben auch internationale Beachtung gefunden. Es gibt über 60 Brauereien im Land, die vom leichten Lager bis zu dunklen Malzbieren eine breite Auswahl produzieren. In Bars und Hotels bekommt man das Bier fast immer vom Fass. In Supermärkten, Bars und Restaurants sind auch alkoholfreie Biere und Importbiere erhältlich.

Steinlager

Andere Getränke

Kiwis

Neuseelands Klimazonen reichen von subtropisch bis alpin. Hier wird viel Obst angebaut, das zu ausgezeichneten Fruchtsäften verarbeitet wird. Aus den Äpfeln wird außer Saft auch Cidre produziert. Natürlich gibt es alle bekannten Softdrinks und viele Mineralwassersorten. Eine lokale Spezialität ist »Lemon and Paeroa«, ein Mineralwasser mit Zitronengeschmack aus Paeroa. Kaffee und Tee sind gleichermaßen beliebt.

Restaurantauswahl

Die folgenden Restaurants wurden wegen ihres Preis-Leistungs-Verhältnisses und ihrer Lage ausgewählt und umfassen alle Preiskategorien. Innerhalb jeder Kategorie sind die Restaurants alphabetisch geordnet. In allen Restaurants, Bars und Cafés ist das Rauchen untersagt. Es wird empfohlen, in Restaurants zu reservieren.

PREISKATEGORIEN

Die Preise gelten pro Person für ein Drei-Gänge-Menü, inklusive Steuern und Service, ohne Getränke:

- $ unter 25 NZ$
- $$ 25–35 NZ$
- $$$ 35–50 NZ$
- $$$$ 50–70 NZ$
- $$$$$ über 70 NZ$

Auckland

CITY Coco's Cantina — $

376 Karangahape Road (09) 300 7582 — **Straßenkarte** E2

Das Lokal ist ein angesagter Treffpunkt in einer der lebhaftesten Straßen der Stadt. Serviert wird mediterrane Küche, darunter Tapas und Pasta, aber auch Steaks zählen zu den Favoriten. Wählen Sie zum Dessert den leckeren Zitronenpudding. Keine Reservierung möglich. Dienstags bis samstags ab 17 Uhr geöffnet.

CITY Dizengoff — $

256 Ponsonby Road, Ponsonby (09) 360 0108 — **Straßenkarte** E2

Das Lokal ist in Ponsonby sehr beliebt, vor allem zur Mittagszeit. Das Dizengoff serviert jüdische Küche, wie man sie eigentlich nur in New York oder im Londoner East End findet. Die gehackte Leber mit Knoblauch schmeckt hervorragend. Außerdem gibt es eine reichhaltige Frühstücksauswahl und den ganzen Tag über Bagels und Spirulina.

CITY Sakanaya — $

160 Symonds Street, Grafton (09) 309 1965 — **Straßenkarte** E2

Die nur zehn Gehminuten vom Stadtzentrum entfernte Bar bietet eine Auswahl traditioneller japanischer Gerichte, die von Küchenchef Yuji Minagawa zubereitet werden. Sushi, Sashimi und Nudelgerichte gibt es hier zu vernünftigen Preisen. An den Wänden hängen Surfutensilien, auf einem Bildschirm laufen Filme zur Faszination Surfen.

CITY Sheinkin — $

3 Lorne Street (09) 303 4301 — **Straßenkarte** E2

In diesem Café-Restaurant in der Innenstadt schmeckt alles von der israelisch inspirierten Frühstücks- und Mittagskarte. Die verschiedenen Platten sind am besten (sehr zu empfehlen ist die Israel-Platte), doch auch Rote-Bete-Salat, Kartoffelpuffer und Suppen sind großartig. Es gibt guten Kaffee, offene Weine und diverse Teesorten.

CITY Bolliwood — $$

110 Ponsonby Road, Ponsonby (09) 376 6477 — **Straßenkarte** E2

Beliebtes indisches Restaurant in Ponsonby. Der große Innenraum ist gut für Gruppen geeignet, es finden sich aber auch ein paar abgeschiedenere Ecken. Auf der Speisekarte stehen Klassiker wie Tandoori-Huhn, Riesengarnelen-Masala und vegetarische Gerichte sowie Knoblauchbrot und ein 10-Dollar-Lunch.

CITY Grand Harbour Chinese Restaurant — $$

18–28 Customs Street West (09) 357 6889 — **Straßenkarte** E2

Das große Hongkong-Restaurant hat viele chinesische Stammgäste. Mittags gibt es einen exzellenten Yum-Cha-Lunch in vielen Variationen. Auch abends bietet die Speisekarte reichlich Auswahl. Es wird empfohlen zu reservieren. Vor allem am Wochenende kann es dennoch passieren, dass Sie warten müssen.

CITY Hees Garden Seafood Restaurant — $$

599 Mount Eden Road, Mount Eden (09) 630 0785 — **Straßenkarte** E2

Seit über 25 Jahren wird in diesem Restaurant chinesische Küche in traditioneller Atmosphäre serviert, umgeben von Aquarien und einem Fischteich mit Wasserfall. Über 70 Gerichte stehen zur Auswahl, u. a. gegrilltes Schweinefleisch und Fisch in Zitronensauce. Zum Yum-Cha-Lunch sollte ein Tisch reserviert werden.

CITY The Occidental — $$

6–8 Vulcan Lane (09) 300 6226 — **Straßenkarte** E2

Hier befand sich einst das Hotel Occidental aus dem Jahr 1870 mit Lesezimmer, Billardraum, einem Café und einer Kneipe. Heute serviert man hier Muscheln und flämische Eintöpfe. Dazu gibt es die belgischen Biersorten Lambic und Trappist sowie neuseeländische Weine.

CITY Daikoku Teppan-Yaki — $$$

148 Quay Street (09) 302 2432 — **Straßenkarte** E2

Eines von sechs Daikokus in Auckland. Dieses hier serviert japanische Teppan-Yaki-Küche – die Gerichte werden am Tisch zubereitet. Zur Daikoku-Emperor-Platte gehören Krebsfleisch und Filet mignon (zu einem Preis). In der separaten Bar gibt es Sake und japanisches Bier. Das Ramen Daikoku am Britomart Transport Centre serviert Nudelgerichte.

Zeichenerklärung *siehe hintere Umschlagklappe*

CITY The Grove $$$
St Patricks Square, Wyndham Street (09) 368 4129 **Straßenkarte** E2

Das preisgekrönte Restaurant nahe der St Patrick's Church zählt zu den Favoriten der Einheimischen, die auch die entspannte Atmosphäre genießen. Neben Fischgerichten (vor allem mit Thunfisch) sind auch die Rindfleischgerichte sehr beliebt. Auch vegetarische Optionen sind verfügbar. Samstagmittags, sonntags und an Feiertagen geschlossen.

CITY Mai Thai $$$
Ecke Victoria & Albert Street (09) 366 6258 **Straßenkarte** E2

Die Gerichte im Mai Thai sind eine Kombination verschiedenster Geschmacksrichtungen – scharf, sauer, salzig, süß und würzig, mit raffinierten einheimischen Wurzeln und Kräutern. Alle Gerichte in Aucklands bestem Thai-Restaurant werden mit einem »Wai« serviert – einem Lächeln.

CITY Mecca $$$
85–87 Customs Street West, Viaduct Harbour (09) 358 1093 **Straßenkarte** E2

Das Mecca begann als kleines Café in Newmarket, heute gibt es viele Filialen in Auckland, z. B. am Viaduct Harbour, im Chancery Centre und in Bacons Lane. Zur Auswahl stehen typische Gerichte aus dem Mittleren Osten. Das Chancery Centre serviert auch im überdachten Innenhof.

CITY Oh Calcutta $$$
149–155 Parnell Road, Parnell (09) 377 9090 **Straßenkarte** E2

Gewinner zahlreicher Auszeichnungen, u. a. für das Rindfleisch-Shajahani – zartes Rindfleisch in einer sahnigen Mandelsauce, mit Koriander, Mandelsplittern und Gewürzen garniert und mit hausgemachtem Hüttenkäse serviert. Zu empfehlen ist auch Saag Dhingari – Champignons in einem leicht gewürzten Püree aus frischem Spinat.

CITY Portside Bar & Brasserie $$$
132 Halsey Street, Viaduct (09) 358 4577 **Straßenkarte** E2

Die zentrale Lage und die schöne Aussicht machen das Lokal sehr anziehend – auch im Winter, wenn die offenen Feuerstellen Wärme spenden. Das Speisenangebot ist saisonal orientiert, zu den Klassikern gehören Fisch und Seafood. Auch die Kinderkarte kann sich sehen lassen. Die Weinkarte bietet eine große Auswahl.

CITY Prego $$$
226 Ponsonby Road, Ponsonby (09) 376 3095 **Straßenkarte** E2

Zwangloses, freundliches Lokal, das leckere, einfache Pastagerichte, Holzofenpizza und Braten serviert. Das Prego ist bei den Auckländern äußerst beliebt und deshalb oft voll und laut. Reservierungen werden nicht angenommen, deshalb muss man oft an der Bar warten. Hier kann man den größten Hunger mit frisch gebackenem Brot stillen.

CITY Bowmans $$$$
597 Mount Eden Road, Mount Eden (09) 638 9676 **Straßenkarte** E2

Das gastfreundliche Restaurant bringt herzhafte Portionen moderner neuseeländischer Gerichte (europäisch-asiatisch) auf den Tisch. Gute Weinauswahl und »Blackboard Menu«, bei dem die Gänge nach Lust und Appetit variiert werden können. Seit 1998 Gewinner des »NZ Lamb and Beef Hallmark of Excellence«. Dientags bis samstags geöffnet.

CITY The French Café $$$$
210 Symonds Street (09) 377 1911 **Straßenkarte** E2

Moderne europäische Küche in feinem, gemütlichem Ambiente. An der Bar unterhält man sich bei Drinks und kleinen Gerichten. Regelmäßig wählen Lifestyle-Magazine dieses Lokal unter die Top-Restaurants Aucklands. Je nach Saison gibt es ungewöhnliche Kreationen, z. B. Salz-und-Pfeffer-Tintenfisch mit Chili-Marmelade.

CITY Hammerheads Restaurant $$$$
19 Tamaki Drive, Okahu Bay (09) 521 4400 **Straßenkarte** E2

Eines der bekanntesten Restaurants der Stadt liegt fünf Autominuten von der Innenstadt entfernt im Hafenviertel bei der Okahu Bay, mit Blick auf den Hafen und die Skyline. Hier gibt es überwiegend, aber nicht ausschließlich, Seafood mit asiatischen und mediterranen Kräutern und Gewürzen. Die Seafood-Platte ist hervorragend.

CITY Harbourside Seafood Bar & Grill $$$$
1. Stock Ferry Building, Quay Street (09) 307 0556 **Straßenkarte** E2

Das Harbourside ist wegen seiner Top-Lage sehr beliebt. Von der Terrakotta-Terrasse blickt man auf die Fähren, Passagierschiffe und Yachten im Hafen. Seit der Renovierung erstrahlt das große Restaurant in neuem Dekor und neuen Farben. Überwiegend Fischgerichte ohne überflüssigen Schnickschnack.

CITY Kermadec $$$$
Level 1 Viaduct Quay, Ecke Lower Hobson & Quay Street (09) 309 0412 **Straßenkarte** E2

Das Kermadec am Viaduct Harbour ist nicht zu übersehen: zwei Restaurants, drei Bars, ein Café und zwei japanische Tatami-Zimmer. Hier dreht sich alles um Fisch und Meeresfrüchte und wie sie im pazifischen Raum zubereitet werden. Die Blütezeit während der Rennen zum America's Cup ist vorbei, doch es ist noch immer chic, hier zu speisen.

CITY O'Connell Street Bistro $$$$
3 O'Connell Street (09) 377 1884 **Straßenkarte** E2

Das kleine, gemütliche europäische Bistro wurde seit der Eröffnung 1999 für seine Weinauswahl und Küche mehrfach ausgezeichnet. Zu den saisonalen Delikatessen gehören u. a. gebratene Muscheln mit gegrillter Blutwurst, Mangold, knusprigen Kartoffeln und einem Champagner-Vanille-Sirup.

CITY Soul Bar and Bistro $$$$

Viaduct Harbour (09) 356 7249 **Straßenkarte** E2

Die Bar und das Restaurant am Viaduct Harbour und dessen große Terrasse mit Blick auf den Yachthafen sind ultraangesagt. Angestellte kommen zum Lunch oder nach der Arbeit auf einen Drink, man kann entspannt zu Abend essen, sich spätnachts vergnügen und sonntags brunchen. Überwiegend leichte Seafood-Gerichte. Exzellenter Service.

CITY Toto $$$$

53 Nelson Street (09) 302 2665 **Straßenkarte** E2

In Aucklands erstem Italian-Fusion-Restaurant vermischen sich die traditionelle und die moderne italienische Küche zu köstlichen Variationen klassischer Gerichte. Obwohl man in Neuseeland derzeit völlig vernarrt in die eigenen Weine ist, serviert das Toto italienische Tropfen wie Amarone, Brunello di Montalcino und Barolo. Montags geschlossen.

CITY Wildfire Churrascaria $$$$

Princes Wharf, Quay Street (09) 353 7595 **Straßenkarte** E2

Das Churrascaria ist das einzige brasilianische BBQ in Neuseeland und bei Kindern und Urlaubern sehr beliebt. Rind, Lamm, Schwein, Huhn und Fisch werden mariniert und an langen Spießen über glühenden Kohlen gegrillt – eine Technik, die man bereits im 18. Jahrhundert am Rio Grande do Sul praktizierte. All-You-Can-Eat zum Festpreis.

CITY Antoine's Restaurant $$$$$

333 Parnell Road, Parnell (09) 379 8756 **Straßenkarte** E2

Antoine's serviert seit 1973 französisch inspirierte Neuseeland-Küche. Das Lokal ist eigentlich immer ausgebucht. Küchenchef Tony Astle begann mit 22 Jahren und reist heute einmal im Jahr auf der Suche nach neuen Ideen durch die Welt. Das »Nostalgiemenü« besteht aus gebratenem Entchen, Ochsenschwanz und Bread-and-Butter-Pudding.

CITY Dine by Peter Gordon $$$$$

Level 3, SKYCITY Grand Hotel, 90 Federal Street (09) 363 7030 **Straßenkarte** E2

Das Restaurant trägt den Namen von Peter Gordon, Neuseelands bekanntestem Promi-Koch. Er gründete 1986 den berühmten Sugar Club in Wellington und gilt als Vater der neuen neuseeländischen Küche. Das Dine im neuen SKYCITY Grand Hotel serviert seine bekannten Fusion-Gerichte.

CITY Q Restaurant $$$$$

21 Viaduct Harbour Avenue (09) 909 8000 **Straßenkarte** E2

Dies ist eines der besten und luxuriösesten Restaurants der ganzen Stadt. Serviert wird europäische Küche mit einem neuseeländischen Touch. Das Q Restaurant liegt im Herzen von Auckland und bietet beste Aussicht über den Viaduct Harbour. Die Einrichtung ist geradezu verschwenderisch, bei gutem Wetter speist man im Freien.

CITY Vinnies $$$$$

166 Jervois Road, Herne Bay (09) 376 5597 **Straßenkarte** E2

Sehr beliebt bei Feinschmeckern. Einrichtung und Speisekarte wurden aufgepeppt, ohne dass man sich jedoch zu weit vom ursprünglichen Konzept entfernte, weswegen das Restaurant von allen Seiten gelobt wird. Je nach Saison gibt es u. a. Riesengarnelen-Teigtaschen mit Mangold, Brunnenkresse und würziger Karottensuppe.

GROSSRAUM AUCKLAND Cable Bay Vineyards $$$

12 Nick Johnstone Drive, Oneroa, Waiheke Island (09) 372 5889 **Straßenkarte** E2

Hier können Sie mit schönem Blick auf den Hafen oder auf Olivenhaine dinieren. Versuchen Sie Entenleber oder *foie gras*. Weitere Klassiker auf der Speisekarte sind gegrilltes Schweinekotelett mit Spinat, saftige Steaks oder die vielen Fischspezialitäten. Auch das Menü ist jederzeit eine gute Wahl.

GROSSRAUM AUCKLAND Manuka $$$

49 Victoria Road, Devonport (09) 445 7732 **Straßenkarte** E2

Eine zwölfminütige Fahrt mit der Fähre von der Innenstadt Aucklands in den Vorort Devonport führt zum Manuka – bekannt für seine Holzofenpizzas. In zwangloser Umgebung werden hier auch Pasta, Salate, Seafood und Steaks serviert. Für Kinder gibt es ein spezielles Kindermenü – und Buntstifte.

Northland

AHIPARA Bayview Restaurant $$

22 Reef View Road (09) 409 4888 **Straßenkarte** D1

Das dem Ahipara Bay Motel angegliederte Restaurant bietet gutes Essen in entspanntem Ambiente und dazu eine hervorragende Aussicht auf die Küste. Die Speisekarte listet eine große Auswahl einheimischer Spezialitäten, darunter auch glutenfreie Optionen. Zu den Fleisch- und Fischgerichten gibt es viele Salate.

DOUBTLESS BAY Mangonui Fish Shop $

Beach Road, Mangonui (09) 406 0478 **Straßenkarte** D1

Auf der Terrasse über dem Mangonui Harbour kann man bei jedem Wetter sitzen. Hier kommen nur Fische aus der Region auf den Tisch, u. a. Snapper, Terakihi, Bluenose, Knurrhahn oder Seebarsch. Außerdem gibt es Jakobs- und Venusmuscheln, Austern, Kina (Seeigel) und Räucherfisch. Nirgendwo gibt es besseren und frischeren Fisch.

Preiskategorien *siehe S. 326* **Zeichenerklärung** *siehe hintere Umschlagklappe*

HOKIANGA Boatshed Café and Gallery $

8 Clendon Esplanade, Rawene (09) 405 7728 **Straßenkarte** D1

Kunst und Kunsthandwerk, Kaffee und Tee, Kuchen und Muffins, Frühstück und Mittagessen – alles in einem ehemaligen, rot gestrichenen Lagerhaus, das am Rawene Beach über das Wasser hinausragt. Freundliche Café-Atmosphäre. Hier befindet sich auch das Fremdenverkehrsbüro für Hokianga Harbour.

HOKIANGA Copthorne Hotel and Resort $$$$

SH12, Omapere (09) 405 8737 **Straßenkarte** D1

In diesem Hotel am Ufer des Hokianga Harbour trifft man mit Sicherheit die gesamte Besitzerfamilie an, auch den Labrador Bailey. Im malerischen Kolonialhaus werden Frühstück und abends herzhafte Speisen serviert, im familienfreundlichen Pub, das auch bei Einheimischen sehr beliebt ist, gibt es Drinks und kleine Snacks.

HOUHOURA Houhora Tavern $

Saleyard Road (09) 409 8806 **Straßenkarte** E1

Das 1892 erbaute Hotel liegt oberhalb des ruhigen Hafens von Houhoura. Auf der Veranda werden Drinks serviert. Die Speisekarte bietet frischen Snapper und Meeresfrüchte, an der Bar gibt es auf Wunsch auch kleinere Gerichte. Auf der Reise in Neuseelands Norden ist dies die letzte Taverne und die letzte Chance auf Essen, Bier und Benzin.

KAIPARA Sahara Restaurant, Bar and Lounge $$$

Ecke Main & Franklin Road, Paparoa (09) 431 6833 **Straßenkarte** D1

Das alte Gebäude der National Bank aus dem Jahr 1914 wurde liebevoll renoviert und dafür bereits ausgezeichnet. Das Sahara vermittelt einem das Gefühl von italienischer Landidylle. Die Besitzer, die bereits in Melbourne, London und Sardinien Chefköche waren, verwenden Schwein, Schinken, Wild, Gemüse, Austern und Muscheln.

KAITAIA Bushman's Hut Steakhouse $$$

5 Bank Street (09) 408 4320 **Straßenkarte** D1

Erstklassige neuseeländische Rindersteaks vom Holzkohlengrill. Daneben bereitet der preisgekrönte Koch auch diverse Seafood-Gerichte zu. Alle Zutaten kommen aus der Region, die Weine von den besten Weingütern in Northland. Innen und außen wirkt das Steakhouse rustikal. Warmherzige Atmosphäre, freundlicher Service.

KAITAIA La Lumière Restaurant & Bar – Northerner Hotel $$$

Ecke North Road & Kohuhu Street (09) 408 2800 **Straßenkarte** D1

Seit mehr als 20 Jahren gibt es dieses beliebte Restaurant – es gehört zum Northerner Motor Inn – in einem nachgebildeten Tudor-Bau im Norden von Kaitaia. Und es wird seine Gäste auch in Zukunft täglich ab 16.30 Uhr mit herzhaften Gerichten zufriedenstellen.

KERIKERI Marsden Estate $$

Wiroa Road (09) 407 9398 **Straßenkarte** E1

Benannt nach Samuel Marsden, dem Missionar, der 1819 die ersten Weinstöcke Neuseelands setzte. Marsden Estate serviert bodenständige Gerichte (Ochsenschwanz-Eintopf mit Zwiebeln, Knoblauch und Kartoffelpüree mit Sauce) auf einer Terrasse mit Blick auf das Weingut. Nur mittags geöffnet.

PAIHIA Waikokopu Café $

Waitangi Treaty Grounds (09) 402 6275 **Straßenkarte** E1

Das preisgekrönte Café liegt gleich beim Eingang der Treaty Grounds in einem schattigen Garten. Es bietet Gästen guten Kaffee und eine große Auswahl an Speisen, von Frühstück über Snacks zu Gerichten mit Rind, Lamm oder Meeresfrüchten. Auch Vegetarier haben hier viele Optionen. Spezielle Menüs für Kinder.

PAIHIA 35 Degrees South Aquarium Restaurant and Bar $$$

The Wharf (09) 402 6220 **Straßenkarte** E1

Das Restaurant am Wasser bietet von seiner Terrasse einen atemberaubenden Blick auf Waitangi, Russell und die Bay of Islands. Der Küchenchef brachte von seinen Reisen viele Ideen mit, die er bei seinen Menüs umsetzt. Während man sich seinem Seafood-Dinner widmet, kann man den Fischen im Salzwasseraquarium zusehen. Bis 20 Uhr geöffnet.

PAIHIA Only Seafood $$$

40 Marsden Road (09) 402 6066 **Straßenkarte** E1

Das Kolonialgebäude am Hafen stammt aus den späten 1800er Jahren. Hier gibt es neuseeländische Küche mit einer großen Auswahl an neuseeländischen Weinen. Im Sommer stehen Kerzen auf den Tischen im Hof. Von dort aus kann man die Schiffe der Bay im Mondlicht sehen. Im oberen Stockwerk bietet das Only Seafood ausschließlich Fisch an.

PAIHIA The Black Olive $$$$

308 Kerikeri Road, Bay of Islands (09) 407 9693 **Straßenkarte** E1

Das unprätentiöse Restaurant verfügt über eine Terrasse, von der man (vielleicht bei einem Glas Wein) den Sonnenuntergang genießen kann. Zur Auswahl stehen Pizzas, Nudelgerichte, Steaks und Seafood. Für Kinder gibt es Extra-Menüs und eine Spielecke. Ab 16 Uhr geöffnet (Winter: Di–Sa, Sommer: Di–So).

PAIHIA Pure Tastes $$$$$

116 Marsden Road (09) 402 0003 **Straßenkarte** E1

Das Pure Tastes im Paihia Beach Resort and Spa fungiert tagsüber als Bistro, abends als Restaurant. Egal, zu welcher Tageszeit Sie kommen – die moderne Küche mit Einflüssen aus aller Welt wird Sie begeistern. So weit wie möglich werden Zutaten aus der Region verwendet. Täglich geöffnet.

Straßenkarte *siehe hintere Umschlaginnenseiten*

RUSSELL Duke of Marlborough Hotel $$$

35 The Strand (09) 403 7829 **Straßenkarte** E1

Das geschichtsträchtige Duke of Marlborough Hotel erhielt 1840 die erste Alkohollizenz in Neuseeland. In den letzten 150 Jahren brannte es bis auf die Grundmauern ab, wurde wieder aufgebaut und mehrere Male renoviert. Heute werden auf der überdachten Veranda Bar-Snacks, Bistro-Gerichte und Seafood-Spezialitäten serviert.

RUSSELL Gannets Restaurant $$$

Ecke York & Chapel Street (09) 403 7990 **Straßenkarte** E1

Frische Meeresfrüchte sind die Spezialität dieses ausgezeichneten Restaurants. Täglich wechselndes Fischmenü. Je nach Saison werden Leckerbissen wie Safran-Seafood-Eintopf oder »Fang des Tages« mit Weißwein-Pernod-Sauce auf Pilzrisotto angeboten. Fusionsküche mit europäischen Einflüssen und Gewürzen aus Asien und dem Pazifikraum.

RUSSELL Sally's Restaurant $$$

25 The Strand (09) 403 7652 **Straßenkarte** E1

Zu dem stets gut besuchten Restaurant am Strand von Russell gehört auch eine großzügige Terrasse, von der man eine perfekte Sicht über die Bucht hat. Die Speisekarte führt eine beachtliche Auswahl einheimischer Spezialitäten, auch das Angebot an neuseeländischen Bieren und Weinen kann sich sehen lassen. Reservierung wird empfohlen.

RUSSELL Kamakura $$$$$

29 The Strand (09) 403 7771 **Straßenkarte** E1

Der Mix aus Essen vom Feinsten und beeindruckender Aussicht auf die Bucht ist nicht zu schlagen. Viele Gerichte sind asiatisch inspiriert, zu den beliebtesten zählen Krabben, Chili und Limonen-Ravioli in Langustensuppe. Ein Genuss ohne Reue ist das fünfgängige Menü, das die Vielfalt neuseeländischer Produkte zeigt.

TUTUKAKA Schnappa Rock $$$$

Marina Road (09) 434 3774 **Straßenkarte** E1

Das peppige Strandlokal ist Bar, Café und Restaurant in einem. Hier gibt es Frühstück, Mittag- und Abendessen, Drinks und einen kinderfreundlichen, subtropischen Garten. Mittags werden Burger und Caesar's Salad, abends Gerichte mit Fleisch oder Fisch sowie als Dessert Rhabarber und Pudding serviert. Gute Cocktails. Katerfrühstück.

WAIPU COVE The Beach House Local Bar & Kitchen $$$$

891 Cove Road, Waipu Cove, Bream Bay (09) 432 0877 **Straßenkarte** E1

Das preisgekrönte Restaurant in Waipu Cove an der Bream Bay bietet eine geradezu unschlagbare Auswahl an zeitgenössischen neuseeländischen Spezialitäten. Einige Gerichte zeigen einen leicht mediterranen Touch. Die Lage des Beach House ist grandios, zum weißen Sandstrand sind es gerade einmal 50 Meter.

WHANGAREI Reva's on The Waterfront $$$

31 Quay Side, Town Basin Marina (09) 438 8969 **Straßenkarte** E1

Die stadtbekannte Pizzeria zog seit 1976 mehrmals um, war aber immer ein Treffpunkt für einheimische Musiker, Künstler und Urlauber. Hier am Hafen scheint sie das perfekte Zuhause gefunden zu haben. Neben den beachtlichen Pizzas serviert Reva's mexikanische Gerichte, herzhafte Salate, Pasta, Fisch und Fleisch.

WHANGAREI à Deco $$$$

70 Kamo Road (09) 459 4957 **Straßenkarte** E1

In diesem Art-déco-Haus von 1939 liegt der Schwerpunkt der modernen neuseeländischen Küche auf frischen Zutaten aus Northland. Die Zeitschrift *NZ Cuisine* nannte es »eine Erfahrung, die man nicht verpassen darf«. Der Verband New Zealand Beef and Lamb schließt sich dem an. Dienstag bis Samstag abends geöffnet (Fr auch mittags).

WHANGAREI Tonic Restaurant $$$$

239A Kamo Road (09) 437 5558 **Straßenkarte** E1

In kaum einem Restaurant in Northland kann man so gut speisen wie im Tonic, außerdem stimmen Service und Preis-Leistungs-Verhältnis. Es ist mit das beste Restaurant in Whangarei. Erst als mit dem Deco ein harter Konkurrent eröffnete, räumte das Tonic nicht mehr alle wichtigen Preise in der Region ab. Täglich ab 18 Uhr geöffnet.

Zentrum der Nordinsel

COROMANDEL Pepper Tree Restaurant and Bar $$$$$

31 Kapanga Road (07) 866 8211 **Straßenkarte** E2

Mitten im Fischerort Coromandel liegt diese alte Villa mit sonnigem Innenhof, schattigen Veranden und gemütlichem Speiseraum. Seafood ist die Spezialität der sehr guten neuseeländischen Küche. Der Coro Sampler besteht aus Krebs, Austern, Muscheln und rohem Fischsalat. Oder Sie gehen aufs Ganze mit der Seafood-Indulgence-Platte.

GISBORNE The Works Café $$

The Esplanade (06) 863 1285 **Straßenkarte** F3

In einem alten Gefrierhaus von 1906 bietet das Café Menüs mit Meeresfrüchten, Gemüse, Käse und Hochlandfleisch aus der Region. Freundliches Lokal mit entspannter Atmosphäre. Den Besitzern gehört das Weingut Works and Longbush, dessen Weine (überwiegend Weißweine) natürlich auf der Karte stehen.

Preiskategorien *siehe S. 326* **Zeichenerklärung** *siehe hintere Umschlagklappe*

GISBORNE Poverty Bay Club $$$$

Ecke Childers Road & Customhouse Street (06) 863 2006 **Straßenkarte** F3

Früher war dies ein Privatclub reicher Landbesitzer, jetzt ist der Poverty Bay Club für alle geöffnet und serviert Mittag- und Abendessen, Cocktails und Tapas. Das Restaurant ist ein schönes Beispiel für provinzielle Architektur im ausgehenden 19. Jahrhundert, vor allem die Balkone, Säulen und die mit Laubsägearbeiten verzierte Veranda.

HAHEI The Church $$$

91 Hahei Beach Road (07) 866 3797 **Straßenkarte** E2

Hier speist man in einer restaurierten hölzernen Kirche aus dem 19. Jahrhundert, mit hohen Gewölbedecken, Bogenfenstern und Holzböden. Serviert wird schottische Küche, darunter sind Gerichte wie gebratene Hühnchenbrust im Speckmantel. Pudding darf natürlich nicht fehlen. Täglich ab 17.30 Uhr geöffnet.

HAHEI Luna Café $$$

1 Grange Road (07) 866 3016 **Straßenkarte** E2

Köstliche Hausmacherkost in warmer, freundlicher Atmosphäre. Täglich werden Frühstück, Mittag- und Abendessen serviert. Berühmt sind die Muffins und der Röstkaffee. Es gibt einen Innenhof und nebenan einen Spielplatz. Abends muss reserviert werden, vor allem während der Ferienzeit im Sommer.

HAMILTON Embargo $$$

12 Garden Place (07) 834 1353 **Straßenkarte** E2

Das aufstrebende Café und Restaurant im ehemaligen Gebäude des *New Zealand Herald* gehört einem gebürtigen Österreicher, der lange in Sydney arbeitete. Tagsüber zwangloses Café, abends elegantes Restaurant. Hier verschmilzt klassische französische Küche mit Aromen aus dem Pazifikraum. Kinderfreundlicher Sonntagsbrunch.

HAMILTON Iguana Street Bar & Restaurant $$$

203 Victoria Street (07) 834 2280 **Straßenkarte** E2

Holzböden und die offene Küche schaffen ein besonderes Flair. Die Gäste können dabei zusehen, wie der Koch die Speisen aus frischesten Zutaten kreiert. Im Fokus des Restaurants steht mediterrane Küche. Zu jedem Gericht gibt es den passenden Wein. Das Iguana ist auch für seine guten Cocktails bekannt.

HAMILTON Palate $$$$

170 Victoria Street (07) 834 2921 **Straßenkarte** E2

Das Palate ist in einem historischen Gebäude im Zentrum von Hamilton untergebracht. Die Gerichte werden aus der Jahreszeit entsprechenden Produkten zubereitet und zeichnen sich durch hohe Qualität aus. Die Weinkarte listet eine Vielzahl edler Tropfen. Montag bis Samstag abends geöffnet.

HAVELOCK NORTH Black Barn Bistro $$

Black Barn Road (06) 877 7985 **Straßenkarte** F4

Das preisgekrönte Restaurant liegt eine fünfminütige Autofahrt von Havelock North entfernt. Zur Auswahl stehen viele Fischgerichte, darunter Königsmakrele. Der Schwerpunkt der Zutaten liegt auf Produkten aus der Region. Zu den meisten Speisen passen Chardonnay oder Sauvignon Blanc.

MOUNT MAUNGANUI Astrolabe $$$$

82 Maunganui Road (07) 574 8155 **Straßenkarte** E2

Hier auf dem Berg befindet sich alles unter einem Dach: Bar, Café, Innenhof und Restaurant. Preisgekrönte Küche, moderne Einrichtung und einwandfreier Service. Die Gerichte aus dem Pazifikraum werden mit heimischen Zutaten und Meeresfrüchten zubereitet. Man legt viel Wert auf Naturprodukte von höchster Qualität.

NAPIER The Old Church Restaurant and Bar $$

199 Meeanee Road (06) 844 8866 **Straßenkarte** F4

Das 1863 errichtete Gebäude wurde in ein Restaurant umfunktioniert, das neben einem Speiseraum auch einen schönen Außenbereich mit Bergblick bietet. Die Auswahl an Gerichten orientiert sich überwiegend an der jeweiligen Jahreszeit, Pizzas gibt es aber immer. Mittwochs bis sonntags geöffnet.

NAPIER Restaurant Indonesia $$

409 Marine Parade (06) 835 8303 **Straßenkarte** F4

In einer Region, in der gutes Essen teuer ist, ist dieses alteingesessene Restaurant in Familienbesitz eine Alternative, vor allem wenn man einmal etwas anderes möchte als moderne neuseeländische Küche. Zu empfehlen ist *rijsttafel* – ein indonesisches Festessen mit vielen Gerichten, z. B. Babi Pangang (gegrillter Schweinebauch in Ananassauce).

NAPIER Clifton Bay Café $$$

Clifton Road, Te Awanga (06) 875 0096 **Straßenkarte** F4

Das rustikale Café steht dort, wo sich einst das Woll-Lagerhaus der Clifton Station befand. Tolle Lage am Meer. Von hier führen Wanderwege zur Tölpelkolonie am Cape Kidnappers. Überdurchschnittlich gute Café-Gerichte und regionale Weine. Freundliches Personal, Kinder sind sehr willkommen.

NAPIER Mission Estate Winery Restaurant $$$

198 Church Road, Greenmeadows (06) 845 9354 **Straßenkarte** F2

Eines der wenigen Weingut-Restaurants, die abends geöffnet haben. Es befindet sich in einem restaurierten französischen Maristenseminar am hügligen Stadtrand. Von dort hat man einen schönen Blick auf Napier und das Meer. Europäische Küche mit köstlichen Desserts. Berühmt für das jährliche Konzert.

Straßenkarte *siehe hintere Umschlaginnenseiten*

NAPIER Pacifica $$$$

209 Marine Parade (06) 833 6335 **Straßenkarte** F2

Napiers bestes Seafood-Restaurant. Beliebt ist gegrillte Flunder, mit Kräuterzweigen, Knoblauch und Butter garniert und im Grill knusprig überbacken. Als Vorspeise gibt es Scheiben vom rohen Makrelenbarsch oder Nelson-Jakobsmuscheln. Gewebte Matten, die türkisfarbene Außenseite und Feuerkörbe im Hof vermitteln ein Gefühl von Pazifik.

NAPIER Provedore $$$$

60 West Quay, Port Ahuriri (06) 834 0189 **Straßenkarte** F2

Hier kann man gut essen, trinken und »abhängen«. Das Provedore bietet Lunch, kantonesische Snacks an der Bar und mediterran-asiatische Fusionsküche im Restaurant – alles mit Blick auf den Fischereihafen. Gelegentlich sorgen Live-Musiker und DJs für Unterhaltung. Dienstags bis freitags ab 17 Uhr, am Wochenende ab 10 Uhr geöffnet.

NAPIER Te Awa Winery & Restaurant $$$$

2375 SH50 (06) 879 7602 **Straßenkarte** F2

Das Weingut-Restaurant in den Gimblett Gravels, 15 Autominuten von Napier entfernt, ist ebenfalls hoch angesehen. Exzellente europäische Küche ohne viel Schnickschnack in rustikalem Ambiente. Im Sommer wird unter der Pergola serviert. Gute Weine und für Kinder viel Platz zum Spielen.

OTOROHANGA Be'Guinness $$

91 Maniapoto Street (07) 873 8010 **Straßenkarte** E3

Neben der Spezialität Steak kommen hier auch andere Fleischgerichte und sättigende Aufläufe auf den Tisch. Es gibt Guinness vom Fass und einheimische Biere wie Waikato Draught. Das Restaurant ist gemütlich eingerichtet und mit Landschaftsmalereien von Künstlern aus Waikato geschmückt.

PAEROA Ohinemuri Estate Winery Restaurant $$$$

Moresby Street, Karangahake Gorge (07) 862 8874 **Straßenkarte** E3

Das Restaurant ist in den Stallungen eines ehemaligen Gutshofs untergebracht. Mediterrane Gerichte stehen hier im Vordergrund, die meisten werden neuseeländisch »interpretiert«. So weit wie möglich werden dafür der Jahreszeit entsprechende Zutaten aus der Region verwendet. Im Sommer genießt man sein Essen auf der Terrasse.

RAGLAN Marlin Café and Grill $$$

Raglan Wharf, 43 Rose Street (07) 825 0010 **Straßenkarte** E2

Gleich beim Schiffsanleger gelegen, gibt es hier Gerichte für jeden Appetit. Die Spezialitäten sind Meeresfrüchte und Gegrilltes. Die Besitzer haben auch nichts dagegen, wenn man nur auf einen Drink vorbeischaut. Einrichtung aus Holz, sonnige Terrasse und Blick aufs Meer.

ROTORUA Zanelli's Italian Cuisine $$$

1243 Amohia Street (07) 348 4908 **Straßenkarte** E3

Das italienische Restaurant serviert Pasta und Fleischgerichte, z. B. Kalb in einer Sauce aus Weißwein, Zitronensaft und Petersilie. Zudem gibt es himmlische Desserts wie Zanellis berühmtes Eis, Tiramisu oder Zabaione. Tagesgerichte richten sich nach der Saison. Ruhige Lage in der Nähe der Sehenswürdigkeiten. Dienstag bis Sonntag abends geöffnet.

ROTORUA Bistro 1284 $$$$

1284 Eruera Street (07) 346 1284 **Straßenkarte** E3

Bistro 1284 im Herzen von Rotorua gewann diverse »Beef and Lamb Awards« und wird regelmäßig in die Liste der Top-Restaurants der Stadt aufgenommen. Liebevoll angerichtete europäische Speisen, z. B. Rinderbraten, gefüllt mit gebratenen Pilzen, dazu Pommes frites und Sauce béarnaise. Neuseeländische Weine.

ROTORUA Relish Café $$$$

1149 Tutanekai Street (07) 343 9195 **Straßenkarte** E3

Das renommierte, auch bei Einheimischen angesagte Relish Café serviert mediterran inspirierte Gerichte, darunter Steinpilzravioli mit Petersilie und Parmesan sowie ein täglich wechselndes Menü von Tapas und Pizzas vom Holzofen. Die Weinauswahl lässt kaum einen Wunsch offen.

TAUPO Huka Prawn Park Restaurant $$

Huka Falls Road, Wairakei Park (07) 374 8474 **Straßenkarte** E3

Getreu dem Motto »meet 'em, greet 'em, eat 'em« zeigt diese Garnelenfarm ihren Besuchern, wie Garnelen gezüchtet werden, bevor sie im Kochtopf landen. Nur einen Steinwurf von den Huka Falls entfernt werden auch diejenigen satt, die sich die edlere Huka Lodge nicht leisten können oder wollen.

TAUPO Beach Brasserie $$$

Millennium Hotel & Resort Manuel's Taupo, 243 Lake Terrace (07) 378 5110 **Straßenkarte** E3

Die Einrichtung ist ehrlich gesagt ein alter Hut, doch die Beach Brasserie liegt direkt am Strand und serviert ausgezeichnete Gerichte, die man sich problemlos leisten kann. Hier sind Familien willkommen, es gibt Kindermenüs und ein Büfett am Wochenende. Als Dessert zu empfehlen: Rhabarber mit Verjuice, Mascarpone und Vanilleeis.

TAUPO Huka Falls Restaurant $$$$

56 Huka Falls Road (07) 376 0260 **Straßenkarte** E3

Frische Meeresfrüchte zählen zu den Spezialitäten des Hauses. Das Restaurant bietet eine entspannte Atmosphäre und dazu eine tolle Aussicht auf Huka Falls Winery und Mount Tauhara. Untergebracht ist es im Huka Falls Resort am Waikato. Bei schönem Wetter speist man unter freiem Himmel.

Preiskategorien *siehe S. 326* **Zeichenerklärung** *siehe hintere Umschlagklappe*

TAURANGA Café Bravo $$$
Red Square (07) 578 4700 **Straßenkarte** E2

Klare Linien bestimmen das Bild in diesem modernen Café in der Innenstadt. Herzhaftes Frühstück (u. a. mit Lamm und Blutwurst), mächtige Sandwiches und Pizzas werden ebenso serviert wie leichte Mittagsgerichte, z. B. Räucherlachs mit Kapern-Aioli. Sonntag und Montag abends geschlossen.

TAURANGA Harbourside Bar and Brasserie $$$
Old Yacht Club Building, am südlichen Ende der Promenade »The Strand« 0800 721 714 **Straßenkarte** E2

Erstklassige Lage über dem Wasser mit Blick auf die Schiffe im Hafen. Helles, geräumiges Lokal mit überdachter Terrasse. Serviert wird überwiegend Seafood, mal asiatisch, mal europäisch zubereitet. Auf der Karte stehen aber auch Fettuccine, Hokkien-Nudeln, Fish and Chips, Bouillabaisse und Wild mit Pfefferkruste. Gute Weine.

TAURANGA The Bridge Waterside Bistro & Bar $$$$
Tauranga Bridge Marina (07) 574 4147 **Straßenkarte** E2

Das Restaurant am Hafen von Tauranga serviert kreativ zusammengestellte Fisch- und Fleischgerichte. Zu den Klassikern auf der Speisekarte gehört Lachsfilet mit Jakobsmuscheln, Erbsenpüree und Safranbutter. Das Speisenangebot umfasst auch vegetarische und glutenfreie Optionen. Montags geschlossen.

TE KUITI Bosco Café $$
57 Te Kumi Road, Te Kuiti (07) 878 3633 **Straßenkarte** E3

Ein derart lebhaftes Café würde man in diesem Ort nicht unbedingt erwarten. Doch die Menüs mit angesagten Gerichten und der schnelle, tadellose Service begeistern Gäste aus aller Welt. Currys, hausgemachte Pastagerichte, Fleischbällchen und Gourmet-Sandwiches sind Spezialitäten des Hauses.

THAMES Sola Café $
720B Pollen Street (07) 868 8781 **Straßenkarte** E2

Elegantes kleines Café mit exzellentem Kaffee und vegetarischer Küche, die selbst von »Fleischfressern« geschätzt wird. Zu den köstlichen, schonend zubereiteten Gerichten gehören geröstetes Brot mit Olivenöl aus Marlborough oder der Salat aus Kichererbsen, roten Zwiebeln und angebratenem Halloumi-Käse. Als Dessert: Crème brûlée.

TONGARIRO NATIONAL PARK Kings Court Lodge Ohakune $$$
3 Rimu Street, Ohakune (06) 385 8648 **Straßenkarte** E3

Erstklassige Lage und Sicht auf die Berge sind Pluspunkte des in einem restaurierten viktorianischen Gebäude untergebrachten Restaurants. Die Küche serviert Herzhaftes wie Burger, Lammgerichte, Wild oder Fischsuppe zu vernünftigen Preisen. Es gibt auch ein Kindermenü. Montags bis freitags ab 16 Uhr geöffnet, im Sommer geschlossen.

TONGARIRO NATIONAL PARK The Station Café Bar and Restaurant $$$
Findlay Street, National Park Village (07) 892 2881 **Straßenkarte** E2

Der geschmackvoll eingerichtete alte Bahnhof (erbaut 1908) im National Park Village ist jetzt ein Café und Restaurant, wird jedoch noch immer als Bahnhof genutzt. Hier fahren mehrmals am Tag die Züge der Strecke Auckland–Wellington vorbei. Die gemütliche Atmosphäre lädt zum Verweilen ein. Dienstagabends geschlossen.

TONGARIRO NATIONAL PARK Bayview Chateau Tongariro $$$$
Whakapapa Village (07) 892 3809 **Straßenkarte** E3

Lamm- und Wildspezialitäten werden im Ruapehu Room des bekannten Hotels serviert. Abendgarderobe ist Pflicht, denn man ist bestrebt, den eleganten Standard des Hotels aus der Blütezeit der 1920er Jahre wieder aufleben zu lassen. Das Pihanga Café serviert Asiatisches. Hier geht es etwas lockerer zu als im restlichen Hotelkomplex.

WAITOMO Curly's Bar – Waitomo Tavern $$
Waitomo Caves Road (07) 878 8448 **Straßenkarte** E3

Gutes, günstiges Essen in einer lockeren Atmosphäre, in der man auch mal einen Drink mehr zu sich nimmt. Die Taverne zwischen den Höhlen, der Jugendherberge und dem Waitomo Caves Hotel ist abends voller Einheimischer und Urlauber. Samstags und an manchen andren Abenden treten Live-Musiker auf. Snacks an der Bar.

WAITOMO Huhu Café $$$
10 Caves Road, Waitomo (07) 878 6674 **Straßenkarte** E3

Das modern eingerichtete Lokal ist Café und Restaurant in einem. Es bietet neben einem besonderen Flair auch eine Terrasse mit fantastischer Aussicht über das Waitomo Valley. Angeboten werden einfache Snacks und größere Mahlzeiten. Das Huhu Café ist tagsüber sowie im Sommer an fast jedem Abend geöffnet.

WHAKATANE Fig Bar and Eaterie $
93 The Strand (07) 308 6549 **Straßenkarte** F3

Köstliche und preiswerte mediterrane Küche, ausgezeichneter Kaffee, Bar und eine entspannte Atmosphäre. Gutes Lokal für Brunch, Lunch und Abendessen. Auch an den Tischen im Hof werden nahöstliche Klassiker wie Hühnchen auf Obstbett oder Nuss-Couscous mit Pfirsich-Ingwer-Feigen-Sauce serviert. Montags geschlossen.

WHAKATANE Global Thai Restaurant and Bar $$$
Ecke Commerce Street & The Strand (07) 308 9000 **Straßenkarte** F3

Beliebtes Restaurant in Whakatane, das Gerichte aus aller Welt (vor allem aus Thailand) serviert: Coq au Vin, Lamm-Korma, Penne, Lammkeule, Teriyaki-Rindfleisch oder Steak mit Pommes frites. Große Auswahl an neuseeländischen und internationalen Weinen. BYO-Restaurant. Bier und Cocktails an der Bar.

Straßenkarte *siehe hintere Umschlaginnenseiten*

WHAKATANE Avaganda Africa Restaurant $$$$

126 The Strand (07) 308 7879 **Straßenkarte** *F3*

Die exotisch anmutende Ausstattung des Restaurants schafft ein besonderes Flair. Fleisch, Fisch und Meeresfrüche sowie Gemüse werden zu leckeren afrikanischen Gerichten verarbeitet. Auf der Speisekarte finden sich auch Gerichte, in denen sich europäische und asiatische Einflüsse widerspiegeln. Sonntags geschlossen.

WHAKATANE Wharf Shed Restaurant $$$$

Strand East (07) 308 5698 **Straßenkarte** *F3*

Von der Terrasse dieses Restaurants blicken die Gäste auf die Schiffe im Hafen. Auf der umfangreichen Speisekarte stehen Suppen, Eintöpfe, Sushi, Meeresfrüchte, Steaks und vegetarische Gerichte. Die Atmosphäre ist freundlich und entspannt. Gewinner des »Beef and Lamb Award«. Nur mit Reservierung.

WHITIANGA Blue Ginger $

1/10 Blacksmith Lane (07) 867 1777 **Straßenkarte** *E2*

Das Blue Ginger ist über Whitianga hinaus für seine moderne asiatische Küche bekannt. Zu den Favoriten zählen hausgemachte Teigtaschen, *satay*, *laksa*, Currys und Nudelgerichte, die nach Rezepten aus China, Japan, Thailand oder Indonesien zubereitet werden. Alle Speisen auch zum Mitnehmen. Sonntags geschlossen.

WHITIANGA Wild Hogs Bar & Restaurant $$$$

9 The Esplanade (07) 866 4546 **Straßenkarte** *E2*

Die Konkurrenz ist hart an Whitiangas Esplanade. Das Wild Hogs punktet mit Holzofenpizzas für Feinschmecker, Hähnchen oder Lamm vom Grill und interessanten Vorspeisen wie der gekühlten Austernsuppe »Bloody Mary«. Die Atmosphäre des rustikalen Lokals stimmt fröhlich. Große Terrasse oberhalb der Bay. Gute Neuseeland-Weine.

Wellington und Süden

KAPITI COAST Brown Sugar Café $

SH1, Otaki (06) 364 6359 **Straßenkarte** *E4*

Das reizende Straßencafé befindet sich in einem Landhaus mit begrüntem Innenhof. Hier war in den 1920er Jahren ein Rennstall ansässig. Kleine Gerichte, guter Kaffee und freundlicher Service. Das Café spielt im Alltagsleben der Einwohner Otakis eine wichtige Rolle. Auch viele Reisende zählen zu den Gästen. Täglich 9–16 Uhr geöffnet.

KAPITI COAST The Fisherman's Table $

Main Road South, Paekakariki (04) 292 8125 **Straßenkarte** *E4*

Das große, sehr preisgünstige Familienrestaurant Fisherman's Table gehört zu einer Kette. Es liegt direkt am Meer in Paekakariki, einer Strandsiedlung an der Kapiti Coast. Es bietet eine All-You-Can-Eat-Salatbar und eine große Auswahl an Fish and Chips. Kinder lieben dieses Lokal.

NEW PLYMOUTH El Condor $

170 Devon Street East, New Plymouth (06) 757 5436 **Straßenkarte** *D3*

Einheimische wie Urlauber schätzen das Lokal für seine Nudelgerichte, Pizzas und mexikanischen Spezialitäten wie *empanadas* und *nachos*. Sehr zu empfehlen sind Pizza calzone in diversen Füllungen und glutenfreie Fettuccine. Pizzas auch zum Mitnehmen. Dienstags bis samstags ab 17 Uhr geöffnet.

NEW PLYMOUTH Bella Vita $$$

37 Gover Street (06) 758 3393 **Straßenkarte** *D3*

Bella Vita serviert klassische italienische Speisen ohne Schnickschnack in gemütlichem Ambiente. Neben guter Pasta bereitet die Küche aus neuseeländischen Produkten ausgezeichnete Fleisch- und Fischgerichte. Zu den köstlichen Desserts zählen Tiramisu und Panna cotta.

NEW PLYMOUTH Salt Restaurant $$$

1 Egmont Street (06) 769 5304 **Straßenkarte** *D3*

Das Salt, im ersten Stock des jüngsten und elegantesten Hotels in New Plymouth, serviert täglich Frühstück, Mittag- und Abendessen sowie kleine Gerichte, Snacks und Drinks. Drinnen wie draußen auf dem Balkon kann man die Wellen beobachten. Auf der Speisekarte stehen überwiegend Gerichte mit Meeresfrüchten.

PALMERSTON NORTH Elm Café $

283 Fitzherbert Avenue (06) 355 4418 **Straßenkarte** *E4*

Das vielfach ausgezeichnete Elm Café ist ganztägig geöffnet und bietet neben einem Speisesaal auch einen begrünten Innenhof. Besonders beliebt sind Frühstück und Brunch, aber auch abends haben die Gäste eine große Auswahl an Speisen. Exzellenter Service in entspannter Atmosphäre.

PALMERSTON NORTH Bella's Café $$

2 The Square (06) 357 8616 **Straßenkarte** *E4*

Das mediterrane Café am Palmerston North Square serviert Speisen mit italienischen und asiatischen Einflüssen. Die Karte bietet Klassiker und wechselnde Gerichte wie Ahornsirup-Kumara mit knusprigem Speck, gerösteten Pinienkernen und Spinat in einer Sauce aus Balsamico, Olivenöl und Blauschimmelkäse. Sonntags und montags geschlossen.

PALMERSTON NORTH Barista Café $$$

59 George Street (06) 357 2614 — **Straßenkarte** *E4*

In der angesagtesten Straße von Palmerston North, in der Nähe von Te Manawa und The Square, legt das Barista Café hohen Wert auf die Qualität von Essen, Wein und Kaffee. In der bekannten Espresso-Bar serviert man auch Wein, Frühstücksklassiker, kleine Snacks und einfache neuseeländische Speisen.

PALMERSTON NORTH Aberdeen on Broadway $$$$

161 Broadway Avenue (06) 952 5570 — **Straßenkarte** *E4*

Das ehemalige türkische Bad bietet noch immer ein Ambiente, bei dem es einem warm ums Herz werden kann. In der Mitte steht ein gemauerter Ofen, nach hinten gelangt man in den geschützten, sonnigen Hinterhof. Brunch-Standards, leichte Gerichte zu Mittag, abends herzhafte Mahlzeiten. Offene Weine. Live-Musik (Do, Fr).

PALMERSTON NORTH Déjeuner $$$$

159 Broadway Avenue (06) 952 5581 — **Straßenkarte** *E4*

Dies ist der Veteran unter den feinen Restaurants in Palmerston North. Das Haus wurde von einem der Stadtgründer erbaut und diente lange Jahre als Arztpraxis. Heute dominieren kräftige, dunkle Farben. Zu empfehlen sind Ente an Parmesanpolenta, der zarte Lammbraten und die Kalbshaxe mit Rosmarinkartoffeln.

WAIRARAPA Wild Oats Café $

127 High Street, Carterton (06) 379 5580 — **Straßenkarte** *E4*

Das vor Kurzem an der Straße nach Wellington eröffnete Café gehört derselben Familie, die seit 1930 das Dixon Street Deli in der Hauptstadt betreibt. Ein prima Ort für ein leichtes Mittagessen oder eine gute Tasse Kaffee. Große Auswahl an Sandwiches, Brötchen, Baguettes und Gebäck.

WAIRARAPA Fat Duck Café $$

Queen Elizabeth Park, Masterton (06) 370 1166 — **Straßenkarte** *E4*

Das Fat Duck Café liegt an der von Norden nach Süden führenden Hauptstraße in der Nähe von Mastertons fantastischem Museum Aratoi. Zum Café gehören Tische im Park, der an Attraktionen u. a. eine Voliere, einen Spielplatz, Gärten, ein Rotwildgehege und Minigolf bietet.

WAIRARAPA Saluté $$$

83 Main Street, Greytown (06) 304 9825 — **Straßenkarte** *E4*

Die nahöstlich-mediterrane Küche wurde bereits mehrfach ausgezeichnet. Im schattigen Brunnenhof brennt im Winter ein Feuer. Die Gerichte reichen von Eier Florentine über French Toast bis zu Harira, einem marokkanischen Lammeintopf mit Kichererbsen, Linsen und Kräutern.

WAIRARAPA Est Wine Bar and Eatery $$$$

The Square, Martinborough (06) 306 9665 — **Straßenkarte** *E4*

Im Tresorraum des ehemaligen Postamts aus dem 19. Jahrhundert befindet sich nun der Keller des Restaurants. Gäste können in der Lounge mit offenem Kamin oder in einem der beiden Innenhöfe speisen. Es werden neuseeländische Menüs serviert. Die Snacks und Häppchen an der Bar schmecken nicht nur mit Weinen aus Martinborough.

WANGANUI Angora Café & Restaurant $$$

199 Victoria Avenue (06) 348 8334 — **Straßenkarte** *E4*

Das an der Hauptstraße gelegene Angora bietet schmackhafte Gerichte zu vernünrtigen Preisen. Die Karte listet Spezialitäten aus dem Mittelmeerraum und dem Nahen Osten mit Schwerpunkt auf türkischer Küche (u. a. Kebabs, Moussaka und türkische Pizza aus dem Holzofen). Auch vegetarische Optionen. Sonntagmittags geschlossen.

WELLINGTON Dixon Street Deli $

45 Dixon Street (04) 384 2436 — **Straßenkarte** *D5*

Seit das Dixon Street Deli 1930 von russischen Einwanderern eröffnet wurde, ist es im Besitz derselben Familie. In einer Seitenstraße der Cuba Street serviert das Café reichhaltiges Frühstück und Mittagessen, z. B. Kürbisrisotto. Weitere Gerichte gibt es an der Deli-Theke.

WELLINGTON Café Istanbul $$

156 Cuba Street (04) 385 4998 — **Straßenkarte** *D5*

Mezze, Shish Kebab, süßes Baklava und weniger bekannte Delikatessen werden in diesem türkischen Café angeboten. Die Einrichtung ist so, wie man sie von einem solchen Lokal erwartet: Wandteppiche, türkische Laternen und eine große Feuerstelle in der Mitte. Gut geeignet für größere Gruppen.

WELLINGTON Roti Chenai $$

5/120 Victoria Street (04) 382 9807 — **Straßenkarte** *D5*

In Wellington gibt es viele malaysische Restaurants – dieses steht bei Wellingtonern und Kritikern gleichermaßen hoch im Kurs. Hier bevorzugt man die mildere Zubereitung der südindischen Küche und den Mix aus chinesischen, indischen und malaysischen Einflüssen der Küche Malaysias. Preisgünstiges, zentral gelegenes Familienrestaurant.

WELLINGTON Floriditas Café and Restaurant $$$

16 Cuba Street (04) 381 2212 — **Straßenkarte** *D5*

Das stilvolle, moderne Café und Restaurant liegt im Herzen von Wellington. Die Zubereitung der Speisen ist nicht gerade raffiniert, aber das Essen schmeckt. Besonders zu empfehlen sind Nudelgerichte und Risotto. Die Zutaten stammen aus der Umgebung oder anderen Teilen Neuseelands. Große Auswahl an Weinen und Cocktails.

Straßenkarte *siehe hintere Umschlaginnenseiten*

WELLINGTON Ortega Fish Shack & Bar $$$

16 Majoribanks Street, Mount Victoria (04) 382 9559 **Straßenkarte** *D5*

Das Restaurant von Küchenchef Mark Limacher verströmt unkonventionelles Flair und bietet Seafood von allerbester Qualität. Daneben gibt es auch Fisch- und Gemüsegerichte. Sehr schmackhaft sind die raffinierten Beilagen wie etwa eingelegte Gurken und Ananas. Dienstag bis Samstag abends geöffnet (mittags nur auf Anfrage).

WELLINGTON Arbitrageur Wine Room and Restaurant $$$$

125 Featherston Street (04) 499 5530 **Straßenkarte** *D5*

Die Speisekarte des Arbitrageur listet leichte europäische Gerichte, vorwiegend aus Frankreich und Italien. Das Restaurant ist im Zentrum der Innenstadt in einem Gebäude (1950er Jahre) mit hohen Decken untergebracht. Berühmt ist die Weinkarte mit über 600 Weinen, viele davon können glasweise bestellt werden.

WELLINGTON Boulcott Street Bistro $$$$

99 Boulcott Street (04) 499 4199 **Straßenkarte** *D5*

Seit 1991 gilt dieses Bistro als eines der besten Restaurants in Wellington, vor allem wegen der Küche, der lebhaften Atmosphäre und des freundlichen Personals. Das viktorianische Haus mit der eleganten Einrichtung stammt aus dem Jahr 1876. Serviert werden u. a. Lammkeule und Crème brûlée. Gute offene Weine. Keine Reservierungen.

WELLINGTON Chow $$$$

45 Tory Street (04) 382 8585 **Straßenkarte** *D5*

Asiatische Aromen in lockerer Atmosphäre. Auf der kaum enden wollenden Speisekarte stehen Spezialitäten wie geräucherter Aal oder Hähnchen in Bananenblättern. Zu jedem Gericht gibt es Jasminreis. Das Chow hat jeden Tag geöffnet, an einigen Abenden werden die Gäste mit Live-Musik und Cabaret unterhalten.

WELLINGTON Flying Burrito Brothers $$$$

Ecke Cuba & Vivian Street (04) 385 8811 **Straßenkarte** *D5*

Mexikanische Gerichte mit Schwerpunkt auf Gemüse, Geflügel und Fisch sind das Markenzeichen dieses einladenden, zeitgenössisch ausgestatteten Restaurants. Alle Speisen werden raffiniert gewürzt, auf Wunsch werden auch weniger pikante Varianten zubereitet. Es gibt viele Tequilas, auch die Cocktails (u. a. Margaritas) sind zu empfehlen.

WELLINGTON Matterhorn $$$$

106 Cuba Street (04) 384 3359 **Straßenkarte** *D5*

Das Matterhorn ist eine Wellingtoner Institution in der Cuba Street. 1963 von einem Schweizer als Konditorei eröffnet, rühmt sich das Matterhorn heute eines Angebots an Musik, Speisen, Drinks, Design und Kultur, das in Neuseeland seinesgleichen sucht. Cocktails und eine Auswahl europäischer Weine. Bis 3 Uhr geöffnet.

WELLINGTON Vivo Enoteca Cucina $$$$

19 Edward Street (04) 384 6400 **Straßenkarte** *D5*

Die lebhafte Weinbar in einem alten Gebäude ist für ihre anheimelnde Atmosphäre bekannt. Vivo Enoteca Cucina bietet nach italienischen Rezepten zubereitete Speisen. Im Fokus stehen Fleischgerichte wie knusprig gebratene Ente, ein weiterer Schwerpunkt liegt auf Fisch. Sonntags geschlossen.

WELLINGTON Logan Brown $$$$$

192 Cuba Street (04) 801 5114 **Straßenkarte** *D5*

Gepflegtes Restaurant und gemütliche Bar unter einem Dach. Für so bemerkenswerte Gerichte wie Fasan- oder Wildschweinterrine mit Gurken sowie Rehrücken mit Kichererbsenbrei und Kirschsauce werden erlesene Zutaten verwendet. Die Weinauswahl ist exzellent. Reservierung empfohlen. Samstags und sonntags geschlossen.

WELLINGTON Shed 5 Restaurant and Bar $$$$$

Queens Wharf (04) 499 9069 **Straßenkarte** *D5*

Das Shed 5, im Jahr 1888 als Woll-Lagerschuppen gebaut, liegt am Queens Wharf in der Nähe des Stadtzentrums. Der sorgfältig restaurierte Holzbau beherbergt heute eines der bekanntesten Seafood-Restaurants in Wellington. Große Wein-, Bier- und Cocktailauswahl.

Marlborough und Nelson

BLENHEIM Bacchus $$$

3 Main Street (03) 578 8099 **Straßenkarte** *D5*

Ausgezeichnetes Preis-Leistungs-Verhältnis. Im gemütlichen Speiseraum mit Kamin oder während des Sommers im Freien kommen überwiegend Meeresfrüchte auf den Tisch. Speisekarte und Service sind exzellent und sorgen für einen gemütlichen Abend. Zutaten aus der Region, große Auswahl an Marlborough-Weinen. Nur abends geöffnet.

BLENHEIM Bellafico Restaurant and Wine Bar $$$

17 Maxwell Road (03) 577 6072 **Straßenkarte** *D5*

Das Bellafico ist eine Institution in Blenheim. Die Besitzer schaffen eine freundliche Atmosphäre, für die das Lokal über die Stadtgrenzen hinaus bekannt ist. Auf der Speisekarte stehen viele italienische Gerichte, ein Schwerpunkt liegt auf Seafood. Die lange Weinkarte listet eine Auswahl edler Tropfen aus Marlborough. Sonntags geschlossen.

Preiskategorien *siehe S. 326* **Zeichenerklärung** *siehe hintere Umschlagklappe*

BLENHEIM Twelve Trees Restaurant $$$$

Allan Scott Wines & Estates Ltd, Jacksons Road (03) 572 7123 **Straßenkarte** *D5*

Benannt nach den Walnussbäumen, die am Eingang des Weingutes stehen. Unter den Weingut-Restaurants in Marlborough existiert das Twelve Trees mit am längsten. Das aus gestampfter Erde gebaute, wunderschöne Gartenrestaurant bietet zu jedem Gericht, z. B. Hirschmedaillons mit Himbeerjus, den passenden Wein. Nur mittags geöffnet.

BLENHEIM Herzog Winery Restaurant $$$$$

81 Jeffries Road (03) 572 8770 **Straßenkarte** *D5*

Mit Preisen für die Weine, die Küche und den professionellen Service verwöhntes Gourmet-Restaurant inmitten eines Weinguts. Die europäischen Gerichte schmecken am besten im Rahmen eines Feinschmeckermenüs. Jackett und Krawatte erwünscht. Die Kochkurse am Samstag werden im Fernsehen übertragen. Günstigere Lunch-Menüs im Bistro.

GOLDEN BAY Wholemeal Café $

60 Commercial Street, Takaka (03) 525 9426 **Straßenkarte** *D4*

Das Wholemeal Café, eine Hippie-Institution in der Golden Bay, ist ein Zentrum für die alternative Szene (beachten Sie das Schwarze Brett). Sojamilch, Spirulina, Kuchen, Muffins und weitere leckere Backwaren sowie Salate und viele warme und kalte vegetarische Gerichte mit vielen Ballaststoffen. Hier befindet sich auch eine Galerie.

GOLDEN BAY Mussel Inn $$

SH60, Onekaka (03) 525 9241 **Straßenkarte** *D4*

Das Mussel Inn ist eines der beliebtesten Lokale im Ort. Hier gibt es selbst gebrautes Bier, Ale, Cider, Limonade, Ginger Ale, Wein, Essen und Musik sowie einen großen Garten. Regelmäßig spielen Folk-Musiker live. Oft werden gedünstete Muscheln und Muscheleintopf bestellt. Im Sommer kann es passieren, dass man warten muss.

HAVELOCK Mussel Pot $$$

73 Main Road (03) 574 2824 **Straßenkarte** *D4*

Das stimmungsvolle, familienfreundliche Lokal preist seine Grünlippmuscheln mit dem Slogan »clean, green and mussel orientated« an. Es gibt sie als Eintopf, gedünstet, gebraten und in vielen weiteren Variationen. Dazu werden Weißweine aus Marlborough serviert. Das Markenzeichen des Lokals: tanzende Muscheln auf dem Dach.

KAIKOURA Black Rabbit Pizza Co $

17 Beach Road (03) 319 6360 **Straßenkarte** *D5*

Die einfachen, aber schmackhaft zubereiteten Speisen wie Pizzas und Pastagerichte sind sowohl bei Einheimischen als auch bei Urlaubern beliebt. Zu den außergewöhnlichen Pizzabelägen gehören Blauschimmelkäse, Geflügelfleisch, Birnen und Pistazienkerne. Die Zutaten stammen aus der Umgebung. Alle Gerichte auch zum Mitnehmen.

KAIKOURA The Craypot Café and Bar $$$

70 Westend Road (03) 319 6027 **Straßenkarte** *D5*

Fröhliches und familienfreundliches Lokal, in dem Krebs-Thermidor, Muscheleintopf, Fisch im Teigmantel und weitere Seafood-Delikatessen serviert werden. Gute Auswahl an leichten Mittagsgerichten und ein sündhaft guter Schokoladenkuchen. The Craypot befindet sich gleich gegenüber vom großen Auto- und Busparkplatz.

MOTUEKA Hot Mamas Café $

105 High Street (03) 528 7039 **Straßenkarte** *D4*

Gönnen Sie sich die Hippie-Atmosphäre im Hot Mamas Café in Motueka, bevor Sie über den Takaka Hill zur Golden Bay weiterreisen. Das Blackboard-Menü besteht aus frei wählbaren Suppen, vegetarischen Gerichten, Pizzas und Snacks (z. B. Nachos). Es gibt auch Kuchen und Muffins. Ausgefallene Wandmalereien und Live-Musik.

NELSON Morrison Street Café $

244 Hardy Street (03) 548 8110 **Straßenkarte** *D4*

Saisonale Gerichte und exzellenter Kaffee in freundlicher, lebhafter Atmosphäre im Zentrum von Nelson. Das Café stellt einheimische Kunst aus und bietet Tische im Freien. Es wurde als bestes und gastfreundlichstes Café ausgezeichnet. Ein bei Einheimischen und Urlaubern beliebtes Lokal.

NELSON Miyazu Japanese Restaurant $$$

Rutherford Hotel, Trafalgar Square (03) 548 2299 **Straßenkarte** *D4*

Das Miyazu Japanese Restaurant gewinnt seit mehreren Jahren die Kategorie »Best International Restaurant« bei den »Taste Nelson Awards«. In der Sushi-Sashimi-Bar wird roher Fisch serviert, in der Teppan-Yaki-Bar gibt es ein traditionelles japanisches Barbecue. Gäste können auch à la carte bestellen.

NELSON Seifried Vineyard Restaurant $$$

Ecke Redwood Road & SH60, Appleby (03) 544 1555 **Straßenkarte** *D4*

Restaurant mit Kinderspielplatz in einem Weinanbaugebiet. Frische Zutaten aus der Region. Innen werden Werke von Künstlern aus Nelson ausgestellt. Im Sommer sitzt man im Freien zwischen Weinreben, im Winter wärmt ein offener Kamin. Zwanzig Autominuten von Nelson durch den Abel Tasman National Park, dann die Abzweigung Rabbit Island.

NELSON Three Rooms Restaurant $$$

294 Queen Street, Richmond (03) 544 0610 **Straßenkarte** *D4*

Three Rooms Rest, 15 Autominuten außerhalb von Nelson am Meer gelegen, wird von allen Seiten empfohlen. Die Auswahl an Seafood-, Rindfleisch- und Lammgerichten ist großartig. Die Küche wurde bereits für ihre Fisch-, Fleisch- und Pilzkreationen ausgezeichnet. Ausgewählte Weine aus der Region.

Straßenkarte *siehe hintere Umschlaginnenseiten*

NELSON Waimea Estates Café in the Vineyard $$$

Appleby Highway, Hope *(03) 544 4963* **Straßenkarte** D4

Mitten im Weingut Waimea Estates können die Gäste auch im beheizten Freien speisen. Im Sommer treten an den Wochenenden Live-Musiker auf. Die Küche verwendet vorwiegend frische Zutaten aus der Region, u.a. für gegrilltes Motueka-Valley-Hirschsteak mit marokkanischem Karottensalat und Bratkartoffeln.

NELSON Boat Shed Café $$$$

350 Wakefield Quay *(03) 546 9783* **Straßenkarte** D4

Das Seafood-Restaurant in erstklassiger Hafenlage steht auf Pfeilern über dem Wasser und wird beständig zu den besten Restaurants in Nelson gezählt. Krebs, Paua und weitere Meeresfrüchte aus Neuseeland sind hier etwas teurer. »Trust the Chef« ist eine Abfolge von Gängen für 70 NZ$ pro Person.

NELSON Ford's Restaurant & Bar $$$$

276 Trafalgar Street *(03) 546 9400* **Straßenkarte** D4

In einer wunderschön renovierten historischen Villa mitten in Nelson ist dieses familienbetriebene Restaurant untergebracht. Serviert werden neuseeländische und europäische Gerichte – vom Frühstück bis zum Abendessen. Sehr beliebt sind Rinderlende und Calamares. Man kann auch auf der Terrasse an der Straße speisen.

Canterbury und Westküste

AKAROA By The Green $

37 Rue Lavaud *(03) 304 7717* **Straßenkarte** C6

Im historischen Viertel von Akaroa serviert das Café Frühstück, Mittagessen und Spezialitäten aus saisonalen Zutaten der Region, z.B. Knurrhahn mit Zitronen-Aioli und Salat. Mit einer guten Tasse Kaffee ist es gleich noch einmal so schön, das Treiben in Akaroa zu beobachten. Montags und dienstags geschlossen.

AKAROA French Farm Winery and Restaurant $$

12 Winery Road *(03) 304 5784* **Straßenkarte** C6

Weinberge und weite Grünflächen umgeben dieses reizvolle Restaurant, das seine Gäste im Winter mit einem knisternden Feuer wärmt. Französische Küche mit regionalen Zutaten, z.B. gegrillter Akaroa-Lachs mit Provençal-Gemüse oder Canterbury-Lammkarree mit Kartoffelgratin und Minzjus. Es gibt auch Pizza.

AKAROA Harbour 71 $$$$

71 Beach Road *(03) 304 7656* **Straßenkarte** C6

Akaroa ist bekannt für seinen (gezüchteten) Lachs, und Darren Wright, der preisgekrönte Koch des Harbour 71, zaubert daraus fabelhafte Gerichte wie die kalte Räucherlachs-Mousse oder Lachskaviar auf warmem Räucherlachs. Er serviert aber auch Muscheln, Barsch, Lamm und Wild. Dazu gibt es sehr gute Weine.

CHRISTCHURCH Annie's Wine Bar and Restaurant $$$$

Ecke Rolleston Avenue & Hereford Street *(03) 365 0566* **Straßenkarte** C6

Beliebtes Restaurant mit wundervoller Lage im Arts Centre, im ehemaligen Skulpturensaal der alten Gothic-Revival-Steinbauten der Universität. Die gute mediterran-pazifische Küche wird mit exzellenten Weinen und köstlichem Brot serviert. Holz und Buntglasfenster sorgen für rustikalen Charme.

CHRISTCHURCH Cook 'n' with Gas $$$$

23 Worcester Street *(03) 377 9166* **Straßenkarte** C6

Neuseeländische Küche vom Allerfeinsten in einem peppigen Bistro. Neben der Weinkarte beeindruckt auch die Auswahl an Bieren mit 40 unterschiedlichen Sorten aus Neuseeland und dem Rest der Welt. Das Restaurant befindet sich gegenüber vom Arts Centre in einer Villa aus dem 19. Jahrhundert. Reservierung wird empfohlen.

CHRISTCHURCH Lakes Restaurant $$$$

Clearwater Avenue *(03) 360 1000* **Straßenkarte** C6

Das über einem schönen See gelegene Restaurant bietet ein entspanntes kulinarisches Vergnügen. Auf der Speisekarte findet man eine Auswahl neuseeländischer Gerichte, die aus saisonalen Produkten zubereitet werden. Das Personal empfiehlt zu jedem Essen den passenden einheimischen Wein. Man kann auch im Freien speisen.

CHRISTCHURCH The Old Vicarage Café, Restaurant and Bar $$$$

335 Halswell Road *(03) 332 1224* **Straßenkarte** C6

Die 1898 errichtete Villa wurde zu einem gastronomischen Betrieb (Restaurant und Bar) umgewandelt, zeigt aber noch immer den Charme des ursprünglichen Gebäudes. Neuseeländische wie europäische Gerichte stehen hier zur Auswahl, darunter viele glutenfreie Optionen. Man kann im Speisesaal oder im Freien essen.

CHRISTCHURCH Sala Sala $$$$

184–186 Oxford Terrace *(03) 366 6755* **Straßenkarte** C6

Japanische Teppanyaki- und Sushi-Bar mit vielen Variationen der japanischen Küche, zubereitet und angerichtet von den Küchenchefs. Zu empfehlen sind die Sushi- und Sashimi-Spezialitäten. Dazu gibt es neuseeländische Weine, Sake und japanisches Bier. Ein weiteres Sala Sala eröffnete kürzlich in Arrowtown.

CHRISTCHURCH Pescatore ♿ $$$$$

50 Park Terrace ☎ *(03) 371 0257* **Straßenkarte** *C6*

Das exzellente Restaurant im luxuriösen George Hotel verwöhnt auch den anspruchsvollsten Gaumen. Das Pescatore hat sich für seine vielseitigen Gerichte aus dem Pazifikraum und seine hervorragende Weinauswahl großes Ansehen erworben. Vom üppig ausgestatteten Speisesaal blickt man zum Hagley Park.

FAIRLIE The Old Library Café $$$

6 Allandale Road ☎ *(03) 685 8999* **Straßenkarte** *C6*

Die alte Fairlie Library aus dem Jahr 1914 wurde geschmackvoll renoviert. Heute beherbergt sie ein Restaurant, das für sein Angebot von Snacks bis hin zu Feinschmecker-Menüs bereits ausgezeichnet wurde. Außerdem werden köstliche Desserts serviert. Freundliche Atmosphäre, aufmerksamer Service und exzellenter Kaffee.

FOX GLACIER Cook Saddle Café and Saloon $$$

SH6 ☎ *(03) 751 0700* **Straßenkarte** *B6*

An der Westküste kann der Tag noch so verregnet sein, vor dem großen, offenen Steinkamin ist das schlechte Wetter schnell vergessen. Viele gute amerikanische Gerichte zu vernünftigen Preisen in entspannter Atmosphäre. Vor der Veranda spielen Keas in den Bäumen. Familienfreundlich und voller regionaler Geschichte. Gutes Bier.

FRANZ JOSEF GLACIER Beeches Restaurant $$$

SH6 ☎ *(03) 752 0721* **Straßenkarte** *B6*

Café, Restaurant und Bar, geöffnet von früh bis spät. Je nach Saison stehen Whitebait, Lachs und Wild auf der Karte. Großzügige Portionen, gute Weinauswahl. Gäste können bei schönem Wetter auch draußen Platz nehmen. Das Personal besteht größtenteils aus Ferienarbeitern, deshalb kann die Servicequalität schwanken.

GREYMOUTH Café 124 on Mackay $

124 Mackay Street ☎ *(03) 768 7503* **Straßenkarte** *C5*

Drinnen wie draußen vor dem Gebäude, das auch einen Geschenkeladen umfasst, kann man entspannt sein Essen genießen. Die Gerichte schmecken sehr gut, ebenso der Kaffee. Freundliche Atmosphäre, großartiger Service. In der Stadt gibt es fast nichts Besseres. Besonders zu empfehlen sind Lamm- und Rindfleischgerichte.

GREYMOUTH Waterline Restaurant $$$$

State Highway 6, Punakaiki ☎ *(09) 731 1168* **Straßenkarte** *C5*

Die bodentiefen Fenster des preisgekrönten Restaurants bieten nicht nur viel Licht, sondern auch eine spektakuläre Aussicht auf das Meer. Auf dem Balkon speist man nur wenige Meter vom Wasser entfernt. Für die bodenständigen Gerichte werden regionale Produkte verwendet. Spezialität des Hauses sind Meeresfrüchte.

HOKITIKA Café de Paris $$$

19 Tancred Street ☎ *(03) 755 8933* **Straßenkarte** *C5*

Das Café de Paris, 1986 von einem französischen Koch eröffnet, hat wegen seiner französisch-italienischen Küche nicht nur an der Westküste einen exzellenten Ruf. Auf der Speisekarte stehen solche Klassiker wie *soupe à l'oignon, carré d'agneau* und *scaloppine di vitello ai funghi*.

KARAMEA The Last Resort $$

71 Waverley Street ☎ *(03) 782 6617* **Straßenkarte** *C4*

Das Last Resort, es gehört zu einem lang gestreckten, aber unaufdringlichen Hotelkomplex in Karamea, serviert Pizza, Burger, Salate, Nachos, Fish and Chips, Desserts, Kuchen, Tee, Kaffee, Säfte, Wein und Bier vom Fass. Abends bietet das Restaurant seinen Gästen verschiedene Seafood- und Fleischgerichte an.

KARAMEA Karamea Bight Restaurant $$$

Ecke Waverley Street & Wharf Road ☎ *(03) 782 6800* **Straßenkarte** *C4*

Die freundlichen Eigentümer bieten eine große Auswahl an preisgünstigen Snacks an der Bar. Vollwertige Gerichte stehen im altmodischen Pub des Karamea Village Hotel auf der Karte. Regionaler und nationaler Sieger der »Wild Food Challenge«. Serviert werden u.a Whitebait und andere Köstlichkeiten.

MOUNT COOK Old Mountaineers' Café Bar and Restaurant $$

Larch Grove ☎ *(03) 435 1890* **Straßenkarte** *B6*

Gleich neben dem DOC Visitor Centre im Aoraki/Mount Cook National Park wurde das Old Mountaineers' 2003 von Sir Edmund Hillary offiziell eröffnet. Angeboten werden wärmende Suppen und gute, traditionelle Neuseeland-Küche (Steak oder Fish and Chips). Als Dessert locken Pudding und Steuselkuchen.

MOUNT COOK Alpine Restaurant $$$$

The Hermitage ☎ *(03) 435 1809* **Straßenkarte** *B6*

Das größte Restaurant am Aoraki/Mount Cook gehört zum Hotelkomplex The Hermitage. Große Frühstücksbüfetts. Beim Mittag- und Abendessen sieht man von jedem Tisch aus den Aoraki/Mount Cook. Suppen, Salate, Meeresfrüchte, Fleischgerichte und Desserts. Ganzjährig geöffnet. Günstigere Preise als das Schwesterrestaurant Panorama.

MOUNT COOK Panorama Restaurant ♿ $$$$

The Hermitage ☎ *(03) 435 1809* **Straßenkarte** *B6*

Gehobenes Restaurant im The Hermitage am Mount Cook. Beim Essen kann man den Sonnenuntergang am Aoraki/Mount Cook genießen. Gerichte mit Wild, Hase und neuseeländischem Fleisch sind die Spezialitäten, anschließend locken sündhaft gute Nachspeisen. Seit 50 Jahren wird das Restaurant immer besser und regelmäßig ausgezeichnet.

Straßenkarte *siehe hintere Umschlaginnenseiten*

WAIPARA VALLEY Pegasus Bay Winery Restaurant $$$$

Stockgrove Road, Amberley, Waipara (03) 314 6869 **Straßenkarte** *C6*

Das Restaurant wurde von der angesehenen Zeitschrift *Cuisine* für die ausgezeichnete Küche hoch gelobt. Es gehört zur Pegasus Bay Boutique Winery, in der zwei Generationen der Familie Donaldson erstklassigen Wein produzieren. Das Restaurant bietet zeitgenössische Neuseeland-Kunst und einen wunderschönen Garten. Nur mittags geöffnet.

WESTPORT The Town House $$$$

Ecke Cobden & Palmerston Street (03) 789 7133 **Straßenkarte** *C5*

Die Inhaberin Emily Lucas war früher im vielfach ausgezeichneten Bay House an der Tauranga Bay tätig. Ihr aktuelles Restaurant ist ein wunderbarer Ort zum Mittag- und Abendessen oder einfach zum Kaffee. Seltene Zutaten wie etwa schwarze Passionsfrucht werden zu köstlichen Gerichten verarbeitet. Die Fischsuppe ist ein Genuss. Reservieren!

Otago und Southland

ARROWTOWN Pesto $$$

18 Buckingham Street (03) 442 0885 **Straßenkarte** *B6*

Der Ableger des Restaurants Saffron liegt an einer Kopfsteinpflastergasse im malerischen Arrowtown und bietet Pizza und Pasta zu familienfreundlichen Preisen. In kalten Nächten sorgen Feuerkörbe dafür, dass es den Gästen warm wird. Die Optik lässt allerdings zu wünschen übrig: Sichtbeton und Kupferdecke. Ab 17 Uhr geöffnet.

ARROWTOWN Saffron $$$$$

18 Buckingham Street (03) 442 0131 **Straßenkarte** *B6*

Die Speisekarte des Saffron bietet Wild der Südinsel, die Weinkarte zeichnet sich auch durch Pinot Noirs aus Central Otago aus. Der Wellblechbau an der Hauptstraße von Arrowtown passt jedoch nicht zur raffinierten Küche, die Gerichte wie Entenbraten oder Krabbensuppe mit Tapioka auf den Tisch bringt.

BLUFF Lands End $$$$

10 Ward Parade (03) 212 7575 **Straßenkarte** *A7*

Erstklassige Lage am Stirling Point mit Blick auf Stewart Island am südlichen Zipfel des neuseeländischen Festlands. Hier endet die SH1. Die Spezialität sind Gerichte mit fangfrischem Fisch aus der Region, je nach Saison gibt es Kabeljau, Lachs oder Bluff-Austern. Gute Auswahl an neuseeländischen Weinen. Nebenan gibt es Kunst und Souvenirs.

CLYDE base_icly $$$

Ecke Fache & Naylor Street (03) 449 2088 **Straßenkarte** *B6*

Das Paradies für Liebhaber original italienischer Küche verwöhnt seine Gäste u. a. mit Holzofenpizzas, vielfältigen Nudelgerichten und knackigen Salaten. Das Ambiente erinnert an die Zeit des Goldrauschs. Das base_icly verfügt auch über einen Außenbereich. Täglich 8–22 Uhr geöffnet.

DUNEDIN Nova Café $$

29 The Octagon (03) 479 0808 **Straßenkarte** *B7*

Das zentral gelegene Café neben der Dunedin Public Art Gallery wurde vor einigen Jahren mit dem »Nobilo Café of the Year Award« ausgezeichnet. Hier ist man überaus kinderfreundlich. An sieben Tagen die Woche werden Frühstück, Mittag- und Abendessen bis spätabends serviert. Alle Gerichte bestehen aus frischen Zutaten der Region.

DUNEDIN Plato Café $$$

2 Birch Street (03) 477 4235 **Straßenkarte** *B7*

Entspannte Café-Atmosphäre am Hafen von Dunedin. Das Plato befindet sich in einem ehemaligen Seemannsheim. Auf der Speisekarte dominieren Seafood-Gerichte, es werden jedoch auch andere regionale Spezialitäten angeboten, z. B. Bio-Salat und -Gemüse oder Rinderfilet. Hausmacherkost, Weine aus Central Otago und einheimische Biersorten.

DUNEDIN Bell Pepper Blues $$$$

474 Princes Street (03) 474 0973 **Straßenkarte** *B7*

Moderne Neuseeland-Küche mit asiatischen Einflüssen (das Rinderfilet wird mit Asia-Gewürzen eingerieben, der Mahi-Mahi wird mit Dukkah-Gewürz paniert, bevor er gegrillt wird). Es gibt auch europäische Speisen wie gebratene Kürbis-Gnocchi oder Hähnchen in Rahmsauce. Für eine Gebühr von 10 NZ$ darf man eigene Getränke mitbringen.

GORE The Moth Restaurant, Café & Bar $$

SH94, Mandeville (03) 208 9662 **Straßenkarte** *B7*

The Moth, neben dem alten Flugplatz von Mandeville gelegen, war früher das Old Railway Hotel, das während der Prohibition als das der Stadt Gore am nächsten gelegene »Feuchtgebiet« bekannt war. Es wurde komplett renoviert und bietet Pizzas, Steaks und Nudelgerichte. Mittwochs bis sonntags ab 10 Uhr geöffnet.

INVERCARGILL The Cabbage Tree & Outpost Tavern $$$

379 Dunns Road (03) 213 1443 **Straßenkarte** *A7*

Zehn Autominuten südlich von Invercargill in Richtung Oreti Beach gelegen. Für den Bau des Cabbage Tree wurden Teile einer Gemeindehalle, ein halb verfallener Strandladen, Kirchenbänke sowie alte Krankenhausfenster und Strommasten verwendet. Im Garten wachsen einheimische Pflanzen. Erstklassige Steak-Sandwiches und Salate.

Preiskategorien *siehe S. 326* **Zeichenerklärung** *siehe hintere Umschlagklappe*

MOERAKI Fleur's Place $$$$
169 Haven Street (03) 439 4480 — **Straßenkarte** B7

Das Hafen-Restaurant an Moerakis altem Landungssteg wurde an der Stelle einer früheren Walfangstation errichtet. Die Fischer von Moeraki liefern den »Fisch des Tages« (z. B. Kabeljau), der mit der gewünschten Sauce serviert wird. Reservierung notwendig. An Feiertagen geschlossen.

OAMARU Whitestone Cheese Café $
3 Torridge Street (03) 434 8098 — **Straßenkarte** B7

In der preisgekrönten Käserei dreht sich auch beim Blackboard-Menü alles um Käse, dazu werden Weine aus Central Otago serviert. Es gibt exzellente Sorten: Schafskäse und Feta sowie Blauschimmelkäse, Brie und Camembert. Montags bis freitags 9–17 Uhr, samstags und sonntags 10–16 Uhr geöffnet.

OAMARU Riverstone Kitchen $$
1431 State Highway 1 (03) 431 3505 — **Straßenkarte** B7

Das Fachmagazin *Cuisine* wählte Riverstone Kitchen zum Restaurant des Jahres 2010. Die Küche profitiert von den klimatischen Bedingungen der Region, die eine Vielfalt an Zutaten hervorbringen. Neben der Qualität der Speisen überzeugen auch die Weine und das Ambiente. Donnerstags bis montags ab 9 Uhr geöffnet.

QUEENSTOWN Vudu Café $
23 Beach Street (03) 442 5357 — **Straßenkarte** A6

Internet-Café und beliebter Treffpunkt, der von 8 Uhr bis spätabends geöffnet ist. Im rund um die Uhr zugänglichen Internet-Chatroom kann man theoretisch Freundschaften in Queenstown (oder anderswo) schließen, bevor man überhaupt dort ankommt. Im Vudu Café werden auch T-Shirts und frisch gerösteter Kaffee verkauft.

QUEENSTOWN Amisfield Winery Bistro $$$
10 Lake Hayes Road (03) 442 0556 — **Straßenkarte** A6

Das Bistro serviert vor dem Kamin oder im Innenhof frische, einfache regionale Gerichte und den dazu passenden Wein vom eigenen Gut. Zu empfehlen sind Lachs mit Zitrone und Kapern, Ente mit Quittenmus oder Schweinebraten mit Erbsenpüree. Es gibt auch ein Menü »nach Laune des Küchenchefs«. Tolle Lage mit Blick auf den Lake Hayes.

QUEENSTOWN Finz on Steamer Wharf $$$
Steamer Wharf (03) 442 7405 — **Straßenkarte** A6

Das stimmungsvolle, sehr freundliche Lokal ist ein Seafood- und Grill-Restaurant in Steamer Wharf. Mit seiner umfangreichen Speisekarte, der großen Weinauswahl, seinem Retro-Dekor und der tollen Atmosphäre ist das Finz der geeignete Ort für einen lustigen Abend mit Freunden.

QUEENSTOWN Gibbston Valley Winery Restaurant $$$
SH6, Gibbston (03) 442 6910 — **Straßenkarte** A6

Zwischen Bungee-Jumping und Arrowtown zieht es die Massen in diese Weinkellerei, um die Kellergewölbe zu besichtigen. Die Küche ist für manche Gaumen vielleicht zu exklusiv (erlesene Gerichte aus Frankreich und Italien), aber sie ist so hervorragend wie die Weinauswahl. Gemütlicher Innenhof.

QUEENSTOWN The Bathhouse $$$$
28 Marine Parade (03) 442 5625 — **Straßenkarte** A6

Das King George V Bathhouse, das am Ufer des Lake Wakatipu zur Erinnerung an die Krönung errichtet wurde, wurde zu einem schönen Restaurant und Café am Wasser, mit Blick auf den Walter Peak, umgestaltet. Kaffee, Wein und erstklassige Drei-Gänge-Menüs im sonnigen Wintergarten.

QUEENSTOWN Roaring Megs $$$$
53 Shotover Street (03) 442 9676 — **Straßenkarte** A6

In Queenstown gibt es kein besseres Rind oder Lamm. Die Küche ist bodenständiger als anderswo, obwohl auch hier mit der asiatischen Küche geliebäugelt wird. Das Horsd'œuvre mit Räucherfisch, Entenleber und Orangenterrine, warmem Räucherlachs, Hirschsalami und Käse aus Neuseeland ist sehr zu empfehlen.

QUEENSTOWN Waterfront Bar & Bistro $$$$
Steamer Wharf (03) 442 5630 — **Straßenkarte** A6

An der Queenstown Bay im belebten Steamer Wharf gelegen, mit grandiosem See- und Bergpanorama. Die frischen Meeresfrüchte werden täglich von der Nord- und Südinsel eingeflogen: Austern, Königsdorsch, Gelbflossenthun, Snapper, Petersfisch, Jakobsmuscheln, Krebs, Kabeljau, Lachs und Whitebait. Auch Steaks und vegetarische Gerichte.

RIVERTON Colac Bay Tavern $$
15 Colac Bay Road, RD1 (03) 234 8399 — **Straßenkarte** A7

Nur fünf Gehminuten von einem beliebten Strand entfernt liegt die Colac Bay Tavern, ein freundliches Pub, das Einheimische wie Urlauber zu seinen Gästen zählt. Zu den gefragtesten Gerichten gehören Lammhaxe mit Kartoffelbrei in Rotweinsauce sowie Kabeljau. Kinderspielplatz über der Straße.

STEWART ISLAND Church Hill Café Bar and Restaurant $$$$
36 Kamahi Road, Halfmoon Bay (03) 219 1323 — **Straßenkarte** A7

Hier genießt man köstliche Meeresfrüchte zusammen mit dem überwältigenden Blick über die Halfmoon Bay. Auf der Karte stehen Scampi, Meeresfrüchtesalat und der »Fang des Tages«. Der Dunkle Sturmtaucher, ein traditioneller Speisevogel bei den Maori, ist eine seltene Spezialität. Freundlicher Service und gute Weine. Reservierung notwendig.

Straßenkarte *siehe hintere Umschlaginnenseiten*

Shopping

Wer nach Neuseeland reist, kann Mitbringsel finden, die man kaum anderswo bekommt. Von traditionellen Maori-Schnitzereien aus Knochen oder Jade über Schaffelle bis hin zu handgestrickten Schafwollpullovern. Besonders in den Urlaubsgegenden findet man viele Galerien, die Kunsthandwerk verkaufen. In Auckland, Christchurch und Nelson gibt es Märkte, auf denen diese handgearbeiteten Einzelstücke angeboten werden. Neuseeland hat niedrige Importsteuern, deshalb sind etwa Kameras, Hightech- und Hi-Fi-Geräte relativ preiswert. Auch für neuseeländische Weine *(siehe S. 324f)* und viele landwirtschaftliche Produkte kann sich der Transport nach Hause lohnen.

Schriftzug an einem Laden

Kirkcaldie and Stains, Wellingtons größtes Kaufhaus

Öffnungszeiten

Die meisten Läden in Neuseeland haben montags bis samstags von 9 bis 17 oder 17.30 Uhr geöffnet, viele auch sonntags für einige Stunden. Am Donnerstag oder Freitag schließen die Läden in großen Städten oft erst um 21 Uhr.

Supermärkte und Einkaufszentren in Städten öffnen sieben Tage die Woche, viele davon an mehreren Tagen bis 20 oder 21 Uhr, einige rund um die Uhr. In Kleinstädten und Dörfern kann man in sogenannten »Dairies« meist noch abends etwas einkaufen.

Bezahlung

Kreditkarten werden in den meisten Läden akzeptiert, allerdings manchmal erst ab einem Mindestbetrag. Mit Kreditkarte und PIN können Sie an einem der vielen Geldautomaten in Banken und Einkaufszentren Bargeld abheben. Wenn Sie Reiseschecks einlösen wollen, müssen Sie sich ausweisen – mit einem Pass, Personalausweis oder auch Führerschein. Vereinzelt werden auch Schecks akzeptiert, obwohl Bargeld immer noch am willkommensten ist. Den Preis auszuhandeln ist in neuseeländischen Läden unüblich.

Auf alle in Neuseeland gehandelten Waren wird eine Steuer erhoben: Die Goods and Services Tax (GST) beträgt 15 Prozent und ist im Preis enthalten. GST wird bei der Ausreise nicht erstattet.

Rechte und Umtausch

Das Verbraucherinstitut (Consumers' Institute, Tel. 04 384 7963) versorgt Sie mit Informationen über Ihre Rechte als Käufer. Falls die gekaufte Ware defekt ist, kann sie umgetauscht werden. Aber auch falls Ihnen Ihr Einkauf hinterher nicht mehr gefällt, werden die meisten Läden die Ware gegen Vorlage der Quittung umtauschen oder das Geld zurückerstatten.

Kaufhäuser

Jede der vier großen Städte hat ein Kaufhaus, in dem man fast jeden Artikel in guter Qualität bekommt: in Auckland das **Smith and Caughey**, in Wellington **Kirkcaldie and Stains**, in Dunedin **Arthur Barnett** und in Christchurch **Ballantynes**. Farmers, Kmart und The Warehouse haben in ganz Neuseeland viele Filialen. Diese Ketten verkaufen vor allem Billigware.

Einkaufszentren

Große Einkaufszentren befinden sich vor allem in den größeren Städten. Die meisten Shopping Malls liegen am Stadtrand, meist ist unter der Vielzahl von Läden mit Kleidung und allem Möglichen auch ein großer Supermarkt. In vielen Zentren befindet sich auch eine *Food Hall*, in der man preiswert und oft sehr lecker essen kann.

Schaufensterdekoration bei Zambesi

Dairies

Sogenannte *Dairies* sind kleine Läden, die es überall in Neuseeland gibt. Sie haben meist sieben Tage die Woche von 7 bis 20 Uhr geöffnet. Hier bekommt man viele Grundnahrungsmittel, Snacks, Drinks, Zeitungen und Zeitschriften sowie Zigaretten.

Straßenverkauf

In Obstanbaugebieten wie der Bay of Plenty, Marlborough oder Central Otago werden Obst und Gemüse an Straßenständen verkauft. Oft kann man das Obst in den Anlagen selbst pflücken (»pick your own«), es kostet dann weniger. Erdbeeren gibt es im Frühling und im Frühsommer überall, Kirschen sind in Marlborough zur Weihnachtszeit reif, Aprikosen, Nektarinen und Pfirsiche in Otago im Januar und Februar, Kiwis in der Bay of Plenty von April bis September. Besucher sollten besonders auf die Käsereien in Waikato, Taranaki, Marlborough und Canterbury achten: Dort werden frische Milchprodukte aller Art verkauft.

Straßenstand

Märkte

Viele Märkte in Neuseeland handeln eher mit Kunsthandwerk als mit Lebensmitteln. Der Otara Market in South Auckland *(siehe S. 91)* bietet dagegen frische Spezialitäten aus dem Pazifikraum. Außerdem gibt es immer mehr Bauernmärkte wie etwa in Hastings oder Dunedin. In Auckland, Christchurch und Nelson verkaufen die Kunsthandwerker an eigenen Ständen. Der Victoria Park Market in Auckland *(siehe S. 91)* hat täglich geöffnet, der Markt im Arts Centre von Christchurch *(siehe S. 226)* und der Nelson Market *(siehe S. 211)* nur am Wochenende.

Kunsthandwerk und Souvenirs in einem Laden in Blenheim

Kunsthandwerk

In großen Städten und den Urlaubszentren findet man überall individuelles Kunsthandwerk in den Läden. In Coromandel *(siehe S. 127)* und Nelson *(siehe S. 213)* säumen Galerien, die oft von den Künstlern selbst betrieben werden, die Straßen. Auch Museumsläden wie der im Museum of New Zealand Te Papa Tongarewa in Wellington *(siehe S. 166f)* und der im Auckland War Memorial Museum *(siehe S. 78f)* bieten eine ganze Reihe hochwertiger handgefertigter Produkte an.

Auswahl und Qualität der Produkte wachsen ständig. Etwas ganz Besonderes sind beispielsweise die traditionellen Flachskörbe der Maori, Schmuck aus Knochen und Jade sowie aus den Schalen der *Paua*-Muschel (Abalone), Keramik, verschiedene mundgeblasene Glasartikel, Holzprodukte aus den ungewöhnlichen einheimischen Hölzern sowie alle Artikel aus Schaffell und Schafwolle *(siehe S. 344f)*.

Wochenendmarkt mit farbenfrohem Kunsthandwerk in Nelson *(siehe S. 211)*

Designer-Labels

Neuseeland hat eine Reihe international erfolgreicher Modedesigner, deren Kreationen man in kleinen Läden in den Städten kaufen kann. Besonders bekannt sind Trelise Cooper, Karen Walker, World, Zambesi und NomD. Hochwertige Ware aus Wolle bekommt man von vielen Herstellern, darunter auch das Label Untouched World.

Gute Freizeit- und Sportbekleidung sowie Sportausrüstung ist erhältlich von Canterbury, Heritage und Macpac *(siehe S. 345)*. Arthur Ellis stellt Top-Qualität unter der Marke Fairydown her.

AUF EINEN BLICK

Kaufhäuser

Arthur Barnett
267–285 George St, Dunedin.
(03) 477 1129.

Ballantynes
City Mall, Christchurch.
(03) 379 7400.
www.ballantynes.co.nz

Kirkcaldie and Stains
165–177 Lambton Quay, Wellington. *(04) 472 5899.*
www.kirkcaldies.co.nz

Smith and Caughey
261 Queen St, Auckland.
(09) 377 4770.
www.smithandcaugheys.co.nz

Museumsläden

Auckland Museum Store
Auckland Domain.
(09) 309 2580.

Te Papa Store
Cable St, Wellington.
(04) 381 7000.

Souvenirs

Geflochtene Flachstasche

In Neuseeland bekommt man viele Produkte, die ganz individuell sind. Schnitzarbeiten und Schmuck aus Knochen und Jade sowie *harakeke* (Geflochtenes aus Flachs) spiegeln das Erbe der Maori wider, Schaffelle und Artikel aus Schafwolle die landwirtschaftliche Basis des Landes. Besonders interessant sind die Produkte, die aus einheimischen Hölzern hergestellt werden, außerdem gibt es schöne Keramik sowie gute Outdoor-Bekleidung und -Ausrüstung. Viele »Gift and Craft Shops« sowie Kaufhäuser und Museumsläden überall im Land bieten hochwertiges, individuelles Kunsthandwerk an.

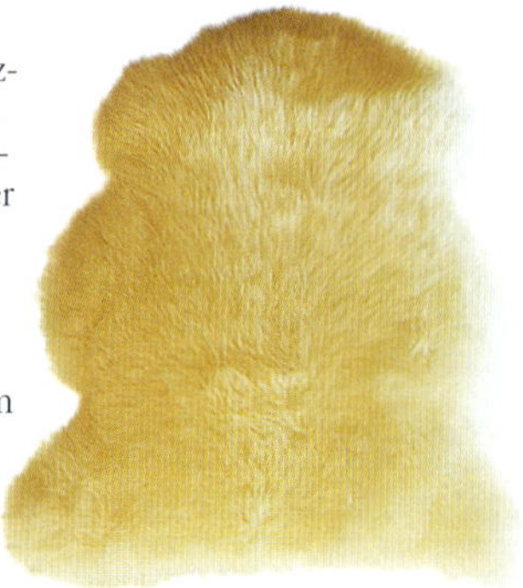

Schaffellteppich mit dicker, gekämmter Wolle

Handgestrickter Pullover

Pantoffeln aus Schaffell

Woll- und Schaffellprodukte *sind typisch für Neuseeland und ein sehr beliebtes Mitbringsel. Ein Großteil der exportierten Wolle wird zu Teppichen verarbeitet, für Kleidung benutzt man meist die feinere Merinowolle vom Lamm. Die Wolle ist oft von Hand gesponnen und gefärbt, die Pullover sind von Hand gestrickt. Schaffelle werden zu Teppichen, Autositzen, Jacken, Stiefeln, Pantoffeln, Handschuhen und vielem mehr verarbeitet.*

Muff aus Lammwolle

Warme Handschuhe

Schüssel aus einem Baumstamm

Holzartikel *aus einheimischen Hölzern haben oft interessante Strukturen und sind außerordentlich schön gearbeitet. Die häufigsten Holzarten sind Rimu, Kauri, Matai und Buche. Häufig werden auch exotische Arten wie Macrocarpa verarbeitet.*

Holzuntersatz mit *Paua*-Schale

Schmuckkästchen aus Kauri-Holz

Maori-Figur mit Augen aus *Paua*-Schale

Fein geschnitzter Maori-Knüppel

Anhänger aus Jade

Greenstone *(Jade) ist der wertvollste Stein Neuseelands. Künstler verarbeiten ihn zu Schmuck und kombinieren dabei oft traditionelle Maori-Ornamente und modernes Design* (siehe S. 237).

Knochen *war ursprünglich das Material, aus dem die Maori Angelhaken fertigten. Heute sind die schön geformten und kunstvoll verzierten Gegenstände eine hübsche Dekoration.*

Paua *(Abalone) ist ein Schalentier, das an der Küste Neuseelands vorkommt. Man sucht die* Paua*-Muschel mehr wegen ihrer vielfarbig schimmernden Schale als wegen ihres Fleisches. Schon früher verwendeten die Maori die Schalen zur Dekoration.*

Anhänger aus *Paua*-Schale und Silber

Kästchen mit *Paua*-Schale

Weinglas

Glasvase

Handbemalte Schale

Becher aus Ton

Originelle Kaffeekanne

Parfümflakon

Keramik und Glas *sind in Neuseeland fast überall zu bekommen. Keramikartikel sind oft rustikal, aber auch fein geformt und individuell bemalt erhältlich. Handgefertigte Glaswaren sind von hoher Qualität. Bei vielen Künstlern kann man zusehen, wie das Glas geblasen wird.*

Outdoor-Ausrüstung *»Made in New Zealand« gehört zu der besten auf der Welt. Zu den führenden Marken gehört Macpac, das seine Ausrüstung regelmäßig in den Bergen der Südinsel testet. In den größeren Städten findet man überall Spezialläden mit Kleidung und Ausrüstung für draußen.*

Windjacke

Rucksack

Leichtes Zelt

Lebensmittel *aus den vielfältigen landwirtschaftlichen Produktionsstätten Neuseelands kann man zum Teil mitnehmen. Zum Exportieren eignen sich die Weine, die inzwischen auch einen internationalen Ruf genießen* (siehe S.36f und S.324f)*, aber auch Obst, konserviertes Fleisch vom Rind, Schaf, Strauß oder Wild sowie Käse. Neuseeländische Honigsorten aus den einheimischen Pflanzen sind eine besondere Delikatesse.*

Verschiedene Kapiti-Käse

Sauvignon Blanc aus Marlborough

Schokolade mit Kiwi-Füllung

Leckere Honigsorten

Unterhaltung

Die Bandbreite an Entertainment ist in Neuseeland überaus vielfältig und reicht von Theater, Oper und Ballett über Aufführungen von traditionellen Maori-Tänzen und Kultur aus dem pazifischen Raum bis hin zu bewährter Rockmusik aus *Down Under*. Am meisten ist natürlich in den größeren Städten los, aber auch die kleineren Städte verfügen über Musikgruppen und Theaterensembles, die regelmäßig auftreten. Ausländische Musikgruppen gastieren überwiegend in Auckland und Wellington. Die Traditionen der Maori sind in ganz Neuseeland ein sehr wichtiger Bestandteil des kulturellen Lebens, was man vor allem auf Festivals und an Veranstaltungsorten wie dem Te Puia (dem früheren New Zealand Maori Arts and Crafts Institute) in Rotorua erleben kann. Im Sommer finden viele Veranstaltungen unter freiem Himmel statt.

Entertainer am Auckland-Markt

Information

Tourism New Zealand gibt auf seiner Website *(siehe S. 347)* einen Veranstaltungskalender mit Events im ganzen Land heraus. In einigen Tageszeitungen und Magazinen wie *North and South*, *The Listener* und *Metro* findet man die aktuellen Termine und Zeiten.

THE EDGE, Aucklands größter Veranstaltungskomplex

Veranstaltungsorte

Die großen Aufführungsstätten liegen in den vier großen Städten. **THE EDGE** in Auckland umfasst das Aotea Centre, die Town Hall und das Civic Theatre, in Wellington finden Veranstaltungen im **Michael Fowler Centre** und in der **TSB Bank Arena** statt, in Christchurch in der **Town Hall** und im **Isaac Theatre Royal**, in Dunedin in der **Town Hall**.

Tickets

Für die meisten Veranstaltungen empfiehlt es sich, im Voraus zu buchen. Am einfachsten geht das über die landesweiten Systeme **Ticketek** und **Ticketmaster** entweder via Internet oder telefonisch in einer der vielen Filialen, die es im gesamten Land gibt. Vor Ort kann man es auch an der Abendkasse versuchen.

Theater

Professionelle Theater gibt es nur in den vier großen Städten, in der Provinz spielen Laiengruppen. Wellington hat die lebendigste Theaterszene mit drei professionellen Ensembles *(siehe S. 156f)*: **Downstage**, **Circa**, eine Gruppe, die in den 1970er Jahren gegründet wurde und seitdem kontinuierlich Aufführungen auf hohem Niveau produziert, und **Bats**, in dem experimentelles Theater aufgeführt wird. Das einzige staatlich subventionierte Maori-Theater, **Taki Rua**, hat seinen Sitz in Wellington und spielt Volkstheater und tourt regelmäßig mit seinen Produktionen durch das ganze Land. Weitere professionelle Truppen sind die **Auckland Theatre Company**, die in den Theatern Maidment, Herald und Sky City spielt, das **Court Theatre** im historischen Arts Centre von Christchurch und das **Fortune Theatre**, dessen Aufführungen in einer alten Kirche in Dunedin stattfinden.

Klassische Musik, Oper und Tanz

Das **New Zealand Symphony Orchestra** hat seinen Sitz in Wellington *(siehe S. 156f)*, auf seinen Tourneen durch das Land legt es aber jährlich 50 000 Kilometer zurück. Im Sommer finden in verschiedenen Städten auch Freilichtkonzerte statt. Die regionalen Orchester haben meist einen hohen Standard und spielen regelmäßig. Die Hauptoper ist die **National**

Das New Zealand Symphony Orchestra in der Town Hall von Wellington

Saxcess, das führende Saxofon-Quartett Neuseelands

Business Review New Zealand Opera, die Aufführungen finden zum größten Teil im Aotea Centre in Auckland und in Wellington statt. In Canterbury ist die Southern Opera beheimatet.

Das **Royal New Zealand Ballet** ist das älteste professionelle Tanzensemble in ganz Australasien. Es zeigt die gesamte Bandbreite seiner verschiedenen Produktionen *(siehe S. 156f)* im ganzen Land. Neuseelands einziges staatlich subventioniertes Ensemble für modernen Tanz, die **Footnote Dance**, reist ebenfalls durchs Land und führt Werke und Inszenierungen von neuseeländischen Choreografen und Komponisten auf.

Rock, Jazz und Country Music

Kiwi-Rockmusik besitzt einen ganz besonderen Charme, der Fans aus der ganzen Welt anzieht. Zu den erfolgreichsten Gruppen zählen die Muttonbirds, Dave Dobbyn, Neil Finn und The Datsuns. Eine Vielzahl lokaler Bands spielt in Kneipen, aber auch an beliebten Veranstaltungsorten wie etwa in **THE EDGE** in Auckland. Bei Veranstaltungen wie dem International Arts Festival in Wellington treffen sich einheimische und internationale Jazzgrößen *(siehe S. 156f)*, im August gibt es vielerorts Festivals wie das Bay of Islands Jazz and Blues Festival.

Veranstaltungsplakate

Country- und Westernmusik hat in Neuseeland viele Anhänger, und so gibt es einige ausgezeichnete Sänger und Bands. Für Liebhaber klassischer Country Music sind die Gold Guitar Awards in Gore, Southland im Mai und Juni das Highlight der Saison.

Maori-Musik und -Tanz

Traditionelle Maori-Aufführungen gibt es an einigen Orten, z. B. am berühmten **Te Puia**, einem Institut für Maori-Kunst und -Handwerk in Rotorua *(siehe S. 138f)*, und im **Auckland War Memorial Museum** *(siehe S. 78f)*, wo täglich Konzerte stattfinden. Alle zwei Jahre findet das dreitägige Aotearoa Traditional Maori Performing Arts Festival statt. Dabei werden an verschiedenen Orten Aufführungen mit Musik und Tanz geboten. Es gibt die Möglichkeit, eine spezielle Maori-Tour zu buchen *(siehe S. 355)*. Dabei stehen immer Aufführungen im Mittelpunkt.

Maori-Aufführung während des Festivals in Wellington

AUF EINEN BLICK

Information

Ticketek
(09) 307 5000.
www.ticketek.nz

Ticketmaster
(09) 970 9700.
www.ticketmaster.co.nz

Tourism New Zealand
(04) 917 5400.

Veranstaltungsorte

Christchurch Town Hall
(03) 366 8899.

Dunedin Town Hall
(03) 474 3614.

THE EDGE
(09) 309 2677.

Isaac Theatre Royal, Christchurch
(03) 366 6326.

Michael Fowler Centre, Wellington
(04) 801 4231.

TSB Bank Arena
(04) 801 4231.

Wellington Town Hall
(0800) 20 23 24.

Theater

Auckland Theatre Company
(09) 309 0390.

Bats Theatre
(04) 802 4175.

Circa Theatre
(04) 801 7992.

Court Theatre
(0800) 33 31 00.

Downstage Theatre
(04) 801 6946.

Fortune Theatre
(03) 477 8323.

Taki Rua
(04) 385 3110.

Klassische Musik, Oper und Tanz

Footnote Dance
(04) 384 7285.

National Business Review New Zealand Opera
(09) 379 4068.

New Zealand Symphony Orchestra
(04) 801 3890.

Royal New Zealand Ballet
(04) 381 9000.

Maori-Musik und -Tanz

Auckland War Memorial Museum
(09) 309 0443.

Te Puia, Rotorua
(07) 348 9047.

Film und Musik

Neuseelands Kunst- und Unterhaltungsszene erlebt eine kleine Renaissance, da die Regierung viel in die Kultur des Landes investiert. Einheimische Musik wird von einer Kommission im In- und Ausland vermarktet, weshalb neuseeländische Bands öfter im Radio zu hören sind. Die großen Theater und Kinos konzentrieren sich auf die größeren Städte *(siehe S. 92f)*, doch auch in kleineren Orten existieren Spielstätten. Viele von ihnen sind Gastgeber bei internationalen Festivals.

Film und Festivals

Seit 2001 bestimmte die neuseeländische Produktion der Trilogie *Der Herr der Ringe* die Schlagzeilen. Doch neben Peter Jackson arbeiten noch viele andere Regisseure an Kurz- und Spielfilmen. Neuseeländer lieben das Kino, und die Vorzüge der digitalen Technik sorgten in den Vorstädten für eine Wiederbelebung der Lichtspielhäuser. Nicht nur in den größeren Städten entstanden zahllose Kinos.

Mit der steigenden Anzahl der Lichtspielhäuser wurden auch viele neue Filmfestivals ins Leben gerufen. Das größte von allen, das **International Film Festival**, gibt es nun schon fast 40 Jahre. Hier werden von der Kritik gefeierte Filme und Klassiker sowie Weltpremieren von Produktionen aufstrebender und etablierter neuseeländischer Filmemacher präsentiert. Daneben stellen Regisseure ihre neuen Projekte vor. Das Festival startet im Juli in Auckland und macht bis Ende des Jahres in 15 weiteren Orten Station. Das prächtig renovierte **Embassy Theatre** in Wellington ist eines der Häuser, die von der Popularität des Festivals profitieren konnten. Dunedins unabhängiges Kino **Metro** und das **Academy** in Christchurch sind ebenfalls Gastgeber des Festivals.

Das Festival Out Takes widmet sich dem Schwulen- und Lesbenfilm. Es steigt im Mai und Juni in Auckland, Wellington und Christchurch. Das Date Palm Film Festival im September zeigt Filme aus dem Mittleren Osten. Wellington und Auckland (u.a. das dortige unabhängige **Academy Cinema**) sind Veranstaltungsorte des Documentary Edge Festival im Februar und März. Das Italian Film Festival bereist zwischen Oktober und November mehrere größere Städte und kleinere Orte des Landes.

Musik

Den typischen Neuseeland-Sound gibt es nicht, doch Künstler, die es schaffen, Neuseeländisches in welches Genre auch immer einfließen zu lassen, heben sich von der Masse ab. Ein gutes Beispiel hierfür ist die Dub-Soul-Funk-Band Fat Freddy's Drop aus Wellington: 2005 erhielt sie für ihr Album *Based on a True Story* einen New Zealand Music Award.

Die Hip-Hop-Szene in Neuseeland wird derzeit von Produzent P Money bestimmt. Ganz oben in den Charts tauchen MC Scribe und MC Ladi 6 auf. Der einheimische Hip-Hop vermischt häufig US-Gangsta-Rap mit Rhythmen und Geschichten der pazifischen Inseln. Dub, Roots und Reggae sind ebenfalls überaus populär. Zu den bekanntesten Bands gehören The Black Seeds, Katchafire und Kora.

The Datsuns, eine dreiköpfige Band aus dem Provinzort Cambridge, touren mit ihrem AC/DC-ähnlichen Rock durch die Welt. Der ehemalige Led-Zeppelin-Bassist John Paul Jones produzierte ihr zweites Studioalbum. Gruppen wie die Sneaks und die Checks reiten auf der gleichen Welle. Stereogram, Pluto und Elemeno P machen Mainstream-Pop-Rock und profitieren davon, dass die Radiosender derzeit alles daransetzen, das kommerzielle Potenzial dieser Musik auszuschöpfen.

Live-Musik wird meistens in Kneipen und Clubs gespielt. Künstler wie Neil Finn, Dave Dobbyn und Bic Runga treten auch in großen Häusern auf, z.B. im Opera House in Wellington und im THE EDGE *(siehe S. 74)* in Auckland.

Jazzfestivals gibt es in Wellington, Nelson und auf Waiheke Island. Die jährlichen Country Music Awards werden auf der Südinsel in Gore vergeben.

Clubs, Bars und Cafés

Im Umland gibt es noch immer das traditionelle neuseeländische Pub mit mindestens drei Bars und Fremdenzimmern. In den Städten verschwindet diese »Institution« zusehends. Hier legen kleinere Bars und Cafés viel Wert auf eine gute Speise- und Getränkekarte sowie auf Live-Unterhaltung. Später am Abend dämpfen viele Bars und Cafés das Licht und drehen die Musik auf. Essen und Unterhaltung sind hier oft strikt getrennt, deshalb sollten Sie sich vor einem Besuch vergewissern, dass Sie noch etwas zu essen bekommen. In den meisten Städten gibt es auch Irish Pubs mit Guinness vom Fass und irischer Musik.

Manche behaupten, in Wellington gebe es mehr Bars, Cafés und Restaurants pro Kopf als in New York. Die lebhaftesten Gegenden sind Courtenay Place und Cuba Street. Bars wie **San Francisco Bathhouse**, **Mighty Mighty** und **Bar Bodega** sprechen Live-Musik-Fans an, während sich Clubs wie **The Garden Club** und **Sandwiches** an das Tanzvolk wenden. **The Matterhorn**, **Good Luck** und **Lagerfield** bieten sowohl gutes Essen als auch fähige DJs.

In Auckland verteilt sich das Nachtleben auf mehrere Orte. Viaduct Basin *(siehe S. 72)* wurde in den späten 1990er Jahren für die Rennen zum America's Cup angelegt. Der Cup wurde wieder verloren, doch Locations wie **Soul Bar & Bistro** und **Chic Lounge** gibt es noch immer. Die meisten Dance-Clubs befinden sich in der High Street, der Ponsonby und der Karangahape Road.

Im Restaurant **Rakinos** treten häufig Live-Bands und DJs auf. In der High Street ist der Club **Cube 5** empfehlenswert. Das **Occidental Belgian Beer Café** ist eine Institution, und die **Khuja Lounge** in der Queen Street ist auf dem besten Weg dorthin. Ebenfalls in der Queen Street befindet sich mit der **Fu Bar** Aucklands Nr. 1 der Underground-Dance-Music. Angesagte Bands treten häufig im **Kings Arms** und im **Dogs Bollix** auf. **Galatos** steht schon seit Langem für Reggae und Dub. Weitere solcher Clubs sind in der Karangahape Road zu finden, z. B. **K'Road Ballroom**, **Eden's** und **Rising Sun**.

Christchurch ist die Heimat des Drum 'n' Bass in Neuseeland. Die besten Konzerte steigen im **Dux de Lux**, doch auch **Zebedees**, **Creation** und **Foam Lounge** engagieren einheimische und auswärtige Bands. Im **Ministry Nightclub** wird getanzt, die **Wunderbar** in Lyttelton bietet Live-Musik.

Aus Dunedin kommen einflussreiche Gitarrenbands wie The Chills und die Bats. Im **Arc Café** gastieren häufig solche Gruppen. Das Café ist auch Sitz eines Plattenlabels, das zunächst nur Künstler aus Dunedin unter Vertrag nahm, sich jetzt aber auf das ganze Land ausgedehnt hat.

Chicks Hotel ist ein bekanntes Sammelbecken für ironische Dunediner Künstler. Die Atmosphäre ist grandios, wenn Einheimische und Studenten zusammenkommen, um Musikern aus Dunedin zu lauschen. **Bath St**, ein Club in der gleichnamigen Straße, veranstaltet Reggae- und Hip-Hop-Nächte. **Crown Hotel** und **10 Bar** engagieren DJs und Live-Bands.

AUF EINEN BLICK

Film und Festivals

Academy Cinema
Arts Centre, 25 Hereford St, Christchurch.
(03) 366 0167.

Academy Cinema
City Library Building, 44 Lorne St, Auckland.
(09) 373 2761.

Embassy Theatre
10 Kent Tce, Wellington.
(04) 384 7657.

International Film Festival
www.enzedff.co.nz

Metro
Town Hall, Moray Place, Dunedin.
(03) 471 9635.

Pubs und Bars

10 Bar
10 The Octagon, Dunedin.
(03) 477 6310.

Bar Bodega
101 Ghuznee St, Wellington. *(04) 384 8212.*

Chicks Hotel
2 Mount St, Port Chalmers. *(03) 472 8736.*

Crown Hotel
179 Rattray St, Dunedin.
(03) 477 0132.

Dogs Bollix
Newton Rd (K Rd End), Auckland.
(09) 376 4600.

Eden's Bar
335 Karangahape Rd. Auckland.

Kings Arms
59 France St, Auckland.
(09) 373 3240.

Mighty Mighty
104 Cuba St, Wellington.

Occidental Belgian Beer Café
6–8 Vulcan Lane, Auckland. *(09) 300 6226.*

Rising Sun
373 Karangahape Rd, Auckland.
(027) 559 7876.

San Francisco Bathhouse
171 Cuba St, Wellington.
(04) 801 6797.

Southern Cross
35 Abel Smith St, Wellington.
(04) 384 9085.

The Twisted Hop
6 Poplar St, Christchurch.
(03) 962 3688.

Wunderbar
19 London St, Lyttelton.
(03) 328 8818.

Cafés

Arc Café
135 High St, Dunedin.
(03) 477 7200.

Dux de Lux
41 Hereford St, Christchurch.
(03) 366 6919.

Good Luck
126 Cuba St, Wellington.
(04) 801 9950.

Khuja Lounge
3. Stock, 536 Queen St, Auckland.
(09) 377 3711.

Lagerfield
21 Blair St, Wellington.
(04) 801 5212.

The Matterhorn
106 Cuba St, Wellington.
(04) 384 3359.

Rakinos
Ebene 1, 35 High St, Auckland.
(09) 358 3535.

Soul Bar & Bistro
Viaduct Harbour Ave, Auckland.
(09) 356 7249.

Clubs

Bath St
1 Bath St, Dunedin.
(03) 477 6750.

Chic Lounge
201 Quay St, Auckland.
(09) 377 5360.

Creation
105 Worcester St, Christchurch.
(03) 366 4009.

Cube 5
5 High St, Auckland.
(09) 379 9091.

Foam Lounge
30 Bedford Row, Christchurch.
(03) 365 2926.

Fu Bar
4 Wolfe St, Auckland.
(09) 309 3079.

Galatos
17 Galatos St, Auckland.
(09) 303 1928.

K'Road Ballroom
214 Karangahape Rd, Auckland.
(09) 366 0340.

Live Bar
68 Hobson St, Auckland.
(09) 307 5975.

Ministry Nightclub
90 Lichfield St, Christchurch.
(03) 379 2910.

Sandwiches
Ecke Kent Tce/Marjoribanks St, Wellington.
(04) 385 7698.

The Garden Club
13 Dixon St, Wellington.
(04) 381 2341.

Zebedees
479 Blenheim Rd, Christchurch.
(03) 341 5210.

Sport und Aktivurlaub

Wer gerne etwas im Freien unternimmt, findet in Neuseeland geradezu das Paradies vor. Hier hat man die Möglichkeit, Outdoor-Aktivitäten nachzugehen, die man noch nie zuvor versucht hat. Schneller Nervenkitzel ist beim Bungee-Jumping, Jetbootfahren oder bei einem Hubschrauberflug angesagt, man kann darüber hinaus auch klettern, sich abseilen, Wildwasser raften oder Ski fahren. Auf der Nord- wie auf der Südinsel gibt es ein sehr dichtes Netz an Wanderwegen. Auch Radfahrer finden sowohl im Flachland als auch in den bergigeren Regionen ein geeignetes Terrain. Über aktuelle Angebote können Sie sich bei Tourism New Zealand, in den Büros des Department of Conservation (DOC), in den Besucherzentren und Reiseagenturen informieren *(siehe auch S. 359)*.

DOC-Logo

Wandern

Mit seinen 14 Nationalparks und den vielen Naturschutzgebieten ist Neuseeland ideal, um spazieren zu gehen, zu wandern oder Touren zu unternehmen. Letzteres wird in Neuseeland »Tramping« genannt. Ein riesiges Netzwerk von Wanderwegen bietet etwas für jeden Geschmack und jede Kondition. Kurze Spaziergänge, einfache Bergwanderungen, aber auch schwierige alpine Bergrouten – die Möglichkeiten, die wunderbare Landschaft zu erleben, sind fast grenzenlos.

Die besten Wanderrouten liegen in den Nationalparks, wo man an den *tracks* Hütten findet. Die Ausstattung der Hütten ist unterschiedlich, eine Übernachtung kostet zwischen 10 und 45 NZ$ pro Nacht. Neun Tracks sind wegen ihrer landschaftlichen Schönheit weltberühmt und wurden als »Great Walks« ausgewiesen. Man kann die Touren mit oder ohne Führer machen, falls man sich allein auf den Weg macht, muss man unbedingt darauf achten, dass man eine gute Ausrüstung (inkl. Schlafsack) und vor allem genug Verpflegung dabeihat. Unabdingbar ist es, sich zuvor beim DOC über die Ausstattung der Hütten und vor allem über die Wetterbedingungen zu informieren. Am Startort einer Tour lässt man sich in einem DOC-Büro registrieren. Denn auch wenn das Rettungssystem in Neuseeland extrem gut organisiert ist, muss es wissen, wer wohin unterwegs ist. Beliebte Touren wie den Abel Tasman Coastal Track und die Routeburn und Milford Tracks muss man vorher buchen.

Tour mit Führer am Franz Josef Glacier *(siehe S. 238 f)*

Bergsteigen und Klettern

Die Southern Alps bieten 30 Gipfel über 3000 Meter und damit eine Unzahl technisch anspruchsvoller Touren für Bergsteiger. Die Hauptregionen zum Bergsteigen und Klettern sind die Nationalparks von Aoraki/ Mount Cook, Westland/ Tai Poutini, Tititea Mount Aspiring, Arthur's Pass und Fiordland, auf der Nordinsel bietet das Central Plateau das beste Kletterareal. Hauptsaison ist von November bis März. Das Wetter in den Bergen kann extrem schnell umschlagen. Es ist lebenswichtig, sich vor Ort nach dem Wetterbericht zu erkundigen, eine gute Ausrüstung für alle Situationen dabeizuhaben und die Tour vorher beim DOC anzumelden. Erfahrene Bergführer wie die Vereinigung **Alpine Guides (Aoraki) Ltd** am Aoraki/ Mount Cook kann man in vielen Bergregionen buchen.

Wanderweg

Die besten Orte zum Klettern sind die Vulkane der Port Hills bei Christchurch *(siehe S. 230)* und die Sandsteinformationen von Castle Hill in Canterbury *(siehe S. 243)*.

Höhlenexpeditionen und Abseiling

Neuseeland hat viele Höhlen, die bekanntesten sind die Waitomo Caves im Zentrum der Nordinsel *(siehe S. 120 f)* und die Höhlen der Takaka-Region im Nordwes-

Abseiling* in das Mangapu-Höhlensystem von Waitomo *(siehe S. 120 f)

ten von Nelson *(siehe S. 216)*. Manche Höhlen sind leicht zugänglich, für andere muss man schon ein erfahrener Höhlenkletterer sein. Ein außergewöhnliches Höhlenerlebnis bietet **Legendary Black Water Rafting Co™**. Dabei fährt man in Röhren durch ausgedehnte, nur von Glühwürmchen erleuchtete Höhlensysteme. Zwei der besten Orte hierfür sind Waitomo *(siehe S. 120f)* und Westport *(siehe S. 234)*.

Sowohl auf der Nordinsel als auch auf der Südinsel wird das sogenannte *Abseiling* angeboten. Mit **Waitomo Adventures** kann man sich 100 Meter weit in eine Schlucht hinunterlassen und landet in der *Lost World (siehe S. 121)* des Mangapu-Höhlensystems.

Rad fahren

Radtouren gehören zu den besten Möglichkeiten, das Land kennenzulernen. Es gibt viele schöne Strecken, z. B. den Queen Charlotte Drive in den Marlborough Sounds *(siehe S. 202f)* und den Highway 6 an der Westküste. **Otago Central Rail Trail** bietet mehrtägige Touren für Radfahrer mit guter Kondition an. Mountainbiker finden in Neuseeland ein Netzwerk von Offroad-Tracks. Hanmer Springs *(siehe S. 233)* und der Victoria Forest Park *(siehe S. 233)* zählen zu den besten Regionen für Mountainbiker.

Mountainbiker im Rangataua Forest *(siehe S. 142)*

Ski fahren

Es gibt zahlreiche Skigebiete in Neuseeland, manche sind extrem gut ausgebaut, andere gehören kleinen Skiclubs, die sich über Gäste freuen. Die größten Wintersportgebiete sind **Whakapapa Ski Area** und **Turoa Ski Area** am Mount Ruapehu auf der Nordinsel *(siehe S. 142f)*, **Mount Hutt Ski Area** in Canterbury *(siehe S. 246)* sowie **Coronet Peak**, **Remarkables Ski Area**, **Cardrona Alpine Resort** und **Treble Cone** in Central Otago *(siehe S. 194f)*.

Die Skisaison dauert im Allgemeinen von Mitte Juni bis September. Auf der Südinsel kann man sich von Hubschraubern in unberührte Pulverschneegebiete bringen lassen. Langlauf und Skitouren sind an vielen Orten möglich, die **Waiorau Snow Farm** in der Nähe von Wanaka *(siehe S. 194f)* ist nur einer davon.

AUF EINEN BLICK

Wandern

Auf **www**.doc.govt.nz *erhalten Sie Infos über die Great Walks.*

Bergsteigen und Klettern

Alpine Guides (Aoraki) Ltd
PO Box 20, Mt Cook Village. ☎ *(03) 435 1834*.
www.alpineguides.co.nz

Mount Aspiring Guides
99 Ardmore St, Wanaka.
☎ *(03) 443 9422*.
www.aspiringguides.com

Höhlenexpeditionen und Abseiling

Legendary Black Water Rafting Co™
Private Bag 501, Otorohanga. ☎ *(07) 878 6219*.
www.waitomo.com

Norwest Adventures
182 Queen St, Westport.
☎ *(03) 788 8168*.
www.caverafting.com

Waitomo Adventures
PO Box 29, Waitomo Caves. ☎ *(07) 878 7788*.
www.waitomo.co.nz

Rad fahren

New Zealand Pedaltours
PO Box 37-575, Auckland.
☎ *(09) 585 1385*.
www.pedaltours.co.nz

Ohakune Mountain Ride
16 Miro St, Ohakune.
☎ *(06) 385 8257*.

Otago Central Rail Trail
i-SITE Visitor Centre, 48 The Octagon, Dunedin.
☎ *(03) 474 3300*.

Pacific Cycle Tours
Unit 3, 14 Kennaway Rd, Christchurch.
☎ *(03) 329 9913*.
www.bike-nz.com

Ski fahren

Cardrona Alpine Resort
☎ *(03) 443 7411*.
www.cardrona.co.nz

Coronet Peak
☎ *(03) 442 4620*.
www.nzski.com

Harris Mountains Heli-Ski
☎ *(03) 442 6722*.
www.heliski.co.nz

Mount Hutt Ski Area
PO Box 14, Methven.
☎ *(03) 308 5074*.
www.nzski.com

Remarkables Ski Area
PO Box 359, Queenstown.
☎ *(03) 442 4615*.
www.nzski.com

Treble Cone
PO Box 206, Wanaka.
☎ *(03) 443 7443*.
www.treblecone.co.nz

Turoa Ski Area
☎ *(06) 385 8274*.
www.turoa.com

Waiorau Snow Farm
Cardrona, Wanaka.
☎ *(03) 443 7542*.
www.snowfarmnz.com

Whakapapa Ski Area
☎ *(07) 892 3738*.
www.whakapapa.co.nz

Wellenreiten in der Whale Bay bei Raglan *(siehe S. 116 f)*

Wassersport

Allein die Küstenlinie ist 18 200 Kilometer lang, dazu kommen unzählige Seen und Flüsse – für Wassersportler bietet Neuseeland alle Möglichkeiten. Nördlich des Hauraki Gulf bei Auckland ist ein Segelparadies. Erfahrene Segler können hier Boote für »Bareboat«-Kreuzfahrten mieten *(siehe S. 88f)*. Die meisten werden sich jedoch mit einem Skipper auf große Fahrt machen, denn die Winde in dieser Region sind unberechenbar.

Wellenreiten kann man an den Stränden der Nordinsel, so z. B. in Piha *(siehe S. 86)*, Raglan *(siehe S. 116f)* und in der Bay of Plenty *(siehe S. 126 und S. 128)*. Die ruhigen Gewässer in den Häfen und auf den Seen laden zum Windsurfen ein. Bretter kann man in vielen Orten mieten.

Zum Kanufahren sind die Bay of Islands, Aucklands Hauraki Gulf, Nelsons Abel Tasman National Park, die Marlborough Sounds, Fiordland und Stewart Island ideal. Hier und anderswo kann man mehrtägige Touren unternehmen, Kajaks sind auch stundenweise in den Häfen Aucklands, Wellingtons und anderer Küstenstädten zu mieten.

Die reißenden Flüsse Neuseelands sind ideal zum Wildwasserfahren und Raften. Zu den Flüssen mit den höchsten Schwierigkeitsgraden gehören der Motu *(siehe S. 132)*, der Rangitikei und der Tongariro auf der Nordinsel, auf der Südinsel gibt es zahlreiche reißende Flüsse – vom Buller an der Westküste bis zum Clarence in Canterbury. Wer nicht so erfahren ist, wird lieber auf dem Whanganui River, dem zweitlängsten Fluss der Nordinsel, durch den historischen Whanganui National Park *(siehe S. 179)* fahren.

Es gibt viele gute Plätze zum Tauchen, darunter auch die Wasserschutzgebiete vor der Küste Neuseelands *(siehe S. 26f)*. Die Unterwasserhöhlen der Poor Knights Islands *(siehe S. 99)* in der Nähe von Whangarei zählen zu den besten Tauchrevieren der Welt. Weiter nördlich liegt das Greenpeace-Schiff *Rainbow Warrior* auf Grund. In Fiordland kann man ein einzigartiges Ökosystem erleben, viele Arten leben hier näher an der Oberfläche als anderswo.

Jagen

Viele Tierarten, die von den Europäern nach Neuseeland gebracht wurden, hatten hier keine natürlichen Feinde und konnten sich so ungestört vermehren, dass sie zur Plage wurden. Deshalb fördern die Behörden die Jagd auf Großwild, man benötigt keinen Jagdschein, Jagdsaison ist das ganze Jahr.

Professionelle Veranstalter führen Sie durch das Land, manche von ihnen haben auch Zugang zu privaten Ländereien. Sieben Hirscharten, Wildschweine und wilde Ziegen kommen in den Wäldern sehr häufig vor, in den Gebirgen der Südinsel leben auch Gämsen. Die Entenjagd wird Anfang Mai eröffnet und dauert acht Wochen.

Angeln

Neuseeland ist berühmt für seine Fischgründe. Lake Taupo und die nahe liegenden Flüsse (besonders der Tongariro) gelten international als Mekka für Forellenangler *(siehe S. 141)*, obwohl viele Flüsse ähnlich gute Bedingungen aufweisen. Die Forellensaison dauert von Oktober bis Mai. Die wichtigsten Flüsse zum Lachsangeln liegen an der Ostküste der Südinsel. Zum Angeln braucht man einen Angelschein, Angelgerät kann man überall mieten.

Die Bay of Islands ist das Zentrum zum Fischen des Marlin *(siehe S. 102f)*. Wer lieber am Meer angeln will, findet das ideale Revier an der

Mit dem Kajak durch die Stromschnellen des Tongariro River

Angler am Waikato River in der Nähe der Huka Lodge *(siehe S. 295)*

Ostküste der Nordinsel, nördlich der Bay of Plenty. Die besten Monate zum Fischen am Meer sind von Januar bis Mai, hierfür ist keine Lizenz erforderlich.

Ökotouren

Neuseelands lange Tradition im Engagement für den Umweltschutz brachte viele Angebote des Ökotourismus hervor. Es gibt Spezialanbieter für Touren durch die Natur, aber auch die Veranstalter von Abenteuertouren wie *Black Water Rafting (siehe S. 120)* besitzen oft hohe Kenntnisse über Flora und Fauna der Region.

Für Vogelbeobachtung gibt es zahlreiche Möglichkeiten *(siehe S. 192f)*, darunter die Königsalbatros-Kolonie auf der Halbinsel Otago, Meeresvögel bei Kaikoura *(siehe S. 209)*, die Weißreiher-Kolonie bei Okarito und die Vogelwelt von Farewell Spit *(siehe S. 217)*.

Kaikoura ist fast synonym für Walbeobachtung *(siehe S. 209)*. Im Winter gibt es hier eine fast hundertprozentige Chance, Pottwale zu sehen. Delfinbeobachtung wird z. B. auf der Halbinsel Banks, in der Bay of Islands und in Southland angeboten.

Whale Watch®-Tour bei Kaikoura *(siehe S. 209)*

AUF EINEN BLICK

Rafting

Queenstown Rafting
35 Shotover St, Queenstown. ☎ *(03) 442 9792, (0800) 723 8464.*
www.queenstownrafting.co.nz

Wild 'n' Wet Rafting Company
2 White St, Rotorua.
☎ *(07) 348 3191, (0800) 462 7238.*
www.wetnwildrafting.co.nz

Kajak fahren

Abel Tasman Wilson's Experiences
265 High St, Motueka.
☎ *(03) 528 2027.*
www.abeltasman.co.nz

Fiordland Wilderness Experiences
Sandy Brown Rd, Te Anau.
☎ *(03) 249 7700.*
www.fiordlandseakayak.co.nz

Tauchen

Dive! Tutukaka
Marina Rd, Tutukaka.
☎ *(09) 434 3867.*
www.diving.co.nz

Splash Gordon
432 The Esplanade, Island Bay, Wellington.
☎ *(04) 939 3483.*
www.splashgordon.co.nz

Jagen und Angeln

Chris Jolly Outdoors
PO Box 1020, Lake Taupo.
☎ *(07) 378 0623.*
www.chrisjolly.co.nz

Mountain High Adventure Company
Snow and Stream Lodge, 5/7 Farquhar Place, Methven.
☎ *(03) 302 8733.*
www.fishandhunt.co.nz

Ökotouren

Albatross Encounter
96 Esplanade, Kaikoura.
☎ *(03) 319 6777.*
www.albatrossencounter.co.nz

Catlins Wildlife Trackers Ecotours
5 Mirren St, Papatowai, RD2, Owaka, South Otago.
☎ *(03) 415 8613.*
www.catlins-ecotours.co.nz

Dolphin Discoveries
PO Box 400, Ecke Marsden/Williams Rd, Paihia, Bay of Islands.
☎ *(09) 402 8234.*

Heritage Expeditions
53B Montreal St, Christchurch.
☎ *(03) 365 3500.*
www.heritage-expeditions.com

Whale Watch® Kaikoura Ltd
Railway Station Rd, Kaikoura.
☎ *(03) 319 6767, (0800) 655 121.*
www.whalewatch.co.nz

Tandem-Fallschirmsprung über Hawke's Bay

Luftsport

Heißluftballonfahren, Tandem-Gleitschirmfliegen und Tandemsprünge mit dem Fallschirm sind Nervenkitzel der besonderen Art. Veranstalter für diese luftigen Vergnügungen finden Sie in den größeren Städten und Urlaubszentren *(siehe S. 355)*. Vom Ballon aus hat man einen wunderbaren Blick über die Southern Alps und die Canterbury Plains, ein Gleitschirmflug vom Te Mata Peak in Hawke's Bay *(siehe S. 149)* und über die Remarkables bei Queenstown *(siehe S. 194f)* gehört zu den einzigartigen Erlebnissen. Informationen bekommen Sie bei den örtlichen Besucherzentren und in Reisebüros.

Rundflüge werden im ganzen Land angeboten, sei es mit kleinen Flugzeugen, Hubschraubern oder Wasserflugzeugen. Die Highlights der Nordinsel stellen dabei sicherlich Flüge über die vulkanisch aktive White Island *(siehe S. 130)* und die Vulkane des Tongariro National Park *(siehe S. 142f)* dar. Auf der Südinsel sind Flüge über Mount Cook, Fox Glacier, Franz Josef Glacier *(siehe S. 238f)* und Fiordland *(siehe S. 280–283)* besonders beliebt. Zu vielen Flügen gehört eine Zwischenlandung an spektakulären Plätzen, z. B. auf der White Island oder den Gletschern der Southern Alps.

Rundflug über den Fiordland National Park *(siehe S. 280–283)*

Bungee-Jumping von der Kawarau Bridge, Queenstown *(siehe S. 276)*

Bungee-Jumping

Als A. J. Hackett als Erster eine Brücke über den Kawarau River in Queenstown *(siehe S. 194f)* als Absprungbasis nutzte, löste er damit einen Bungee-Jumping-Boom aus. Die beliebte Attraktion wird von vielen Veranstaltern auf der Nord- und Südinsel angeboten. Oft sind es hohe Brücken, von denen man springen kann. Sicherheit wird dabei großgeschrieben. Jeder Springer wird gewogen, damit die Länge des Seils genau berechnet werden kann, und die Befestigung des Seils am Fuß wird genauestens überprüft.

Jetboote

Bill Hamilton, ein neuseeländischer Ingenieur und Farmer, perfektionierte das Design des Jetboots. So ist es kein Zufall, dass dieser schnelle Spaß in Neuseeland so beliebt ist. An Orten wie Waikato *(siehe S. 113)* und Queenstown *(siehe S. 194f)* führen Jetboot-Veranstalter ihre Gäste durch enge Schluchten, über extrem flaches Wasser und demonstrieren, wie man eine 360-Grad-Drehung auf der Stelle macht. Manche Veranstalter bieten auch längere Touren auf Jetbooten durch unzugängliche Landschaften an.

Golf

Es gibt über 400 Golfplätze in Neuseeland, das sind – in Relation zur Bevölkerungszahl – mehr als sonst auf der Welt. Die Greenfee beträgt teilweise nur 5 NZ$ in ländlichen Clubs. Doch auch die exklusivsten Clubs verlangen nicht mehr als 50 NZ$. Am Wochenende ist der Platz oft für Mitglieder reserviert, einige Clubs pflegen jedoch Partnerschaften mit europäischen Clubs, deren Mitglieder jederzeit spielen können. Schläger und Wagen kann man leihen.

Jeeptouren

Im Hochland und den ländlichen Gegenden Neuseelands gibt es Hunderte von unbefestigten Straßen und Wegen, die als Zugang zu Farmen, Sägewerken, Goldminen und Minensiedlungen angelegt wurden. Mit einem Jeep kann man diese unzugänglichen Orte auf bequeme Art erkunden. Zahlreiche Veranstalter bieten Tagesausflüge oder auch längere »Safaris« durch die unterschiedlichsten Gebiete an.

Ausritte und Touren zu Pferd

Das weite, offene Land ist ideal, um es auf dem Rücken eines Pferdes zu erleben. Angeboten werden Ausritte durch Wälder, über die Hochebenen oder am Strand

Ausritt in Hanmer, North Canterbury

entlang, man kann einen Halbtagesausritt buchen oder auch mehrere Tage mit Pferd und Zelt unterwegs sein. Manche Veranstalter sind in Stadtnähe, die meisten bemühen sich um ihre Kunden ganz individuell je nach reiterlichem Können.

Rugby, Cricket & Co.

Neuseeländer lieben Rugby, ein guter Grund, sich während der Saison von März bis Oktober *(siehe S. 38f)* ein Spiel anzusehen. Die wichtigsten Wettbewerbe sind Super 14 Championship und der Air New Zealand Cup. Meist sind die Rugby-Stadien brechend voll, ebenso die Cricket Test Matches. Die Atmosphäre ist am besten bei den Tag-Nacht-Spielen, die am Nachmittag beginnen und abends fortgesetzt werden.

Pferderennen sind eine nationale Leidenschaft, zwischen November und April finden zahlreiche Rennen statt *(siehe S. 38f)*. Auch Netball hat viele Anhänger, die spannendsten Spiele liefert das Nationalteam, die Silver Ferns. Alle Tickets bekommt man über Ticketek *(siehe S. 347)*.

Maori-Heritage-Touren

Veranstalter, die Touren auf den Spuren der Kultur der Maori anbieten, gibt es an zahlreichen Orten. In vielen Fällen kann man ein *marae* besichtigen und dabei ein *hangi* (traditionelles Festessen) erleben sowie Maori-Zeremonien, Mythen und Legenden, Tänze und Kunst kennenlernen. Ein bekannter Veranstalter, **Te Urewera Treks**, bietet verschiedene Touren im Urewera Country an, der Urheimat des Tuhoe-Stammes.

Waikato-Fans bei einem Rugby-Match

AUF EINEN BLICK

Luftsport

Air Safaris
PO Box 71, Lake Tekapo.
(03) 680 6880.
www.airsafaris.co.nz

Aoraki Hot Air Balloon Safaris
PO Box 75, Methven.
(03) 302 8172, (0800) 256 837.
www.nzballooning.com

Fiordland Helicopters
PO Box 180, Te Anau Airport. (03) 249 7575.
www.fiordlandhelicopters.co.nz

Sky Trek
16 Lake Ave, Frankton, Queenstown. (03) 442 3992. **www**.skytrek.co.nz

Bungee-Jumping

A J Hackett Bungy
PO Box 488, Queenstown.
(03) 442 4007.
www.ajhackett.com

Taupo Bungy
202 Spa Rd, Taupo.
(07) 377 1135, (0800) 888 408.
www.taupobungy.com

Jetboote

Huka Jet
Wairakei Park, Taupo.
(07) 374 8572.
www.hukajet.co.nz

Shotover Jet
PO Box 189, Queenstown.
(03) 442 8570.
www.shotoverjet.co.nz

Jeeptouren

Eco Wanaka
59A Brownston St, Wanaka.
(03) 443 2869.
www.adventure.net.nz

Nomad Safaris
Ecke George Rd & Industrial Pl, Queenstown.
(03) 442 6699.
www.nomadsafaris.co.nz

Ausritte und Touren zu Pferd

Alpine Horse Safaris
Waitohi Downs, Hawarden, Canterbury.
(07) 314 4239.
www.alpinehorse.co.nz

Dart Stables
PO Box 47, Glenorchy.
(03) 442 5688.
www.dartstables.com

Hurunui Trails and Adventures
757 The Peaks Rd, Hawarden, Canterbury.
(03) 314 4500.
www.nztreks.co.nz

Pakiri Beach Horse Rides
Rahuikiri Rd, Pakiri, RD 2, Wellsford.
(09) 422 6275.
www.horseride-nz.co.nz

Maori-Heritage-Touren

Red Feather (Tia Raukura) Expeditions
PO Box 60243, Titirangi, Auckland.
(09) 818 7770.
www.ecotoursnz.com

Tamaki Tours
PO Box 1492, 1220 Hinemaru St, Rotorua.
(07) 346 2999.
www.maoriculture.co.nz

Te Urewera Treks
421 Rerewhakaaitu Rd, Rotorua.
(07) 366 6055.

Grund-informationen

Praktische Hinweise

Bei rund 2,4 Millionen Besuchern im Jahr gehört der Tourismus zu den wichtigsten Wirtschaftszweigen des Landes. Mit der steigenden Nachfrage sind auch die Dienstleistungsangebote deutlich gewachsen. Deshalb findet der Gast heute überall eine breite Auswahl an Unterkunftsmöglichkeiten und Restaurants vor *(siehe S. 294–319 und S. 320–341)*. Viele i-SITE-Besucherzentren, die von Tourism New Zealand koordiniert werden, bieten Interessierten ausführliche und kostenlose Informationen. Zahlreiche Attraktionen des Landes sind ohne Eintrittsgebühr zu genießen, so die Nationalparks, Strände, Seen und Flüsse. Neuseeländer sind überaus freundlich und sehr hilfsbereit. Allerdings sollte man ein wenig Englisch sprechen – nur wenige Neuseeländer beherrschen eine Fremdsprache.

Logo von i-SITE

Sonne zum Genießen in der Scorching Bay in Wellington *(siehe S. 169)*

Beste Reisezeit

Frühling, Sommer und Herbst (von Oktober bis Mai) sind die beliebtesten Jahreszeiten, aber auch die Wintermonate (Juni bis September) können vor allem für Skifahrer attraktiv sein.

Neuseelands Klima ist sehr wechselhaft. Der Norden der Nordinsel ist subtropisch, der Rest des Landes hat gemäßigtes Klima. Im Mittel wird es im Sommer 20–30 °C warm, im Winter erreicht das Thermometer hingegen nur 10–15 °C.

Neuseelands Klima weist deutliche Unterschiede zwischen West und Ost auf: Die Westküsten beider Inseln sind den Winden ausgesetzt, die Regen von der Tasmansee mit sich bringen. Der Osten ist dagegen viel trockener und sonniger.

Im Winter fällt fast ausschließlich in den Bergen Schnee, nur die Südinsel erlebt gelegentlich Schnee und Eis an der Küste. Aber der Winter ist deutlich kürzer als auf der nördlichen Halbkugel.

Nationalpark-Schild

Einreise und Visum

Besucher müssen im Besitz eines Reisepasses sein, der noch mindestens einen Monat über das Ende des beabsichtigten Aufenthalts hinaus gültig ist. Seit 2012 benötigt auch jedes Kind ein eigenes Ausweisdokument, Kindereinträge im Reisepass eines Elternteils sind nicht mehr gültig. Neuseeland hat mit vielen Ländern, darunter auch mit Deutschland, Österreich und der Schweiz, ein Visumverzichtsabkommen getroffen. Bürger dieser Länder brauchen für einen Aufenthalt bis zu drei Monaten kein Visum, sondern erhalten bei der Ankunft eine Einreiseerlaubnis, für die ein Rück- oder Weiterflugticket vorzulegen ist. Darüber hinaus ist bei der Einreise nachzuweisen, dass man genügend finanzielle Mittel für die Dauer des Aufenthalts hat (pro Person und Monat etwa 1000 NZ$). Für längere Aufenthalte benötigt man ein Visum, das bei der zuständigen neuseeländischen Vertretung im Herkunftsland zu beantragen ist. Nähere Informationen liefern Immigration New Zealand (www.immigration.govt.nz) oder das Auswärtige Amt (www.auswaertiges-amt.de). Bei der Einreise muss man die »Passenger Arrival Card« ausfüllen. Man bekommt sie im Flugzeug, kann sie aber auch bei www.customs.govt.nz herunterladen.

Zoll

Für Personen ab dem vollendeten 18. Lebensjahr gelten die folgenden Mengenbegrenzungen: 200 Zigaretten, 50 Zigarren oder 250 g Tabak, 4,5 l Bier oder 4,5 l Wein und drei Flaschen (bis maximal 1125 ml) Spirituosen.

Neuseeland ist stark von seiner Landwirtschaft abhängig. Man unternimmt große Anstrengungen, um das Land vor Seuchen und Krankheiten zu schützen, die Tierzucht und Obstanbau gefährden können. Früchte, Fleisch, Pflanzen und Tiere, sogenannte *quarantine items*, müssen bei der Ankunft angegeben werden. Wer gegen diese Bestimmung verstößt, muss mit Geld- oder sogar Freiheitsstrafen rechnen. Falls Sie sich über den Status eines Gegenstandes im Unklaren sind, deklarieren Sie ihn bei der Einreise. Informationen hierzu finden Sie auch im Internet (www.immigration.govt.nz). Ausrüstungsgegenstände, die im Zusammenhang mit Camping oder anderen Outdoor-Aktivitäten benutzt wurden, sind auf der »Passenger Arrival Card« *(siehe oben)* anzugeben. Die Mitnahme von Drogen und Waffen aller Art ist verboten. Gemäß dem internationalen Artenschutzabkommen dürfen u.a. Elfenbein und Schildkrötenpanzer weder ein- noch ausgeführt werden.

Büro des Department of Conservation in Totaranui *(siehe S. 215)*

Information

Die zentrale Tourismusbehörde heißt Tourism New Zealand, der Informationsdienst, mit dem fast jeder Besucher Kontakt bekommt, ist jedoch das i-SITE Visitor Information Network. Es ist in Privathand, arbeitet aber eng mit Tourism New Zealand zusammen und unterhält insgesamt mehr als 80 i-SITE-Informationszentren im ganzen Land. Erkennbar ist es am grün-schwarzen Logo. Diese Auskunftsstellen haben jeden Tag geöffnet. Die Mitarbeiter wissen (fast) alles über die örtlichen Sehenswürdigkeiten und die Möglichkeiten, etwas zu unternehmen. Sie verkaufen Karten und Reiseführer, buchen Unterkunft, Touren und Veranstaltungen.

Die Besucherzentren *(Visitor Centres)* des **Department of Conservation** sind die beste Informationsquelle in den Nationalparks. Hier erfährt man auch den aktuellen Wetterbericht und den genauen Zustand der Straßen, Flüsse und Wanderwege.

Eintrittspreise

Die Eintrittspreise variieren: Zu manchen Attraktionen ist der Eintritt frei, manche Galerien und Museen bitten um eine Spende oder verlangen eine kleine Gebühr. Der Zugang zu den Nationalparks ist kostenlos, einzelne Gebiete können allerdings nur im Rahmen einer geführten (und kostenpflichtigen) Tour betreten werden. Die Übernachtung in Hütten ist meist recht günstig.

Öffnungszeiten

Während der Hochsaison haben die meisten wichtigen Sehenswürdigkeiten sieben Tage die Woche geöffnet, trotzdem ist es besser, vorher nachzufragen. Läden haben in der Regel montags bis freitags von 9 bis 17.30 Uhr (Do meist länger) sowie samstagvormittags geöffnet. Manche Supermärkte schließen erst um 22 Uhr. In einigen Shopping Malls kann man auch am Sonntag einkaufen.

Besucherzentrum am Viaduct Basin in Auckland *(siehe S. 72)*

Sprachen

Englisch ist die in Neuseeland am weitesten verbreitete Sprache, als weitere Amtssprache gilt Maorisch *(te reo Maori)*. *»Kia ora«* ist ein traditioneller Gruß der Maori, *»haere mai«* bedeutet »Willkommen«. Ein Hinweis: Die in der Sprache der Maori häufige Konsonantenfolge »Wh« wird wie »f« gesprochen.

Etikette und Rauchen

In Neuseeland geht man sehr zwanglos miteinander um. Die Menschen sind freundlich, sie genießen es, ihr schönes Land mit Besuchern zu teilen, und helfen gerne mit Rat und Tat. Die Kleiderordnung hängt vom jeweiligen Veranstaltungsort ab, für die meisten Restaurants und Cafés genügt ordentliche Freizeitkleidung. Wenn Sie von einem Neuseeländer nach Hause zum Essen eingeladen werden, ist es üblich, eine Flasche Wein oder eine Kleinigkeit zu essen mitzubringen.

Rauchen ist in allen Restaurants, Bars und Cafés wie auch in den Büros, Läden und öffentlichen Verkehrsmitteln verboten. Viele Lokale verfügen über einen Außenbereich, in dem man rauchen kann.

Öffentliche Toiletten

In Stadtzentren, in Shopping Malls, an Stränden und in Tankstellen findet man öffentliche Toiletten, deren Benutzung in der Regel kostenlos ist. Nicht alle Toiletten sind behindertengerecht.

Steuer und Trinkgeld

Die Goods and Services Tax (GST) wird auf alle in Neuseeland gehandelten Waren erhoben. Sie beträgt 15 Prozent und ist schon im Preis enthalten. Eine Möglichkeit zur Rückerstattung bei der Ausreise besteht nicht.

Trinkgeld ist in Restaurants und Hotels allgemein nicht üblich. Besonders gute Leistungen des Personals können Sie natürlich mit einem Trinkgeld (bis zu zehn Prozent des Rechnungsbetrags) belohnen.

Neuseeland – beliebtes Reiseziel für Familien

Behinderte Reisende

Behinderte Reisende kommen in Neuseeland gut zurecht, denn jedes neue oder grundlegend renovierte Gebäude muss per Gesetz einen Rollstuhlzugang haben. Die meisten Hotels, Restaurants, Sehenswürdigkeiten, Kinos, Flughäfen und Einkaufszentren sind also barrierefrei gebaut, Blindenhunde haben überall Zutritt. Auf den Flughäfen gibt es Mitarbeiter, die behinderten Reisenden beim Ein- und Aussteigen behilflich sind, allerdings sind Züge und Busse ohne Hilfe oft nicht zugänglich. Die Autovermietung Avis hält behindertengerechte, nur mit Händen zu bedienende Autos bereit *(siehe S. 375)*. In allen größeren Städten gibt es Taxis, die Rollstühle transportieren.

Accessible Kiwi Tours veranstaltet Touren für behinderte und nichtbehinderte Reisende. Eine wichtige Informationsquelle ist **Enable New Zealand**, **CCS Disability Action** bietet Unterstützung bei Fragen zum Autofahren und kümmert sich bei Bedarf auch um Parklizenzen. **Accomobility** ist spezialisiert auf die Suche nach geeigneten Unterkünften für Menschen mit Handicap.

Mit Kindern reisen

Neuseeland kann sehr gut mit Kindern bereist werden. Viele Attraktionen wie Strände und Nationalparks sind für Erwachsene wie Kinder gleichermaßen attraktiv. Veranstalter aller Art bieten fast immer ermäßigte Preise für Kinder an, sodass man sich die Ferien auch mit einer Familie leisten kann. In den allermeisten Hotels sind Kinder willkommen, Motels sind für Familien ideal, zumal man sich hier selbst versorgen kann. Restaurants bieten oft Kinderteller oder kleine Portionen an, viele halten Kinderstühle bereit. Stillen in der Öffentlichkeit wird akzeptiert, viele öffentliche Toiletten verfügen über Wickeltische.

Kinder unter fünf Jahren müssen per Gesetz im Auto in einem Kindersitz sitzen. Bei den Autoverleihern kann man einen solchen Sitz gegen eine kleine Gebühr mieten, man sollte dies vorher anmelden.

Senioren

Auch für ältere Reisende ist das Land ein wunderbares Reiseziel. Die meisten in diesem Buch vorgestellten Aktivitäten eignen sich auch für Senioren. Die Teilnahme an manchen (Extrem-)Sportarten richtet sich jedoch nach Gesundheit und individueller Fitness.

Für die Angebote einzelner Reiseversicherungen gibt es Altersgrenzen, doch auch ältere Reisende haben die Möglichkeit auf gute Absicherung. Fragen Sie schon frühzeitig nach Ermäßigungen für Senioren in Verkehrsmitteln, bei Touren oder beim Eintritt zu Sehenswürdigkeiten.

Schwule und Lesben

Neuseeländer – vor allem die Stadtbewohner – sind sehr tolerant. Mit dem Human Rights Act wurde 1993 auch eine gesetzliche Grundlage zum Schutz vor Diskriminierung geschaffen. Die Website von **Gay New Zealand** bietet viele wichtige Informationen über die Schwulenszene in Neuseeland.

Preisgünstig reisen

Studenten mit einem gültigen Internationalen Studentenausweis (ISIC) sowie Reisende zwischen zwölf und 26 Jahren mit einer International Youth Travel Card (IYTC) erhalten in Neuseeland ermäßigte Preise für öffentliche Verkehrsmittel und auf Inlandsflüge. Auch Autovermietungen, Tourenveranstalter, Hotels und Hostels, Kinos, Theater, Kunstgalerien und Museen bieten Vergünstigungen an. Nähere Informationen findet man auch im Internet (www.isiccard.com).

Neuseeland eignet sich sehr gut für einen Rucksackurlaub. Günstige Unterkünfte gibt es überall. Das Online-Portal **Backpackerboard** bietet viele wertvolle Tipps. Veranstalter wie **Magic Travellers Network** und **Flying Kiwi Adventure Tours** sind bekannt für ihre günstigen Angebote spannender Aktivitäten.

Internationaler Studentenausweis

Zeitzone

Neuseeland befindet sich auf der Südhalbkugel, Sommerzeit herrscht von Oktober bis März. Von April bis September liegt Neuseelands Zeit zehn Stunden vor der Mitteleuropäischen Sommerzeit (MESZ), von November bis März zwölf Stunden vor der Mitteleuropäischen Zeit (MEZ). Im Oktober (noch Sommerzeit in Europa) liegt die Zeitdifferenz bei elf Stunden.

Elektrizität

Die Stromspannung beträgt 230/240 Volt (50 Hertz). In Badezimmern der Hotels gibt es häufig noch eine 110-Volt-Steckdose für elektrische Rasierapparate. Für alle anderen Geräte benötigen Sie einen Adapter, da sich das Steckersystem unterscheidet.

Umweltbewusst reisen

Neuseeland ist stolz auf seine intakte Natur und bietet unter dem Motto »100% Pure NZ« ökologisch verträglichen Tourismus an. In den 14 Nationalparks steht rund ein Drittel der Landesfläche mit einer einzigartigen Flora und Fauna unter Schutz.

Das Land legte sich früh auf eine nachhaltige Reduzierung der Kohlendioxid-Emissionen fest, viele Unternehmen im Bereich Tourismus erhielten inzwischen das CarboNZero-Zertifikat. Auch in abgelegenen Regionen gibt es sogenannte Eco Lodges wie etwa die **Hapuku Lodge**. Diese Unterkünfte bieten Essen aus biologischem Anbau.

Hapuku Lodge & Tree Houses, Kaikoura

Maori-Touren

Früher bekamen an der Maori-Kultur interessierte Reisende nur Show-Veranstaltungen mit einem von Maori getanzten *kapa haka* präsentiert. Dies hat sich mittlerweile grundlegend geändert. Die Angehörigen dieses indigenen Volkes organisieren heute für Besucher hochwertige Veranstaltungen und Touren. Agenturen wie etwa **Indigenous New Zealand** kombinieren bei ihren Unternehmungen kulturelle Erlebnisse mit sportlicher Betätigung (z. B. Kajak, Rad fahren oder Rafting).

AUF EINEN BLICK

Botschaften und Konsulate

Deutschland
90–92 Hobson St, Wellington.
(04) 473 6063.
www.wellington.diplo.de

Österreich
Level 4, Ghuznee St, Wellington.
(04) 384 1402.
@ austria@vodafone.co.nz

Schweiz
10 Customhouse Quay, Wellington.
(04) 472 1593.
www.eda.admin.ch/wellington

Botschaft von Neuseeland
Friedrichstraße 60, 10117 Berlin.
(030) 20 62 10.
www.nzembassy.com/germany

Tourismus-organisationen

Christchurch and Canterbury Tourism
Old Chief Post Office, Cathedral Square West.
(03) 379 9629.
www.christchurchnz.com

Department of Conservation
www.doc.govt.nz

Destination Rotorua Tourism Marketing
1106 Arawa St, Rotorua.
(07) 348 4133.
www.rotoruanz.com

Hawkes Bay Tourism
2nd Floor Civic Court, Napier.
(06) 834 1918.
www.hawkesbaynz.com

i-SITE
www.i-site.org.nz

Nelson Tasman Tourism
Ecke Trafalgar & Halifax St.
(03) 546 6228.
www.nelsonnz.com

Positively Wellington Tourism
Level 28, Grand Plimer Tower, Wellington.
(04) 916 1205.
www.wellingtonnz.com

Tourism Auckland
Auckland Viaduct, Auckland.
(09) 979 7070.
www.aucklandnz.com

Tourism Dunedin
193 Princes St, Dunedin.
(03) 471 8042.
www.dunedinnz.com

Tourism New Zealand
157 Lambton Quay, Wellington.
(04) 917 5400.
www.newzealand.com

Tourism West Coast
26 Mackay St, Greymouth.
(03) 768 6633.
www.west-coast.co.nz

Behinderte Reisende

Accessible Kiwi Tours
www.toursnz.com

Accomobility
www.accomobility.co.nz.

CCS Disability Action
(0800) 227 225.
www.ccsdisabilityaction.org.nz

Disability Information Centre
(0800) 693 342.

Enable New Zealand
www.weka.net.nz

Senioren

Advocacy for older people
www.osc.govt.nz

Age UK
www.ageuk.org

Grey Power
www.greypower.co.nz

Saga
www.saga.co.uk

Schwule und Lesben

Gay Caravan and Camping Club
www.gaycaravanclub.com

Gay New Zealand
www.gaynz.com

Preisgünstig reisen

Backpackerboard
www.backpackerboard.co.nz

Flying Kiwi Adventure Tours
www.flyingkiwi.com

Magic Travellers Network
www.magicbus.co.nz

Umweltbewusst reisen

Hapuku Lodge
www.hapukulodge.com

Korimako Lodge
www.korimako.co.nz

Organic Pathways
www.organicpathways.co.nz

Straw Lodge
www.strawlodge.co.nz

Maori-Touren

Indigenous New Zealand
www.inz.maori.nz

Toi Maori Aotearoa Maori Arts New Zealand
www.maoriart.org.nz

Sicherheit und Gesundheit

Neuseeland zählt zu den sichersten Ländern der Welt. Das politische und wirtschaftliche Klima ist stabil, die Einwohner sind für ihre Freundlichkeit und Gesetzestreue bekannt. Natürlich ereignen sich auch hier gelegentlich Eigentumsdelikte und Gewaltverbrechen, das weitaus größere Risiko für Leib und Leben geht jedoch von der Umwelt aus. Schon viele Urlauber wurden in den Bergen, im Busch oder auf dem Wasser ohne Nahrung und geeignete Bekleidung aufgefunden. Sie hatten das Gelände und das Tempo, mit dem in Neuseeland eine Wetterverschlechterung hereinbricht, unterschätzt.

Sicherheitskräfte

Die neuseeländische Polizei arbeitet sehr effektiv. In jedem größeren Ort gibt es ein Revier, das rund um die Uhr besetzt ist. Die Einsatzkräfte tragen dunkelblaue Uniformen. In den Städten patrouillieren sie Tag und Nacht, fallen aber kaum auf. Verkehrskontrollen (auch in Verbindung mit Alkoholtests) finden häufig statt.

Die Adressen der Polizeireviere finden Sie im Internet (www.police.govt.nz).

Polizeiauto

Feuerwehrauto

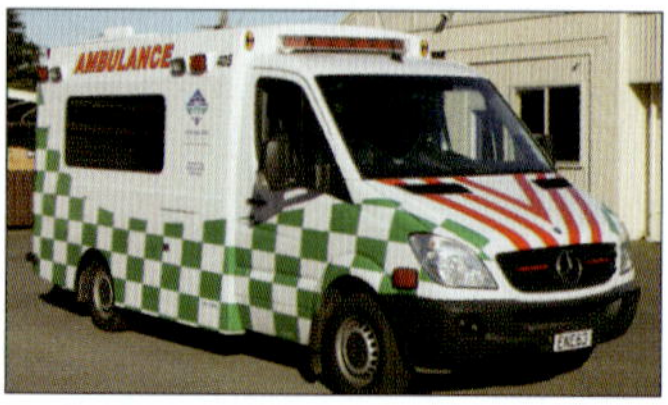

Krankenwagen

Verhaltensregeln

Es gibt wenige Gegenden in Neuseeland, die Besucher lieber meiden sollten. Allerdings sind nach Einbruch der Dunkelheit die Straßen meist menschenleer. Besonders Frauen sollten nachts nicht alleine spazieren gehen. Meiden Sie dann in den Städten vor allem größere Parks oder schlecht beleuchtete Straßen. Sogar in den Großstädten verkehren nachts wenige öffentliche Verkehrsmittel. Taxis sind eine sichere Alternative.

Viele Neuseeland-Besucher trampen. Auch wenn das in den allermeisten Fällen problemlos verläuft, ist es nicht die sicherste Fortbewegungsart. Besonders Frauen sollten nie allein als Anhalterin an der Straße stehen.

Verkehrsunfälle sind auch in Neuseeland keine Seltenheit. Wer sich ein Auto mieten will *(siehe S. 375)*, sollte sich zuvor mit den Verkehrsregeln vertraut machen. Die Höchstgeschwindigkeit liegt bei 100 km/h auf der Landstraße und bei 50 km/h in geschlossenen Ortschaften. Einige Straßen sind nicht asphaltiert – hier ist natürlich besondere Vorsicht geboten *(siehe S. 375)*.

Notfälle

Wenn Sie dringend Hilfe benötigen, wählen Sie 111, bei einem leichten Verkehrsunfall (nur Blechschaden) *555.

Neuseeland befindet sich in einer erdbebengefährdeten Zone. Stärkere Beben ereignen sich zwar selten, können aber natürlich jederzeit eintreten. Christchurch wurde 2010 und 2011 von Erdbeben heimgesucht, die schwere Schäden hinterließen. Hinweise zum Verhalten bei einem Erdbeben bietet die Website des Ministry of Civil Defence (www.getthru.govt.nz).

Verlust von Wertsachen

Auf sein Eigentum muss man auch in Neuseeland aufpassen. Sie sollten Ihr Auto nach dem Verlassen jederzeit abschließen und keinerlei Wertsachen wie etwa Kameras, Pässe, Kreditkarten oder Reiseschecks im Wagen lassen. Tragen Sie Wichtiges versteckt am Körper, oder deponieren Sie alles Wertvolle im Hotelsafe. Der Abschluss einer Reiseversicherung, die auch einen Verlust durch Diebstahl abdeckt, ist auch für Neuseeland ratsam.

Ein Diebstahl sollte auf jeden Fall unverzüglich der Polizei gemeldet werden. Lassen Sie sich eine Kopie des Berichts zur Vorlage bei Ihrer Versicherung aushändigen. Es gibt in Neuseeland kein zentrales Fundbüro, die meisten Flughäfen und Bahnhöfe lassen jedoch verlorene Gegenstände einsammeln. Fragen Sie im Falle eines Verlustes dort nach.

Krankenhäuser und Apotheken

Krankenhäuser mit Notaufnahme rund um die Uhr gibt es in jeder größeren Stadt. Neuseelands Apotheken heißen *Chemists* und haben von Kosmetikartikeln bis hin zu verschreibungspflichtigen Medikamenten alles im Angebot. Ein qualifizierter Apotheker kann bei kleineren Problemen oft weiterhelfen. Nur in den größeren Städten gibt es Not-

Apotheke in Takaka

fallapotheken, die bis spätnachts oder sogar 24 Stunden geöffnet haben. Die Telefonnummern und Adressen von Krankenhäusern und Apotheken findet man auf den vorderen Seiten des Telefonbuchs.

Risiken in der Natur

Erdbeben sind in Neuseeland die größte Gefahr für Besucher. Vor anderen Naturgefahren können Sie sich durch entsprechende Vorsichtsmaßnahmen – vor allem genaue Tourenplanung und das Mitführen geeigneter Ausrüstung – schützen. Plötzliche Wetterumschwünge können sich vor allem im Gebirge jederzeit ereignen. Darauf sollte man bei Outdoor-Aktivitäten vorbereitet sein. Berücksichtigen Sie neben der Witterung auch Ihr persönliches Leistungsvermögen. Auch für einen Tagesausflug in die Berge oder in den Wald sind warme Kleidung und ausreichend Essen und Getränke notwendig. Auf vielen Touren muss man Flüsse durchqueren, deren Wasserstand rasch steigen kann. Dann muss man unbedingt warten, bis das Wasser wieder sinkt. Die Mitnahme eines Mobiltelefons kann sehr hilfreich sein.

An den Stränden achten meist sogenannte *Lifeguards* auf die Sicherheit. Rote und gelbe Flaggen zeigen an, wo man gefahrlos schwimmen kann. Aber die Küste ist lang, und nicht überall sind *Lifeguards* zur Stelle. Zudem treten manchmal gefährliche Strömungen auf.

Wegen der starken Einstrahlung bekommt man schnell einen Sonnenbrand. Sonnenhut und Sonnenschutzmittel mit hohem Lichtschutzfaktor gehören zur Grundausstattung. Trinken Sie kein Wasser aus Flüssen oder Seen, Wasser aus Leitungen kann in der Regel gefahrlos getrunken werden.

Medizinische Versorgung und Versicherung

Das Gesundheitssystem in Neuseeland ist hervorragend ausgebaut. Wer bei einem Unfall einen Schaden erleidet, hat Anspruch auf kostenlose Behandlung. Nicht durch Unfälle verursachte Krankheiten werden nicht kostenlos behandelt, die medizinische Behandlung ist aber nicht übermäßig teuer. Der Abschluss einer Auslandsreise-Krankenversicherung ist jedoch auf jeden Fall sinnvoll.

Für die meisten Medikamente ist ein ärztliches Rezept nötig. Wer Medikamente in größeren Mengen mit sich führt, sollte eine Bescheinigung bezüglich der Notwendigkeit haben, sonst gibt es bei der Einreise Schwierigkeiten. Impfungen sind für Neuseeland nicht erforderlich.

Rettungsboot an einem Strand

AUF EINEN BLICK

Notrufnummern

AA Road Service
Kostenlos. ☎ *0800 500 222 (24 Stunden, alle Regionen).*

Polizei, Feuerwehr und Krankenwagen
Kostenlos. ☎ *111 (24 Stunden, alle Regionen).*

Such- und Rettungsdienst
Kostenlos. ☎ *111 (24 Stunden, alle Regionen).*

Verlust von Wertsachen

Auckland
Lost Property & Baggage, Auckland Airport.
☎ *(09) 256 8813.*

Christchurch
Lost & Found, Travel & Tourism Centre, Christchurch Airport.
☎ *(03) 353 7774.*

Wellington
General Lost Property, zentrales Terminal, Wellington Airport.
☎ *(04) 385 5124.*

Krankenhäuser

Auckland
2 Park Road, Grafton.
☎ *(09) 379 7440.*

Christchurch
2 Riccarton Avenue, Addlington 8011.
☎ *(03) 364 0640.*

Dunedin
201 Great King Street.
☎ *(03) 474 0890.*

Wellington
Riddiford Street, Newton.
☎ *(04) 385 5999.*

Apotheken

Auckland
☎ *(09) 520 6634.*

Christchurch
☎ *(03) 366 4439.*

Dunedin
☎ *(03) 477 0890.*

Wellington
☎ *(04) 385 8810.*

Risiken in der Natur

New Zealand Mountain Safety Council
www.mountainsafety.org.nz

Sunsmart
www.sunsmart.org.nz

Surf Life Saving New Zealand
www.slsnz.org.nz

Banken und Währung

Es gibt zahlreiche Banken in Neuseeland. Alle sind in ausländischer Hand – mit Ausnahme der in Staatsbesitz befindlichen Kiwibank, die ein eigenständiges Tochterunternehmen der New Zealand Post ist. Zu den größten Geldinstituten gehören darüber hinaus ANZ, ASB, Bank of New Zealand (BNZ), HSBC, National Bank und Westpac. Filialen findet man in Geschäftsvierteln großer Städte und sogar in Einkaufszentren. Fremde Währung kann man problemlos in Banken und privaten Wechselstuben tauschen.

Bei der Ein- und Ausreise gibt es keine Beschränkung hinsichtlich der erlaubten Summe der Fremdwährung, allerdings muss man beim Zoll angeben, wenn man mehr als 10000 NZ$ in bar mit sich führt.

Banken und Wechselstuben

Das neuseeländische Banksystem ist modern und effizient. Allerdings hat Electronic Banking dazu geführt, dass zahlreiche Zweigstellen geschlossen wurden, und so findet man in einigen ländlichen Orten keine Bank mehr vor. Wenn Sie sich also in entlegene Gegenden begeben, sollten Sie vorher herausfinden, ob Sie dort Geld tauschen können. Banken haben im Allgemeinen Montag bis Freitag von 9.30 bis 16.30 Uhr geöffnet (einige auch an Samstagen).

Wechselstuben gibt es in den größeren Städten und Urlaubsregionen. Ihre Öffnungszeiten sind im Allgemeinen wochentags von 8 bis 20 Uhr, am Wochenende von 10 Uhr bis zum frühen Abend. Ihr Vorteil ist, dass sie auch außerhalb der Bankzeiten geöffnet sind. Dafür sind die Gebühren höher.

Geldautomaten

Geldautomaten (*Automatic Teller Machines*, ATM) sind in Neuseeland weitverbreitet. Fragen Sie vor der Abreise bei Ihrer Bank nach, ob Sie Ihre Karte auch an Geldautomaten in Neuseeland benutzen können. Falls das der Fall ist, können Sie mit Karte und PIN an vielen Stellen jederzeit Geld abheben.

Kredit- und Debitkarten

Alle gängigen Kreditkarten werden in Neuseeland akzeptiert. **Visa**, **MasterCard**, **Diners Club** und **American Express** sind die gebräuchlichsten. Mit ihnen kann man Hotels, einen Mietwagen und Flugtickets buchen und bezahlen. Auch der Eintritt zu touristischen Attraktionen und der Einkauf kann damit beglichen werden. Die Logos der Kreditkarten, die akzeptiert werden, sind meist deutlich angezeigt.

Geldautomaten gibt es in Stadtzentren in großer Zahl

Auch Debitkarten kommen immer öfter zum Einsatz. Bekannteste Debitkarte ist die **girocard** (früher EC-Karte). Sie gibt es in zwei Ausführungen – mit dem Maestro-Logo oder mit dem VPay-Logo. Beachten Sie jedoch, dass in Neuseeland – im Unterschied zu den meisten Ländern Europas – nur Debitkarten mit Maestro-Logo akzeptiert werden.

Reiseschecks

Reiseschecks sind die sicherste Methode, große Summen mit sich zu führen. Schecks von Thomas Cook und American-Express-Travellerschecks werden in Neuseeland fast überall akzeptiert.

AUF EINEN BLICK

Banken

ANZ
www.anz.co.nz

ASB
www.asb.co.nz

Bank of New Zealand
www.bnz.co.nz

HSBC
www.hsbc.co.nz

Kiwibank
www.kiwibank.co.nz

National Bank
www.nationalbank.co.nz

Westpac
www.westpac.co.nz

Wechselstuben

Cash Passport
(0800) 748 000.
www.cashpassport.com

Travelex
www.travelex.com/nz

Kreditkartenverlust

Allg. Notrufnummer
(0049) 116 116.
www.116116.eu

American Express
(0800) 656 660.

Diners Club
(0800) 657 373.

MasterCard
(0800) 449 140.

Visa
(0800) 443 019.

girocard
(0049) 69 740 987.

Währung

Die neuseeländische Währung ist der New Zealand Dollar (NZ$) zu 100 Cent (c). Seit es keine 1-, 2- und (seit 2006) 5-Cent-Münzen mehr gibt, wird bei Barzahlung auf die nächsten zehn Cent auf- oder abgerundet. Für die noch gültigen Münzwerte wurden im Jahr 2006 neue, kleinere Münzen eingeführt.

Berücksichtigen Sie, dass viele Cafés, Taxis und kleine Läden häufig kein Wechselgeld auf 50- oder 100-NZ$-Banknoten herausgeben können. Versuchen Sie deshalb immer, 10- oder 20-NZ$-Banknoten mitzuführen.

Um es Geldfälschern schwerer und Geldscheine haltbarer zu machen, werden derzeit herkömmliche Banknoten aus Papier durch plastifizierte Scheine ersetzt.

Banknoten

Neuseelands Banknoten werden in Werten von 5, 10, 20, 50 und 100 NZ$ herausgegeben. Sir Edmund Hillary, der Erstbesteiger des Mount Everest (siehe S. 21 und S. 52), *ist auf dem 5-NZ$-Schein abgebildet, die 10-NZ$-Note zeigt die Frauenrechtlerin Kate Sheppard.*

100-NZ$-Schein (Sir Ernest Rutherford)

50-NZ$-Schein (Sir Apirana Ngata)

20-NZ$-Schein (Königin Elizabeth II.)

10-NZ$-Schein (Kate Sheppard)

5-NZ$-Schein (Sir Edmund Hillary)

10 Cent (10 c)

20 Cent (20 c)

50 Cent (50 c)

Münzen

In Gebrauch sind Münzen im Wert von 10 c, 20 c, 50 c, 1 NZ$ und 2 NZ$. Bemerkenswerte Motive zieren diese Münzen. Die 10-Cent-Münze zeigt eine traditionelle Maori-Schnitzerei. Dem abgebildeten Kiwi auf der 1-NZ$-Münze hat die neuseeländische Währung den Spitznamen »Kiwi-Dollar« zu verdanken.

1 Dollar (1 NZ$)

2 Dollar (2 NZ$)

Kommunikation

Logo eines Anbieters

Obwohl Neuseeland über weite Strecken relativ dünn besiedelt ist, sind die Kommunikationseinrichtungen – wie überhaupt die gesamte Infrastruktur des Landes – hervorragend ausgebaut. Mobiltelefone sind schon seit langer Zeit in allen Landesteilen verbreitet, die Netzabdeckung ist sehr hoch. Die Gebühren für Telefongespräche sind in den letzten Jahren günstiger geworden, was auch für Telefonate nach Europa gilt. Nahezu überall in Neuseeland kann man online gehen, Internet-Cafés gibt es auch in vielen kleineren Orten. Die Post arbeitet überaus effizient. Fernsehen und Radio bieten eine große Vielfalt an Programmen, auch die Auswahl an Printprodukten wie Tageszeitungen oder Magazinen ist groß.

Öffentliche Telefone

Für die Benutzung eines öffentlichen Telefons benötigt man eine Telefonkarte. Man bekommt sie in Supermärkten, Läden, *Dairies (siehe S. 343)*, Büros der Touristen-Information und PostShops. Einige öffentliche Telefone akzeptieren auch Kreditkarten, Münzfernsprecher sind hingegen nahezu vollständig verschwunden.

Besonders günstig sind Telefonate ins Ausland (auch nach Europa) mit einer Yabba Card, die man bei den in Neuseeland tätigen Telefongesellschaften auch online bestellen kann oder dort kauft, wo es auch normale Telefonkarten gibt. Für Notrufe mit der Nummer 111 fallen keine Kosten an.

Für jede neuseeländische Region gibt es eigene Telefonbücher (*white pages* und *yellow pages*), in denen man alle gemeldeten Privat- und Geschäftsnummern findet. Beide sind auch online verfügbar (www.whitepages.co.nz bzw. www.yellow.co.nz). In dünner besiedelten Regionen sind die Inhalte beider Telefonbücher in einem zusammengefasst.

Mobiltelefone

Die Mobilfunknetze in Neuseeland arbeiten nach dem GSM-Standard, mit den Netzbetreibern dort wurden Roaming-Abkommen getroffen. Achtung: Erkundigen Sie sich bei Ihrem Provider über anfallende Roaming-Gebühren. Fast überall können Sie mit Ihrem Handy telefonieren, nur in abgelegenen Bergregionen wie etwa an der Westküste der Südinsel bekommt man stellenweise keine Verbindung. Als Besucher kann man sich für die Zeit des Aufenthalts ein Handy ausleihen, allerdings ist das nicht ganz billig. Günstiger ist es, für das mitgebrachte Handy eine SIM-Karte zu kaufen. Unter Umständen ist auch der Kauf eines Handys mit Prepaid-Karte vor Ort eine Option. Die wichtigsten Anbieter in Neuseeland sind **Vodafone**, **Telecom** und **2degrees**.

Internet

Mit Ausnahme entlegener Gebiete bietet das Land überall Breitband-Internet-Zugang. In Neuseeland *Cyber-*

Wichtige Telefonnummern

- Vorwahl Neuseelands aus dem Ausland: **0064**.
- Ferngespräche innerhalb des Landes erfordern jederzeit eine Vorwahlnummer.
- Für internationale Verbindungen wählen Sie **00**, anschließend die entsprechende Ländervorwahl **49** (Deutschland), **43** (Österreich) oder **41** (Schweiz), danach die Ortsvorwahl (ohne Null) und sowie die Anschlussnummer.
- Nationale Auskunft **(018)** und internationale Auskunft **(0172)** sind kostenpflichtig.
- **Deutschland Direkt** (R-Gespräche ins deutsche Festnetz): **000 949**.
- Operator für nationale Gespräche: **010**.
- Operator für internationale Gespräche: **0170**.
- Für preisgebundene internationale Telefonate wählen Sie **0160** statt der 00 am Anfang. Auch für Auslandsgespräche über Operator (Nummer **0170**) fallen Gebühren an.
- Die Vorwahlnummern **021**, **022**, **027** und **029** sind für Handys, die Vorwahl **0800** ist kostenlos.
- Notrufnummern *siehe S. 363*.
- Internet-Telefonbücher: **www**.whitepages.co.nz **www**.yellow.co.nz

Cybercafés gibt es auch in vielen kleineren Orten

cafés genannte Internet-Cafés sind weitverbreitet, sodass man fast überall online gehen kann. Viele Hotels und andere Unterkünfte bieten ihren Gästen Zugang ins Netz, in manchen Fällen ist dieser Service kostenlos.

Briefkästen für Standard und FastPost

Postdienste

Das Postwesen wird von der **New Zealand Post** organisiert. Briefkästen findet man problemlos, größere Sendungen wie Päckchen oder Pakete gibt man in PostShops genannten Postfilialen ab, die sich z.B. in Buchhandlungen befinden. Die meisten sind Montag bis Samstag 9–17 Uhr geöffnet. Briefmarken kauft man in PostShops, Supermärkten, *Dairies* und Zeitungsläden. Es gibt zwei Klassen von Briefsendungen innerhalb Neuseelands, die unterschiedlich schnell zugestellt werden: FastPost trifft am nächsten Tag ein, eine Standard-Postsendung benötigt in der Regel zwei oder drei Tage. Internationale Airmail-Sendungen brauchen in die meisten Länder vier bis zehn Tage.

Im Hauptpostamt jeder Stadt kann man postlagernde Sendungen empfangen. Beim Abholen sollten Sie sich ausweisen können.

In Neuseeland sind mehrere Kurierfirmen tätig, die effizient und zuverlässig arbeiten. Die Zustellung von Sendungen erfolgt landesweit spätestens am folgenden Tag. **Courier Post** wird von der New Zealand Post betrieben, die diesen Service direkt in ihren PostShops anbietet. Für internationale Sendungen kann man sich an renommierte Firmen wie **DHL**, **Fedex** oder **UPS** wenden. Die Preisunterschiede zwischen diesen Kurierdiensten sind relativ gering.

Zeitungen und Zeitschriften

In jeder der größeren Städte Neuseelands erscheint eine eigene Morgenzeitung. *The New Zealand Herald*, die größte Tageszeitung des Landes, erscheint in Auckland. *Christchurch Press* ist die größte Tageszeitung der Südinsel. *Otago Daily Times* wird in Dunedin herausgegeben, *Dominion Post* in Wellington, *Southland Times* in Invercargill. Am Wochenende erscheint neuseelandweit *The Sunday Star Times*. Als beste politische Magazine gelten *The Listener* und *North and South*.

Ausländische Zeitungen und Zeitschriften (überwiegend englischsprachige) bekommt man in Buchhandlungen und an Kiosken größerer Städte.

Laden mit Zeitschriftenverkauf

Fernsehen und Radio

Die drei wichtigsten, frei empfangbaren Fernsehstationen sind TV1, TV2 und TV3. Auf TV1 und TV3 findet man hauptsächlich Lokalprogramme, TV2 sendet fast ausschließlich US-Programme. Der gebührenpflichtige Sender Sky bietet Special-Interest-Programme wie Nachrichten von CNN und Dokumentationen von National Geographic. Maori Television sendet landesweit, häufig in der Maori-Sprache *te reo Maori*.

Der staatliche Rundfunksender Radio New Zealand ist für die Qualität seiner Programme bekannt. Daneben gibt es weitere Sender, die u.a. Nachrichten und Musik ausstrahlen.

AUF EINEN BLICK

Mobiltelefone

2degrees
(0800) 022 022.
www.2degreesmobile.co.nz

Telecom
(0800) 800 163.
www.telecom.co.nz

Vodafone
(0800) 800 021.
www.vodafone.co.nz

Internet-Cafés

Christchurch
Eblahblah
7 Cathedral Square.
(03) 377 2381.
www.eblahblah.co.nz

Wellington
iPlay
Manners Mall.
(04) 494 0088.
www.iplaynz.com

Übersicht über Hot Spots
www.wi-fihotspotlist.com

Postdienste

Courier Post
www.courierpost.co.nz

DHL
(0800) 800 020.
www.dhl.co.nz

FedEx
(0800) 733 339.
www.fedex.com/nz

New Zealand Couriers
(0800) 655 010 (internationaler Service).
(0800) 800 841 (nationaler Service).
www.nzcouriers.co.nz

New Zealand Post
www.nzpost.co.nz

UPS
(0800) 742 587.
www.ups.com

Reiseinformationen

Die meisten Besucher kommen in Neuseeland mit dem Flugzeug an. In Auckland herrscht am meisten internationaler Flugverkehr, an zweiter Stelle steht Christchurch. Innerhalb Neuseelands nutzt man die nationalen Flugverbindungen vor allem für den Transport zwischen Nord- und Südinsel. Das Busnetz ist sehr dicht, Züge fahren hingegen nur auf wenigen Strecken. Wer Neuseeland abseits der großen Straßen erkunden will, ist mit einem Mietwagen am besten dran. In der Regel sind die Straßen in recht gutem Zustand, für wenige Pisten benötigt man Allradantrieb.

Logo von Air New Zealand mit stilisiertem Farn

Anreise mit dem Flugzeug

Die meisten Urlauber erreichen Neuseeland mit dem Flugzeug. Ungefähr 15 internationale Fluggesellschaften fliegen Neuseeland an. Andere, darunter z. B. auch **Lufthansa**, **British Airways** oder **KLM**, kooperieren mit neuseeländischen Gesellschaften. Die neuseeländische Fluggesellschaft **Air New Zealand** betreibt ein internationales Netzwerk und verbindet Neuseeland mit mehr als 130 Ländern auf der ganzen Welt. Besonders gute Verbindungen bestehen zwischen Neuseeland und Australien sowie dem Südpazifikraum. Air New Zealand und **Qantas** fliegen Neuseeland von den USA aus an (überwiegend von Städten an der Westküste). Cathay Pacific, Emirates, Japan Airlines, Korean Air, Malaysian Airlines, Royal Brunei, Singapore Airlines und Thai Airways verbinden Neuseeland mit vielen größeren Städten in Asien. Aerolineas Argentina verkehrt zwischen Auckland und Buenos Aires, die Fluggesellschaft Lan Chile bietet eine Direktverbindung von Santiago aus. Mit der Billigfluglinie Pacific Blue kommt man von mehreren australischen Städten nach Auckland, Hamilton, Wellington, Christchurch, Queenstown und Dunedin.

Neuseeland ist in drei Stunden von der Ostküste Australiens aus zu erreichen und in zehn Stunden von Singapur, Hongkong und Tokyo. Von Europa dauert es ungefähr 24 Stunden, bis man in Neuseeland ankommt. Wenn man dann noch kleinere Verspätungen und den Transfer zum Flughafen mit berücksichtigt, können sich diese 24 Stunden stark in die Länge ziehen. Ein Tagesaufenthalt in Asien, in den USA oder auf einer der pazifischen Inseln ist deshalb durchaus zu erwägen.

Flughäfen

Neuseeland besitzt zwei wichtige internationale Flughäfen: Auckland Airport kann die meisten internationalen Direktverbindungen aufweisen, darunter auch Flüge nach Deutschland, Argentinien, Chile, China, Indonesien, Japan und Kanada. Christchurch wird u. a. von Singapur, Bangkok und Dubai angeflogen. Wegen seiner Lage auf der Südinsel, auf der sich viele Hauptattraktionen befinden, wird der Flughafen auch als das »Tor nach Neuseeland« bezeichnet.

Wellington Airport bietet Verbindungen innerhalb Neuseelands und mit Australien. Dies gilt auch für den Flughafen in Queenstown, den man u. a. von den australischen

Internationaler Wegweiser, Christchurch

Metropolen Brisbane, Sydney und Melbourne erreicht. Hamilton auf der Nordinsel bietet Verbindungen nach Australien und zu einigen Inseln im Südpazifik.

Flugpreise

Während der Hauptsaison (Dez–Feb) sind die Flugpreise am höchsten, in den restlichen Monaten bekommt man meist vergünstigte Flüge angeboten. Rabatte können den Flugpreis stark

Am Flughafen präsentiert sich Auckland als »City of Sails«

reduzieren, auch wenn man sich auf zeitliche Buchungsbeschränkungen und recht hohe Eigenbeteiligung bei Nichtantritt der Reise einlassen muss.

Für Neuseeland lohnt es sich, Angebote verschiedener Reiseunternehmen oder Fluggesellschaften einzuholen. In vielen Fällen werden Kombipakete angeboten, die Hotels und Flug, Mietwagen und Flug oder auch eine Kombination von innerneuseeländischen Flügen mit dem Anreiseflug anbieten. Bevor Sie sich allerdings auf solch ein Angebot einlassen, sollten Sie die Konditionen von unterschiedlichen Anbietern genau vergleichen.

Ankunft

Während des Fluges nach Neuseeland erhalten Sie ein Zolldokument (»Passenger Arrival Card«), das Sie ausfüllen und bei der Ankunft zusammen mit Ihrem Pass bereithalten sollten. Sie können das Dokument auch vor Reiseantritt von der Internet-Seite des neuseeländischen Zolls (www.customs.govt.nz) herunterladen. Lebensmittel oder Pflanzen müssen vor der Einreise in einen Behälter gelegt werden. Wer mitgebrachte Gegenstände, die unter das Quarantänegesetz fallen *(siehe S. 358f)*, nicht deklariert, muss mit hohen Strafen rechnen.

Auf dem Flughafengelände von Auckland und Christchurch gibt es viele Läden und Einrichtungen der Telekommunikation. Autovermietungen und Geldautomaten *(siehe S. 364)* sind direkt am Flughafen zu finden. Auch wer sofort weiterfliegen möchte, findet an den Airports Schalter, an denen es Tickets für Inlandsflüge gibt.

Mit dem Flughafenbus erreicht man das Stadtzentrum schnell

Shuttle-Bus mit Anhänger für das Fluggepäck

Flughafentaxi für den individuellen Transport

Vom Flughafen in die Stadt

Die Fahrt in die Stadt ist problemlos: Taxis und spezielle Shuttle-Busse (mit Anhängern für das Gepäck) bringen Sie direkt dorthin, wo Sie möchten, Busse verkehren regelmäßig ins Stadtzentrum. Sie sind die günstigste Option, Taxis zwar die individuellste, aber teuerste. Auckland ist die einzige neuseeländische Stadt, in der man mit Stau rechnen muss. Die Fahrt vom Flughafen ins Stadtzentrum kann durchaus eine Stunde dauern. Wesentlich komfortabler ist die Situation in Christchurch, wo man bereits nach etwa 15 Minuten das Zentrum erreicht.

Pauschalreisen

Neuseeland wird von vielen Individualtouristen bereist, die Ihren Aufenthalt auf eigene Faust organisieren. Wenn Sie es etwas bequemer haben möchten, können Sie aber aus einem breiten Spektrum an Pauschalreisen wählen. Das Angebot der Veranstalter reicht von »Fly & Drive« (Flug und Mietwagen) über komplette Rundreisen mit dem Bus bis zu Abenteuertouren oder Skiurlauben. Auf der Website von Tourism New Zealand *(siehe S. 361)* oder bei **Discover New Zealand** finden Sie Infos über Angebote vieler Agenturen.

AUF EINEN BLICK

Fluglinien

Air New Zealand
(0800) 737 000 (Neuseeland).
(0800) 183 0619 (Deutschland).
(0800) 295 838 (Österreich).
(0800) 557 778 (Schweiz).
www.airnewzealand.co.nz

British Airways
(09) 966 9777.
www.britishairways.com

KLM
(09) 921 6040 (Neuseeland).
01805 254 750 (Deutschland).
www.klm.com

Lufthansa
(0800) 945 220 (Neuseeland).
01805 805 805 (Deutschland).
www.lufthansa.com

Malaysia Airlines
(0800) 777 747.
www.malaysiaairlines.com.my

Qantas
(0800) 808 767.
www.qantas.co.nz

Singapore Airlines
(0800) 808 929.
www.singaporeair.com

Flughäfen

Auckland
(09) 275 0789.
www.aucklandairport.co.nz

Christchurch
(03) 353 7777.
www.christchurchairport.co.nz

Queenstown
(03) 450 9031.
www.queenstownairport.co.nz

Wellington
(04) 385 5123.
www.wellingtonairport.co.nz

Pauschalreisen

Discover New Zealand
www.discovernewzealand.com

Inlandsflüge

Neuseeland verfügt über ein dichtes Netzwerk von Inlandsflügen, alle großen und viele kleinere Städte sind miteinander verbunden. Obwohl das Land nicht allzu groß ist, hat es eine beträchtliche Längenausdehnung. Eine Bus- oder Autofahrt von Auckland nach Wellington oder gar nach Christchurch dauert lange. Daher ist das Flugzeug ein viel genutztes Verkehrsmittel. Die nationale Fluggesellschaft **Air New Zealand** fliegt die meisten neuseeländischen Ziele an. Für Linienflüge gibt es ein breites Angebot an Preisnachlässen, vor allem wenn man im Internet sucht, bezüglich der Abflugzeit flexibel ist und rechtzeitig im Voraus bucht.

Inlandsflug der Air New Zealand bei der Landung in Wellington

Flugverbindungen

Für das Zurücklegen von langen Strecken sind Flugzeuge das geeignetste Transportmittel in Neussland. Insgesamt 26 Routen verbinden die größeren Städte des Landes (Auckland, Wellington, Christchurch, Dunedin) mit den kleineren durch regelmäßigen Flugverkehr. Auf dem Luftweg erreicht man somit Reiseziele wie etwa Nelson, Gisborne, Napier/Hastings, Taupo, Whangarei, Kaitaia, Hokitika, Timaru und wichtige Urlaubszentren wie Queenstown, Rotorua, Bay of Islands, Mount Cook and Te Anau/Manapouri.

Außerdem gibt es Flüge von Invercargill zur Stewart Island, von Auckland zur Great Barrier Island, von Wellington nach Blenheim, Picton oder Nelson (als Alternative zur Fähre) und von Wellington nach Takaka auf der Südinsel. Angeboten werden darüber hinaus Panoramaflüge über den Mount Cook, Fiordland oder andere Gebiete.

Inlandsfluglinien

Die nationale Fluglinie **Air New Zealand** stellt mit ihrer Tochtergesellschaft Air New Zealand Link, einem Verbund von regional agierenden Linien wie Air Nelson, Mount Cook Line und Eagle Air, ein großes Angebot an Flügen innerhalb Neuseelands zur Verfügung. Die Buchungen erfolgen über Air New Zealand.

SoundsAir bietet Verbindungen zwischen Wellington und mehreren Städten auf der Südinsel: acht Flüge täglich nach Picton, zwanzig wöchentlich nach Nelson und zwölf pro Woche nach Blenheim. **Golden Bay Air** bedient die Route Wellington–Takaka im Sommer zwei- bis viermal täglich (in anderen Jahreszeiten nur einmal). **Steward Island Flights** bietet dreimal am Tag Verbindungen zwischen Invercargill und der vorgelagerten Stewart Island. **Great Barrier Airlines** fliegt von Auckland, North Shore, Coromandel und Whangarei auf der Nordinsel zur Great Barrier Island.

Kufenflugzeuge nach der Landung im Skigebiet von Mount Cook

Fly & Drive

Die angenehmste Art, in Neuseeland zu reisen, ist es, zu fliegen und dann in einen Mietwagen umzusteigen. Den Wagen kann man an vielen Orten zurückgeben. So kann man z. B. von Auckland nach Queenstown fliegen und von dort mit dem Auto nach Christchurch fahren. Entsprechende Arrangements gibt es fast überall, Air New Zealand und andere Fluggesellschaften haben Vereinbarungen mit den großen Mietwagenfirmen und bieten für diese Pakete attraktive Sondertarife an *(siehe auch S. 375)*.

AUF EINEN BLICK

Inlandsfluglinien

Air New Zealand
(0800) 737 000.
www.airnewzealand.co.nz

Golden Bay Air
www.goldenbayair.co.nz

Great Barrier Airlines
www.greatbarrierairlines.co.nz

SoundsAir
(0800) 505 005.
www.soundsair.com

Stewart Island Flights
www.stewartislandflights.com

Flughäfen

Dunedin
(03) 486 2879.
www.dnairport.co.nz

Hamilton
(07) 848 9027.
www.hamiltonairport.co.nz

Nelson
(03) 547 3199.
www.nelsonairport.co.nz

Picton (nur SoundsAir)
(03) 520 3080.
www.soundsair.com

Takaka (nur Golden Bay Air)
(03) 525 8725.
www.goldenbayair.co.nz

Airpass

Star Alliance
www.staralliance.com

Check-in-Schalter am International Airport von Christchurch

Viele »Fly & Drive«-Sonderangebote gibt es von Auckland auf die Südinsel – besonders während der Skisaison. Dann sind oft auch Wohnmobile und sogar der Skipass im Preis eingeschlossen. Aber auch in den übrigen Monaten bieten Reisebüros und Fluglinien oft besondere Schnäppchen zu Werbepreisen an. Es lohnt sich also, sowohl zu Hause als auch vor Ort in Neuseeland nachzufragen und das preisgünstigste Angebot zu finden.

Einchecken

Für Inlandsflüge sollte man mindestens 30 Minuten vor Abflug einchecken. Sie können das Einchecken an entsprechenden Terminals selbst vornehmen. Passagiere der Economy Class haben ein Limit von 20 Kilogramm Freigepäck, dürfen aber nur ein Gepäckstück aufgeben. Persönliche Gegenstände wie Handtasche oder Kamera darf man ins Flugzeug mitnehmen.

Rabatte für ausländische Besucher

Die Kosten für Inlandsflüge können durchaus beträchtlich sein. Einige Airlines bieten jedoch häufig Ermäßigungen an, was auch für kurzfristige Buchungen gilt. Informieren Sie sich rechtzeitig vor der Abreise. Grundsätzlich gilt: Wenn Sie sich über Ihre Reiseroute im Klaren sind, ist es preislich günstiger, die Inlandsflüge schon mit dem Ticket nach Neuseeland zu erwerben. Nutzen Sie auch Optionen auf weitere Rabatte. Air New Zealand bietet Reisenden, die mit einer Airline der **Star Alliance** (Lufthansa, Air New Zealand, Singapore Airlines, Thai Air) anreisen, den »South Pacific Airpass« an. Damit erhält man Vergünstigungen bei Flügen innerhalb Neuseelands sowie nach Australien und zu einigen Inseln im Südpazifik. Der Preis für den Airpass ist gestaffelt, er richtet sich nach der Entfernung zwischen den einzelnen Zielen, die in vier Zonen gegliedert werden. Der Pass gilt nur für Besucher aus Übersee, er kann vor der Reise im Reisebüro in Verbindung mit einem Flugticket oder in Neuseeland unter Vorlage des Tickets erworben werden. Die Gültigkeit beträgt ab dem Anreisetag drei Wochen.

Hauptflugrouten

Inlandsflüge zwischen den größeren Städten werden durch eine Vielzahl von Anschlussflügen in kleinere Städte oder zu Urlaubszielen ergänzt. Fast jede Region im Land ist mit dem Flugzeug zu erreichen – eine ideale Art zu reisen, wenn man nur wenig Zeit hat.

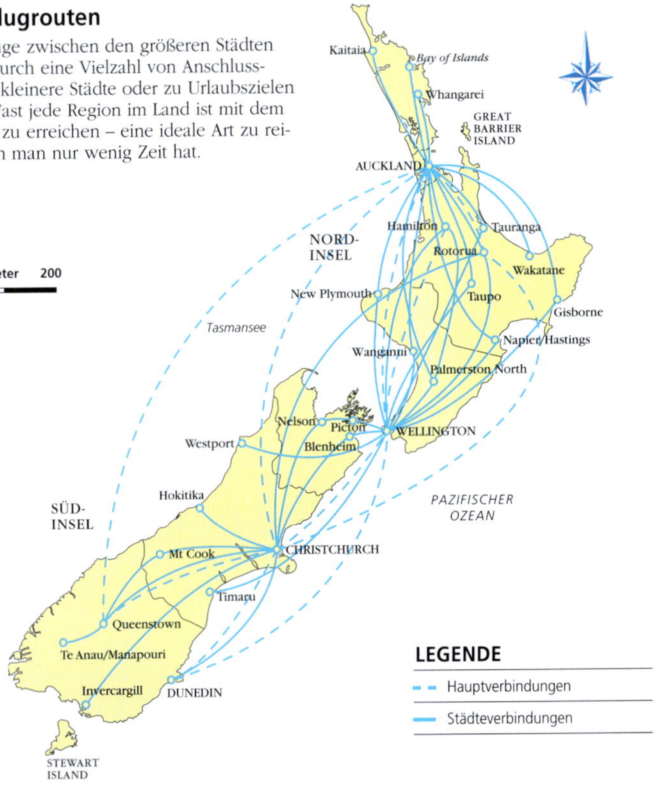

Mit Bus, Zug und Fähre unterwegs

Reisebusse fahren fast überall im Land und befördern Individualreisende sowie Teilnehmer von geführten Touren und Ausflügen. Obwohl Neuseelands Schienennetz nicht besonders dicht ist, verbinden Eisenbahnlinien zumindest die größeren Städte miteinander. Auf der Fahrt kommt man immer wieder an schier atemberaubenden Landschaften vorbei, die einem von der Straße aus verborgen bleiben. Das gebirgige Terrain hat den Bau von spektakulären Viadukten und Tunneln erforderlich gemacht. Zwischen Nord- und Südinsel verkehren Fähren mehrmals am Tag.

Bus des Unternehmens Magic Bus

Bustouren

Busreisen sind eine sichere und bequeme Art, Neuseeland zu erleben. Wer mit dem Bus fährt, kann zwischen mehreren Optionen wählen: Er bucht entweder eine feste Tour, die ihn zu festgelegten Zeiten befördert und Führungen bietet, oder er erwirbt einen Pass, der es ihm ermöglicht, jederzeit ein- oder auszusteigen.

Die meisten neuseeländischen Städte werden von **InterCity Coachlines** angefahren, **Newmans Coach Lines** fährt auf festen Touren. **Magic Bus** hingegen bietet ein anderes System, das speziell auf die Bedürfnisse von Rucksackurlaubern zugeschnitten ist. Reisende erwerben einen Buspass für das ganze Land, der zwölf Monate lang gültig ist und jederzeit zu einer (Weiter-)Fahrt berechtigt. Andere Busunternehmen in Neuseeland operieren nicht landesweit, sondern sind auf bestimmte Regionen spezialisiert.

Tickets für die Fahrten mit den Unternehmen InterCity Coachlines und Newmans Coach Lines bucht man telefonisch, online, in Agenturen, die sich in i-SITE-Besucherzentren *(siehe S. 361)* befinden, oder bei Reisebüros.

InterCity Coachlines bietet verschiedene Pässe, die auf bestimmten Routen für einen bis 14 Reisetage gelten. Die Preisspanne für diese ein Jahr gültigen Pässe reicht von 43 bis 1249 NZ$ – je nach Route und Zahl der Unterbrechungen. Noch unabhängiger ist man mit dem ebenfalls ein Jahr gültigen Flexipass für 443 NZ$.

Der Preis für einen Pass von Magic Bus reicht von 290 bis 1994 NZ$. Man erwirbt ihn im Büro in Auckland oder über das Internet.

Neuseelands Schienennetz

Die Bahn wird in Neuseeland von dem privaten Unternehmen **Tranz Scenic 2001 Ltd** betrieben, deren Züge (u. a. TranzCoastal, TranzAlpine und OverLander) viele malerische Strecken befahren. Sie verbinden die größeren Städte und führen auch zu wichtigen Regionalzentren wie Ohakune, Palmerston North, Picton, Kaikoura und Greymouth.

Der Zug, der auf der Nordinsel die Städte Wellington und Auckland miteinander verbindet, trägt den Beinamen OverLander. Er wird vor allem von Besuchern des Landes gewählt.

Spektakulär ist vor allem die Reise mit dem TranzAlpine von Christchurch nach Greymouth, der die Canterbury Plains durchquert, bevor er die Southern Alps via Otira Viaduct *(siehe S. 242f)* überwindet und durch die Regenwälder der Westküste braust. Die TranzCoastal-Linie zwischen Picton und Christchurch ist ebenso beliebt wegen der Fahrt entlang der Küste von Kaikoura.

Zu den absoluten Höhepunkten eines Aufenthalts in Otago gehört eine Fahrt mit der Taieri Gorge Railway *(siehe S. 264)*.

Fahrscheine für die Bahn können über Reisebüros gebucht werden oder telefonisch über Tranz Scenic Reservations, das sieben Tage die Woche von 7 bis 21 Uhr besetzt ist. Fahrten mit Zug und Fähre können auch gleichzeitig gebucht werden, was in der Nebensaison attraktive Preisnachlässe von bis zu 50 Prozent bringen kann. Eine weitere günstige Art, durch Neuseeland zu fahren, bietet ein Angebot der Tranz Scenic unter dem Namen »Rail and Ferry Pass«. Beim Kauf einer Fahrkarte sollten Sie sich am Schalter immer nach dem günstigsten Tarif erkundigen.

Fähren zwischen Nord- und Südinsel

Die Hauptfähre zwischen Wellington und Picton wird von **Interislander** betrieben. Auf drei Fähren werden Passagiere, Autos und Fracht befördert. Fähren begeben sich in jeder Richtung fünfmal

Der TranzAlpine auf der Kowai Bridge in der Nähe von Springfield

Ein Schiff der Reederei Interislander

am Tag auf die dreistündige Fahrt zwischen den beiden Landesteilen. Die Route gehört zu den spektakulärsten Schiffsfahrten weltweit. Die Eindrücke von der umgebenden Landschaft sind kaum zu überbieten. An Bord gibt es Restaurants, Bars, Cafés, Kinderspielräume, Aussichtsdecks und Ruheräume. Darüber hinaus werden den Passagieren weitere Leistungen angeboten.

Die Fähren von **Bluebridge Cook Strait Ferry** fahren zweimal täglich und offerieren ihren Gästen einen ähnlich umfassenden Service. Daneben gibt es eine Reihe weiterer Anbieter, die den Fährverkehr in und um den Hafen von Auckland betreiben (auch für Ausflugsfahrten).

Buchungen für Interislander und Blueridge Cook Strait Ferry sind telefonisch, online oder in Agenturen in i-SITE-Besucherzentren *(siehe S. 361)* möglich. Es ist ratsam, die Fähren einige Zeit im Voraus zu buchen, besonders für die Schulferien und wenn Sie das Auto mitnehmen wollen. Manchmal gibt es aber auch kurzfristig noch Tickets.

AUF EINEN BLICK

Bus

InterCity Coachlines
(09) 913 6100.
www.intercitycoach.co.nz

Magic Bus
(09) 358 5600.
www.magicbus.co.nz

Newmans Coach Lines
(09) 583 5780.
www.newmanscoach.co.nz

Eisenbahn

Tranz Scenic 2001 Ltd
(04) 495 0775.
www.tranzscenic.co.nz

Fähre

Bluebridge Cook Strait Ferry
(04) 471 6188.
www.bluebridge.co.nz

Interislander
(04) 498 3302.
www.interislandline.co.nz

Hauptrouten von Bussen, Eisenbahnen und Fähren

In Neuseeland kann man fast das ganze Land mit öffentlichen Verkehrsmitteln bereisen. Nur einige Regionen auf der Südinsel sind ohne Auto nicht erreichbar. Beachten Sie, dass auf folgenden Strecken keine Personenbeförderung möglich ist: Wellington nach Napier, Auckland nach Tauranga, Auckland nach Rotorua und Christchurch nach Invercargill.

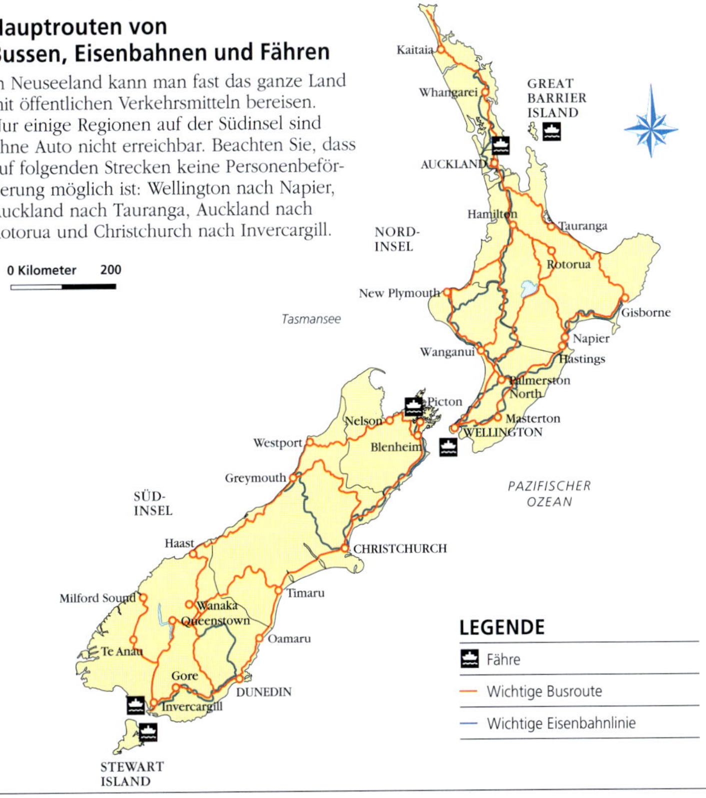

Mit dem Auto unterwegs

Autobahnschild in Auckland

Auch wenn öffentliche Transportmittel die Reise einfach machen – um das ländliche Neuseeland zu erkunden, ist das Auto das beste Fortbewegungsmittel. Wie sonst könnten Sie spontan anhalten, um einen Ausblick zu genießen oder ein Landgasthaus zu besuchen. Außerhalb der Städte sind die Straßen nur selten überfüllt, in vielen Gegenden sogar kaum befahren. Sie sind allgemein in gutem Zustand, obwohl auch die State Highways oft durch Gebirge führen. Mehrspurige Autobahnen gibt es nur im Einzugsbereich größerer Städte und zwischen Auckland und Hamilton.

An der Küste von Kaikoura verläuft der State Highway 1 parallel zur Bahn

Autofahren

Mit einem gültigen internationalen oder nationalen Führerschein darf man in Neuseeland bis zu zwölf Monate einen Wagen lenken. Der Führerschein muss jederzeit auf Verlangen vorgezeigt werden können.

In Neuseeland herrscht Linksverkehr. Entfernungsangaben sind in Kilometern, die Verkehrszeichen entsprechen dem internationalen Standard. Die Geschwindigkeitsbegrenzung liegt bei 100 km/h auf State Highways und Landstraßen, bei 50 km/h innerhalb geschlossener Ortschaften. Geschwindigkeitsüberschreitungen werden in Neuseeland innerhalb und außerhalb von Ortschaften mit Radar überwacht und – je nach Höhe der Überschreitung – teuer bestraft.

Eine unterbrochene oder durchgezogene gelbe Mittellinie bedeutet, dass Überholen wegen unübersichtlicher Straßenführung verboten ist. Auf den State Highways findet man regelmäßig Überholspuren.

Alkohol am Steuer wird in Neuseeland streng verfolgt. Als Fahrer kann man auch ohne besonderen Anlass jederzeit mit einem Alkomaten getestet werden. Die Alkoholgrenze liegt bei 0,8 Promille, für Fahrer unter 20 Jahren bei 0,3 Promille. Die Polizei führt sowohl in Städten als auch auf dem Land häufig Zufallskontrollen durch.

Für Fahrer und Beifahrer herrscht Gurtpflicht – auch auf den Rücksitzen. Kinder unter fünf Jahren müssen in einem Kindersitz untergebracht werden.

Verkehrsunfälle, bei denen jemand verletzt wurde, müssen innerhalb von 24 Stunden der Polizei gemeldet werden.

Ein aktueller Stadtplan erleichtert das Autofahren erheblich. Vor allem die Einbahnstraßenregelung wechselt in Städten häufig. Vermeiden Sie möglichst den Berufsverkehr zwischen 7.30 und 9 Uhr sowie zwischen 16.30 und 18 Uhr, besonders in Auckland und Wellington. Aktuelle Verkehrsmeldungen bekommen Sie über die lokalen Radiosender *(siehe S. 367)*.

Versicherung

Die Mietpreise für Autos und Wohnmobile verstehen sich normalerweise einschließlich Versicherung gegen Unfall und Diebstahl. Allerdings ist die Selbstbeteiligung oft extrem hoch. Viele Verleiher bieten die Option »Excess Waiver« an, welche die Selbstbeteiligung gegen einen geringen Betrag relativ stark reduziert. Man kann auch eine Unfallversicherung für die Insassen abschließen. Wer unter 25 ist, zahlt höhere Prämien.

Parken

Einspurige Brücke

Probleme, einen Parkplatz zu finden, hat man nur in großen Städten. Dort kann die Suche nach einem Parkplatz durchaus längere Zeit in Anspruch nehmen. Die meisten Plätze sind kostenpflichtig, ob in Parkhäusern oder auf der Straße, wo man das Auto in Fahrtrichtung abzustellen hat. Zeitüberschreitung und Falschparken bringen Ihnen mit großer Wahrscheinlichkeit eine Geldstrafe ein. Falls Ihr Auto wegen Falschparkens abgeschleppt wird, müssen Sie sich mit der Polizei in Verbindung setzen. Beim Abholen wird die Geldstrafe sofort fällig.

Tanken

Die meisten neuseeländischen Fahrzeuge fahren mit Benzin, Jeeps und Wohnmobile oft mit Diesel. Der Sprit wird in Liter abgegeben, man bekommt bleifreies Normalbenzin *(regular unleaded)*

Typische neuseeländische Tankstelle mit Selbstbedienung

und bleifreies Super *(premium unleaded)*. Tankstellen heißen in Neuseeland »Service Stations«, viele von ihnen haben bis spätnachts, manche sogar 24 Stunden geöffnet. Selbst in kleinen Dörfern gibt es fast immer eine Tankstelle oder wenigstens einen Laden mit Zapfsäule. Diese Einrichtungen sind abends und am Wochenende jedoch meist geschlossen.

Pannenhilfe

Falls Sie mit dem Mietauto eine Panne haben, wenden Sie sich an die Verleihfirma. Sie wird sich umgehend um die Reparatur oder die Bereitstellung eines Ersatzwagens kümmern.

Die neuseeländische **Automobile Association** (AA) ist im ganzen Land vertreten, hat eine Niederlassung in jeder größeren Stadt und organisiert die Pannenhilfe. Die AA ist Partnerclub des ADAC und des ÖAMTC. Mitglieder dieser beiden Automobilclubs können unter Vorlage ihrer Mitgliedskarte Leistungen des AA in Anspruch nehmen. Dazu gehören u. a. kostenlose Pannenhilfe, Straßenkarten, technische Beratung und juristischer Beistand.

Auto- und Motorradverleih

Überall in Neuseeland werden Mietwagen angeboten, Firmen wie **Avis**, **Budget** und **Hertz** betreiben ein Netzwerk von Mietstationen. Kleinere Firmen sind vielleicht günstiger, aber oft weniger flexibel.

Die meisten Autoverleiher geben ihre Wagen ausschließlich an Personen über 21 Jahre. Grundsätzlich bevorzugen die Firmen Bezahlung per Kreditkarte.

Wenn Sie den Wagen in einem anderen Ort abgeben wollen, also nur »one way« fahren, ist es üblich, dass es mehr kostet.

Verleihfirmen für Motorräder bieten oft auch geführte Touren an oder helfen bei der Tourenplanung. **South Pacific Motorcycle Tours** ist in Christchurch ansässig. **New Zealand Motorcycle Rentals** hat Filialen und Christchurch und Auckland und bietet die Option, das Motorrad am jeweils anderen Ort abzugeben. Der Mietvertrag umfasst auch Bereitstellung eines Helms sowie Versicherungen, Pannenhilfe, Kartenmaterial und GPS.

Wohnmobilverleih

Eine beliebte Alternative bietet ein Wohnmobil (Campervan). Campingplätze gibt es überall in Neuseeland. Alle Fahrzeuge sind mit Kühlschrank und Gaskocher ausgestattet, luxuriösere Varianten bieten Dusche, Toilette und Mikrowelle. Die Preise sind nach Jahreszeit gestaffelt, im Sommer am höchsten, von Mai bis September am niedrigsten. Zu den größten Verleihern gehören **Kea Campers** und **Maui Rentals**, beide haben Niederlassungen in Auckland, Christchurch und Queenstown. Bei der Miete müssen Sie eine (mitunter) hohe Kaution hinterlegen, die Kosten für die empfohlenen Versicherungen sind hoch.

Wohnmobil von Maui Rentals an der Küste von Auckland

Straßenzustand

In Anbetracht der ländlichen Struktur Neuseelands sind die Straßen in ausgezeichnetem Zustand. Allerdings findet man relativ wenige Autobahnen. Mittelstreifen mit Leitplanken sind nur auf den Autobahnen im Einzugsbereich größerer Städte üblich. Meist trennt nur eine durchgezogene Mittellinie die verschiedenen Spuren. Wegen des bergigen Geländes sind auch State Highways oft sehr kurvig. Viele Straßen zu schönen landschaftlichen Punkten oder Sehenswürdigkeiten sind nicht asphaltiert, z. B. die Straße, die zum Oparara Basin nördlich von Karamea *(siehe S. 234)* führt. Das Department of Conservation (www.doc.govt.nz) und die Automobile Association (AA) informieren über den Straßenzustand. Nutzen Sie diesen Service vor allem im Winter.

AUF EINEN BLICK

Pannenhilfe

Automobile Association
(0800) 500 444.
www.aa.co.nz

Auto- und Motorradverleih

Avis
(0800) 284 722.
www.avis.co.nz

Budget Rent a Car
(0800) 283 438.
www.budget.co.nz

Hertz
(0800) 654 321.
www.hertz.com

New Zealand Motorcycle Rentals
www.nzbike.com

South Pacific Motorcycle Tours
www.motorbiketours.co.nz

Wohnmobilverleih

Kea Campers
(0800) 520 052.
www.keacampers.com

Maui Rentals
(0800) 651 080.
www.maui.co.nz

In Städten unterwegs

Taxi in Auckland

In ländlichen Regionen Neuseelands ist man als Reisender auf das Auto angewiesen. In Städten hingegen bewegt man sich am besten zu Fuß oder mit öffentlichen Verkehrsmitteln. Auckland, Wellington und Christchurch bieten Züge, Busse und Straßenbahnen, auch mit Taxis kommt man schnell voran. In Auckland, der größten und am schnellsten wachsenden Stadt des Landes, verbinden die öffentlichen Verkehrsmittel die großflächig verstreuten Sehenswürdigkeiten, die Attraktionen im Zentrum liegen in Gehentfernung. Das Stadtzentrum von Wellington ist kompakt, die Außenbezirke sind jedoch steil, was die Erkundung zu Fuß erschwert. Christchurch ist sehr flach und ideal zum Radfahren.

Busse

Auckland hat ein sehr dichtes Netz an Busverbindungen. Das **Britomart Transport Centre** *(siehe S. 73)*, der Verwaltungssitz des öffentlichen Nahverkehrs, beherbergt eine täglich geöffnete Informationsstelle. Hinweise über Streckennetz, Fahrpläne, Gebühren und Routenvorschläge erhalten Sie auch im Internet (www.maxx.co.nz).

Das Stadtzentrum von Wellington wird von den wichtigsten Buslinien durchquert. Weitere Infos bietet die Website von **Metlink**.

Central Bus Exchange ist das größte Busunternehmen in Christchurch. Leopard Coachlines, ein weiterer Anbieter, zählt einige mit Biodiesel betriebene Busse zu seiner Flotte.

Die Busse von **Connectabus** in Queenstown verbinden die Stadt mit ihrem Umland.

Historische Straßenbahn in Christchurch

Straßenbahnen

Eine Fahrt mit Christchurchs historischer Straßenbahn ist ein absolutes Muss für Besucher der Stadt. Die Bahn befährt eine als Rundkurs gestaltete 2,5 Kilometer lange Strecke um das Zentrum. Ein zwei Tage gültiges Ticket für 17 NZ$ kauft man online bei **Christchurch Tramway**, an einer der Haltestellen oder beim Schaffner.

Bus in Richtung Bahnhof, Wellington

Tickets

Einzel- oder Tageskarten für Busse kauft man beim Fahrer. Eine günstige Option für mehrtägige Aufenthalte in einer Stadt ist eine Zehnerkarte, die man in *Dairies* genannten Läden *(siehe S. 343)* und Zeitungskiosken erhält. Einzel-, Tages- und Zehnerkarten für Züge und Straßenbahnen bekommt man an Bahnhöfen und in den Zügen.

In Auckland und Wellington gibt es die »Snapper Card«, mit der man einen Preisnachlass von 20 Prozent auf Bustickets erhält. Mit dieser Karte – beziehbar über die Website von **Snapper** und in *Dairies* – kann man in einigen Läden auch bezahlen.

Christchurch bietet Inhabern einer Metrocard 30 Prozent Rabatt auf den kompletten Fahrpreis. Man bekommt diese Karte über die Website von **Metro** oder beim Central Bus Exchange.

Zu Fuß

Besonders schön (und umweltfreundlich) ist auch in Neuseeland die Erkundung von Städten zu Fuß. Gerade beim gemütlichen Schlendern durch die Straßen macht man Entdeckungen, die einem bei der Fahrt mit öffentlichen Verkehrsmitteln verborgen bleiben.

Auckland wirkt wegen seiner Größe nicht unbedingt prädestiniert für Fußgänger. Im Zentrum kommt man zu Fuß aber gut zurecht. Auch Vororte wie etwa Ponsonby, Newmarket und Parnell sowie die Stadtparks eignen sich gut für Spaziergänge. Tipps für Fußgänger liefert die Website von **Travelwise**.

In Wellington schrecken die steilen Hügel am Stadtrand manchen Fußgänger ab. Das **Greater Wellington Regional Council** erleichtert die Reiseplanung durch umfassende Informationen wie Entfernungen, Höhe der Anstiege etc.

Das Zentrum von Christchurch hingegen weist nur sehr geringe Höhenunterschiede auf. Queenstown ist idealer Ausgangspunkt für Touren in die Umgebung.

Taxis

Taxis findet man in allen Städten ohne größere Probleme. Sie werden von der **New Zealand Transport Agency** (NZTA) lizenziert. Telefonnummern der Anbieter finden Sie in den *yellow pages* der Telefonbücher. Auch das Hotelpersonal hilft Ihnen bei der Bestellung. Taxistände gibt es an den Flughäfen, in Stadtzentren und in Einkaufsgegenden. Wellingtons **Combined Taxis** haben als einzige das CarboNZero-Zertifikat *(siehe S. 361)*.

Rad fahren

Der Straßenverkehr in Auckland ist meist überaus dicht, trotzdem sind Fahrräder geeignete Verkehrsmittel zur Erkundung dieser Stadt. Ein zentral gelegener Verleih ist **BikeCentral** nahe dem Britomart Transport Centre. Die Website von MAXX (www.maxx.co.nz) zeigt neben Radwegen auch Routen, auf denen man sensible Bereiche umfahren kann. Auch Reparaturwerkstätten sind aufgelistet.

Die Hügel am Rand von Wellington stellen auch Radfahrer vor Herausforderungen. Das Greater Wellington Regional Council veröffentlicht einen Online-Stadtplan mit Darstellung des Geländes. Bekannte Verleihfirmen sind **Mud Cycles** in Karori und **Dirt Merchants** in Brooklyn.

Die flache Innenstadt von Christchurch mit vielen Fahrradwegen ist perfekt für eine gemütliche Stadtrundfahrt mit dem Rad. Eine Broschüre des **Christchurch City Council** zeigt die Radwege. Die Website von Metro listet Buslinien, in denen man Räder mitnehmen kann. Räder kann man u. a. bei **City Cycle Hire** mieten.

Führungen

Eine große Zahl von Veranstaltern bietet geführte Touren durch Auckland und Ausflüge mit dem Auto in die Umgebung an. Sehr gefragt sind die halb- oder ganztägigen Ausflüge von **NZ Tours & Travel**.

In Auckland, Wellington und Christchurch werden Spaziergänge mit Führer angeboten, bei denen man die Hauptsehenswürdigkeiten der jeweiligen Stadt kennenlernt. Buchungen erfolgen über die i-SITE-Informationszentren *(siehe S. 359)*. **Walk Wellington** organisiert zweistündige Spaziergänge durch das Zentrum der Stadt, im Sommer auch abends. Bei einer Führung mit **Zest Food Tours** lernt man einige Restaurants und Cafés kennen.

Die Bustouren von **Christchurch Tours** führen durch das Zentrum und erreichen auch Hafen und Strand.

In beiden Richtungen befahrbarer Radweg, Wellington

AUF EINEN BLICK

Busse

Britomart Transport Centre
Queen Elizabeth Sq, Lower Queen St, Auckland.
☎ *(0800) 10 30 80 oder (09) 366 6400.*
www.britomart.co.nz

Central Bus Exchange
Ecke Colombo & Lichfield St, Christchurch.
☎ *(03) 66 88 55.*
www.metroinfo.org.nz

Connectabus
☎ *(03) 3 441 4471.*
www.connectabus.co.nz

Metlink
☎ *(0800) 801 700.*
www.metlink.org.nz

Straßenbahnen

Christchurch Tramway
www.tram.co.nz

Tickets

Metro
www.metroinfo.co.nz

Snapper
www.snapper.co.nz

Zu Fuß

Greater Wellington Regional Council
www.gw.govt.nz

Travelwise
www.travelwise.org.nz

Taxis

Combined Taxis
☎ *(04) 384 4444.*
www.taxis.co.nz

New Zealand Transport Agency
www.nzta.govt.nz

Rad fahren

BikeCentral
☎ *(09) 365 1768.*
www.travelwise.org.nz

Christchurch City Council
www.ccc.govt.nz/cycling

City Cycle Hire
☎ *(0800) 343 848 oder (03) 377 5952.*
www.cyclehire-tours.co.nz

Dirt Merchants
42/a Mitchell St, Brooklyn.
☎ *(04) 831 1512.*

Mud Cycles
☎ *(04) 476 4961.*
www.mudcycles.co.nz

Führungen

Christchurch Tours
www.christchurchtours.co.nz

NZ Tours & Travel
www.newzealandtours.travel

Walk Wellington
www.wellingtonnz.com

Zest Food Tours
www.zestfoodtours.co.nz

Textregister

Seitenangaben in **fett** gedruckter Schrift verweisen auf den Haupteintrag

A

B

C

D

I

J

L

P

Q

R

T

Y

Z

Danksagung und Bildnachweis

Dorling Kindersley bedankt sich bei allen Personen, durch deren Arbeit und Unterstützung dieses Buch möglich wurde.

Autoren

Helen Corrigan arbeitete in Wellington als Autorin und Journalistin. Sie ist seit 2002 Pressesekretärin des neuseeländischen Parlaments.

Roef Hopman ist Public-Relations-Berater und freier Autor in Auckland. Der ehemalige Herausgeber von *Design Trends* schreibt für zahlreiche Publikationen und organisiert Public-Relations-Projekte für pazifische Länder.

Gerard Hutching hat sich als freier Journalist auf Naturgeschichte und Umwelt spezialisiert. Er veröffentlichte zahlreiche Bücher, sein Buch *The Natural World of New Zealand* wurde 1999 zum »Montana Book of the Year« in der Kategorie Umwelt gewählt.

Rebecca Macfie lebt in Christchurch und hat für ihre journalistische Arbeit mehrere Preise gewonnen. In ihren Hauptgebieten Politik und Wirtschaft schreibt sie für zahlreiche neuseeländische Zeitungen und Zeitschriften.

Geoff Mercer lebt in Hastings und hat für Tageszeitungen in Wellington und Hawke's Bay geschrieben. Heute beschäftigt er sich mit mündlich und schriftlich überlieferter Geschichte, schreibt Biografien und Beiträge für verschiedene Publikationen.

Simon Noble lebt in Nelson und engagiert sich seit Langem auf den Gebieten der regionalen Natur, Geschichte und Kunst. Er ist Autor des Buches *The Treasured Pathway*, ein Führer auf den Spuren der Vergangenheit durch das nördliche Nelson und Marlborough.

Peter Smith lebt in Auckland als Künstler, Lehrer, Autor und begeisterter Segler. Er war früher Leiter des Auckland College of Education.

Michael Ward ist Küchenchef und hat über 20 Jahre lang in der Nahrungsmittelindustrie gearbeitet. Er will die Welt mit neuseeländischen Speisen und Weinen bekannt machen.

Mark Wright lebt als freier Autor in Dunedin. Seine Arbeiten umfassen die Themen Reise, Technik, Gesundheit und Auto. Mark Wright schreibt auch Manuskripte für Funk und Fernsehen.

Für Dorling Kindersley

Publisher Douglas Amrine
Publishing Manager Kate Poole
Kartografie Casper Morris, David Pugh
Produktion Michelle Thomas
Bildrecherche Rachel Barber, Marta Bescos
Publishing Director Gillian Allan
Revisions Editor Neil Lockley
Revisions Designer Mariana Evmolpidou, Supriya Sahai

Register

Kay Lyons

Ergänzende Fotografien

Peter Bush, Louise Goossens, Gerard Hindmarsh, Ian O'Leary

Design- und Redaktionsassistenz

Emma Anacootee, Lydia Baillie, Frances Chan, Rhiannon Furbear, Jenn Hadley, Gerard Hindmarsh, Brendan Hutching, Hayley Maher, Sam Merrell, Kate Molan, Georgina Palffy, Helen Partington, Marianne Petrou, Roseen Teare, Susana Smith, Conrad Van Dyk

Freundliche Unterstützung

Debbie Ameriks und Amelia Manson, Office of Treaty Settlements, Wellington; Tim Amos, Department of Conservation, Wellington; Lane Ayr, Bay of Islands Swordfish Club; Kate Banbury, Waitomo Glowworm Caves New Zealand, Otorohanga; Jennifer Beatson, Latitude Nelson; Black's Point Museum, Reefton; Hughie Blues und Amanda Turner, Waikokopu Café, Waitangi; Julia Bradshaw, Lakes District Museum, Arrowtown; Linda Burgess, Wellington; Dennis Buurman, Ocean Wings; Elizabeth Caldwell, Arts Council of New Zealand; Cathedral Church of St Paul, Wellington; Alan Cooper, Geology Department, University of Otago, Dunedin; C.P. Group, Auckland; Croydon Aircraft Company, Gore; Jo Darby, Tourism Industry Association New Zealand; Carol Davidson, New Zealand Festival 2000; Department of Conservation Visitor Centres; Jenny Dey, Photosource New Zealand Ltd; Richard Doyle und Lisa Hoffman, Christchurch City Council; Far North Regional Museum, Kaitia; Tammy Fromont und Nineke Metz, Destination Northland Limited; Dianne Gallagher, New Zealand Mountain Safety Council Inc.; Jane Gilbert, Film New Zealand; Familie Gillooly, Farewell Spit Safari, Collingwood; Donna Gray, Abel Tasman National Park Enterprises; Lesley Grey und Sharon Pasco, Stewart Island Promotion Association; Frank Habicht, Paihia; Haoni Waititi Marae, Auckland; Lee Harris, Fiordland Travel Limited, Queenstown; Tania Harris, Waitangi National Trust; Christine Harvey, Whale Watch®, Kaikoura; Cameron Hill, Air New Zealand, Auckland; Hillary Commission; Barbara Hinkley und Suzanne Knight, Museum of New Zealand Te Papa Tongarewa; InterCity Coachlines; Anne Irving, City Gallery, Wellington; Peter Jackson, Blenheim; Jean Johnston, Wellington City Council; Kapiti Cheese; Kelly Tarlton's Underwater World and Antarctic Encounter, Auckland; Michael Liao, Kiwifruit Country, Te Puke; Fay Looney, New Plymouth; Peter McCleavey Gallery, Wellington; Ruth McGirr, Robert McDougall Art Gallery and Annex, Christchurch; Bill und Joan MacGregor, Lake Hawea; Robert McGregor, Art Deco Trust, Napier; Annabelle MacKenzie und Cathy Muker, New Zealand High Commission, Kuala Lumpur; Cathy Maslin, Key-Light Image Library; Heather Mathie und Betty Moss, Alexander Turnbull Library; Darryl May, Oamaru; Montana Marlborough Winery; Anita Moreira, Air New Zealand, Kuala Lumpur; Morven Hills Station, Oamaru; Museum of Caves, Waitomo; Newmans Coach Lines; New Zealand Fighter Pilots Museum, Wanaka; Okarito Nature Tours, Westland; Old Mandeville Airport, Gore; Otago Early Settlers Museum, Dunedin; Sicherheitskräfte, Parliament House, Wellington; Libby Passau und Nick Turzynski, Hodder Moa Beckett Publishers Ltd; Jacky Payne; Penguin Place, Halbinsel Otago; Meng-Chong Phang, New Zealand Tourism Board, Singapore; Clive Ralph, Napier; Rewa's Village, Kerikeri; Chris und Phil Rose, Wairau River Wines; Royal Albatross Centre, Taiaroa Head; Russell Museum; Mary Sharrock, Ansett Airways, Australia; Jenny Shipley, MP, Wellington; Stone Store, Kerikeri; Annalese Taylor, New Zealand Tourism Board, Auckland; Judith Tizard, MP; Tourism Auckland Office; Tourism Industry Association New Zealand; Tranz Rail Ltd; Tom Van der Kwast, Picton; Andrew und Jeannie Van der Putten; Visitor Information Centres; Tim Warren, Visual Impact Pictures Ltd; concert staff, Whakarewarewa Thermal Village, Rotorua; Whangarei Museum of Fishes; Dr. Rodney Wilson, Auckland War Memorial Museum; Jane Wynyard, The Royal New Zealand Ballet.

Fotografien

Der Verlag bedankt sich bei folgenden Personen und Institutionen für ihre Unterstützung und die freundlicherweise gewährte Erlaubnis zum Fotografieren:

Graham Abbott, Hanmer Springs Thermal Reserve; Art and Gourd Gallery, Golden Bay; Ashford Craft Village, Ashburton; Auckland International Airport; Auckland Zoological Gardens; Avis, Auckland International Airport; Babich Winery, Auckland; Grant Barron, Olveston House, Dunedin; Café de Paris, Hokitika; Canterbury House Vineyards, Waipara; Christ Church Cathedral, Christchurch; Dr. Fiona Ciaran, Aigantighe Art Gallery, Timaru; Clapham Clock Museum, Whangarei; Coal Town Museum, Westport; Dargaville Maritime Museum; DFS Galleria, Auckland; Driving Creek Railway and Potteries, Coromandel; Dunedin Public Art Gallery; Dunedin Railway Station; The Edwin Fox, Picton; Ana Foreman, Weta Shop, Coromandel; Gibbston Valley Winery, Queenstown; Lindsay Hazley, Southland Museum and Art Gallery, Invercargill; Helen und Ross Ivey, Glentanner Station; Kevin Judd, Cloudy Bay; Steve Jones, Science Centre, Manawatu Museum and Art Gallery, Palmerston North; Kauri Kingdom, Kaitaia; Stuart Landsborough's Puzzling World, Wanaka; Left Bank Art Gallery, Greymouth; Familie Le Brun, Blenheim; Malcolm McLaughlan und Peter Thornley, Icon Restaurant, Wellington; Maori Arts and Crafts Institute, Rotorua; Royce

McGlashen, Nelson; Matakohe Kauri Museum, Dargaville; Mountain Jade Greenstone Factory, Hokitika; Mt Bruce Wildlife Centre, Wairarapa; Mountford Vineyard, Canterbury; Museum of Transport and Technology, Auckland; Museum of Wellington City and Sea; New Zealand Automobile Association; New Zealand Rugby Museum, Palmerston North; North Otago Museum, Oamaru; Nigel und Teresa Ogle, Tawhiti Museum, Hawera; Outdoor Heritage, Newmarket; Out of New Zealand, Auckland; Parnell Fire Service; Parnell Police Station; Pegasus Bay, Canterbury; Provincial Council Buildings, Christchurch; Queenstown Rafting; Rainbow's End Adventure Park, Auckland; Rippon Vineyards, Wanaka; St John's Ambulance; St Paul's Cathedral, Dunedin; Shantytown, Greymouth; Sheraton Auckland Hotel; Shotover Jet, Queenstown; Southward Car Museum, Paraparaumu; Stockton Mine, Westport; Thames School of Mines and Mineralogical Museum; Tramway Museum, Paekakariki; Waiau Waterworks, Coromandel; Waipara Springs, Canterbury; Whakarewarewa Thermal Village, Rotorua; Whale Watch®, Kaikoura; Whanganui Riverboat Centre; Zambesi, Wellington.

Bildnachweis

o = oben; u = unten; l = links; r = rechts; m = Mitte; d = Detail.

Der Verlag bedankt sich bei folgenden Personen, Firmen und Bildbanken für die freundliche Genehmigung zum Abdruck ihrer Fotografien:

111 Emergency: Derek Quinn: 362mlu, 362ul.
Airbus Express: 369mo.
AGL Aerial Imagery: 39ur.
Air New Zealand: 368om.
Alamy Images: Paul Grogan 109ol; Paul Miller 11ur; Paul Thompson Images 323ol; Douglas Fisher 323ml; Jon Arnold Images 10mro; Henk Meijer 362ml; David Parker 222or; UrbanZone 367mlo; David Wall 360ol; WinePix 207mu.
Ansett Australia: 368mlo.
ANZ National Bank Limited: 364mlu.
Art Deco Trust: 146ul.
Auckland Cooperative Taxi Society Ltd: 376ol.
Bay of Islands Swordfish Club: 103om, 103mlo.
Britomart Limited: 70mlo.
Peter Bush: 20o, 33mr, 38mlu, 38om, 38mr, 71or, 119mlu, 157ul, 347mr, 360ul.
Cable Bay Vineyards: 320ur.
Christchurch City Council: 218.
City Gallery, Wellington: 164or.
Corbans Wines: 36ol.
Corbis: Peter Beck 322ml; Graham Tim 11ml; Zefa/Jose Fuste Raga 10ul; Stuart Westmorland 288ol.
Department of Conservation, Wellington: 191or, 219u, 350om.
Destination Northland Limited: 96ml, 103mro, 108um.
Fiordland Travel Limited: 280or, 284or, 284mlo, 284mlu, 284ul, 285ol, 285ml, 285mr.
Gareth Eyres, Exposure: 39ol, 41um, 42mr, 58–59, 108m, 121mr, 144–145, 186–187, 204–205, 239mr, 271ur, 283or, 351ol, 352ol, 352u, 353o.
Getty Images: Darryl Torckler 99ur.
Greater Wellington Regional Council: 376ul, 377mr.
Green Cabs: 369mu.
Hapuku Lodge & Tree Houses: 361ol.
Herzog Winery and Luxury Restaurant: 312ml.
Hodder Moa Beckett Publishers Ltd: 33ul.
InterCity Coachlines: 372um.
Interislander: 373ol.
Key-light Image Library: Warren Jacobs 22–23; Brian Enting Photography 23ol; Warren Jacobs 26or; Andy Radka 26ml; Nick Servian 30ur, 30–31; Michael Pole 34or; James White 34mlu; Graham Meadows 34um; Nick Servian 34ur; Gary Bowering 37um; Graham Radcliffe 42ul; Brian Enting Photography 47ul; Andy Belcher 64ol; Geoff Mason 64or; Brian Enting Photography 64ur; Warren Jacobs 100–101; Richard Cory-Wright 119ur; Brian Enting Photography 142mlu; Andy Belcher 143mr; Michael Hall 152; Nick Servian 165or; Graham Radcliffe 173ur; Peter Laurenson 183mru; Warren Jacobs 183ur; Brian Chudleigh 194or; Geoff Mason 195ur; Caroline Hobbs 239or; Nic Bishop 244ul; Geoff Mason 247ml; Tim Hawkins 252um; Warren Jacobs 272ml; Nic Bishop 273mo; Peter Reese 290ml; Geoff Mason 350ul; Ron Redfern 351m; Warren Jacobs 355ol; Geoff Mason 370ur; Graham Radcliffe 372ur;
Kiwifruit Country: 129or.
Lakes District Museum: 277m.
Holger Leue: 22ur, 26mr, 27ul, 34mlo, 34–35m, 49um, 65mr, 65ur, 68ml, 73ml, 74ol, 75ul, 77or, 78ur, 83um, 89o, 92ul, 93ol, 103ur, 113u, 120ml, 122ur, 123om, 127ur, 130or, 131mru, 138ol, 143or, 190or, 190mlo, 192ol, 194–195, 227ur, 232ol, 238ol, 244ur, 252or, 252ml, 253ol, 254, 267m, 272ur, 276ol, 277m, 278or, 280ur, 282or, 282mr, 282ul, 283ml, 283u, 286ol, 288ml, 288um, 289ur, 297ml, 376mlo.
Rob Lucas: 24ul, 24um, 24ur, 25olm, 25ul, 25mru, 132ol, 244ol, 252ol, 272ol, 283mr.
Magic Travellers Network: 372mlo.
Robert McDougall Art Gallery and Annex: 32ul.
Darryl May: 268ol, 268mlo, 268mlu, 269mo, 269mo.
Rod Morris: 1, 17om, 24ol, 24mlu, 24mu, 24mru, 25ol, 25or, 25mlo, 25mro, 26ol, 47mr, 89ml, 192or, 192ml, 192ul, 192ur, 245mr, 251ml, 266mr, 272ul, 289mr, 291ol.
Museum of New Zealand Te Papa Tongarewa: 29ul, 30ol, 30ul, 31ol, 31mr, 33ol, 46or, 46um, 47orm, 51mo, 57ul, 166ol, 166or, 166mlo, 166mlu, 167ol, 167mlu.
Napier City Council: 148or.
National Party Office: 53um.
Nelson Tasman Tourism: 215ol.
New Zealand Festival 2000: 40om, 156mlu, 156–157, 347ol.
The New Zealand Herald: 18u, 53or, 117ul, 157om.
NZTA: 376m.
Office of Treaty Settlements: 45mo, 53ml.
Olveston House: 265ol.
Outdoors New Zealand: 362ol.
Lloyd Park: 23ur, 35ul, 35um, 190–191, 191ur, 240–241, 247om, 247mro, 247mr.
Photosource New Zealand Ltd: 2–3, 8–9, 35ml, 35mr, 35mlu, 39or, 39mlu, 39ul, 40ul, 43m, 43u, 54–55, 62ml, 109mro, 119ul, 121ul, 150ol, 161ml, 176–177, 182or, 182ul, 193or, 194ol, 194ur, 195ol, 238ml, 245ol, 253mro, 281mr, 354ol, 355mr.
The Royal New Zealand Ballet: 92mr, 157ur.
Sky City Auckland Limited: 74ol.
Stewart Island Promotion Association: 288ol.
Te Manawa Museums Trust: 175mru, 175ul; Andrew Blayney 175mlo, 175mro.
Tourism Auckland: 70ol, 71mr.
Tourism New Zealand: 56ul, 57ur, 60ol, 95u, 97ol, 295ml, 297o, 354ul, 358om, 375ml.
Tourism Transport Ltd: 369mu.
Tourism West Coast: 238or.
Alexander Turnbull Library: 9, 18m, 30or, 31or, 31u, 32ol, 33ur, 36ml, 44, 45ul, 46ol, 46ml, 46ul, 46mlo, 47om, 47ur, 48ol, 48m, 48ul, 48ur, 49ur, 50or, 50mlu, 50ul, 51m, 51um, 51ur, 52ol, 52mlu, 52mu, 55, 59, 62ol, 62ul, 62–63, 63ol, 63mr, 85ur, 137ur, 171ur, 187, 226mr, 235ml, 293, 357.
Visual Impact Pictures Ltd: 16, 26ul, 27mr, 27ur, 28or, 35mro, 35mru, 35mlo, 39mro, 40mr, 78or, 80–81, 103ul, 109mru, 112, 117ml, 123ul, 128ul, 142or, 182ol, 190mlu, 191ol, 195ul, 214or, 246ol, 274–275, 291mr, 292–293, 296ur, 356–357.
Vodafone Ltd: 366ol.
Wairau River Wines: 207mr.
Waitangi National Trust: 41mr, 96ur, 104ml, 104ul, 105ol, 105ul.
Waitomo Glowworm Caves New Zealand: 120ol.
Wellington City Council: 87ur, 156ur.
Dr Kim Westerskov: 86mr, 103mru, 149ur, 193ol, 193mro, 193mu, 266ol, 280ol.
Westpac Limited: 354ml.
Whale Watch®: 209mlo.
Women's Golf New Zealand: 39or.

Umschlag:
Vorderseite: **AWL Images**: Danita Delimont Stock.
Rückseite: **Alamy Images**: David Wall mlu, ul; **Dorling Kindersley**: Gerald Lopez ol; **Rough Guides / Paul Whitfield**: mlo.
Rücken: **AWL Images**: Danita Delimont Stock o.

Alle anderen Bilder, Fotos und Karten:

Weitere Informationen unter: **www.dkimages.com**

Literaturhinweise

Kunst und Kultur

Contemporary Painting in New Zealand Dunn, M., Craftsman House, Auckland 1996.

Dream Collectors: 100 Years of Art in New Zealand Wedde, I., Walsh, J. und Johnson, A., Te Papa Press, Wellington 1998.

A History of New Zealand Architecture Shaw, P., Hodder Moa Beckett, Auckland 1998.

Looking for the Local: Architecture and the New Zealand Modern Clark, J. und Walker, P., Victoria University Press, Wellington 2000.

Mau Moko: The World of Maori Tattoo Te Awekotuku, N. & Nikora, L.W., Penguin, Auckland 2007.

New Zealand Pottery: Commercial and Collectable Henry, G., Reed Publishing, Auckland 2000.

Old New Zealand Houses 1800–1940 Salmond, J., Reed Publishing, Auckland 1998.

100 New Zealand Craft Artists Schamroth, H., Godwit, Auckland 1998.

100 New Zealand Paintings Brown, W., Godwit, Auckland 1997.

Erzählungen

Believers to the Bright Coast O'Sullivan, V., Penguin, Auckland 1998.

The Best of Katherine Mansfield's Short Stories Mansfield K., Random House, Auckland 1998.

The Best of Owen Marshall Marshall, O., Random House, Auckland 1997.

The Bone People Hulme, K., Picador, Auckland 1986.

Land of the Long White Cloud: Maori Myths, Tales and Legends Kanawa, K.T. und Foreman, M., Penguin, Auckland 1997.

The Matriarch Ihimaera, W., Reed Publishing, Auckland 1996.

Mister Pip Jones, L., Penguin, Auckland 2006.

Once Were Warriors Duff, A., Tandem Press, Auckland 1990.

100 New Zealand Poems Manhire, B. (Hrsg.), Godwit, Auckland 1994.

Plumb Gee, M., Penguin, Auckland 1981.

Potiki Grace, P., Penguin, Auckland 1986.

Reconnaissance Kassabova, K., Penguin, Auckland 1999.

Season of the Jew Shadbolt, M., David Ling Publishing, Auckland 1988.

Skylark Lounge Cox, N., Victoria University Press, Wellington 2000.

Geografie und Geologie

Aotearoa and New Zealand: A Historical Geography Grey, A., Canterbury University Press, Christchurch 1995.

Awesome Forces: The Natural Hazards That Threaten New Zealand Campbell, H. und Hicks, G., Te Papa Press, Wellington 1998.

Contemporary Atlas of New Zealand Kirkpatrick, R., David Bateman, Auckland 1999.

Historical New Zealand Atlas Malcolm McKinnon et al. (Hrsg.), David Bateman, Auckland 1997.

Geschichte und Politik

A Concise Encyclopaedia of Maori Myth and Legend Orbell, M., Canterbury University Press, Christchurch 1998.

The Discovery of Aotearoa Evans, J., Reed Publishing, Auckland 1998.

Historical Dictionary of New Zealand Jackson, K. und McRobie, A., Addison, Wesley, Longman, Auckland 1996.

Making Peoples: A History of New Zealanders from Polynesian Settlement to the End of the 19th Century Belich, J., Penguin, Auckland 1996.

New Zealand, the Story So Far: A Short History Bohan, E., Harper Collins, Auckland 1997.

The Oxford History of New Zealand Oliver, W.H. (Hrsg.), Oxford University Press, Wellington 1981.

Penguin History of New Zealand, King, M., Penguin, 2003.

Politics in New Zealand Mulgan, R., Auckland University Press, Auckland 1997.

The Treaty of Waitangi Orange, C., Bridget Williams Books, Wellington 1991.

Naturkunde

A Field Guide to the Alpine Plants of New Zealand Salmon, J., Godwit, Auckland 1999.

Field Guide to the Birds of New Zealand Heather, B. und Robertson, H., Viking, Auckland 1996.

Game Animals of New Zealand Roberts, G., Shoal Bay Press, Blenheim 1998.

Ghost of Gondwana Gibbs, G., Craig Potton Publishing, Nelson 2006.

Kiwi: New Zealand's Remarkable Bird Peat, N., Godwit, Auckland 1999.

Native Trees of New Zealand Salmon J., Reed Publishing, Auckland 1996.

Natural History of New Zealand Bishop, N., Hodder and Stoughton, Auckland 1992.

The Natural World of New Zealand Hutching, G., Viking, Auckland 1998.

Sport und Aktivurlaub

Bird's Eye Guide: Tramping in New Zealand Barnett, S., Craig Potton Publishing, Nelson 2006.

Classic New Zealand Mountain Bike Rides Kennett, P., Kennett, S. und Kennett, J., Reed Publishing, Auckland 1998.

Classic Walks of New Zealand Potton C., Craig Potton Publishing, Nelson 1997.

New Zealand: Pure Adventure McLennan, C., David Bateman, Auckland 1999.

A Tramper's Guide to New Zealand's National Parks Burton, R. und Atkinson, M., Reed Publishing, Auckland 1998.

Glossar

Kultur

Aotearoa: Maori-Name für Neuseeland, wörtlich »Land der langen weißen Wolke«, geprägt von Kupes Frau *(siehe S. 17)*
haka: Kriegstanz und -lied, von Männern aufgeführt *(siehe S. 30)*
hangi: Mahlzeit, die in einem Lehmofen zubereitet wird, in dem Steine die Hitze halten *(siehe S. 137)*
hongi: Begrüßung durch Berühren der Nasen. Wenn Menschen *hongi* betreiben, vermischt sich ihr *hau*, die Lebensessenz
iwi: Stamm, Volk. Ein *hapu* ist ein Unterstamm, *whanau* die erweiterte Familie
kai: Essen, oft in Kombination mit einem anderen Wort; *kai moana* bedeutet »Essen aus dem Meer« *(siehe S. 109)*
kete: Geflochtener Korb aus Flachsfasern, *Kiekie-* oder *Pingao*-Pflanzen *(siehe S. 31)*
mana: Autorität, Ruhm, Charisma, psychische Kraft
maori: Normal, seit dem 19. Jh. von den Ureinwohnern benutzt, um sich von *pakeha* (fremd, anders) zu unterscheiden
Maoritanga: Maori-Kultur
marae: Versammlungsplatz, offener Platz vor dem Versammlungshaus des Dorfes. Hier finden wichtige Treffen, Begräbnisse und Veranstaltungen statt *(siehe S. 116)*
mere: Flache Kriegswaffe aus Jade, die geschätzteste Waffe
moko: Tätowierungen im Gesicht, auf Gesäß und Schenkeln der Männer sowie auf Lippen und Kinn der Frauen *(siehe S. 30)*
pa: Mit Palisaden befestigter Wohnort *(siehe S. 50)*
pakeha: Fremder, Mensch europäischer Abstammung
poi: Blätterball, der an einer Schnur befestigt und von den Frauen beim Tanz benutzt wird *(siehe S. 30f)*
tane: Mann, männlich
tangi: Begräbnis
taonga: Kulturelle Gegenstände wie Schnitzereien oder Webstoffe, die über Generationen weitergegeben werden
tapu: Heilig, geweiht, verboten, tabu
tiki: von *heitiki*. Wertvolle Jadefigur, die um den Hals getragen wird. Ursprünge und religiöse Bedeutung sind unklar *(siehe S. 30)*
wahine: Frau, weiblich
waiata: Lieder. Es gibt viele Arten, z. B. *waiata tangi* (Klagelieder) und *waiata aroha* (Liebeslieder)
waka: Kanu. Meisterwerke sind die 30 Meter langen, geschnitzten *waka taua* oder Kriegskanus *(siehe S. 47)*
whare: Haus. Man unterscheidet zwischen: *whare runanga* (Versammlungshaus) *(siehe S. 28)*, *whare whakairo* (Holzhaus mit Schnitzereien) und *whare puni* (Wohnhaus)

Geografie und Natur

kauri: Großer Waldbaum, der im Norden Neuseelands wächst *(siehe S. 24)*
kea: Ungewöhnlicher, sehr neugieriger Bergpapagei, dessen Name von seinem Ruf stammt *(siehe S. 25)*
kiwi: Flugunfähiger Nachtvogel, der mit seinem langen Schnabel im Boden nach Würmern und Insekten sucht *(siehe S. 24)*
koru: Spirale, das Hauptmotiv der Maori beim Schnitzen; abgeleitet aus der Form des Farngewächses *koru*, bedeutet es »Erwachen, Wachstum, Freude« *(siehe S. 24)*
kumara: Süßkartoffel, aus Polynesien nach Neuseeland gebracht und dort zum Hauptnahrungsmittel geworden *(siehe S. 45)*
manuka: Strauchgewächs, auch als Teebaum bekannt, aus dem man Honig und Öl gewinnt. Das Öl besitzt antibakterielle Eigenschaften *(siehe S. 24)*
paua: Schwarze Muschel, die auch Abalone genannt wird; die Schale wird oft zu Schmuck verarbeitet *(siehe S. 345)*
pohutukawa: Baum mit weit ausladender Krone, der im Frühsommer rote Blüten trägt und auch »Weihnachtsbaum« genannt wird *(siehe S. 25)*
ponga: Baumfarngewächs
pounamu: Jade, der wertvollste Schmuckstein, der auch in Waffen verarbeitet wird. Er ist auf der Südinsel zu finden und diente den Maori zum Handel mit den Stämmen der Nordinsel *(siehe S. 237)*
Te Ika a Maui: Der Fisch von Maui, der Nordinsel
Te Wai Pounamu: Südinsel

Wörter und Sätze

Haere mai: Willkommen
Haere ra: Auf Wiedersehen (benutzt von der Person, die bleibt)
E noho ra: Auf Wiedersehen (benutzt von der Person, die den anderen verlässt)
Ka pai: Danke
Kia ora: Danke, viel Glück, Gesundheit
Tena koe: Hallo (zu einer Person)
Tena koutou: Hallo (zu mehr als drei Personen)
Kei te pehea koe: Wie geht's?
Kei te pai: Gut, danke

In Ortsnamen vorkommende Wörter

ao: Wolke
atua: Geist, Götter
awa: Fluss, Tal
hau: Wind
ika: Fisch
iti: klein
kai: Essen
kainga: Dorf
kare: plätschernd
manga: Strom, Fluss
manu: Vogel
maunga: Berg
moana: Meer, See
motu: Insel
nui: groß
one: Strand, Sand, Schlamm
papa: flach, breit
po: Nacht
puke: Hügel
puna: Quelle
rangi: Himmel
roa: lang
roto: See
rua: zwei, Höhle, flach
te: der, die, das
wai: Wasser
wero: Herausforderung
whanga: Bucht
whenua: Land

Straßenkarte Neuseeland

Nordinsel

	Auckland	Gisborne	Hamilton	Kaitaia	Napier	New Plymouth	Palmerston North	Rotorua	Taupo	Tauranga	Thames	Wanganui	Whakatane	Whangarei
Wellington	660	550	533	983	334	355	145	462	380	548	584	195	545	819
Auckland		504	127	325	423	369	528	234	280	206	115	454	298	170
Gisborne			394	829	216	599	394	287	350	298	413	468	201	675
Hamilton				452	296	242	401	107	153	107	107	327	193	297
Kaitaia					748	694	853	561	605	531	440	779	622	155
Napier						412	178	225	143	311	347	252	308	593
New Plymouth							234	312	296	398	349	160	384	539
Palmerston North								331	249	417	454	074	424	698
Rotorua									082	086	158	305	085	404
Taupo										167	205	222	165	450
Tauranga											115	391	097	376
Thames												434	209	285
Wanganui													358	624
Whakatane														467

Entfernungen

Angaben in Kilometer

	Blenheim	Christchurch	Dunedin	Greymouth	Haast	Invercargill	Milford Sound	Mount Cook	Nelson	Picton	Queenstown	Te Anau	Timaru	Wanaka
Christchurch	321													
Dunedin	682	361												
Greymouth	331	255	616											
Haast	721	527	424	308										
Invercargill	876	555	195	745	376									
Milford Sound	1058	748	387	835	494	280								
Mount Cook	643	322	329	525	360	445	578							
Nelson	117	438	799	296	604	996	1107	737						
Picton	029	350	711	360	717	905	1121	672	113					
Queenstown	800	479	299	567	187	189	299	271	917	829				
Te Anau	971	650	286	714	359	159	121	449	986	1000	186			
Timaru	482	162	199	365	426	417	610	210	600	510	336	486		
Wanaka	790	363	276	456	148	242	352	212	649	762	071	231	278	
Westport	265	360	658	105	413	849	921	630	211	324	600	863	476	588